EQ감성지능

The 10th Anniversary Edition

EMOTIONAL
INTELLIGENCE

EQ 감성지능

DANIEL GOLEMAN

| 대니얼 골먼 |

한창호 옮김

웅진 지식하우스

《EQ 감성지능》에 쏟아진 각계의 찬사들

■ "대니얼 골먼, 인류를 발전시킨 핵심 동력을 밝히다."

—— 〈타임〉

■ "패러다임을 부수는 혁명적 발상!"

—— 〈하버드 비즈니스 리뷰〉

■ "빈틈없고 대담하다. 이 책은 과학과 상식 모두에 일격을 가하고 있다."

—— 〈필라델피아 인콰이어러〉

■ "골먼은 자신의 연구 주제를 가장 편하게 다루는 학자다. 《EQ 감성지능》은 우리의 감정생활을 풍요롭게 하는 필독서다."

—— 〈뉴욕 타임스〉

■ "현대 심리학자들과 교육자들이 활용하는 최상의 연구를 대단히 읽을 만하면서도 광범위하게 탐구한 골먼의 이 책은, 지능의 진정한 의미에 대한 중요한 통찰력을 제공한다."

—— 〈샌프란시스코 크로니클〉

■ "이 책을 통해 감성지능을 키운다면, 당신의 삶은 지금보다 훨씬 나아질 것이다."

—— 〈워싱턴 비즈니스 저널〉

■ "성공을 기다리는 사람들을 위한 희소식이며, 동시에 조직과 기업에 혁명적 전환기를 마련해줄 책이다."

—— 〈크리스천 사이언스 모니터〉

■ "우리의 감정을 조율하는 법을 배움으로써, 성공과 행복의 열쇠를 얻을 수 있을 것이다."

—— 〈시카고 트리뷴〉

■ "목표에 다가가는 보다 완벽한 방법, 관계를 개선시키는 획기적인 비법이 담겨 있다."
　　　　　　　　　　　　　　　　　　　　　　　　　　— 〈워싱턴 포스트〉

■ "감성을 지배하는 방법에 대한 흥미롭고도 실용적인 가이드."
　　　　　　　　　　　　　　　　　　　　　　　　— 〈퍼블리셔스 위클리〉

■ "리더십에 감성지능은 필수다. 기술혁명이 진전되고 경쟁이 치열해질수록 타인을 배려할 줄 아는 따뜻한 인간형이 제값을 받게 된다."
　　　　　　　　　　　　　　　　　　　　　　　　— 〈한국경제신문〉

■ "우리가 처한 환경을 이해하고 사회생활에 참여하기 위해 우리의 감정을 어떻게 사용할 것인가에 대한 독창적인 기여다."
　　　　　　　　　　　— 피터 D. 크레이머 (《Listening to Prozac》의 저자)

■ "감성지능이라는 화두를 던진 대니얼 골먼의 대표작."
　　　　　　　　　　　　　　　— 하워드 가드너 (하버드대학교 교수)

■ "넓고 깊은 범주, 경이적인 의미를 내포한 《EQ 감성지능》은 우리 사회와 가정이 안고 있는 여러 가지 뿌리 깊은 질환의 원인을 살펴보게 만드는, 전적으로 새로운 방식을 제시한다."
　　　　　　　　　　　— 존 카바트-진 (《Coming to Our Senses》의 저자)

■ "내 삶을 근본적으로 바꿔놓은 책!"
　　　　　　　　　　　　　　　　— 케네스 A. 밀러 (아마존 독자)

■ "《EQ 감성지능》은 지난 10년간 씌어진 책 중 가장 중요한 책이다."
　　　　　　　　　　　　　　　　— J. A. 자먼 (아마존 독자)

감성지능, 그 10년의 역사

감성지능의 화려한 등장

심리학이나 교육학 역사상 EQ 즉 감성지능만큼 화려하게 등장한 개념은 없다. 그것도 이렇게 짧은 시간 내에 말이다. 뉴햄프셔 대학의 존 메이어 교수와 예일 대학의 피터 샐로비 교수가 EI(Emotional Intelligence, 감성지능)라는 말을 학술논문에 사상 처음으로 사용한 때가 1990년이었고, 이 개념에 흥미를 느낀 〈뉴욕 타임스〉의 과학 담당 기자이자 심리학자인 대니얼 골먼이 이 개념을 주제로 하여 《EQ 감성지능(Emotional Intelligence)》이라는 제목의 책을 처음으로 출간한 것이 1995년이다. 그러나 이 책의 출간만으로 EQ가 화려하게 출발했다고 말하긴 어렵다.

바로 그해 가을 10월 2일자 〈타임〉에 'The EQ Factor'라는 제목으로 EQ가 커버스토리로 소개됐는데, 독자들 사이에 엄청난 파장을 일으킨다. 힘찬 팡파르와 더불어 거대한 함성 속에 입장하는 귀족처럼 감성지능은 EQ라는 이름으로 대중에게 알려지기 시작했다. 이때 처음으로 감성지능(EI)에 대한 별명처럼 EQ가 사용되기에 이르렀고, 이후 EI라는 말보다는 EQ라는 말이 감성지능을 나타내는 말로 대중 속에 각인되기 시작한다.

〈타임〉 커버스토리는 대니얼 골먼의 책 《EQ 감성지능》을 충실히 소개하면서, 왜 이 책이 화제를 불러일으킬 수밖에 없는지를 설명한다. "우리는 지난 세월 동안 차가운 이성을 중요시하고, 뜨거운 감정을 소홀히 취급해왔다. 이성은 인류 진보를 이끌어온 핵심 동력이었지만, 감정과 정서는 발전보다는 혼란과 정체를 야기해왔다고 믿었기 때문이다. 그러나 오히려 인류의 진보는 이성능력 그 자체 때문이 아니라, 이성능력을 가동하고 활성화하며 가치 있는 방향으로 유도하고 통제해준 감성능력, 즉 EQ 덕분이다. 한 개인이 일상생활에 적응하는 것에서도 EQ는 이성능력보다 더 중요한 역할을 담당한다."

《EQ 감성지능》에 대한 찬사는 이렇게 요약할 수 있다. "감성지능 개념은 인류가 그동안 자신들 속에 묻혀 있던 소중한 감성능력을 재인식하고 효과적으로 발휘할 수 있는 지혜와 자신감을 북돋아주었다."

《EQ 감성지능》 10주년 기념 특별판의 의미

대니얼 골먼의 이 기념비적인 책은 지난 10년간 줄곧 베스트셀러였다. 첫 출간 이후 10년이 되는 2005년에 그는 10주년 기념 특별판을 출간한다. 이번 10주년 기념 특별판에는 지난 10년간의 연구 성과를 정리하고 그간 제기된 물음들에 명쾌한 답을 주는 새로운 서문이 추가됐다. 또 초창기에는 없었던 다양한 연구기관과 성과물을 접할 수 있는 참고 자료 부분을 보강함으로써 '감성혁명' 이후의 흐름까지 보여준다. 그러나 5부 16장에 걸치는 책의 핵심 내용 부분은 초판본과 거의 동일하다. 10주년 기념 특별판이라는 성격에 충실한 책이다.

이 책은 바로 이 10주년 기념 특별판의 새로운 번역본이다. 이 책을 다시 읽으며, 10년 전의 감흥을 다시 느꼈다. 역시 이 책은 감성지능의 이론적 기반을 다지고, 대중 속으로 그 지평을 넓히게 만든 엄청난 책이었음을 다시 한번 확실하게 느낀다.

골먼은 비교적 긴 서문에서 지난 10년간의 감성지능을 에워싼 변화를 흥분된 어조로 기술하고 있다. 우선 그는 1995년 당시에는 거의 전무했던 감성지능에 대한 학자들의 연구가 10년 만에 급성장 했는데, 예컨대 이 기간 사이에 감성지능에 관한 박사학위 논문이 700편이나 된다는 사실을 이야기하고 있다. 감성지능은 인간의 능력을 바라다보는 관점에 토머스 쿤이 말하는 이른바 패러다임의 변화를 가져온 것 같다고 그는 언급한다.

감성지능에 대한 이러한 학문적 관심의 증가는 골먼 자신의 관점에도 변화를 가져왔다고 고백한다. 즉 그는 1995년 당시에는 기자의 시각에서 취재하는 기분으로 감성지능에 대해서 글을 썼다고 하면, 이제는 감성지능의 메커니즘을 연구하는 진지한 과학자의 시각을 견지하려고 애쓰게 되었다고 한다. 그 덕분에 그는 나름대로의 감성지능 모델을 제시하게 됐는데, 샐로비와 메이어의 모델과도 다르고, 로이번 바르온의 모델과도 다른 그만의 모델 정립을 위해 애쓰고 있다. 그의 모델은 조직의 리더십과 관련된 감성지능의 역할 설명에 다소간 초점이 쏠려 있다.

지난 10년간 감성지능은 학계의 연구를 바탕으로 하여 학교와 기업 분야에 깊숙이 침투해 들어갔다. 기업 분야의 감성지능 확산은 럿거스 대학의 감성지능연구협회(CREIO)의 활동으로 대표되는데, 미연방정부의 인력 담당 부서, 아메리칸 익스프레스 카드, 존슨&존슨 등의 회사가 감성지능을 기업생산성과 연계한 대표적 회사들이다. 그래서 〈하버드 비즈니스 리뷰〉는 감성지능을 지난 10년간 경영계에 가장 큰 영향력을 행사한 경영 개념의 하나로 꼽고 있다.

교육 분야에서의 감성지능의 확산은 SEL(Social Emotional Learning)과 PATHS(대안적 사고 책략 촉진하기) 교과 과정으로 대표되는데, 전 세계적으로 확산일로에 있다. 이 프로그램의 효과와 가치를 인정하여 유네스코는 2002년 전 세계 140개국 정부에 SEL 도입을 위한 권장서를 발송하기도 했다.

우리나라도 감성지능 연구와 실천에 앞장서 가는 나라 중의 하나다. 이미 감성지능 측정을 위한 표준화된 도구가 유, 초, 중, 고, 성인을 대상으로 구비되어 활용 중에 있고, 학교와 기업체 등에서도 감성지능을 고양시키기 위한 교육 프로그램이 개발되어 활용되고 있다. 예컨대 서울대 교육행정연수원, 삼성인력개발원, 네패스, 한국지역사회교육협의회 등이 이 프로그램을 사용한 대표적인 기관들이다.

골먼의 10주년 기념 특별판에서 우리는 감성지능의 미래를 본다. 그의 자신감이 밴 서문을 통해서 감성지능 연구와 교육훈련의 실천과 활용의 가능성을 확연하게 느낄 수 있다. 많은 독자들도 자신 속에 감추어져 있는 또 하나의 능력인 감성지능의 실체를 확인하고자 한다면 감성혁명의 바이블인 이 책을 꼭 한번 읽어보기를 권한다.

문용린

(전 교육부 장관, 서울대 교수)

5 감성교육의 세계

능력이 아닌 관계에 주목하라

감성지능의 창시자로서 10년 전 《EQ 감성지능》을 출간한 후 감성지능 개념이 전 세계 곳곳에 퍼져 활발하게 논의되고 있는 것을 보는 것은 무척 흥미로운 일이다. 현재 이 책은 전 세계 30여 개 언어로 번역 출간돼 500만 부 이상이 판매되었다. 특히 감성지능에 대한 나의 여러 저서들이 출간된 한국에서의 폭발적인 반응에 놀라움을 느끼고 있다.

나는 그 이유를 정확하게 알지는 못한다. 그러나 어렴풋이 짐작할 수 있는 것은 한국의 세계적인 교육열에 그 원인이 있지 않을까 하는 것이다. 한국의 학부모들 그리고 교육자들은 아이들에게 좋은 교육을 제공할 수 있다면 무엇이든지 할 수 있는 사람들이다. 그 결과 대학에서는 중요한 연구 프로젝트가 진행되었고, 특히 교육학계에서는 학생과 교사들에게 이를 적용하는 다양한 방법들을 개발해왔다. 교육 현장에서 감성지능을 통해 학생들이 자신에 대한 이해를 높이고, 혼란스러운 감정과 충동을 통제하며, 감정이입 능력을 키우게 되면 인성적 발달뿐만 아니라 학업성취도도 높아지는 결과를 가져온다는 점에 주목했기 때문이다.

한국의 학부모와 교육학자들이 바라보는 감성지능에 대한 이러한 태도는 매우 바람직하다. 그러나 이 책에서 강조하고 싶은 것은 감성지능이 자라나는 학생들뿐만 아니라, 모든 사람들이 자신의 숨겨진 능력을 발견하고, 자신에 대한 이해를 높여 성공적인 삶을 꾸려 나가는 데 도움이 되리라는 것이다. 즉 감성지능은 단순한 교육 프로그램이 아니라, 인간에 대한 이해를 바탕으로 잠재된 능력을 계발하는 실용적인 심리학 이론이라는 점을 강조하고 싶다.

실제로 오늘날 감성지능은 다양한 분야에서 열띤 논의를 이끌고 있는데, 그중에서 가장 놀라운 일은 경영 분야, 특히 리더십과 직장인들의 자기계발 영역에 감성지능이 미친 영향력인 것 같다. 〈하버드 비즈니스 리뷰〉는 감성지능을 최근 10년간 가장 영향력 있는 경영 개념 가운데 하나로 보고, '토대를 놓고 패러다임을 뒤흔든 개념'이라며 환호했다. 〈월스트리트 저널〉은 2008년 '가장 영향력 있는 경영사상가' 중의 한 명으로 나를 선정해, 감성지능이 기업과 사회에 얼마나 많은 영향력을 끼치고 있는지를 확인할 수 있게 해주었다.

여러분이 지금 읽고 있는 이 책은 감성지능 10주년 기념 특별판이다. 나는 심리학과 뇌과학의 연구 성과를 반영해 과학적인 관점에서 인간에 대한 이해를 높이려고 했다. 특히 이 책에서 감성지능이론이 학교뿐만 아니라 직장에서 얼마나 유용하게 활용될 수 있는지를 보여주려고 노력했다. 이 책을 통해 한국의 독자들이 IQ와 같은 개인의 능력에 초점을 맞추기보다 개인과 개인, 개인과 조직의 상호관계에 필요한 감성지능 능력에 초점을 맞춰 자신의 능력을 계발할 수 있기를 바란다.

처음 책이 출간되었을 당시에는 감성지능에 대한 과학적 연구가 빈약했지만, 현재 감성지능 연구는 봇물을 이루고 있다. 그중에서도 해가 갈수록 감성지능이론에 뜨거운 관심을 보여주는 한국의 감성지능 연구자들에게 깊은 감사를 전한다. 내가 가지고 있는 한국에 대한 인상은 세계적인 교육열, 인터넷 강국, 짧은 시간 동안 이룬 놀라운 경제발전, 변화가 빠른 역동적인 나라라는 몇 가지에 불과하다. 그러나 이러한 모습 뒤에는 인간관계를 중시하고 타인의 삶을 배려하는 한국의 문화가 크게 작용한 것이라 생각한다. 나는 한국적 문화 토양 위에서 감성지능이론이 앞으로 어떤 길을 걸을지 사뭇 기대된다.

성공과 행복의 키워드, 감성지능

감성지능에 대한 세계적 열기

1990년 〈뉴욕 타임스〉에서 과학 담당 기자로 일할 당시, 현재 뉴햄프셔 대학의 존 메이어(John Mayer)와 예일 대학의 피터 샐로비(Peter Salovey)라는 두 심리학자가 쓴 논문을 우연히 보게 됐다. 메이어와 샐로비는 '감성지능'이라는 개념을 처음으로 정식화해 제시했다.

그 당시는 똑똑함의 기준으로 IQ(Intelligence Quotient)가 절대적 우위를 지니고 있던 시기로, IQ가 선천적으로 타고나는 것인지 아니면 경험으로 학습되는 것인지를 두고 열띤 토론이 벌어지던 때였다. 그런데 이 때 돌연 성공적인 삶의 구성 요소로 새로운 사고방식이 등장했다. 1995년, 나는 이 책의 제목이기도 한 개념에 전율했다. 메이어와 샐로비처럼 나도 그 개념에 관한 광범위한 과학적 자료들을 모아 분석했고, 단편적인 연구 내용들을 통합했다. 나는 각각의 이론들을 검토하는 데 머물지 않았다. 감성이 뇌에서 어떻게 통제되는지를 탐구하는 감성적 신경과학(affective neuroscience) 같은 발생 초기 분야의 첫 성과들을 비롯해, 아주 다양하고 흥미로운 여타의 과학적 발전 성과들을 검토한 것이다.

10년 전, 이 책을 출간하기 바로 직전에 이런 생각이 들었다. '어느 날 내가 모르는 두 사람이 감성지능이라는 말을 사용한, 그리고 둘 다 그것이 무엇을 의미하는지 이해하는 대화를 엿듣게 된다면, 나는 이 개념을 문화 속에 광범위하게 퍼뜨리는 데 성공한 것일 거야.' 사실 난 감성지능을 다룬 이 책이 성공하리라고는 전혀 예측하지 못했다.

'감성지능' 혹은 'EQ'는 이제 여기저기 모습을 드러내게 되어 연재만화 〈딜버트(Dilbert)〉와 〈멍청이 지피(Zippy the Pinhead)〉 같은 어울리지 않는 곳에도 나왔고, 〈뉴요커〉에 로즈 채스트가 그리는 만화에도 등장했다. 아이들의 EQ를 높여준다고 선전하는 장난감도 출시됐고, 사랑에 번민하는 사람들이 싣는 장래의 짝을 구하는 광고에도 가끔 EQ가 등장한다. 호텔방의 샴푸병에도 EQ에 대한 말이 인쇄돼 있다.

감성지능 개념은 지구 구석구석까지 퍼졌다. 그리하여 독일어, 포르투갈어, 중국어, 한국어, 말레이어 등 다양한 언어를 사용하는 나라들에서도 인정받게 됐다(그렇다 해도 나는 EQ보다는 'EI(Emotional Intelligence)'를 선호한다). 나는 불가리아의 박사과정 학생, 폴란드의 교사, 인도네시아의 대학생, 남아프리카공화국의 사업 컨설턴트, 오만의 경영 전문가, 상하이의 중역 등등 세계 곳곳의 사람들에게서 이메일로 질문을 받곤 한다. 인도의 경영대학 학생들은 EI와 리더십에 대해 공부하고, 아르헨티나의 CEO는 그 주제에 대해 내가 나중에 쓴 책을 추천한다. 또한 나는 기독교, 유대교, 이슬람교, 힌두교, 불교의 종교학자들에게서 EI 개념이 그들 자신의 신앙과 궤를 같이한다는 말을 들은 적도 있다.

감성지능 교육 프로그램

하지만 무엇보다 만족스러운 점은, 감성지능이 SEL(Social and Emotional

Learning) 프로그램을 통해 교육자들에게 열렬한 환영을 받았다는 사실이다. 1995년으로 돌아가 보자. 당시엔 아이들에게 감성지능을 가르치는 프로그램이 몇 개 없었다. 그런데 10년이 지난 지금은 전 세계의 수십만 학교들이 SEL 프로그램을 제공한다. 미국의 모든 주에서 현재 SEL을 필수 교과과정으로 지정했고, 학생들은 수학이나 언어 과목과 마찬가지로 SEL에서도 일정 수준의 점수를 획득해야 한다.

일리노이 주에서는 유치원부터 고등학교까지 전 학년에 걸쳐 SEL 학습 특별 기준을 마련했다. 포괄적이면서도 세분화된 이 탁월한 교과과정의 한 예를 들어보자. 초등학교 저학년 아이들은 자신의 감성을 파악하고 그 감성을 어떻게 작용하게 할 것인지 인지하여 정확하게 분류하는 법을 배운다. 초등학교 고학년이 되면 감정이입 수업을 통해 다른 사람이 느끼는 방식에 대한 비언어적 단서를 인식할 수 있게 된다. 중학교에 진학해서는 자신이 받는 스트레스의 원인이 무엇인지, 혹은 자신이 최고의 성과를 거두는 데 어떤 요인이 작용하는지를 분석할 수 있다. 또한 고등학교 때는 갈등을 키우는 대신 그것을 해소하는 방식으로 경청하고 말하는 능력과, 서로 이익이 되는 방향으로 문제를 해결하기 위해 협상하는 능력을 배우게 된다.

말레이시아, 홍콩, 일본, 한국의 몇몇 학교들도 그렇지만, 특히 싱가포르가 적극적으로 SEL 프로그램을 활용하고 있다. 유럽에서는 영국이 주도해왔지만, 오스트레일리아와 뉴질랜드, 라틴아메리카와 아프리카의 여러 학교에서도 EI를 받아들이고 있다. 2002년, 유네스코는 SEL을 진흥시키기 위해 SEL 실행을 위한 10가지 기본 원칙이 담긴 권장서를 140개국의 교육부 장관에게 발송했다.

몇몇 지역과 나라들에서 SEL은 인성교육, 폭력 예방, 약자 괴롭힘 근절, 약물 복용 예방, 학교 규율과 관련된 여러 프로그램들을 종합해 계통을 세워주는 포괄적인 것이 됐다. SEL의 목표는 이런 문제들을 줄여줄 뿐 아니라, 학교 환경을 개선하여 궁극적으로 학생들의 학업성취도를 향상시키는 것이다.

1995년에 나는 SEL이 폭력과 같은 문제를 예방하는 한편, 학습 향상 프로그램의 중요한 구성 요소임을 시사하는 몇 가지 증거를 제시했다. 지금은 물론 충분히 과학적으로 입증할 수 있다. 학생들이 자기인식과 자기확신을 향상시키고, 혼란스러운 감성과 충동을 통제하며, 감정이입 능력을 키우게 되면 행동이 좋아질 뿐 아니라 학업성취도도 높아지는 실험 결과를 얻을 수 있었기 때문이다.

이 실험은 취학 전 아동에서 고등학생까지를 대상으로 하는 SEL 프로그램에 대한 668건의 평가 연구들을 가지고 최근 메타 분석한 것이다. 대단한 뉴스거리가 아닐 수 없다.[1] 이 대규모 실험은 일리노이 대학교에서 학문적, 사회적, 감성적 학습 공동 연구 과정—SEL을 전 세계의 학교로 전파하는 데 주도적 역할을 수행한다—을 주도하는 로저 와이스버그 (Roger Weissberg)가 실시했다.

성취도 테스트 결과와 성적 평균에서 드러난 대로 SEL은 학업성취 면에서 강력한 효과를 보였다. 이 조사에 참여한 학생들 중 최고 50퍼센트가 성취도 향상을 보였고, 최고 38퍼센트의 학생들은 평균 점수가 좋아졌다. SEL은 또한 학교를 안전하게 만들어 나쁜 행동 사례가 평균 28퍼센트로 떨어졌고, 정학은 44퍼센트까지 줄었으며, 그 외 징계 건수도 27퍼센트 줄었다. 그와 동시에 63퍼센트의 학생들이 상당히 적극적으로 학교생활에 참여하면서 출석률이 높아졌다. 사회과학 연구 분야에서 이런 정도의 결과는 행동 변화를 촉발하는 어떤 프로그램에 비해서도 탁월한 것이다. SEL은 목표한 대로 잘 해냈다.

1995년, 나는 SEL 효과의 상당 부분은 전전두엽피질(prefrontal cortex)의 실행 기능을 적합하게 만드는 데 큰 영향을 미침으로써 생긴 것이라고 주장했다. 아이들의 신경회로와 작동기억(working memory)—우리가 학습할 때 마음속에 지니고 있는 것—을 관장하고 파괴적인 감성충동을 억제하는 부위가 바로 전전두엽피질이기 때문이다. 오늘날엔 그 주장을 과학적으로 증명할 만한 예가 있다. SEL의 PATHS(대안적 사고 책략 촉진하기) 교과과정 개발자인 펜실베이니아 주립대학교의 마크 그린버그(Mark Greenberg)는 초등학생을 위한 이 프로그램이 학업 성적을 향상시키는 데만 머물지 않는다고 주장한다. 그는 성적 향상의 상당 부분이 전전두엽피질의 주요 기능인 주의력과 작동기억력의 향상 때문일 수 있는데, 이 점은 대단히 중요한 의미를 지닌다고 말한다.[2] 이런 사실은 반복되는 경험을 통해 두뇌조직이 형성된다는 '뇌가소성(neuroplasticity)'이 SEL의 효과에서 큰 역할을 한다는 점을 강력하게 시사한다.

가장 영향력 있는 경영 개념

내가 가장 놀라워한 것은 경영 분야, 특히 리더십과 직장인들의 자기계발 영역에 EI가 미친 영향력이었다. 〈하버드 비즈니스 리뷰(Harvard Business Review)〉는 감성지능을 최근 10년간 가장 영향력 있는 경영 개념 가운데 하나로 보고, '토대를 놓고 패러다임을 뒤흔드는 개념'이라며 환호했다.

경영 분야의 그런 주장은 실체도 없이, 너무 자주 유행처럼 지나가는 경향이 많다. 그러나 여기서 확실한 데이터에 토대를 둔 EI의 적용을 확신하는 광범위한 연구자들의 네트워크가 구축되기 시작했다. 럿거스 대학에 기반을 둔 감성지능연구협회(CREIO)는 이런 과학적인 연구를 촉진하고, 연방정부의 인력 담당 부서에서부터 아메리칸 익스프레스 카드에 이르는 조직들과 협력하는 일을 주도해왔다.

오늘날 세계의 기업들은 고용이나 승진, 직원들의 자질 계발 등을 평가할 때 일상적으로 EI라는 렌즈를 통해 바라본다. 이를테면 존슨&존슨(CREIO 회원)은 전 세계 지사들에 근무하는 중간 경력 직원들 중 리더십 잠재력이 높은 사람들이 그렇지 않은 또래들보다 EI 능력이 훨씬 뛰어난 것을 발견했다. CREIO는 이 연구를 계속하고 있는데, 이는 사업 목표를 달성하고 임무 완수 능력을 높이려고 애쓰는 기업들에게 훌륭한 지침이 될 수 있다.

감성혁명 이후 10년

1990년 샐로비와 메이어가 독창성이 풍부한 논문을 제출했을 당시, 그들이 만든 학문 영역이 단 15년 만에 이렇게 융성하게 될 거라고는 아무도 예상하지 못했을 것이다. 지금 이 영역의 연구는 봇물이 터진 상태다. 1995년만 해도 EI에 대한 과학적 문헌이라고 할 만한 것이 하나도 없었지만, 지금은 수많은 연구들이 있다. 감성지능 관련 박사학위 논문이 700편 이상이고, 교수들의 연구는 말할 것도 없으며 그런 데이터베이스에 수집되지 않은 연구들을 포함해 수많은 논문이 계속 쏟아져 나오고 있다.[3]

이것은 상당 부분 메이어와 샐로비 덕분이다. 그들은 동료인 경영 컨설턴트 데이비드 카루소(David Caruso)와 함께 감성지능을 과학적으로 증명하기 위해 쉼 없이 연구해왔다. 감성지능에 관한 과학적 이론을 정식화하고 이런 능력이 성공적인 삶을 가져온다는 실험 결과를 제공함으로써 그들은 이 분야에서 더할 나위 없이 훌륭한 연구 기준을 마련했다.

EI에 대한 학문적 발전을 급성장시킨 또 다른 주요 인물은 휴스턴에 있는 텍사스 대학교 의과대학에 근무하는 로이번 바르온(Reuven Bar-On)이다. 그의 EI 이론—그리고 고(高)에너지 열정 이론—은 그가 고안한 측정 수치를 활용하는 많은 연구에 영향을 주었다. 바르온은 또한 임계규모

(어떤 변화를 일으키기 위해 필요한 최소한의 규모-옮긴이)를 제공하는 데 도움을 준 《감성지능편람(*The Handbook of Emotional Intelligence*)》을 포함한 저서를 집필하고 편집하는 일에도 중추적 역할을 했다.

이렇듯 성장하던 EI 연구는 지능연구 학자들, 특히 IQ가 인간의 능력을 측정할 수 있는 유일한 방법이라고 주장하는 사람들의 강한 반대에 부딪혔다. 그럼에도 EI는 강력한 패러다임으로 등장했다. 과학철학자 토머스 쿤(Thomas Kuhn)이 말한 대로, 어떤 이론 모델도 더욱 설득력 있는 검증이 이루어짐에 따라 점차 수정되고 다듬어진다. 그런 과정이 EI 연구에서는 잘 이루어지는 듯 보인다.

EI에는 세 가지 주요 모델이 있는데, 각각 다른 관점을 가지고 있다. 샐로비와 메이어의 모델은 한 세기 전 IQ 연구에 의해 형성된 지능의 전통에 확고히 자리를 잡고 있다. 로이번 바르온의 모델은 웰빙에 대한 그 자신의 연구에 기초를 두고 있다. 그리고 내가 만든 모델은 평균 이상의 뛰어난 직장인들만 갖고 있는 능력을 모형화했던 몇십 년간의 연구와 EI 이론을 융합해서, 업무 실행력과 조직 리더십에 초점을 맞춘다.

감성지능에 대한 신화

불행히도 이 책을 잘못 읽은 사람들로 인해 몇 가지 신화가 생겨났다. 나는 지금 그런 잘못된 신화들을 말끔히 청소해버리고 싶다. 그 하나는, '감성지능이 성공의 80퍼센트를 담당한다'는 특이한 궤변이다. 이 주장은 터무니가 없다.

그런 오해는 IQ가 대략 성공의 20퍼센트를 설명해준다고 시사하는 자료들에서 나온 것이다. 그런 추측─단지 추측일 뿐이다─때문에 성공의 나머지 80퍼센트를 감성지능이 관장한다는 말이 나오게 된 것이다. 그러나 감성지능이 성공의 나머지 요인들을 대표하는 것은 아니다. 감성지능

외에도 가족의 부(富)라든가, 가정교육, 개인의 기질, 우연한 행운 등 성공에 이르는 데는 분명히 아주 광범위한 요인이 포함된다.

존 메이어와 그의 동료들이 지적했듯이, '일반 독자들에게 설명되지 않은 80퍼센트의 변수를 설명하는 일은 성공의 상당한 부분을 차지하는 간과된 변수가 정말 있으리라는 점을 시사한다. 물론 성공을 설명해낼 이 나머지 변수가 무엇인지 제시할 수 있다면 좋겠지만 한 세기 동안 심리학에서 연구된 어떤 변수도 그렇게 엄청난 기여를 한 개념은 없었다.'[4]

또 다른 오해는 '감성지능이 IQ보다 더 중요한 이유는?'이라는 이 책의 메시지를 학문 영역에 무모하게 적용하려는 것이다. 사실 면밀한 조건 없이는 어떤 가설도 학문적으로 의미가 없는데 말이다. 이런 오해의 극단적인 형태는 EI가 모든 영역에서 'IQ보다 훨씬 더 중요하다'는 신화다.

지성(知性)이 성공에 비교적 덜 영향을 미치는 '부드러운' 영역에서는 감성지능이 IQ를 이긴다. 예를 들어 정서적 자기 규제와 감정이입이 인지 능력보다 훨씬 두드러지는 영역에서는 감성지능이 IQ보다 훨씬 더 중요한 역할을 한다.

이렇게 제한된 영역 중에는 공교롭게도 우리 생활에서 대단히 중요한 영역도 있다. 비관적 감정과 유해한 인간관계가 질병의 위험 요인으로 규명된 만큼, 우리 생활에서 중요한 한 영역은 건강이다(제11장). 좀 더 조용하고 자각적으로 감성생활을 영위할 수 있는 사람들은 측정할 수 있을 만큼 뚜렷한 건강상의 이점을 지니고 있는 듯 보인다.

또 다른 영역은 우리 모두 잘 알고 있듯, 똑똑한 사람이 얼간이 짓을 할 수도 있는 낭만적 사랑과 개인들 간의 관계다(제9장). 한편 이 책에 쓰지는 않았지만, 세 번째 영역은 세계적 수준의 스포츠 같은 최고의 경쟁적 노력이다. 미국 올림픽 팀 코치인 스포츠 심리학자가 언급했듯이, 세계적 수준에 이른 선수들은 충분히 필요한 연습을 했으므로 이제 성공은 선수들 각 개인의 멘털 게임(mental game : 정신적, 정서적 차원의 게임)에 달린 것이다.

경영과 전문 리더십 분야에서는 훨씬 복잡한 양상을 띤다(제10장). IQ로는 주어진 상황이 요구하는 인지적 도전을 개인이 어느 정도나 처리할 수 있을지를 예측할 수 있다. 수많은 연구를 통해 IQ는 사람들이 어느 정도의 일을 감당할 수 있을지를 나타내준다는 사실이 밝혀졌다.

그러나 지적인 특성이 강한 직종 내에서는 능력 있는 후보자들 중 누가 최고의 지도자가 될 것인지를 IQ로 예측하기란 매우 어렵다. 이는 해당 직업 혹은 대규모 조직체에서 높은 수준에 있는 사람들은 이미 지성과 전문성 면에서 걸러진 사람들이라는 '바닥효과(floor effect : 독립변인에 대한 피험자의 수행이 거의 완벽하여 독립변인 간의 차이를 발견하기 어려운 상황─옮긴이)' 때문이다. 높은 IQ가 '최후의' 능력이 되는 매우 높은 수준에서는 그저 게임에 뛰어들어 버티기만 하면 된다.

내가 1998년에 쓴 《감성지능으로 일하기(Working with Emotional Intelligence)》에서 제안한 대로, 매우 뛰어난 사람들로 구성된 그룹에서는 누가 최고의 지도력을 발휘할 것인지를 예측하는 '변별' 능력으로 IQ나 기술적 재능보다 오히려 EI 능력이 적절하다. 만일 전 세계의 조직체들이 독립적으로 자신들의 스타 지도자를 감정한 내용을 세세히 살펴본다면, IQ와 기술 능력은 지위가 높을수록 목록 아래쪽으로 떨어진다는 사실을 발견할 수 있을 것이다. (IQ와 기술 전문성은 좀 더 낮은 수준에서는 훨씬 강력한 지표가 된다.)

그런 점은 나와 리처드 보이애치스(Richard Boyatzis) 그리고 애니 매키(Annie McKee)가 2002년에 쓴 《감성의 리더십 : 감성지능으로 지도하는 법 배우기(Primal Leadership : Learning to Lead with Emotional Intelligence)》에서 좀 더 충분하게 설명했다. 가장 높은 수준에서의 리더십 경쟁 모델은

80에서 100퍼센트는 EI에 기반을 둔 능력으로 완성된다. 세계의 주요 스카우트 회사들의 연구들이 지적하듯이, 'CEO들은 뛰어난 지성과 전문 경영 능력으로 고용되지만, 감성지능의 부족으로 해고된다.'

감성지능과 감성능력

《EQ 감성지능》을 썼을 무렵, 나는 과학 담당 기자로서 심리학에 나타난 새로운 경향성, 특히 신경과학이 감성 연구와 융합되는 상황에 대해 사람들에게 알려야 한다고 생각했다. 하지만 그 분야에 깊숙이 빠지게 되면서, 내 통찰력을 EI 모델 연구에 쏟는 심리학자로 돌아가게 됐다. 그 결과 감성지능을 정식화하는 과정은 내가 이 책을 쓴 이후에도 계속 발전하고 있다.

《감성지능으로 일하기》에서는 EI의 기초가 되는 자기인식, 자기관리, 사회적 인식, 관계관리 능력 등이 삶의 현장에서 성공으로 이끄는 방법을 제시하는 확장된 틀에 대해 썼다. 그 과정에서 대학원 지도교수였던 하버드 대학의 심리학자 데이비드 매클렐런드(David McClelland)에게서 '능력(competency)'이란 개념을 빌려오게 됐다.

감성지능은 자기숙달 따위의 기본 능력을 학습할 수 있는 잠재력을 측정하고, 감성능력은 그 잠재력 중 어느 정도나 실제 현장에서 자신의 능력이 됐는지를 보여준다. 고객 서비스나 협동작업 같은 감성능력에 숙련되기 위해서는, EI의 기본 토대가 되는 능력 가운데 특히 타인 의식 능력과 인간관계 관리 능력이 필요하다. 그러나 감성능력은 학습해야 하는 능력이므로, 타인 의식 능력이나 인간관계 관리 능력이 있다 해서 고객을 능숙하게 대하거나 갈등 해결에 필요한 추가 학습까지 정통했다고는 볼 수 없다. 사람들은 그저 이런 능력에 숙련될 수 있는 잠재력을 지니고 있을 뿐이다.

한편 해당 능력이나 직무 기술을 드러내기 위해서는 충분치는 않아도 기초적인 EI 능력이 꼭 필요하다. 인지적으로 아날로그형인 사람은 탁월한 공간감각을 지니고 있지만, 건축가는 고사하고 기하학도 결코 배우지 못한 학생인 셈이다. 이처럼 고객 서비스 능력은 배워본 적 없어도 대단히 감정이입을 잘하지만 고객을 맞이하는 데는 서툰 사람도 역시 있게 마련이다. (나의 현재 모델이 4가지 EI 집단 내에서 20가지 정도의 능력들에 어떻게 둥지를 틀고 있는지 이해하고 싶은 사람이라면《감성의 리더십》부록을 참고할 것.)

현대 사회의 문제에 방치된 아이들

1995년에 나는 학부모와 교사들이 평가한, 전국의 7~16세에 해당하는 약 3000명에 대한 인구통계학적 대표 표본 자료를 발표했다. 이 자료는 1970년대 중반에서 1980년대 중반에 이르기까지 10년 동안 미국 아이들의 감성적 웰빙지수가 상당한 감소를 겪었음을 나타낸다. 아이들은 외로움과 걱정, 불복종과 불만 등 많은 문제에 직면해 있었다. (물론 이 수치들이 무엇을 나타내든, 뛰어난 성장을 보이는 아이들은 항상 예외적으로 존재하게 마련이다.)

그러나 1999년에 평가한 아이들은 1970년대 중반에 기록된 수준까지는 미치지 못해도, 1980년대 후반 아이들보다는 훨씬 나아진 듯 보여 감성적 웰빙지수는 눈에 띄게 좋아진 것으로 평가됐다.[5] 하지만 부모들은 여전히 자녀들이 '나쁜 영향'에 쉽게 노출될 것을 염려하면서 대체로 자식에 대해 불평할 가능성이 높고, 아이들의 투덜거림도 전보다 더 많아진 듯 보인다. 그래도 분명 나아지는 경향을 보이고 있다.

솔직히 좀 혼란스럽다. 오늘날 아이들은 경제발전과 과학기술의 진보가 결코 의도하지 않았던 희생자들로, 그들의 EI 능력은 낮게 나타난다. 이는 그들의 부모들이 이전 세대보다 일터에서 더 오랜 시간을 보내기 때문이고, 늘어난 유동성이 대가족의 유대를 끊어놓았기 때문이며, '자유' 시간이 너무나 구조화되고 과도하게 짜여졌기 때문이다. 요컨대 감성지능은 전통적으로 부모나 친척과 더불어 일상생활에서 자유롭게 놀이를 하는 가운데 배우게 되는 것이지만, 지금의 아이들은 그런 기회를 박탈당해버린 것이다.

그런 데다가 과학기술의 발전으로, 오늘날 아이들은 인류사에 유례가 없을 정도로 많은 시간을 컴퓨터 화면을 뚫어져라 쳐다보며 혼자 보낸다. 나는 이것을 전례 없는 규모의 자연적인 실험으로 여겼다. 이 아이들이 컴퓨터를 할 때처럼 다른 사람들과도 편안하게 지내는 어른으로 성장할 것인가? 나는 가상세계 속에서 많은 시간을 보낸 어린 시절이 현실세계에서 진짜 사람들과 대화하는 기술을 빼앗아버릴 것이라고 생각하는 편이었다.

그리고 지난 10년 남짓한 세월 동안 이런 내 생각을 뒤집을 만한 어떤 일도 일어나지 않았다. 그러나 감사하게도 아이들은 좀 더 잘 지내는 듯 보인다.

버몬트 대학의 심리학자 토머스 아헨바흐(Thomas Achenbach)는 1990년대의 경제발전이 어른뿐 아니라 아이들의 삶도 향상시켰다고 주장한다. 많은 일자리와 범죄율 감소는 좀 더 나은 환경에서 아이들이 자란다는 것을 뜻했다. 만일 심각한 경기불황이 발생한다면, 삶의 기술과 관련해 아이들에 대한 EI 측정에서 또 다른 쇠퇴를 목격하게 될 것이라고 그는 말한다. 하지만 그렇게 되는지 어떤지는 그때가 되어야만 알 수 있다.

감성지능이론의 미래

광범위한 분야에서 중요한 주제가 된 EI 연구의 급속한 발전은 예측을 어렵게 만들지만, 곧 다가올 미래에 이루어졌으면 하고 바라는 몇 가지

내 생각을 제시해보겠다.

감성능력의 발전으로 인한 많은 효과가 그동안은 고위급 경영진과 사립학교 학생들 같은 특권층에게 돌아갔다. 물론 가난한 집 아이들도 혜택을 누렸다. 이를테면 그들이 다니는 학교에서 SEL 프로그램이 실행됐다면 그랬을 테니까 말이다. 그러나 나는 이 다양한 인간 기술의 발전이 더욱 민주화되길 바란다. 그래서 가난한 가정(그런 가정에서는 종종 곤경에 빠뜨리는 감성적 상처로 아이들이 고통받는다)과 감옥(특히 분노관리, 자기인식, 감정이입 같은 자신을 강화하는 기술을 습득함으로써 엄청난 효과를 볼 젊은 범죄자들)에까지 그것이 뻗어 나가길 바란다. 올바른 도움을 받아 감성지능 능력을 갖게 된다면, 그들의 삶은 개선되고 그들이 속한 공동체는 더욱 안전해질 것이다.

또한 나는 감성지능 자체에 대한 사유의 폭이 넓어지기를 바란다. 개인의 능력에 대한 초점에서 나아가 일대일이든, 좀 더 큰 집단이든 사람들이 상호작용할 때 나타나는 능력에 초점을 맞추는 일이 많아졌으면 좋겠다. 이미 어떻게 여러 사람들로 구성된 집단이 감성적으로 뛰어나게 될 수 있는지에 대한 뉴햄프셔 대학의 심리학자 버네사 드러스캣(Vanessa Druskat)의 연구는 무리 없이 이런 도약을 이루어냈다. 하지만 앞으로 더 많은 발전이 이루어질 수 있을 것이다.

마지막으로, 감성지능이 우리 삶 속에 아주 광범위하게 퍼져서 그것을 따로 언급할 필요가 없게 되는 날을 그려본다. 그런 미래에는 모든 학교에서 SEL이 표준 관행이 될 것이다. 마찬가지로 작업장에서는 자기인식, 파괴적 정서 관리, 감정이입 같은 EI 자질들이 교육될 것이고, 그것들은 취직과 승진 그리고 특별히 리더십을 갖추기 위한 '필수 요건'이 될 것이다. 만일 EI가 IQ만큼 광범위하게 퍼져 인간의 자질을 측정하는 도구로 각인된다면, 그때는 가정, 학교, 직장 등 모든 공동체가 더욱 인정(人情) 있고 자양분 넘치는 곳이 될 것이다.

아리스토텔레스의 도전

> 누구나 화를 내기는 쉽다. 그러나 적당한 사람에게, 알맞은 정도로,
>
> 합당한 때에, 옳은 목적을 위해, 제대로 화를 내는 일은 쉽지 않다.
>
> — 아리스토텔레스, 《니코마코스 윤리학》

20여 년 전, 찜통 같은 불더위가 기승을 부려 다들 불쾌감에 허덕이는 뉴욕의 8월 어느 날 오후였다. 호텔로 돌아가려고 매디슨가(街)에서 버스에 올라타던 나는 깜짝 놀라고 말았다. 중년의 흑인 운전사가 환한 웃음으로 "안녕하세요?" 하고 인사하며 버스에 오르는 나를 맞이하는 것이 아닌가. 그는 혼잡한 도심을 꾸물꾸물 기어가는 버스에 올라타는 모든 사람들에게 이렇게 인사를 건넸다. 하지만 워낙 짜증스러운 날씨 탓인지 그의 인사에 답례하는 사람은 거의 없었다.

그런데 버스가 교통체증을 뚫으며 느릿느릿 가는 동안에 조금씩 기묘한 변화가 일어났다. 버스 기사가 승객들을 즐겁게 해주기 위해 차창 밖 풍경을 보며 실황 방송을 시작한 것이다. "저 상점에서는 대대적인 세일을 한답니다." "여기 이 박물관에서는 훌륭한 전시회가 열린다는군요." "한 블록 아래 극장에서 새로 상영되는 영화 소식은 들으셨나요?" 도시가 제공하는 풍부한 볼거리들을 가지고 흥겹게 말하는 그의 밝은 분위기가 승객들 사이로 퍼져 나갔다. 버스에서 내릴 무렵 어느새 승객들은 처음에 지녔던 불쾌한 기분을 털어버리고 버스 기사가 큰 소리로 "안녕히 가세요. 좋은 하루 되세요!" 하고 건네는 인사에 환하게 웃으며 화답

하고 있었다.

그때의 기억은 지금도 내 뇌리에 강하게 남아 있다. 당시 나는 하버드 대학교에서 막 심리학 박사학위를 끝마친 후였다. 하지만 나는 당시 버스 승객들에게 왜 그런 변화가 일어났는지 거의 주의를 기울이지 않았다. 그때만 해도 심리학에서는 감성의 메커니즘을 거의 알지 못했다. 그럼에도 그 버스 승객들에게 번진 좋은 기분이 틀림없이 도시 전체에 잔물결처럼 퍼져 나갔을 거란 생각이 들었다. 나는 그 버스 기사가 승객들의 마음을 어루만져 부드럽게 만드는 힘을 가진 마법사 같은 존재라는 사실을 깨달았다.

하지만 다음은 그와는 아주 대조적인 내용의 신문 기사들이다.

- 아홉 살짜리 소년이 학교에 등교해 책상, 컴퓨터, 프린터에 페인트를 뿌리고 주차장에 있던 차들을 부수는 등 난동을 부렸다. 소년은 3학년 급우들 몇몇이 그를 '아기'라고 부르자 '따끔한 맛을 보여주고 싶었다'고 이유를 밝혔다.

- 맨해튼의 한 랩 클럽 바깥에서 배회하던 10대들 사이에 돌발적인 충돌이 일어나 싸움을 하다가, 급기야 창피를 당한 한 10대가 38구경 자동소총을 꺼내 총격을 가하기 시작했다. 별것 아닌 듯 보이는 사소한 무시조차 자존심을 상하게 하는 행동으로 받아들이면서 함부로 총을 발사하는 일이 최근 몇 년 동안 전국적으로 더욱 늘고 있다.

- 한 보고서에 따르면, 12세 이하 아동 살해범 중 57퍼센트는 그 아동의 부모나 양부모였다. 그들 중 거의 절반은 '자식을 훈계하려 했을 뿐'이라고 말한다. 이는 부모가 보고 있는 TV 앞을 아이가 가로막았다든가, 울거나 기저귀를 더럽혔다든가 하는 사소한 '위반'에서 비롯했다.

- 한 독일 청년이 다섯 명의 터키 성인 여자들과 소녀들이 자고 있는 방에 불을 질러 전원을 살해한 혐의로 재판을 받고 있다. 네오나치 단체의 일원인 그는 일자리를 얻지 못한 처지에서 술을 마시던 중 자신의 불운이 외국인 탓이라는 생각이 들었다고 말했다. 거의 들릴락 말락 한 목소리로 청년은 말한다. "제가 저지른 짓에 대해 정말이지 너무 죄송스럽습니다. 전 죽고 싶을 정도로 부끄럽습니다."

 뉴스를 전하는 매체들마다 예절과 안전의 붕괴, 광란으로 치닫는 천박한 충동으로 인한 사건 기사들로 넘쳐나고 있다. 이런 소식은 삶의 통제를 벗어난 감성이 주는 섬뜩한 느낌을 좀 더 강하게 우리에게 불러일으킨다. 아무도 이런 감정폭발과 후회라는 그릇된 흐름에서 자유로울 수 없다. 그런 흐름은 어떤 식으로든 우리 삶 곳곳에 스며들기 때문이다.

 지난 10년간 이처럼 가정 혹은 공동체적 삶 속에 감성적 어리석음, 좌절, 무모함의 모습은 더욱 늘어났다. 베이비시터에게 맡겨진 맞벌이부부의 아이들이 경험하는 외로움 속에서건, 버림 받고 무시되고 학대받는 아이들의 고통 속에서건, 혹은 부부간 폭력이라는 추한 친교의 모습 속에서건, 지난 세월은 들끓는 분노와 절망의 시간으로 기록됐다. 전 세계에 걸친 우울증의 급격한 증가, 학교에서 총을 든 10대, 총격으로 끝나는 고속도로 충돌, 동료들을 대량 학살한 분노한 전직 고용인처럼 급등하는 공격성의 파고를 알리는 사건들 속에서 우리들 마음에 확산되는 감성적 불안감을 읽을 수 있다. 감성적 학대, 길거리 행인들을 향한 무차별 총격, 외상 후 스트레스 장애(커다란 스트레스나 외상 후에 따르는 정신적, 심리적 장애-옮긴이) 등등 지난 10년 동안 우리는 이런 말들을 흔하게 접할 수 있었다. 과거에 흔히 듣던 "좋은 하루 되세요" 하는 쾌활한 인사는 요즘엔 "어디, 해볼 테면 해봐" 하는 퉁명스러운 말로 바뀌었다.

이 책은 그런 몰상식함의 원인을 찾아내 이해해보려는 지침서다. 나는 심리학자로서, 또 지난 10년간 〈뉴욕 타임스〉에서 일해온 언론인으로서 비합리적 영역에 대한 과학적 이해를 추적해왔다. 그 과정에서 두 가지 상반되는 경향과 마주쳤는데, 우리의 공유된 감성생활 속에서 늘어가는 재난을 드러내는 경향이 그 하나이고, 몇 가지 희망적인 치유책을 제공하는 다른 경향이 나머지 하나다.

지능에 대한 편협한 이해를 넘어

좋지 않은 소식들 속에서도 지난 10년간 감성 연구는 크게 발전해왔다. 가장 극적인 변화는 두뇌영상 기술 같은 혁신적 방법이 개발돼 활동 중인 뇌를 살펴볼 수 있게 됐다는 사실이다. 그동안 깊은 신비의 장막에 싸여 있던 두뇌를 우리 눈으로 직접 볼 수 있게 됐다. 생각하고, 느끼고, 상상하고, 꿈을 꾸는 동안 복잡하게 얽힌 세포 덩어리가 어떻게 작동을 하는지 정확하게 알 수 있게 된 것이다. 이제 물밀듯이 밀려오는 신경생물학적 데이터들 덕분에 감성을 관할하는 뇌의 중심부가 어떻게 우리를 분노하게 하고 눈물 흘리게 만드는지, 사랑이나 전쟁을 하도록 자극하는 뇌의 원시적 부분이 어떻게 우리를 더 나은 선택을 하게 하거나 최악의 선택을 하게 하는지 그 어느 때보다 명확하게 이해할 수 있게 됐다. 감성과 감성적 파탄이 미치는 영향에 대한 이런 전례 없는 규명은 우리가 겪는 집단 감성의 위기를 치유하기 위한 몇 가지 신선한 방책에 초점을 맞춘다.

나는 이 책을 쓸 정도로 충분한 과학적 수확이 거두어질 때까지 기다려야 했다. 정신생활에서 감성이 차지하는 위치에 대한 연구가 오랫동안 거의 이루어지지 않아서 과학적 심리학의 경우 감성 분야는 거의 탐구되지 않은 미지의 대륙이었기 때문이다. 이런 텅 빈 공간에 다양한 자기 계발 책들이 던져졌다. 임상에 입각해 있긴 하지만 과학적 토대가 매우 빈약한, 하지만 어쨌든 선의의 충고들을 담은 것들이 말이다. 인간의 마음을 정밀하게 도식화하기 위해, 가장 불합리적인 심리 상태에 대한 이런 절박하고도 복잡한 의문들에 대해 마침내 오늘날 과학은 근거를 들어 말할 수 있게 됐다.

IQ(Intelligence Quotient)는 타고나는 것이라 삶의 경험에 따라 변화될 수 없는 이미 정해진 것이고, 인간의 운명은 대체로 이런 자질에 의해 결정된다면서 지능에 대한 편협한 견해에 찬동하는 이들이 있다. 그들에게 감성 지도 그리기는 하나의 도전으로 받아들여질 것이다. 그들은 '자녀들이 삶을 더 잘 헤쳐 나가도록 도와주려면 어떤 변화를 가져와야 할까?'와 같은 질문은 무시해버린다. 예를 들어 IQ가 높은 사람은 허둥대는데 평범한 IQ를 지닌 사람이 놀랄 만큼 능력을 발휘한다면, 거기에는 어떤 요인이 작용하는 것일까? 그것은 자기통제, 열성과 끈기, 스스로 동기를 부여하는 능력 등을 포함하는, 즉 감성지능(EQ)이라 불리는 능력 때문인 경우가 아주 많다. 앞으로 살펴보겠지만, 이런 능력은 교육으로 습득할 수 있는 것이며, 유전적으로 주어졌을지도 모르는 지적 잠재력을 활용할 더 좋은 기회가 되기도 한다.

이런 가능성 이상으로 도덕적 필요성이 절박한 모습을 드러낸다. 오늘날은 매우 빠른 속도로 사회가 해체되고 이기심과 폭력과 비열함이 공동체적 삶의 미덕을 시들어버리게 하는 듯 보이는 시기다. 이런 때에 감성지능이야말로 더욱 중요한 의미를 갖는데, 그것은 '감성지능이 감정, 인격, 도덕적 본능의 결합에 따라 좌우되는 것이기 때문이다.' 삶의 근본이 되는 도덕적 태도는 감성능력에서 나온다는 증거가 늘고 있다. 예를 들어 충동은 감성의 매개물로, 모든 충동의 씨앗은 행동 속에서 스스로를 참을 수 없다는 듯이 드러내는 감정이다. 충동을 못 이겨 자기통제가 되지 않는 사람들은 도덕적 결함을 드러낸다. 충동을 절제하는 능력이 의지와 인격의 토대다. 마찬가지로 이타주의의 뿌리는 타인의 감성을 읽어낼 수 있는 감정이입 능력 속에 존재한다. 타인의 욕구나 절망감을 느끼지 못한다면 남을 돌볼 수 없기 때문이다. 우리 시대가 요구하는 두 가지 도덕적 자세는 바로 극기(克己)와 공감(共感)이다.

우리의 탐구여행

감성의 과학적 통찰을 통해 우리의 삶과 우리를 둘러싼 세계 안에서 우리를 당황스럽게 만드는 순간들에 대해 좀 더 잘 이해할 수 있도록 이 책이 여행 안내자가 되어 도움이 되기를 바란다. 이 여정의 끝은 감성에다 지능을 더한다는 것이 무슨 의미이며, 그 방법은 어떤 것인지를 이해하는 단계일 것이다. 이런 이해만으로도 어느 정도 도움은 된다. 즉 감정의 영역에 인식을 도입하는 일은 물리학에서 양자(量子) 차원에 있는 관찰자의 영향력이 관찰되고 있는 것을 변화시키는 것과 같은 효과를 지닌다.

이 여정은 우리가 살면서 감성이 모든 합리성을 압도해버려 가장 당황스러워지는 순간들에 대한 설명을 제공하는, 두뇌의 감성적 구조에 대한 새로운 발견으로 1부를 시작한다. 이는 우리가 두려워하고 분노하거나 정열과 환희를 느끼는 순간을 규제하는 두뇌 구조들 간의 상호작용을 이해하는 일이다. 이를 통해 좀 더 파괴적이거나 자기패배적인 감성적 충동을 억제하기 위해 우리가 할 수 있는 일뿐 아니라, 우리가 지닌 최상의 선한 의도를 허물어뜨릴 수 있는 감성적 습관을 파악하는 방법에 대해 많은 것을 알 수 있게 된다. 무엇보다도 신경학적 데이터들을 통해 자녀들의 감성적 습관을 구체화해 볼 수 있는 기회를 접하게 된다는 점이 가장 중요하다.

그다음 중요한 것은 2부인데, 여기서는 신경학적으로 주어진 것들이 감성지능이라 불리는 삶에 필요한 기본적인 육감(肉感) 속에서 어떻게 작용하는지를 살펴본다. 예를 들어 감성의 충동대로 움직이고, 타인의 내면 깊숙한 감정을 읽어내며, 관계를 부드럽게 만드는, 아리스토텔레스가 말한 '알맞은 사람에게, 적당한 정도로, 제때에, 합당한 목적을 위해, 올바른 방식으로 화를 내는' 드문 능력을 다룬다. (신경학적 세부 사항에 매력을 느끼지 않는 독자라면 1부를 건너뛰고 2부부터 읽어도 괜찮다.)

'똑똑함'의 의미에 대한 이렇게 확장된 모델은 살아가는 데 필요한 자질 가운데 감성을 중심에 놓는다. 3부는 이런 자질이 만들어내는 몇 가지 중요한 차이점을 살펴본다. 이런 능력이 어떻게 우리가 가장 소중하게 여기는 관계를 보존하게 만드는지, 아니면 이런 능력 부족이 어떻게 그런 관계를 좀먹게 하는지, 또는 직장에서의 삶을 재구성하게 만드는 시장의 힘이 어떻게 직업적 성공을 위해 전례 없을 정도로 감성지능을 장려하고 있는지, 감성의 균형이 어떻게 건강과 행복을 보호하는 데 도움을 주는지, 유해한 감성이 어떻게 해서 줄담배만큼이나 육체적 건강을 위험에 빠뜨리는지에 대한 내용들이다.

사람은 누구나 자신의 기질을 결정하는 일련의 감성적 설정값을 타고난다. 그러나 이 설정값에 관여하는 뇌의 회로는 대단히 유연하다. 기질은 운명이 아닌 것이다. 4부에서 보여주듯, 어릴 적 가정과 학교에서 배운 감성적 교훈들이 뇌에 감성회로를 형성해서 우리를 기초적인 감성지능에 숙련되게 하거나 혹은 부적합하게 만든다. 이 말은 유소년기와 청소년기가 우리 삶을 지배하게 될 중요한 감성 습관을 확립하는 결정적인 시기라는 뜻이다.

5부는 성장기에 감성능력의 숙달에 실패한 사람들 앞에 어떤 위험이 도사리고 있는지를 탐구한다. 즉 감성지능의 결함이 어떻게 우울증이나 폭력적 삶, 무절제한 식사, 약물 남용 등 다양한 위험에 봉착하게 만드는지를 밝힌다. 또한 선구적인 학교들이 삶을 제 궤도로 올려놓는 데 필요한 감성적, 사회적 기술을 어떻게 학생들에게 가르치고 있는지 자세히 소개한다.

아마도 이 책에서 가장 당혹스러운 부분은 부모와 교사들이 실시한 대규모 조사 자료일 것이다. 이 자료는 요즘 아이들이 지난 세대의 아이들보다 훨씬 더 감성적인 장애에 처해 있다는 전 세계적 경향을 보여준다. 그들은 과거의 아이들보다 더욱 외롭고, 우울하며, 분노에 차 있고, 제멋대로고, 신경질적이고, 불안에 휩싸여 있고, 충동적이고, 공격적이다.

치유책이 있다면, 어떻게 아이들에게 삶의 준비를 시키느냐에 달렸다고 생각한다. 현재 우리는 자녀들의 감성교육을 우연에 내맡겨버려 언제나 어려운 상황을 낳고 있다. 해결책은 학교가 아이들의 지능과 감성을 통합하기 위한 새로운 청사진을 마련하는 데 있다. 우리의 여행은 아이들이 감성지능을 학습하고 있는 혁신적인 수업 현장을 방문하는 것으로 끝날 것이다. 나는 자기인식, 절제, 감정이입 같은 삶에 꼭 필요한 능력과 경청이나 갈등 해소, 협력 능력이 교육과정에 일상적으로 포함되는 날이 곧 오리라고 내다본다.

미덕과 인격, 선한 삶에 대한 철학서인 《니코마코스 윤리학》에서 아리스토텔레스는 지성과 감성의 조화를 말한다. 그것이 잘 이루어졌을 때 정열 속에는 지혜가 깃들게 되므로 사고방식이나 가치, 생존문제에 제대로 된 안내자 역할을 하게 된다. 하지만 정열은 쉽게 뒤틀릴 수 있고, 실제 그런 일은 자주 일어난다. 아리스토텔레스가 설파했듯이, 문제는 감성 자체보다 감성을 어떻게 적절하게 표현하느냐다. 다시 말해 감성에 어떻게 지성을 부여하며, 어떻게 사회 곳곳에서 시민정신이 발양되게 하고, 공동체적 삶에 어떻게 배려의 정신을 심느냐가 문제인 것이다.

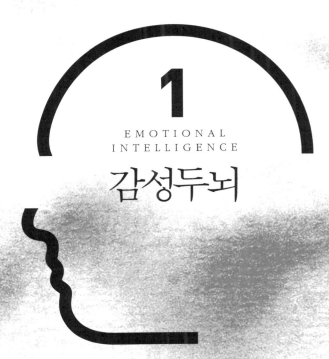

1

EMOTIONAL
INTELLIGENCE

감성두뇌

감성은 왜 생겨났는가?

정열이 이성을 압도할 때

가슴으로 봐야 올바르게 볼 수 있다. 진짜 중요한 것은 눈에 보이지 않기 때문이다.

— 앙투안 드 생텍쥐페리, 《어린 왕자》

뇌성마비로 휠체어에 의지할 수밖에 없는 열한 살 난 딸 안드레아에게 모든 것을 바친, 게리와 메리 제인 촌시 부부가 겪은 최후의 순간을 생각해보자. 유람선이 루이지애나 지역 강어귀에 놓인 철교를 들이받아 철교 일부가 무너지면서 강으로 추락한 대륙횡단열차, 바로 그 열차에 촌시 부부가 타고 있었다. 추락한 열차 속에서 맨 먼저 딸을 머릿속에 떠올린 부부는 기차 안으로 물이 밀려들어오자 딸을 구하기 위해 최선의 노력을 기울여, 가까스로 안드레아를 창문 밖 구조대원들에게로

밀어낼 수 있었다. 하지만 기력이 다한 그들은 기차와 함께 물속으로 가라앉고 말았다.[1]

자식을 살려내기 위한 영웅적 행위를 보여준 부모에 대한 이런 이야기는 거의 신화적인 용기의 순간을 포착하고 있다. 이는 의심의 여지 없이 인류사에서 수도 없이 반복돼온 일이며, 인류의 진화 과정까지 포함하면 이루 헤아릴 수 없을 정도다.[2] 진화생물학에서 볼 때 부모의 그런 희생은 자신의 유전자를 미래 세대에게 전달하려는, '재생산의 성공'에 이바지하기 위한 행위다. 그러나 위기의 순간에 절박한 결정을 내리는 부모의 관점에서 볼 때는 다름 아닌 사랑과 관련된 행위다.

이런 부모의 영웅적 사례는 감성의 목적과 효과에 대한 하나의 통찰을 보여준다. 즉 인간의 삶 속에서 이타적 사랑—그리고 우리가 느끼는 모든 감성—의 역할을 증언해준다.[3] 인간이 지닌 가장 깊은 감정, 정열, 갈망이 인간 행동의 가장 중요한 길잡이이고, 인류의 생존은 그런 감정이 지니는 힘에 상당히 빚지고 있다. 그런 힘은 특별한 것이다. 자식을 구하려는 절박함 같은 힘 있는 사랑만이 부모가 개인적인 생존의 충동을 넘어서도록 이끌 수 있는 것이다. 이성의 관점에서 볼 때 그들의 자기희생은 틀림없이 비합리적이지만, 감성의 관점에서 볼 때 그것은 불가피한 유일한 선택이다.

왜 감성에 그렇듯 중심적인 역할이 주어지게 됐을까? 사회생물학자들은 이성에 비해 감성이 탁월하기 때문이라고 지적한다. 감성은 곤경에 직면했거나 위험, 고통스러운 상실감, 좌절에도 불구하고 목표를 향해 나아가게 해주고, 동료와의 긴밀한 유대감 혹은 가족의 형성 같은 아주 중요해서 이성에만 내맡길 수 없는 문제들에 부딪혔을 때에도 우리를 안내한다. 사랑, 미움, 노여움 같은 각각의 감성은 별개의 차이 나는 행동을 만들어낸다. 즉 삶에 찾아오는 곤혹스러운 일들을 처리하는 데 좋은 효과를 가져왔던 방향을 제시하는 것이다.[4] 이런 상황이 진화의 역사를 통해 거듭 반복되면서 인간의 신경에 내재하는 감성의 목록으로 살아남게 됐고, 그것은 인간의 마음이 자동적인 경향성을 띠게 됐다는 사실로 입증할 수 있다.

감성의 힘을 무시하는 견해는 안타까울 정도로 근시안적이다. 현재 우리 삶에서 차지하는 감성의 위치에 대한 새로운 과학적 인식과 시각에서 볼 때, 생각하는 종(種)이라는 의미의 호모 사피엔스라는 바로 그 이름이 오해를 불러일으킨다. 다들 경험으로 잘 알고 있듯이 어떤 결정을 내리고 행동을 하는 경우, 감정이 생각만큼이나 중요하거나 생각보다 훨씬 더 중요한 경우가 많다. 하지만 우리는 그동안 IQ로 측정되는 합리적인 것의 가치와 의미만을 너무 지나치게 강조해왔다. 좋든 싫든, 감성이 지배할 때 이성은 아무런 소용이 없게 될 수 있다.

◤정열이 이성을 압도할 때

그 일은 실수로 벌어진 비극이었다. 열네 살의 마틸다 크랩트리는 그저 아빠를 깜짝 놀라게 해주려고 했을 뿐이었다. 새벽 1시쯤 보비 크랩트리와 그의 아내가 외출했다가 돌아왔을 때, 마틸다는 아빠를 놀래키기 위해 서둘러 벽장에 숨는 중이었다.

마틸다의 부모는 그날 밤 딸이 친구들과 함께 있을 거라고 생각했다. 집으로 들어서는데 시끄러운 소리가 들리자 크랩트리는 35.7구경 권총 쪽으로 손을 뻗었고, 무슨 일인지 알아보기 위해 딸의 침실로 들어갔다. 그때 갑자기 딸이 벽장에서 소리를 지르며 튀어나왔고, 크랩트리는 반사적으로 딸의 목에 총을 쏘았다. 마틸다 크랩트리는 열두 시간 후 사망하

고 말았다.[5]

진화를 통한 감성적 유산인 두려움은 우리로 하여금 힘을 발휘해 가족을 위험에서 보호할 수 있게 해준다. 보비 크랩트리 역시 그런 마음으로 총을 들고 침입자를 찾아 집 안을 수색했다. 자신이 무엇을 겨냥했는지 충분히 확인도 하기 전에, 심지어 자기 딸의 목소리를 알아듣기도 전에, 크랩트리는 두려움 속에서 총을 발사했다. 진화생물학자들은 이런 자동반응이 우리의 신경체계 속에 선명하게 새겨져 있다고 말한다. 왜냐하면 유사 이전 힘겨웠던 그 오랜 세월 동안, 그런 반응에 따라 삶과 죽음의 방향이 달라졌기 때문이다. 더욱 중요한 점은 살아남기 위한 유전적 자질을 후대로 이어야 하는 진화를 달성하기 위해서는 이런 자동반응이 반드시 필요했다는 사실이다. 크랩트리 가족에게 일어난 비극을 생각하면 슬프기 짝이 없는 뜻밖의 결과가 아닐 수 없다.

감성은 오랜 진화의 역사 속에서 현명한 안내자 역할을 해왔지만, 문명이 발전함에 따라 진화의 느린 행진으로는 급속히 바뀌는 현실을 따라잡을 수가 없었다. 함무라비 법전, 히브리인의 십계명, 아소카 왕의 칙령 같은 최초의 법률과 윤리적 선언은 실로 감성생활을 활용하고, 억제하고, 길들이려는 시도로 간주될 수 있다. 프로이트가 《문명과 그 불만 (Civilization and It's Discontents)》에서 묘사한 대로, 사회는 내부에서 지나치게 자유로이 용솟음치는 감성을 억제하기 위해 외부로부터 규칙을 강요하지 않을 수 없었다.

그럼에도 정열은 거듭해서 이성을 압도한다. 인간의 본성인 정열은 정신적 삶의 기본 구조에서 생겨난다. 감성의 기본 신경회로에 대한 생물학적 설계의 관점에서 볼 때 우리가 가지고 태어나는 감성은 과거 5만여 세대의 산물이다. 결코 지난 500세대의 산물이 아니며, 마지막 5세대의 산물은 더더욱 아니다. 우리의 감성을 형성해온 느리지만 유장한 진화는 지난 100만 년 세월 동안 자신의 일을 묵묵히 해왔다. 그러나 문명의 급속한 발전과 500만 명에서 50억 명으로 인구가 폭발했음에도 지난 1만 년은 감성생활을 위한 우리의 생물학적 틀에 남겨놓은 것이 거의 없다.

좋든 싫든, 모든 만남에 대한 인식과 그에 대한 반응은 우리가 내리는 합리적 판단이나 개인사뿐 아니라, 조상이 살았던 먼 과거에 의해 형성된다. 이것은 크랩트리 가족에게 일어난 슬픈 사건에서처럼 때로는 비극적이기도 하다. 요컨대 우리는 너무나 자주 인류가 진화한 홍적세(빙기와 간빙기가 반복되는 주기적인 기후 변화가 일어났던 시기로, 인류의 진화가 이때 많이 일어났다고 함-옮긴이)의 절박한 상황에 맞추어진 감성 목록을 가진 포스트모더니즘적 딜레마에 직면한다. 그런 딜레마가 내가 다루는 주제의 중심이다.

◤행동하려는 충동

어느 이른 봄날, 나는 콜로라도의 산길을 넘는 고속도로를 따라 차를 몰고 있었다. 그런데 갑자기 눈보라가 몰아닥쳐 앞을 볼 수가 없었다. 휘몰아치는 눈보라는 사방을 금세 흰색의 눈 천지로 만들어버렸다. 브레이크를 밟은 채 나는 긴장감에 휩싸였고, 심장이 '쿵쾅쿵쾅' 뛰는 소리를 들을 수 있었다.

긴장이 완전히 두려움으로 바뀌자, 나는 눈보라가 그치길 기다리기로 하고 길가에 차를 세웠다. 30분쯤 지나자 눈이 멈췄고 시야가 확보되자 나는 갈 길을 재촉했다. 그러나 몇백 미터도 못 가서 다시 멈추어야 했다. 속도가 느린 자동차를 뒤에서 들이받은 운전자를 구급요원들이 구조하고 있었기 때문이다. 만일 내가 멈추지 않고 눈보라를 헤치고 계속 운전했더라면 필시 그 차들과 부딪쳤을 터였다.

두려움으로 인한 조심성이 그날 내 목숨을 살렸을 수도 있다. 지나가는 여우의 낌새에 얼어붙은 토끼처럼, 습격하는 공룡을 피해 몸을 숨기는 최초의 포유동물처럼 강제로 나로 하여금 차를 멈추게 하고, 주목하게 하며, 다가오는 위험에 조심하게 만든 내면의 상태에 나는 압도되어 있었다.

본질적으로 모든 감성은 행동하려는 충동이다. 즉 감성은 삶의 문제에 대처하기 위해 진화를 통해 우리 안에 주입된 순간적인 계획이다. 감성이라는 단어의 뿌리 자체가 '움직이다'라는 뜻의 라틴어 동사 '모테레(motere)'에 '떠나다'의 뜻을 내포한 접두사 'e-'가 결합된 것이다. 이는 행동하려는 경향성이 모든 감성에 내재해 있음을 시사한다. 감성이 행동을 이끈다는 사실은 동물이나 어린아이를 주시할 때 가장 뚜렷하게 나타난다. 동물계에서 대단히 변칙적인 경우, 즉 행동하려는 충동의 뿌리인 감성과 반응(행동)의 명백한 분리는 다름 아닌 '문명화된' 성인 인간에게서만 자주 발견될 뿐이다.[6]

각각의 감성은 서로 구별되는 생물학적 서명(signature)에 의해 드러나듯이('기본적' 감성에 대한 세부 사항을 보려면 '부록 1'를 보라), 각각 구별되는 독특한 역할을 수행한다. 신체와 두뇌를 자세히 들여다볼 수 있는 새로운 기술의 개발로, 연구자들은 감성에 따라 신체가 각기 다른 종류의 반응을 어떻게 준비하는지에 대한 더 많은 발견들을 하고 있다.[7]

- 분노가 치솟으면 혈액이 손으로 흘러 손이 적을 겨냥해 무기를 잡거나 적을 때리기 쉽게 해준다. 심장박동이 늘어나고 아드레날린 같은 호르몬이 뿜어져 나와 강한 에너지를 만들어낸다.
- 두려움이 생기면 혈액이 다리 같은 커다란 골격근으로 흘러서 좀

더 도망치기 쉬운 상태가 된다. 또한 얼굴로 가는 혈액이 줄어들면서 얼굴이 창백해진다('피가 차갑게 흐른다'는 느낌이 든다). 동시에 몸이 얼어붙고 잠깐 동안이라도 숨는 것이 더 나은 대응일지를 가늠할 시간 여유가 생기는 듯하다. 두뇌의 감성중추에 있는 회로들이 신체에 총체적 경고 신호를 보낸다. 그러면 신체는 긴장해서 행동할 태세를 만드는 호르몬을 분출하며, 가까이 있는 위협에 주의가 집중되면서 어떤 대응을 해야 할지 판단하기가 더욱 쉬워진다.

- **행복한 기분**이 들면 두뇌중추에서 부정적인 감정을 막고, 이용 가능한 에너지를 늘리며, 근심을 가라앉히는 활동을 증대시킨다. 이렇게 감성을 뒤집어엎는 생물학적 자극 상태에서 신체가 빨리 회복되게 만드는 것 외에, 생리학으로는 어떤 변화도 일어나지 않는다. 이런 상태가 일에 대한 열의와 목표를 향해 분투할 준비 태세를 갖추기 위한 총체적인 휴식을 신체에 제공한다.

- **사랑**, 부드러운 감정, 성적 만족은 두려움과 분노가 일으키는 '싸울 것이냐, 도망갈 것이냐' 하는 생리적 반응과는 정반대되는 부교감 신경의 각성을 일으킨다. '긴장 완화 반응'이란 별명이 붙은 부교감 신경의 패턴은 협력을 촉진하면서 일반적으로 조용하고 만족한 상태를 낳는 신체 전반에 걸친 반응이다.

- **놀랐을 때** 눈썹이 올라가는 것은 넓은 시야를 확보할 수 있게 하고, 많은 빛이 망막에 들어오도록 해준다. 이를 통해 예기치 않은 상황에 대한 좀 더 많은 정보를 제공받아 현 상황을 정확하게 이해할 수 있고, 취해야 할 행동을 위한 최상의 계획을 세우는 일도 좀 더 용이해진다.

- **혐오**라는 표현은 전 세계에 걸쳐 똑같아 보이며, 유사한 전달 내용을 지닌다. 즉 어떤 맛이나 냄새가 싫다거나 비유적으로 그렇다는

의미다. 혐오를 나타내는 얼굴 표정―코에 살짝 주름이 잡히면서 윗입술이 옆쪽으로 비틀림―은 다윈이 관찰했듯이, 콧구멍을 해로운 냄새로부터 닫거나 유해한 음식을 내뱉으려는 기본적인 시도를 암시한다.

- 슬픔의 주된 기능은 가까운 사람의 죽음이나 큰 실망 같은 손실에 적응하도록 도와주는 것이다. 슬픔은 삶의 에너지와 열정을 떨어뜨리고, 특히 기분전환이나 즐거운 활동을 위축시킨다. 슬픔이 깊어져 우울해지면 신진대사도 낮아진다. 이런 자기성찰적 움츠러듦은 상실이나 좌절된 희망을 슬퍼하고, 그런 좌절이 삶에 가져온 결과를 이해할 기회를 주며, 활기를 되찾음에 따라 새로운 시작을 계획할 기회를 제공한다. 활기의 상실로 인해 상대적으로 좀 더 안전했던 가정 근처에서 지냈던 원시시대의 인간들까지도 계속해서 우울해하고 예민한 상태이다가 깊어지는 슬픔의 감정을 통해 감정을 정화할 수 있었을 것이다.

행동하고자 인간의 하는 생물적 경향은 삶의 경험과 문화에 의해 더욱 구체적인 모습을 갖추게 된다. 예를 들어 사랑하는 사람의 죽음은 보편적으로 슬픔과 비탄을 낳는다. 그런데 슬픈 감정을 드러내는 사람들이 있는가 하면, 혼자 있을 때를 위해 감정을 억제하는 사람들이 있는 등 우리가 슬픔을 나타내는 방식은 문화에 따라 다른 틀이 지워진다. 마찬가지로 어떤 사람을 애통해야 할 '사랑하는 사람'의 범주에 넣을까 하는 문제도 문화에 따라 달라진다.

이런 감성의 반응이 구체화되기까지 오랜 시간이 걸렸던 진화의 시기에는, 유사 이래로 대부분의 인간이 하나의 종(種)으로서 견뎌온 것보다 분명히 훨씬 더 가혹한 현실이 펼쳐졌다. 살아남는 유아가 거의 없고, 어른이라도 서른 살까지 사는 사람도 거의 없으며, 언제든지 포식자의 공격을 받을 수 있고, 가뭄과 홍수 같은 자연재해가 기아냐 생존이냐를 가르는 시기였다. 하지만 농업의 도래 그리고 원시사회의 등장과 더불어 생존의 가능성은 극적으로 변화하기 시작했다. 이런 발전이 전 세계에 걸쳐 지속돼온 지난 1만 년 동안 인구의 증가를 억제해온 모진 압박은 점차 완화됐다.

그와 같은 여러 가지 압박으로 인해 감성의 반응은 생존에 대단히 중요한 요소가 됐다. 압박이 점차 줄어듦에 따라, 과거에 적합했던 감성들의 장점은 희미해졌다. 먼 과거엔 머리털을 곤두서게 하는 분노가 생존에 결정적 우세를 제공했겠지만, 이젠 열세 살짜리 아이도 자동무기를 사용하는 시대가 되어 그런 분노는 오히려 재난을 초래하는 반응이 돼버렸다.[8]

▶ 인간의 이중적 정신

한 친구가 내게 자신의 이혼에 대해 말한 적이 있다. 그녀는 자신이 겪은 가장 고통스러운 경험이 이혼이었다고 했다. 그녀의 남편은 젊은 여자와 사랑에 빠졌고, 갑자기 그 여자와 살기 위해 떠나겠다고 선언했다. 몇 달 동안 집과 돈, 아이들 양육 문제를 놓고 말다툼이 이어졌다. 그런데 요즘 그녀는 자신의 독립이 매력 있게 느껴지고, 자기 힘으로 살아가는 일이 행복하다고 말한다. "난 정말이지 더 이상 그 사람을 생각하지 않아. 이제 진짜 관심 없어." 그러나 그 말을 하는 그녀의 눈에 일순간 눈물이 차올랐다.

누군가의 눈물 고인 눈은 마음과는 반대되는 말을 했음에도 그 사람이 슬퍼한다는 사실을 이해할 수 있게 해준다. 이런 이해는 활자화된 책을 보고 의미를 이해하는 일만큼이나 확실한 것이다. 눈물 어린 눈을 통한 이해는 감성적 정신의 행동이고, 책을 통한 이해는 합리적 정신의 행동이다. 사실 인간에겐 두 가지 정신이 있으니, 생각하는 정신과 느끼는 정신이다.

　이 두 가지 근본적으로 다른 앎의 방식은 상호작용하여 우리의 정신생활을 구축한다. 합리적 정신은 전형적인 이해의 양식으로, 인식의 측면이 두드러지고 깊이 생각해 반성할 수 있는 양식이다. 그러나 동시에 그와 다른 앎의 체계가 존재하는데, 때때로 비논리적이지만 충동적이고 강력한 감성적 정신이다. (감성적 정신의 특성을 좀 더 자세히 알고 싶다면 '부록 2'를 참고할 것.)

　감성적, 합리적이란 이분법은 '가슴'과 '머리'의 차이와 흡사하다. 무언가가 '가슴으로' 옳다는 걸 아는 것은 합리적 정신으로 그렇게 생각하는 것과는 다른 차원의 확신이며, 좀 더 깊은 이해라고 할 수 있다. 정신에 대한 합리적 통제와 감성적 통제는 서로 반비례한다. 감정이 강렬할수록 감성적 정신이 지배적이 되고 합리적 정신은 무력해지는 것이다. 생명이 위기에 처한 상황에서는 무엇을 어떻게 해야 할지 생각하며 머뭇거리다간 목숨을 잃을 수도 있다. 이럴 때 즉각적인 반응을 이끌어내는 것이 바로 감성과 이성의 조정이다.

　감성적이고 이성적인 이 두 정신은 대체로 빈틈없이 조화를 이루어 작용한다. 그리하여 두 정신이 지닌 서로 다른 앎의 방식을 얽어 짜서 우리가 세상을 헤쳐 나가도록 안내한다. 대개 감성적 정신과 합리적 정신 간에는 균형이 존재한다. 즉 감성은 합리적 정신의 작용을 받아들여 이성으로 충만해지며, 이성은 감성적 정신을 세련되게 만들거나 이따금 거부한다. 그럼에도 감성적 정신과 합리적 정신은 반쯤은 독립적이다. 앞으로 살펴보게 되겠지만, 각각은 독립적이지만 상호작용하여 두뇌의 반응을 이끌어낸다.

감정은 생각에 필수적이고, 생각은 감정에 필수적이다. 그러나 정열이 밀어닥치면 이런 균형은 무너진다. 합리적 정신을 압도하면서 우세를 보이는 쪽은 감성적 정신이다. 16세기 인본주의자 로테르담의 에라스뮈스는 이성과 감성 간의 이러한 영원한 긴장에 대해 이런 글을 썼다.[9]

> 제우스는 이성보다 훨씬 더 많은 정열을 주었다. 당신은 그 비율을 1:24로 계산할 수 있으리라. 제우스는 이성의 독자적인 권능에 맞서도록 흥분한 두 폭군을 세웠으니, 바로 분노와 탐욕이다. 어느 정도까지 이성이 이 둘의 결합된 힘에 맞서 이길 수 있는지를 보통의 인간 삶은 아주 명확하게 보여준다. 이성은 자신이 할 수 있는 유일한 일을 하면서 목이 쉬도록 외치지만, 저 다른 둘은 이성이 스스로 목매달러 가도록 더욱 더 공격적으로 굴어서 마침내 이성은 지쳐서 포기하고 만다.

▶ 두뇌 발전의 역사

감성이 합리적 정신을 강력하게 장악한다는 사실을 좀 더 잘 이해하기 위해, 그리고 왜 감성과 이성이 그렇게나 쉽사리 전쟁을 벌이는지 이해하기 위해 우리의 두뇌가 어떻게 진화했는지를 살펴보자. 약 1.4킬로그램의 무게를 지닌 세포와 신경체액으로 구성된 인간의 두뇌는 진화적으로 우리와 가장 가까운 영장류의 뇌보다 대략 세 배 크다. 수백만 년간의 진화를 거쳐 두뇌는 가장 오래전부터 있어 온 아래쪽 영역에서 좀 더 위쪽 영역으로 발달해왔다. (인간 태아의 두뇌가 성장하는 과정은 대략 이러한 진화 단계를 밟는다.)

두뇌의 가장 원시적 부위는 척추의 꼭대기를 둘러싼 뇌간(腦幹)이다. 이 두뇌의 뿌리가 정형화된 반응과 동작, 호흡과 다른 장기의 신진대사 같은 기본적인 생명의 기능을 담당한다. 이 원시적인 뇌는 생각한다거나 학습한다고 할 수 없다. 오히려 신체가 합당하게 작동하고 생존을 보장하는 쪽으로 반응하도록 유지시키는, 미리 프로그램된 조절기라고 할 수 있다. 이 뇌는 파충류 시대에 최고의 기능을 펼쳤다. 위협적인 공격 신호를 보내며 '쉿' 소리를 내는 뱀을 상상해보라.

그리고 뇌간에서 감성중추가 출현했다. 이후 수백만 년간의 진화를 통해 감성영역에서 사고하는 두뇌 혹은 맨 꼭대기 층을 이루는 둘둘 감긴 세포조직으로 된 거대한 공 모양의 '신피질'이 발달했다. 사유하는 뇌가 감성적 뇌에서 생겨났다는 사실은 사유와 감정의 관련성에 대해 시사하는 점이 많다. 합리적 뇌가 존재하기 오래전에 감성적 뇌가 존재했다는 말이다.

감성생활의 가장 오래된 뿌리는 후각, 좀 더 정확히 말해서 후엽(嗅葉)이라는 냄새를 받아들여 분석하는 세포 속에 있다. 모든 살아 있는 존재는 그것이 영양분이 풍부하든, 독성이 있든, 성적 파트너든, 포식자거나 먹잇감이든, 냄새로 알아낼 수 있는 특징적인 분자 지표(유전자 발현 패턴)를 지니고 있다. 원시시대에는 후각이 생존을 위한 최고의 감각이었던 것이다.

후엽에서 고대의 감성중추가 진화하기 시작해 마침내 뇌간의 꼭대기를 감쌀 만큼 충분히 크게 자랐다. 초기의 후각중추는 냄새를 분석하기 위한 얇은 뉴런층으로만 이루어져 있었다. 세포들로 된 한 층은 냄새 맡은 것을 '먹을 수 있다', '유독하다', '성적 파트너로 삼을 수 있다', '적이거나 먹잇감이다' 따위의 범주로 분류했고, 두 번째 층은 물어뜯거나,

내뱉거나, 다가가거나, 도망가거나, 추적하도록 지시하는 반사적 신호를 신경계를 통해 온몸으로 내보냈다.[10]

포유류의 등장과 더불어 감성적 두뇌에 주요한 층이 생겨났다. 뇌간을 둘러싼 이런 층들은 한 입 먹어버려 없어진 모양의 베이글과 흡사한 모양새다. 뇌의 이 부위가 뇌간을 에워싸고 경계를 짓기 때문에 '고리'란 뜻을 지닌 라틴어 '림부스(limbus)'에서 파생한 '대뇌변연계(limbic)'라 부르게 됐다. 이 새로운 신경계는 고유의 감성을 뇌의 반응 목록에 추가했다.[11] 우리가 갈망이나 분노에 사로잡히고 사랑에 빠지거나 두려움에 주춤거릴 때, 우리를 그렇게 무언가에 사로잡히게 하는 것이 바로 대뇌변연계다.

진화가 계속되면서 대뇌변연계는 학습과 기억이라는 두 가지 강력한 도구를 정교화했다. 이런 혁명적인 발전으로 동물은 생존을 위한 선택에서 훨씬 더 영리해질 수 있었고, 늘 같거나 자동적인 대응을 하기보다는 변화하는 요구에 맞게 반응을 조율할 수 있게 됐다. 만일 어떤 풀을 먹고 병에 걸렸다면 다음에는 그 풀을 피할 수 있었다. 무엇을 먹고 무엇을 먹지 말아야 할지를 인식하는 따위는 여전히 대체로 냄새를 통해 결정됐지만, 후엽과 대뇌변연계의 상호작용을 통해 이제 냄새를 분간하고 인지하며, 현재의 냄새를 과거의 냄새와 비교하고, 그리하여 좋은 냄새와 나쁜 냄새를 구별할 수 있게 됐다. 이것은 대뇌변연계의 일부인 '후뇌(嗅腦)', 문자 그대로 '코의 두뇌'에 의해, 그리고 사유하는 두뇌의 기초인 신피질에 의해 이루어졌다.

대략 1억 년 전, 포유류의 두뇌는 대단히 빠른 속도로 발달했다. 계획을 짜고, 감지한 것을 이해하며, 동작을 조정하는 영역인 얇은 두 층짜리 피질 꼭대기에 쌓여 있는 뇌세포의 여러 새로운 층들이 신피질을 형성하기 위해 덧붙여졌다. 아주 먼 옛날 두뇌가 가지고 있던 두 층짜리 피질과는 대조적으로 신피질은 지적인 특별한 강점을 제공했다.

다른 어떤 종보다 훨씬 더 커다란 호모 사피엔스의 신피질은 명확히 인간의 속성을 띤 모든 것을 갖추었다. 신피질은 사고의 영역으로, 감각이 지각한 것을 결합하고 이해하는 중추를 지니고 있어 우리가 생각한 것을 감정에 덧붙이고 관념, 그림, 상징, 상상물에 대해 감정을 지닐 수 있게 해준다.

진화를 통해 신피질은 유기체가 역경에서 살아남는 능력의 측면에서 엄청난 이점을 가져온 현명하고도 미세한 조정을 가능하게 했으며, 유기체의 후손들에게도 그와 똑같은 신경회로를 지닌 유전자를 전달할 가능성을 더욱 높였다. 유기체의 강한 생존력은 전략을 통해 장기적 계획을 세우는 신피질의 능력과 그 외의 다른 정신적 책략 덕분이다. 나아가 예술, 문명, 문화의 번영 모두 신피질이 거둔 열매들이다.

이와 같은 뇌의 새로운 부가물이 인간의 감성생활에 미묘한 색조를 입히게 됐다. 사랑을 예로 들어보자. 대뇌변연계는 성적 정열에 자양분을 공급하는 감정인 쾌락과 성욕을 낳는다. 그런데 신피질이 대뇌변연계에 연결됨으로써, 가족의 토대이자 인간의 발전을 가능하게 만드는 자녀양육에 헌신하는 어머니와 자녀 간의 유대가 가능하게 됐다. (신피질이 거의 없는 파충류 같은 종은 모성애가 없다. 그래서 뱀 새끼들은 태어나는 순간 적에게서 자신을 보호하기 위해 동그랗게 똬리를 튼다.) 인간의 경우엔 부모와 자식 사이의 보호적 유대를 통해, 뇌가 계속해서 발전하는 기간인 유아기 동안 자녀의 양육이 지속될 수 있다.

계통발생학적으로 파충류에서 붉은원숭이나 인간으로 상향됨에 따라 신피질도 커졌다. 더불어 두뇌회로상의 상호 연관성도 기하학적으로 증대했다. 그런 연관성이 늘어날수록 가능한 반응의 영역도 더 넓어진다. 신피질 덕택에 감정에 대한 감정을 갖는 능력 같은 미묘하고도 복잡한 감성생활이 가능해졌다. 다른 종보다는 영장류에, 그중에서도 인간에게 훨씬 더 많은 신피질-대뇌변연계가 존재한다. 이것은 인간이 감성에 훨씬 더 광범위한 반응을 보이고, 훨씬 더 많은 미묘함을 드러내는 이유를 시사해준다. 공포감에 사로잡혔을 때 토끼나 붉은원숭이는 전형적인 반응만을 보이는 데 반해, 훨씬 더 커다란 신피질을 가진 인간은 119에 신고하는 일을 포함해 다른 동물보다 훨씬 재치 있는 반응을 보인다. 사회체계가 복잡할수록 그런 유연성이 더욱 필요한 법인데, 사실 인간사회보다 더 복잡한 사회는 존재하지 않는다.[12]

그러나 이런 높은 수준의 중추들이 감성생활의 전부를 관할하는 것은 아니다. 그런 중추들은 마음속에 쌓아둔 어려운 문제, 특히 정서적 응급상황에서 대뇌변연계의 의견에 따른다. 두뇌의 좀 더 고도한 중추들이 대뇌변연계의 영역에서 생겨났거나 대뇌변연계의 영역을 확대한 것이기 때문에, 감성적 두뇌는 신경구조물 중에서 결정적인 역할을 수행한다. 좀 더 새로운 두뇌가 자라나는 뿌리가 되는 감성영역은 무수한 연결망을 통해 신피질의 모든 부위와 뒤얽혀 있다. 그리하여 감성중추는 사유중추를 포함해서 두뇌의 나머지 기능에 영향을 미칠 수 있는 엄청난 힘을 갖게 된다.

chapter 2

돌발감정의 해부

감정은 순간적인 계획이다

삶이란 사유하는 사람에겐 하나의 희극이며, 느끼는 사람에겐 하나의 비극이다.

— 호레이스 월폴(Horace Walpole)

19 63년 8월의 어느 무더운 날, 목사 마틴 루터 킹 2세가 워싱턴의 민권운동 행진에서 '나에겐 꿈이 하나 있다'라는 연설을 했던 바로 그날 오후였다. 마약을 사기 위해 100번 이상 남의 집 털이를 했다가 3년을 살고 가석방된 리처드 로블스는 바로 그날 마지막으로 딱 한 번만 더 도둑질을 하기로 했다. 그러나 결국 그는 체포됐고, 경찰에서 그는 손을 씻고 싶었지만 애인과 세 살 난 딸을 위해 돈이 절박했다고 말했다.

그가 침입한 아파트에는 〈뉴스위크〉의 조사원인 21세의 재니스 와일리와 초등학교 교사인 23세의 에밀리 호퍼트가 살고 있었다. 범행을 저지르던 날, 로블스는 아무도 없으리라 생각하고 뉴욕의 화려한 어퍼이스트사이드에 있는 그 아파트를 골랐지만, 불행하게도 와일리가 집에 있었다. 로블스는 칼로 위협해 그녀를 결박했다. 그런데 막 문을 나서려는데 호퍼트가 돌아왔다. 로블스는 호퍼트 역시 단단히 묶기 시작했다.

로블스는 몇 년 후에 이런 이야기를 했다. 호퍼트를 묶는데 와일리가 그에게 도망가지 못할 거라고 경고했다는 것이다. 그녀는 로블스의 얼굴을 기억할 테고 경찰이 그를 추적하는 걸 도와줄 것이라고 말이다. 이번이 마지막 도둑질이라고 다짐했던 로블스는 그 말에 크게 당황했고, 전혀 통제할 수 없는 상태가 되고 말았다. 몹시 격앙된 그는 사이다병을 거머쥐고 정신을 잃을 때까지 여자들을 내리쳤고, 그런 다음 분노와 두려움 속에서 부엌칼로 그녀들의 몸을 연거푸 찌르며 난도질했다. 대략 25년쯤 지난 뒤 그 순간을 회고하면서 로블스는 탄식을 쏟아냈다. "완전히 머리가 돌아버렸었죠. 머리가 터질 것만 같았어요."

로블스는 감정이 폭발했던 저 분노의 몇 분간을 후회할 때가 많다. 30년이 지난 지금도 그는 '전문직 여성 살인'이라 알려진 그 범죄로 여전히 수감 중이다.

이러한 감성의 폭발은 돌발감정 때문이다. 문제가 일어난 그 순간 대뇌변연계의 중추가 긴급 상황을 선포하여 두뇌의 나머지 부위를 문제 해결에 동원한다. 사유하는 두뇌인 신피질이 그것이 좋은 생각인지를 판단하는 일은 제쳐두더라도, 사태가 어떻게 돌아가는지를 충분히 파악하기도 전에 돌발감정이 순식간에 생겨나 이런 폭발적인 반응을 만들어버린다. 돌발감정의 두드러진 특징은 해당 순간이 일단 지나고 나면 그렇게나 홀린 듯했던 사람이 자신에게 닥친 혹은 자신이 저지른 일이 무엇이었는지 잘 알지 못한다는 점이다.

이런 돌발감정이 전문직 여성 살인 같은 야수적이고 무시무시한 일만을 낳는 것은 결코 아니다. 오히려 덜 파괴적인 형태로 일어나는 경우가 많다. 나중에 반성하고 때늦은 지혜를 발휘해봤자 전혀 이해받지 못할 정도로 누군가에게(당신의 배우자나 자녀 혹은 다른 차의 운전자에게) 화를 내며 '이성을 잃어버린' 마지막 순간이 언제였는지 당신도 한번 떠올려보라. 필시 이와 같은 돌발감정 때문이었을 것이다. 돌발감정은 앞으로 살펴보게 되겠지만, 대뇌변연계의 중추인 편도에서 유래하는 '신경 호르몬의 엄습(掩襲)' 때문이다.

모든 돌발감정이 비참한 것은 아니다. 농담 한마디로 가히 폭발적인 웃음을 터뜨리게 될 때 그것 역시 대뇌변연계의 반응이다. 돌발감정은 강렬한 기쁨의 순간에도 작용한다. 올림픽 금메달 획득에 여러 번 안타깝게 실패한 후 죽어가는 여동생을 위해 승리를 맹세한 스피드 스케이트 선수 댄 잰슨은 노르웨이에서 열린 1994년 동계 올림픽에서 마침내 금메달을 따냈다. 그때 그의 아내는 흥분과 행복에 압도된 나머지 응급실로 실려가 급히 치료를 받아야만 했다. 이런 것이 기쁨의 순간에 작용하는 돌발감정의 사례다.

▌모든 정열의 근원지

인간의 두뇌에서 편도(amygdala : 그리스어 'almond'에서 유래한 단어)는 대뇌변연계 아래 쪽에 있는 뇌간 위에 자리한, 서로 연결된 아몬드 모양의 덩어리다. 편도는 좌우 뇌에 하나씩 두 개가 있다. 영장류에 속하는 어떤 동물과 비교해도 인간의 편도가 상대적으로 크다.

해마(海馬, hippocampus)와 편도는 진화를 통해 피질에 이어 신피질을 만들어낸 원시적인 후뇌(嗅腦)의 두 군데 주요 부위였다. 오늘날까지 대뇌변연계는 두뇌의 학습과 기억의 상당 부분 혹은 대부분을 담당하며, 편도는 감성 문제를 전문으로 다룬다. 만일 편도가 뇌의 나머지와 절연되면, 감성적인 의미를 파악하는 능력이 현저히 떨어지게 될 것이다. 이런 상태를 '감성 공백'이라고 부른다.

감성의 중요성이 떨어지면 마주치는 것들이 별 의미를 지니지 못하게 된다. 심각한 발작을 억제하기 위해 외과적으로 편도를 제거한 한 젊은 이가 있었다. 수술 후 그는 사람들에게 완전히 무관심해져서 어떤 인간적 접촉도 없이 혼자 있기를 좋아했다. 그는 대화를 하는 데는 아무런 문제도 없지만, 더 이상 가까운 친구나 친척, 심지어 자신의 어머니도 알아보지 못했다. 그의 이런 모습에 지인들은 고통스러워했지만 정작 그는 아무런 감정도 느끼지 못하는 상태였다. 편도가 없어지자 그는 감정에 대한 감정뿐 아니라, 감정을 인식하는 것 자체를 완전히 상실해버린 듯했다.[1] 결론적으로, 편도는 감성기억의 저장고로서 그 자체로 매우 중요하다. 편도가 없는 삶은 개인적 의미가 박탈된 삶이나 마찬가지다.

애정 이상의 많은 감정이 편도에 결부돼 있으며, 모든 격정은 편도에 의존한다. 편도가 제거되거나 편도와 뇌의 나머지 부위 사이의 연결이 끊어진 동물은 두려움과 분노를 거의 느끼지 못하고, 경쟁하거나 협동하고자 하는 마음을 상실하며, 더 이상 사회 속의 제자리에 대한 감각을 인지하지 못해 감정이 무뎌지고 멍한 상태가 된다. 인간의 고유한 감성신호인 눈물은 편도와 그 부근에 있는 대상회(帶狀回, cingulate gyrus)에 의해 촉발되는데, 이들 영역을 달래고 편안하게 어루만져주어야 울음을 멈출 수 있다. 하지만 편도 없이는 가라앉혀야 할 어떤 슬픔의 눈물도 존재하지 않는다.

뉴욕 대학교 신경과학센터의 신경과학자인 조지프 르두(Joseph LeDoux)

는 감성두뇌에서 편도가 맡고 있는 주요한 역할을 발견한 최초의 인물이다.[2] 그는 혁신적인 방법과 과학기술에 의거해 이전과 달리 활동 상태의 뇌를 정확하게 그려냈다. 이를 통해 르두는 초기의 과학자들이 연구할 수 없다고 여긴 정신의 신비를 해명할 수 있는 새로운 신경과학자들 중 한 사람이 됐다. 감성두뇌의 회로에 관한 그의 발견은 오랫동안 대뇌변연계에 대해 가져온 관념을 무너뜨려, 편도를 작용의 중심에 놓고 대뇌변연계의 여러 구조물들이 그동안 생각해왔던 것과는 다른 역할을 하는 것으로 본다.[3]

심지어 르두의 연구는 사유하는 뇌인 신피질이 결정을 내리려 할 때조차도 편도가 어떻게 하여 행위를 통제할 수 있는지를 설명해준다. 앞으로 살펴보게 되겠지만, 편도와 신피질의 상호작용이 감성지능의 핵심을 이룬다.

▌신경의 인계철선

감성의 힘을 이해할 때 가장 흥미를 끄는 순간이 있다. 일단 소란이 가라앉으면 나중에 후회하게 되는 격정적인 행동의 순간이 바로 그 순간이다. 문제는 어쩌다 우리가 그토록 쉽사리, 그렇게나 비합리적이 되는가 하는 점이다. 애인과 같이 밥도 먹고 영화도 보며 하루를 데이트하려고 보스턴까지 두 시간 동안 차를 몰았던 한 젊은 여성의 예를 들어보자. 밥을 먹으며 남자는 여자에게 그녀가 몇 달째 기다리고 있던, 스페인에서 가져온 구하기 어려운 그림 출력본을 선물로 주어 그녀를 기쁘게 만들었다. 그러나 식사 후에 그녀가 그동안 보고 싶었던 영화를 보러 가자고 하자, 남자가 소프트볼 연습 때문에 그날은 함께 시간을 보낼 수가 없다고 말했다. 그 말에 그녀는 어리벙벙해지면서 순식간에 기쁨이 눈 녹듯 사라져버렸다. 상처받은 그녀는 못 믿겠다는 표정으로 눈물을 흘리며 자리에서 일어났고, 식당을 나가면서 선물받은 그 그림을 충동적으로 쓰레기통에 던져버렸다. 몇 달 후 그 일을 자세히 이야기하면서 그녀는 그렇게 걸어 나가는 게 아니었다고 후회했지만, 이미 선물받은 그림은 사라진 뒤였다.

새로 발견된 편도의 역할이 중요해지는 순간은 바로 이처럼 충동적인 감정이 합리적인 정신을 짓밟을 때다. 감각으로 유입되는 신호를 통해 편도는 문제를 일으키는 모든 경험을 자세히 살펴본다. 이런 상황이 편도에 정신생활의 심리적 파수꾼과 같은 강력한 지위를 갖게 하여 '이건 내가 혐오하는 걸까?' '저건 나에게 상처를 줄까?' '내가 무얼 두려워하나?'와 같은 오직 한 가지의 가장 원시적인 질문만 가진 채 모든 상황, 모든 감지되는 것에 도전하게 만든다. 만일 주어진 순간에 어쨌든 그렇다는 결론이 나면, 편도는 신경상의 인계철선(引繫鐵線, tripwire : 폭발물에 연결해 건드리면 자동으로 터지게 만든 철선-옮긴이)처럼 즉각 반응하여 위기 신호를 두뇌의 모든 부위로 긴급하게 보낸다.

두뇌의 구조에서 편도는 사회의 보안회사 같은 존재다. 경보음이 울릴 때마다 교환수들이 즉각 소방서, 경찰, 이웃에 비상전화를 걸 준비가 되어 있는 보안 경보 회사 말이다.

이를테면 두려움의 경보가 울릴 때 편도는 긴급 신호를 두뇌의 모든 주요한 부위로 보낸다. 편도는 인체가 싸울 것인지 도망갈 것인지를 결정하는 호르몬을 분비시키고, 동작중추에 동원령을 내리며, 심장혈관과 근육, 창자를 활성화한다.[4] 편도에서 뻗어나온 회로들을 통해 뇌를 안절부절못하게 만들고, 감각을 더욱 깨어 있게 하는 영역을 포함해서 주요한 두뇌 영역의 활동성을 강화한다. 이를 위해 편도는 비상시 사용되는 소량의 호르몬인 노르에피네프린(norepinephrine, 부신수질 호르몬) 분비를 지시한다. 편도에서 나오는 추가 신호들이 뇌간에 이르러 얼굴을 두려운 표정으로 바꾸라고 지시하고, 근육이 진행하던 불필요한 동작을 멈추게 하며, 심장박동을 증대시키고, 혈압을 올리며, 호흡을 늦추게 한다. 다른 신호들은 두려움의 원천에 주목하여 근육이 그에 따라 반응하도록 준비시킨다. 이와 동시에, 긴급 상황과 관련된 어떤 정보든지 떠올리기 위해 피질의 기억체계가 이리저리 움직인다. 이어서 그렇게 해서 떠오른 생각이 두뇌에서 우위를 점한다.

이런 과정은 편도가 두뇌 전체에 걸쳐 각 영역을 조직화해내면서 주의 깊게 나열된 변화의 단지 일부에 지나지 않는다. (좀 더 자세한 설명을 원하면 '부록 3'을 보라). 편도가 지닌 광범위한 신경 연결망은 감성적 위기 상황이 계속되는 동안 편도가—합리적 정신을 포함한—두뇌의 나머지 부위를 장악하여 조종할 수 있게 해준다.

▌감성의 파수꾼

영국에서 휴가를 보내며 운하 옆에 있는 한 식당에서 브런치를 먹었던 한 친구의 이야기다. 식사 후 그는 운하 아래쪽으로 이어진 돌계단을 따라 산책을 했다. 그때 두려움에 굳은 얼굴로 물속을 응시하고 있는 한 여성이 눈에 띄었다. 영문도 확실히 모른 채 그는 코트를 입고 넥타이를 맨 상태 그대로 물속으로 뛰어들었다. 그런 후에야 그는 알았다. 그 여성이 물속에 빠진 아기를 망연자실한 눈으로 쳐다보고 있었다는 사실을. 결국 그는 아기를 구해낼 수 있었다.

이유도 모른 채 그는 무엇 때문에 물속으로 뛰어들었을까? 그것은 그의 편도 때문일 가능성이 아주 높다.

지난 10년 동안 이루어진 감성에 대한 놀라운 발견들 가운데 하나가 르두의 연구에서 나왔다. 두뇌의 구조가 어떻게 편도에 뇌를 강제할 수 있는 감성의 파수꾼으로서의 특권적 지위를 부여하는지를 밝혀낸 것이다.[5] 그는 눈이나 귀에서 들어오는 감각신호는 맨 먼저 시상(視床 : 간뇌의 일부인 시신경상―옮긴이)으로 가고, 그다음 하나의 시냅스(신경세포의 자극 전달부―옮긴이)를 가로질러 편도로 가며, 시상에서 나온 두 번째 신호가 사유하는 뇌인 신피질로 전달된다는 점을 밝혔다. 여러 수준의 두뇌회로를 통해 감지한 정보를 잘 뒤섞어 최종적으로 좀 더 섬세하게 재단된 반응을 시작하는 게 신피질이다. 그런데 위에서 언급한 가지 뻗기는 이런 신피질에 앞서 편도가 응답을 시작할 수 있게 해준다.

르두의 연구는 감성생활을 이해하는 데 혁명적이다. 신피질을 우회하는 감정의 신경통로를 알아낸 최초의 연구이기 때문이다. 편도를 통한 직행로를 택한 감정에는 인간의 가장 원시적이고 강력한 감정이 포함된다. 이 회로를 통해 감성의 힘이 합리적 정신을 압도한다는 것을 설명할 수 있다.

그동안 신경과학계에서는 이렇게 설명해왔다. 눈이나 귀, 기타 감각기관은 시상으로 신호(정보)를 보내고, 거기서 다시 신호를 신피질의 감각처리 영역으로 보내며, 우리가 그 신호를 감지할 때는 그곳에서 신호가 대상과 결합된다는 견해다. 이런 견해에 따르면, 두뇌는 각각 대상의 본질이 무엇이며, 그것이 실재하는 의미가 무엇인지를 파악하기 위해 각각의 신호를 분류한다. 신피질에서 나온 신호가 대뇌변연계로 전달되고, 거기서 나온 적절한 반응이 두뇌와 나머지 신체를 통해 발산된다는 주장이다. 그런 방식은 여러 시간 혹은 대부분의 시간 동안 두뇌가 활동하는 방식이다. 하지만 르두는 커다란 신경통로를 거쳐 신피질로 가는 신경다발 외에도, 시상에서 편도로 바로 이어지는 좀 더 작은 신경다발이 있음을 발견했다. 신경 뒤쪽에 있는 오솔길 같은 이 좀 더 작고 짧은 통로가 편도로 하여금 직접 감각의 신호를 받아들일 수 있게 해준다. 이를 통해 편도는 신피질에 의해 충분히 정보가 분석되기 이전에 반응을 시작할 수 있다.

이런 발견은 편도의 감성반응을 정식화하기 위해서는 전적으로 신피질에서 나오는 신호에 의존해야만 한다는 기존 학설을 무너뜨린다. 또 하나의 회로가 편도와 신피질 사이에서 시작될 때조차도 편도는 이미 비상통로를 경유해서 감성반응을 촉발할 수 있다. 조금 느리지만 충분히 정보를 제공받은 신피질이 좀 더 세련된 반응 계획을 세우는 동안, 편도는 신체를 행동하게 만들 수 있는 것이다.

동물의 두려움에 대해 연구하던 르두는 감성이 지나가는 통로에 대한 그동안의 학설을 뒤집어엎었다. 한 실험에서 르두는 쥐의 청각피질을 파괴한 다음, 그 쥐를 전기충격과 짝을 이룬 일정한 음조를 지닌 소리에 노출했다. 비록 그 소리가 쥐의 신피질에 접수될 수는 없었지만, 쥐는 금방 그 소리를 두려워해야 한다고 학습했다. 높은 수준의 길을 건너뛰고 소리가 귀에서 시상으로, 그리고 편도로 직행로를 택한 것이다. 요컨대 쥐는 더 높은 수준인 피질의 개입 없이도 감성반응을 학습했다. 편도가 독립적으로 쥐의 두려움을 감지했고, 기억했고, 편성했다.

르두는 이렇게 말한다. "해부학적으로 감성체계는 신피질과 독립해 작용할 수 있어요. 의식적이고 인지적인 개입이 전혀 없어도 이루어지는 감성반응과 감성기억이 존재합니다." 이는 우리가 왜 그렇게 하는지 전혀 깨닫지 못한 채 행하는 기억과 반응의 목록을 편도가 저장하고 있다는 말이다. 시상에서 편도로 가는 지름길이 완전히 신피질을 우회하기 때문이다. 이 때문에 편도가 결코 우리가 충분히 알지 못했던 감성적 인상과 기억의 저장고가 될 수 있는 것이다. 예를 들어 너무 빨리 스치듯 지나가버려 무언가를 봤다는 의식적 자각조차 결코 할 수 없는 기묘한 형태의 기하학적 모양을 사람들이 선호하게 됐다는 놀라운 실험이 있었다. 이런 것이, 다름 아닌 기억 속에서 편도가 수행하는 심층적인 역할이라고 르두는 주장한다.[6]

인간은 무언가를 감지하는 1000분의 1초도 안 되는 찰나에 그게 무엇인지 무의식적으로 이해할 뿐 아니라, 그것을 좋아하는지 싫어하는지도 판단한다는 사실을 보여주는 연구도 있다. '무의식적인 인지' 자체가 우리가 보는 것의 정체뿐 아니라, 그에 대한 감성을 우리의 인식에 제공한다.[7] 감성이 자체적으로, 합리적 정신과는 아주 독립적으로 판단을 견지할 수 있기 때문이다.

▚ 감성기억의 전문가

그런 무의식적 판단이 감성기억이고, 감성기억의 저장고는 편도다. 오랫동안 대뇌변연계의 주요 구조물이라 여겨진 해마가 감성반응보다는 지각되는 패턴을 접수하고 감지하는 데 더 관여한다는 점을 시사하는 것이 르두를 비롯한 신경과학자들의 연구다. 해마로 주로 입력되는 내용은 감성적 의미에 꼭 필요한, 문제의 맥락에 대한 예리한 기억을 제공하는 것이다. 해마야말로, 이를테면 동물원의 곰과 뒤뜰의 곰이 지니는 차별화된 의미를 인지한다.

해마가 무미건조한 사실을 기억하는 반면, 편도는 그런 사실과 궤를 달리하는 감성적 풍미를 기억한다. 만일 2차선 고속도로에서 앞차를 추월하려다 정면충돌을 가까스로 모면했을 경우, 도로가 어떻게 뻗어 있었

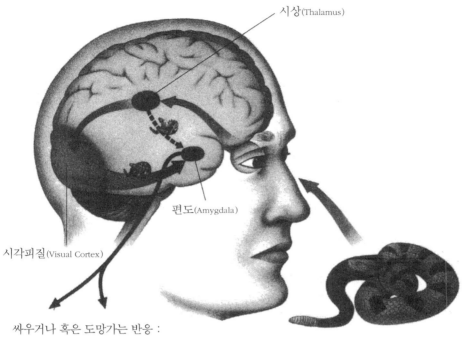

시상(Thalamus)

편도(Amygdala)

시각피질(Visual Cortex)

싸우거나 혹은 도망가는 반응 :
심장박동과 혈압이 올라간다.
큰 근육들이 빠른 행동을 준비한다.

시각 신호는 우선 망막에서 시상으로 가고, 시상에서 언어 영역으로 옮겨진다. 대부분의 신호는
시각피질로 간다. 그곳에서 신호의 의미를 파악해 적합한 반응을 하기 위해 신호가 분석, 평가
된다. 만일 그 반응이 감성적이라면 신호는 감성중추를 활성화하기 위해 편도로 보내진다. 하지
만 그전에 신호의 좀 더 작은 부분이 시상에서 곧바로 편도로 전달돼 좀 더 빠른(덜 정확하겠지
만) 반응을 일으킨다. 그렇게 해서 피질중추가 신호를 충분히 분석하기 전이라도 편도가 감성적
반응을 촉발할 수 있는 것이다.

고 맞은편 차량이 어떻게 생겼는지 같은, 일어났던 일의 세부 사항은 해마가 간직한다. 하지만 비슷한 상황에서 앞차를 추월하려 할 때마다 우리를 긴장하게 만드는 뇌의 부위는 바로 편도다. 르두는 이렇게 표현한다. "해마는 어떤 얼굴이 자기 사촌의 얼굴인지 아는 데 필요하죠. 하지만 여기에 그 사촌을 정말로 좋아하지 않는다는 감정을 덧붙이는 것은 바로 편도입니다."

뇌는 감성기억을 특별히 강력하게 기록하기 위해, 단순하지만 노련한 방법을 사용한다. 생명을 위협하는 비상사태를 맞았을 때 싸우거나 도망가는 반응을 하도록 신체를 준비시킬 때와 똑같은 신경화학적 경고체계가 생생하게 그 순간을 기억 속에 각인하는 것이다.[8] 스트레스를 받으면(긴장하거나 혹은 아마 강렬한 기쁨이 터져 나오더라도) 뇌에서 콩팥 꼭대기의 부신으로 이어진 신경이 비상사태에 대비해 에피네프린(부신 호르몬)과 노르에피네프린의 분비를 촉발한다. 이 호르몬들은 미주신경(迷走神經 : 부교감신경 중 가장 큰 것으로, 운동과 지각의 두 섬유를 포함하며, 내장의 대부분에 분포하고 있다—옮긴이)의 수용체를 활성화하고, 미주신경은 뇌에서 전달된 신호를 심장으로 전달하는 한편, 에피네프린과 노르에피네프린에 의해 촉발된 신호를 다시 뇌로 보내기도 한다. 편도는 이런 신호가 전달되는 뇌의 주된 장소다. 이런 신호들을 통해 벌어지고 있는 일에 대해 뇌의 다른 부위들이 기억력을 강화하도록 편도 내부의 신경이 활성화된다.

편도는 주어지는 신호의 강도만큼 감성적 각성의 순간을 기억 속에 각인하는 듯 보인다. 그런 이유 때문에, 예를 들어 첫 데이트를 어디에서 했는지, 혹은 우주선 챌린저호가 폭발했다는 소식을 언제 들었는지를 기억할 가능성이 다른 보통의 기억에 비해 훨씬 높은 것이다. 편도의 각성이 강렬할수록 각인이 더 확실해지기 때문이다. 살면서 가장 두려워했고 전율했던 경험은 가장 잊을 수 없는 기억에 속한다. 이는 사실상 뇌가 두 개의 기억체계를 지니고 있다는 뜻으로, 하나는 보통의 사실을 위한 것이고, 다른 하나는 감성으로 채워진 사실을 위한 것이다. 이와 같은 감성기억의 특별한 체계는 진화 과정의 산물이다. 우리를 위협하거나 즐겁게 해준 것에 대한 특별히 생생한 기억을 확실하게 지니도록 만듦으로써 생존이 가능할 수 있었다. 하지만 감성기억은 바로 이런 과거의 강렬한 기억 때문에 현재로 잘못된 안내를 할 수도 있다.

▌때늦은 신경 경보

신경 경보의 한 가지 결함은 이따금 편도가 보내는 긴급한 신호가 잘못된 것이라는 점이다. 감성이 기억되는 저장고인 편도는 기억을 살펴서 현재 벌어지는 일과 과거에 일어났던 일을 비교한다. 비교 방법은 연상(聯想)으로, 현재 상황의 요소가 과거의 요소와 유사할 때 그것들을 '걸맞은 짝'으로 여기게 된다. 그래서 충분히 확신이 서기도 전에 회로가 작동하게 되는 것이다. 그 요소들이 아주 조금만 유사해도 편도는 경고 정도로 반응해도 되는 사건을 오래전에 각인된 방식으로 현재에 반응하도록 광적인 명령을 내린다.

한 전직 육군 간호사의 예를 들어보자. 전쟁터에서 소름 끼칠 만큼 심각한 부상자들을 돌보았던 경험으로 인해 충격을 받았던 그녀는 현재 다시금 두려움과 탄식, 공포로 혼재된 상황에 휩쓸려들게 됐다. 벽장문을 열다가 걸음마를 시작한 아기가 그곳에 둔 기저귀 냄새를 맡는 순간, 전쟁터에서의 기억이 되살아난 것이다. 이런 상황에서는 아주 적은 요소만으로도 편도가 비상사태를 선포하게 될 만큼 과거의 위험과 유사하게 느껴진다. 문제는 이런 위기에 대응하는 힘을 가진 감성기억을 따라 과거의 반응이 똑같이 나타날 수 있다는 점이다.

강력한 감성기억들은 대개 유아와 보모 간에 관계가 이루어지는 생후 처음 몇 년간부터 시작된다. 그리고 그런 관계가 이루어지는 순간 감성적 두뇌의 부정확성은 커진다. 얻어맞았거나 철저히 무시됐을 때처럼 마음에 충격을 받는 경우에 특히 그렇다. 유아기에는 뇌의 다른 부분, 특히 사실의 기억에 긴요한 해마와 합리적 사고를 담당하는 신피질이 아직 충분히 발달하지 않은 상태다. 기억과 관련해 편도는 해마와 손을 맞잡고 작용한다. 각자 독립적으로 자신의 특별한 정보를 저장하고 복원하는데, 해마가 정보를 복원하는 동안 편도는 그 정보에 어떤 감성적 유의성(誘意性 : 반응하거나 영향을 주는 성질―옮긴이)이 있는지를 판단한다. 하지만 편도는 아주 빨리 성숙해져서 아기가 태어날 때 이미 충분히 발달했다고 봐도 될 정도다.

르두는 오랫동안 심리분석적 사고(思考)의 기본이 되어온 원리를 뒷받침하기 위해, 어린 시절 편도가 수행하는 역할 쪽으로 연구의 초점을 돌렸다. 유아와 보모 간의 접촉으로 이루어지는 생애 처음 몇 년간의 상호작용이 조율과 혼란에 기초한 일련의 감성적 지혜를 규정한다는 것이 그 원리다.[9] 이런 감성적 지혜는 너무나 강력하고, 게다가 성인의 삶이라는 유리한 관점에서도 이해하기가 매우 어려운데, 르두는 감성생활을 위해 그런 지혜가 편도에 '적당한 어휘가 없는 대강의 도면' 같은 것으로 저장되기 때문이라고 생각한다. 이렇듯 아주 어릴 적의 감성기억은 유아가 말을 배우기 이전에 확립되기 때문에, 훗날 살아가다가 이런 감성기억이 튀어나올 때는 그것을 정확하게 표현할 만한 적당한 말이 떠오르지 않는 법이다. 그리하여 감성폭발로 인해 아주 당황스러워지게 되는 이유는, 종종 그런 감성폭발의 연원이 만사가 혼란스럽고 아직 문제를 이해하는 데 필요한 어휘를 획득하지 못했던 삶의 초창기까지 거슬러 올라가기 때문이다. 이처럼 우리에겐 혼란스러운 감정을 형성했던 기억을 설명해줄 알맞은 어휘가 없을 수도 있는 것이다.

▌빠르지만 부정확한 감성 신호

새벽 3시에 난데없이 어디에선가 거대한 물체가 침실 한쪽 천장을 뚫고 들어와 지붕과 천장 사이 다락에 있는 물건들을 방으로 떨어지게 만들었다. 순식간에 나는 침대에서 벌떡 일어나 방 밖으로 달려 나갔고, 천장이 꺼져 무너져 내릴까 봐 겁에 질렸다. 그러다 잠시 후 내가 안전하다는 점을 깨닫고서 무엇 때문에 이런 일이 벌어졌는지를 알아보기 위해 침실 쪽으로 조심스럽게 뒤돌아 자세히 살펴보았다. 그랬더니 천장이 꺼지는 소리라고 여겼던 것은 실제로는 아내가 그 전날 벽장을 정리하면서 구석에다 쌓아두었던 높다란 상자더미가 무너져 떨어지는 소리였음을 알게 됐다. 다락에서는 아무것도 떨어지지 않았다. 내 침실엔 원래 다락이 없으니까 말이다. 천장은 손상되지 않았고 나 역시 아무렇지도 않았다.

반쯤 잠들어 있다가 침대에서 벌떡 일어나 방 밖으로 달려 나간 내 행동은 신피질이 실제 무슨 일이 벌어지고 있는지를 충분히 알아챌 만큼 시간을 확보하기 전에 이루어진 것이다. 이런 행동은 지극히 중요한 비상사태에서 우리를 행동하도록 이끄는 편도의 힘을 보여준다. 눈이나 귀에서 시상과 편도로 가는 비상통로는 결정적이다. 즉각적인 반응이 필요한 긴급 상황에서는 그런 비상통로가 시간을 절약하게 해준다. 그러나 시상에서 편도에 이르는 이 회로는 감각의 전달 내용 가운데 아주 작은 일부만을 운반하고, 대다수는 신피질로 가는 주요 통로를 택한다. 그래서 이런 특급 통로를 경유해 편도에 기록되는 것은 잘해야 단지 경고에 필요한 정도의 거친 신호다. 르두는 이렇게 지적한다. "어떤 것이 위험하다는 것을 알기 위해 그 어떤 것의 본질을 정확하게 알 필요까진 없습니다."[10]

수천 분의 1초 안에도 판단할 수 있는 두뇌의 시간으로 볼 때, 직통로는 엄청난 이점을 지니고 있다. 쥐의 편도는 1000분의 12초밖에 안 되는 짧은 시간 안에 감지된 것에도 반응을 시작한다. 시상에서 신피질을 거쳐 편도로 가는 길은 그보다 두 배 정도 더 시간이 걸린다. 인간의 뇌로는 유사한 측정이 아직 이루어지지 않았지만 대략 그 비율은 쥐와 비슷할 것으로 보인다.

진화론적 관점에서 이런 직통로의 존재가치는 대단한 것이다. 직통로 덕에 절체절명의 위험한 순간에 1000분의 몇 초를 스치고 지나가는 급속한 반응의 선택이 가능하기 때문이다. 나나 독자 여러분의 뇌를 포함한 모든 포유동물의 뇌에서 이런 급속한 반응이 이루어지는 횟수만큼 원시 포유동물이었던 우리 조상들은 살아남을 수 있었을 것이다. 사실 이 회로는 동물과 비교해 상대적으로 인간의 정신생활에서는 감성적 위기를 제한하는 역할을 수행하는 반면, 새나 물고기, 파충류의 정신생활은 대부분 이 회로를 중심으로 영위된다. 왜냐하면 그들의 생존은 포식자나 먹잇감을 끊임없이 면밀하게 살피는 데 따라 좌우되기 때문이다. 르두는 말한다. "이런 원시적이고 작은 두뇌 체계는 포유류가 아닌 동물에게는 매우 중요한 것입니다. 그런 체계는 감성에 적응하는 매우 빠른 길을 제공하죠. 하지만 그 과정은 질이 나쁘게 마련입니다. 빠르지만 정확하진 않으니까요."

그런 부정확성은 다람쥐에게는 아무런 문제가 되지 않는다. 불쑥 거대한 모습을 드러내는 적의 전조가 될 만한 무언가를 처음 발견하자마자

저 멀리 튀어나가거나, 먹잇감을 향해 뛰어오르는 등 안전의 측면에서 실수를 저지를 뿐이기 때문이다. 그러나 인간에게는 인간관계에 치명타를 가져오는 결과를 낳을 수도 있다. 그런 부정확성으로 인해 엉뚱한 사람 혹은 대상에게 달려들게 되거나, 그들을 피해버릴 수 있음을 뜻하기 때문이다. (예를 들어 한 식당 여종업원이 곱슬곱슬하고 거대한 갈기 같은 붉은 머리털을 지닌 한 여성을 자기 남편과 눈이 맞았던 여자로 착각해, 많은 음식 담겨 있던 쟁반을 그녀에게 떨어뜨린다고 가정해보라.)

그런 불완전한 감성적 실수는 생각에 앞선 감정에 토대를 둔 것이다. 르두는 그것을 '인지 이전의 감성'이라고 부른다. 인지 이전의 감성은 충분히 정리되지 않아서 식별 대상으로 통합되지 않았던, 신경계의 몇 가지 지각(知覺) 정보에 토대를 둔 반응이다. 그것은 전혀 가공되지 않은 형태의 정보로, 신경계의 '네임 댓 튠'(Name That Tune: 1950년대에 시작된 미국의 음악 퀴즈쇼 이름. 가사 없이 주요 선율을 듣고 그 곡이 무엇인지 알아맞히는 내용이다—옮긴이)이다. 네임 댓 튠에서는 몇 개의 음만으로 이루어지는 선율보다는 처음 몇 소절에 토대를 두어야 전체적인 인식이 가능하다. 만일 편도가 지각 할 수 있는 의미 패턴을 감지한다면, 증거를 충분히 확인하기도 전에 결론을 내리고 반응을 일으킨다.

감성폭발이 여전히 우리를 속박하는 동안, 그런 감성폭발의 어둠 속을 비쳐주는 통찰력이 우리에게 너무도 부족하다는 사실은 놀라운 일이 아니다. 피질이 벌어지고 있는 일을 인식하기도 전에 편도가 분노나 두려움의 정신착란 상태를 일으킬 수 있는 것이다. 생각과 무관하게, 생각에 앞서 그런 가공되지 않은 감성이 촉발되기 때문이다.

▶ 감성의 관리자

내 친구의 여섯 살 난 딸 제시카가 단짝친구네 집에서 자게 됐다. 이제 껏 처음으로 남의 집에서 잠을 자게 된 것이다. 제시카의 첫 외박으로 더 긴장한 사람이 엄마인지, 딸인지는 확실치 않았다. 친구는 딸에게 초조 함을 내비치지 않으려고 애썼다. 전화벨 소리가 울렸던 그날 자정께 그 녀의 긴장은 최고조에 달했다. 그녀는 칫솔을 떨어뜨린 채 전화기로 달 려갔다. 그녀의 가슴은 쿵쾅거렸고, 고통스러워하는 딸의 모습이 머릿속 으로 연신 빠르게 스쳐 지나갔다.

그녀가 수화기를 낚아채듯 들고는 "제시카!" 하고 부르자, "아! 제가 전화를 잘못 걸었군요" 하는 낯선 여자의 목소리가 들렸다. 그 말에 금세 평정을 회복한 그녀는 공손하고 신중한 어조로 "몇 번으로 전화 거셨어 요?" 하고 물었다.

편도가 성마르고 충동적인 반응을 하는 동안, 두뇌의 다른 부위는 좀 더 알맞고 잘못을 바로잡는 반응을 할 수 있게 준비한다. 편도의 격동을 막는 뇌의 제동 스위치는 이마 바로 뒤 전전두엽에 있는 신피질로 이어 진 주요 회로의 한쪽 끝에 있는 듯 보인다. 전전두엽은 두려워하거나 화 를 낼 때 작용하는 것 같지만, 딸이 아닌 낯선 사람의 전화를 받았을 때 처럼 재인식이 일어나 완전히 다른 반응을 요청하는 상황이 벌어지는 경 우 감정을 억제하거나 통제해 이 상황을 효과적으로 처리하기도 한다. 두뇌의 신피질 영역은 편도와 대뇌변연계를 조절하면서 감성 충동에 좀 더 분석적이고 적절한 반응을 제공한다.

대개는 전전두엽 부위가 처음부터 감성반응을 관할한다. 시상에서 나 오는 감각 정보를 담은 대부분의 심상(心象)은 편도로 가는 게 아니라 신 피질과 신피질의 여러 중추에서 접수되고 해독된다. 해당 정보와 그에 대한 반응은 감성적 목표를 포함한 하나의 목표를 지향하는 행동을 계획하고 조직하는 곳인 전전두엽에 의해 조절된다. 신피질에서 곧바로 이어지는 회로들이 그 정보를 기록해서 분석하고 파악하며, 전전두엽을 통해 반응을 조직한다. 만일 그 과정에서 감성반응이 요청되면, 전전두엽은 명령을 내리고 편도와 감성두뇌의 다른 회로들과 손을 맞잡고 활동을 시작한다.

감성반응 안에 인식을 허용하는 이러한 진전은 감성적 위급 상황을 제외하고는 표준적인 조절이다. 하나의 감성이 튀어나올 때, 순식간에 전전두엽은 가능한 수많은 반응 중 이해득실의 균형에 맞는 행동을 선택해 수행하게 해서 그 선택된 하나가 최상이라는 점을 보증한다.[11] 동물의 반응은 언제 공격하고 언제 달아날지밖에 없다. 그러나 인간은 언제 공격할 것인가와 언제 달아날 것인가, 또한 언제 달래고, 설득하고, 동정을 구하고, 방해하고, 죄의식을 일으키고, 흐느껴 울고, 허세를 부리고, 남을 얕볼 것인가 등등 수많은 반응을 보인다.

신피질은 회로를 더 많이 갖고 있기 때문에 그 반응이 돌발감정의 메커니즘보다 훨씬 느리다. 더 많은 생각이 느낌을 앞서기 때문에 신피질의 반응 또한 훨씬 더 사려 깊은 것일 수 있다. 우리가 상실감으로 슬퍼지거나, 승리 후에 행복감을 느끼거나, 누군가 말했거나 행한 일에 대해서 깊이 상처를 받거나 화를 낼 때는 신피질이 작동 중인 것이다.

편도가 작용할 때와 마찬가지로 전전두엽의 작용이 결여된 많은 감성 생활은 질이 떨어질 것이다. 무언가 감성반응에 적합하다는 이해가 결여되면 어떤 감성도 생기지 않을 것이기 때문이다. 정신병에 효과가 있다고 여겨 두뇌의 외과적 '치료'(전전두엽 절제술을 말하는데, 종종 전전두엽의 일부를 제거하거나 전전두엽피질과 더 아래쪽 뇌 사이의 연결을 끊었다)를 감행했던 1940년대에 신경학자들은 감성에 미치는 전전두엽의 역할에 대해 어렴풋이나마 알고 있었다. 제대로 된 정신병 치료가 실시되기 전에 이미 전 전두엽 절제술은 심각한 감성적 고통의 해결책으로 환영받았다. 전전두 엽과 두뇌의 나머지 사이를 절단하면 환자의 고통이 '완화되기' 때문이 었다. 그러나 불행히도 그 대가는 환자의 감성생활까지도 없애버리는 것 이었다. 뇌의 주요 회로가 파괴되기 때문이다.

돌발감정은 두 가지 움직임을 내포하는 듯하다. 하나는 편도의 격발이 고, 다른 하나는 대체로 신피질 영역을 감성적 위급 상황에 동원하지 못 하는 실패다.[12] 이런 순간에 합리적 정신은 감성적 정신에 의해 궁지에 몰린다. 행동하기 전에 반응을 숙고하면서 전전두엽피질이 감성의 효과 적인 전달자로 행동하는 한 가지 방식은 편도와 다른 대뇌변연계의 중추 들이 보낸 활성화 신호를 무력화하는 것이다. 충동적인 아이가 아무것이 나 움켜잡지 못하게 만들어놓곤, 아이에게 원하는 것이 무엇인지 제대로 말해보라고(생각해보라고) 이르는 부모와 흡사하다.[13]

괴로운 감정을 억제하는 장치는 왼쪽 전전두엽에 있는 듯하다. 전두엽 을 다친 환자들을 대상으로 그들의 기분을 연구하는 신경심리학자들은 왼쪽 전전두엽의 기능 중 하나가 불쾌한 감정을 규제하는 신경의 온도조 절기 같은 것이라고 판단했다. 오른쪽 전전두엽에는 두려움과 공격성 같 은 부정적 감정이 자리하는 반면, 왼쪽 전전두엽은 필시 오른쪽 전전두 엽을 방해해서 거친 감성을 억제한다.[14] 뇌졸중 환자들을 대상으로 연구 한 결과, 왼쪽 전전두엽피질이 손상된 환자들은 재난에 대한 근심과 두 려움을 갖기 십상이며, 오른쪽이 손상된 환자들은 '과도하게 쾌활해서' 신경학적 검사를 하는 동안에도 여기저기서 농담을 하거나 긴장도 전혀 않은 채 자신들의 건강 상태가 어떤지에는 별 관심이 없었다.[15] 한 행복 한 남편의 예를 들어보자. 그는 두뇌 기형을 없애는 수술을 받았는데 부 분적으로 오른쪽 전전두엽이 제거된 상태였다. 수술 후 그는 극적인 성격의 변화를 겪었다. 남편이 화를 잘 내지 않고 전보다 훨씬 정이 많아졌다고 그의 아내는 내과 의사에게 행복한 얼굴로 말했다.[16]

요컨대 왼쪽 전전두엽은 매우 강한 부정적인 감정의 동요를 제외한 모든 감정을 억제하거나 적어도 무력하게 만들 수 있는 신경회로의 일부인 것 같다. 만일 편도가 종종 비상시 제동장치로 작용한다면, 왼쪽 전전두엽은 혼란스러운 감정을 다스리는 뇌의 '끄기' 스위치라고 할 수 있다. 편도는 제안하고, 전전두엽은 처리한다. 이런 전전두엽과 대뇌변연계 간의 상호 연결은 감성의 조율을 훌쩍 넘어서서 정신생활 뿐 아니라, 살면서 중요한 판단을 내려야 할 때 반드시 필요한 것이다.

▶ 감성과 사고의 조화

편도(그리고 연관된 대뇌변연계)와 신피질 사이의 연결장치들은 머리와 가슴, 사고와 감정 간에 벌어지는 전투나 조약의 허브라고 할 수 있다. 이것은 현명한 판단을 내리게 해주는 동시에, 명료한 판단을 내릴 때 감성이 왜 꼭 필요한 것인지를 설명해준다.

생각 자체를 붕괴해버리는 감성의 힘을 생각해보자. 주어진 과제나 문제를 완수하고 해결하는 데 필수적인 사실을 명심하도록 만드는 주의력을 신경과학자들은 '작동기억(working memory)'이라고 한다. 전전두엽피질은 바로 작동기억을 책임지는 영역이다.[17] 그러나 대뇌변연계에서 전전두엽으로 이어진 회로들은 초조, 분노 같은 강한 감정의 신호가 신경계의 격렬한 반대를 불러일으켜 작동기억을 유지하는 전전두엽의 능력을 고의로 손상하는 결과를 낳을 수 있다. 이것이 바로 우리가 화가 났을 때 '똑바로 생각할 수가 없다'고 말하는 이유이며, 감성적 고통이 계속되면 아이의 지적 능력에 손상을 주어 학습능력을 불구로 만들기도 하는 것이다.

이런 손상이 만일 좀 더 미묘하다면 IQ 검사로는 부각되지 않는다. 손상은 아이의 마음속 동요와 충동뿐 아니라, 더욱 목표 지향적인 신경심리학적 측정 수치를 통해 드러난다. 예를 들어 한 연구에서 평균 이상의 IQ를 지녔지만 성적이 나쁜 초등학생들이 이런 신경심리학적 검사를 통해 손상된 전두엽 기능을 보이는 것으로 나타났다.[18] 그 학생들은 충동적이고 긴장했으며 종종 파괴적이고 말썽을 일으켰다. 이는 대뇌변연계의 충동에 대해 전두엽의 통제가 이루어지지 않음을 시사한다. 지적인 잠재력이 있는데도 이런 학생들은 낙제, 알코올 의존증, 범죄 같은 문제를 일으킬 위험성이 대단히 높다. 그들의 지성에 문제가 있어서라기보다는 감성생활에 대한 통제 기능이 손상됐기 때문이다. IQ 검사로 내용이 파악되는 피질 영역과 완전히 분리된 감성두뇌는 분노와 공감을 통제한다. 이런 감성회로는 어린 시절 전체에 걸친 경험을 통해 마련된다. 그럼에도 우리는 그런 경험을 완전히 우연에 맡겨버리는 위험을 방치하고 있다.

가장 '합리적'인 의사결정에서 감성이 수행하는 역할에 대해서도 살펴보자. 아이오와 대학교 의과대학의 신경학자 안토니오 다마지오(Antonio Damasio)는 전전두엽과 편도 간 회로에 손상을 입은 환자들에게서 어떤 결함이 나타나는지를 주의 깊게 연구했다.[19] 연구 결과에 따르면, 그들의 의사결정 능력에 엄청난 결함이 있었다. 그럼에도 그들은 IQ나 여타의 모든 인지능력에는 전혀 문제가 없었다. 지능이 손상되지 않았음에도 그들은 사업과 개인생활에서 불행을 가져오는 선택을 했고, 약속을 언제 할지처럼 간단한 결정에도 종종 끊임없이 괴로워했다.

다마지오 박사는 그들이 감성적 학습능력을 상실했기 때문에 의사결정이 너무나 형편없었다고 주장한다. 사고와 감성이 만나는 지점인 전전두엽과 편도 간의 회로는 우리가 살면서 획득하는 호감과 비호감의 저장고로 가는 중요한 통로다. 편도의 감성기억이 차단된 신피질은 무엇을 숙고하든 더 이상 과거에 연상했던 감성반응을 촉발하지 않는다. 모든 것이 회색의 중립성을 띤다. 주어지는 자극이 좋아하는 애완동물이든 싫어하는 사람이든, 더 이상 매력도 반감도 일으키지 않는다. 이런 환자들은 감성기억이 저장되어 있는 편도로 접근할 수 없기 때문에 모든 감성기억의 내용을 '망각해버린' 것이다.

이런 증거를 통해 다마지오는 합리적 결정에는 감정이 필수불가결하다는, 직관에 반(反)하는 주장을 편다. 건조한 논리가 가장 최상일 수 있는 방향으로 우리를 이끄는 것이 바로 감정이기 때문이다. 세상이 종종 우리로 하여금 다루기 힘든 여러 선택(퇴직금을 어디에 투자할까? 누구와 결혼할까? 등)에 직면하게 하는 한편, 삶이 우리에게 제공했던 감성적 교훈(재난으로 이어진 투자나 고통스러운 파경에 대한 기억 등)은 처음부터 어떤 것은 배제하고 어떤 것은 확실하게 선택하는 식으로 합리적인 결정을 내리도록 신호를 보낸다. 이런 식으로 감성두뇌가 사유하는 뇌만큼이나 이성적 활동에 개입한다고 다마지오는 주장한다.

그러므로 감성은 합리적 판단에도 중요하다. 감성적 기능은 사고 자체를 가능하게 만드는(혹은 불가능하게 만드는) 합리적 정신과 함께 활동하여 순간순간 판단을 이끌어낸다. 마찬가지로 감정이 통제를 벗어나 요동치고 감성두뇌가 사나워지는 경우를 제외하고, 사유하는 뇌는 감성에서 실행적인 역할을 수행한다.

어떤 의미에서 우리에겐 두 개의 뇌, 즉 두 개의 정신이 있는 셈이다. 합리적 정신과 감성적 정신이 그것이다. 우리가 인생을 어떻게 영위하느냐는 이 둘에 의해 결정된다. IQ만이 아니라 감성지능도 문제가 된다는 말이다. 실제로 지성은 감성지능 없이는 최상의 상태로 작동할 수 없다. 대체로 대뇌변연계와 신피질, 편도와 전전두엽의 상보성(相補性)은 정신생활에서 각각의 영역이 완전한 동반자라는 의미다. 이런 동반자들이 원활하게 상호작용을 할 때 감성지능이 상승한다. 지적 능력도 마찬가지다.

이런 연구 결과는 이성과 감정 사이의 긴장이라는 낡은 이해방식을 뒤집어엎는다. 철학자 에라스뮈스가 말했듯, 우리는 감성을 없애고 그 자리에 이성을 두고 싶어 하는 게 아니라, 감성과 이성의 조화로운 균형을 찾고자 한다. 과거의 사고방식은 '감성에서 자유로운 이성'이라는 이상을 가지고 있었다. 반면 새로운 사고방식은 머리와 가슴이 조화를 이루도록 촉구한다. 그것을 잘 해내기 위해서는 우선 감성을 현명하게 사용한다는 것이 어떤 의미인지를 정확하게 이해해야 한다.

2

EMOTIONAL
INTELLIGENCE

감성지능의 본질

chapter 3

똑똑한 바보

높은 IQ가 성공을 보장하지 않는다

고등학교 물리 교사인 데이비드 폴로그루토가 한 학생이 휘두른 부엌칼에 찔린 정확한 이유에 대해서는 여전히 의견이 분분하다. 그 학생은 폴로그루토가 가르치는 아주 뛰어난 학생들 가운데 하나였다. 어쨌든 널리 보도된 사건의 내막은 이렇다.

플로리다 주 코럴스프링스에서 늘 A학점을 받았던 고등학교 2학년의 제이슨은 의과대학에 입학하려고 병적으로 집착했다. 그저 아무 의대가 아니라 그는 하버드를 꿈꿨다. 하지만 물리 교사인 폴로그루토는 퀴즈에서 제이슨에게 80점을 주었다. B밖에 안 되는 학점이 자신의 꿈을 위험에 빠뜨린다고 생각한 제이슨은 부엌칼을 들고 학교로 갔다. 그는 물리 실험실에 있던 폴로그루토와 맞닥뜨렸고, 사람들에게 제압되기 직전에 폴로그루토의 쇄골 부위를 찔렀다.

판사는 그 당시 제이슨이 일시적으로 제정신이 아니었다고 보고 무죄를 선고했다. 네 명의 심리학자와 정신과 의사로 구성된 배심원은 제이슨이 싸움이 벌어지는 동안 정신이상 상태였다고 단언했다. 시험 점수 때문에 자살할 작정이었고, 그런 계획을 폴로그루토 선생에게 말하려고 찾아갔다고 제이슨은 주장했다. 그러나 폴로그루토의 이야기는 달랐다. "낮은 점수에 화가 나서, 그가 나를 칼로 완전히 죽이려고 작정했다는 생각이 들었습니다."

사립학교로 전학 간 2년 뒤 제이슨은 반에서 1등으로 졸업했다. 정규 수업만 받았다면 전 과목 평균 4.0으로 A였을 테지만, 그는 고급 과정을 이수하여 학점 평균을 4.614로 올려놓았다. A⁺를 훨씬 뛰어넘는 평점이다. 제이슨이 1등으로 졸업한 후에도 자신이 예전에 저질렀던 공격에 대해 한 번도 사과하거나 책임을 느껴본 적이 없다고 그의 옛날 물리 교사인 데이비드 폴로그루토는 불평했다.[1]

문제는 그토록 명민한 학생이 그렇게나 비합리적이고 바보 같은 행동을 저지를 수 있느냐 하는 것이다. 대답은 이렇다. 학업 지능은 감성생활과 거의 관계가 없다. 가장 똑똑한 사람이라도 고삐 풀린 정열과 제멋대로의 충동 같은 장애를 극복하지 못하면 오히려 실패할 수 있다. IQ가 높은 사람이 자신의 사생활을 전혀 통제하지 못하는 사람일 수도 있는 법이다.

심리학이 공개한 비밀 가운데 하나는 학점이나 IQ, SAT 점수는 일반인들의 신비화에도 불구하고 인생에서 누가 성공하게 될지 확실하게 예측하는 데 상대적으로 무능하다는 점이다. IQ와 전체 집단의 생활환경

사이에는 확실히 관련성이 있다. IQ가 아주 낮은 사람들은 결국 이른바 천한 직업을 갖게 되고, 높은 IQ를 지닌 사람들은 고소득자가 되지만, 그러나 결코 항상 그렇지는 않다.

IQ가 성공을 예견한다는 규칙에 반하는 예외는 광범위한 범주에 걸쳐 있다. 더욱이 그 규칙에 합당한 경우보다 훨씬 더 많은 예외가 존재한다. IQ는 인생의 성공을 결정짓는 요인들 중 잘해야 20퍼센트를 차지할 뿐이고, 나머지 80퍼센트는 다른 요인들이 결정한다.[2] 한 연구자가 말했듯이 '사회에서 한 사람에게 가장 알맞은 대다수의 분야는 IQ 외의 요인들—사회적 계층에서 행운에 이르는—에 의해 결정된다.'

IQ에 최고의 중요성을 부여하는 《종형 곡선(The Bell Curve)》의 공동 저자인 리처드 헤른스타인(Richard Herrnstein)과 찰스 머리(Charles Murray)조차 이 점을 인정한다. 그들은 이렇게 지적한다. "SAT 수학 점수가 500점인 신입생은 수학자가 되려고는 생각지 말아야 하지만, 그 대신 만일 그가 기업을 운영하고 싶다거나 미국 상원 의원이 되고 싶다거나 백만장자가 되고 싶다면 꿈을 접어서는 안 된다……. 본인이 인생에 끌어들이는 다른 특성들은 시험 점수와 꿈 사이의 연결고리를 별것 아니게 만들기 때문이다."[3]

내 관심은 이렇게 중요한 '다른 특성'인 감성지능에 있다. 자기 자신에게 동기를 부여하고, 좌절 속에서도 밀고나가며, 충동을 억제하고, 만족을 뒤로 미루며, 자기 기분을 통제하고, 걱정거리 때문에 사고력이 낮아지지 않게 하며, 감정이입을 할 줄 알고, 희망을 품을 줄 아는 능력 말이다. 수십만 명을 대상으로 거의 100년의 연구 역사를 지닌 IQ에 비하면 감성지능은 새로운 개념이다. 살아가면서 사람마다 드러내는 저 엄청난 변화무쌍함을 감성지능이 얼마나 잘 설명해낼 수 있을지 아직은 아무도 정확하게 말할 수 없다. 그러나 현재까지 밝혀진 자료들은 감성지능이

IQ만큼이나 위력적일 수 있고, 이따금 IQ보다 더 위력적이라는 점을 시사한다. IQ는 경험이나 교육으로 크게 변화될 수 없다고 주장하는 사람들이 있는 반면에, 학습을 통해 필요한 감성능력을 실제로 개선할 수 있다는 점을 나는 이 책 5장에서 보여줄 것이다. 문제는 우리가 아이들을 가르치는 데 얼마나 주의를 기울이느냐 하는 것이다.

▌감성지능과 운명

애머스트 대학교에서 내가 가르치는 강좌에 입학 전에 치른 SAT와 그 밖의 성취도 시험에서 다섯 차례 800점 만점을 받았던 학생이 있었다. 그러나 그는 가공할 만한 지적 능력을 갖췄음에도 대부분의 시간을 친구들과 어울려 노는 데 쓰느라 다음 날 늦잠을 자다가 수업을 빼먹곤 했다. 그가 학위를 받기까지는 거의 10년이 걸렸다.

IQ는 비슷한 가능성과 교육과 기회를 가진 사람들의 갖가지 운명을 제대로 설명해주지 못한다. 1940년대—아이비리그 대학생들의 IQ 분포가 지금보다는 훨씬 넓었던 시절—에 중년이 된 95퍼센트의 하버드 졸업생들의 경우, 대학에서 높은 성적을 받은 사람들이라고 해서 봉급, 생산성, 지위의 관점에서 낮은 성적으로 졸업한 또래들과 비교해 특별히 성공적이지는 않았다. 또한 삶의 만족도도 그리 높지 않았고, 우정이나 가족, 연애 문제에서 크게 행복하지도 않았다.[4]

450명의 소년들이 중년이 됐을 때 유사한 추적조사가 벌어졌다. 대부분 이민자의 아들로, 하버드에서 몇 블록 떨어진, 당시엔 '황폐한 빈민가'였던 매사추세츠 서머빌에서 성장한 이들이었다. 유복한 가정 출신이 3분의 2였고, 3분의 1은 IQ가 90 이하였다. 그러나 이 조사에서 다시 한

번 IQ는 생업이나 삶의 나머지 영역의 성취와 거의 관련이 없음을 보여 주었다. 예를 들어 IQ 80 이하인 사람들의 7퍼센트가 10년 이상 실직 상태였지만, IQ 100 이상인 사람들의 7퍼센트 또한 실직 상태였다. 확실히 47세 정도 나이가 되면 IQ와 사회경제적 수준 사이에는 일반적인 연관 관계가 있었다(항상 존재한다). 그러나 좌절을 극복하고 감정을 억제하며 다른 사람들과 잘 지낼 수 있는, 그런 어린 시절의 능력은 더욱 커다란 차이를 가져왔다.[5]

일리노이 주 고등학교들이 1981년 반에서 배출한 81명의 최우등 졸업생과 차석 우등 졸업생에 대한, 현재도 진행되고 있는 연구 자료들을 살펴보자. 당연히 그들은 자기 학교에서 가장 최상의 점수를 획득했다. 대학에 진학해서도 계속 공부를 잘해서 높은 학점을 받았다. 하지만 20대 후반에 그들은 단지 평균 수준으로 성공한 자리밖에는 차지하지 못했다. 고교 졸업 10년 뒤에는 단지 넷 중 한 사람만이 자신이 선택한 직종에서 비교 대상 연령의 젊은이들 가운데 가장 높은 수준에 도달했을 뿐, 다른 젊은이들은 그다지 좋은 성과를 거두지 못했다.

최우등 졸업생들을 추적한 연구자들 가운데 한 사람인 보스턴 대학교 교육학과의 카렌 아널드(Karen Arnold)는 이렇게 설명한다. "우리가 '본분을 잘 지키는' 사람들, 체계 안에서 성과 거두는 방법을 아는 사람들을 발견했다는 생각이 든다. 그러나 최우등 졸업생들은 다른 이들처럼 확실하게 분투노력한다. 어떤 사람이 최우등 졸업생임을 아는 것은 단지 그 사람이 학점으로 측정되는 성취에서 대단히 뛰어나다는 사실을 인식하는 것일 뿐이다. 최우등이라는 사실을 안다고 해도, 그들이 삶의 흥망성쇠에 어떻게 대응할지에 대해선 전혀 알 수 없다."[6]

학업상의 총명함이 실제 삶의 흥망성쇠가 가져오는 고통이나 기회에 대해 아무런 대비책을 제공하지 않는다는 점이 문제다. 높은 IQ가 부유함, 명성, 삶의 행복을 전혀 보장하지 않는데도, 우리의 학교와 문화는 학업능력에만 병적으로 집착하고, 개인의 운명에 역시 엄청나게 중요한 일련의 특성—인격이라 부를 수도 있는—인 감성지능은 무시한다. 수학이나 책읽기만큼이나 감성생활은 사람에 따라 많은 차이가 나는, 독특한 일련의 능력을 필요로 하는 영역이다. 그리하여 똑같은 지성을 가졌어도 인생의 막다른 골목에 이르는 사람이 있는가 하면, 번창하는 사람이 있는 법이다. 감성능력에 숙련된 정도가 다르기 때문이다. 설익은 지성을 포함해 우리가 어떤 능력을 지녔든지 간에 그것을 얼마나 잘 활용할 수 있는지를 결정하는 메타 능력(meta-ability : 가진 능력을 잘 활용할 수 있는 능력)이 감성적 소질이다.

　물론 삶을 성공으로 이끄는 길은 많으며, 여타의 소질이 보상을 받는 많은 영역이 존재한다. 한층 더 지식에 기반을 둔 사회로 가고 있는 우리 현실에서 과학기술의 역량은 틀림없이 그중 하나의 소질이다. 아이들의 농담 중에 이런 게 있다. "멍청이가 15년 뒤에는 뭐라고 불리는지 알아?" "답은 보스(Boss)야." 그러나 앞으로 3장에서 살피게 되듯이 '멍청이들'에게조차 감성지능은 강점을 제공한다. 감성에 능숙한 사람들—자신의 감정을 잘 알고 운용하며, 다른 사람의 감정을 읽고 효과적으로 대처하는 사람들—은 연애를 하거나 친밀한 관계를 맺거나 조직화된 정치에 관여하거나 간에 성공을 가져오는 알려지지 않은 규칙을 알아내는 등 삶의 어떤 영역에서도 유리한 위치에 있다. 또한 잘 계발된 감성기술을 지닌 사람들은 삶에 만족하고, 직업에서 성공을 거둘 가능성이 훨씬 크며, 생산성을 촉진하는 사고방식에 통달해 있다. 반면 자신의 감성생활을 잘 통제하지 못하는 사람은 작업과 사고에 필요한 집중력과 명민함을 방해하는 내면적 갈등에 시달리기 쉽다.

단일지능인가, 다중지능인가

무심한 관찰자에겐 네 살 난 주디가 사교적인 유치원 친구들 가운데서 인기 없는 아이인 듯 보일 수 있다. 주디는 놀이 한복판으로 뛰어들기보다는 놀이가 벌어지는 가장자리에 머물기 때문이다. 하지만 주디는 교실에서 벌어지는 '사교정치'에 대한 진정 예리한 관찰자이며, 다른 아이들의 마음속 감정의 흐름에 대한 통찰에선 친구들 가운데 가장 정교할지도 모른다.

선생님이 '교실 게임'이라 부르는 놀이를 하려고 아이들을 주위에 모이게 할 때까진, 놀라운 주디의 특성이 뚜렷하게 드러나지 않는다. 교실 게임—학생들과 교사들의 작은 사진을 머리에 붙인 막대기 인형들로 주디네 유치원 교실을 본떠 만든 게임—은 사교적 분석력을 시험한다. 선생님이 주디에게 남자 아이들과 여자 아이들 각각을 미술 코너, 블록 코너 등자신이 가장 놀고 싶어 하는 교실 안의 장소로 데려가라고 말하자, 주디는 빈틈없이 그렇게 한다. 이번에는 여자 아이들과 남자 아이들이 각각 가장 함께 놀고 싶어 하는 아이들과 같이 있도록 자리를 옮겨주라고 하자, 주디는 전체 친구들에게 가장 알맞은 친구들과 짝을 지어주는 능력을 보여준다.

주디가 보여주는 정확성은 네 살치고는 예외적일 정도다. 이는 주디가 자기 반의 사교 지도를 완벽하게 그리고 있다는 사실을 드러내준다. 이런 능력은 훗날 주디가 판매나 영업 및 외교에 이르기까지 '사람을 대하는 능력'이 중요한 어떤 분야에서나 자신의 재능을 꽃피우도록 해줄 것이다.

아주 어린 나이라는 점을 제외하더라도 주디의 탁월함은 눈에 띈다. 그런데 이런 탁월함은 주디가 터프츠 대학교 내 엘리엇피어슨 아동 학교

(Eliot-Pearson Preschool) 학생이기 때문에 가능했을 것이다. 이 유치원에선 의도적으로 다양한 종류의 지능을 계발하는 교과과정인 '프로젝트 스펙트럼'이 실시 중이었다. 프로젝트 스펙트럼은 사람이 가진 지능은 대부분의 학교들이 전통적으로 초점을 맞추는 좁은 범위의 언어와 수리능력이라는 3R(읽기, 쓰기, 셈—옮긴이)를 훨씬 능가한다는 점을 인식한다. 주디의 사교적 분석력 같은 능력은 교육이 무시하거나 심지어 좌절시키기보다는 오히려 키워주어야 할 지능이라는 것이다. 아이들이 훗날 실제로 성공하기 위해 필요하거나, 하는 일에서 성과를 거두기 위해 활용하게 될 광범위한 능력을 계발하도록 격려함으로써, 학교는 삶의 기술을 교육하는 장소가 된다.

프로젝트 스펙트럼을 주도하는 사람은 하버드 교육대학원의 심리학자 하워드 가드너(Howard Gardner)다.[7] 가드너는 이렇게 말한다. "지능의 범위에 대한 관념을 확대할 때가 왔어요. 교육이 아이의 발전에 도움을 줄 수 있는 한 가지 가장 중요한 일은, 아이의 지능에 가장 알맞으며 아이가 만족하고 경쟁력을 지니게 될 분야로 나아가도록 돕는 것이죠. 지금까지 우리는 그 점을 완전히 놓쳐왔습니다. 그 대신 모든 학생들에게 만약 성공한다면 대학교수가 되기에 가장 알맞을 교육을 받게 만듭니다. 또 학생들이 저 좁다란 성공의 기준을 충족시키느냐의 여부에 따라 그들을 평가하죠. 이제는 아이들의 순위를 매기는 데 시간을 쓰기보다, 그들의 천부적인 능력과 지능을 찾아내 계발하도록 도와주는 데 더 많은 시간을 들여야 합니다. 성공할 수 있는 수백 가지 방법이 존재하고, 거기에 도달하도록 도와줄 수도 없이 많고 다양한 지능이 있어요."[8]

지능에 대한 옛날 사고방식의 한계를 인식하는 사람이 있다면, 그가 바로 가드너다. 그는 저 영예로운 IQ 검사가 제1차 세계대전 무렵에 시작됐다고 말한다. 당시 스탠퍼드 대학의 심리학자 루이스 터먼(Lewis

Terman)이 갓 개발한 최초의 대규모 필답 형태의 IQ 검사를 통해 200만 명의 미국인들이 분류됐다. 이 검사는 가드너가 'IQ식 사고방식'이라 부르는 풍조를 수십 년간 지속시켰다. "사람들을 '똑똑하거나 그렇지 않거나'로 나누는 생각이 그런 식으로 생겨났어요. 검사와 관련해서 우리가 할 수 있는 일은 그다지 많지 않으며, 검사만이 사람들에게 자신이 똑똑한 사람 축에 드는지 아닌지를 말해줄 수 있습니다. 대학 입학을 위한 SAT 시험도 사람들의 장래를 결정하는 것은 IQ라는 단 한 가지의 지능이라는 똑같은 관념에 토대를 두고 있죠. 이런 사고방식이 사회에 속속들이 스며들었습니다."

1983년에 출판된 가드너의 저서《마음의 틀(Frames of Mind)》은 IQ에 대한 전통적 견해를 논박하는 선언문이었다. 가드너는 이 책에서 삶에 성공하기 위해 필요한 요소는 단 하나의 획일적인 지능만이 아니라, 오히려 일곱 가지의 다양성을 지닌 광범위한 지능이라고 밝혔다. 그는 그 지능 목록에 언어지능과 논리수학지능이라는 두 가지 표준적인 지능을 넣었지만, 그 외에 이를테면 뛰어난 화가나 건축가에게서 관찰되는 공간지능도 포함한다. 또 무용수 마사 그레이엄이나 농구 선수 매직 존슨의 육체적 유연함과 우아함 속에 드러나는 신체운동지능도 포함하고, 모차르트와 요요마가 지닌 것 같은 음악 지능도 포함한다. 이 목록을 마지막으로 마무리하는 것은 가드너가 '개인적 지능(personal intelligence)'이라 부르는 두 가지 지능이다. 하나는 칼 로저스 같은 위대한 치료사나 마틴 루터 킹 2세 같은 세계적 지도자가 지닌 인간친화지능(interpersonal intelligence)이고, 다른 하나는 지크문트 프로이트의 뛰어난 통찰력 혹은 덜 주목받는 상태로 삶을 자신의 진정한 감정과 보조를 맞추도록 조율하는 데서 생기는 내적 만족감에 주목하는 '정신내적 지능(intrapsychic intelligence)'이다.

가드너의 지능 개념에서 중요한 의미를 지닌 말은 '다중(multiple)'이다. 가드너의 모델은 지금껏 불변의 유일한 요인이라고 여겨져온 IQ의 개념을 뛰어넘는 것으로, 학생 시절 우리를 압제했던 검사들—기술학교로 갈 학생과 대학에 갈 학생으로 분류하는 성취도 검사, 대학에 갈 아이들이 어느 대학의 입학 허가를 받게 될지 결정하는 SAT 시험 등—이 지능에 대한 제한된 이해에 토대를 둔 것이며, 삶에 필요한 제대로 된 기술과 능력의 접촉을 상실한 이해에 기초한다는 점을 인식하고 있다.

가드너는 '7'이라는 숫자가 임의로 택한 것이라는 점을 인정한다. 인간의 다양한 지능은 어떤 숫자로도 제한할 수 없기 때문이다. 가드너와 그의 연구 동료들은 이 일곱 가지 목록을 스무 가지의 다양한 지능으로 확대하기도 했다. 예를 들어 인간친화지능은 네 가지로 세분되는데 지도력, 관계와 우정을 유지하는 능력, 갈등 해소 능력, 네 살짜리 주디가 갖춘 사교적 분석력이 그것이다.

지능에 대한 이런 다층적인 견해는 성공을 이루기 위한 인간의 능력과 잠재력에 대해 좀 더 풍부한 설명을 해준다. 프로젝트 스펙트럼에 참여한 학생들은 한때 IQ 검사의 대표 격이었던 스탠퍼드-비네(Standford-Binet) 지능검사로 평가를 받고 다시금 가드너가 지능의 범위를 측정하기 위해 고안한 종합 테스트를 받았는데, 아이들이 그 두 검사에서 받은 점수 사이에는 아무런 관련성도 없었다.[9] IQ가 가장 높은(125에서 133까지) 다섯 아이는 스펙트럼 검사로 측정된 열 가지 장점과 관련해 다양한 결과를 드러냈다. 한 아이는 세 가지 스펙트럼에서 강했고, 세 아이는 두 가지 스펙트럼에 강점이 있었으며, 나머지 한 아이는 단지 하나의 스펙트럼에만 강점이 있었다. 다섯 아이의 강점 가운데 네 가지는 음악이고, 두 가지는 시각예술이며, 한 가지는 사교적 이해와 논리이며, 두 가지는 언어였다. 다섯 아이 가운데 동작, 수(數), 역학에 강한 아이는 아무도 없었다. 동작과 수는 다섯 아이 가운데 두 아이의 경우 실제로 약점이었다.

가드너는 이렇게 결론을 내렸다. "스탠퍼드-비네 지능검사로는 각 스펙트럼 활동의 작은 부분들이 엇갈리거나 일치하기도 하는 등 일정하지 않아 성공적인 성취도를 예측할 수 없다." 그러나 스펙트럼 점수는 아이들이 자발적으로 관심을 갖고 열심히 노력해 언젠가 뛰어난 성취를 이룰 영역이 무엇인지를 명확하게 알려준다.

지능의 다양성에 대한 가드너의 연구는 계속되고 있다. 자신의 이론을 처음으로 책으로 출판한 뒤 10년쯤 지나 가드너는 인간의 지능에 대해 다음과 같이 간결하게 요약한다.

> 인간친화지능은 다른 사람을 이해하는 능력이다. 타인에게 동기를 부여하는 것이 무엇인지, 그들은 어떻게 일하는지, 그들과 어떻게 협력해서 일해야 할지를 아는 능력이다. 성공한 판매원, 정치가, 교사, 의사, 종교 지도자들은 모두 높은 수준의 인간친화지능을 가졌을 가능성이 높다.
> 자기성찰지능(intrapersonal intelligence)은 자신의 내면으로 향한 상호 관계 능력이다. 이 지능은 자기 자신에 대한 정확하고 진실한 모델을 만들어내고, 그것이 삶에 효과적으로 작용하도록 활용하는 능력이다.[10]

또한 가드너는 인간친화지능은 '타인의 기분, 기질, 동기, 욕망을 식별하고 그들의 행동에 적절하게 대응하는 능력'이 핵심이며, 자기성찰지능은 '자기 자신의 감정을 식별하고 스스로의 행동을 통제하기 위해 적절히 감정을 활용하는 능력'이 핵심이라고 설명한다.[11]

▮ 스포크 대 데이터 : 인식이 전부는 아니다

그동안 거의 연구되지 않았던 '개인적 지능'이 가드너의 감성 연구에 등장한다. 그 까닭은 아마도 가드너가 시사했듯이, 그의 연구가 정신에 대한 인지과학 모델에서 많은 정보를 얻어 이루어졌기 때문일 것이다. 그래서 그는 지능에서 인지(認知)와 동기(動機)를 강조하고, 자신 및 타인의 일하는 습관에 대한 이해를 강조하며, 자기 자신의 삶을 영위하고 타인과 잘 지내는 데 필요한 통찰력을 강조한다. 그러나 감성의 영역은 언어와 인지를 넘어서 확장된다.

'개인적 지능'에 대한 가드너의 연구에는 감성의 작용과 감성관리에 대해 더 깊이 살필 충분한 여지가 있다. 하지만 가드너와 그의 동료들은 지능에 관여하는 감성의 역할을 더 깊이 연구하지는 않았으며, 감성에 대한 인식에 훨씬 더 많은 초점을 두었다. 이로 인해 아마도 무의식적인 내면적 삶과 인간관계를 종종 당황스럽게 만드는 감성 영역에 대한 연구가 그대로 남아 있게 됐을 것이다. 그렇지만 가드너의 연구로 인해 감성지능이 존재한다는 것과 지능이 감성으로 전이될 수 있다는 사실을 이해하게 된 것만은 틀림없는 사실이다.

지능에 미치는 인지적 요소들에 대한 가드너의 강조는 자신의 견해를 틀 지웠던 심리학의 사조(思潮)를 반영한다. 감성의 영역에서조차 심리학적 인지를 지나치게 강조하는 것은 부분적으로 심리학 역사의 급격한 변화 탓이라고 볼 수 있다. 오직 외부에서 객관적으로 관찰할 수 있는 행동만이 과학적인 연구라고 생각한 스키너(B. F. Skinner)의 틀에 갇혀 있는 행동주의자들이 20세기 중반 몇십 년 동안 심리학계를 지배한 것이다. 그들은 과학의 범위를 넘어서는 감성을 포함한 모든 내적 생활 연구를 무시했다.

그러다가 1960년대 말에 '인지적 혁명'의 시대가 오면서, 심리학의 초점은 어떻게 정신이 정보를 인식하고 저장하는가 하는 문제와 지능의 본질 쪽으로 옮겨갔다. 하지만 감성은 여전히 출입금지 구역이었다. 인지과학자들 사이의 판에 박힌 생각에 따르면, 지능은 사실을 냉정하고 빈틈없이 가공 처리하는 것, TV 시리즈 〈스타트렉〉에 나오는 스포크 박사처럼 고도로 합리적인 것이다. 스포크 박사는 감정에 흔들리지 않는 건조한 정보 단위로 이루어진 로봇 같은 존재로, 감성이란 지능의 영역에 아무런 자리도 차지하고 있지 않으면서 단지 정신생활에 대한 우리의 이해를 혼란시킬 뿐이라는 생각을 보여주는 인물이다.

　이런 견해를 받아들였던 인지과학자들은 컴퓨터가 정신의 원형(原型)이라고 여겼다. 그들은 정신을 암시하는 질서정연한 실리콘과 달리, 소프트웨어를 만들어내는 인간의 두뇌가 신경화학물질이 어지러이 고동치고 있는 웅덩이 속에 들어차 있다는 사실을 망각했다. 정신이 정보를 처리하는 방식에 대한 인지과학자들 사이의 지배적인 모델에는 감정이 합리성을 인도하고 때로 압도한다는 이해가 결여돼 있었다. 그리하여 인지적 모델은 지성에 특색을 더하는 여러 가지 감정을 설명하지 못한다. 그러나 자신들의 견해를 고집하기 위해 인지과학자들은 그들의 정신 모델이 희망이나 두려움, 부부간의 사소한 싸움, 직장 동료에 대한 질투와 같은 감정과 관련되어 있음을 무시해야만 했다. 그들은 삶에 정취 혹은 절박함을 부여하고 매순간 정보가 어떻게 훌륭하게 혹은 형편없이 처리되는지를 정확히 방향 짓는 감정과의 관련성을 무시했다.

　지난 80년간 지능 연구계는 감성을 무시하는 한쪽으로 기울어진 과학적 시각이 지배해왔다. 그러나 이런 시각은 사유에서 감성이 수행하는 필수적인 역할을 심리학이 인식하기 시작하면서 점차 변하고 있다. 〈스타트렉 : 다음 세대〉에 나오는 데이터 소위와 마찬가지로, 심리학은 정신생활에 영향을 미치는 감성의 위험뿐 아니라 그 위력과 장점을 평가하기 시작했다. 결국 데이터 소위가 (만일 그가 실망을 느낄 수 있다면 실망스럽게도) 인식하듯이, 냉정한 논리만이 올바른 '인간적' 해결책을 가져다줄 수는 없다. 인간성은 감정 속에서 가장 뚜렷하게 드러난다. 데이터 소위는 무언가 꼭 필요한 것이 빠졌음을 알고서 그것을 느끼려 애쓴다. 그는 우정과 충성을 원하지만, 《오즈의 마법사》에 나오는 양철인간처럼 안드로이드인 그에겐 가슴이 없다. 감정이 가져다주는 정서가 없으므로 데이터 소위는 기교를 부려 음악을 연주하고 시를 쓸 수는 있어도, 예술혼을 느낄 순 없다. 데이터 소위의 갈망이 주는 교훈은 인간의 가슴이 지닌 좀 더 숭고한 가치—믿음, 희망, 헌신, 사랑—는 냉혹하게 인지적인 관점을 취할 때는 완전히 배제돼버린다는 점이다. 감성은 풍요롭다. 그러기에 감성을 배제하는 정신 모델은 빈약할 뿐이다.

나는 가드너에게 감성 자체보다 감성에 대한 사고나 초인지(超認知, metacognition : 자신의 능력에 대해 스스로 가지는 인식)를 훨씬 강조하는 경향에 대해 질문했다. 그는 지능을 인지적 측면에서 보고자 했다고 인정하면서도 이렇게 덧붙였다. "제가 처음 지능에 대한 글을 썼을 때는, 특히 자기성찰지능이라는 제가 이름 붙인 개념 속에서 감성을 말하고 있었던 셈입니다. 자기성찰지능의 한 구성 요소가 감성적으로 제 내면과 조율하고 있었기 때문이죠. 사람이 느끼는 본능적 감정이야말로 인간친화지능에서 필수적입니다. 그러나 인간친화지능이 실제로 발전함에 따라 다중지능이론 연구는 전 영역의 감성능력보다는 초인지에 더욱 초점을 맞추게 됐지요."

그렇다고 해도 가드너는 감성능력과 관계 맺음의 능력이 인생의 부침(浮沈) 속에서 얼마나 긴요한 것인지를 평가한다. "자기성찰지능의 측면에서 만일 IQ가 160인 사람은 형편없고 IQ가 100인 사람이 뛰어나다면,

IQ가 높은 사람이 IQ가 낮은 사람을 위해 일하게 되겠죠. 또한 일상생활에서는 인간친화지능보다 더 중요한 지능은 없습니다. 만일 인간친화지능이 낮다면, 배우자나 직업 등을 고를 때 형편없는 선택을 하게 될 것입니다. 우리는 학생들에게 이런 지능을 가르칠 필요가 있습니다."

▌ 감성의 지능적 측면

어떻게 감성과 관련한 지적 훈련을 할 것인가에 대해 좀 더 확실히 이해하기 위해서는 가드너의 견해에 동의하는 다른 이론가들에게로 관심을 돌릴 필요가 있다. 가장 유명한 사람은 피터 샐로비와 존 메이어다. 그들은 감성에다 지능을 적용할 수 있는 방법을 아주 자세하게 도식화했다.[12] 그들의 노력은 새로운 게 아니다. 심지어 가장 열렬한 IQ 신봉자들조차도 이따금 '감성'과 '지능'을 용어상 내재적인 모순이 있는 것으로 보기보다는, 오히려 감성을 지능의 영역으로 끌어들이려고 애를 썼다. 그리하여 1920~1930년대에 IQ의 개념을 대중화하는 데 큰 영향을 미친 손다이크(E. L. Thorndike) 같은 저명한 심리학자는 〈하퍼스 매거진 (*Harper's Magazine*)〉에서 감성지능의 한 측면인 '사회지능(SQ)'—타인을 이해하고 '인간관계를 지혜롭게 풀어가는 능력'—이 IQ를 구성하는 한 측면이라고 주장했다. 당시 심리학자들은 사회지능에 대해 냉소적이어서, 타인이 원하는 것과 상관없이 자신이 원하는 것을 하도록 타인을 조작하는 기술이라는 관점에서 사회지능을 바라보았다. 하지만 그 어느 것도 IQ 신봉자들을 그다지 사로잡지는 못해서, 1960년대의 한 지능검사에 관한 교과서는 사회지능을 '쓸모없는' 개념으로 단언하기까지 했다.

하지만 직관적이고 상식적이기 때문에 '개인적 지능'은 무시되지 않을 터였다. 예를 들어 예일 대학의 심리학자 로버트 스턴버그(Robert Sternberg)가 사람들에게 '똑똑한 사람'을 설명해보라고 했을 때 그들이 열거한 주된 자질 가운데 하나가 바로 인간친화지능이었다. 좀 더 체계적인 연구를 통해 스턴버그는 다시 손다이크의 결론에 도달했다. 사회지능은 학문적 능력과 구별되는 동시에, 사람들이 살면서 맞부딪치는 일을 잘 처리할 수 있게 해주는 지혜의 주요 부분이라는 것이다. 예를 들어 일터에서 가장 높게 평가되는 가치의 하나는 유능한 관리자라면 말로 하지 않아도 무엇을 의미하는지 이해할 수 있는 일종의 민감성이다.[13]

최근 몇 년 사이에 더 많은 심리학자들이 유사한 결론에 도달했다. 좁은 범위의 언어능력과 수리능력을 중심으로 삼는 IQ라는 낡은 개념은 학생들이 교실에 있을 때나 그들이 나중에 교수로 성공할 가능성을 예견해주지, 학교를 벗어나면 그것과는 거리가 멀어지게 된다는 가드너의 견해에 그들은 동의했다. 이런 견해를 가진 심리학자들은―스턴버그와 샐로비도 그들 중 하나다―삶을 성공적으로 영위하는 데 필요하다는 좀 더 포괄적인 관점에서 지능의 개념을 철저하게 개혁하고자 애를 썼다. 그런 탐구 선상에서 '개인적 지능'이나 감성지능이 얼마나 중요한지에 대한 평가가 다시 내려지게 됐다.

샐로비는 메이어와 더불어 감성지능에 대해 자세히 정의를 내리고, 이 것을 다섯 가지 영역으로 확대했다.[14]

1. **자신의 감성 인식하기.** 감정을 '일어난 그대로' 인식하는 자기인식이 감성지능의 근본 원리다.

4장에서 살펴보게 되겠지만, 순간순간의 감정을 살피는 능력은 심리학적 통찰과 자기이해에 꼭 필요한 것이다. 자신의 진짜 감정을 감지하지 못하는 무능력은 오히려 감정에 휘둘리게 만든다. 자기 감정에 대해 확신을 지닌 사람들은 삶을 더 잘 영위할 수 있으며, 결혼 상대나 직업 선택 등을 할 때 진정 자신이 어떻게 느끼고 있는지에 대해 좀 더 확실한 이해력을 지니고 있다.

2. **감성 관리하기.** 합당하게 감정을 다스리는 일은 자기인식에 토대한 능력이다.

5장은 스스로를 위로하는 능력과 걱정이나 우울, 초조감을 떨쳐버리는 방법 그리고 이런 기본적인 감성기술의 결여가 가져오는 결과를 살펴볼 것이다. 이런 능력이 부족한 사람들은 끊임없이 괴로운 감정과 싸우게 되는 반면, 이런 능력이 뛰어난 사람들은 좌절과 혼란에서 훨씬 빠르게 회복될 수 있다.

3. **스스로에게 동기 부여하기.** 목표달성에 필요한 감성보다 우선하는 것은 주의집중, 자기 동기 부여, 숙련도, 창의력이다.

6장에서 살펴보겠지만, 만족을 유예하고 충동을 억누르는 감성적 자기 통제는 모든 종류의 성취에 기초가 되며, '몰입' 능력은 뛰어난 성취를 가능하게 해준다. 이런 능력을 지닌 사람들은 자신이 맡은 어떤 일에서나 높은 생산성을 나타내고, 고도의 효율성을 발휘한다.

4. **타인의 감성 인식**(감정이입)**하기.** 감성적 자기인식의 기초가 되는 또 다른 능력인 감정이입은 기본적인 '인간친화지능'이다.

7장은 감정이입의 근원, 감성적으로 무능해질 때 치러야 하는 대가, 감정이입이 이타주의에 불을 붙이는 이유를 탐구할 것이다. 감정이입을 잘 하는 사람들은 타인이 필요로 하거나 원하는 것을 가리키는 미묘한 신호를 더욱 잘 잡아낼 수 있다. 그러므로 감정이입을 할 줄 아는 사람은 누군가를 돌보거나 가르치는 일, 판매나 관리 분야에서 능숙한 힘을 발휘한다.

5. **관계를 잘 풀기.** 관계의 예술은 대체로 타인의 정서를 잘 헤아리는

능력이다.

8장은 사교적 능력과 무능력, 거기에 포함된 특별한 기술을 살핀다. 이런 능력은 인기, 지도력, 대인관계의 유능함을 뒷받침한다. 이런 능력이 출중한 사람들은 타인과의 관계 맺음이 중요한 일에서 빛을 발한다. 그들은 사교의 달인이다.

물론 사람들은 각각의 영역에서 능력 차이가 난다. 자기 고민을 처리하는 데 아주 뛰어난 사람이 있는가 하면, 다른 사람의 마음를 어루만지는 데 익숙한 사람이 있게 마련이다. 이러한 능력 수준의 차이는 의심할 바 없이 신경과 관련이 있지만, 앞으로 살펴보게 되듯이 두뇌는 탁월할 정도로 유연하고 항상 학습 중이다. 감성기술의 손상은 치유될 수 있다. 감성영역은 적절한 노력을 통해 개선될 수 있는 습관과 반응으로 이루어져 있기 때문이다.

IQ와 감성지능의 비교

IQ와 감성지능은 상반되는 것이 아니라 독립적인 것이라 해야 맞을 것이다. 인간에게는 지적, 감성적 예민함이 뒤섞여 있다. 높은 IQ에 낮은 감성지능을 가진 사람(혹은 낮은 IQ에 높은 감성지능을 가진 사람)은 드문 편이다. 사실 IQ와 감성지능은 대체로 독립된 실체라는 점을 명확히 할 정도로 상호 관련성이 거의 없다.

친숙한 IQ 검사와 달리, '감성지능 지수'를 산출하는 필답 형태의 검사는 현재 하나도 없으며, 앞으로도 결코 그런 것은 존재하지 않을지도 모른다. 예를 들어 감성지능의 구성 요소 중 하나인 감정이입은 과제를 수

행해내는 실제 능력을 조사함으로써 가장 잘 검사할 수 있다. 즉 사람들의 얼굴 표정을 담은 비디오를 보게 하고 그들의 감정을 해독하게 하는 식으로 말이다. 그럼에도 감성지능과 아주 유사한 개념인 '자아탄력성(ego resilience)' 점수를 가지고 버클리 소재 캘리포니아 대학의 심리학자인 잭 블록(Jack Block)은 두 가지 이론상의 순수 유형을 비교했다.[15] 그 차이는 뚜렷했다.

완전히 IQ만 높은 유형은 거의 지성인을 풍자한 모습에 가까운데, 정신 영역에서는 능숙하지만 실제 현실에선 바보 같다. 남성과 여성의 평가는 좀 차이가 난다.

IQ만 높은 남성은 당연히 광범위한 지적 관심과 능력으로 정형화된다. 그는 야심 차고 생산성이 높으며 예측 가능하고 끈질기며 자신에 대한 염려로 골치아파하지 않는다. 그는 또한 비판적이고 짐짓 겸손하게 굴며 까다롭고 내성적이며 성행위와 관능적 경험을 거북해하고 표현력이 모자라며 고립적이고 정서적으로 무덤덤하며 냉담한 편이다.

완전히 IQ만 높은 여성 역시 기대만큼의 지적 확신을 갖고 자신의 생각을 표현하며, 지적인 문제를 평가하는 데 능숙하고 광범위한 지적, 미적 관심을 지닌다. 그들은 또한 내성적인 편으로, 고민과 성찰에 몰두하는 경우가 많고 쉽게 죄의식을 느끼며 분노를 공개적으로 표출하길 주저한다(비록 간접적으로 그렇게 하긴 해도).

이와 대조적으로 완전히 감성지능만 높은 남성은 사교적인 편으로, 외향적이고 쾌활하며 두려워하거나 걱정스러운 고민을 거의 하지 않는다. 그들에겐 사람들이나 신뢰관계에 헌신하고 책임을 떠맡으며 윤리적 관점을 견지하는 탁월한 능력이 있다. 그들은 동정심이 풍부하고 관계를 잘 처리한다. 그들의 정서생활은 풍요로우면서도 적절하다. 그들은 자기 자신이나 타인, 함께하는 사회에 대해 편안함을 느낀다.

마찬가지로 완전히 감성지능만 뛰어난 여성은 단정적이어서 감정을 직설적으로 표현하는 편이고, 자신에 대해 긍정적인 느낌을 갖는다. 그들에겐 사는 것이 의미가 있다. 그들은 외향적이고 사교적이며 자신의 감정을 적절하게 표현한다(나중에 후회할 격렬한 감정을 드러내기보다는). 또한 스트레스에도 잘 적응하며, 사교적인 성격이어서 새로운 사람에게도 쉽게 다가갈 수 있다. 쾌활하고 자발적이며 관능적 경험에도 개방적일 만큼 스스로 충분히 편안한 마음을 갖는다. 그들은 IQ만 높은 여성과 달리 걱정에 휩싸이거나 죄의식을 느끼는 경우가 드물며, 좀처럼 생각에 골몰하지 않는다.

이런 인물들의 묘사는 당연히 극단의 경우다. 인간은 다양하게 뒤섞인 IQ와 감성지능을 가지고 있다. 그러나 앞에서 말한 극단적인 인물의 초상은 이런 각각의 형태가 인간의 자질에 제각각 부여하는 내용을 다시 한 번 살펴보게 해준다. IQ와 감성지능을 가진 딱 그 정도만큼 이런 초상들의 모습은 융합된다. 그럼에도 IQ보다는 감성지능이 우리를 더욱 온전한 인간으로 만들어주는 훨씬 더 많은 자질을 제공해준다.

chapter 4

너자신을 알라

결정에 앞서 감정을 다스려라

일본의 옛이야기에 이런 내용이 있다. 어느 호전적인 사무라이가 불교의 선사(禪師)에게 천당과 지옥의 개념을 설명해보라고 말했다. 하지만 선사는 냉소적으로 대답했다.

"시골뜨기에 불과한 너 같은 놈에게 시간을 낭비할 순 없지."

자존심에 상처가 되는 공격적인 대답을 듣자, 그 사무라이는 분노에 치를 떨며 칼을 뽑아들고 외쳤다.

"건방을 떨었으니 널 죽여버리겠다!"

선사가 조용히 대답했다.

"그게 바로 지옥이다."

자신을 온통 사로잡아버린 분노를 가리키는 선사의 일갈에서 진실을 엿본 사무라이는 마음을 진정했고, 칼을 도로 집어넣은 뒤 절을 하고서 뛰어난 통찰을 보여준 선사에게 감사의 예를 올렸다. 그러자 선사가 말했다.

"그것이 천국이다."

자신의 격앙된 감정 상태에 대한 사무라이의 갑작스러운 깨달음은 감정에 사로잡히는 일과 자신이 감정에 휩쓸려가고 있다고 깨닫게 되는 일 사이의 중요한 차이점을 보여준다. 소크라테스의 '너 자신을 알라'는 말은 이러한 감성지능의 토대가 무엇인지를 말해준다. 즉 감정이 일어나는 즉시 그것을 알아채라는 것이다.

감정은 처음엔 명확해 보일 수 있다. 그런데 좀 더 깊이 돌아보면, 무언가에 대해 진짜로 느낀 것을 염두에 두지 않았다가 나중에야 그 느낌을 알아차렸던 적이 있을 것이다. 심리학자들은 사고 과정에 대한 인식을 '초인지'라 하고, 감정에 대한 인식을 '초기분(metamood)'이라 하여 다소 무거운 용어를 사용한다. 나는 내면의 상태를 지속적으로 주목한다는 의미에서 '자기인식(self-awareness)'이란 용어를 선호한다.[1] 이런 자기 반성적 인식 속에서 정신은 감성을 포함하여 경험 그 자체를 관찰하고 조사한다.[2]

이러한 인식의 특징은 프로이트가 '고르게 떠 있는 주의력(evenly hovering attention)'이라고 묘사한 것과 유사한데, 그는 심리분석가들이 이런 주의력을 갖추어야 한다고 말했다. 그런 주의력은 특별한 것만 받아들이는 것이 아니라 인식되는 것은 무엇이든 골고루 받아들인다. 그것을 '관찰적 자아(observing ego)'라고 부르는 심리분석가도 있다. 이는 환자가 말하는 것에 대한 심리분석가 자신의 반응을 감시하는 자기인식 능력을 가리키는 말이며, 자유연상을 통해 환자도 그런 능력을 키울 수 있다.[3]

이러한 자기인식은 각성된 감성의 정체를 확인하고 그것에 이름을 붙이도록 조율하는, 특히 언어영역을 담당하는 신피질의 활동을 필요로 하는 듯 보인다. 자기인식은 감지된 것에 과잉 반응하여 과장하다가 감성에 의해 휩쓸려가 버리는 주의력이 아니다. 오히려 심지어 고통스러운 감정 속에서조차도 자기성찰의 정신을 유지하는 중립적인 심리 상태다. 윌리엄 스타이런(William Styron)이 '자신을 빼닮은 존재가 허우적거릴 때 그 존재의 치매를 공유하지 않은 채 공평무사한 호기심으로 주시할 수 있는 영매(靈媒) 같은 관찰자인 제2의 자아를 동반하고 있다'면서 자신의 깊은 우울증에 대해 토로했는데, 이걸 보면 그가 정신의 이런 기능과 흡사한 무언가에 대해 설명하고 있는 것이 아닌가 싶다.[4]

자기관찰은 열정에 들끓거나 고통스러운 감정을 너무도 침착하게 인지하도록 해준다. 최소한 자기관찰은 경험에서 살짝 뒤로 물러나 지금 일어나고 있는 일에 함몰되지 않고 깨어 있으면서 주된 흐름의 위나 옆에서 서성거리는, 나란히 흐르는 '초의식'으로 드러난다. 자기관찰은 예를 들어 누군가에게 크게 화가 난 것과 화가 나는 순간 '이게 내가 느끼는 분노야' 하는 자기성찰적 생각이 드는 것 사이의 차이다. 인식의 신경역학적 관점에서 정신활동의 이런 미묘한 이동은 아마도 일정 정도 통제력을 확보하는 첫 단계로 신피질의 회로가 적극적으로 감성을 감시하고 있음을 의미할 것이다. 이러한 감성의 인식은 감성의 자기통제와 같은 여타의 능력을 구축할 수 있게 해주는 기본적인 감성능력이다.

예일 대학교의 피터 샐로비와 함께 감성지능 이론을 정식화한 뉴햄프셔 대학의 심리학자 존 메이어의 말을 빌리면, 요컨대 자기인식이란 '우리의 기분과 그 기분에 대한 생각 둘 다를 인식하는' 것이다.[5] 자기인식은 내적 상태가 어떻든지 간에 그것에 반발하지 않고 심판하지 않은 채 주의를 기울이는 것일 수 있다. 하지만 메이어는 이런 민감성 또한 침착성이 떨어질 수 있다고 생각한다. 감성적 자기인식을 나타내는 전형적인 생각에는 '내가 이런 식으로 느껴서는 안 되는데', '기분을 살리기 위해 멋진 것들을 생각하는 중이야' 같은 것들이 포함되며, 좀 더 제한적인 자기인식으로 인해 대단히 당혹스러워지는 어떤 일에 반응해서 '그것에 대해선 생각하지 말자'처럼 빨리 지나가는 생각도 포함된다.

감정을 인식하는 것과 감정을 바꾸기 위해 작용하는 것 사이에는 논리적 차이가 있지만, 모든 실제적인 목적을 달성하기 위해 그 둘은 대체로 나란히 간다고 메이어는 생각한다. 이를테면 나쁜 기분을 인식한다는 것은 거기서 벗어나고자 원하기 때문이다. 그러나 이런 인식은 감성적 충동으로 대응하지 않으려고 기울이는 노력과는 차이가 있다. 예를 들어, 화가 나서 놀이친구를 때리려는 아이한테 "그만둬!" 하고 말한다면, 때리는 행위를 멈추게 할 순 있어도 아이의 화는 여전히 부글부글 끓고 있을 것이다. 그 아이의 생각은 '하지만 쟤가 내 장난감을 훔쳤단 말이에요!'일 것이며, 여전히 분노에 집착하고 있어서 화는 가라앉지 않은 채 계속된다. 자기인식은 강하고 혐오 섞인 감정에는 더욱 강력한 영향을 미친다. '이게 내가 느끼는 분노야'라는 깨달음은 좀 더 높은 수준의 자유를 제공한다. 이런 깨달음은 단지 분노에 대응하지 않는다는 선택이 아니라, 분노가 스러지도록 애쓰는 추가적 선택이다.

메이어는 사람들이 자신의 감성에 주목하고, 자신의 감성을 다루는 자신만의 특징적인 스타일을 갖는다는 점을 발견했다.[6]

- **자기인식형.** 어떤 기분이 들 때 그 기분을 알아차리는 사람들은 납득될 수 있도록 자신의 감성생활을 세련되게 만든다. 감성에 대한 그들의 명료함은 다른 인성 특질의 토대가 될 수 있다. 이런 사람들은 자율적이고, 자신의 영역에 대한 확신이 있으며, 심리적으로 건강하고, 긍정적인 인생관을 지닌 편이다. 이들은 나쁜 기분이 들 때

그 기분에 빠지지 않고, 그것 때문에 괴로워하지 않으며, 남보다 빨리 거기서 벗어날 수 있다. 요컨대 그들은 자신의 감성을 자각할 수 있기 때문에 그것을 관리하는 일에서도 좀 더 용이하다.

- **매몰형.** 이런 사람들은 종종 감성에 압도되는 느낌을 받으며, 마치 모든 일에 자신의 기분이 책임이 있는 듯 거기서 벗어나려 하지만 무기력하다. 그들은 변덕스러우며, 자기감정을 제대로 인식하지 못해서 전망을 세우기보다 감정에 매몰된다. 결과적으로 나쁜 기분에서 벗어나기 위해 거의 노력하지 않으며, 스스로 자신의 감성생활을 통제할 힘이 없다고 느낀다. 그들은 자기 자신이 감성적으로 통제 불능이라고 여긴다.

- **수용형.** 이런 유형의 사람들은 자신의 감성이 어떤 것인지 명확히 알 때가 많지만, 그 기분을 굳이 바꾸려 애쓰지 않는다. 수용형에는 두 종류가 있는 듯하다. 하나는 대체로 기분이 좋아서 그것을 바꾸려는 동기가 거의 없는 사람들이다. 다른 하나는 나쁜 기분이라는 것을 명확히 알고 있는데도 그런 기분을 받아들이고, 고통스러운데도 그런 기분을 바꾸려고 아무런 조치도 취하지 않는 사람들이다. 이를테면 무언가 단념한 후 절망해버린 의기소침해진 사람들이다.

▶ 격정형과 무덤덤형

잠시 당신이 뉴욕에서 샌프란시스코로 가는 비행기를 타고 있다고 상상해보라. 지금까진 순조로운 비행이었는데 로키 산맥쯤에 이르러 다음과 같은 조종사의 목소리가 기내 방송에서 흘러나온다. "신사 숙녀 여러분, 앞에 난기류가 있습니다. 좌석에 앉으시고 안전벨트를 매주십시오."

이어서 당신이 여태 겪어본 것 중 가장 거친 난기류에 비행기가 아래위로 요동치고 파도 속의 비치볼처럼 이리저리 흔들린다.

문제는 이때 당신이 무엇을 하느냐다. 당신은 책이나 잡지에 몰두하거나 영화를 보면서 난기류를 무시해버리는가? 아니면 비상 카드를 꺼내 주의사항을 살펴보거나, 공포에 가득한 모습을 보이거나, 승무원들을 유심히 살펴 그들이 공포에 질렸는지를 주시하거나, 우려할 만한 일이 일어난 것인지 알아보려고 귀를 기울여 엔진 소리를 들으려고 하는가?

이런 반응들 중 자신에게 좀 더 자연스럽게 다가오는 반응이 압박 속에서 당신이 선호하는 주의태도(attentional attitude)의 징표다. 앞에서 예를 든 비행기 시나리오는 템플 대학의 심리학자 수전 밀러(Suzanne Miller)가 개발한 심리검사에서 따온 항목으로, 그녀의 심리검사는 괴로움을 가져오는 곤경의 모든 세부 사항에 대해 주의 깊게 주목하는 편인지, 아니면 반대로 관심을 다른 데로 돌리려고 애씀으로써 그런 초조한 순간을 맞이하는 편인지를 평가하기 위한 것이다. 괴로움에 대한 이런 두 가지 주의태도는 사람들이 자신의 감성반응을 경험하는 방식에서도 매우 다른 유형을 낳는다. 압박 속에서 상황을 파악하려고 하는 사람은 바로 그런 주의 깊은 행동에 의해 자기도 모르게 자신의 반응 정도를 증폭시키는데, 만일 사태 파악에 자기인식의 평정함이 결여돼 있으면 특히 더 그렇다. 그 결과 그들의 감성은 더욱 강렬해질 가능성이 높다. 하지만 상황을 무시해버리고 거기서 스스로를 벗어나게 하려는 사람은 자신의 반응에 대해 거의 자각하지 못하며, 따라서 반응 그 자체만큼은 아니더라도 자신의 감성반응의 경험을 최소화한다.

양 극단에서 보면 감성적 인식이 압도적인 사람도 있고, 반대로 그것이 거의 없는 사람도 있다. 어느 날 저녁 기숙사에서 발생한 화재를 목격하고 소화기를 가지고 와서 불을 끈 대학생이 있다. 소화기를 가지러 갔다가 다시 화재 현장으로 돌아오는 길에 그가 뛰는 대신 걸었다는 점을 제외하면 그에게 특이한 점은 전혀 없다. 그런데 그는 왜 걸었을까? 답은 단순하다. 긴급하다는 생각이 들지 않았기 때문이다.

이 이야기는 사람들이 경험하는 감성의 강도를 연구해온 일리노이 대학의 심리학자 에드워드 디너(Edward Diener)가 해준 것이다.[7] 그 대학생은 디너가 그때까지 수집한 사례들 중 가장 감성의 강도가 낮은 경우로, 그의 사례연구들 중에서도 단연 돋보였다. 그는 본질적으로 정열이 없는 사람으로, 인생을 살면서 거의 아무것도 느끼지 못하는, 심지어 화재 같은 비상사태 때조차 아무런 느낌이 들지 않는 사람이었다.

이와 대조적으로 디너의 연구 영역 반대쪽 극단에 있는 한 여성을 생각해보자. 그녀는 자신이 제일 좋아하는 펜을 잃어버리곤 며칠 동안 마음이 산란했던 경험이 있다. 이런 적도 있다. 비싼 물건을 파는 한 상점에서 신발을 세일한다는 광고를 보자마자 너무도 흥분한 나머지 하던 업무까지 내팽개치고는 차를 몰고 세 시간이나 떨어진 그 가게를 향해 운전을 했던 것이다.

디너는 일반적으로 여성이 남성보다 부정적이거나 긍정적인 감정 둘 다를 강하게 느낀다고 주장한다. 또한 성적(性的) 차이를 제외하면, 감성 생활은 더 많이 자신의 감정을 인식하는 사람들에게 훨씬 더 풍부하다. 무엇보다도 감성을 알아차리면서 고양된 민감성 때문에 아무리 작은 자극이라도 그런 사람들에게는 천국 같든, 지옥 같든 감정의 폭풍을 불러일으킨다. 반면 다른 쪽 극단에 있는 사람들은 정말 긴박한 상황에서도 거의 아무런 느낌도 받지 못한다.

▶ 감정이 없는 사람

　게리는 애인인 엘런을 화나게 만들었다. 그는 총명하고 사려 깊으며 게다가 성공한 외과 의사지만, 둔감하고 어떠한 감정에도 전혀 반응을 하지 않는 성격이었다. 게리는 과학과 예술에 관해서는 현란하게 말할 수 있었지만, 자신의 감정에 관한 한 심지어 엘런에 대해서조차도 무반응이었다. 그녀가 아무리 열정을 이끌어내려 애를 써도 게리는 무감했고 알아차리지 못했다. 엘런의 고집으로 할 수 없이 만난 심리치료사에게 게리가 말했다. "전 제 감정을 표현하지 않는 게 자연스러워요." 감성생활에 관해 그가 덧붙였다. "전 무슨 말을 해야 할지 모르겠어요. 제겐 긍정적이든 부정적이든 강한 감정이란 게 없거든요."

　게리의 무관심 때문에 힘들어하는 사람은 엘런만이 아니었다. 게리 역시 그랬다. 심리치료사에게 털어놓을 때조차 게리는 자기 인생에서 그 누구에 대한 감정도 허심탄회하게 말할 수가 없었다. 그 이유는 우선 자신이 느끼는 것을 몰랐다는 점이다. 게리 자신이 아는 한 그에게는 분노도, 슬픔도, 기쁨도 없었다.[8]

　이런 감성 공백으로 인해 게리 같은 사람들은 특색이 없고 무덤덤해 보인다. "그들은 모두를 지루하게 만들어요. 그래서 그들의 아내들은 남편을 치료받도록 병원으로 보내죠." 게리의 감성적 단조로움은 정신과 의사들이 '알렉시시미아(alexithymia, 감정표현불능증)'라고 부르는 질병의 좋은 예가 되는데, 이 말은 그리스어로 '부족'을 뜻하는 '아(a-)'와 '단어'를 뜻하는 '렉시스(lexis)', '감성'을 뜻하는 '시모스(thymos)'로 구성된 단어다. 그들은 자기감정을 표현하지 않는다. 감성이 없기 때문이 아니라 감성을 '표현할 수 없는' 무능력 때문이긴 하지만, 그들에겐 전적으로 감정이라곤 없는 듯 보이는 게 사실이다. 어떠한 감정이나 환상도 드러내지 않고 아무런 특색도 없는 꿈을 꾸기 때문에, 요컨대 조금이라도 말할 만한 어떠한 내면의 감성생활도 없기 때문에 치료가 불가능한 이 환자들로 인해 당황했던 정신과 의사들이 감정표현불능증을 맨 먼저 발견했다.[9] 이 환자들의 임상적 특징은 자신의 감정이나 타인의 감정을 설명하는 데 어려움을 겪거나, 뚜렷이 제한된 감성적 어휘를 사용한다는 것이다.[10] 게다가 그들은 감성과 육체적 지각을 구별하기 어려워할 뿐 아니라, 각각의 감성을 구별하는 것도 어려워해서 가슴이 두근거린다거나 심장의 고동, 식은땀, 어지럼증에 대해 말할 수는 있어도 자신들이 초조하다고 느끼는 줄은 모른다.

"그들은 우리와 다른 외계의 존재거나, 완전히 다른 세상에서 왔거나, 감정을 억압하는 사회의 한복판에서 산다는 느낌을 줍니다." 이는 1972년에 '감정표현불능증'이라는 용어를 만들어낸 하버드 대학의 정신과 의사 피터 시프네오스(Peter Sifneos)가 한 말이다.[11] 감정표현불능증 환자들은 거의 우는 일이 없지만, 만일 그들이 운다면 펑펑 울게 된다. 그럼에도 도대체 무엇 때문에 눈물을 흘리느냐고 질문을 받으면 당황스러워한다. 그런 증세를 가진 한 환자가 자식을 여덟 둔 한 여인이 암으로 죽어가는 영화를 본 후 마음이 너무 울적해져서 울다가 잠이 들었다. 심리치료사가 그녀에게 그 영화가 실제로 암으로 죽어가고 있는 그녀의 어머니를 생각나게 해서 그녀가 우울했던 거라고 암시하자, 그녀는 당황스러워하며 아무 말 없이 미동도 않은 채 앉아 있었다. 잠시 후 심리치료사가 그녀에게 그 순간 어떻게 느꼈느냐고 묻자, 그녀는 '두려웠다'고 말했지만 그 이상 감정을 명확하게 표현할 수는 없었다. 또한 이따금 자신이 울 때가 있는데 왜 울고 있는지 도무지 모르겠다고 덧붙였다.[12]

이것이 문제의 핵심이다. 감정표현불능증 환자들은 결코 느끼지 않는 것이 아니라 자기감정의 본질이 무엇인지 정확히 알 수 없으며, 특히 말로 표현할 수가 없는 것이다. 그들에겐 감성지능, 자기인식이라는 기본적인 능력이 완전히 결여돼 있다. 그래서 감정이 마음에서 넘실거려도 그것을 알지 못한다. 감정표현불능증 환자들은 우리가 느끼는 것은 완벽하게 자명하다는 상식적인 생각에서 벗어나 있다. 그들에겐 그에 대한 단서가 없다. 무엇인가 혹은 어떤 사람이 진짜로 자극을 주면, 그들은 그런 경험에 당혹스러워하고 압도되어 어떻게든 피해야 한다고 생각한다. 그들에게 감정은 당황스럽게 만드는 고통의 덩어리로 다가온다. 영화를 보며 울었던 앞의 환자가 표현했듯이 '두려웠다'고 느끼지만, 어떤 종류의 두려움을 느끼고 있는지를 정확히 말할 수가 없기 때문이다.

그들이 실제로 감성적 고통을 겪을 때 종종 막연하게 그것이 의학적 문제라고 호소하는 것은 감정에 대한 이런 기본적인 혼란 때문인 듯하다. 정신의학에는 감성적 고통을 육체적 고통으로 오해하는 '신체화증후군 (somaticizing)'이라는 현상이 있다(감성적 질환이 진짜 의학적 질환을 일으키는 심신상관적인 질병과는 다르다). 감정표현불능증에 관심이 있는 많은 정신의학자들은 치료를 받으러 병원을 찾는 사람들 중에서 감정표현불능증인 사람들을 가려내려고 노력한다. 왜냐하면 그들은 실제로 별 도움도 되지 않았을 의학적 진단과 치료를 그동안 계속해왔을 가능성이 높기 때문이다.

아직 아무도 감정표현불능증의 원인을 정확하게 말할 수는 없지만, 시프네오스는 대뇌변연계와 신피질(특히 신피질의 언어중추)의 단절을 원인으로 제시한다. 이는 우리가 감성두뇌에 대해 점점 더 많이 알게 되는 사실과 잘 부합한다. 시프네오스는 발작을 가라앉히기 위해 뇌절제술을 받은 환자들이 마치 감정표현불능증에 걸린 이들처럼 감성적으로 둔해졌고, 감정을 말로 표현할 수 없게 됐으며, 공상에 잠기거나 하는 활동을 갑자기 상실해버렸다고 지적한다. 요컨대 감성두뇌의 회로가 감정과 함께 반응하더라도 신피질이 이런 감정을 처리해낼 수 없고, 언어를 그 감정에 덧붙일 수가 없는 것이다. 헨리 로스(Henry Roth)가 그의 소설《그것을 잠이라 불러라(*Call It Sleep*)》에서 언어의 힘에 대해 묘사했듯 "만일 당신이 느낀 것을 말로 표현할 수 있다면, 그것은 당신의 것이다." 이것이 감정 표현불능증의 딜레마다. 감정에 합당한 어떤 표현도 할 수 없다는 사실은 자기만의 감정이 없다는 뜻이기 때문이다.

▌육감을 찬양하라

엘리엇의 이마 바로 뒤에 오렌지만 한 크기의 종양이 자라고 있었다. 그는 종양 제거 수술을 받기로 결정했다. 수술은 성공적이었다. 그러나 그를 알던 사람들은 그가 더 이상 옛날의 엘리엇이 아니라고 말한다. 그는 수술 후 급격한 인성의 변화를 겪었다. 한때 성공 가도를 달리는 변호사였지만 이젠 일을 계속할 수 없었다. 아내는 그를 떠나버렸고, 그간 모아두었던 돈은 엉뚱한 곳에 투자해 모두 탕진해버렸다. 지금 그는 형제의 집에서 더부살이하는 신세로 전락하고 말았다.

엘리엇의 문제에는 당혹스러운 점이 있다. 그는 여전히 지적으로는 예전과 마찬가지로 총명했지만, 시간을 너무 터무니없이 낭비했고 사소한 일에 온통 매달려 있었다. 그는 우선순위에 대한 감각을 상실해버린 듯 보였다. 충고를 해도 아무 소용이 없었다. 여러 가지 지능 검사도 엘리엇의 정신적 기능에서는 어떤 결함도 찾아낼 수 없었다. 그는 신경학적 질환을 발견하게 되면 장애자 혜택이라도 누릴 수 있지 않을까 하는 희망으로 다마지오를 찾아갔다.

엘리엇을 진찰한 안토니오 다마지오는 엘리엇의 정신 목록에 빠진 한 가지 요소에 충격을 받았다. 그의 논리력, 기억력, 주의력 혹은 다른 어떤 인지능력에도 이상은 없었지만, 그는 자기 자신에게 일어난 일에 대한 감정만은 느끼지 못했다.[13] 그는 마치 과거의 상실과 실패에 대한 구경꾼이 된 듯 아주 냉정하게 자기 인생에 벌어진 비극적인 일들을 슬픈 기색 하나 없이 말할 수 있었다. 오히려 다마지오가 그의 이야기에 훨씬 더 안타까운 감정을 느꼈다.

다마지오는 엘리엇의 감성적 무지각이 종양 수술로 인해 그의 전전두엽 일부가 제거됐기 때문이라고 결론 내렸다. 실제로 그 수술로 그의 감성두뇌 아래쪽 중추, 특히 편도 및 그에 연관된 회로들과 신피질 사이의 연결이 끊어져버렸다. 엘리엇은 마치 컴퓨터처럼 계산법의 모든 단계를 밟을 순 있었지만, 서로 다른 가능성들에 대해 '가치'를 부여할 수는 없었다. 그의 모든 선택은 중립적이었다. 또한 다마지오는 엘리엇이 그렇게 과도하게 냉담한 사유가 그가 지닌 문제의 핵심이지 않을까 하고 생각했다. 어떤 일에도 자신의 감정을 거의 자각하지 못했으므로 다마지오는 엘리엇의 사유에 문제가 있다고 보았다.

그런 문제는 일상에서 일어나는 보통의 문제에서도 드러났다. 다마지오가 다음 치료 약속을 위해 날짜와 시간을 정하자고 했을 때, 혼란스러운 상황이 펼쳐졌다. 엘리엇은 다마지오가 제시하는 모든 날짜와 시간에 찬성하거나 반대할 수는 있었지만, 결코 그중 하나를 선택할 수는 없었다. 약속이 가능한 모든 시간에 대해 실제로 반대하거나 받아들이는 완벽하게 합당한 이유들이 있었다. 하지만 엘리엇은 각각의 시간에 대해 자신이 어떻게 '느끼는지'에 대한 감각이 없었다. 자신의 감정에 대한 자각이 결여된 그에겐 어떤 선호도도 없었다.

엘리엇의 혼란스러운 상태에서 얻을 수 있는 한 가지 교훈은 살아가면서 내려야 하는 결정의 끝없는 흐름에서 감정이 수행하는 역할이다. 과도한 감정은 합리적 사고에 걸림돌이 될 수도 있지만, 감정에 대한 자각의 '결여' 또한 파괴적일 수 있다. 특히 자신의 운명이 크게 좌우되는 중요한 결정을 내려야 할 때 그렇다. 어떤 직업을 가질 것인가, 안전한 직업에 머물 것인가, 위험하지만 훨씬 더 재미있는 일로 바꿀 것인가, 누구와 연애하고 결혼할 것인가, 어디에 살 것인가, 어떤 아파트를 임대하거나 어떤 집을 살 것인가 등 살아가는 동안 끊임없이 내려야 하는 결정은 합리적 판단으로만 가능한 게 아니다. 육감과 과거의 경험을 통해 축적된 감성적 지혜가 필요하다. 누구와 결혼하고, 누구를 믿을지, 어떤 직업을 택해야 할지 결정하기 위해서는 논리적 판단만으론 결코 충분치 않은 것이다. 이런 영역에서 감정 없는 이성은 까막눈이나 마찬가지다.

우리를 인도하는 직관적 신호는 대뇌변연계에 의해 몰아닥친 큰 파도의 형태로, 다마지오가 '신체적 표지(somatic marker)'라고 부르는 내장에서 나온다. 문자 그대로 육감이다. 신체적 표지는 일종의 자동 경보로, 일정한 행동 과정에서 드러나게 되는 잠재된 위험에 주목하게 만든다. 이런 지표들은 우리를 절호의 기회에 자각하게 해주기도 하지만, 그보다는 경험을 통해 경각심을 갖는 선택을 피하도록 이끄는 경우가 더 많다. 그 순간 우리는 대체로 어떤 특별한 경험에 의해 이런 부정적인 감정이 생겼는지를 기억하지 못한다. 우리에게 필요한 것은 주어진 잠재적 행동 과정이 재난을 가져올 수도 있으리라는 신호다. 이런 신호가 생길 때면 우리는 즉시 확신을 가지고 합리적 판단의 길을 버리거나 혹은 추구할 수 있으며, 가능한 선택들을 조금씩 줄여나가 좀 더 다루기 쉬운 결정의 기반에 도달할 수도 있다. 이렇듯 확실하게 결정을 내리는 것은 간단히 말해 감정과의 조율을 통해서 가능한 것이다.

▶ 무의식 측정하기

엘리엇의 감성 공백은 자신의 감성을 느끼는 사람들의 능력에 다양한 범위가 존재하리라는 점을 시사한다. 신경회로가 없어서 한 가지 능력에 결함이 생기는 경우를 예로 들어보자. 신경과학적 논리에 따르면, 손상되지 않은 뇌를 지닌 사람들에게 나타나는 똑같은 회로가 지닌 상대적인 강점이나 약점과 비교해보면 그와 똑같은 능력에서 비교될 만한 능력상의 수준차가 드러날 수밖에 없다. 전두엽 회로가 감성의 조율에 수행하는 역할이라는 관점에서 볼 때, 이런 사실은 신경학적 원인으로 다른 사람보다 공포나 기쁨을 쉽게 탐지할 수 있어서 더욱 감성적으로 자각하는 사람이 있음을 보여준다.

심리적 내성(內省, introspection)이란 능력도 이와 똑같은 회로에 의존하고 있다. 우리 중에는 감성을 나타내는 특별한 상징에 훨씬 자연스럽게 잘 조율되는 사람이 있다. 은유나 직유는 시나 노래, 우화 속에서 가슴의 언어로 다루어진다. 감성적 정신의 논리를 따르는 이야기의 흐름을 느슨한 연상이 결정짓는 꿈이나 신화도 마찬가지다. 감성적 정신의 목소리, 즉 감성의 언어에 자연스럽게 조율되는 사람들은 소설가든, 작사가든, 심리치료사든 감성이 보내는 신호를 정확하게 표현하는 데 틀림없이 더 능숙하다. 이런 내적 조율로 인해 이들은 감지되는 꿈과 환상의 의미나 가장 깊은 소원을 구현한 상징들인 '무의식의 지혜'에 감성의 언어를 부여하는 일을 훨씬 뛰어나게 잘할 수 있을 것이다.

자기인식은 심리학적 통찰에서 기본이 되는 요소로, 심리치료에서 강화하고자 의도하는 기능이다. 사실 정신내적 지능에 대한 하워드 가드너의 모델은 심리가 지닌 비밀스러운 역학 지도를 작성했던 지크문트 프로이트에게서 영향 받은 것임이 분명하다. 프로이트가 말했듯이, 감성생활의 많은 부분은 무의식적이다. 우리 내면에서 일어나는 감정은 대부분 인식의 문턱을 넘어서지 않는다. 이런 심리학적 이치는, 예를 들어 '사람들은 자신이 이전에 본 적이 있다고 깨닫지도 못하는 물건조차 분명히 좋아한다'는 놀라운 발견과 같은 무의식적 감성에 대한 실험에서 확인할 수 있다. 어떤 감성이든 무의식적이 될 수 있으며, 그런 일은 자주 일어난다.

하나의 감정이 생리적으로 촉발되는 것은 감정 그 자체에 대해 의식적으로 인식하기 전이다. 예를 들어 뱀을 두려워하는 사람에게 뱀 사진을 보여준다고 해보자. 그는 비록 겉으로는 어떤 두려움도 느끼지 않는다고 말하지만, 그의 피부 속 감지장치들은 두려움의 표시로 땀이 솟아나는 것을 탐지하게 될 것이다. 긴장하기 시작하는 것은 말할 것도 없고, 정확히 방금 전에 무엇을 보았는지 전혀 알아채지 못할 만큼 빠르게 뱀 사진을 보여줬을 때조차도 땀이 솟아난다. 이와 같은 의식 이전의 감성적 동요가 계속됨에 따라 마침내 그것은 인식으로 굳어질 만큼 충분히 강해진다. 이렇듯 두 가지 수준의 감성이 존재하니, 의식적 감성과 무의식적 감성이다. 감성이 의식 속으로 들어오는 순간, 그것은 전두엽피질에 등록된다.[14]

인식의 문턱 아래서 부글부글 끓고 있는 감성은 비록 그 감성이 작용하고 있는지를 전혀 모를지라도 우리가 감지하고 반응하는 방식에 강력한 영향을 미칠 수 있다. 한 남자가 아침 일찍부터 무례한 사람을 만나 불쾌한 기분이 되어 그 뒤 몇 시간 동안 언짢은 상태였다가, 아무도 주지 않은 모욕을 혼자 느끼며 특별한 이유도 없이 사람들을 몰아세우고 있다고 생각해보자. 짜증이 그의 의식을 벗어나 끓고 있고 그것이 그의 무뚝뚝한 반응을 일으키는 상태에서 누군가 그것에 대해 주의를 주게 되면 그는 자신이 짜증을 내고 있었다는 사실을 몰랐다는 데 깜짝 놀랄 것이다. 그러나 자신이 짜증을 내고 있다는 자각이 들면, 즉 그 자각이 피질에 등록되면 그는 사태를 새롭게 평가하여 아침부터 남아 있던 감정을 떨쳐버리기로 결심하고 기분을 전환할 수 있을 것이다. 이런 식으로 감성적 자기인식은 감성지능의 그다음 원리인 나쁜 기분을 떨쳐버릴 수 있는 능력의 초석이 된다.

chapter 5

격한 감정에 휩싸이는 순간

분노, 불안, 우울에 대처하기

자넨······

운명의 희롱이나 은총을 한결같이 고맙게 받아들였던 사람이었네······.

격정의 노예가 아닌 사람이 있으면 내게 보내게.

나는 그런 사람을 내 가슴속에, 가슴속 내밀한 깊은 곳에 간직하고 싶다네.

마치 지금 자네에게 하듯이 말이야······.

— 햄릿이 그의 친구 호레이쇼에게

자기통제 감각, 즉 '격정의 노예'가 되기보다는 운명의 희롱으로 야기되는 감성의 폭풍우를 견뎌낼 수 있는 감각은 플라톤 시대 이후 미덕으로 칭송돼왔다. 고대 그리스에서는 그런 감각을 '소프로시네

(sophrosyne)'라고 했는데, 그리스 학자 파게 두보이스(Page DuBois)는 이 것을 '자신의 삶을 영위하는 데서 발휘되는 주의와 지능, 잘 조절된 균형 과 지혜'로 해석했다. 로마인과 초기 기독교 교회는 그것을 과다한 감정 의 억제를 뜻하는 '템페란티아(temperantia : 영어의 temperance)'라고 불렀 다. 절제의 목표는 균형이지, 감정의 억압이 아니다. 모든 감정은 그 자 체로 가치와 의미를 지니기 때문이다. 열정 없는 생활이란 무덤덤한 황 무지일 테고, 삶이 주는 풍요로움에서 단절되고 소외될 것이다. 하지만 아리스토텔레스가 관찰했던 대로 필요한 것은 '합당한' 감성, 상황에 어 울리는 감성이다. 감성이 너무 미약하면 단조로움과 거리감이 생기고, 감성이 통제를 벗어나 너무 극단적이고 완강하면 끊임없는 우울, 과도한 불안, 치솟는 분노, 광적인 흥분처럼 병적 상태가 된다.

괴로움을 가져오는 감정을 억제하는 일은 감성적 행복의 요체임이 분 명하다. 그것이 지나치게 커지거나 너무 오랫동안 강화돼 극단적이 되면 심신의 안정을 허물어뜨리지만 말이다. 우리가 오직 하나의 감성만을 느 껴야 하는 것이 아님은 물론이다. 항상 행복하다는 것은 1970년대에 한 때 유행했던 스마일 배지(주로 노란 바탕에 검은색으로 그려진 웃는 얼굴 모양의 배지-옮긴이) 같은 것들에서 느껴지는 무덤덤한 기분일 수도 있다. 고통이 창조적이고 영적인 삶에 끼치는 건설적인 기여에 대해서는 이야기할 점 이 많다. 고통은 영혼을 단련하기 때문이다.

상승뿐 아니라 하강도 인생에 풍취를 곁들이지만, 균형은 필요하다. 긍정적 감성과 부정적 감성의 적절한 비율이야말로 행복을 결정한다. 수 백 명의 남녀가 임의의 순간에 자신의 감정을 기록하도록 상기시키는 무 선호출기를 가지고 다녀야 했던 기분이 어땠는지를 연구한 결과, 얻은 결론은 적어도 그랬다.[1] 만족감을 느끼기 위해서 불쾌한 감정을 피해야 하는 건 아니다. 하지만 즐거운 감정을 맛보기 위해서는 폭풍우 같은 감정은 억제되는 것이 낫다. 강한 분노와 우울한 느낌을 경험한 사람이 만일 그것을 상쇄할 만큼 즐겁고 기쁜 시간을 보낸다면 행복감을 느낄 수 있다. 이런 연구는 감성지능과 학업지능은 독립적이라는 사실을 증거하는데, IQ와 사람들의 감성적 행복 사이에는 거의 또는 전혀 관련성이 없기 때문이다.

누군가에게 오전 6시나 오후 7시에 무선호출을 해보라. 그는 이런 기분이기도, 저런 기분이기도 할 것이다. 같은 시간이라도 내일이나 모레에는 기분이 아주 다를 수 있다. 그러나 그의 기분이 몇 주나 몇 달에 걸쳐 고르게 나타날 때, 그가 드러내는 기분은 그의 전반적인 감성을 반영하는 것이다. 대부분의 사람에게 극단적으로 강렬한 느낌은 비교적 드물다. 우리는 대부분 감성의 롤러코스터에서 완만하게 굴곡진 회색의 중간지대에 있다.

그럼에도 우리는 감성을 관리하는 일에 늘 신경 써야 한다. 즉 우리가 하는 일의 대부분은—특히 자유시간에는—기분을 관리하려는 시도다. 소설을 읽거나 TV를 보는 일에서 특정한 활동을 하거나 친구들을 만나는 일에 이르기까지 모든 것이 기분을 좀 더 나아지게 하려는 시도인 것이다. 우리 자신을 달래는 기술이 곧 기본적인 삶의 기술이다. 존 볼비(John Bowlby)와 위니콧(D. W. Winnicott) 같은 일부 정신분석 사상가들은 이것을 모든 심리도구들 가운데 가장 필수적인 것으로 간주한다. 그들의 이론에 따르면, 감성적으로 건전한 유아들은 보모가 자신을 대하듯 스스로를 대함으로써 감성두뇌가 격동에 휩싸일 때에도 상처를 덜 받는다.

지금껏 살펴보았듯이, 감성에 휩쓸릴 때뿐 아니라 어떤 감성에 빠지게 될 것인지에 대해 우리가 거의 또는 전혀 통제를 못하는 일이 매우 자주 벌어지는 것은 두뇌의 구조 때문이다. 하지만 얼마나 오랫동안 특정한 감성이 지속되는지는 말할 수 있다. 흔히 경험하는 슬픔, 걱정, 분노 때문에 큰 문제가 생기지는 않는다. 보통 시간이 지나면 그런 기분은 사라지게 마련이기 때문이다. 그러나 이런 감성이 강렬한 시점을 지나서까지 오래도록 그 상태로 머물게 되면 만성 긴장, 통제 불가능한 분노, 심한 우울증 같은 괴로울 정도의 극단적 감성으로 조금씩 변해간다. 그리하여 그런 감성을 없애기 위해 약물치료, 심리치료 혹은 둘 다 필요해질 수가 있게 되는 것이다.

이럴 때 감성적 자기 규제 능력의 한 가지 징표는, 감성두뇌의 만성적 흥분이 너무 강해서 약물의 도움 없이는 극복할 수 없을 시점을 알아차리는 것이다. 예를 들어 조울병으로 고통받는 사람들의 3분의 2가 치료를 받은 적이 한 번도 없었다. 하지만 리튬이나 새로운 약물을 복용하면 혼란스러울 정도의 기분 고양(高揚)과 과장이 성마름이나 분노와 더불어 뒤섞이는 조증과 활동 불능 상태가 될 정도의 우울증이 번갈아 일어나는 조울병의 특징적인 순환을 끊어놓을 수 있다. 조울병의 한 가지 문제점은 조증이 성할 때는 너무 지나칠 정도로 확신이 들어서 위험을 초래할 결정을 내리면서도 어떤 도움도 필요 없다고 느낀다는 것이다. 이런 심각한 감성적 질환의 경우 정신의학적 약물치료는 삶을 좀 더 잘 영위할 수 있게 해주는 도구가 된다.

그러나 보통의 나쁜 기분은 제멋대로 방치되는 일이 대부분이다. 불행히도 내버려두는 방식이 항상 효과적이지는 않다. 나쁜 기분에서 벗어나기 위해 참고한 책과 나름의 방법이 얼마나 성공적이었는지에 대해 400명 이상의 남녀를 대상으로 조사했던 케이스 웨스턴 리저브 대학의 심리학자 다이앤 타이스(Diane Tice)는 적어도 그렇게 결론을 내렸다.[2]

나쁜 기분은 반드시 바뀌어야 한다는 주장에 모두 동의하지는 않았다. 그들 중에는 결코 기분을 바꾸려 노력하지 않는다고 말한 5퍼센트 정도의 '기분 순수주의자들'이 있었다. 그들의 견해에 따르면, 모든 감정은

'자연스러우며' 아무리 실망스럽더라도 드러나는 그대로 경험되어야 하기 때문이다. 게다가 실용적인 이유로 불쾌한 기분에 젖어들고자 하는 사람들도 있었다. 환자들에게 나쁜 소식을 전해야 하는 내과 의사, 불의에 맞서 투쟁할 때는 난폭함이 효과적이라는 사회활동가, 심지어 동생이 골목대장과 싸우는 것을 돕기 위해 스스로 분노를 불러일으키려 한다고 말한 젊은이에 이르기까지 다양했다. 감정을 조작해 나쁜 기분으로 가장하는 사람도 있었다. 빚을 떼어먹은 사람에게 아주 강하게 보이기 위해 분노한 듯 술수를 부리는 수금원을 보라.[3] 그러나 이렇게 의도적으로 불쾌함을 만들어낸 몇몇 경우를 제외하면, 사람들은 대부분 자신들이 기분에 따라 좌우되는 것에 대해 불평을 했다.

▜ 분노의 해부

당신이 고속도로를 달리고 있는데 다른 차가 당신 옆으로 위험하게 질주해 다가온다고 치자. 이때 만일 당신에게 반사적으로 떠오른 생각이 '저 개새끼!'라면, 그런 생각이 '하마터면 내 차와 충돌할 뻔했잖아! 저 악당 같으니라고. 그냥 가게 내버려둘 수 없어!' 하는 불법행위와 복수에 대한 더 많은 생각으로 이어지느냐의 여부가 분노의 궤적에 대단히 중요하다. 그의 목을 조르는 대신에 핸들을 꽉 부여잡은 당신의 손가락 마디는 하얘지고, 당신의 몸은 달리기 위해서가 아니라 싸우기 위해 동원된다. 몸은 떨리고, 땀방울은 맺히고, 가슴은 맹렬히 뛰고, 오만상을 지은 얼굴에, 근육이 굳어진다. 당신은 그를 죽이고 싶을 정도다. 그래서 위기 일발의 순간이 지나고 난 뒤 당신이 속도를 늦추었을 때 뒤의 차가 경적을 울린다면, 그 차의 운전자에 대해서도 역시 화가 폭발하기 십상이다.

그런 것이 고혈압, 난폭한 운전, 심지어 고속도로 총기 발사의 원인이 된다.

이렇게 분노가 축적되는 연쇄 과정과, 자신을 위험에 빠뜨린 운전자에 대해 '아마 그가 나를 못 봤거나 그토록 부주의하게 운전할 만한 뭔가 합당한 이유가 있었을 테지' 하는 좀 더 관대한 일련의 생각을 비교해보자. 그런 가능성을 고려함으로써 분노는 연민이나 적어도 열린 마음, 잠시 화를 내는 정도로 바뀐다. 오직 적당한 화만 내려 한다는 아리스토텔레스의 의지가 우리에게 알려주듯이, 문제는 분노의 폭발이 통제 불능으로 이어지는 경우가 잦다는 사실이다. 벤저민 프랭클린이 표현했듯이 '분노에는 반드시 이유가 있지만, 합당한 이유인 경우는 드물다.'

물론 다른 종류의 분노도 있다. 우리를 위험에 빠뜨리게 만드는 부주의한 운전자에 대해서 갑작스러운 분노의 불꽃을 피워 올리는 주된 원천은 당연히 편도다. 그러나 감성회로의 다른 쪽 끝인 신피질은 차분한 복수, 불공정이나 부정의에 대한 격분 같은 좀 더 합당한 분노를 조장할 가능성이 많다. 그런 사려 깊은 분노는 프랭클린이 표현했듯이 '합당한 이유를 지녔거나' 지닌 듯이 보이는 경우가 십중팔구다.

사람들이 없애고자 하는 기분 가운데서 분노가 가장 어려운 듯 보인다. 타이스는 사람들이 통제하기 가장 힘들어하는 기분이 분노라는 사실을 발견했다. 실제로 분노는 부정적 정서 중 가장 유혹적이다. 분노의 감정으로 몰아대는 독선적인 내면의 독백은 분풀이에 대한 설득력 있는 주장으로 정신을 채운다. 슬픔과 달리 분노는 에너지를 증대시키며, 심지어 원기를 북돋우기까지 한다. 분노가 지닌 매력 넘치고 설득력 있는 힘은 그 자체로 분노에 대한 몇 가지 견해―분노는 통제할 수 없다, 어쨌든 분노는 통제되어서는 '안 된다', '감정 정화'를 위해 분노를 드러내는 일은 괜찮다 등―가 왜 그렇게나 공통적인지를 설명해준다. 반대로 분노를 완전히 예방할 수 있다는 주장도 있다. 그러나 연구 결과들을 주의 깊게 살펴보면, 분노에 대한 모든 공통적인 태도가 완전한 신화는 아니지만 사람들을 오도(誤導)할 수 있다는 점을 시사한다.[4]

분노를 터뜨리게 만드는 화가 나는 생각들을 연속해서 떠올리는 방법은 한편으로 잠재된 분노의 영향력을 약하게 만드는 가장 강력한 방법 중 하나일 수 있다. 분노에 기름을 붓는 격이 될 것이라는 확신을 무너뜨리기 때문이다. 우리를 화나게 만드는 것에 대해 오래 생각할수록 분노의 표출에 대한 더욱 '합당한 이유'와 자기 정당화를 더 많이 고안해낼 수 있다. 골똘한 생각은 분노의 화염에 기름을 붓는 격이다. 하지만 사태를 다르게 보게 되면 그 화염에 물을 끼얹는 셈이 된다. 타이스는 상황을 좀 더 긍정적으로 재구성하는 일이 화를 가라앉히는 가장 강력한 방법 가운데 하나임을 발견했다.

분노의 '쇄도'

그러한 발견은 앨라배마 대학의 심리학자 돌프 질만(Dolf Zillmann)의 결론과 일치한다. 질만은 오랫동안 해온 실험을 통해 분노를 정확하게 측정하고 해부했다.[5] 분노의 뿌리를 '싸우거나 도망가는 반응' 가운데서 싸우는 쪽의 선택에 둔다면, 보편적으로 분노를 촉발하는 것은 위험에 처했다는 느낌이라는 사실을 질만이 발견한 일은 전혀 놀랄 일이 아니다. 육체적 위협뿐 아니라 자존심이나 존엄에 대한 상징적 위협으로 인해 위험에 처했다는 느낌을 받는 경우가 훨씬 더 많다. 부당하거나 무례한 대접을 받은 일, 모욕당하거나 업신여김을 받은 일, 중요한 목표를 추구하다가 좌절한 일 등이 그렇다. 이런 지각들은 두뇌에 이중적 영향을 미치는 대뇌변연계가 격동하도록 방아쇠를 당기는 요인으로 작용한다.

그런 격동은 카테콜아민(신경전달 호르몬)의 방출로 시작되고 질만이 말했듯이 '싸우거나 도망가거나' '한쪽의 활동'에 충분할 정도로 빠르게, 일시적이나마 에너지가 넘치게 만든다. 이 에너지의 파도는 몇 분 동안 지속되며, 감성두뇌가 어떻게 상대를 판단하느냐에 따라 멋진 한판의 싸움을 벌이거나 재빨리 도망가도록 몸을 준비시킨다.

그러는 사이에 신경계 부신피질 호르몬에 의해 편도가 일으킨 잔물결이 카테콜아민에 의한 에너지의 격동보다 훨씬 오래 총체적 흥분 상태를 만든다. 이렇게 일반화된 부신피질의 흥분은 몇 시간, 심지어 며칠 동안이나 지속되면서 감성두뇌를 특별히 각성하게 만들고, 이어지는 반응이 빠르게 일어날 수 있게 한다. 일반적으로 부신피질의 각성에 의해 즉각적인 반응을 보이는 상태는 다음과 같은 현상을 설명해준다. 만일 사람들이 이미 다른 무언가에 의해 흥분하거나 약간 성마르게 됐을 경우, 왜 화를 낼 가능성이 그렇듯 높아지는 것인지 말이다. 모든 스트레스는 부신피질의 각성을 유도하며, 분노가 일어나는 문턱을 낮춘다. 그러므로 일터에서 힘든 하루를 보낸 사람은 퇴근해 돌아온 집에서 아이들이 시끄럽게 떠든다거나 집 안을 어지럽힌다면 화를 낼 가능성이 아주 높다. 사실 다른 상황에서라면 그 정도는 돌발감정을 일으킬 정도로 강렬한 느낌이 들지 않았을 것이다.

질만은 실험을 통해 분노에 대한 다음과 같은 통찰에 도달한다. 그는 연구원 한 사람에게 실험에 자원한 남·녀 피험자들을 헐뜯게 함으로써 피험자들이 화를 내게 만들었다. 그런 다음 그들에게 즐거운 영화와 우울한 영화를 각각 보여주었다. 그 후 피험자들은 자신들을 헐뜯었던 그 연구원을 고용할지 말지를 결정하기 위한 평가서를 작성함으로써 그에게 보복할 기회를 받았다. 보복의 강도는 그들이 본 영화에서 얼마나 자극을 받았는지와 직접 비례했다. 그들은 우울한 영화를 본 뒤 훨씬 화를 냈고 최악의 평가를 내렸다.

분노는 분노를 낳는다

질만의 연구는 어느 날 쇼핑을 하다가 목격했던 친숙한 한 장면에 작용하는 역학도 설명해준다. 젊은 엄마가 세 살쯤 돼 보이는 아들에게 "그거…… 도로…… 갖다 놔라!" 하고 말하고 있었다. 그녀의 신중한 목소리엔 힘이 들어 있었다.

"하지만 갖고 싶단 말이야!"

아이가 투덜대며 닌자 거북이가 그려진 시리얼 상자를 더욱 단단히 부여잡는다.

"도로 갖다 놔!"

좀 더 거세진 엄마의 화난 목소리가 뒤를 잇는다. 그 순간 쇼핑 카트에 앉아 있던 아이가 입에 넣고 있던 젤리병을 떨어뜨렸고, 바닥에 떨어진 젤리병이 박살이 나자 엄마가 고함을 지른다.

"내가 미쳐!"

그녀는 더욱 화가 나서 아이를 손바닥으로 철썩 때리곤 시리얼 상자를 빼앗아 가장 가까이 있는 진열대 위에다 '탕' 하고 세게 내던진다. 그리고 아이의 허리를 낚아채 들어올려 아래층으로 쏜살같이 내려가는데, 쇼핑 카트 앞쪽이 위험하게 기울어지자 아이는 다리를 버둥거리며 울면서 악을 쓴다.

"나 내려놔, 내려놔!"

아이의 몸은 엄마처럼 이미 안절부절못하는 상태에 있었다. 이들 모자를 보면서 어떤 연유에선가 돌발감정이 폭발할 때는 분노든 긴장이든 이어지는 감정이 특별할 정도로 아주 강렬하다는 점을 질만은 발견했다.

이런 역학은 사람이 화를 낼 때 그대로 작용된다. 질만은 점점 상승하는 분노에 대해 "자극이 연이어지는 가운데 각각의 자극은 천천히 사라지는 흥분성 반응을 촉발한다"라고 말한다. 이는 분노를 자극하는 생각이나 지각이 편도에 의해 추동되는 카테콜아민의 분비를 촉발하는 작은 매개체가 되어, 연이어지는 자극에 따라 카테콜아민의 양이 급증하게 된다는 말이다. 즉 첫 번째 자극에 의한 호르몬이 잦아들기도 전에 두 번째 호르몬이 다가오고, 첫 번째와 두 번째 호르몬 위로 세 번째 호르몬이 다가오는 식이다. 각각의 파장이 이전 파장의 꼬리를 물고 이어져서 금세 신체의 생리적 각성 수준은 급격히 상승된다. 이때 나중에 드는 생각은 처음에 드는 생각보다 훨씬 강도 높은 분노를 촉발한다. 분노가 분노를 낳는 것이다. 감성두뇌의 열이 올라가기 때문이다. 그때쯤 되면 이성에 의해 방해받지 않는 격분은 쉽사리 폭력으로 폭발한다.

　이런 상태가 되면 사람들은 상대를 용서할 줄 모르며 이성적으로 사고할 수 없게 된다. 그들의 생각은 복수와 앙갚음 사이를 맴돌 뿐, 벌어질 결과에 대해선 전혀 눈치 채지 못한다. 이런 강한 흥분은 '공격성을 높이고 쉽게 휘두를 수 있는 힘에 대한 환상과 상처 입지 않으리라는 환상을 촉진하여' 격노한 사람으로 하여금 '인지적 안내를 받지 않고' 가장 원시적 반응에 의존하게 만든다고 질만은 말한다. 그리하여 대뇌변연계의 흥분이 상승한다. 생명이 지닌 야수성이라는 거칠기 짝이 없는 존재가 행동을 이끌게 되기 때문이다.

분노의 진정제

　질만은 분노를 다스리는 두 가지 주된 방식을 제시한다. 첫 번째 방법은 분노의 상승을 촉발하는 생각을 잘 활용해 그것과 다른 생각(이해)을 제기하는 방식이다. 이는 처음의 분노를 강하게 만든 것이 바로 상호작용에 대한 원래의 평가이며, 분노의 불꽃을 더욱 부채질한 것도 다름 아닌 이어지는 재평가이기 때문이다. 시기를 잘 선택하는 것이 중요하다. 분노의 회로에서는 좀 더 일찍 서두를수록 더욱 효과적이다. 만일 분노가 작용하기 전에 그것을 완화해주는 정보가 등장한다면, 분노는 아주 짧은 순간의 표출만으로 끝나버릴 수도 있다.

분노를 가라앉히는 이해의 힘은 질만의 또 다른 실험을 보아도 명확하다. 이 실험에서는 조수로 가장한 연구원이 운동용 자전거를 타고 있던 피험자들에게 모욕을 주어 화가 나게 만들었다. 피험자들이 그 무례한 조수에게 보복할 기회가 주어지자(그가 다음번에도 조수로 일할 만큼 합당한지를 평가하는) 그들은 화를 낼 수 있다는 기쁨에 차서 앙갚음을 했다(나쁜 평판을 제시함으로써). 하지만 다른 조건의 실험에서는 피험자들이 보복 대신 동정을 표했다. 자극을 받은 피험자들에게 보복의 기회가 주어지기 직전에 한 여성 조수가 들어와서 그 무례한 조수에게 아래층 홀로 가서 전화를 받으라고 말했다. 그는 방을 나가면서 그녀에게도 역시 깔보는 말을 했다. 그러나 그녀는 기분 좋게 그 말을 소화하고는 그가 나간 뒤 피험자들에게 그가 엄청난 스트레스를 받고 있다면서, 코앞에 닥친 대학원 구술시험 때문에 잔뜩 긴장하고 있다고 말했다. 그러자 화가 났던 피험자들은 나중에 보복할 기회가 주어졌을 때에도 그렇게 하지 않았다. 오히려 그가 처한 곤경에 동정을 표시했다.

이처럼 분노를 완화해주는 정보는 분노의 촉발을 재평가하게 만든다. 분노의 감소를 가져오는 특별한 기회의 문이 있는 것이다. 질만은 보통 수준의 분노에는 그것이 잘 작동하지만, 높은 수준으로 격노한 상태에서는 그가 '인지적 자격 박탈' 이라 부르는 것, 다시 말해 사람들이 더 이상 제대로 사고할 수 없기 때문에 아무런 차이도 가져오지 않는다는 것을 발견했다. 사람들이 이미 대단히 화가 났을 때는 질만이 미묘하게 표현했듯이 "그것 참 정말이지 안됐군!"이라거나 "말로 표현할 수 있는 최악의 무례한 언사로군 그래!" 하는 말과 더불어 분노의 완화 따위는 깨끗이 잊어버렸다.

냉정의 회복

　제가 열세 살쯤이었을 때 한번은 몹시 화가 나서 다시는 집에 들어오지 않겠다고 다짐을 하고는 가출을 했습니다. 아름다운 여름날, 멋진 오솔길을 따라 한없이 걷다 보니 자연의 고요함과 아름다움이 점차 저를 차분하게 만들고 위로해주었습니다. 그렇게 몇 시간이 지나자 가출을 후회하게 됐고 저는 거의 마음이 누그러진 채 집으로 돌아갔습니다. 그 후 화가 날 때는 할 수만 있다면 그때처럼 하는 게 최상의 치유책이라는 생각이 듭니다.

앞의 인용은 분노에 대한 최초의 과학적 연구들 중 하나에서 한 피험자가 한 말이다.[6] 이 예가 바로 분노를 다스리는 두 번째 방법이다. 더 이상 분노를 일으킬 메커니즘이 없는 환경에 그냥 가만히 있음으로써 생리적으로 차분해지는 방법이다. 예를 들어 논쟁을 벌이다가 화가 치솟으면 상대편과 함께 있던 자리에서 얼마 동안 벗어나는 것이다. 진정을 하는 동안에 화가 난 사람은 주의를 다른 데로 돌림으로써 적대적 생각의 상승에 제동을 걸 수 있다. 질만은 주의를 돌리는 일이 대단히 강력한 기분전환의 도구가 된다고 생각한다. 그것은 유쾌한 시간을 보내고 있을 때는 계속 화를 내기가 어렵기 때문이다. 곧 화가 난 사람이 있다면 우선 즐거운 시간을 보낼 수 있는 자리로 데려가서 분노가 식도록 만들면 된다.

분노의 증가와 감소에 대한 질만의 분석은 사람들이 분노를 완화하기 위해 사용한다고 보통 말하는 책략에 대해 다이앤 타이스가 발견한 사실을 설명해준다. 한 가지 제법 효과적인 책략은 냉정을 되찾는 동안 말없이 사라져 혼자 있는 일이다. 대다수의 남자들은 이런 책략을 드라이브 하러 가는 것으로 해석한다. 운전이 한숨 돌릴 시간을 준다고 생각하는 것이다(더욱 방어적으로 운전하게 됐다고 타이스는 말한다). 아마 더 안전한 방법은 산책일 것이다. 몸을 움직이는 운동도 분노를 가라앉히는 데 도움이 된다. 심호흡이나 스트레칭 같은 긴장을 푸는 방법도 도움이 된다. 아마도 그런 방법을 통해 화가 높이 치솟은 상태에서 화가 적게 분출되는 상태로 신체의 생리가 변하기 때문일 텐데, 분노를 일으킨 원인이 무엇이든 그 원인에서 주의가 멀어지게 되기 때문일 것이다. 운동의 경우, 운동하는 동안 높은 수준으로 활성화됐던 신체의 생리가 운동 후에는 낮은 수준으로 떨어지게 된다.

　그러나 냉정을 회복하는 시간이 연속되는 분노를 야기하는 생각을 쫓아가는 데 사용된다면 별 효과가 없을 것이다. 왜냐하면 그런 생각 하나하나가 그 자체로 더욱 커다란 분노를 분출하는 작은 자극제이기 때문이다. 주의를 딴 곳으로 돌릴 때의 위력은 분노의 연쇄를 중단시키는 데 있다. 분노를 다루는 사람들의 책략을 조사하면서 타이스는 주의를 딴 곳으로 돌리게 해주는 것들이 대체로 화를 가라앉히는 데 도움을 준다고 생각했다. TV, 영화, 독서 따위는 모두 격분을 일으키는 강렬한 생각을 방해한다. 그러나 혼자 쇼핑을 하고 음식을 먹는 데 몰두하는 일은 그다지 효과가 없다. 쇼핑몰을 돌아다니고 초콜릿 케이크 한 조각을 먹는 동안에도 계속 화가 치미는 생각을 이어 나갈 수 있기 때문이다.

　그 외에 듀크 대학의 정신과 의사인 레드퍼드 윌리엄스(Redford Williams)가 고안한 책략도 있다. 그는 심장병에 걸릴 위험이 대단히 높은 적개심에 불타는 사람이 스스로 민감한 성격을 통제하도록 도와주려고 애썼다.[7] 그의 권고 중 하나는 적대적인 생각이 일어날 때, 그런 생각을 포착해내는 자기인식을 활용해서 글로 써보는 일이다. 일단 분노의 생각이 글쓰기로 포착되면 문제 제기가 되고 재평가가 될 수 있긴 한데, 질만이 발견한 대로 이런 접근은 분노가 격분으로 상승되기 전 단계에서 더 잘 작동한다.

화풀이에 대한 환상

어느 날 나는 뉴욕에서 택시를 탔다. 그런데 길을 건너려던 한 젊은이가 내가 탄 택시 앞을 가로막고 섰다. 출발하고 싶어 안달이 난 운전사가 경적을 울리곤 그 젊은이가 길을 비키는지 살폈다. 돌아오는 대답은 찌푸린 인상과 추잡한 몸짓이었다.

"이 개새끼 같으니라고!"

운전사가 고함을 지르며 액셀러레이터와 동시에 브레이크를 밟아 차를 위협적으로 움직였다. 그러자 젊은이가 언짢은 표정으로 간신히 옆으로 비켜났다. 그렇게 차를 조금씩 움직여 차량 행렬 속으로 들어가려는 순간, 그 젊은이가 택시를 주먹으로 세게 내리쳤다. 그러자 운전사가 욕지거리를 섞은 한숨을 내쉬며 아주 불쾌한 소리를 질러 댔다. 차를 몰면서도 운전사는 여전히 눈에 띄게 화가 난 상태로 말했다.

"사람들한테서 욕먹고 가만있으면 안 돼요. 맞받아 소리를 질러야 합니다. 적어도 그래야 기분이 좀 나아지니까요!"

감정 배출은 이따금 분노를 다루는 좋은 방법이 된다. 이에 대한 인기 있는 이론의 하나는 '화를 분출하는 것이 기분을 훨씬 낫게 만든다'는 것이다. 그러나 질만의 발견이 시사하듯이, 감정 배출에 반대하는 주장도 있다. 1950년대에 그런 주장이 제기됐는데, 당시 심리학자들은 실험적으로 감정 배출의 효과를 조사하기 시작해 분노의 배출이 분노를 몰아내는 것과 거의 관계가 없거나 전혀 관계가 없다는 점을 거듭 발견했다(그러나 분노의 매력적인 성격 때문에 분노의 배출이 '만족감을 느끼게 해줄' 수는 있다).[8] 하지만 화를 내며 폭언을 퍼붓는 일이 진짜 효과가 있는 특별한 경우도 있다. 예를 들어 분노가 분노의 대상에게 직접 표현될 때, 분노가 통제의 감각을 회복해주거나 부정의를 바로잡을 때, 분노가 분노의 상대에게 적절한 해를 입혀서 복수하지 않고도 상대가 통탄할 행동을 하지 못하도록 만들 때 말이다. 그러나 분노가 지닌 불을 질러 대는 본성 때문에 이런 것은 말하긴 쉬워도 행동으로 옮기긴 어렵다.[9]

타이스는 분노의 배출이 냉정을 회복하는 최악의 방법이라고 생각했다. 분노의 폭발은 감성두뇌의 각성을 강하게 자극해 화를 덜 내는 게 아니라 더욱 화가 난 상태로 만들기 때문이다. 자신을 격분하게 만든 사람에게 화를 냈을 경우 사람들의 말을 들어보면, 그 결과는 화난 기분을 없애주기보다 오히려 더 연장시켰다는 점을 타이스는 발견했다. 그보다는 사람들이 우선 냉정을 회복한 다음 좀 더 건설적이고 단호하게 말다툼을 해결하기 위해 당사자와 대면하는 경우가 분노를 다스리는 데 훨씬 더 효과적이었다. 분노를 다스리는 최상의 방법을 물었을 때 존경받는 티베트 승려인 초감 트룽파는 이렇게 말했다. "분노를 억누르지 마라. 그렇다고 분노에 따라 행동하지도 마라."

▶ 긴장 풀어주기 : 이런, 걱정을 왜 하는 거지?

아, 이런! 소음기 소리가 왜 이래…… 차를 정비공장에 맡겨야 하나?

그럼 어떡하지? 돈이 없는데…… 제이미 등록금을 축내야 할 텐데…… 그 애 등록금을 못 내면 어떡하지? 그 빌어먹을 학교에서 지난주에 보낸 성적표…… 제이미 점수가 떨어져서 녀석이 대학에 못 들어가면 어떡하나? 소음기 소리가 영 안 좋네…….

이런 걱정스러운 마음은 삼류 멜로드라마의 끊임없는 반복처럼 맴을 돈다. 한보따리의 걱정거리가 다른 걱정거리로 이어졌다간 계속 다시 몰려오는 것이다. 앞의 사례는 펜실베이니아 주립대학교의 심리학자들인 리자베스 뢰머(Lizabeth Roemer)와 토머스 보르코베크(Thomas Borkovec)가 제시한 것이다. 걱정에 관한 두 사람의 연구는 모든 고민의 핵심이라 할 그 주제를 신경학적 차원으로 격상시켰다.[10] 걱정이 있다고 해서 어떤 지장이 생기지는 않는다. 걱정거리처럼 보이는 문제도 건설적인 성찰과 숙고를 통하면 해결책이 나올 수 있다. 실로 걱정에 내재된 반응은 의심할 바 없이 진화의 과정을 거쳐 살아남는 데 필수적이었던 잠재적 위험에 대한 조심스러움이다. 두려움이 감성두뇌를 자극할 때 나타나는 걱정의 일부는 이렇다. 즉 가까이 있는 위협에 완전히 주의가 쏠리게 하여 그 위협을 어떻게 처리할지에 온통 마음을 사로잡히게 해서 얼마 동안은 다른 어떤 일도 무시하게 만들어버린다. 걱정은 어떤 의미에서 잘못될 수도 있는 일과 그 일을 처리하는 방법을 미리 예행연습 해보는 일이다. 걱정을 통해 해결해야 할 과제는, 위험이 발생하기 전에 위험을 예상하고 삶의 위기에 대처하여 긍정적인 해결책을 생각해내는 일이다.

그러나 걱정이 만성적으로 반복해 생길 때는 문제가 커진다. 걱정은 계속 반복해서 일어나는데 도무지 긍정적인 해결책을 생각해내지 못하는 경우다. 만성적 걱정에 대한 분석들은 이런 감성이 낮은 수준의 돌발감성이 지닌 속성을 모두 지니고 있다는 점을 암시한다. 그런 걱정은 어디서 생기는지도 모르고, 통제 불능이며, 계속해서 또 다른 걱정을 낳고, 이성적 판단에 무감하며, 융통성 없는 한 가지 견해 속에 사람을 가둬놓는다. 걱정의 순환이 강화되고 지속되면 공포증, 강박관념, 강박충동, 공황발작 같은 신경성 장애와 불안장애로 바뀌어간다. 이런 질환들은 걱정이 병적으로 고착된 것이 특징이다. 공포증 환자에게 불안은 두려워진 상황에 집중돼 있고, 강박관념 환자에게는 두려운 재난을 막는 데 집중돼 있으며, 공황발작 환자에겐 죽어가는 공포나 발작 그 자체가 닥치리라는 예상에 집중돼 있다.

이 질환들의 공통분모는 바로 불안이다. 예를 들어 강박관념과 강박충동으로 치료받고 있는 여성이 깨어 있는 대부분의 시간 동안 행한 일련의 행동을 살펴보자. 그녀는 매일 한 번 할 때마다 45분이 걸리는 샤워를 몇 차례씩 하고, 한 번 씻을 때 5분이 걸리는 손 씻기를 20회 혹은 그 이상 한다. 씻을 때는 우선 살균하기 위해 알코올로 문지르며, 씻지 않으면 자리에 앉으려고도 하지 않는다. 그녀는 아이나 동물도 만지지 않는다. '너무 더럽기' 때문이다. 이런 강박충동은 그녀에게 내재된 병원균에 대한 병적인 두려움이 원인이다. 그녀는 씻거나 살균하지 않으면 병에 걸려 죽을 거라고 언제나 걱정한다.[11]

걱정이 끊이지 않는 증상을 정신의학에서는 '범불안장애(GAD)'라고 하는데, 이 증세로 치료받고 있는 한 여성에게 1분 동안 큰 소리로 걱정을 해보라고 요청했다. 그녀는 이렇게 대답했다.

전 이 요청에 제대로 응하지 못할 겁니다. 이런 시도는 너무 인위적이어서 실제의 경우를 드러내지 못할 텐데, 실제의 경우를 경험할 필요가 있어요……. 만일 우리가 실제의 경우에 도달하지 못한다면 저는 건강해지지 않을 테니까요. 만일 제가 건강해지지 않는다면 저는 결코 행복해지

지 않겠죠.[12]

걱정하는 일에 대한 이런 걱정의 대가가 보여준 반응을 살펴보면, 1분 동안 걱정을 해보라는 요구를 받은 지 채 몇 초도 지나지 않아 "저는 결코 행복해지지 않겠죠"라며 평생에 걸친 대재난을 심사숙고하는 상태가 됐다. 불안의식은 전형적으로 그런 길을 따르며, 걱정에서 걱정으로 뛰어오르는 자신에 대한 이야기로 자주 끔찍한 재난과 비극을 상상하는 것을 포함한다. 걱정은 거의 항상 마음의 눈이 아니라 마음의 귀로, 즉 영상이 아니라 말로 표현된다. 이는 걱정을 통제하는 데 중요한 의의가 있는 사실이다.

보르코베크와 그의 동료들은 불면증 치료법을 찾으려 애쓰다가 불안을 연구하기 시작했다. 다른 연구자들이 관찰한 바에 따르면, 불안의식은 크게 두 가지 형태로 나타난다. 하나는 인지적 형태인 불안한 생각이고, 다른 하나는 땀이나 두방망이질치는 심장, 근육의 긴장 등 생리적 불안 징후 같은 육체적 형태로 나타난다. 보르코베크는 불면증 환자에게 중요한 문제는 육체적 각성이 아니라는 점을 발견했다. 환자들을 깨어 있게 만드는 것은 끊임없이 밀고 들어오는 생각이었다. 그런 생각은 만성 불안이었으며, 그들은 아무리 잠이 와도 걱정을 멈출 수가 없었다. 그들을 잠들 수 있게 한 유일한 방법은 마음속에서 걱정거리를 내려놓게 만드는 일이었는데, 걱정이 아니라 긴장을 풀어줌으로써 생기는 감각에 초점을 맞추었다. 간단히 말해 주의를 돌림으로써 불안의식을 멈출 수 있었다.

그러나 이런 방법은 대부분의 불안의식에는 통하지 않는 듯하다. 그이유는 습관이 될 정도로 매우 강화된 불안의식에서 부분적으로 생기는 긍정적인 면과 관련이 있다고 보르코베크는 생각한다. 불안의식에는 좋은 점도 있는 듯하다. 걱정은 잠재적 위협이나 일어날 수 있는 위험을 예방하는 방법이 될 수 있기 때문이다. 걱정은 그 대상이 되는 위험을 예행 연습 해보는 일이고, 위험을 다루는 방식에 대해 성찰하는 일이다. 그러나 사실 걱정은 그다지 효과적이지는 않다. 일반적으로 불안의식, 특히 만성 불안의식 상태에서 새로운 해결책과 문제를 바라보는 참신한 방식이 생기지는 않기 때문이다. 그래서 대개 해결책을 생각해내기보다는, 단지 위험 그 자체에 대해 생각하다가 위험과 관련된 두려움 속에 매몰되고 만다. 만성 불안의식은 대부분 거의 일어날 가능성이 없는 광범위한 일들에서 생긴다. 그들은 인생이란 여행길을 다른 사람이 결코 알아차리지 못하는 위험으로 해석한다.

게다가 만성 불안 환자들은 '걱정이 자신에게 도움이 되며, 걱정은 스스로 영속되는 불안한 마음에 지배되는 생각의 끝없는 고리'라고 말한다. 왜 불안의식이 정신적 중독 증세인 것처럼 보일까? 보르코베크가 지적하듯이, 이상하게도 걱정하는 습관도 미신이 강화되는 것과 똑같이 강화된다. 그들은 실제로 일어날 가능성이 아주 낮은 일들, 예를 들어 비행기 추락으로 사랑하는 사람이 죽는다거나 파산하는 일 등을 놓고 걱정하는데, 그들의 뇌 속에(적어도 원시적 대뇌변연계 쪽에) 불안의식과 관련된 마법 같은 무언가가 존재하는 것 같다. 예상되는 악을 격퇴하는 부적처럼 불안의식은 심리학적으로 위험을 막아준다는 믿음의 대상이 되는 것이다.

▌불안의 효과

그녀는 한 출판사와 일하기 위해 중서부에서 로스앤젤레스로 이사를 왔다. 그런데 얼마 후 그 출판사가 매각돼 그녀는 일자리를 잃게 됐다. 일

거리가 일정하지 않은 자유기고가가 되자 그녀는 일 속에서 허우적대거나 아니면 임대료를 낼 수 없는 처지가 됐다. 전화도 조심해서 써야 할 때가 많았고, 처음엔 의료보험도 없이 지냈다. 보장받을 수 있는 게 이토록 없다는 상황이 특히 그녀를 괴롭혔다. 그녀는 자신의 건강에 위험이 닥칠 거라고 생각했고, 두통이 생길 때마다 뇌종양의 신호로 확신했으며, 어디론가 차를 몰고 가야 할 때마다 사고를 당하는 모습을 떠올렸다. 그녀는 걱정과 괴로움이 뒤범벅된 공상에 오랫동안 몰두하고 있는 자신을 발견할 때가 자주 있었다. 그러다가 그녀는 자신의 불안의식이 거의 중독처럼 됐음을 알게 됐다.

보르코베크는 걱정이 주는 예기치 않은 또 다른 좋은 점을 발견했다. 사람들은 걱정에 빠져 있는 동안 그런 걱정거리들이 일으키는 불안의식에 대한 주관적인 감각, 즉 빠른 심장박동이나 땀 흘림, 떨림 등을 알아채지 못하는 듯하며, 그리하여 그런 걱정이 지속되면서 적어도 실제로 그런 불안의식의 일부가 억제되는 듯하다. 그 과정은 아마 다음과 같을 것이다. 걱정에 빠진 사람은 잠재적인 위협이나 위험의 이미지를 촉발하는 무언가를 알아차린다. 그렇게 상상된 재난은 이어서 약한 불안의식을 일으킨다. 그런 다음 그 사람이 오랫동안 일련의 괴로운 생각 속으로 빠져드는 사이, 각각의 괴로운 생각은 걱정할 또 다른 주제를 준비한다. 이런 연쇄적인 걱정에 의해 주의가 계속 새로운 쪽으로 쏠리면서, 정신은 불안의식을 낳았던 원래의 재난에 휩싸인 이미지에서 벗어난다. 이미지는 생각보다 생리적 불안의식에 좀 더 위력적인 자극제이므로 재난에 휩싸인 이미지를 배제한 채 생각에 빠져드는 일은 부분적으로 불안의식을 완화해준다. 이어서 그렇게 불안의식을 완화해주는, 반쯤은 해독제 역할을 하는 걱정이 또한 강화된다.

그러나 만성 불안은 실제로 문제를 해결하려는 창조적 돌파구가 아니라, 판에 박히고 경직된 관념의 형태를 띤다는 점에서 역시 자기파멸적이다. 이런 경직성은 다소 똑같은 생각을 거듭 반복하기만 하는 걱정스러운 생각에만 나타나는 게 아니다. 신경학적으로도 피질에 경직성이 보이는 듯하며, 변화하는 상황에 유연하게 반응하는 감성두뇌의 능력에도 결함이 있는 듯하다. 요컨대 만성 불안은 좀 더 좋은 결과를 낳는 방식으로는 작용하지 않는다. 걱정은 불안의식을 일부 완화해주지만 결코 문제를 해결하지는 못한다.

만성 불안에 시달리는 이들은 사람들이 "그만 걱정을 버려!"(이보다 더 최악의 충고는 "걱정하지 말고 이제 행복해야지"라고 하는 것이다)라고 하는 충고를 거의 따를 수 없다. 만성 불안은 원시적인 편도에서 일어나는 일인 듯하므로 그런 증세는 저절로 생기는 것이다. 그리고 일단 마음속에 불안이 생기면 또 다른 불안이 계속해서 일어난다. 그러나 많은 실험을 한 뒤 보르코베크는 심각한 만성 불안 환자조차도 간단한 몇 가지 단계를 통해 불안을 통제할 수 있음을 발견했다.

첫 단계는 자기인식이다. 걱정이 처음 생겼을 때 가능한 한 가까이에서 그것을 포착하는 일이다. 이상적으로는 쏜살같이 지나가는 재난의 이미지가 걱정과 불안의 순환을 촉발하자마자 혹은 촉발한 직후에 이 이미지를 포착해내는 것이다. 처음엔 환자에게 불안의 신호를 살피도록 가르친다. 즉 불안으로 인해 뒤따르는 감각뿐 아니라, 특히 불안을 일으키는 상황이나 불안을 처음으로 일으키는 순식간에 지나가는 생각 혹은 이미지를 파악하는 법을 가르침으로써 걱정을 포착하도록 훈련하는 것이다. 연습을 거듭하면 불안의 악순환에서 점차 초기 단계의 걱정을 식별해낼 수 있다. 그들은 또한 걱정이 생기는 것을 인식하는 그 순간에 적용할 수 있는 긴장이완법도 배우며, 그것을 꾸준히 연습하면 자신이 가장 필요로

할 때 그 방법을 쓸 수 있게 된다.

그러나 긴장이완법만으로는 충분하지 않다. 걱정스러운 생각에 능동적으로 도전할 필요가 있다. 그것에 실패하면 불안은 다시 악순환할 것이다. 그러므로 두 번째 단계는 사람들이 가정하는 생각들—저 무서운 일이 벌어질 가능성이 클까? 그런 일이 벌어지도록 내버려두는 것 외에 대안이 없거나 하나의 대안밖에 없는 상황이 오는 건 아닐까? 건설적인 조치란 게 과연 있을까? 이런 불안한 생각을 자꾸 반복해서 훑어보는 일이 정말 도움이 될까?—에 대해 비판적인 거리를 유지하는 일이다.

인식과 건강한 의심을 이와 같이 조합하는 사고 활동은 아마도 원시적 불안심리의 바탕에 깔린 신경이 활성화되는 것을 막는 하나의 제동장치로 작용할 것이다. 능동적으로 건강한 의심을 하면 대뇌변연계가 불안을 추동하는 일을 막을 수 있는 회로가 준비된다. 그와 동시에 능동적으로 긴장 이완 상태를 유도하면 감성두뇌가 몸 전체로 보내는 불안 신호를 맞받아칠 수도 있다.

보르코베크는 실제로 이런 책략이 불안과는 양립할 수 없는 정신활동의 연쇄를 확립한다고 지적한다. 도전받지 않은 채 반복해 되풀이되도록 방치될 때 불안은 더욱 설득력을 지니게 된다. 일정한 범위의 똑같이 수긍이 가는 다른 관점들을 숙고함으로써 불안에 대해 의문을 제기하면, 걱정스러운 생각 하나가 곧이곧대로 사실인 듯 여겨지는 상황을 방지할 수 있다. 정신병 치료를 받아야 할 정도로 심각한 불안의식에 시달리는 사람들조차 이런 방식을 통해 걱정하는 습관에서 벗어난 예가 있다.

한편 증세가 너무 심각해서 공포증, 강박관념, 강박충동, 공황질환으로 악화된 불안의식을 지닌 사람들이 약물치료를 하는 것은 불안의 악순환을 막기 위한 신중한 조치일 수 있다. 심리요법을 통한 감성회로의 재훈련은 여전히 필요하지만, 그러나 그 목적은 약물치료가 중단됐을 때

불안성 질환이 재발할 가능성을 줄이기 위한 것이다.[13]

▶ 우울함 달래기

사람들이 가장 벗어나고 싶어 하는 기분은 아마도 슬픔일 것이다. 그런데 다이앤 타이스는 사람들이 우울한 상태에서 벗어나려 애쓸 때 가장 창의력이 풍부해진다는 사실을 발견했다. 물론 모든 슬픔에서 벗어나야 할 필요는 없다. 다른 기분처럼 슬픔 역시 그것만의 이점을 지니고 있기 때문이다. 상실이 가져오는 슬픔에는 불변의 효과가 있다. 즉 적어도 얼마 동안은 기분전환과 쾌락에 대한 관심을 가로막고, 상실해버린 것에만 주의를 기울이게 하며, 새로운 노력에 필요한 힘을 줄여버린다. 요컨대 슬픔은 바쁜 삶에 일종의 성찰적 은둔을 제공하고, 상실의 의미를 숙고하여 마침내 생활을 지속하게 해줄 심리적 조정을 이루고 새로운 계획을 짜게 만든다.

상실은 유용하다. 그러나 심각한 우울은 그렇지 않다. 윌리엄 스타이런은 '그런 질병이 가져오는 갖가지 무서운 증상'을 뚜렷하게 묘사한다. 자기 증오, 무가치한 느낌, '자꾸만 밀려드는 우울함'이 깃든 '음습한 쓸쓸함, 두려움과 소외감, 게다가 무엇보다 숨 막히게 하는 불안'이 그런 것이다.[14] 거기엔 지적인 특징이 있는데 '혼란, 정신적 집중력의 결핍과 기억의 착오' 그리고 나중에는 '무질서한 왜곡에 지배된' 정신과 '살아 있는 세상에 대한 어떠한 즐거운 반응도 지워버린 이름 붙일 수 없는 유독한 조류(潮流)에 자신의 사고 과정이 삼켜져 버렸다는 느낌'이 찾아온다. 육체적 증상도 나타난다. 불면증, 바보가 된 듯 멍한 느낌, '안절부절못하는 불안'과 더불어 '일종의 마비, 무기력, 특히 기묘한 허약함' 등이다. 다음으로 즐거움의 상실이 온다. '감각영역 내의 다른 모든 것과 마찬가지로 아무런 맛도 없는 음식과 같은 상태'다. 자살만이 해결책인 듯 보이는 참을 수 없는 육체적 고통처럼 '오싹하게 만드는 잿빛 가랑비'가 그렇게나 명백한 절망을 가져와 희망이 사라진다.

그런 심각한 우울 속에서는 삶이 마비되고 어떠한 새로운 출발도 일어나지 않는다. 우울 증세야말로 일시 중단된 삶의 징조다. 스타이런은 이런 상태에선 어떠한 약물치료나 심리치료도 도움이 되지 않는다는 것을 알았다. 결국 의기소침한 기분을 없애버린 것은 시간의 경과와 병원이라는 피난처였다. 대부분의 사람들, 특히 좀 덜한 증세를 보이는 사람들에게는 약물치료와 심리치료가 도움이 될 수 있다. 우울증을 방지하는 프로잭(Prozac)은 당장 사용할 수 있는 치료약이며, 다른 약들도 도움이 된다. 이런 약들은 특히 중증 우울증에 유용하다.

여기서 말하고자 하는 초점은 '무증상 우울증', 다시 말해 보통의 울적함으로 이어지는 흔히 볼 수 있는 슬픔이다. 이런 정도의 의기소침은 내공이 있는 사람이라면 스스로 감당할 수 있다. 불행히도 가장 자주 활용되는 해결책 중에 맞불을 놓아 전보다 훨씬 더 기분이 나쁘도록 내버려두는 방법이 있다. 이 방법은, 예를 들어 그저 혼자라는 것 때문에 낙담하게 될 때 종종 효과가 있다. 그러나 그것은 슬픔에다 외로움과 고립감만 더하는 결과를 낳기 쉽다. 이는 우울증에 맞서는 가장 좋은 방법은 사람들과 어울리는 일이라고 타이스가 말한 이유를 부분적으로 설명해준다. 친구나 가족과 함께 외식하기, 공놀이 같은 함께하는 운동 하기, 영화 함께 보기 등 요컨대 무언가를 다른 사람과 함께하는 것 말이다. 만일 이 방법으로 슬픔이 사라지진다면 그것은 효과 만점이다. 그러나 그런 기회를 자신을 움츠러들게 만든 원인에 대한 숙고에만 활용한다면 슬픈 기분은 연장될 뿐이다.

실제로 우울한 기분이 지속될지 아니면 사라질지를 크게 결정짓는 요인들 가운데 하나는 사람들이 생각에 잠기는 정도다. 우리를 우울하게 만드는 것에 대해 걱정하는 일은 그 우울증을 더 강하게 그리고 연장되게 만든다. 우울증에선 불안이 여러 가지 형태를 띠는데, 모두 우울증 그 자체의 한 측면에 초점을 맞춘다. 예를 들어 '우리가 얼마나 피로를 느끼는가', '우리에게 얼마나 에너지나 동기유발이 적은가', '우리가 완수하는 일이 얼마나 적은가' 따위다. 일반적으로 이런 생각은 그 어느 것도 우울증을 완화하게 해줄 만한 구체적인 행동을 수반하지 않는다. 우울증에 걸린 사람들이 생각에 잠기는 현상을 연구한 스탠퍼드 대학의 심리학자 수전 놀렌회크세마(Susan Nolen-Hoeksema)는 다른 흔한 불안에는 "자기 자신을 고립시키고, 자신이 얼마나 끔찍하다고 느끼는지에 대해 염려하며, 자신이 우울하기 때문에 배우자가 거부할 것이라 걱정하고, 또 다른 잠 못 이루는 밤을 보내야 하지 않을까 우려하는 일이 포함된다"라고 말한다.[15]

우울한 사람들은 이따금 이렇게 생각에 잠기는 일을 '자기 자신을 더 잘 이해하기' 위해서 노력하는 것이라고 정당화한다. 그러나 그들은 자신의 기분을 실제로 좋아지게 할 어떤 행동도 취하지 않은 채 슬픈 감정에 자극만을 주고 있을 뿐이다. 만일 심리치료 시 깊이 생각에 잠기는 일을 통해 우울증을 야기한 조건을 변화시킬 만한 통찰이나 행동이 생겨난다면, 그런 생각은 아주 큰 도움이 될 수 있다. 그러나 슬픈 생각에 수동적으로 매몰되는 일은 우울증을 그저 악화시킬 뿐이다.

생각에 잠기는 일은 또한 더욱 우울하게 하는 조건을 낳아 우울증이 더 심각해질 수도 있다. 놀렌회크세마는 우울해지면 그 우울함을 걱정하느라 너무 많은 시간을 써버려 영업상의 중요한 전화에는 손도 못 대는 한 여성 판매원의 사례를 제시한다. 결과적으로 판매액이 감소하게 되자 그녀는 자신을 실패자처럼 느꼈고, 그로 인해 우울증이 더 심해졌다. 만일 그녀가 자신의 주의를 다른 데로 돌리려 애쓰는 식으로 노력했다면 어땠을까? 그녀가 마음속에서 슬픔을 떨쳐내기 위해선 오히려 영업 전화에 푹 빠져버리는 게 더 나았을 것이다. 그랬다면 판매액은 감소하지 않았을 테고, 적극적으로 판매를 시도해보는 바로 그 경험이야말로 자신감을 북돋우고 그 결과 우울증이 어느 정도는 줄었을 테니까 말이다.

놀렌회크세마는 여성이 남성보다 우울할 때 훨씬 더 많이 생각에 잠기는 편임을 발견했다. 그녀는 이런 결과가 부분적으로 여성이 남성보다 두 배나 더 많이 우울증 진단을 받는다는 사실을 설명해줄지도 모른다고 말한다. 물론 괴로움을 드러내는 데 여성이 남성보다 더 공개적이라거나, 여성이 남성보다 더 우울증을 느끼는 경우가 많다는 등의 다른 요인들이 작용할 수도 있다. 어쩌면 여성보다 알코올 의존증이 두 배나 더 높은 남성은 우울증의 시름을 술로 달랠지도 모른다.

이처럼 사고의 패턴을 바꾸려는 목표를 지닌 인지적 치료는 몇몇 연구 결과, 가벼운 우울증일 경우에는 그 효과가 약물치료와 똑같고, 가벼운 우울증의 재발을 막는 데는 약물치료보다 더 우수하다는 사실이 밝혀졌다. 우울증 치료에 특별히 효과적인 두 가지 인지적 책략이 있다.[16] 하나는, 생각에 잠기는 와중에 그 생각에 도전하는 법을 배우는 것이다. 즉 떠오르는 생각의 정당성을 질문하고 좀 더 긍정적인 대안들이 무엇인지 생각하는 것이다. 다른 하나는, 의도적으로 기분전환을 할 수 있는 즐거운 행사 계획을 잡는 것이다.

기분전환이 효과 있는 이유는, 우울한 생각이란 의도하지 않아도 마음속으로 밀고 들어와 무의식적으로 솟아나기 때문이다. 우울한 사람은 우울한 생각을 억누르려 애를 쓸 때조차 더 나은 대안을 생각해낼 수 없는 경우가 많다. 일단 우울한 생각의 조류가 흐르기 시작하면 연쇄적인 연상 작용에 강력한 영향력을 끼친다. 예를 들어 우울한 사람에게 마구 뒤섞인 여섯 단어로 된 문장을 정돈하게 하면, 그 사람은 명랑한 메시지('미래가 아주 밝다')보다는 우울한 메시지('미래가 아주 음울하다')를 생각해내는 데 훨씬 더 능숙하다.[17]

우울증이 스스로를 영속화하려는 경향은 사람이 택하는 기분전환의 종류에까지도 그림자를 드리운다. 우울한 사람에게 친구의 장례식 같은 슬픈 생각을 떨쳐버릴 명랑하거나 지루한 방법이 적힌 목록이 제시되자, 그 사람은 울적한 활동을 더 많이 골랐다. 이런 연구를 수행한 텍사스 대학의 심리학자 리처드 웬즐래프(Richard Wenzlaff)는 다음과 같이 결론을 내린다. 이미 우울한 사람은 기분을 더욱 끌어내리는 눈물 짜내는 영화나 비극 소설 같은 것을 선택하지 않도록 조심하면서, 주의를 완전히 명랑한 쪽으로 돌리려는 각별한 노력을 기울일 필요가 있다.

▌기분전환제

당신이 안개가 낀 잘 모르는 가파르고 굴곡진 도로에서 운전을 하고 있다고 상상해보라. 그런데 당신 바로 앞 몇 미터 떨어진 곳에서 갑자기 차 한 대가 끼어드는 바람에 충돌 직전 상황이 됐다. 하지만 너무 차간거리가 가까워서 차를 멈추기가 어렵다. 어쨌든 브레이크를 끝까지 세게 밟자, 당신이 탄 차는 다른 차 옆으로 미끄러진다. 그 차에 어린이들이 잔뜩 탄 걸 보니 유치원으로 카풀해서 가는 중인 듯싶다. 곧 유리창이 산산조각 나 부서지고 차체가 휘어지면서 폭발음이 들린다. 충돌 후의 갑작스러운 정적 너머로 울부짖는 아이들 소리도 들린다. 당신이 달려가 보니 아이들 중 하나가 꼼짝 않고 누워 있다. 이 비극적인 사고에 대한 후회와 슬픔이 당신에게 물밀듯이 밀려온다.

　이 같은 가슴을 쥐어짜는 각본은 웬즐래프의 실험 가운데 하나로, 피험자를 당황스럽게 만들기 위한 것이다. 피험자는 사고 장면을 마음속에서 몰아내기 위해 노력하면서 9분 동안 떠오르는 생각들을 메모했다. 당혹스러운 장면에 대한 생각이 밀려들 때마다 피험자는 글을 쓰며 생각의 흐름을 점검했다. 시간이 지나면서 대부분의 피험자는 점점 그 장면을 덜 생각하게 됐지만, 반대로 더욱 우울해진 피험자는 그 장면에 대한 생각이 밀려들어오는 비율이 뚜렷한 ‘증가’세를 나타냈고, 그것과 거리가 먼 생각을 하면서도 에둘러 그 장면을 언급하기까지 했다.

　게다가 우울증에 걸리기 쉬운 피험자는 자신의 주의를 딴 데로 돌리기 위해 다른 괴로운 생각을 활용했다. 웬즐래프는 이렇게 말한다. “생각이란 단지 내용뿐 아니라, 기분에 의해서도 떠오릅니다. 누구에게나 기분이 울적할 때 더 쉽사리 마음에 떠오르는, 일련의 기분 나쁜 생각이라 할 만한 상념들이 있지요. 그런데 쉽게 우울해지는 사람은 이런 생각들 간에 연결망이 매우 강한 편이어서, 일단 하나의 나쁜 기분이 촉발되면 그 생각을 억누르기가 훨씬 어렵죠. 뜻밖에도 우울한 사람은 다른 우울한 생각을 떨쳐버리기 위해 한 가지 우울한 주제를 활용하는 듯한데, 그래봤자 더욱 부정적인 정서만 일으킬 뿐입니다.”

　울부짖음은 괴로움을 촉발하는 뇌 속 화학물질을 줄여줘 슬픔을 없애는 자연스러운 방법이 될 수도 있지만, 반대로 여전히 절망과 슬픔에 사로잡혀 있게 내버려둘 수도 있다. 울음이 곰곰이 생각에 잠기는 일을 강화해서 비참한 느낌을 연장하기 때문이다. 주의를 다른 데로 돌리는 일은 슬픔을 지속하는 생각의 사슬을 깨뜨린다. 아주 심각한 우울증에 전기충격요법이 효과적이라고 주장하는 이론들은 전기충격요법이 단기기억을 없애준다는 점을 이유로 꼽는다. 전기충격요법을 받은 환자는 자신이 왜 그렇게 슬펐는지를 기억할 수 없기 때문에 기분이 한결 좋아진다. 다이앤 타이스는, 어쨌든 흔해 빠진 슬픔을 떨쳐내기 위해 사람들은 독서, TV나 영화 시청, 비디오 게임, 수수께끼 풀기, 낮잠 등을 통해 기분전환을 하고 환상적인 휴가를 계획하는 일과 같은 백일몽을 꾼다고 밝혔다. 웬즐래프는 가장 효과 있는 기분전환 방식은 기분을 바꾸는 것이라고 덧붙인다. 흥미로운 스포츠, 웃음이 터져 나오는 영화, 당당한 기분을 북돋워주는 책 등이 이에 해당한다. (이 대목에서 한 가지 주의할 점은 기분전환 방법 중에서 그 자체로 우울증을 영구화하는 것도 있다는 사실이다. 과도하게 TV를 보는 사람들에 대한 연구는 TV를 지나치게 보는 사람의 경우 시청한 뒤가 시청 전보다 훨씬 더 우울해진다는 것을 알려준다.)

타이스는 또한 에어로빅 운동이 나쁜 기분뿐 아니라 가벼운 우울증을 없애주는 아주 효과적인 방책 가운데 하나라는 사실을 발견했다. 그러나 주의할 점은 기분을 상승시키는 운동은 대체로 게으른 사람이나 별로 운동을 하지 않았던 사람에게 효과가 크다는 사실이다. 사실 습관적으로 운동을 하는 사람에겐 역효과가 생기기도 해서, 운동을 빼먹은 날에는 기분이 나빠지기도 한다. 그러나 운동은 일반적으로 기분을 촉발하는 생리 상태를 바꿔주기 때문에 효과가 좋은 듯하다. 우울증은 낮은 각성 상태인데, 에어로빅은 신체를 높은 각성 상태로 올라가게 만든다. 마찬가지로 신체를 낮은 각성 상태에 머물게 만드는 긴장완화법은 불안이나 고도의 각성 상태에는 효과가 좋지만, 우울증에는 그다지 효과가 좋지 않다. 이런 각각의 접근은 우울증이나 불안심리의 악순환을 끊어버리기 위한 것이다. 그런 접근을 통해 두뇌를 속박해온 감정 상태와는 양립할 수 없는 수준에서 두뇌가 활동하게 되기 때문이다.

즐거움과 관능적 쾌락을 통해 기운을 북돋우는 방법도 울적함을 해소하는 인기 있는 또 다른 해독제다. 사람들은 우울할 때 보통 온욕(溫浴)을 하거나 좋아하는 음식을 먹거나 음악을 듣거나 성관계를 하는 등 다양한 방법을 동원한다. 나쁜 기분에서 벗어나기 위해 스스로에게 선물을 하거나 한턱을 내는 일은 설사 윈도쇼핑일지라도 여성에게 특히 인기가 높은 방법이었다. 타이스의 연구 결과, 대학생들의 경우 여학생은 슬픔을 위로하기 위해 먹는 일이 남학생보다 세 배나 더 많은 반면, 남학생은 울적할 때 음주나 마약에 의존할 가능성이 여학생보다 다섯 배나 높았다. 과식이나 음주는 해로운 결과를 낳을 수 있다는 문제점이 있다. 과식은 후회를 낳고, 음주는 중추신경계를 단지 진정시킬 뿐 우울증을 더 키우기만 한다.

기분을 고양하는 좀 더 건설적인 방식은 작은 승리나 손쉬운 성공을 꾀하는 것이다. 타이스는 오랫동안 미뤄두었던 집안일에 매달리거나, 전부터 하려고 작정했던 일에 착수하는 것이 좋은 방법이라고 말한다. 마찬가지로 옷을 잘 차려 입거나 화장을 하는 등 자신의 이미지를 향상시키는 것만으로도 기운이 솟아날 수 있다.

심리치료 시 사용하는 우울증 치료법 가운데 강력한 효과를 보이는 것 중 하나는 만사를 다르게 보는 것, 즉 인지적 새 틀 짜기다. 인간관계에 실패하고 '이렇다니까, 글쎄, 난 언제나 외톨이야' 하는 자기 연민에 빠져드는 일은 틀림없이 절망감을 짙게 만든다. 그렇지만 뒤로 물러나서 그 친분이 그다지 대단치 않았던 거라고 생각해보는 일, 당신과 그 사람이 잘 어울리지 못했던 상황에 대해 생각해보는 일, 달리 말해 상실을 좀 더 긍정적인 관점에서 다르게 바라보는 일은 슬픔의 해독제가 될 수 있다. 마찬가지로 아무리 심각한 암 환자라도 만일 자기보다 더 건강이 좋지 않은 다른 환자를 마음속에 떠올릴 수 있다면('난 그렇게 나쁘진 않아. 적어도 걸을 순 있잖아') 기분이 한결 나아진다. 자신을 건강한 사람과 비교하는 사람이 가장 우울하다.[18] 좋지 않은 쪽과 비교하는 일은 놀라울 정도로 기운을 북돋워줘서 의기소침했던 증세가 갑자기 그다지 나빠 보이지 않게 된다.

또 다른 효과적인 우울증 해독제는 어려움에 처한 사람을 돕는 일이다. 우울증은 생각에 잠기는 일과 자아에 몰두하는 일을 먹고 자라기 때문에, 타인을 돕는 일은 고통에 처한 사람들과의 감정이입을 통해 몰두하던 나쁜 생각에서 벗어나기 쉽게 해준다. 아이들 야구 팀 코치를 맡거나, 비행 청소년을 위한 지도원으로 일하거나, 집 없는 사람들에게 음식을 제공하는 등 자원봉사 활동에 몰두하는 일은 타이스의 연구에서 가장 강력한 기분전환제들 가운데 하나였다. 하지만 가장 드문 일 중 하나이기도 했다.

끝으로, 얼마 되지는 않아도 초월적인 힘에 관심을 돌려 자신의 울적함에서 편안함을 발견하는 사람들도 있다. 타이스는 이렇게 말한다. "만일 당신이 종교인이라면, 어떤 기분도 특히 우울증은 기도를 통해 크게 치유될 수 있습니다."

▌유쾌한 거부

"그가 같은 방 친구의 배를 걷어찼다……." 문장은 이렇게 시작된다. 그런데 이 문장은 "……그렇지만 그가 전등을 켜려고 하다 일어난 일이었다"로 끝난다.

있을 법하진 않지만 공격적 행위가 아무 죄 없는 실수로 바뀌는 일은 생체 내의 감성억압이라고 볼 수 있다. 습관적이고 자발적으로 정서장애를 스스로 인식하지 못하도록 은폐하는 듯 보이는 사람들인 '감정 억압자'에 대한 연구를 위해 자원한 한 대학생이 그런 문장을 지어냈다. 문장이 시작되는 대목인 '그가 같은 방 친구의 배를 걷어찼다……'가 문장 완성 시험의 일부로 이 학생에게 주어졌다. 다른 검사를 통해 이 작은 정신적 회피의 행위가 그의 인생에서 좀 더 커다란 패턴의 일부임이, 가장 감성적인 동요를 일으키는 패턴임이 밝혀졌다.[19] 연구자들은 처음에 이런 사람들을 감정표현불능증의 사촌쯤 되는, 너무도 감성이 무딘 감성 무능력자의 주된 사례로 보았는데, 하지만 지금은 그들이 감성을 억제하는 일에 매우 능숙한 것으로 본다. 그들은 부정적인 감정에 맞서 스스로를 보호하는 데 너무도 숙련되어 있어서 부정적인 측면을 인식조차 할 수 없는 듯 보인다. 연구자들 사이에서 그들은 감성 억압자라기보다는 '쉽사리 흥분하지 않는 사람'이라고 불린다.

케이스 웨스턴 리저브 대학의 심리학자 대니얼 바인베르거(Daniel Weinberger)가 주로 수행한 이런 연구는 그런 사람들이 겉으로는 침착하고 동요하지 않는 듯 보이지만, 실제로는 생리적 혼란으로 법석을 떨 수도 있다는 점을 보여준다. 문장 완성 검사를 하는 동안 피험자들의 생리적 각성 수준도 기록되었는데, 감성 억압자들의 겉으로 보이는 침착함은 신체의 흥분 상태로 볼 때 거짓임이 드러났다. 폭력적인 룸메이트에 대한 문장과 그와 비슷한 다른 문장들을 접했을 때 그들은 빠른 심장박동, 식은땀, 혈압 상승 같은 온갖 불안 증세를 드러냈다. 그러나 질문에는 아주 차분한 느낌이라고 대답했다.

분노나 불안 같은 감정을 계속해서 무시하는 것은 드문 일이 아니다. 바인베르거에 따르면, 여섯 명 중 한 사람은 그런 패턴을 보인다. 사실 어떤 식으로든 쉽게 흥분하지 않는 법을 배울 수는 있다. 문제 그 자체가 부정되는 가정, 즉 부모 중 한 사람이 알코올 의존증 환자인 경우처럼 고통스러운 상황에서는 살아남기 위해 자녀가 그런 방식을 받아들일 수 있다. 또는 부모 중 한쪽 혹은 둘 다 감정 억압자라서 당혹스러운 감정에 직면했을 때 연중 끊이지 않는 쾌활함을 보이거나 '굳은 윗입술'을 반복하는 경우에도 그런 방식을 갖게 될 수 있다. 혹은 그런 특성이 단순히 유전적 기질일 수도 있다. 아직은 그런 패턴이 어떻게 해서 시작되는지 아무도 정확히 말할 수는 없지만, 성인의 연령에 도달할 무렵 그들은 이미 감정 억압 상태가 되어 외면적으로 차분하고 침착하게 보인다.

물론 그들이 실제로 얼마나 침착하고 차분한지에 대해서 의문은 남는다. 그들이 진짜로 괴로운 감성을 나타내는 신체의 신호를 알아차리지 못하는 것인지, 아니면 그저 침착한 척하는 것인지? 이에 대한 해답은 위스콘신 대학의 심리학자이자 바인베르거의 초기 연구에 협력자였던 리처드 데이비드슨(Richard Davidson)의 재치 있는 연구에서 밝혀졌다. 데이비드슨은 '쉽사리 흥분하지 않는 패턴'을 가진 사람들에게 가장 중립적인 단어들을 자유롭게 연상해보라고 했는데, 그들이 떠올린 단어들에는 거의 모든 사람들에게 불안을 일으키는 적대적이거나 성적인 의미를 지닌 것들도 여럿 포함돼 있었다. 그들은 이 단어들에 응답하면서 고통스러운 모든 생리적 신호를 드러냈다. 그러나 그들은 당황스럽게 만드는 단어에 순수한 단어를 연결함으로써 당황스러운 단어가 아무런 해를 끼치지 못하게 하려는 시도를 보여주었다. 만일 처음에 떠올린 단어가 '증오'였다면, 그다음은 '사랑'이라고 하는 것처럼 말이다.

데이비드슨의 연구는 오른손잡이의 경우 부정적 감정을 처리하는 중추가 우반구에 있는 반면, 말하는 중추는 좌반구에 있다는 사실을 이용했다. 일단 우반구가 어떤 단어에 대해 당혹스럽다는 점을 인식하면, 그 정보를 좌반구와 우반구 사이에 있는 뇌량(腦梁)을 가로질러 좌반구의 언어중추로 보내고, 그 응답으로 좌반구에서 한 단어가 떠오르게 된다. 데이비드슨은 렌즈들을 배치하여 시야의 반 정도에만 보이도록 한 단어를 노출했다. 시각체계의 신경배선 때문에 만일 단어가 왼쪽 시야에 노출됐다면, 그것은 우선 고통에 민감한 우반구에 의해 인식된다. 반대로 오른쪽 시야에 노출됐다면, 그 신호는 당황스러움 없이 좌반구로 간다.

단어들이 오른쪽 시야에 제시됐을 때 쉽게 흥분하지 않는 사람들의 응답에 시간이 좀 지체됐다. 그러나 그들이 응답하려는 단어가 당혹스러울 때만 그랬다. 중립적인 단어들에 대한 그들의 연상 속도에는 전혀 아무런 문제도 없었다. 그런 지체는 그 단어가 오직 좌반구가 아닌 우반구에 주어졌을 때에만 나타났다. 요컨대 그들이 쉽게 흥분하지 않는 특성은 당혹스러운 정보의 전달을 늦추거나 방해하는 신경 구조 때문인 듯하다. 그것은 자신들이 얼마나 당황스러운지에 대한 인식의 결여를 가장하고 있지는 않다는 사실을 의미한다. 그들의 뇌가 그런 정보를 가로막고 있기 때문이다. 좀 더 정확히 말해서, 그런 당황스러운 인식의 층 위를 덮어버리는 감미로운 감정의 층은 당연히 왼쪽 전전두엽의 작용 때문이다. 데이비드슨은 그들의 전전두엽의 활동 수준을 측정해보았는데, 긍정적 감정의 중추인 좌뇌의 활동이 부정적 감정의 중추인 우뇌의 활동을 결정적으로 능가한 것으로 나타났다.

데이비드슨은 이런 사람들이 '쾌활한 기분으로 긍정적인 관점에서 자신을 드러낸다'고 말한다. "그들은 스트레스가 자신들을 혼란에 빠뜨리고 있다는 점을 부인합니다. 그리고 그저 앉아서 휴식을 취하는 동안 긍정적 감정과 관련 있는 좌측 전두엽의 활동 패턴을 보여줍니다. 이러한 뇌의 활동이 괴로움 같은 생리적 각성이 내재돼 있음에도 겉으로 표현하는 긍정적 주장의 요체가 되는 것인지도 모릅니다." 데이비드슨의 이론은, 두뇌의 활동이란 관점에서 고통스러운 현실을 긍정적인 차원에서 경험하는 일은 에너지가 요구되는 일이라는 점이다. 증대된 생리적 각성은 긍정적 감정을 유지하거나 부정적 감정을 억누르거나 훼방하기 위한 신경회로에 의해 뒷받침되는 시도 때문일지도 모른다.

그러므로 쉽게 흥분하지 않는 성질은 일종의 유쾌한 거부이며, 긍정적인 분리 작업이다. 또한 그런 성질은, 이를테면 외상 후 스트레스 장애 시 발생할 수 있는 심각한 분열 상태에 작용하는 신경 메커니즘의 실마리일지도 모른다. 그런 특성이 단지 침착함에만 관련된다면, 자기인식의 결여라는 대가를 치르긴 해도 데이비드슨의 주장처럼 '감성적 자기 규제를 위한 성공적인 책략이 되는 듯 보인다.'

chapter 6

모든재능의우두머리, 감성지능

스스로 동기부여하는 힘

내 인생에서 딱 한 번, 두려움 때문에 마비 상태에 빠져본 적이 있다. 대학 신입생 시절, 어쩌다 준비를 전혀 하지 못했던 미적분학 시험 때였다. 그 봄날 아침, 불운과 불길한 예감에 힘들어하면서 들어갔던 그 강의실이 지금도 생각난다. 이미 전에 여러 수업을 그곳에서 들었던 터라 낯설지 않은 곳이었지만, 그날 아침에는 창문 너머로 보이는 것이 하나도 없었고 강의실 안조차 제대로 눈에 들어오지 않았다. 문 가까운 자리로 가면서 내 시선은 한껏 오그라들어 바로 앞쪽 작은 마루 언저리에만 머물렀다. 시험 문제지의 푸른 표지를 열어젖히자 내 귀에 심장이 '쿵쿵' 뛰는 소리가 들렸고, 명치에는 불안의 기미가 느껴졌다.

나는 우선 문제를 죽 훑어보았다. 가망이 없었다. 한 시간 동안 시험지만 뚫어져라 바라보았는데, 내 마음은 앞으로 겪게 될 결과를 두고 챗바퀴를 돌고 있었다. 똑같은 생각이 거듭 되풀이해 떠올랐고 두려움과 떨림이 끊임없이 교차됐다. 몸을 움직이다가 쿠라레 독에 쏘여 갑자기 얼어붙은 동물처럼 나는 미동도 않고 앉아 있었다. 몹시도 참담했던 그 순간 가장 많이 떠오른 생각은 '마음이 이다지도 옹색해질 수 있구나' 하는 것이었다. 나는 비슷하게나마 답을 써보려고 필사적인 시도를 하느라 시간을 보내지는 않았다. 나는 헛된 공상일랑 집어치우고, 호된 시련이 끝나길 기다리면서 그저 두려움에 집중한 채 앉아 있었다.[1]

내가 신입생 시절 겪은 이와 같은 시련은 감성적 고통이 정신적 명료함에 미치는 파멸적인 영향을 확신하게 해주는 증거다. 나는 이제 저 호된 시련이 사유하는 두뇌를 압도하고 심지어 마비시키는 감성 두뇌의 위력을 보여주는 가장 신빙성 있는 증거임을 안다.

일선의 교사들에게 감성적 당혹감이 정신생활을 방해한다는 사실은 전혀 뉴스거리가 아니다. 불안해하고, 화를 내며, 우울한 학생들은 학습을 잘 따라하지 못한다. 이런 상태에 사로잡히게 되면 정보를 효율적으로 받아들이기 힘들어하고 그것을 잘 다루지도 못하기 때문이다. 이미 5장에서 살펴보았듯이, 강력한 부정적 감정은 다른 곳으로 주의를 돌리려는 시도를 가로막고, 부정적 감정 자신에게 향하도록 그 주의를 비틀어버린다. 실제로 감정이 경계를 지나 병리적인 상태로 방향을 바꾸었다는 징표 중의 하나는, 그 감정이 너무 강해서 다른 생각들을 압도하고 가까이 있는 다른 과제가 무엇이든 그것에 주목하려는 시도를 계속 방해한다는 점이다. 부정적 감정을 느끼게 되는 이혼 과정 중에 있는 사람 혹은 그런 부모를 둔 아이는 비교적 사소한 일상의 일이나 학교 공부에 정신을 집중하지 못한다. 우울증에 걸린 사람들의 경우 자기 연민과 낙담, 절망과 무기력함이 다른 모든 생각을 압도해버리기 때문이다.

감정이 집중력을 압도할 때 침몰하는 것은 인지과학자들이 '작동기억'이라 부르는 정신 능력, 즉 가까이 있는 과제와 관련된 모든 정보를 마음속에 간직하는 능력이다. 작동기억에 자리 잡고 있는 것은 전화번호 숫자만큼이나 평범할 수도, 소설가가 엮어보려고 애쓰는 정교한 구성의 윤곽만큼 복잡할 수도 있다. 작동기억은 한 문장을 말로 표현하는 일에서 어려운 논리학 명제 문제에 달려드는 데 이르는 모든 여타의 지적 노력을 경주하는 정신생활에 이르기까지 탁월한 실행 기능이다.[2] 전전두엽피질이 작동기억을 수행하는데, 중요한 것은 이 피질이 다양한 감정이 만나는 장소라는 사실이다.[3] 전전두엽피질로 연결되는 대뇌변연계 회로가 감성적인 고통의 속박 아래 있게 되면, 작동기억이 한 가지 대가를 치르게 된다. 내가 저 끔찍했던 미적분학 시험 때 경험한 것처럼 생각을 제대로 할 수가 없는 것이다.

한편 성취율을 높이려는 열정이나 확신 같은 감정의 표현으로 이루어진 긍정적 동기유발이 수행하는 역할을 생각해보자. 올림픽에 나가는 운동선수들이나 세계적인 음악가, 체스의 대가들에 대한 연구를 통해 그들에겐 고된 훈련을 소화하는 동기 부여 능력이 있다는 공통점이 밝혀졌다.[4] 세계적 수준이 계속해서 높아지면서, 오늘날 이런 힘든 훈련은 어린 시절부터 시작해야만 한다. 1992년 올림픽에 참가한 중국 다이빙 팀의 12세 선수들은 미국 선수들이 20대 초반에 훈련했던 것과 똑같은 수준으로 연습 다이빙을 했다. 그들은 이미 4세 때부터 엄격한 훈련을 시작한 것이다. 마찬가지로 20세기 최고의 바이올리니스트들은 5세 안팎에 악기를 공부하기 시작했다. 국제적 체스 챔피언들은 평균 7세에 체스를 시작한 반면, 국내의 최고 선수들은 10세에 체스를 시작했다. 좀 더 일찍 시작하는 것이 강점이 되는 것이다. 베를린에 있는 최고의 음악 아카데미에서 공부하는 20대 초반 학생들의 경우, 최고 수준의 바이올린 전공자들은 생애 통산 약 1만 시간을 연습한 반면, 그다음 수준의 학생들은 평균 7500시간을 연습했다.

최고 수준의 사람들을 대략 그만그만한 능력의 소유자들과 구별 짓는 듯 보이는 요소는, 어릴 적에 시작해서 몇 년이고 고된 연습을 꾸준히 하는 것이다. 그런데 그런 끈질김은 다른 무엇보다 좌절이 닥쳐와도 발휘되는 열정과 끈기 같은 감성적 특질에 따라 좌우된다.

다른 선천적 능력과 달리 동기유발을 통해 삶의 성공을 더욱 가속화한 사례는 미국의 학교들과 전문직에서 이루어낸 아시아 학생들의 괄목할 만한 성취에서 찾아볼 수 있다. 사실 아시아계 미국 아이들은 백인 아이들에 비해 평균 2~3점가량 IQ가 높았을 뿐이다.[5] 그러나 법률이나 의학 같은 전문직에서 일하는 많은 아시아계 미국인들은 자신들의 IQ가 훨씬 더 높은 듯 여긴다(일본계 미국인의 IQ는 110 정도이고 중국계 미국인은 120 정도다).[6] 그 이유는 아주 어릴 때부터 아시아계 아이들은 백인 아이들보다 공부를 좀 더 열심히 하기 때문인 듯싶다. 1만 개 이상의 고등학교 학생들을 연구한 스탠퍼드 대학의 사회학자 샌퍼드 도른부슈(Sanford Dornbusch)는 아시아계 미국 학생들이 다른 학생들보다 숙제하는 데 40퍼센트 이상 더 시간을 쓴다는 사실을 발견했다. "대부분의 미국 부모들은 아이의 약점을 기꺼이 받아들이고 강점을 강조하는 반면에, 아시아계 미국인 부모들이 지니는 태도는 '만일 네가 공부를 잘하지 못하면 해결책은 밤늦게까지 공부하는 것이고, 그래도 공부를 못하면 아침에 좀 더 일찍 일어나 공부하는 것이다'로 요약된다. 그들은 열심히 노력하면 누구나 공부를 잘할 수 있다고 생각한다." 요컨대 강한 문화적 학습윤리가 더 높은 동기유발, 열성, 끈기 등의 감성적 강점으로 바뀌는 것이다.

우리의 감성이 방해가 되는 정도만큼, 생각하고 계획하며 미래의 목표를 달성하기 위해 훈련을 계속하고 문제 따위를 해결하는 능력을 높여주는 정도만큼, 감성은 우리가 지닌 본래의 정신 능력을 활용하는 역량의 한계를 규정하고 나아가 우리가 인생에서 앞으로 어떻게 해나갈지를 결정한다. 또한 사람들은 일에 대한 열정과 즐거움, 심지어 적절한 긴장에 의해 동기유발을 받는 만큼, 감성은 사람들을 성취의 길로 나아가게 해준다. 이런 의미에서 감성지능은 모든 재능의 주인으로, 여타의 능력을 높이거나 방해하는 식으로 다른 능력에 커다란 영향을 미치는 자질이다.

�▶ 충동의 통제 : 마시멜로 테스트

당신의 나이가 네 살이라고 가정하자. 누군가 당신에게 이런 제안을 한다. "내가 지금 잠깐 나갔다가 올 텐데, 네가 그때까지 기다린다면 마시멜로 두 개를 주마. 만약 그때까지 기다릴 수 없으면 지금 한 개만 먹을 수 있단다." 이것은 충동과 억제, 이드(id : 인간의 정신 밑바닥에 있는 원시적, 본능적 요소-옮긴이)와 에고(ego, 자아 : 자기 자신에 대한 의식이나 관념-옮긴이), 욕망과 자기통제, 만족과 유예 사이에서 영원히 싸움을 벌이는 소우주인 네 살 난 아이의 영혼을 확실하게 시험하는 도전이다. 아이가 두 가지 중에서 내리는 하나의 선택이 비밀을 드러내는 시금석이다. 그 선택은 아이의 성격뿐 아니라 그 아이가 필시 인생을 헤쳐 나가며 취하게 될 궤도를 읽어낼 수 있게 해줄 것이기 때문이다.

충동에 저항하는 것보다 더 근본적인 심리적 기술은 아마 없을 것이다. 그것은 모든 감성적 자기통제의 뿌리다. 왜냐하면 모든 감성은 그 본성상 활동하고자 하는 이런저런 충동으로 이끌기 때문이다. 감성(emotion)의 근본적 의미가 '움직이다(motere)'라는 뜻임을 기억하자. 행동하려는 충동에 저항해 움직임을 억누르는 능력은 십중팔구 운동피질로 가는 대뇌변연계의 신호를 방해하는 것으로 해석된다. 그러나 당장은 그런 움직임이 틀림없이 생각의 차원에 머물러 있을 것이다.

어쨌든 마시멜로 실험 연구는 감성을 억제하고 충동을 유예하는 능력이 얼마나 근본적인 것인지를 보여준다. 이 연구는 1960년대에 스탠퍼드 대학교 내 유치원에서 심리학자 월터 미셸(Walter Mischel)이 시작했고, 피험자들은 주로 스탠퍼드 대학교 교직원, 대학원생, 기타 고용인의 자녀들로 당시 네 살이던 이 아이들이 고등학교를 졸업할 때까지 추적했다.[7]

실험 결과, 실험자가 되돌아오기까지 틀림없이 15~20분 정도밖에 되지 않았을 시간 동안 끝까지 기다린 아이들이 있었다. 그 힘든 기다림 속에서 자신을 다잡기 위해 아이들은 눈을 감아 유혹하는 마시멜로를 쳐다보지 않으려 했고, 머리를 팔에 묻었으며, 혼잣말을 했고, 노래를 불렀으며, 손과 발로 놀이를 했고, 심지어 잠을 자려고까지 했다. 그러나 조금 충동적인 아이들은 실험자가 자신의 '볼일'을 보러 방을 떠난 지 몇 초도 안 돼 한 개의 마시멜로를 거머쥐었다.

이 충동의 순간에 대한 진단 결과는 이 아이들이 청소년으로 자란 대략 12년에서 14년 후에 분명해졌다. 곧바로 마시멜로를 거머쥔 아이들과 자신의 만족을 유예했던 또래 간의 정서적, 사회적 차이는 극적이었다. 네 살 때 유혹에 저항한 아이들은 청소년이 된 현재 사회적으로 훨씬 뛰어났다. 능력도 있고, 자기 확신도 있으며, 인생의 좌절에 훨씬 잘 대처했다. 그들은 자제심을 잃거나, 등골이 오싹해지거나, 스트레스를 받아 퇴보하거나, 압력을 받아 당황하거나, 혼란에 빠질 가능성이 훨씬 적었다. 그들은 어려움에 직면해도 포기하는 대신 도전을 받아들이고, 그 도전을 추구했다. 그들은 자주적이고, 확신에 찼으며, 믿을 만했다. 또한 솔선해서 과제에 뛰어들었다. 10년 이상 지난 뒤에도 그들은 여전히 자신의 목표를 추구하면서 만족을 유예할 수 있었다.

그러나 곧바로 마시멜로를 먹었던 3분의 1가량의 아이들은 상대적으로 이런 자질이 훨씬 적었고, 반대로 문제를 일으킬 만한 심리적 특성을 갖고 있었다. 청소년이 된 그들은 사회에서 멀어지려는 사람처럼 비칠 가능성이 훨씬 높았고, 좌절에 쉽게 당황해버리며, 스스로를 '나쁘다' 거나 가치가 없다 생각하고, 스트레스로 인해 퇴보하거나 고착돼버리며, 믿음이 적고 '충분히 얻지' 못한 것에 대해 화를 내며, 질투심과 시기심이 많은 편이고, 화가 나는 일이 생기면 신경질적으로 과도한 반응을 보여 논쟁과 싸움을 불러일으킬 가능성이 훨씬 많았다. 결국 세월이 흐른 뒤에도 그들은 여전히 만족을 유예하지 못했다.

삶의 초창기에 작게 나타나는 것이 삶이 진행됨에 따라 광범위한 사회적, 감성적 능력으로 꽃피우게 된다. 충동을 누르고 유예를 부과하는 능력은 다이어트 하는 일에서 의과 대학을 졸업하기 위해 공부하는 데 이르기까지 많은 노력의 뿌리에 존재한다. 심지어 네 살 때 이미 기본을 가지고 있는 아이들이 있었다. 그들은 주어진 사회적 조건을 유예가 이득을 가져오는 상황으로 해석할 수 있었고, 자신의 주의를 유혹에서 떼어놓을 수 있었으며, 목표로 삼은 두 개의 마시멜로를 얻기 위해 필요한 인내심을 유지할 수 있었다.

이 아이들이 고등학교를 마치고 다시 평가를 받았을 때, 참을성 있게 기다렸던 아이들이 충동에 따라 행동했던 아이들보다 학생으로서 훨씬 더 우수했다는 점은 더욱 놀라운 일이다. 부모들의 평가에 따르면, 네 살 때 유예를 선택했던 아이들은 훨씬 학업 성적이 우수했다. 그들은 자신의 생각을 말로 잘 표현했고, 이성을 활용하고 이성적으로 응답하는 걸 훨씬 잘했으며, 집중력도 좋았고, 계획을 짜서 그것에 따라 잘 밀고나갈 수 있었으며, 배우는 데 아주 열심이었다. 그들이 SAT 시험에서 극적일 정도로 높은 점수를 획득한 사실은 더더욱 놀라운 일이었다. 마시멜로를 곧바로 집어든 3분의 1가량의 아이들은 평균 언어 성적이 524점이고 수리 성적이 528점이었던 반면, 참고 기다렸던 3분의 1가량의 아이들은 각각 평균 610점과 652점을 얻었다. 총점에서 210점이나 차이가 났다.[8]

네 살짜리 아이들이 만족의 유예에 관해 어떻게 하느냐를 조사한 이 마시멜로 연구가 네 살 때 IQ보다 앞으로 SAT 점수가 얼마나 될지에 대해 두 배나 더 위력 있는 예보자다. IQ는 아이들이 읽기를 배운 뒤에만 SAT 점수에 대한 좀 더 강력한 예보자가 된다.[9] 이런 사실은 만족을 유예할 수 있는 능력이 IQ와는 전혀 상관없이 지적 잠재력에 강력한 기여를 한다는 점을 암시한다. 반대로 어린 시절 제대로 이루어지지 않는 충동의 통제는 IQ보다 나중의 청소년 비행에 대한 훨씬 더 강력한 예보자가 된다.[10] 5부에서 살펴보겠지만, IQ는 선천적이며 그래서 아이의 잠재력에 대한 넘어설 수 없는 한계를 나타낸다는 주장이 있지만, 충동의 통제와 사회적 상황을 정확하게 해독하게 해주는 감성적 기술은 학습이 가능하다는 충분한 증거가 있다.

그 연구를 수행한 월터 미셸이 '스스로에게 부과된 목표 지향적인 만족의 유예'라는 좀 불완전한 구절로 설명한 것이 아마도 감성적 자기 규제의 본질일 것이다. 목표가 사업을 일으키거나 대수 문제를 풀거나 스탠리컵 우승이거나 간에, 그 목표를 위해 충동을 누를 수 있는 능력이 감성적 자기 규제다. 그의 발견은 사람들이 자신의 다른 정신적 능력을 얼마나 잘 사용하는지 혹은 얼마나 형편없이 사용하는지를 결정하는 초월능력(meta-ability)으로서의 감성지능의 역할을 강조한다.

▶ 불쾌한 기분, 불쾌한 생각

> 나는 아들이 걱정스럽다. 얼마 전 대학 풋볼 대표 팀에서 뛰기 시작했
> 으니 언젠가는 다치고 말 것이다. 아들이 경기하는 모습을 지켜보는 일은
> 너무나 신경을 혹사하는 일이라서, 나는 아들의 경기에 가는 일을 중단했
> 다. 아들은 내가 경기장에 오지 않아 틀림없이 실망하겠지만, 나는 그걸
> 참아내기가 정말이지 너무 힘겹다.

이렇게 말한 여성은 불안감 때문에 심리치료를 받고 있다. 그녀는 자
신이 바라는 식의 삶을 영위하는 데 불안 증세가 방해가 된다는 점을 인
식하고 있다.[11] 그러나 아들이 풋볼 경기하는 걸 볼 건지 말 건지 같은
간단한 결정을 내려야 하는 시간이 다가오면, 그녀의 마음속엔 아들의
부상에 대한 생각이 물밀듯이 밀려온다. 그녀는 선택이 자유롭지 않다.
불안심리가 이성을 압도하기 때문이다.

앞에서 살펴보았듯이, 걱정은 모든 종류의 정신적 행위에 피해를 끼치
는 불안 증세의 핵심이다. 걱정은 물론 유용한 반응일 수도 있다. 예상되
는 위협에 대한 열성적인 정신적 대비라고 할 수 있기 때문이다. 그러나
주의를 한 곳에 단단히 고정해버려서 다른 데 집중하려는 모든 노력을
방해하는 케케묵은 일상에 갇혀버리게 될 때, 그런 정신적 예행연습은
재난을 가져오는 인식의 정지 상태일 뿐이다.

불안은 지성을 서서히 파괴한다. 예를 들어 항공교통관제사처럼 복잡
하고 지적 요구 수준이 높으며 압력을 심하게 받는 일에서 만성적으로
높은 불안의식을 갖는다는 것은 당사자가 결국은 훈련에서나 현장에서
나 실패하게 될 거의 확실한 예보자다. 항공교통관제사가 되기 위해 훈
련받고 있는 1790명의 학생들에 대한 연구에서 밝혀졌듯이, 불안한 사람

들은 IQ 검사에서 높은 점수를 받았다 하더라도 실패할 가능성이 훨씬 높다.[12] 불안은 또한 모든 종류의 학업 성과를 방해한다. 3만 6000명 이상의 사람들에 대한 126가지의 서로 다른 연구를 통해 사람은 불안을 쉽게 느끼는 편일수록 시험이나 성취도 검사 등 어떤 식의 평가든 성적이 더 나쁘다는 점이 밝혀졌다.[13]

불안을 쉽게 느끼는 사람이 애매한 대상을 두 개의 범주 중 하나로 분류하는 따위의 인지적 과제를 수행하면서 마음속에 떠오르는 생각을 말하도록 요청받을 때, '난 이걸 할 수 없을 거야'라든가 '나는 정말이지 이런 검사는 잘 못해'와 같은 부정적인 생각들이야말로 그들의 결정을 가장 직접적으로 망치는 요인으로 간주된다. 사실 불안해하지 않는 사람들로 구성된 비교집단에 의도적으로 15분 동안 불안을 느끼도록 환경을 조성하자, 똑같은 과제를 수행하는 그들의 능력이 급격하게 저하됐다. 그러나 불안의식에 시달리는 사람들에게 그 과제를 시도하기 전에 15분 동안 긴장을 푸는 시간이 주어져 불안의식이 줄어들자, 그들은 과제에 대해 어려움을 겪지 않았다.[14]

시험 불안을 과학적으로 연구한 것은 1960년대에 리처드 앨퍼트(Richard Alpert)가 처음이다. 학생 시절 신경과민으로 종종 시험을 잘 치르지 못했던 그는 자신과 달리 친구인 랠프 하버는 시험 전의 압박이 오히려 더 시험을 잘 볼 수 있게 해준다는 점을 알고서 이 연구에 관심이 생겼다고 말했다.[15] 다른 연구보다도 특히 이 두 사람의 연구는 두 가지 종류의 불안한 학생들이 있음을 밝혔다. 학업 성적을 망치는 불안 증세를 가진 학생들과 스트레스에도 불구하고, 아니 어쩌면 스트레스 때문에 공부를 더 잘할 수 있는 학생들이다.[16] 시험을 잘 봐야 한다는 염려가 하버 같은 학생에겐 시험 준비를 열심히 해서 좋은 점수를 받도록 이상적으로 동기를 부여한 반면, 다른 학생들에겐 성공을 방해하는 역할을 했다는 사실은 시험 불안이 가져오는 뜻밖의 결과다. 앨퍼트처럼 너무 걱정이 많은 학생에게 시험 전 공포는 명료한 사고와 공부를 효과적으로 하는 데 필요한 기억력을 방해하는 한편, 시험을 보는 동안에도 성적을 잘 받는 데 필수적인 정신적 명료함을 해친다.

학생들이 시험을 치르는 동안 겪는 걱정의 가짓수는 그들이 시험을 얼마나 형편없이 볼 것인지를 직접 예측하게 해준다.[17] '걱정하기'라는 인지적 과제에 소비된 정신적 자원들은 다른 정보들을 처리하는 데 이용될 자원을 손상할 것이다. 즉 지금 치르는 시험에서 낙제하게 되리라는 걱정에 사로잡혀 있다면, 그만큼 해답을 파악하는 데 주의를 덜 쓰게 될 것이다. 불안은 자기실현적 예언이 되어 우리를 그 예언이 예고하는 바로 그 재난을 향해 가게 만든다.

한편 자신의 감정을 이용하는 데 능숙한 사람들은 다가오는 연설이나 시험에 대한 예감성 불안을 활용해 그에 대해 준비를 잘하도록 동기유발을 일으킨다. 심리학의 고전 문헌들은 불안과 정신적 성취를 포함한 일반적 성취 사이의 관련성을 '뒤집어진 U 자'의 관점에서 설명한다. 뒤집어진 U 자 꼭대기에 불안과 성취 사이에 최적의 관계가 이루어져 탁월한 성취를 촉진하는 약간의 신경과민이 놓여 있다. 그러나 뒤집어진 U 자의 한쪽 측면에 자리한 지나치게 작은 불안은 무관심을 가져오거나 충분히 잘할 수 있을 정도로 열심히 노력하려는 동기유발을 거의 일으키지 못하는 한편, 다른 쪽 측면에 자리한 지나친 불안은 잘해보려는 어떤 시도도 방해한다.

가벼운 조증(躁症)이라 할 약간의 의기양양한 상태는 유연성과 상상력이 풍부하고 다양한 사고를 요구하는 창조적인 직업에 종사하는 사람이나 작가에게 최적인 듯 보인다. 그 자리는 뒤집어진 U 자의 정상에 가까운 자리다. 하지만 그런 행복감이 통제를 벗어나 조울병 환자가 기분에 따라 흔들리는 경우처럼 완전히 열광으로 바뀌게 내버려두면, 아무리 생각이 자유롭게 흘러서 하나의 생각을 완제품으로 만든다 하더라도 마음의 동요로 인해 글을 잘 쓸 수 있을 만큼 충분히 응집력 있게 사고할 수가 없다.

좋은 기분이 지속되는 동안에는 생각이 유연해지고 복잡하게 생각하는 능력이 향상된다. 그리하여 지적인 문제든, 사람들 사이의 문제든 그 문제의 해결책을 쉽게 발견하게 된다. 이런 사실은 문제 해결을 위해 고심하는 사람을 돕는 한 가지 방법은 농담이라는 말의 의미가 무엇인지를 알게 해준다. 의기양양함과 마찬가지로 웃음은 사람들이 좀 더 넓고 자유롭게 연상하도록 도와주며, 그렇지 않았다면 놓쳤을 관계를 알아차리게 해준다. 웃음은 창조성뿐 아니라, 복잡한 관계를 인식하고 주어진 결정의 결과를 예견하는 데에 중요한 정신적 기술이 된다.

좋은 웃음의 지적인 혜택은 창조적인 해결책을 요구하는 문제를 푸는 경우에 가장 두드러진다. 한 연구에서는 NG 모음 같은 큰 실수들을 모아서 방송하는 TV 프로그램을 방금 본 사람들이 그렇지 않은 사람들보다 창조적 사고를 검사하는 퍼즐 문제를 푸는 데 훨씬 뛰어났다고 밝혔다.[18] 이 연구에서는 사람들에게 양초, 성냥, 압정 상자를 주고 양초를 코르크판 벽에다 부착해서 바닥에 촛농을 떨어뜨리지 않게 하라고 제시했다. 문제를 받은 대부분의 사람들은 물건을 가장 상투적인 방식으로 사용하고자 하여 '기능적으로 부착하는 일'에만 몰입했다. 하지만 방금 재미있는 프로그램을 본 사람들은 수학에 관한 프로그램을 본 사람들이나 운동을 한 사람들과 비교해서 압정이 든 상자를 대안으로 사용하려는 시각을 지닐 가능성이 훨씬 높았다. 그들은 창조적 해결책을 생각해냈다. 즉 상자를 벽에다 압정으로 부착해서 양초받침으로 사용한 것이다.

가벼운 기분전환조차도 생각을 뒤흔들어놓을 수 있다. 계획을 짜거나 결정을 내릴 때 기분이 좋은 사람은 좀 더 넓고 긍정적으로 사고하려는 감각적 경향을 지닌다. 부분적으로 그 이유는 기억이 심적 상태에 따라 크게 좌우되어 좋은 기분에선 더욱 긍정적인 것을 기억하기 때문이다. 다시 말해 유쾌한 상태에서 행동 노선에 대한 찬반양론을 생각할 때, 기억은 각종 증거에 대한 평가를 긍정적인 방향으로 치우치게 하여, 예를 들어 약간은 모험적이고 위험 부담이 있는 일을 할 가능성을 더욱 높여준다.

그러므로 기분이 나쁘면 기억이 부정적인 방향으로 치우치게 되어 겁을 내며 지나치게 조심하는 결정을 내릴 가능성이 많다. 통제를 벗어난 감성은 이성을 방해한다. 하지만 5장에서 보았듯이, 통제를 벗어난 감성도 뒤로 물러나게 할 수 있다. 이런 감성능력은 가장 중심이 되는 능력으로, 다른 모든 지능을 활성화하게 만든다. 몇 가지 적절한 예를 생각해보라. 희망의 이득과 낙관주의의 혜택과 사람들이 이제까지보다 의외로 잘하게 고양되는 순간을 말이다.

▌ 판도라의 상자와 희망 : 긍정적 사고의 위력

대학 신입생들에게 다음과 같은 가상의 상황이 제시됐다.

> B학점을 목표로 했는데, 기말 성적의 30퍼센트를 차지하는 첫 시험 성적이 D학점이었다. 오늘은 당신이 D학점에 대해 안 지 일주일이 되는 날이다. 당신은 무엇을 하겠는가?[19]

희망이 차이를 가져왔다. 희망 수준이 높은 학생들이 보인 응답은 좀 더 열심히 공부해서 기말 성적을 올릴, 자신들이 노력할 수 있는 다양한 범위의 일들을 생각했다. 보통 수준의 희망을 가진 학생들은 성적을 올릴 수 있는 다양한 방법들을 생각은 하지만, 그런 방법을 추구할 결심은 앞의 학생들보다 훨씬 떨어졌다. 그리고 희망 수준이 낮은 학생들은 사기가 떨어져서 이도 저도 다 포기했다.

이런 상황은 단순히 이론적인 것만이 아니다. 이 연구를 수행한 캔자스 대학의 심리학자 스나이더(C. R. Snyder)는 희망 수준이 높은 신입생들과 낮은 신입생들이 획득한 실제 학업 성취도를 비교했을 때, 학생들이 대학에서 어떻게 지낼지를 예측할 수 있다고 여겨져온 SAT(IQ와 아주 관련성이 높다) 성적보다 희망의 정도가 그들이 취득할 학점의 더 나은 예보자라는 사실을 발견했다. 지적 능력이 대략 비슷할 경우 감성 자질이 결정적인 차이를 가져오는 것이다.

스나이더는 이렇게 설명한다. "희망 수준이 높은 학생들은 스스로 좀 더 높은 목표를 설정하고, 그 목표를 달성하기 위해 열심히 공부하는 방법을 알고 있다. 학업 성취도 면에서 비슷한 지적 자질을 가진 학생들을 구분 짓는 요인은 희망이다."[20]

다들 잘 알다시피 그리스 신화에 따르면, 판도라의 아름다움을 질투한 신들이 판도라에게 신비스러운 상자를 선물로 주면서 절대로 상자를 열지 말라는 지시를 내렸다. 그러나 호기심과 유혹을 못 이긴 판도라는 어느 날 뚜껑을 열었고, 그 안에서 엄청난 고통인 질병, 불안, 광기가 세상으로 풀려나오게 됐다. 하지만 동정심 많은 한 신이 인생의 비참함을 견딜 만하게 해주는 한 가지 해독제만은 빠져나가지 못하게 한 후 상자를 닫게 했다. 바로 희망이었다.

현대의 연구자들은 희망이 고통의 와중에서 위안을 조금 주는 것 이상으로 많은 역할을 한다고 밝히고 있다. 희망은 놀라울 정도로 강력한 역할을 수행하여 학업 성취도와 성가신 일을 버티는 것 같은 다양한 영역에서 효력을 발휘한다. 스나이더는 희망을 좀 더 구체적으로 '목표가 무엇이든, 그 목표를 성취하고자 하는 의지와 성취할 방법이 자신에게 있다고 믿는 마음가짐'이라고 정의한다.

이런 의미에서 희망의 수준은 사람마다 다른 편이다. 스스로 혼란에서 벗어나거나 문제 해결 방법을 찾을 수 있다고 생각하는 사람이 있는가 하면, 목표를 달성할 에너지와 능력, 수단이 자신에겐 전혀 없다고 생각하는 사람도 있다. 희망 수준이 높은 사람들에겐 몇 가지 특징이 있다. 스스로 동기를 부여하는 능력, 목표 달성을 위한 풍부한 책략, 상황이 호전될 긴장되는 시점에 있을 때 기운 북돋우기, 목표 완수를 위한 다른 방법을 찾아내거나 이전의 목표 달성이 불가능할 경우 목표를 바꾸는 충분한 유연성, 난공불락의 과제를 처리할 수 있도록 분류하거나 작게 나눌 수 있는 감각의 소유 등이 그런 특징이다.

감성지능의 관점에서 희망을 갖는 일은 어려운 도전이나 좌절에도 압도해오는 불안이나 패배주의적 태도, 우울증에 굴복하지 않는 것임을 뜻한다. 실제로 목표를 추구하며 인생길을 헤쳐 나갈 때 다른 사람보다 덜 우울한 상태라는 희망적인 증거를 보이는 사람들은 일반적으로 덜 초조해하고 감정상의 괴로움이 훨씬 더 적다.

▶ 낙관주의 : 커다란 동기유발 요인

미국의 수영 팬들은 1988년 올림픽 때 자국의 수영 선수인 매트 비욘디에게 큰 희망을 품었다. 일부 스포츠 기자들은 비욘디를 마크 스피츠가 1972년에 달성한 금메달 7관왕의 위업에 필적할 성과를 거둘 가능성이 있다고 칭찬했다. 그러나 비욘디는 첫 경기인 200미터 자유형에서 3위에 그치고 말았다. 그다음 경기인 100미터 접영에서는 마지막 몇 미터를 남겨두고 더욱 필사적이었지만 역시 금메달을 놓치고 말았다.

관중들은 연이은 금메달 실패로 비욘디가 이어지는 다음 경기에서도 기운 빠진 모습일 것이라고 추측했다. 그러나 비욘디는 실패를 딛고 그다음 다섯 경기에서 모두 금메달을 획득했다. 다들 놀랐지만 비욘디의 재기에 놀라지 않은 사람이 있었다. 펜실베이니아 대학의 심리학자 마틴 셀리그먼(Martin Seligman)으로, 그는 그해 초순 비욘디의 낙관주의 실험을 한 사람이었다. 그 실험에 다른 선수들과 함께 참가한 비욘디는 우선 한 차례 수영을 했다. 코치는 비욘디에게 거짓으로 기록이 좋지 않다고 말했다. 우울한 얘기였지만 휴식을 취한 후 두 번째 수영에서 비욘디는 처음보다 훨씬 뛰어난 기록을 나타냈다. 한편 가짜 기록을 전해들은 다른 선수들—비관적인 성향의 검사 수치를 보였던 선수들—은 재시도에서 첫 번째보다 기록이 훨씬 좋지 않았다.[21]

낙관주의는 희망처럼 좌절과 차질이 닥쳤을 때에도 일반적으로 점차 형편이 좋아질 것이라는 강한 기대를 갖는 것을 의미한다. 감성지능의 관점에서 낙관주의는 힘겨운 상황에 직면했을 때 냉담, 무기력, 우울증에 빠지지 않도록 보호해주는 태도다. 희망과 마찬가지로 낙관주의는 인생에 이익을 가져다준다. 물론 그 낙관주의가 현실적이어야 한다는 조건이 붙는다. 너무 순진한 낙관주의는 오히려 문제를 가져올 수 있기 때문이다.[22]

셀리그먼은 낙관주의를 사람들이 스스로 자신의 성공과 실패를 설명하는 방식의 관점에서 정의한다. 낙관적인 사람은 다음번에 성공하기 위해 바뀔 무언가 때문에 실패했다고 간주하는 반면, 비관론자들은 실패를 자신들이 변화시키기에 무기력한 특성 탓으로 돌린다. 이런 차이점은 사람들이 삶의 문제에 대응하는 방식에 내포된 심오한 의미를 드러낸다. 예를 들어 구직 신청이 거절되는 따위의 실망스러운 일이 닥쳐도 낙관주의자들은 다음에는 이렇게 행동해야겠다는 식으로 도움과 충고를 구하는 등 적극적이고 희망적으로 대응하는 편이다. 그들은 차질이란 개선할 수 있는 것이라고 여긴다. 반면 비관론자들은 다음에도 상황이 호전될 만한 요소는 전혀 없다고 생각하는 식으로 대응하면서 문제점에 아무런 조치도 취하지 않는다. 이번에 좌절한 것은 앞으로도 자신을 괴롭힐 개인적인 결점 탓이라고 여기기 때문이다.

희망과 마찬가지로 낙관주의는 학업 성취도 예측하게 해준다. 펜실베이니아 대학교의 1984년 신입생 가운데 500명을 대상으로 한 연구에서, 낙관주의 검사 점수가 SAT나 고등학교 졸업 점수보다 실제 대학 입학 시 성적을 더 잘 예보해주었다. 이 연구를 진행했던 셀리그먼은 이렇게 말한다. "대학입학시험은 지능을 측정하는 반면, 낙관주의 검사는 누가 포기할지를 말해줍니다. 합리적인 지능과 패배가 닥쳐도 계속 나아가는 능력의 조합이야말로 성공으로 이끄는 힘이죠. 지능검사에서 놓친 것은 유인 동기입니다. 누군가를 뽑을 때 우리가 알아야 할 것은 좌절할 만한 상황 속에서도 그가 계속 앞으로 나아가느냐의 여부예요. 지능이야 주어진 것이고, 사람들이 실제 거두는 성과는 지능뿐 아니라 패배를 견뎌낼 수 있는 능력에 달렸다는 게 제 육감입니다."[23]

사람들에게 동기를 유발하는 낙관주의의 위력을 가장 효과적으로 보여주는 것 가운데 하나는 메트라이프 회사의 보험판매원들에 대해 셀리그먼이 실시한 연구다. 모든 종류의 판매업, 특히 수락보다는 거부의 비율이 매우 높은 보험판매업의 경우 보험판매원에게 흔쾌히 거절을 받아들이는 능력은 반드시 필요한 요소다. 이런 상황 때문에 보험판매원의 대략 4분의 3이 일을 시작한 지 첫 3년 안에 그만둔다. 천성적으로 낙관주의자인 신입 판매원들은 비관론자들보다 취직한 뒤 첫 두 해 안에 37퍼센트나 더 많은 보험 상품을 판매했음을 셀리그먼은 발견했다. 또한 첫해 동안 비관론자들은 낙관론자들보다 두 배나 더 높은 비율로 사직했다.

셀리그먼은 메트라이프 회사를 설득해서 통상적인 적격심사(구직자가 지닌 일정 범위의 태도를 성공한 보험판매원들이 응답한 답변을 토대로 만든 표준적 내용과 비교하는 심사)에서는 결과가 좋지 않았지만 낙관주의 검사에서는 높은 점수를 얻은 지원자들로 특별 그룹을 채용하게 만들었다. 이 특별한 그룹은 첫해에 비관론자들보다 21퍼센트나 더 상품을 판매했으며, 그다음 해에는 57퍼센트나 더 판매 실적을 올렸다.

보험 판매에 그런 큰 차이를 가져온 바로 그 이유가 낙관주의는 감성적으로 지혜로운 태도라는 점을 확고히 해준다. 판매원이 겪는 저마다의 '아니오'라는 응답은 작은 패배라고 할 수 있다. 그런 패배에 대한 낙관적 감성 대응은 충분한 동기유발이 지속되도록 인도하는 것이다. '아니오'라는 응답이 높아지면 사기가 저하되고, 그다음엔 전화를 걸기 위해 수화기를 들기가 어려워진다. 거절은 특히 비관론자에게 견디기 어렵다. 그들은 거부를 '나는 이 분야에서 실패자야. 난 결코 판매하지 못할 거야'라는 의미로 해석한다. 냉담과 패배주의를 확실하게 야기하는 해석이다. 하지만 낙관론자들은 '내가 접근을 잘 못한 거야'라거나 '지난번 그 사람은 단지 기분이 나빴을 뿐이야'라고 생각한다. 자신이 아니라 상황 속의 무언가를 실패의 이유로 인식함으로써 다음 전화에서는 접근 방식을 바꿀 수 있다. 비관론자들의 정신 자세는 실망으로 이끌지만, 낙관론자들의 자세는 희망을 낳는다.

긍정적이거나 부정적인 관점의 한 가지 원천은 당연히 타고난 기질이다. 물론 천성적으로 둥글둥글 잘 지내는 사람들이 있기 마련이다. 그러나 앞으로 14장에서 살펴보게 되겠지만, 기질도 경험에 의해 조절할 수 있다. 낙관주의와 희망은 무기력과 낙담처럼 학습이 가능한 것이다. 낙관주의와 희망에 내재된 것은 심리학자들이 자아효능감(self-efficacy)이라 부르는 것으로, 인생의 여러 가지 일에 통달하여 도전 상황이 나타날 때마다 그 도전에 대처할 수 있다는 믿음이다. 능력의 계발은 자아효능감을 더욱 강화해주므로 우리는 기꺼이 위험을 무릅쓰고 좀 더 까다로운 도전을 찾아 나서게 된다. 또한 그런 도전을 이겨내는 일을 통해 자아효능감이 증대되기도 한다. 이런 태도로 인해 사람들은 자신이 지닌 기술이 무엇이든 그것을 최대한 활용하거나 그 기술을 계발하기 위해 무엇이든 하게 될 가능성이 높아진다.

자아효능감 연구를 수행한 스탠퍼드 대학의 심리학자 앨버트 반두라(Albert Bandura)는 자아효능감을 이렇게 요약한다. "자신의 능력에 대한 믿음이 그 능력에 심오한 영향을 끼친다. 능력이란 고정된 특성이 아니다. 일을 수행하는 방식에는 엄청난 다양성이 존재한다. 자아효능감을 지닌 사람들은 실패가 닥쳐와도 다시 일어선다. 그들은 뭐가 잘못될지 걱정하기보다는 어떻게 처리할 것인가 하는 관점에서 일에 접근한다."[24)]

◤몰입 : 탁월함의 순간

한 작곡가가 자신의 작품이 최고 수준에 도달하자 그 순간을 이렇게 묘사했다.

> 마치 나 자신이 거의 존재하지 않는 듯한 무아경의 상태에 빠져 있다. 나는 이런 상태를 몇 번이고 경험했다. 손도 전혀 내게 속하지 않는 듯 보이고, 지금 일어나고 있는 일과 나 사이에 아무런 관련성도 느껴지지 않

는다. 경외감에 젖어 놀라워하며 주시한 채 나는 그저 앉아 있을 뿐이다. 감동의 순간은 그저 스스로 흘러간다.[25]

좋아하는 활동 분야에서 평소보다 훨씬 잘했던 순간에 대해 말할 때 수많은 사람들―암벽등반가, 체스 챔피언, 외과 의사, 농구선수, 기술자, 경영자, 심지어 문서 정리원 등―이 묘사한 것과 이 작곡가의 묘사가 대단히 유사한 것을 볼 수 있다. 시카고 대학의 심리학자 미하이 칙센트미하이(Mihaly Csikszentmihalyi)는 최고 기량에 대한 그런 설명들을 수집해온 20년간의 연구를 통해 그들이 묘사하는 상태를 '몰입(flow)'이라고 부른다.[26] 운동선수들은 이런 축복의 상태를 '특정 지대(the zone)'로 인식한다. 그 지대에선 탁월함이 노력 없이도 이루어지며, 더없이 행복하고, 지속적으로 순간에 몰입하게 되면 군중과 경쟁자들마저 사라져버린다. 1994년 동계 올림픽 스키 종목에서 금메달을 획득한 다이안 로페스 타인로터는 자기 차례를 끝마친 뒤, 경기에 대해 기억나는 것은 편안한 휴식 속에 몰입해 있었다는 것밖에 없다고 말했다. "나는 마치 폭포 같다고 느꼈어요."[27]

몰입은 감성지능이 최상의 상태일 때 가능하며, 기량과 학습 향상을 위해 감성을 활용하는 쪽으로 이끈다. 감성이 몰입 속에 갇혀 있으면서 일정 방향으로 이끌리는 것이 아니라, 적극적이고 활력에 넘치며 가까이 있는 과제에 스스로 방향을 맞추는 것이다. 권태로운 우울함이나 동요하는 불안은 몰입에서 추방된다. 몰입(혹은 좀 더 가벼운 미세한 몰입)은 거의 모든 사람이 때때로 접하는 경험으로, 특히 최고의 정점에서 기량을 발휘하거나 이전의 한계를 넘어설 때 체험한다. 그런 몰입은 두 사람이 우아하고 부드럽게 조화로운 한 사람으로 통합되는 황홀한 사랑의 행위에서 가장 잘 찾아볼 수 있다.

그런 경험은 멋진 느낌이다. 몰입은 자연발생적인 환희와 황홀하기까지 한 감정이다. 몰입하는 것이 정말 좋은 느낌이기 때문에 몰입 그 자체가 보상인 셈이다. 몰입은 자신이 하고 있는 일에 완전히 집중하게 되는 상태로, 분산되지 않은 주의력으로 과제에 온 정신을 쏟아 인식을 행동과 융합한다. 벌어지고 있는 일을 너무 지나치게 성찰하면 오히려 몰입을 방해한다. '난 이 일을 멋지게 하고 있어' 하는 바로 그 생각이 몰입의 느낌을 약화할 수 있다. 주의력이 고도로 집중되면 사람들은 시간과 공간을 잊어버리고, 오직 즉각적인 과제와 관련된 좁은 범위에서 감지된 것만을 인식한다. 예를 들어 한 외과 의사가 몰입에 빠져서 어려운 수술을 마쳤다고 하자. 수술을 마친 그는 수술실 바닥에서 문득 깨진 돌을 보았다. 의아해진 그가 이게 웬 돌이냐고 물었다. 그는 자신이 수술하는 동안 천장의 일부가 움푹 꺼졌다는 말을 듣고 깜짝 놀랐다. 그는 전혀 알아차리지 못했던 것이다.

몰입은 자기 망각의 상태로, 생각에 잠기고 불안해하는 상태와는 정반대다. 초조한 상태가 아니라 눈앞의 과제에만 집중하여 모든 자기의식을 내려놓고 일상생활의 사소한 문제들(건강, 고지서, 심지어 잘 지내는 일)도 떨쳐버리게 된다. 이런 의미에서 몰입의 순간에는 자아가 없다. 역설적이게도 몰입에 든 사람들은 자신이 하는 일에 완벽한 통제력을 보여주며, 과제 해결을 위한 변화 요구에도 온전하게 조율된 응답을 한다. 몰입하는 동안 사람들은 최고의 기량을 발휘하지만, 일의 성과, 즉 성공과 실패에 관해서는 관심이 없다. 순전히 행위 자체가 주는 즐거움이 그들에게 동기를 유발할 뿐이다.

몰입에 들기 위한 방법에는 여러 가지가 있다. 하나는, 눈앞의 과제에 예리한 주의력을 의도적으로 집중하는 방법이다. 고도로 집중된 상태는 몰입의 본질이다. 몰입에 이르는 출입구에는 되돌림 고리(feedback loop)

가 있는 듯하다. 과제에 착수할 만큼 충분히 고요하고 집중된 상태에 도달하기 위해서는 상당한 노력이 필요할 수도 있다. 이런 첫 번째 단계는 일정한 훈련을 필요로 한다. 하지만 일단 집중된 상태에 빠져들면, 감성적 소란에서 벗어나는 편안함이 찾아오는 동시에 과제 처리가 힘들지 않게 되면서 집중은 스스로 힘을 갖게 된다.

몰입은 자신에게 능숙한 과제를 조금은 능력에 부담이 되는 수준에서 하게 될 때 쉽게 할 수 있다. 칙센트미하이가 말했듯이 "사람들은 자신에게 주어진 과제가 여느 때보다 조금 더 많고, 결과적으로 더 큰 결실을 맺을 수 있을 때 집중을 가장 잘하는 듯합니다. 만일 과제가 너무 적다면 지루해하죠. 반대로 처리할 일이 너무 많다면 초조해집니다. 몰입은 권태와 긴장 사이의 미묘한 지대에서 발생합니다."[28]

몰입을 특징짓는 자연발생적인 기쁨, 우아함, 효율성은 대뇌변연계의 큰 파도가 두뇌의 나머지 부위를 사로잡는 감성폭발과는 양립할 수 없다. 몰입 속에 든 주의력의 특징은 긴장이 풀린 가운데서도 고도로 집중된다는 점이다. 피곤하거나 지루할 때 혹은 불안이나 분노 같은 감정 속에서 주의를 집중하려 긴장하는 것과는 사뭇 다른 형태의 집중 상태다.

몰입은 부드러운 황홀감 같은 강력하고 크게 동기를 유발하는 감정을 제외하곤 감성적인 격렬한 반대가 없는 상태다. 그런 황홀감은 몰입에 필수적인 주의 깊은 집중의 부산물인 듯하다. 실제로 명상의 전통을 묘사한 고전 문헌들은 순수한 희열로 경험되는 몰입의 상태를 다름 아닌 강렬한 집중에 의해 유도되는 몰입으로 표현한다.

몰입 중인 사람을 관찰해보면, 어려운 일이 오히려 쉬운 일인 듯한 인상을 받는다. 최고의 기량이 자연스럽고 통상적인 일로 나타나기 때문이다. 뇌 속에서도 이런 똑같은 역설이 일어난다. 최고의 도전적인 과제가 최소한의 정신적 에너지만으로 이루어지는 것이다. 몰입에 들었을 때 두뇌는 '차분한' 상태이고, 순간의 요구에 맞게 신경회로의 각성과 억제가 조율된다. 사람들이 애쓰지 않고 주의력을 견지하는 활동에 종사할 때 피질의 각성이 줄어든다는 의미에서 그들의 두뇌는 '고요해진다.'[29] 이런 발견은, 몰입 속에서는 체스의 대가를 무찌르는 일이거나 복잡한 수학 문제를 푸는 일이거나 간에 주어진 범위 내에서 사람들을 가장 도전적인 과제에 달려들 수 있게 한다는 점에서 주목할 만하다. 그에 따라 그런 도전적 과제가 더 많은 피질의 활동을 요구하리라 예상된다. 하지만 몰입은 과제에 대한 숙련도가 높고 신경회로가 가장 효율적인 능력의 정상 범위 내에서만 일어난다.

불안이라는 연료가 공급된 초긴장된 집중은 피질의 활성화를 증대시킨다. 하지만 몰입과 최적의 기량이 발휘되는 지대는 최소한의 정신적 에너지만 필요한, 피질이 효율적으로 기능하는 오아시스인 듯하다. 사람들을 몰입 속에 들게 해주는 숙련도라는 관점에서 보면 이해가 쉽다. 암벽등반 같은 육체적 일이든 컴퓨터 프로그래밍 같은 정신적 일이든, 그 일에 통달했다는 것은 두뇌가 과제를 수행할 때 더욱 효율적이 될 수 있다는 의미다. 숙련된 조처들은 막 학습됐거나 너무 어려운 조처들보다는 훨씬 두뇌의 노력을 덜 필요로 한다. 지루하고 스트레스가 많았던 하루의 끝 무렵에 나타나는 피로와 신경과민 때문에 두뇌의 효율이 떨어지는 것처럼, 불필요한 영역들이 지나치게 많이 활성화되면 피질 작용의 정확도가 떨어진다. 이에 따라 신경의 집중도 역시 대단히 떨어지는 것으로 알려졌다.[30] 이와 똑같은 일이 권태로운 상태에서도 발생한다. 그러나 몰입처럼 두뇌가 고도로 효율적일 때 활동적인 영역과 과제의 요구 사이에는 확실히 관련성이 있다. 이런 상태에서는 힘든 일조차 에너지를 소진하기보다는 오히려 기운을 솟아나게 하고 정력을 채워주는 듯하다.

▌학습과 몰입 : 새로운 교육의 모형

몰입은 사람들이 자신의 능력을 최고로 발휘하게 하는 도전적인 영역에서 나타나기 때문에, 능력이 증대됨에 따라 몰입에 들어가기 위해선 더욱 강화된 도전이 필요하다. 만일 과제가 너무 단순하면 사람들은 지루해한다. 그렇다고 너무 어려우면 결과는 몰입보다는 불안을 가져온다. 어떤 기술이나 기능에 숙련된다는 것은 몰입을 경험함으로써 촉진된다고 할 수 있다. 바이올린 연주, 춤추기나 유전자 접합 등 어느 분야에서건 더 나아지고 더 잘하게 되려는 동기유발은 적어도 부분적으로는 그것을 하는 동안 몰입 속에 머무는 것이라는 주장이다. 실제로 미술학교를 졸업한 뒤 18년이 지난 200명의 화가들에 대한 연구에서 칙센트미하이는 학창시절에 그림 그리기 자체가 주는 순수한 환희를 맛보았던 학생들이야말로 나중에 진지한 화가들이 됐다는 사실을 발견했다. 대체로 명예와 부를 가져다주는 일로 미술학교에 다니는 동기가 유발됐던 학생들은 졸업 후 미술 분야에서 벗어나 표류했다.

칙센트미하이는 이렇게 결론을 내린다. "화가들은 무엇보다 그림 그리기를 원해야 한다. 만일 캔버스 앞의 화가가 '그림을 얼마에 팔까'라든가 '비평가들이 내 그림을 어떻게 생각할까' 하는 생각에 마음이 팔리기 시작하면, 그는 독창적인 화가의 길을 걸을 수 없을 것이다. 창조적인 성취는 마음을 하나로 집중해 몰두하는 데 달렸기 때문이다."[31]

기술, 직업, 미술에 정통하는 데 선결 조건이 몰입이듯이, 학습에서도 마찬가지다. 공부할 때 몰입에 드는 학생들은 성취도 검사로 측정된 그들의 잠재력과는 거의 상관없이 공부를 더 잘한다. 모든 학생이 수학경시대회에서 최상위 5퍼센트의 득점을 올렸던 시카고의 한 특별한 과학고등학교 학생들을 대상으로 우등생과 열등생으로 등급을 나누는 실험을 했다. 그런 다음 이 학생들이 시간을 보내는 방식을 조사했다. 학생들은 하루 중 임의의 시간에 무얼 하고 있으며 기분은 어떤지 글로 쓰라는 신호를 보내는 무선호출기를 가지고 다녔다. 일주일 후 열등생들은 15시간 정도 집에서 공부한 반면, 우등생들은 27시간 동안 공부를 했다는 결과가 나왔다. 열등생들은 나머지 시간을 친구를 사귀거나, 친구 혹은 가족과 놀러 다니는 데 썼다.

그런데 학생들의 기분을 분석했을 때 주목할 만한 결과가 나왔다. 이들의 주요한 차이는 공부하는 경험에 있었다. 우등생들은 공부에 쓰는 시간의 40퍼센트 동안 즐겁고 집중하는 몰입 속에 있었다. 하지만 열등생들은 단지 16퍼센트 동안만 몰입 속에 있었다. 그것도 그들의 능력을 초과하는 과제로 인해 불안해하면서 말이다. 열등생들은 공부가 아니라 사교 활동에서 기쁨과 몰입을 발견하는 경우가 자주 있었다. 요컨대 자신의 학업 잠재력 수준에 도달하거나 그 이상을 달성하는 학생들은 공부가 몰입에 들게 해주므로 공부로 이끌리는 경우가 훨씬 많다. 슬프게도 열등생들은 몰입에 들게 해줄 능력 수준을 만들지 못함으로써 공부하는 즐거움을 상실함과 동시에, 장차 그들에게 즐거움을 줄 수도 있을 지적 과제의 수준을 한계지어 버리는 위험을 무릅쓴다.[32]

다중지능이론을 개발한 하버드 대학의 심리학자 하워드 가드너는 위협이나 보상의 약속보다는 몰입과 그것의 특징을 보여주는 긍정적인 상태가 아이들의 내면에 동기유발을 하며, 그것이 아이들을 가르치는 가장 건강한 방법의 하나라고 주장한다. 가드너는 이렇게 제안한다. "아이들을 경쟁력을 계발할 만한 영역에서 학습하도록 끌어들이기 위해서는 그들이 무엇에 관심 혹은 재능이 있는지 알아야 합니다. 몰입이란 아이가 합당한 과제를 수행하고 있다는 사실을 나타내는 내적인 상태죠. 사람들은 자신이 좋아하는 무언가를 발견해내서 그것을 붙잡고 늘어져야 합니다. 아이들이 학교에서 지루해하는 바로 그때가 친구들과 싸우고 멋대로 행동하는 순간이며, 도전에 압도될 때가 학교 공부에 대해 걱정하게 되는 순간입니다. 하지만 사람은 관심을 가질 무언가가 있을 때 가장 잘 배우며, 그것에 빠질 때 기쁨을 느끼죠."

가드너의 다중지능 모형을 적용한 많은 학교들이 사용하는 책략은 아이의 선천적인 능력을 파악해서 약점을 강화하고 강점을 살려주는 것이다. 예를 들어 음악이나 동작의 재능을 타고난 아이는 그 재능을 펼 수 있는 분야에서 훨씬 쉽게 몰입을 할 수 있을 것이다. 아이의 이력(履歷)을 알면 교사는 아이에게 학습의 주제를 제시하는 방식을 조율할 수 있고, 가장 알맞은 과제를 제공할 가능성이 높은 수준에서(학습 부족을 보충하는 차원에서 고급 학습 수준에 이르기까지) 수업을 하는 데 도움을 받을 수 있다. 이렇게 하면 학습은 아이들에게 두렵거나 지루한 것이 아니라 즐거운 것이 된다. 가드너는 경험을 통해 이런 사실이 입증되고 있다며 이렇게 덧붙인다. "고무적인 일은, 아이들이 학습에 몰입을 하게 되면 새로운 영역의 도전도 용기 있게 받아들이게 될 것이라는 점입니다."

더욱 일반적으로 몰입 모형은, 어떤 기술이나 지식에 통달하는 일이 아이가 본질적으로 자신이 좋아하는 영역으로 끌려들어갈 때 자연스럽게 일어난다는 점을 암시한다. 좋아하는 것이 춤이든, 음악이든 그것을 추구하는 일이 몰입의 즐거움이 되는 원천임을 깨닫게 될 때, 처음에 가졌던 열정은 강한 성취의 씨앗이 될 수 있다. 그리하여 몰입 상태를 유지하려면 자신의 능력의 한계를 넘어서야 함을 알게 되고, 그렇게 하려는 노력이 더 나아지려는 주된 동기가 되며, 그럼으로써 아이는 행복을 느끼게 된다. 이것은 물론 학교에서 맞닥뜨리는 모형보다는 훨씬 더 긍정적인 학습과 교육에 관한 모형이다. 사실 학교생활이란 게 고도의 긴장된 순간과 지루한 시간의 연속이라고 여기지 않을 사람이 얼마나 있겠는

가. 학습에서 몰입을 추구하는 일은 좀 더 인간적이고 자연스러우며 교육을 위해 감성을 제대로 인도하는 훨씬 효과적인 방법일 가능성이 아주 크다.

이런 사실은 감성을 생산적인 목적으로 이끄는 일이 감성지능의 가장 중요한 능력임을 말해준다. 충동을 통제하고 만족을 유예하는 일이든, 기분을 조절하여 사고 활동을 활성화하는 일이든, 지속적으로 노력하며 좌절에 직면해서도 다시 노력하도록 자신에게 동기를 부여하는 일이든, 몰입의 길을 발견하여 더욱 효과적으로 과제를 수행하는 일이든, 이 모든 것은 효율적인 노력을 이끌어내는 감성의 위력에 대한 증거다.

chapter 7

감정이입의 근원

아동학대자의 정신, 정신이상자의 도덕

자신의 감정뿐 아니라 약혼녀 엘런의 감정도 전혀 알아차리지 못
해 그렇게나 애인의 속을 썩인, 똑똑하지만 감정표현불능증인
외과 의사 게리의 이야기로 돌아가 보자. 대부분의 환자들처럼 그는 통
찰력이 결여됐을 뿐만 아니라 감정이입을 할 줄도 몰랐다. 엘런이 울적
한 기분이 든다고 말해도 게리는 공감할 수가 없었다. 그녀가 사랑에 대
해 말하려 하면, 게리는 주제를 바꾸어버렸다. 게리는 엘런이 한 일에 대
해 '도움이 되는' 비판을 하곤 했지만, 이런 비판으로 인해 그녀가 도움
을 받았다기보다는 공격당했다고 느낀다는 사실을 깨닫지 못했다.

　감정이입은 자기인식에 토대를 둔다. 자신의 감정에 열려 있을수록 타
인의 감정을 더 잘 알 수 있다.[1] 자신이 무엇을 느끼는지 전혀 모르는 게

리 같은 감정표현불능증 환자는 주위의 다른 사람이 무얼 느끼는가 하는 문제에 직면하면 완전히 당황해버린다. 그들은 감성적 음치인 셈이다. 목소리 톤 혹은 어조나 자세의 변화, 감동적인 침묵이나 숨기려야 숨길 수 없는 떨림 같은 사람들의 말과 행동을 통해 짜여지는 감성적 음표와 코드들이 이런 사람들에겐 전혀 주의를 끌지 못한 채 사라져버린다.

자기 자신의 감정에 당황스러워하는 이들은 다른 사람이 감정을 털어놓을 때도 마찬가지로 당황스러워한다. 타인의 감정을 받아들일 수 없는 무능력은 감성지능에서 중요한 결손이며, 인간적인 면모라는 측면에서 비극적인 약점이다. 모든 관계에서 마음을 쓰는 뿌리는 감성적 조율과 감정이입의 능력에서 생겨난다.

타인이 어떻게 느끼는지를 아는 능력은 판매와 경영, 연애와 자녀 양육, 공감과 정치 활동에 이르기까지 거대하게 펼쳐지는 인생이라는 광장에서 다양하게 기능한다. 감정이입이 전혀 존재하지 않는 경우는 매우 뚜렷해서 범죄적 정신병자들, 강간범들, 아동 성범죄자들에게서 볼 수 있다.

사람들의 감정은 말보다는 다른 신호를 통해 표현되는 경우가 훨씬 더 많다. 타인의 감정을 직관적으로 알게 되는 열쇠는 비언어적 통로를 해독하는 능력에 있다. 어조, 몸짓, 표정 등을 이해하는 능력 말이다. 그런 비언어적 신호를 해독하는 사람들의 능력에 대한 가장 대규모의 연구는 아마도 하버드 대학의 심리학자인 로버트 로젠탈(Robert Rosenthal)과 그의 학생들에 의해 이루어진 듯하다. 로젠탈은 진저리가 나는 느낌에서 모성애에 이르는 다양한 감정을 표현하고 있는 한 젊은 여성을 담은 일련의 비디오테이프인 'PONS(Profile of Nonverbal Sensitivity, 비언어적 신호에 대한 민감도 측정)'라는 감정이입 검사를 고안해냈다.[2] 비디오 장면에 나오는 감정들은 질투심 가득한 분노에서 용서, 감사, 유혹에 이르기까지 범위가 아주 넓다. 각 장면은 하나 혹은 그 이상의 비언어적 의사소통의 통로들이 체계적으로 점차 흐릿해지는 식으로 편집됐다. 예를 들어 말을 지우기도 하고, 얼굴 표정 외의 다른 모든 신호들을 차단하기도 한다. 또한 단지 몸동작만 비치는 등 주요 비언어적 의사소통의 통로만 열어둬서 사람들이 그것을 보고 감성 상태를 탐지해야만 하는 장면도 있다.

미국을 포함해 19개국의 7000명 이상을 대상으로 한 이 검사 결과, 비언어적 신호를 보고 감정을 해독할 수 있는 능력이 주는 이점에는 높은 감성적 적응 능력, 많은 인기, 외향적 성격, 아마 놀랄 일은 아니지만 뛰어난 민감성 등이 있었다. 일반적으로 여성은 감정이입 능력이 남성보다 훨씬 좋았다. 45분 동안 검사를 하면서 기량이 향상되어 감정이입 기술을 익히게 된 사람들 역시 이성과 더 좋은 관계를 맺었다. 학습한다고 해서 전혀 놀랄 일이 아닌 감정이입은 낭만적 생활에 도움을 준다.

감성지능의 다른 요소들이 SAT나 IQ 수치와 별 관계가 없었던 것과 마찬가지로, 감정이입의 민감도 측정 수치 역시 SAT나 IQ 혹은 학업 성취도 검사와는 부차적인 관련성밖에 없었다. 감정이입이 IQ와 별개라는 사실은 어린이용 PONS 검사에서도 발견됐다. 1011명의 아이들을 대상으로 한 이 검사에서 감정을 비언어적으로 해독해내는 능력을 보여준 아이들은 학교에서도 가장 인기가 좋고 감성적으로 안정된 아이들에 속했다.[3] 그들은 또한 공부도 잘했다. 그러나 그들의 평균 IQ는 비언어적 신호를 해독하는 데 덜 뛰어났던 아이들의 IQ보다 높지 않았다. 감정이입 능력에 숙달되면 교실에서 효율적으로 공부할 수 있는 길이 열린다(혹은 그저 선생님들이 그런 학생들을 더 좋아하게 만든다)는 사실을 암시하는 대목이다.

합리적 정신의 양식이 언어인 것과 마찬가지로, 감성적 정신의 양식은 비언어다. 어떤 사람의 말이 그의 어조나 몸짓 혹은 다른 비언어적 통로를 통해 전달되는 것과 일치하지 않을 때, 감성적 진실은 그가 무엇을 말하고 있느냐가 아니라, 그가 말하고 있는 방식에 들어 있다. 의사소통 연구에서 사용되는 인생 경험의 법칙(어림짐작)은 감성신호의 90퍼센트 이상이 비언어적이라는 것이다. 또한 누군가의 어조 속에 담긴 불안이나 빠른 몸짓 속에 담긴 초조함 같은 신호는 거의 항상 그 본질에 대해 특별히 주목하지 않은 채 무의식적, 비언어적으로 받아들여지고, 또 비언어적으로 응답하게 된다. 이런 것에 능숙하거나 서툰 기술 역시 대체로 암묵적으로 학습된다.

감정이입의 전개 방식

이제 태어난 지 막 9개월 된 호프는 다른 갓난아기가 넘어지는 모습을 보자마자 눈물을 흘렸고, 마치 자기가 다친 양 엄마에게 기어갔다. 그리고 15개월 된 마이클은 울고 있는 친구 폴에게 자신의 장난감 곰을 주려고 다가갔다. 폴이 계속 울자 마이클은 그가 편안함을 느끼도록 담요를 덮어주었다. 동정과 보살핌 같은 아기들의 이런 작은 행동은 감정이입의 사례를 기록하도록 훈련받은 어머니들이 관찰한 것이다.[4] 연구 결과는 감정이입의 뿌리가 유아 시절로까지 거슬러 올라간다는 점을 암시한다. 실제로 태어나는 그날부터 아기들은 다른 아기가 울 때 기분이 언짢아진다. 이를 감정이입의 가장 초기 예보자로 여기는 학자도 있다.[5]

발달심리학자들은 유아들이 자신이 타인과 떨어져 존재한다는 사실을 깨닫기도 전에 동정적인 괴로움을 느낀다는 사실을 발견했다. 태어난 지 몇 달 되지도 않아 아기들은 자기 주위에서 벌어지는 소란을 마치 자기 문제인 듯 반응하여 다른 아기가 우는 모습이 눈에 띄면 같이 운다. 1년쯤 지날 무렵 아기들은 비록 여전히 어찌 해야 할지 당황스러워하는 듯하지만, 그 고통이 자기 것이 아니라 다른 사람의 고통임을 깨닫기 시작한다. 예를 들어 뉴욕 대학교에서 마틴 L. 호프먼(Martin L. Hoffman)이 수행한 연구를 보면, 어떤 한 살짜리 아기는 울고 있는 친구를 위로하기 위해 그 아기의 엄마가 같은 방에 있는데도 자기 엄마를 그 친구에게 보냈다. 또한 한 살짜리 아기가 누군가 다른 사람의 감정을 더 잘 이해하기 위해 그 사람의 고통을 흉내 낼 때도 이와 같은 당황스러운 일이 관찰된다. 예를 들어 다른 아기가 손가락을 다치면 자기 손가락을 입에 넣어 자신도 아픈지 살펴본다든지, 엄마가 우는 모습을 보자 자신은 전혀 눈물을 흘리지 않는데도 자기 눈을 닦아낸다든지 하는 행동 말이다.

그런 행위를 운동성 모방(motor mimicry : 대상의 움직임, 긴장, 태도 등의 두드러진 동적 특징을 지각하고 모방한다—옮긴이)이라고 하는데, 이것은 말 그대로 감정이입(empathy)이라는 단어가 지닌 고유한 기술적 의미로, 미국의 심리학자 티치너(E. B. Titchener)가 1920년대에 처음으로 사용한 말이다. 미학(美學) 이론가들이 타인의 주관적 경험을 인지하는 능력에 대해 맨 처음 사용한 용어인 그리스어 '엠파테이아(empatheia : ~로 들어가는 감정)'에서 원래 영어로 도입됐던 의미와는 좀 다르다. 티치너의 이론에 따르면, 감정이입은 타인의 고통에 대한 일종의 육체적 모방으로, 자신의 내부에서도 똑같은 감정을 불러일으킨다. 티치너가 다른 사람이 느끼는 것을 전혀 공유하지 않은 채 타인의 일반적인 곤경에 대해 느낄 수 있는 동정(sympathy)과 구별할 만한 단어로 찾은 것이 '운동성 모방'이었다.

운동성 모방은 생후 2년 6개월가량 되면 아이들의 행동 목록에서 사라진다. 이 시기에 이른 아기들은 다른 사람의 고통과 자신의 고통이 다르다는 사실을 인식하고, 자신을 더 잘 위로할 수 있게 된다. 다음은 한 어머니의 일기에서 뽑은 전형적인 사례다.

옆에 있던 아기가 운다……. 그러자 제니가 다가가 그 남자 아기에게 과자를 주려고 한다. 제니가 남자 아기 주위를 맴돌며 혼자서 울먹이기 시작한다. 그러다 제니가 아기의 머리를 쓰다듬으려 하는데 그 아기가 몸을 피한다……. 남자 아기는 조용해졌지만, 제니는 여전히 걱정스러운 모습이다. 제니는 계속해서 그 아기한테 장난감을 갖다 주고 머리와 어깨를 토닥여준다.[6]

성장의 이 지점에 이르면 아기들은 타인의 감성적 혼란에 대한 전반적인 민감도에서 차이를 나타내기 시작한다. 제니처럼 예민한 아이도 있고 둔감한 아이도 있다. 국립건강연구소의 메리언 래드케야로(Marian Radke-Yarrow)와 캐롤라인 잔왁슬러(Carolyn Zahn-Waxler)가 수행한 일련의 연구를 통해 감정이입 차원에서 보이는 이런 차이의 대부분은 부모가 자녀를 훈련하는 방식과 관계가 있다는 사실이 밝혀졌다. 래드케야로와 잔왁슬러 두 사람은 부모의 훈련에 아이의 잘못된 행동이 다른 사람에게 주게 될 고통에 강하게 주목하는 일이 포함됐을 때 아이가 훨씬 감정이입적이 된다는 사실을 발견했다. "버릇없는 짓이야"라는 말 대신에 "네가 그 여자 아이를 얼마나 슬프게 만들었는지 보렴"이라고 말할 때 아이들은 훨씬 감정이입적이 되는 것이다. 아이의 감정이입은 또한 누군가가 괴로워할 때 그들이 어떻게 반응하는지를 관찰함으로써 형성된다는 사실도 발견했다. 아이는 자기 눈에 띄는 것을 흉내 냄으로써 감정이입적 반응 목록을 발전시킨다. 특히 괴로움에 처한 타인을 돕는 일일 때 그렇다.

▮ 감성적으로 잘 조율된 아이

세라는 25세에 쌍둥이인 마크와 프레드를 낳았다. 세라는 마크가 자신을 훨씬 더 닮았다고 느꼈다. 반면 프레드는 남편을 훨씬 더 닮았다. 이런 인식은 그녀가 아이들을 대하는 방식에서 강력하지만 미묘한 차이를 낳는 단초가 됐을 수 있다. 아이들이 태어나 석 달 정도 됐을 때 세라는 종종 프레드의 시선을 사로잡으려고 했는데, 아기가 얼굴을 피하면 다시 아기의 눈길을 끌려고 애썼다. 프레드는 더욱 눈에 띄게 고개를 돌려버리는 식으로 응답하곤 했다. 일단 엄마가 시선을 돌리면 프레드는 엄마를 다시 쳐다보곤 해서 쫓고 피하는 일련의 과정이 다시 시작됐으며, 그러다 프레드가 우는 일이 자주 벌어졌다. 그러나 마크에게는 프레드에게 한 것처럼 시선 접촉을 강요하려 애쓴 적이 전혀 없었다. 그래서 마크는 자기가 원할 때마다 시선 접촉을 끊을 수 있었고, 그러면 세라는 다시 시선을 맞추려 들지 않았다.

세라의 행동은 사소한 듯 보였지만 확실히 영향을 미쳤다. 1년 뒤 프레드는 마크보다 눈에 띄게 두려움이 많고 의존적이 되었다. 프레드가 자신의 두려움을 드러내는 한 가지 방식은 다른 사람과 시선 접촉을 끊는 것인데, 태어난 지 석 달쯤 됐을 때 자기 얼굴을 조아려 시선을 피하는 식으로 엄마를 대한 것과 마찬가지였다. 반면에 마크는 사람들을 똑바로 쳐다보았다. 시선을 피하고 싶으면 사람의 마음을 끄는 미소를 지으며 머리를 약간 위로 들거나 옆으로 돌렸다. 그들 쌍둥이와 세라는 당시 코넬 의과 대학에 근무하던 대니얼 스턴(Daniel Stern)이 수행한 연구에서 대단히 미세하게 관찰됐다.[7] 스턴은 엄마와 아이들 사이에 일어나는 작지만 반복되는 교류에 매혹됐다. 그는 감성생활의 기본이 되는 대부분의 학습이 이런 친교를 나누는 순간에 확립된다고 생각한다. 그중에서도 가장 결정적인 순간은 스턴이 조율(attunement)이라 부르는 과정 속에서 일어나는데, 아기가 엄마의 감정이 공감을 자아내고 받아들여지고 교환된다는 사실을 알게 되는 순간이다. 세라는 마크와는 조율되고 있었지만 프레드와는 감성적 일치에서 벗어나 있었다. 엄마와 아기 사이에 헤아릴 수 없을 정도로 반복되는 조율과 비조율의 순간이 아기가 어른이 되어 가까운 관계에 있는 사람에게 쏟아내는 감정적 기대를 형성한다고 스턴은 주장한다. 그리하여 어린 시절보다는 나이가 들어서 훨씬 더 극적인 상황이 연출될 수도 있다.

조율은 관계가 만들어내는 리듬의 일부로, 암묵적으로 이루어진다. 스턴은 엄마와 아기들이 함께 자리한 모습을 여러 시간 동안 녹화해서 매우 정밀하게 연구했다. 스턴은 엄마들이 조율을 통해서 엄마가 자기 기분을 느끼고 있다는 점을 아기가 알게끔 해준다는 사실을 발견했다. 예를 들어 갓난아기가 기뻐서 소리를 질렀다고 하자. 그러면 엄마는 아기를 부드럽게 흔들거나, 정답게 말을 걸거나, 아기가 외치는 소리와 비슷한 세기의 소리로 화답함으로써 그런 기쁨을 확실하게 아기에게 전해준다. 혹은 아기가 손에 들고 있던 방울을 흔들면 엄마는 그 응답으로 바로 몸을 떨기도 한다. 그런 상호작용 속에서 아기를 안심시키는 신호가 아기 수준의 흥분에 조화를 이루는 엄마에게 어느 정도 준비되는 셈이다. 그런 작은 조율을 통해 아기는 정서적으로 엄마와 연결되어 있다는, 기운을 북돋워주는 느낌을 받는다. 스턴은 엄마가 아기와 상호 소통하면서 1분에 대략 한 번 정도 그런 신호를 보낸다는 사실을 발견했다.

조율과 단순한 모방은 다르다. 스턴은 이렇게 말한다. "만일 당신이 아기를 흉내 내기만 한다면 그건 아기가 어떻게 느끼느냐가 아니라 단지 아기의 행동을 인지한다는 점을 보여줄 뿐입니다. 그러니 당신이 자기 기분을 감지하고 있음을 아기가 알도록 하려면, 다른 방식으로 아기의 내면의 느낌 속에다 알려주어야 하겠죠. 그러면 아기는 자신이 이해받았다고 느낍니다."

사랑을 나누는 일(키스, 포옹, 성관계)이야말로 아마도 성인의 생활 가운데서 아기와 엄마 사이의 이런 친밀한 조율과 가장 유사한 일일 것이다. 사랑을 나누는 일은 '타인의 주관적인 상태를 감지하는 경험을 포함하므로' 깊은 일치감을 암묵적으로 제공하는 함께하는 순간 속에서 서로 호응하는 연인들 간의 '공유된 욕망, 일치된 의도, 동시에 움직이는 상호 각성의 상태'를 포함한다.[8] 사랑을 나누는 일은 최상의 상태에서 상호 감정이입이 이루어지는 활동이다. 최악의 상태에선 그런 감성적 상호성이 존재하지 않는다.

◤잘못된 조율의 대가

조율이 반복되면서 유아는 다른 사람이 자기 느낌을 공유할 수 있고 공유하리라는 감각을 발전시키기 시작한다고 스턴은 주장한다. 이런 감각은 대략 생후 8개월쯤 지나서 나타나는 듯한데, 이때 유아는 자신이 타인과 분리되어 있음을 깨닫게 되고 생활 속에서 친근한 관계를 통해 계속 성장한다. 부모가 조율을 잘못하면 아이는 아주 당황스러워한다. 한 실험에서 스턴은 엄마들에게 지금까지처럼 조율된 방식이 아니라 과도하게 혹은 소홀하게 응답하게 했다. 그러자 아기들은 즉각 실망스럽고 괴로운 반응을 보였다.

부모와 아이 간에 조율이 지속되지 않으면 아이는 엄청난 감성적 대가를 치르게 된다. 부모가 계속해서 아이의 내면에 있는 특정한 감성(기쁨, 슬픔 등)을 헤아려주지 못하면 아기는 그 감성의 표현을 회피하기 시작하고, 심지어 그 감성을 느끼는 일조차 회피하려 들 수도 있다. 만일 어린 시절 내내 그런 식으로 감성이 계속해서 억눌린다면, 앞에서 말했다시피 친밀한 관계를 도모하게 해주는 전 영역에 걸친 감성이 자취를 감출 수도 있다.

마찬가지로 아이가 어떤 기분을 주고받느냐에 따라서 불행한 영역의 감성을 선호하게 될 수도 있다. 유아들도 기분을 '붙잡는다.' 예를 들어 생후 3개월 된 아기가 계속해서 우울한 엄마와 지내게 되면 엄마의 슬픈 기분을 거울처럼 그대로 드러내게 된다. 우울하지 않은 엄마의 아기들과 비교해볼 때 분노와 슬픈 감정은 훨씬 더 많이 드러내고 자발적인 호기심과 관심은 훨씬 덜 드러낸다.[9]

스턴의 연구에 등장하는 한 엄마가 계속해서 아기의 활동 수준에 미흡하게 반응을 하자, 결국 아기는 수동적이 되었다. "그런 식으로 대접받은 아기는 '내가 흥이 나도 엄마는 아무렇지도 않으니까 차라리 가만히 있는 게 나아'라고 인식한다"라고 스턴은 주장한다. 하지만 '회복'의 관계 속에 희망이 있다. 스턴은 이렇게 말한다. "하지만 살아가는 동안 친구나 친척 혹은 심리치료사와 관계를 맺음으로써 관계의 작용 모형을 다시 만들어낼 수 있습니다. 그러다 보면 어느 한 대목의 불균형이 시정되겠지요. 그런 수정 과정은 평생에 걸쳐 계속될 수 있습니다."

사실 여러 가지 심리분석 이론들은 도움이 되는 관계를 감성적 개선책이나 조율을 회복해주는 경험으로 인식한다. 심리분석 용어에 '되비추기(Mirroring)'라는 게 있는데, 엄마가 아기에게 잘 조율된 반응을 보이듯이 심리치료사들이 환자들에게 내면의 상태에 대한 이해를 되비추어주는 데 적용되는 말이다. 그러나 비록 환자가 깊이 인정받고 이해받는다는 느낌 속에서 행복해하더라도, 감성적 일치는 어려운 일이고 의식적 자각에서도 벗어나 있다.

어린 시절의 잘못된 조율 혹은 조율의 부족으로 인해 치러야 하는 평생에 걸친 감성적 대가는 엄청날 수 있다. 게다가 그것은 아이에게만 해당하지 않는다. 매우 잔인하고 폭력적인 범죄자들을 대상으로 한 연구를 통해, 그들을 다른 범죄자들과 구별 짓는 어린 시절의 한 가지 특징은 여러 양부모 집을 전전하거나 고아원에서 양육됐다는 것이었다. 감성적 무시와 조율의 기회가 거의 없었음을 시사하는 인생 역정을 걸은 것이다.[10]

감성의 무시가 감정이입을 무디게 만드는 듯 보이지만, 한편 잔인하고 사디즘적인 위협, 창피 주기, 명백하게 야비한 행위를 포함하는 강렬하고 지속적인 감성적 학대에서는 역설적인 결과가 나타난다. 그런 학대를 견딘 아이들은 정신적 외상 후에 갖게 되는 경계심이라 할 만한 상태 속에 있게 되므로 주변 사람들의 감성에 극도로 예민한 경각심을 갖게 될 수 있다. 타인의 갖가지 감성에 대한 비정상적인 열중은 이따금 어른이 되면서 '경계선 성격장애'로 진단되는 변덕스럽고 강렬한 정서적 기복으로 이어지게 된다. 이런 현상은 심리적으로 학대받은 아이들의 전형적인 특성이다. 이들은 주변 사람들의 느낌을 감지하는 데 뛰어나며, 흔히 어린 시절 정서적 학대를 당한 경험이 있다.[11]

▌감정이입의 신경회로

신경학 분야에서는 자주 있는 일인데, 감정이입에 대한 두뇌의 기초를 밝히기 위한 초기 연구들 가운데 기묘하고 특이한 사례들이 있었다. 예를 들어 1975년의 한 보고서는 전두엽의 오른쪽 일부가 일정하게 절단된 환자들이 나타내는 이상한 결함에 대한 여러 가지 사례들을 검토하고 있다. 환자들은 사람들의 말을 완벽하게 이해했지만 그들의 어조에 드러난

감성의 신호는 이해할 수 없었다. 냉소적인 '감사합니다'와 고마운 느낌의 '감사합니다' 그리고 화가 난 채 말하는 '감사합니다'가 그들에겐 똑같이 중립적인 의미를 지닐 뿐이었다. 반면 1979년의 한 보고서는 우반구의 일부 부위를 다친 환자들에 대해 기록하고 있는데, 이 환자들은 자신의 어조나 몸짓으로 감성을 표현할 수가 없었다. 그들은 자신이 느낀다는 사실은 알지만 진정 그 느낌을 전달할 수가 없었다. 이 모든 두뇌의 피질 부위는 대뇌변연계와 밀접한 관련이 있다.

이런 연구들은 감정이입의 생물학을 연구하는 캘리포니아 공과대학의 심리학자 레슬리 브라더스(Leslie Brothers)가 쓴 매우 독창적인 논문의 배경이 되었다.[12] 브라더스는 신경학적 연구와 동물과의 비교학적 연구 둘 다를 검토하면서 감정이입과 관련 있는 주요한 두뇌회로 부위로 편도 그리고 편도와 시각피질이 연상(聯想) 영역과 맺는 연관 관계를 지적한다.

이와 관련 있는 많은 신경학적 연구는 동물, 특히 인간 이외의 영장류를 대상으로 한다. 영장류가 감정이입 혹은 브라더스가 더 좋아하는 표현으로 '감성 대화'를 나눈다는 사실은 여러 가지 일화뿐 아니라 다음과 같은 연구들을 보면 더 뚜렷해진다. 붉은원숭이들에게 전기충격을 주면서 일정한 음조의 소리를 들려주고 그 소리를 두려워하도록 훈련했다. 그런 다음 그 소리가 들릴 때마다 손잡이를 밀어서 전기충격을 피하는 법을 가르쳤다. 그리고 원숭이들을 별개의 우리 속에 가두고 다른 원숭이들의 얼굴은 폐쇄회로 화면을 통해서만 보여주어 의사소통을 하게 했다. 첫 번째 원숭이가 그 무서운 소리를 듣고 얼굴에 두려운 기색을 보였다. 두 번째 원숭이는 그 소리를 듣지 않았는데도 첫 번째 원숭이의 두려운 표정을 보더니 충격을 막아주는 손잡이를 밀었다. 이것은 이타주의에 기인한 행동이 아니라 감정이입을 통한 행동이었다.

인간 이외의 영장류가 동료의 얼굴에서 감정을 읽어낸다는 사실을 확인한 뒤 연구자들은 이번엔 원숭이의 두뇌 속에 기다랗고 끝이 가느다란 전극을 삽입했다. 이것을 통해 단 하나의 뉴런에서 이루어지는 활동도 기록할 수 있었다. 한 원숭이가 다른 원숭이의 얼굴을 보고 얻은 정보로 맨 먼저 시각피질의 뉴런이 자극을 받고 그다음으로 편도의 뉴런이 자극을 받는다는 사실이 밝혀졌다. 물론 이런 통로는 감성을 일깨우는 정보에 합당한 표준적인 길이다. 하지만 이 연구 결과에서 놀라운 사실은 위협적으로 벌린 입, 두려워서 찡그린 얼굴, 유순하게 웅크린 몸과 같은 오직 특별한 얼굴 표정이나 몸짓에 응답해서만 자극을 받는 듯이 보이는 시각피질에서도 뉴런을 확인할 수 있었다는 점이다. 이런 뉴런은 잘 아는 얼굴을 알아보는 똑같은 부위에 있는 나머지 뉴런과는 구별된다. 이런 사실은 두뇌가 처음부터 특정한 감성적 표현에 응답하도록 고안됐다는 의미를 나타내는 듯하다. 즉 감정이입은 원래부터 생물학적으로 주어져 있는 것인지도 모른다.

브라더스에 따르면, 감성을 해석하고 응답할 때 편도와 피질 간의 통로가 수행하는 중요한 역할을 입증하는 또 다른 일련의 증거는 야생 원숭이들의 편도와 피질 사이를 절단한 연구에서 밝혀졌다. 이 야생 원숭이들은 다시 자기 집단 속으로 풀려났을 때 먹이를 찾고 나무에 오르는 것 같은 통상적인 일은 할 수 있었다. 그러나 몇몇 운이 나쁜 원숭이들은 집단 내의 다른 원숭이들에게 감성적으로 응답하는 방법을 전부 상실해버렸다. 한 원숭이가 우호적으로 접근해와도 도망치곤 하다가 결국은 무리와 접촉하기를 거리끼면서 외톨박이로 살았다.

브라더스는 감성을 특별히 관장하는 뉴런이 집중된 피질 영역이 또한 편도와 가장 긴밀한 연관이 있는 부위라고 지적한다. 감정을 해석하는 일은 편도와 피질 간의 회로에서 이루어지며, 그 회로가 적절한 응답을 조직하는 일에서 주요한 역할을 수행한다. 브라더스는 영장류에게도 '그런 체계가 살아남을 가치는 명백하다'고 지적한다. "다른 개체의 접근을 감지하는 일은 접근의 의도가 물어뜯으려는 건지, 조용한 훈련 시간을 가지려는 건지, 짝짓기를 하려는 건지에 맞추어 아주 빠르게 특정한 생리적 반응의 양식을 낳게 됩니다."[13]

인간의 감정이입에 대한 생리적 기초에 관한 연구는 캘리포니아 대학의 심리학자 로버트 레븐슨(Robert Levenson)이 수행했다. 레븐슨은 열띤 토론을 하는 동안 자기 배우자가 무엇을 느끼는지를 추측하려 애쓰는 결혼한 부부들을 연구했다.[14] 그의 방법은 간단했다. 부부가 대화하는 장면을 비디오로 녹화했는데, 늘 말썽의 소지가 있는 자녀 양육법이나 소비 습관 같은 문제를 놓고 이야기를 하는 동안 부부의 생리적 반응을 측정하는 것이다. 부부는 비디오를 검토하면서 순간순간 무엇을 느꼈는지를 이야기한다. 그다음으로 각자 그 비디오를 검토하면서 상대방의 감정을 해독해보려 시도한다.

그들이 비디오로 보고 있었던 배우자의 생리와 일치했던 생리를 드러낸 남편과 아내들에게서 가장 감정이입이 잘됐다. 즉 화면 속 배우자가 땀을 많이 흘리는 반응을 나타낼 때 보고 있는 그들도 마찬가지였다. 배우자의 심장박동 비율이 떨어졌을 때는 그들의 심장박동도 느려졌다. 요컨대 그들의 몸은 배우자의 미묘한 순간순간의 육체적 반응을 모방했던 것이다. 반대로, 비디오를 보는 쪽의 생리적 패턴이 자기식의 패턴만을 반복한 경우, 그들은 배우자가 무엇을 느끼고 있는지를 추측하는 데 아주 서툴렀다. 오직 육체적으로 일치됐을 때만 감정이입이 존재했다.

이런 사실은 감성두뇌가 격앙된 분노 같은 강한 반응을 하도록 육체를 내몰 때도 감정이입이 거의 없거나 전혀 없을 수 있다는 점을 시사한다. 타인에게서 나오는 미묘한 감정의 신호를 접수해 자기 자신의 감성두뇌에서 모방하기 위해서는 감정이입이 충분히 차분하고 수용적이어야 한다.

▌ 감정이입과 윤리의식 : 이타주의의 뿌리

"누구를 위해 종이 울리는지 알아보려고 절대 사람을 보내지 말라. 그대를 위해 종은 울리나니." 이 문장은 영문학에서 매우 유명한 구절 가운데 하나로, 존 던(John Donne)의 고상한 감정이 감정이입과 관심 사이에 있는 연결고리의 핵심을 잘 말해준다. 한 사람의 고통은 다른 사람의 고통이며, 타인과 더불어 느끼는 일은 관심을 갖는 일이다. 이런 의미에서 감정이입의 반대말은 반감(antipathy)이다. 감정이입적 태도는 거듭 도덕적 판단과 관련돼 있다. 도덕적 진퇴양난의 상황은 잠재적 희생자들을 내포하기 때문이다. 친구의 감정을 다치게 하지 않으려고 거짓말을 해야 할까? 아픈 친구를 방문하겠다고 한 약속을 지켜야 하나, 아니면 파티 참석 초대를 받아들여야 하나? 생명 유지 장치가 없으면 곧 죽게 될 사람에게 언제까지 이 장치를 계속 가동해야 할까?

감정이입 연구가인 마틴 L. 호프먼은 이런 도덕적 질문들을 제시한다. 그는 도덕성의 뿌리가 감정이입에 있다고 주장한다. 왜냐하면 감정이입이란 이를테면 고통, 위험, 박탈의 처지에 놓인 잠재적 희생자들을 대상으로 하는 것이며, 이로써 그들의 괴로움을 공유하면서 사람들이 그들을 돕도록 자극하는 것이기 때문이다.[15] 호프먼은 우연한 개인적 만남 속에서 감정이입과 이타주의 사이의 즉각적인 연결고리를 넘어서게 되고, 자신을 타인의 처지에 놓는 감정이입 능력으로 인해 사람들이 특정한 도덕적 원리를 따르게 된다고 주장한다.

호프먼은 유아기부터 계속되는 감정이입에서 자연스러운 발전을 본다. 앞에서 살펴보았듯이 한 살짜리 아기는 다른 아기가 넘어져 울면 자신도 아파한다. 그 아기의 일체감은 너무도 강하고 즉각적이어서 자신의 엄지손가락을 입 속에 넣고 머리는 엄마 무릎에 파묻은 채 마치 제가 다친 듯이 행동한다. 두 살이 되면 아기는 이제 자신이 다른 사람과 구별된다는 사실을 인식하게 되고, 울고 있는 다른 아기를 달래려 애쓰면서 자신의 곰 인형을 주기도 한다. 두 살밖에 안 되는 어린 나이에도 아기들은 이제 다른 사람의 감정이 자신의 감정과 다르다는 점을 깨닫기 시작하며, 이를 통해 다른 아이들이 나타내는 신호에 더욱 민감해진다. 이 지점에서 아이들은, 예를 들어 다른 아이의 자존심을 고려할 때 다른 아이가 눈물을 잘 처리하도록 돕는 최상의 방법이 부적당한 주목을 그 아이에게 보내지 않는 것일 수 있다는 사실을 인식할 수 있다.

어린 시절이 끝나갈 무렵엔 가장 발전된 수준의 감정이입이 등장하여, 당면한 상황을 넘어서서 괴로움을 이해할 수 있고 삶 속에서 누군가의 조건이나 상황이 만성적 고통의 원천이 될 수도 있다는 점을 이해할 수 있게 된다. 그리하여 아이들은 가난한 사람들, 억압받는 사람들, 버림받은 사람들 같은 집단이 겪는 곤경을 동정할 수 있다. 청소년기에 이런 이해심은 불운이나 부정의를 완화하고자 하는 데 초점이 맞춰진 도덕적 확신을 지지하는 방법으로 나타날 수 있다.

감정이입은 도덕적 판단과 행동이 지닌 여러 측면들에 내재해 있다. 그중 하나는 '감정이입적 분노'다. 존 스튜어트 밀은 그런 분노를 "자연스러운 보복의 감정으로…… 타인에게 상처를 줌으로써 우리가 받는 상처에…… 적용될 수 있는 지성과 동정에 의해 생겨나며……"라고 묘사했다. 그는 이런 분노에 '정의의 수호자'라는 별명을 붙였다. 감정이입으로 인해 도덕적 행위가 유발되는 또 다른 사례는 구경꾼이 희생자를 대신해서 개입할 때다. 그리하여 연구에 따르면, 구경꾼이 희생자에게 더 크게 감정이입을 할수록 희생자의 문제에 개입하게 될 가능성이 훨씬 커진다. 한편 사람들의 감정이입 수준이 그들의 도덕적 판단을 어둡게 한다는 몇몇 증거가 있다. 예를 들어 독일과 미국에서 실시한 연구들에서는 사람들이 감정이입적일수록, 각종 자원은 각자의 필요에 따라 할당되어야 한다는 도덕적 원리를 더욱 선호한다는 사실이 밝혀졌다.[16]

▶ 감정이입 없는 삶 : 아동학대자의 정신, 정신이상자의 도덕

에릭 에카르트가 수치스러운 범죄에 연루됐다. 미국의 피겨 스케이팅 선수 토냐 하딩의 보디가드인 에카르트는 1994년 동계 올림픽 여자 피겨 스케이팅 금메달리스트로 하딩의 최대 라이벌인 낸시 케리건을 흉악범들을 시켜 공격하게 했다. 케리건은 무릎을 심하게 맞아 몇 달 동안 훈련을 할 수가 없었다. 하지만 에카르트는 TV에서 흐느끼는 케리건의 모습을 보고, 갑자기 양심의 가책이 물밀듯이 밀려와 친구를 찾아가 비밀을 털어놓고 공격자들을 체포할 조치를 취하기 시작했다. 이런 것이 바로 감정이입의 힘이다.

그러나 감정이입은 비극적이게도 가장 비열한 범죄를 저지르는 사람들에게는 결여된 경우가 많다. 심리학적 단층선(斷層線 : 지표면과 단층면이 만나는 선. 여기서는 타인과의 감정이입의 단절을 나타냄–옮긴이)은 강간범이나 어린이 성추행범, 가정폭력 가해자에게 공통적으로 나타난다. 그들은 감정이입을 할 수가 없다. 희생자의 고통을 느끼지 못하는 무능력 때문에 그들은 스스로 범죄를 고무하는 거짓말을 한다. 강간범들은 그런 거짓말에다 "여자들은 사실 강간당하고 싶어 한다" 또는 "만일 여자가 저항한다면 그건 일부러 관심이 없는 척하는 거야" 따위의 변명을 덧붙인다. 어린이 성추행범들은 "아이들을 다치게 하려는 게 아니라 그저 사랑을 보여주려는 거야"라든가, "이건 또 다른 형태의 애정표현일 뿐이야"라고 말한다. 아동학대를 일삼는 부모들은 "이건 그저 적당한 버릇 들이기일 뿐이야"라고 말한다. 이런 병으로 치료받는 사람들이 희생자들에게 짐승처럼 잔인한 짓을 저지르거나 그렇게 하려고 준비하면서 스스로에게 말한 모든 표현들이 자기 정당화다.

희생자에게 피해를 입힐 때 이들에게 감정이입이 전혀 없다는 점이 거의 항상 그들의 잔인한 행동을 촉진하는 감정 순환의 중요한 부분이다. 어린이 성추행 같은 성범죄로 이끄는 감정의 흐름을 살펴보자.[17] 우선 기분이 언짢아지고 분노, 우울, 외로움을 느끼면서 범행이 시작된다. 이런 감정은 이를테면 TV에 나오는 행복한 부부들을 보다가 외로운 자신의 처지에 대해 우울해지면서 촉발될 수도 있다. 성추행범은 자신이 좋아하는 환상 속에서, 일반적으로 아이와 따뜻한 우정을 나누는 환상 속에서 위안을 구한다. 그 환상은 성적으로 연결되면서 자위행위로 끝난다. 그 뒤 성추행범은 슬픔에서 일시적인 위안을 얻지만 그런 위안은 오래가지 않는다. 우울함과 외로움은 훨씬 더 강렬하게 다시 찾아온다. 성추행범은 환상을 실제로 실현하는 일에 대해 생각하다가 스스로 정당화한다. '아이가 육체적으로 다치지만 않는다면 난 어떤 실질적인 해도 끼치는 게 아닌 거야'라고. 또는 '만일 아이가 정말 나하고 성관계를 갖고 싶지 않다면, 그 여자 아이가 멈출 수 있을 거야'라고.

성추행범은 실제 아이가 그런 상황에서 느낄 감정에 대한 감정이입을 통해서가 아니라, 현실에서 벗어난 환상의 렌즈를 통해 아이를 본다. 아이를 혼자인 상태로 만들려는 계획에서부터 앞으로 벌어질 일에 대한 주의 깊은 예행연습과 계획의 실행에 이르기까지 이어지는 모든 일을 특징짓는 것은 바로 그런 감정적 분리다. 목표로 정한 여자 아이에겐 어떠한 감정도 없는 듯 모든 일이 추진된다. 혐오감, 두려움, 역겨움 같은 그 여자 아이가 느낄 감정은 전혀 인식되지 않는다. 만일 여자 아이의 감정이 인식됐다면 성추행범의 범행은 '수포로' 돌아갔을 것이다.

희생자들에 대한 이와 같은 감정이입의 완전한 결여가 아동 성추행범들과 그와 유사한 범죄자들을 대상으로 고안되는 새로운 치료법의 주된 초점 가운데 하나다. 가장 효과적인 치료 프로그램에서 범죄자들은 자신이 저지른 범죄와 유사한 범죄들에 대한 가슴아픈 내용의 설명을 듣고, 희생자의 관점에서 말하기를 시도해본다. 그들은 추행당하는 일이 어땠는지를 눈물 흘리며 말하는 희생자들을 담은 비디오도 본다. 그런 다음 그들은 희생자들의 느낌을 상상하면서 그들의 관점에서 자신의 범죄에 대해 글을 쓴다. 그리고 그 글을 치료 그룹의 사람들 앞에서 읽으며 희생자의 관점에서 강간하는 일에 대한 질문에 대답하려 애를 쓴다. 마지막으로, 그들은 희생자의 역할을 수행하면서 범행을 흉내 낸 재연극에 참여한다.

이런 관점 취하기 치료법을 개발한 버몬트 교도소의 심리학자 윌리엄 피더스(William Pithers)는 '희생자에 대한 감정이입은 인식을 바꿔놓아서 환상 속에서조차 고통을 부정하는 일이 어려우며' 그리하여 범죄자가 사악한 자신의 성적 충동과 맞서 싸울 동기를 강화한다고 말한다. 감옥에서 그 프로그램을 끝마친 성범죄자들은 그런 치료를 받지 않은 범죄자들과 비교해 석방된 뒤에 또다시 같은 범죄를 저지른 비율이 반밖에 되지 않았다. 이처럼 치료의 초기 단계에 감정이입을 불러일으키는 동기유발이 생기지 않는다면, 나머지 치료는 전혀 효과가 없을 것이다.

아동 성추행범에게는 감정이입을 주입하는 정도의 작은 희망이라도 있지만, 범죄자가 정신이상자(사이코패스psychopath : 최근에는 '반사회적 이상

성격자. 즉 소시오패스sociopath'라고 불린다)라면 큰 가능성을 기대하기가 힘들다. 정신이상자들은 가장 잔인하고 무자비한 행동에 대해서도 전혀 가책을 느끼지 않는 것으로 악명이 높다. 어떠한 감정이입이나 공감도 느끼지 못하는 무능력과 양심의 가책을 느끼지 못하는 정신병은 더욱 우리를 당혹스럽게 만드는 감성적 결함 가운데 하나다. 정신이상자들의 냉혹한 가슴은 무엇이든 가장 낮은 수준의 감성적 연결밖에 짓지 못하는 무능력 때문인 듯 보인다. 희생자들이 사망하기 전에 겪는 고통 속에서 기쁨을 누리는 사디즘적 연쇄살인범 같은 범죄자들이 저지르는 가장 잔혹한 범죄가 정신병질의 전형이다.[18]

정신이상자들은 또한 입심 좋은 거짓말쟁이들로, 원하는 것을 얻기 위해서는 어떤 말이라도 기꺼이 하며 온갖 냉소를 퍼부어 희생자의 감정을 조작한다. 차를 몰고 가면서 총격을 가해 한 엄마와 갓난아기를 불구로 만들고 후회보다는 오히려 자부심을 느끼며 당시 상황을 설명했던 한 로스앤젤레스 갱단의 일원인 17세의 패로가 저지른 범행을 생각해보자. 로스앤젤레스의 갱단들인 '크립스'와 '블러즈'에 대한 책을 쓰고 있던 레온 빙과 같은 차에 타고 가던 패로가 자랑하고 싶은 마음이 생긴다. 패로는 빙에게 자신은 앞차에 탄 '두 녀석'한테 '미친 사람처럼 보일' 작정이라고 말한다. 빙은 그 과정을 자세히 얘기한다.

누군가 자신을 쳐다보고 있다는 걸 감지한 운전자가 내 차 쪽을 힐끗 본다. 그의 눈이 패로의 눈과 마주치면서 순간적으로 휘둥그레진다. 곧 그가 얼굴을 돌려 아래쪽으로 시선을 피해버린다. 나는 그 운전자의 눈에서 어떤 감정을 간파했다. 그것은 분명 공포였다.

패로가 앞차의 운전자에게 보냈던 시선을 빙에게 보여준다.

그가 나를 똑바로 쳐다보자 그의 얼굴에 있는 모든 것이 자리를 바꾸고 변화되어 마치 일종의 저속 촬영을 하는 듯 보인다. 그의 얼굴은 악몽에 가위 눌린 얼굴처럼 되어 쳐다보기조차 무섭다. 누군가 만일 그의 응시를 되받는다면, 만일 누군가 그에게 도전한다면 두 발로 서 있기 힘들 것이라고 말하는 듯했다. 그의 시선은 상대편의 생명이든 자신의 생명이든 그어떤 것에도 상관하지 않는다고 말하고 있었다.[19]

물론 범죄만큼이나 복잡한 행위에는 생물학적 토대를 거론하지 않더라도 많은 그럴듯한 설명이 존재한다. 범죄처럼 다른 사람을 공격하는 비틀어진 감성 기술은 폭력적인 이웃들 사이에서 생존가치를 지닐 수도 있다는 것이 하나의 설명이다. 이런 경우엔 너무 지나친 감정이입이라는 역효과가 발생할 수 있다. 사실 편의적으로 감정이입을 외면하는 일은 부도덕한 경찰에서 기업 매수인에 이르기까지 그들이 살면서 하게 되는 많은 일들가운데 하나의 '미덕'이 될 수 있다. 예를 들어 국가의 지원을 받고 일하던 과거의 고문관들은 '업무'를 수행하기 위해 희생자의 감정에서 초연하도록 배웠던 경험을 설명한다. 이런 교묘한 조작에는 다양한 방식이 있다.

감정이입의 결여가 가장 노골적으로 드러나는 아주 험악한 경우들 중 하나는, 아내를 구타하는 남편 중에서도 가장 악질적인 사람들에 대한 연구에서 우연히 발견됐다. 그 연구는 정기적으로 아내를 구타하거나 칼이나 총으로 위협하는 폭력 남편들 중 많은 이들에게 생리적 이상 징후가 나타났다고 밝혔다. 그들은 격노의 불길에 휩싸였을 때보다 오히려 냉정하고 빈틈없는 상태에서 폭력을 휘둘렀다.[20] 분노가 커짐에 따라 이상 징후가 나타났는데, 즉 대체로 화가 치솟음에 따라 흔히 나타나듯 심장박동이 더 빨라지는 게 아니라 떨어졌다. 이것은 더욱 호전적이고 사나워질 때조차도 생리적으로는 더욱 차분해지고 있다는 의미다. 그들의 폭력은 직업적 테러리스트의 행위처럼 보이며, 그것은 공포를 주입함으로써 아내를 통제하려는 술책이다.

이런 뻔뻔스러운 짐승 같은 남편들은 아내를 구타하는 대부분의 다른 남자들과는 구분되는 종(種)이다. 이들은 가정 밖에서도 폭력적일 가능성이 훨씬 높아서 술집에서 싸움에 끼어들거나, 동료나 다른 가족과도 싸움을 벌인다. 아내를 때리는 대부분의 남자들이 거부당한다는 느낌이나 질투심 혹은 버림받았다는 두려움에서 충동적으로 그렇게 하는 반면, 이 빈틈없는 구타자들은 아무런 이유도 없이 아내를 때린다. 일단 폭행이 시작되면 집을 나가려는 노력을 포함해 아내의 어떤 시도도 남편의 폭력을 제어하지 못하는 듯하다.

몇 가지 연구를 통해 범죄적, 반사회적 이상성격자들이 보이는 냉혹한 조작성, 감정이입이나 배려의 완전한 결여가 이따금 신경상의 결함에서 생기는 것이 아닐까 하는 의견이 일고 있다.* 냉혹한 반사회적 이상성격을 설명해줄 생리적 토대에는 두 가지 방식이 있으며, 둘 다 대뇌변연계로 이어지는 신경통로와 관련이 있음을 암시한다. 그중 한 가지 방식을 살펴보면, 사람들로 하여금 마구 뒤섞인 단어들을 해독하게 하고 그들이 어떤 뇌파를 보이는지 측정하는 것이다. 단어들은 1초의 10분의 1 정도 동안 아주 빠르게 비쳐진다. 사람들은 대개 '의자' 같은 중립적 단어와 달리 '죽이다'와 같은 감성적인 단어에 반응을 보인다. 그런 단어들은 빠

---

* 주의할 점 : 몇 가지 범죄적 특징에 작용하는 신경상 감정이입의 결여 같은 생물학적 패턴이 존재한다 하더라도, 모든 범죄자들이 생물학적으로 결함이 있거나 범죄에 대한 생물학적 징표가 존재한다는 주장으로 연결되지는 않는다. 이 쟁점을 두고 그동안 논쟁이 들끓었는데, 최상의 합의는 그런 생물학적 징표는 물론이고 어떠한 '범죄적 유전자'도 존재하지 않음이 분명하다는 것이다. 몇몇 사례에서 감정이입의 결여에 대한 생물학적 토대가 존재한다는 증거가 보인다 해도 그런 결함을 지닌 모든 사람이 범죄로 휩쓸려 들어간다는 의미는 아니다. 오히려 대부분의 사람들은 그렇지 않을 것이다. 감정이입의 결여 문제는 범죄 행위에 미치는 여타의 심리적, 경제적, 사회적 힘과 함께 검토돼야 한다.

르게 비쳐져도 금방 인식할 수 있어서 두뇌는 감성적 단어에 반응하는 특징적인 뇌파 패턴을 보여주지만, 중립적 단어들은 그렇지 않다. 하지만 반사회적 이상성격자들은 중립적 단어는 물론 감성적 단어에 대해서도 아무런 반응을 보이지 않는다. 그들의 두뇌는 감성적 단어들에 반응하는 특징적인 뇌파 패턴을 보여주지 않으며, 그런 단어들에 대해 빠르게 응답하지 못하므로 단어를 인식하는 언어피질과 단어에 느낌을 부여하는 대뇌변연계 사이의 회로가 파괴됐음을 시사한다.

이 연구를 수행한 브리티시 컬럼비아 대학교의 로버트 헤어(Robert Hare)는 이런 결과를 반사회적 이상성격자들이 감성적 어휘에 얕은 이해 수준을 지닌다는 의미로 해석하여, 감성영역에서 좀 더 전반적인 취약성을 지니는 것으로 여긴다. 헤어는 반사회적 이상성격자들의 냉담함이 역시 편도와 그에 관련된 회로들의 불규칙적 작용을 보여주는 초기의 연구에서 그가 발견한 또 다른 생리적 패턴에 부분적으로 기초한다고 생각한다. 전기충격을 이제 막 받게 될 반사회적 이상성격자들은 고통을 경험하기 직전의 사람들에게서 보통 드러나는 두려움을 전혀 나타내지 않았다.[21] 헤어는 고통을 예상해도 불안이 촉발되지 않기 때문에 반사회적 이상성격자들은 자신들이 저지른 일에 대한 미래의 처벌에도 관심이 없다고 주장한다. 또한 두려움을 느끼지 않기 때문에 그들에겐 희생자의 두려움과 고통에 대한 어떠한 감정이입이나 공감도 없다.

chapter 8
인간관계의 기술
"우린 너를 싫어해"

어린 동생이 있는 다섯 살 난 아이가 흔히 그렇듯이, 렌은 함께 가지고 놀던 레고 장난감을 엉망으로 만들어놓은 생후 2년 6개월 된 동생 제이한테 인내심을 완전히 잃었다. 분노의 파도에 휩쓸려 렌이 동생을 물어뜯자 제이가 울음을 터뜨린다. 제이의 고통스러운 울부짖음에 엄마가 부산스럽게 다가와 렌을 꾸짖으며 다툼의 원인인 레고 장난감을 치우라고 말한다. 확실히 아주 잘못된 것으로 보이는 이런 명령에 렌이 울음을 터뜨린다. 그러나 여전히 화를 내는 엄마는 아들을 위로할 생각이 전혀 없다.

하지만 렌은 상상치 못한 데서 위안을 얻는다. 비록 처음엔 상처를 받았지만 동생 제이가 지금은 형의 눈물이 너무 걱정스러워서 렌을 진정시

키려 한다. 그들 사이에 소통이 이루어진다.[1]

제이가 애원한다.

"형, 울지 마. 뚝 그쳐, 형. 그치라고."

그러나 렌은 계속 운다. 자신의 간청이 실패로 돌아가자 제이가 이번엔 엄마한테 간절히 말한다.

"형이 울어요, 엄마! 형이 운다고요. 보세요, 형이 울잖아요."

그러다 렌을 쳐다보며 제이가 엄마 같은 분위기를 띠더니 위로하는 어조로 "자자, 형. 더 이상 울 거 없어"라고 안심을 시키면서 우는 형을 토닥여준다.

하지만 렌의 흐느낌은 계속된다. 그러자 제이는 또 다른 책략으로 눈을 돌려 호의적으로 "있잖아, 형. 내가 형 대신에 도로 넣어줄게, 알았지?"라고 말하면서 레고 장난감을 가방에다 집어넣는다. 그럼에도 렌은 눈물을 계속 흘린다. 꾀가 많은 제이는 렌의 주의를 돌리게 만들 또 다른 책략을 시도한다. 제이는 렌에게 장난감 자동차를 보여주며 이제 막 렌에게 닥친 속상한 일에서 그의 신경을 다른 데로 돌리려고 애쓴다.

"여기 이 사람 좀 봐. 이게 뭐지, 형? 이게 뭐냐고, 형?"

렌은 전혀 관심이 없다. 마음에 전혀 위로가 안 된다. 눈물은 끝을 모른다. 더 이상 참을 수 없게 된 엄마가 부모들의 저 고전적인 방식대로 위협을 가하며 "너 맞고 싶어?"라고 하자, 렌은 고개를 절레절레 흔들면서 "아니요" 하고 대답한다.

"그럼 뚝 그쳐, 어서."

약간은 화가 난 상태에서 엄마가 단호하게 말한다. 흐느끼던 렌이 헐떡거리면서 겨우겨우 동정을 구하는 듯한 어조로 "그럴 거예요"라고 말한다. 그 말에 제이의 마지막 책략이 나온다. 엄마의 엄격함과 권위적 목소리를 빌려 제이가 협박조로 말한다.

"뚝 그치라고, 형. 엉덩이를 차버릴 테야."

이 짧막한 극적 장면은 불과 30개월 된 아장아장 걷는 아기가 다른 사람의 감정을 다루려고 애쓰면서 발휘하는, 놀랄 만큼 세련된 감성을 보여준다. 단순한 간청에서, 엄마에게 동맹을 요청하고(엄마는 결국 아무런 도움도 안 됐지만), 쓰다듬어 형을 위로해주기도 하며, 할 일을 도와주기도 하고, 주의를 딴 데로 돌리려고도 해보며, 협박과 직설적인 명령에 이르기까지 형을 위로하기 위해 긴급한 시도를 해보는 등 제이는 여러 가지 책략을 구사했다. 의심할 바 없이 제이는 자기가 괴로울 때 자기한테 시도됐던 병기고에 든 책략을 그대로 활용한다. 거기에 별 문제는 없다. 중요한 점은 이렇게 아주 어린 나이에도 위급한 고비에 직면해서 그런 병기를 용이하게 사용할 수 있다는 사실이다.

물론 어린아이를 키우는 모든 부모가 알고 있듯이, 제이가 보여준 감정이입과 상대를 위로하는 면모는 결코 보편적인 능력은 아니다. 그 또래의 아기라면 형이나 동생의 나쁜 기분을 분풀이할 기회로 여기는 경우가 보통이기 때문이다. 그리하여 기분을 더욱 사납게 만드는 일이면 무엇이든 그런 짓을 일삼는 경우가 보통일 것이다. 그와 똑같은 기술이 평소 형이나 동생을 못살게 굴거나 괴롭히는 데 사용될 수도 있다. 하지만 그런 짓궂음조차도 중요한 감성능력, 즉 타인의 감정을 파악하고 그런 감정을 더욱 부채질하는 식으로 행동하는 능력을 보여주는 증거다. 다른 사람의 감성을 다룰 수 있는 능력은 인간관계를 영위하는 기술 가운데 핵심이다.

대인관계에서 그런 능력을 보여주기 위해서는 걸음마하는 아기라도 분노와 고통, 충동과 흥분을 가라앉히는 능력의 시작이라 할 자기통제의 기준점까지 도달해야 한다. 처음엔 그런 능력이 대체로 어설프겠지만 말이다. 타인을 조율하는 일은 자기 내면에 어느 정도 침착함이 있어야 가능하다. 자신의 감성을 다루는 이런 능력의 시험적인 징표가 바로 두 살 무렵에 나타난다. 이때쯤 아기는 울부짖지 않고 기다릴 수 있게 되고, 자기 식으로 하기 위해 맹목적인 힘보다는 주장이나 약은꾀로 설득할 수 있게 된다. 아기가 항상 이런 능력을 발휘하진 않는다 해도, 불끈 화를 내는 대신에 인내심을 발휘하는 경우가 적어도 가끔은 있는 법이다. 제이에게는 감정이입과 공감 능력이 있었기 때문에 흐느껴 우는 렌을 달래기 위해 그렇게나 열심히 노력했던 것이다. 그러므로 세련된 관계를 맺게 해주는, 다른 사람의 감성을 다루는 일은 두 가지 서로 다른 감성능력인 자기관리와 감정이입이 성숙할 때 가능해진다.

이런 토대가 있어야 '대인관계 능력'이 원숙해진다. 이것은 타인과 거래할 때 효율성을 높여주는 사회능력이다. 이 능력이 부족하기 때문에 사회적 인간관계에서 부적당한 언행이 발생하고, 개인 사이에 불행한 사태가 벌어진다. 심지어 지적으로 가장 총명한 사람조차도 인간관계에 실패하여 오만하고 밉살스럽거나 둔감한 사람이 된다. 하지만 이런 사회능력을 지닌 사람은 우연한 만남에서도 관계를 진전시키고, 자원을 동원하고 영감을 주며, 친근한 인간관계 속에서 번창하며, 설득하고 영향력을 미치고, 타인을 편안하게 해줄 수 있다.

감성의 표출규칙

자신의 감정을 얼마나 잘 표현하느냐는 중요한 사회능력의 하나다. 폴 에크먼(Paul Ekman)은 어떤 감정을 언제 적절하게 드러낼지에 대한 사회적 합의를 가리키는 말로 '표출규칙(display rules)'이란 용어를 사용한다. 간혹 이런 표출규칙이 아주 다양한 문화가 있다. 에크먼과 일본에 있는 그의 동료들은 10대 애버리진족(호주에 백인이 들어오기 전에 살던 원주민족—옮긴이)의 할례 의식을 담은 소름 끼치는 영화를 본 일본 학생들의 표정에 나타난 반응을 연구했다. 권위 있는 사람과 함께 영화를 보았을 때 일본 학생들의 얼굴엔 단지 아주 약한 반응만이 나타났다. 그러나 자신들만 있다고 생각하게 되자(하지만 숨겨둔 카메라로 그들의 모습이 녹화되고 있었다) 괴로움, 두려움, 역겨움이 생생하게 뒤섞인 모습으로 얼굴이 일그러졌다.

표출규칙에는 기본적인 몇 가지 종류가 있다.[2] 첫째는, 감정의 표출을 '최소화하기'다. 이것은 권위자와 함께 있을 경우 괴로운 감정을 처리하는 일본식 규범이다. 학생들이 속마음을 드러내지 않는 무표정한 얼굴로 자신의 당혹스러움을 은폐했을 때, 그들은 이런 규범을 따른 셈이다. 둘째는, 감정표현을 확대해서 자신의 느낌을 '과장하기'다. 이런 규칙은 엄마한테 달려가 오빠가 괴롭힌다고 고자질하면서 극적으로 얼굴을 일그러뜨려 애처롭게 보이게 하며 화가 난 듯 입술을 떠는 여섯 살쯤 된 아이들이 주로 활용하는 책략이다. 셋째는, 하나의 감정을 다른 감정으로 '대체하기'다. '아니오'라고 말하면 공손하지 않다고 여겨 그 대신 긍정적인 (하지만 가짜인) 확신을 주는 몇몇 아시아 나라의 문화에서 이런 규칙이 작용한다. 이런 책략을 얼마나 잘 채택하고, 언제 그렇게 할지를 판단하는 능력이 감성지능의 한 요소다.

우리는 표출규칙을 아주 일찍부터 배우는데, 부분적으로는 명시적으로 교육하기도 한다. 할아버지가 볼품사납지만 좋은 뜻으로 생일선물을 주시면 실망한 듯한 표정을 지으면 안 되고 미소 띤 얼굴로 감사하다고 인사해야 한다고 아이를 가르칠 때 명시적 표출규칙 교육이 이루어지는 것이다. 그러나 이런 표출규칙 교육은 모범적 언행을 통해 더 자주 이루어지는 편이다. 아이들은 실제로 어른들이 행하는 모습을 보면서 배우기 때문이다. 이렇게 세련된 정서를 교육할 때 감정은 매체인 동시에 전달 내용이 된다. 만일 아이가 "웃으면서 '고맙습니다' 하고 말씀드려라"라는 부모의 말을 따뜻한 어조로 속삭이듯 듣지 않고, 거칠고 까다로우며 냉랭한 분위기로 내뱉듯이 말하는 부모한테서 듣는다고 하자. 그러면 그 아이는 아주 다른 교훈을 배우게 되어, 인상을 찌푸린 채 무뚝뚝하고 의기소침하게 "고맙습니다"라고 대답할 가능성이 높다. 각각의 대답이 할아버지에게 미치는 영향은 아주 판이하다. 첫 번째 경우, 할아버지는 행복할 것이다(그릇된 판단일 수도 있지만). 두 번째 경우, 뒤섞인 전달 내용으로 할아버지는 상처를 입을 수 있다.

물론 감성의 표출은 당연히 그것에 노출된 사람에게 영향을 미쳐 즉각적인 결과를 가져온다. 그러므로 아이는 '네가 느끼는 진짜 감정이 사랑하는 사람에게 상처를 줄 때는 그 감정을 숨겨라. 그 대신 가짜지만 상처를 덜 주는 감정으로 대체해라'와 같은 규칙을 배운다. 감성의 그런 표출규칙은 사회적 예의바름을 구성하는 것 이상의 영향을 미친다. 자신의 감정이 다른 사람의 표출 방식에까지 영향을 미치게 되는 것이다. 당연히 규칙을 준수하면 아주 좋은 영향을 미치지만, 규칙을 제대로 지키지 않으면 감성적인 큰 상처를 야기한다.

배우들은 감성 표출의 대가다. 그들의 풍부한 표현은 관객의 반응을 매우 잘 불러일으킨다. 우리의 삶 속에도 감성 표출의 대가들처럼 등장하는 사람이 있다는 사실은 의심의 여지가 없다. 하지만 표출규칙을 배우는 학습은 우리가 지닌 규범에 따라 다양하다. 이런 이유 때문에 사람들마다 규칙의 숙련도에서 크게 차이가 난다.

▌풍부한 표현과 감성의 전염

베트남 전쟁 초기에 한 미군 소대가 베트콩과 열띤 총격전을 벌이는 와중에 논바닥에 몸을 수그리고 숨어 있었다. 그때 갑자기 한 줄로 늘어선 여섯 명의 스님이 논두렁을 따라 걷고 있는 게 보였다. 스님들은 아주 고요하고 침착하게 총알이 빗발치는 그곳을 똑바로 걸어갔다.

"그들은 오른쪽도 왼쪽도 쳐다보지 않았어요. 그냥 똑바로 계속 걷기만 했죠."

당시 현장에 있었던 미군 병사들 중 한 사람인 데이비드 부시의 회고다.

"정말 이상했어요. 왜냐하면 아무도 그들을 쏘지 않았으니까요. 스님들이 논두렁을 다 지나간 뒤에는 갑자기 싸우고자 하는 의지가 제게서 완전히 떠나버렸습니다. 더 이상 전투를 하고 싶지 않다는 느낌뿐이었죠. 적어도 그날만은 그랬습니다. 다른 병사들의 심정도 저와 비슷했음이 분명합니다. 모두 그 자리를 떴거든요. 우리는 정말 싸움을 멈추었습니다."[3]

전투의 열기 속에 있던 병사들을 진정시키는, 스님들이 보여준 이 용기 있는 지극한 고요함의 위력은 사회생활의 기본적인 원리를 보여준다. 즉 감정은 전염된다는 것이다. 확실히 이 이야기는 극단적인 경우다. 대부분의 감성적인 전염은 훨씬 더 미묘해서 모든 우연한 만남 속에서 벌어지는 말없는 교환의 일부다. 우연히 만나는 것들 가운데는 유해한 것도 있고 정신을 살찌우는 것도 있다. 정신 속에 내장된 숨은 경제라 할 만한 이런 수지타산 속에서 우리는 서로 기분을 전달하고 상대의 기분을 파악한다. 이런 감성의 교환은 대개 거의 감지할 수 없는 미묘한 수준에서 일어난다. 판매원이 "감사합니다"라고 말하는 방식이 어떠냐에 따라 우리는 무시당한다거나, 화가 난다거나, 아니면 진짜로 환영받고 제대로 평가받는다고 느낀다. 감정이 마치 전염되기라도 하는 듯 우리는 서로 상대의 감정을 부여잡는다.

우리는 우연히 마주치게 되는 모든 상황에 감성신호를 보내며, 그런 신호는 우리가 함께하는 사람들에게 영향을 미친다. 우리가 사회적으로 솜씨가 좋으면 좋을수록 보내는 신호를 더 잘 통제할 수 있다. 상류사회의 감정 억제는 혼란스러운 감정의 누출로 타인과의 만남을 불안정하게 만드는 일이 없도록 하기 위한 수단일 뿐이다(친근한 인간관계의 영역에 적용될 때는 숨이 막히게 만들 사회규칙). 감성지능은 이런 교류까지도 포함한다. '인기 좋은'과 '매력적인'이라는 말은 감성기술이 뛰어나 우리를 기분 좋게 해주기 때문에 함께하고 싶어 하는 사람들에게 사용하는 용어다. 자신의 감정을 위로해줄 수 있는 사람은 특별히 소중한 사회적 자산이다. 그런 사람은 가장 감성적으로 힘들 때 사람들이 찾게 되는 영혼의 소유자다. 우리 모두는 서로에게 좋든 싫든 감성의 변화를 이끌어내는 도구 상자의 부품인 셈이다.

감성이 한 사람에게서 다른 사람으로 전달되는 미묘함을 아주 잘 보여주는 사례를 살펴보자. 두 명의 피험자(한 사람은 의도적으로 감성을 많이 표현하는 사람, 다른 한 사람은 무표정한 사람)가 즉석에서 느껴지는 자신들의 기분 목록을 작성한 뒤, 실험자가 나갔다가 방으로 다시 돌아올 때까지 기다리는 동안 조용히 서로 얼굴을 마주 보고 앉아 있었다. 2분 후 실험 진행자가 되돌아와서 피험자들에게 다시 기분이 어떤지 목록을 작성하게 했다. 그러자 감성을 많이 표현하는 사람의 기분이 무표정한 상대방에게로 전달됐음을 알 수 있었다.[4]

어떻게 이런 마술 같은 전이가 일어날까? 표정, 몸짓, 어조, 기타 비언어적 감성 표식에 대한 인식의 범위를 넘어서는 운동성 모방을 통해 타인이 드러내는 감성을 무의식적으로 모방한다는 게 가장 가능성이 높은 대답이다. 이런 모방을 통해 사람들은 자신의 내면 속에 타인의 기분을 재창조한다. 배우가 과거에 강렬하게 느꼈던 감정을 다시 한 번 불러일으키기 위해 몸짓이나 동작, 그 감정에 대한 다른 표현 방식을 상기하는 식의 스타니슬라프스키(Stanislavsky : 러시아의 연극 연출가이자 이론가—옮긴이) 적 방법인 셈이다.

매일매일 이루어지는 감정의 모방은 대체로 아주 미묘하다. 스웨덴 움살라 대학교의 연구자인 울프 딤베리(Ulf Dimberg)는 사람들이 미소 짓는 얼굴이나 화난 얼굴을 바라볼 때 자기 자신의 얼굴 근육이 미세하게 변화해 상대방과 똑같은 기분을 가지게 된다는 증거를 내놓았다. 그런 변화는 맨눈으로는 볼 수 없지만 전자 감지장치를 통해서 분명하게 드러난다.

두 사람이 상호작용을 할 때 기분은 감정표현이 좀 더 적극적인 사람에게서 수동적인 사람에게로 전이된다. 하지만 감정적 전염에 특별히 영향 받기 쉬운 사람들이 있다. 내적인 민감성을 지닌 사람들인데, 그들의 자율신경계(감성활동의 표식)는 다른 사람보다 훨씬 쉽게 자극을 받는다. 변화의 가능성이 크기 때문에 정(情)에 호소하는 광고는 그들을 눈물 나게 하는 반면, 쾌활한 사람과 빠르게 재담을 나누면 기운이 북돋워질 수 있다. 그런 변화를 통해 그들은 더욱 감정이입적이 된다. 그들이 다른 사람의 감정에 좀 더 쉽게 마음이 움직이기 때문이다.

이런 미묘한 감정 교류를 연구한 오하이오 주립대학의 사회심리생리학자 존 카시오포(John Cacioppo)는 이렇게 말한다. "누군가가 감성을 표현하는 모습만 봐도 그 얼굴 표정을 모방한다는 사실을 깨닫든 깨닫지 못하든, 당신에게 그런 기분이 들 수 있어요. 우리에게 이런 일은 항상 일어납니다. 감정의 표현, 일치, 전이가 존재하는 거죠. 이런 기분의 일치가 상호작용이 잘 이루어졌다고 느끼는지 아닌지를 결정합니다."

사람들이 느끼는 감성적 친화감의 정도는 서로의 육체적 동작이 얼마나 잘 들어맞는가에 투영된다. 일반적으로 사람들의 인식에서 벗어나 있는 친근감의 징표가 바로 이것이다. 상대편이 정곡을 찌르는 말을 하는 바로 그때 듣던 사람이 고개를 끄덕이거나, 두 사람이 함께 동시에 의자를 옮기려고 집어 들거나, 한 사람이 뒤로 물러날 때 다른 한 사람은 몸을 앞으로 수그리는 것 같은 일 말이다. 그런 동작의 조화는 같은 리듬으로 회전의자에 앉아 흔들거리고 있는 두 사람만큼이나 미묘할 수 있다. 조율된 엄마와 아기 사이의 일치를 주시하면서 대니얼 스턴이 발견했던 것과 마찬가지로, 그와 똑같은 상호성이 감정적 일체감을 느끼는 사람들의 동작을 서로 연결해준다.

　　이런 일치는 다양한 기분을 전달하고 받아들이는 일을 용이하게 만드는 듯하다. 설사 기분이 부정적일 때조차 그렇다. 예를 들어 육체적 동작의 일치에 대한 한 실험을 살펴보자. 우울한 여자들이 각자의 애인과 함께 실험실로 와서 자신들의 관계에 대한 문제를 토론했다. 서로 비언어적 일치 수준이 클수록, 우울한 여자들의 애인은 토론이 끝난 뒤 기분이 더 나빠졌다. 그들이 여자친구의 나쁜 기분을 받아들인 것이다.[5] 간단히 말해서 사람들이 쾌활해지거나 우울해지거나 간에, 만나는 사람과 육체적으로 조율되어 있을수록 두 사람의 기분은 더욱 비슷해진다.

　　교사와 학생 간의 일치는 서로 느끼는 일체감의 정도를 나타낸다. 교실에서 이루어진 한 연구는 교사와 학생 간에 동작의 일치가 많을수록 서로 상호작용 하면서 친근감, 행복감, 감격, 관심, 태평함을 더 많이 느낀다는 사실을 보여준다. 일반적으로 상호작용에서 높은 수준의 일치는 관련 당사자들이 서로 좋아한다는 의미다. 이 연구를 수행한 오리건 주립대학의 심리학자 프랭크 버니어리(Frank Bernieri)는 이렇게 말한다. "어떤 사람에 대해 당신이 어색하게 느끼느냐, 편안하게 느끼느냐는 어느 정도 육체적인 면에 그 이유가 있습니다. 편안함을 느끼기 위해서는 적합한 시간에 서로 간의 동작을 조율할 필요가 있죠. 상대와 나 사이에 이루어지는 관계의 깊이는 일체감의 정도를 반영합니다. 만일 관계가 깊다면, 당신의 기분은 긍정적이든 부정적이든 상대와 조화를 이루기 시작합니다."

요컨대 엄마가 갓난아기와 갖는 조율의 어른 판본이라 할 기분의 조율이 일체감의 핵심이라는 말이다. 대인관계의 효율성은 얼마나 능란하게 이런 감성적 일치를 이루어내느냐에 있다고 카시오포는 주장한다. 만일 타인의 기분에 조율되는 데 능숙하거나 쉽게 타인을 자기에게 지배되도록 만들 수 있는 사람이 있다면, 그는 감성적으로 훨씬 부드럽게 타인과 상호 작용할 수 있다. 강력한 지도자나 공연자는 이런 식으로 수천의 청중을 감동시킬 수 있는 사람이다. 마찬가지로 감성을 받아들이거나 표출하는 데 서툰 사람은 인간관계에서 문제를 일으키는 편이라고 카시오포는 지적한다. 비록 왜 그런지 정확하게 말로 표현할 수는 없어도, 인간관계가 서툰 사람으로 인해 다른 사람들이 불편을 느끼기 때문이다.

어떤 의미에서 상호작용의 감성적 색채를 정하는 일은 깊고 친근한 차원에서 보내는 지배의 신호다. 감성적 색채의 결정이란 곧 다른 사람의 감성적 상태를 몰아내는 것을 의미하기 때문이다. 감성을 결정짓는 이런 힘은 생물학에서 차이트게버(zeitgeber : '시간을 주는 사람'이라는 뜻의 독일어. 인간의 생체 주기에 영향을 미치는 빛과 어둠, 추위와 더위 같은 자연시계—옮긴이)라 불리는 생물학적 리듬에 동조시키는 과정(낮과 밤의 순환이나 달이 변화하는 모습과 같은)과 유사하다. 커플로 추는 춤에서는 음악이 신체적 차이트게버다. 사람들 간의 만남에서는 좀 더 강력한 표현력을 지녔거나 큰 힘을 가진 사람이 일반적으로 다른 사람을 동조시키는 정서를 지닌 사람이다. 지배적인 쪽은 말을 더 많이 하는 반면, 종속적인 쪽은 상대의 얼굴을 더 많이 쳐다본다. 이는 영향력을 전달하는 하나의 장치다. 마찬가지로, 이를테면 정치나 종교의 전도사 같은 이들이 가진 강력한 언사(言辭)는 청중의 감정이 동조되도록 작용한다.[6] '그가 그들을 자기 손아귀에 넣었다'라는 말이 의미하는 것은 바로 이런 것이다. 감성적 동조가 영향력의 핵심이다.

▼사회적 지능의 싹수

어느 유치원의 쉬는 시간이다. 소년들이 떼를 지어 잔디밭을 가로질러 달리고 있다. 어딘가에 발이 걸려 넘어진 레지가 무릎을 다쳐서 울기 시작하지만, 다른 소년들은 계속 달리기만 한다. 로저만이 멈춘다. 레지의 흐느낌이 가라앉자 로저가 몸 아래쪽으로 손을 뻗어 자신의 무릎을 문지르며 소리친다. "나도 무릎을 다쳤어!"

다중지능의 개념에 토대를 둔 스펙트럼 학교에서 하워드 가드너의 동료인 토머스 해치(Thomas Hatch)는 로저를 전형적인 인간친화지능을 가진 아이로 인용했다.[7] 로저는 특별할 정도로 놀이친구의 감정을 인식하고, 그 감정을 통해 빠르고 부드럽게 관계를 맺는 데 능숙한 듯 보인다. 오직 로저만이 레지의 곤경과 고통을 알아차렸고, 설사 해줄 수 있는 것이 자기 무릎을 문지르는 게 전부였다 해도 그만이 친구에게 위안을 주려고 노력했기 때문이다. 이런 작은 몸짓은 결혼, 우정, 동업 등 어느 영역에서든 친근한 인간관계를 유지하는 데 꼭 필요한 일체감을 이루는 감성능력의 증거가 된다. 유치원에서 드러나는 이런 능력은 앞으로의 삶을 통해 성숙해질 재능의 싹이다.

로저의 재능은 해치와 가드너가 인간친화지능의 구성 요소로 인식한

네 가지 능력 가운데 하나다.

- **그룹 조직 능력.** 지도자에게 필요한 능력으로, 네트워크 내 사람들의 노력을 촉발하고 조화를 이루게 한다. 이런 능력은 무대감독이나 제작자, 장교, 각 조직이나 단위의 유능한 지도자들에게서 찾아볼 수 있다. 놀이터에서 어떤 놀이를 할지 결정을 주도하거나 팀의 주장이 되는 아이에게서 이런 자질을 엿볼 수 있다.

- **해결 중재 능력.** 중재자의 재능으로, 갈등을 방지하거나 확전 일로에 있는 갈등을 해소하는 재능이다. 협상을 하고, 논쟁을 중재하거나 화해시키는 데 뛰어나다. 이런 사람은 외교, 중재 혹은 법률 분야에서 일하거나, 기업 인수 중개자나 경영자로 경력을 쌓을 수 있다. 놀이터에서 말다툼을 해소하는 아이들이 바로 이런 자질을 갖추고 있다.

- **개인적 관계 형성 능력.** 감정이입과 관계 맺음의 재능이다. 이런 자질을 통해 쉽게 사람들 속으로 들어갈 수 있거나, 타인의 감정과 관심사를 파악하여 알맞게 응답할 수 있다. 이런 사람은 좋은 '팀 플레이어', 믿을 만한 부부, 좋은 친구나 경영자가 된다. 사업계에서는 판매원이나 경영자로 성공하거나 훌륭한 교사가 될 수도 있다. 다른 아이들과 잘 지내고, 그들의 놀이에 쉽게 합류하며, 그렇게 하는 데서 행복감을 느끼는 아이들이 이런 재능을 갖추고 있다. 또한 이런 아이는 표정에서 감정을 읽는 데 뛰어나고 급우들에게 가장 사랑을 받는다.

- **사회적 분석 능력.** 타인의 감정, 동기, 관심사를 탐지해 통찰력을 발휘할 수 있는 능력이다. 타인의 느낌에 대한 통찰력이 뛰어나 쉽게 사람들과 친해지고 일체감을 느낄 수 있다. 이런 능력이 뛰어난 사

람은 유능한 치료사나 상담가가 될 수 있다. 혹은 어느 정도 문학적 재능과 결합된다면 소설가나 극작가로도 명성을 떨칠 수 있다.

종합적으로 볼 때 이런 능력은 매력, 사회적 성공, 심지어 개인적 권위에 필요한 요소들로, 대인관계의 힘을 길러준다. 사회지능이 뛰어난 사람은 사람들과 아주 자연스럽게 관계를 맺을 수 있고, 그들의 반응과 감정을 기민하게 읽어낼 수 있으며, 어떤 집단 내에서나 불거질 수밖에 없는 논쟁을 주도하고 조직하며 잘 처리할 수 있다. 그런 사람은 말로 드러내기 어려운 집단적 감정을 표현할 수 있는 천부적인 지도자로, 특정 집단이 목표로 나아가도록 이끌기 위해 그런 감정을 정확하게 말할 수 있다. 또한 그들은 타인에게 감성적 자양분을 공급해주기 때문에 사람들이 함께 있고 싶어 하는 존재이며, 타인을 기분 좋은 상태가 되게 해주어 "내가 저런 사람 주위에 있다는 게 얼마나 즐거운 일인가" 하는 말이 절로 나오게 만든다.

이런 대인관계 능력은 여타의 감성지능에 토대를 두고 있다. 예를 들어 사회적으로 탁월한 인상을 남기는 사람들은 자신의 감정표현에 능숙하고, 타인의 반응 방식에 예리하게 조율돼 있어서 지속적으로 자신의 사회활동을 잘 조절할 수 있으며, 목표로 정한 성과를 확실히 거둘 수 있다. 그런 의미에서 그들은 숙련된 배우나 마찬가지다.

그러나 만일 자기 자신의 필요와 감정 그리고 그런 필요와 감정을 충족시켜주는 방법 사이에 균형이 잡히지 않는다면, 아무리 대인관계 능력이 좋아도 내실 없는 사회적 성공밖에는 거두지 못한다. 자신의 진정한 만족은 희생한 채 거두는 인기처럼 말이다. 좋은 인상 남기기에만 챔피언인, 최고의 사회적 변덕쟁이로 만들어주는 사회적 기술을 지닌 사람들을 연구해온 미네소타 대학의 심리학자 마크 스나이더(Mark Snyder)의 주장이 바로 그러하다.[8] 그 최고 변덕쟁이들의 심리적 신조는, 자신에 대한 개인적 이미지는 "나를 사랑하도록 타인의 마음속에 내가 만들려고 애쓰는 이미지와 아주 다르다"라고 한 시인 오든(W. H. Auden)의 말에 딱 들어맞는다. 만일 사교술이 자신의 감정을 인식하고 존중하는 능력을 앞질러버린다면, 그런 이미지 교환이 가능할 수 있다. 사교적 변덕쟁이는 사랑받기 위해서, 적어도 호감을 얻기 위해서 어떻게든 함께 있는 사람이 원한다고 생각하는 식으로 자신을 드러낸다. 스나이더는 이런 패턴에 빠지는 사람들은 탁월한 인상을 풍길지는 몰라도, 안정되었다거나 만족스러운 친근한 인간관계를 형성하지는 못한다고 말한다. 물론 좀 더 건강한 패턴은 자신의 진실한 감성과 사교술을 균형 있게 유지하면서 그것을 성실하게 활용하는 것이다.

그러나 사교적 변덕쟁이들은 말과 행동이 달라도 사회적 동의를 얻을 수만 있다면 전혀 개의치 않는다. 그들은 공식적으로 드러나는 겉모습과 개인적 현실 사이의 괴리를 안고 산다. 심리분석가 헬레나 도이치(Helena Deutsch)는 그들을 '~척하는 인격체(as-if personality)'라고 부른다. 그들은 주위 사람들에게서 뭔가 신호를 접수할 때면 놀라울 정도로 유연하게 자신의 외적 인격(persona)을 바꾼다. 스나이더는 이런 비유를 들었다. "공적 인격과 사적 인격이 잘 어울리는 사람이 있는 반면, 변화무쌍하게 겉모습만 바뀌는 듯한 사람도 있어요. 그런 사람은 함께 있는 사람이 누구든지 그 사람과 잘 어울리려 미친 듯이 애를 쓰는, 영화배우 우디 앨런이 연기한 젤리그(어떤 사람으로도 변할 수 있는 카멜레온 같은 캐릭터–옮긴이) 같은 존재입니다."

그들은 상대방이 진짜로 무얼 느끼는지 묻기보다는 오히려 그가 바라는 것이 무엇인지 암시를 얻기 위해 그 사람을 자세히 살피려고 애를 쓴다. 그들은 더불어 잘 지내고 호감을 사기 위해 싫어하는 사람까지도 자신에게 우호적이게 만든다. 그들은 공통점이 전혀 없는 각기 다른 상황에서도 각각의 요구에 맞게 자신의 행동을 구체화하려고 사회적 능력을 활용한다. 이를 통해 함께 있는 사람이 누구냐에 따라 아주 다른 사람처럼 행동하여 '거품뿐인 활달함'에서 '말없는 움츠림' 사이를 왔다 갔다 한다. 이런 자질을 잘 이용해 효과적인 인상을 심어주게 되면 사업 경영에 성공하게 되고, 뛰어난 연기를 보여주게 되며, 법정에서 변호의 달인으로 통하거나, 판매·외교·정치 등 특정 직업에서 대단히 높은 평가를 받게 될 것임이 분명하다.

중요한 것은 자기 점검이라는 장치다. 다른 사람에게 좋은 인상을 심어주려고 애쓰다가 어디에도 닻을 내리지 못하는 사교적 변덕쟁이로 삶을 마감하느냐, 훌륭한 사교술을 자신의 참된 감정과 더욱 보조를 맞추는 데 활용하는 사람이 되느냐 하는 차이는 바로 여기에 있는 것이다. 그것은 사회적 결과에 상관없이 자신의 행동이 내면의 깊은 감정 또는 가치와 조화를 이루도록, 금언에서 말하듯 '당신의 자아에' 충실할 수 있는 능력이다. 그런 감성적 충실함이 있다면, 이를테면 이중성이나 부인(否認)을 뚫고 나아가기 위해 의도적으로 상황과 맞설 수도 있을 것이다. 이는 사교적 변덕쟁이들이라면 결코 시도하지 않을 정화(淨化)다.

▌사회적 무능력자 만들기

세실은 의심할 바 없이 총명했다. 그는 대학에서 외국어를 전공한 전문 번역가로 실력이 출중했다. 하지만 그에겐 아주 서투른 구석이 있었다. 그는 커피 한 잔을 마시며 나누는 대화에서도 실수를 저지르곤 했고, 가벼운 이야기를 할 때면 말을 더듬었다. 요컨대 그는 일상적인 사회적 교류를 할 수 없는 것 같았다. 특히 주위에 여자들이 있을 때 비사교적이었기 때문에 세실은 비록 꿈에도 생각해보지 않았지만 자신의 표현대로 '내재된 동성애적 경향'이 있는 게 아닌가 싶어 심리치료를 받으러 갔다.

상담을 하던 세실은 자신의 진짜 문제는 아무도 자신이 하는 말에 관심을 갖지 않을 거라고 두려워하는 마음이라고 털어놓았다. 이런 내재된 두려움은 사교성의 부족을 더욱 심각하게 만들 뿐이었다. 사람을 만날 때 생기는 긴장 때문에 누군가 진짜로 재미있는 말을 할 때는 웃지도 못하면서, 이상하게 어색한 순간에 킬킬거리며 웃을 때가 있었다. 심리치료사에게 세실은 자신의 이런 어색한 처신은 어린 시절로 거슬러 올라간다고 고백했다. 그는 어릴 적부터 자신을 편안하게 해주는 형과 함께 있을 때만 어찌된 영문인지 긴장하지 않았다. 그러나 형이 집을 떠나자 세실의 언행은 몹시 불안정해졌다. 그는 결국 사회적으로 활동 불능 상태가 됐다.

이 이야기는 조지 워싱턴 대학의 심리학자 라킨 필립스(Lakin Phillips)가 해준 것이다. 그는 세실의 어려움이 어릴 때 사회생활의 기초가 되는 사회적 상호작용을 배우지 못한 데서 생겨난 것이라고 말한다.

제대로 자랐다면 세실은 어렸을 때 무엇을 배울 수 있었을까? 누군가 말을 걸어올 때 기다리게 하지 않고 바로 대답하는 법, '예'나 '아니오' 같은 한 단어로 된 말에만 의존하지 않고 대화하는 법, 타인에게 감사를 표현하는 법, 문을 나갈 때 다른 사람이 먼저 자기 앞을 지나가도록 해주는 법, 음식을 대접받을 때까지 기다리는 법, "부디(please)"라고 말하는 법, 경험을 공유하는 법, 기타 보통 아이들이 두 살 때쯤부터 배우기 시작하는 기초적인 상호교류의 여러 가지 방법.[9]

세실의 결함은 누군가 그에게 사회적 상호교류의 기초를 가르치지 않았기 때문인지, 아니면 그에게 배우는 능력이 모자라서인지는 확실치 않다. 하지만 그 뿌리가 무엇이든 세실의 이야기는 아이들이 상호작용을 통한 일체감 속에서 배우는 헤아릴 수 없이 많은 교훈들과 사회적 조화를 이루는 암묵적인 규칙들이 얼마나 중요한 것인지를 시사한다. 이런 규칙들을 배우지 못했을 때 나타나는 결과는 풍파를 일으키고 주위 사람들을 불편하게 만든다. 이것들의 기능은 물론 사회적으로 교류하게 되는 모든 사람들을 편안하게 해주는 일이다. 서툰 언동은 불안을 낳는다. 상호교류 기술이 부족한 사람들은 고상한 사교 활동에만 서툰 게 아니라 보통 만나는 사람의 감정을 읽고 처리하는 데에도 서툴다. 결국 어쩔 수 없이 당혹스러운 자국을 남기게 마련이다.

사실 우리 주변에도 짜증스러울 정도로 사교성이 부족한 세실 같은 사람들이 있다. 그들은 대화나 전화 통화를 언제 끝내야 할지 모르고, 이제 그만 작별인사를 하자는 신호와 암시도 전혀 눈치 채지 못한 채 끊임없이 말을 잇는다. 또 항상 자기 자신에게 중심이 맞춰진 대화를 하면서 다른 사람에게는 전혀 관심을 두지 않고, 대화의 초점을 다른 주제로 옮기려고 시험 삼아 내미는 시도에도 아랑곳하지 않는다. 또한 그들은 중간에 끼어들어 '말참견을 하는' 사람들이기도 하다. 이런 모습은 모두 상호작용에 필요한 주춧돌이 놓이지 않았다는 증거다.

심리학자들은 비언어적 신호의 영역에서 학습장애에 해당하는 상태를 가리키는 용어로 '신호불능증(dyssemia)'이라는 말을 만들어냈다. 이는 '어려움'을 뜻하는 그리스어 '디스(dys)'와 '신호'를 뜻하는 '세메스(semes)'의 합성어다. 이 영역에서는 열 명 중 대략 한 명에게 하나 혹은 그 이상의 문제가 있다.[10] 이런 문제의 원인은 개인 공간에 대한 열등한 감각 때문일 수 있는데, 이런 문제가 있는 아이는 이야기를 할 때 너무 상대방에게 가까이 다가가거나 자기 소지품을 타인의 영역에다 마구 펼쳐놓는다. 몸짓 언어를 제대로 해석하거나 활용하지 못해서 그런 문제가 생길 수도 있다. 또한 이를테면 시선 접촉을 하지 못함으로써 표정을 잘못 읽거나 전달하는 데서 문제가 생길 수도 있다. 말의 감성적 특질을 표현하는 운율감각이 무뎌서 너무 새된 목소리로 말하거나 김빠지게 말하는 데서 문제가 생기는 경우도 있다.

그동안의 연구들은 사교적 결함 신호를 보이는 아이들, 친구에게 무시당하거나 거절당하게 만드는 서툰 언동을 하는 아이들을 찾아내는 데 초점을 맞추었다. 약한 아이를 괴롭혀서 거절당하는 아이들과 달리, 다른 아이들에게서 거절당하는 아이들은 한결같이 얼굴을 맞대는 상호 접촉의 경험이 부족하며, 특히 만남에 작동하는 암묵적인 규칙을 잘 모른다. 만일 어떤 아이가 형편없이 말을 하면 사람들은 그 아이가 똑똑하지 못하거나 교육을 제대로 받지 못했다고 생각한다. 한편 그 정도는 아니어도 비언어적 상호교류의 규칙을 지키는 데 서툰 아이들을 사람들, 특히 친구들은 '이상하다'고 여겨 피한다. 이런 아이는 적절하게 놀이에 동참하는 법을 모르고, 친구들에게 친근감보다는 오히려 불편함을 준다. 요컨대 그런 아이는 '저 멀리 떨어져' 있다. 그런 아이는 감정을 전달하는 침묵의 언어에 익숙하지 않고, 부지불식간에 불편함을 야기하는 신호를 보낸다.

아이들의 비언어적 능력을 연구하는 에모리 대학의 심리학자 스티븐 노위키(Stephen Nowicki)는 이렇게 말한다. "자신의 감성을 해독할 수 없거나 표현할 수 없는 아이는 언제나 좌절감을 느낍니다. 본질적으로 그런 아이는 벌어지고 있는 일을 이해하지 못합니다. 감성적 의사소통은 모든 일에서 언제나 배후의 의미를 지니기 때문에 그 아이는 표정이나 자세를 드러내지 않을 수 없고 어조를 숨길 수도 없습니다. 만일 그 아이가 보내는 감성신호에 오류가 있다면, 그는 끊임없이 사람들이 자신을 기묘하게 대하는 상황을 경험할 것입니다. 하지만 왜 그런지 정작 이유는 알지 못하죠. 만일 그 아이가 자신은 행복하다고 생각하지만 실제로는 매우 긴장하거나 화가 나 있다면, 다른 아이들도 차례로 그에게 화를 내게 됩니다. 하지만 그 아이는 왜 그런지 이유를 모릅니다. 결국 그 아이는 타인이 자신을 대하는 방식을 어떻게 조절해야 할지 전혀 감을 못 잡게 되고, 따라서 그의 행위는 자신에게 벌어지는 일에 아무런 영향을 미치지 못합니다. 그 때문에 무기력하고 우울하며 냉담해지죠."

그런 아이는 학습에서도 어려움을 겪는다. 교실은 물론 학습이 이루어지는 곳이지만 역시 하나의 작은 사회다. 사회적으로 서툰 아이는 다른 아이들을 상대할 때와 마찬가지로 교사의 뜻을 잘못 이해하고 교사의 질문에 잘못 대답할 가능성이 많다. 그로 인한 불안과 당혹스러움 때문에 학습능력이 떨어질 수도 있다. 실제로 아이들의 비언어적 민감도 검사에서 보았듯이, 감성신호를 제대로 해독하지 못하는 아이들은 IQ 검사에 나타난 학업 잠재력에 비해 학교 공부를 잘 못하는 편이다.[11]

▗ "우린 너를 싫어해" : 사람들 속으로 들어가는 문턱에 서서

함께 놀고 싶은 무리에 섞이느냐 그렇지 못하느냐 하는 아이의 삶에서 대단히 위태로운 순간에 사회적으로 부적당한 언행을 한다면, 그 아이는 아마도 아주 고통스러운 대가를 치르게 될 것이다. 호감을 사느냐 미움을 받느냐, 무리에 속하느냐 마느냐가 너무도 적나라하게 드러나는 위기의 순간이다. 그 때문에 그런 중요한 순간은 아동 발달을 연구하는 사람들이 심도 있게 음미하는 주제가 됐고, 그런 연구를 통해 인기 있는 아이들과 사회적으로 추방된 아이들이 사용하는 접근 책략 사이에 극명한 대조가 있음이 드러났다. 그들은 자신들이 발견한 사실이 감성적인 개인 간의 신호를 알아차리고 응답하는 일이 사회적 능력에서 얼마나 중요한 것인지를 강조한다. 한 아이가 놀고 있는 다른 아이들의 주변에서 맴돌며 함께하고 싶어도 어울리지 못하는 모습은 가슴 아픈 일이지만, 그것은 보통 있을 수 있는 어려움이다. 아주 인기 많은 아이들조차도 이따금 거부당한다. 초등학교 2~3학년 학생들을 대상으로 한 연구에서는 호감을 사는 아이들의 26퍼센트도 이미 어울려 노는 무리에 들어가고자 했을 때 퇴짜를 맞은 적이 있다는 것을 밝힌다.

어린아이들은 그런 거부 속에 암시된 감성적 판단을 대단히 솔직하게 받아들인다. 다음에 나오는 한 유치원 아이들의 대화를 살펴보자.[12] 이 아이들은 모두 네 살이다.

장난감 동물을 가지고 놀던 린다는 블록 쌓기를 하는 바버라, 낸시, 빌과 함께 놀고 싶은 마음이 들었다. 린다는 잠시 친구들은 쳐다보다가 바버라 옆으로 다가가 동물 장난감을 가지고 놀기 시작한다. 그러자 바버라가 린다에게 "여기서 놀지 마!"라고 말한다.

그러자 린다가 맞받아친다.

"아니야, 놀 거야. 나한테는 장난감 동물이 있단 말이야."

바버라가 퉁명스럽게 말한다.

"아니야, 넌 우리랑 같이 못 놀아. 우린 오늘 너하고 놀고 싶지 않거든."

빌이 린다를 대신해 항의하자, 낸시가 린다를 공격하는 데 합세한다.

"오늘은 네가 미워 보여."

명시적으로든 암묵적으로든, "우린 널 싫어해"라는 말을 들을 위험성 때문에 아이들은 무리에 다가가는 문턱에 서서 조심스러울 수밖에 없고, 이는 충분히 이해할 만하다. 어느 칵테일파티에서 즐겁게 이야기를 나누는 친구 사이인 듯한 사람들 사이에서 꽁무니를 빼는 낯선 사람에게서 느껴지는 불안과 아이의 이런 불안은 그리 다르지 않을 것이다. 무리 안으로 들어가는 문턱에서 이런 순간은 아이에게 너무도 중요하다. 그래서 한 연구자가 표현했듯이, 그런 순간은 '아이를 진단하는 데 커다란 도움을 주고, 사교적 숙련의 차이도 금방 드러낸다.'[13]

일반적으로 신참들은 잠시 그저 쳐다본 다음, 처음엔 아주 시험적으로 합세해보는 등 매우 조심스러운 단계를 밟아가면서 점점 확신을 갖게 된다. 아이가 받아들여지느냐 마느냐를 결정짓는 요인은 그 아이가 진행되는 놀이의 종류와 알맞은 행동을 감지해내 그 무리의 기준틀에 얼마나 잘 부합되게 행동하느냐에 달렸다.

거의 항상 거부당하게 되는 두 가지 기본적인 잘못은, 너무 빨리 주도권을 잡으려 애쓰는 것과 기준틀에 일치되지 않는 것이다. 이런 잘못은 인기 없는 아이들이 저지르기 쉬운 행동이다. 그런 아이들은 무리의 친구들에게 자기 방식을 강요한다. 즉 너무 급작스럽거나 빠르게 주제를 바꾸려 하고, 자신의 의견만을 주장하거나 다른 아이들의 의견에 반대를 일삼는다. 모두 명백히 자기 자신만을 주목하게 만들려는 시도다. 역설적이게도 그로 인해 오히려 무시당하고 거부당한다. 반면 인기 있는 아이들은 무리에 들어가기 전에 미리 상황을 관찰한 다음, 그쪽 아이들이 받아들일 만한 행동을 한다. 그리고 무리에 들어가서는 주도권을 잡으려 애쓰기보다 우선 자신의 처지가 확고해질 때까지 기다린다.

토머스 해치가 인간친화지능이 높다고 평가한 네 살짜리 로저를 다시 살펴보자.[14] 무리에 들어가기 위한 로저의 책략은 우선 무리를 관찰하고, 그런 다음 다른 아이가 하고 있는 것을 모방하고, 마지막으로 그 아이에게 말을 건네 완전하게 그 활동을 함께하는 식이었다. 이는 승리를 보장하는 책략이다. 로저의 기술은, 예를 들어 워런과 함께 '폭탄(실제로는 조약돌'을 양말에 넣는 놀이를 할 때 잘 드러난다. 워런이 로저에게 헬리콥터를 타고 싶은지, 비행기를 타고 싶은지 묻는다. 그러자 대답을 하기 전에 로저가 묻는다.

"넌 헬리콥터를 타고 있니?"

이런 외견상 악의 없는 순간은 다른 아이들의 관심사에 대한 민감성을 드러내며, 인간관계를 유지하는 방식으로 행동하는 능력을 보여준다. 해치는 로저에 대해 이렇게 말한다. "로저는 놀이친구들에게 '입회 신청'을 합니다. 그 결과 그들과 그들의 놀이는 연결을 유지하게 되죠. 반면 다른 많은 아이들은 그저 자기 헬리콥터나 비행기에 타고 서로에게서 멀리 달아나버립니다."

▌감성적 탁월함 : 생생한 성공 사례

만일 사회능력 테스트가 타인의 괴로운 감정을 가라앉히는 능력을 재는 것이라면, 극도로 화가 난 사람을 다루는 일이야말로 가장 마지막 측정 기준이 될 것이다. 그런데 분노와 감성의 전염을 스스로 규제하는 능력에 대한 자료들이 시사하는 한 가지 효과적인 책략이 있다. 화난 사람의 주의를 다른 데로 돌리고, 그 사람의 감정과 관점에 감정이입을 한 다음, 그를 대안적 초점으로 끌어들여 좀 더 긍정적인 감정의 영역과 조율되게 하는 책략이다. 일종의 감성 유도(柔道)인 셈이다.

감성적 영향력이라는 세련된 기술을 구사하는 정련된 이 능력은 1950년대에 일본에서 합기도를 공부한 최초의 미국인들 가운데 한 사람일 테리 돕슨이라는 옛날 친구가 해준 이야기에 잘 나타나 있다. 어느 날 오후 그가 도쿄 교외에 있는 집으로 돌아가려고 기차를 탔는데, 몸집이 거대하고 호전적이며 떡이 되게 술에 취한 검댕으로 더러워진 노동자 한 사람이 올라탔다. 그는 비틀거리면서 승객들을 협박했다. 욕설을 해대면서 갓난아기를 안고 있는 한 여성을 때렸고, 한 노부부의 무릎에 배를 깔고 엎드려 그들이 펄쩍 뛰어 일어나 차량의 반대편 끄트머리로 우르르 도망치게 만들었다. 그는 주먹을 몇 번 더 휘두른 뒤(격분한 나머지 헛방을 쳤다), 소리를 지르며 열차 한가운데 있는 쇠기둥을 붙잡고 그것을 뽑아내려 애썼다.

테리는 누군가 크게 다치지 않게 하려면 자신이 이 상황에 개입해야 한다고 생각했다. 매일 여덟 시간씩 합기도로 단련해 최고의 몸 상태를 유지하고 있던 그는, 그러나 그 순간 스승의 말을 떠올렸다. "합기도는 화해의 기술이다. 싸우려는 마음은 우주와의 연결을 끊어버리려는 것이나 마찬가지다. 만일 네가 군림하고자 애쓴다면, 너는 이미 패배한 것이다. 합기도인은 갈등을 일으킬 방법이 아니라 그것을 해소할 방법에 마음을 쓰는 사람들이다."

테리는 결코 싸움을 일으키지 않고 오직 자신을 방어하는 데만 무술을 사용하기로 첫 수련을 받기 전에 스승에게 동의한 상태였다. 이제 마침내 실제 삶에서, 명백히 정당한 기회임이 분명한 상황에서 자신의 합기도 실력을 검증할 기회를 맞게 된 것이다. 그리하여 그는 모든 승객이 얼어붙은 듯 앉아 있을 때 천천히 신중한 몸짓으로 자리에서 일어났다.

그를 보자 술 취한 그가 악을 쓰며 "아하! 외국인! 넌 일본식으로 따끔한 맛을 좀 봐야 돼!"라고 소리를 질렀다. 금방이라도 테리에게 덤벼들 태세였다. 그런데 그가 막 몸을 움직이려는 찰나, 누군가 귀청이 떨어질 듯하면서도 희한하게 기분 좋게 느껴지는 큰 목소리로 말했다.

"이보게!"

그 소리는 좋아하는 친구를 거리에서 우연히 만나게 된 사람의 목소리처럼 쾌활한 어조를 띠었다. 그는 깜짝 놀라 눈이 휘둥그레졌다. 기모노를 입은, 필시 70대에 들어섰을 키 작은 한 일본인이었다. 그 노인은 술 취한 사람에게 밝게 미소를 지었고, 손을 살짝 들어 그더러 오라고 손짓하며 경쾌한 목소리로 "이리 오게" 하고 말했다.

술 취한 사람은 성큼 다가서며 전의에 불타는 목소리로 "빌어먹을, 내가 왜 당신하고 말을 나눠야 하지?"라고 했다. 그러는 사이 테리는 만일 술 취한 사람이 조금이라도 폭력을 휘두르면 순식간에 그를 제압할 태세를 갖추었다.

"뭘 마셨소이까?"

노인이 술 취한 노동자에게 미소 띤 눈으로 바라보며 물었다.

"사케 마셨다. 한데 네가 무슨 상관이야."

그가 고함을 질렀다.

"아, 거 참 멋지군요. 정말 멋져요."

노인은 따뜻한 말투로 화답했다.

"저도 사케를 좋아하죠. 매일 밤 아내와 함께 작은 병에 든 사케를 데워 정원으로 가지고 나가 오래된 나무 벤치에 앉아서……."

그는 자기 집 정원의 보물인 감나무 근처 벤치에 앉아 저녁이면 사케를 즐기곤 했다. 술 취한 사람의 얼굴이 노인의 말을 귀담아 들으면서 부드러워지기 시작하더니 꽉 쥐었던 주먹이 스르르 풀렸다.

"아…… 나도 감나무를 아주 좋아하죠……."

말하는 그의 목소리가 점차 가라앉았다. 노인이 명랑한 목소리로 말을 받았다.

"그렇군요. 당신한테도 틀림없이 멋진 아내가 있겠죠."

그 노동자가 말했다.

"아니오, 제 아내는 죽었어요……."

흐느끼며 그가 아내, 가정, 일자리를 잃은 것이며, 자신에 대해 수치심을 느꼈던 슬픈 이야기를 하기 시작했다. 바로 그때 테리가 내릴 정거장이 되었다. 기차에서 내릴 무렵 고개를 돌리자, 노인이 술 취한 사람더러 자기한테 와서 모든 이야기를 하라고 말하는 소리가 들렸다. 그다음으로 그가 노인의 무릎에 머리를 둔 채 좌석에 커다랗게 드러누운 모습이 눈에 들어왔다. 가슴 뭉클하게 만드는 아름다운 장면이었다.

3

EMOTIONAL
INTELLIGENCE

감성지능 실전편

chapter 9

행복한 결혼생활을
위한 감성지능

화성 남자, 금성 여자의 결혼

지 크문트 프로이트는 일찍이 일과 사랑이 완전한 성숙을 특징짓는
쌍둥이라고 제자 에릭 에릭슨에게 말했다. 그렇다면 성숙이란 인
생에서 언제든지 위험에 처할 수 있는 중간역이나 마찬가지다. 그런 의미
에서 현재의 결혼과 이혼 추세는 그 어느 때보다도 더욱 감성지능을 중요
하게 부각하고 있다.

이혼율은 '해마다' 일정한 수준에서 유지돼왔다. 하지만 이혼율을 계
산하는 또 다른 방식에 따르면, 이혼율의 위험한 상승이 나타난다. 지금
막 결혼한 부부가 '결국' 이혼으로 끝나게 될 가능성을 염두에 두기 때문
이다. 이혼율의 전반적인 상승은 멈추었지만, 이혼의 '위험성'은 신혼부
부들 쪽으로 옮겨가고 있다.

그런 변화는 시대에 따른 이혼율을 비교할 때 더 분명해진다. 미국에서 1890년에 맺어진 결혼 가운데 대략 10퍼센트는 이혼으로 끝났다. 1920년대에 결혼한 부부들의 이혼율은 대략 18퍼센트였다. 1950년대에는 30퍼센트, 1970년대에는 50퍼센트였다. 1990년대에 출발한 신혼부부들의 경우, 결국 이혼으로 끝나게 될 가능성은 놀랍게도 67퍼센트에 가까울 것으로 예측됐다![1] 그렇게 계산한다면 최근 결혼한 신혼부부는 열 쌍 중 세 쌍만이 결혼생활을 유지할 수 있다는 얘기다.

이혼율 상승은 상당 부분 감성지능이 쇠퇴해서라기보다 극심한 부부 싸움 속에서도 부부를 함께 살게 해주던 요인들이 사라졌기 때문이라고 할 수 있다. 즉 이혼을 둘러싼 치욕이라든가, 경제적으로 아내가 남편에게 의존하는 등의 사회적 압력 또는 환경이 지속적으로 쇠퇴했기 때문이라고 보는 주장이다. 이렇듯 사회적 압력(환경)이 더 이상 결혼을 유지시키는 아교풀이 아니게 된 시대에 부부관계가 유지되기 위해서는 둘 사이의 감성적 힘이 무엇보다 중요하다.

부부 사이의 유대와 그들을 갈라놓게 만드는 감성적 단층선에 관한 연구는 최근 몇 년 동안 유례를 찾아볼 수 없을 정도로 정확하게 진행돼왔다. 결혼을 유지하기 위한 돌파구는 과연 무엇일까? 부부가 마주칠 때의 미묘한 감성적 의미를 순간순간 추적하게 해주는, 정교한 생리적 측정 수치들을 활용함으로써 그 돌파구가 마련되리라고 생각한다. 과학자들은 그런 측정 수치들 덕분에 남편이 보이는 아드레날린의 급증과 혈압 상승을 탐지할 수 있었고, 아내의 얼굴을 언뜻 스쳐가는 미세한 정서도 관찰할 수 있었다. 이런 생리적 평가 수치들은 부부 문제에 대한 숨겨진 생물학적 배경을 드러내고, 부부 자신들에게 보통 감지되지 않거나 무시되었던 감성적 현실이 운명의 갈림길이 됨을 보여준다. 평가 수치들이 그들 관계의 결속이나 파괴에 간여하는 감성적 힘을 백일하에 드러내기 때문이다. 그 감성적 단층선은 소년, 소녀 시절의 감성 세계 차이에 그 뿌리를 두고 있다.

▶ 남자의 결혼과 여자의 결혼 : 유년기로부터의 뿌리

어느 날 저녁, 내가 막 식당으로 들어가려는데 무표정하고 시무룩한 얼굴의 젊은이가 성큼 걸어 나왔다. 그의 뒤를 바싹 뒤따라 한 젊은 여자가 달려 나와 "빌어먹을 새끼! 어서 이리 와 나한테 좀 착하게 굴어봐!" 하고 소리치며 그의 등짝을 주먹으로 내리쳤다. 다시 돌아오라는 마음을 담은 가슴 아프지만 저 모순적인 간청이야말로 지치리만큼 괴로운 관계를 영위하는 부부들에게서 가장 공통적으로 나타나는 전형적인 양상이다. 여자는 개입하고자 하고, 남자는 물러서려 한다. 부부가 심리치료소에 찾아올 무렵이면, 대개 이런 개입-물러섬의 패턴을 드러낸다. 남편은 아내의 '불합리한' 요구와 감정의 분출을 불평하고, 아내는 자신의 말에 무관심한 남편의 태도를 서글퍼한다.

결혼 막판에 벌어지는 이런 상황은 실제로 부부 사이에 두 가지 감성적 실재, 즉 아내의 감성 세계와 남편의 감성 세계가 별개로 존재한다는 사실을 반영한다. 이런 감성적 차이는 부분적으로는 선천적인 것일 수 있지만, 한편 소년, 소녀 시절 그들이 처했던 분리된 감성 세계 때문일 수도 있다. 이 분야의 연구들에 따르면, 그런 분리된 세계의 경계선은 소년, 소녀들이 선호하는 서로 다른 놀이뿐 아니라 '여자친구'나 '남자친구'를 가졌다고 놀림 받았던 경험의 두려움을 통해서도 강화됐다.[2] 어린이들의 우정에 관한 한 연구에 따르면, 세 살 무렵 아이들의 친구들은 반 이상이 이성이었다. 다섯 살이 되면 이성친구는 대략 20퍼센트로 줄고,

일곱 살 무렵이 되면 친한 이성친구는 거의 없게 된다.[3] 이렇게 분리된 세계는 이들이 10대가 되어 데이트를 시작할 때까지 거의 교류되는 일이 없다.

그러는 사이에 소년, 소녀들은 아주 다른 감성적 훈련을 받는다. 부모들은 보통 아들보다는 딸과 훨씬 더 많이 감성 문제를 이야기한다(분노는 예외).[4] 그러므로 소녀가 소년보다 훨씬 많은 감성 정보를 접하는 것은 당연한 일이다. 부모가 아이에게 이야기를 들려줄 때만 봐도, 아들보다는 딸에게 훨씬 많은 감성적 단어를 사용한다. 엄마가 갓난아기와 놀 때도 아들보다는 딸에게 훨씬 광범위한 감성을 드러낸다. 부모가 자녀에게 감정 상태에 대해 말할 때 역시 아들보다 딸에게 훨씬 더 자세하게 있는 그대로 말한다. 그러나 부모가 아들에게 자세히 이야기하는 경우, 그것은 필시 주의를 주려는 의도로 분노와 같은 감정의 원인과 결과에 대해 구체적인 예를 들어가며 말할 때뿐이다.

레슬리 브로디(Leslie Brody)와 주디스 홀(Judith Hall)은 양성 간의 감성 차이에 대한 연구를 다음과 같이 요약한다. 소녀의 언어 능력이 소년보다 훨씬 빨리 발전하기 때문에 소녀들이 소년보다 자신의 감정을 정확하게 표현하는 데 훨씬 경험이 많으며, 감정을 신체 반응이 아니라 언어로 표출하는 능력도 소년보다 훨씬 능숙하다. 반면에 '감정을 말로 표현하는 일이 강조되는 훈련을 받은 적이 없는 소년은 자신뿐 아니라 타인의 감정 상태에도 대체로 무지한 편이다.'[5]

열 살 무렵 여자 아이는 남자 아이처럼 공공연히 공격적이고, 화가 날 때는 대놓고 대결을 벌이길 좋아한다. 그러나 열세 살쯤 되면 뚜렷한 성적(性的) 차이가 나타난다. 여자 아이는 남자 아이보다 추방, 심술궂은 뒷공론, 간접적인 복수 같은 교묘한 공격 전술에 훨씬 뛰어나게 된다. 남자 아이는 대체로 화가 날 때 그저 계속 대결하려는 자세를 취할 뿐, 여자 아이들의 좀 더 은밀한 전략을 알아차리지 못한다.[6] 이런 면모는 감성생활에서 남자 아이가(남성) 여자 아이(여성)보다 덜 정교한 여러 측면 가운데 하나다.

여자 아이는 작고 친밀한 무리 속에서 놀며 적대감은 최소화하고 협동을 최대화하는 데 강조를 두는 반면, 남자 아이의 놀이는 좀 더 큰 무리에서 이루어지며 경쟁에 초점을 맞춘다. 놀다가 누군가 다쳐서 놀이가 흐지부지되는 상황이 생겼다고 하자. 여기서 남녀 사이에 한 가지 주요한 차이가 발견된다. 남자 아이들은 다친 아이가 기분이 엉망이든 아니든 그저 놀이가 계속될 수 있게 얼른 울음을 그치고 운동장을 떠나길 기대한다. 그러나 여자 아이들은 울고 있는 아이를 돕기 위해 모두 한데 모이는 바람에 '놀이가 중단된다.' 하버드 대학의 캐럴 길리건(Carol Gilligan)은 놀이를 할 때 나타나는 남녀 간의 이런 차이가 성(性) 간의 주요한 불일치라고 지적한다. 즉 남자 아이는 외로움이나 강한 독립성과 자율성에 긍지를 느끼는 반면, 여자 아이는 연결망의 일부로 자신을 바라본다. 그러므로 남자 아이는 자신의 독립성에 도전할 가능성이 있는 그 어떤 것에도 위협을 느끼는 반면, 여자 아이는 인간관계에서 벌어지는 불화로 인해 더 많은 위협을 느낀다. 데버러 태넌(Deborah Tannen)이 자신의 책《당신은 정말 이해 못해(You Just Don't Understand)》에서 지적한 대로, 이런 차이 나는 남녀의 관점은 대화를 통해서도 서로 매우 다른 것을 원하고 기대한다는 사실을 의미한다. 남성은 '일'에 관한 이야기를 나누고 싶어 하는 반면, 여성은 감성적 연결을 추구한다.

요컨대 이런 대조적인 감성교육을 통해 매우 다른 기술이 길러지게 되어 여자 아이는 '언어적, 비언어적 감성신호를 모두 해독하고, 자신의 감정을 잘 표현하며, 의사소통을 능숙하게 하는' 반면, 남자 아이는 '상처 받기 쉬운 성격, 죄의식이나 두려움, 상처와 관계되는 감정을 최소화하는 데' 능숙해진다.[7] 과학적 문헌에도 이와 같은 남녀의 정신적 차이점에 대한 증거가 매우 설득력 있게 제시되어 있다. 예를 들어 보통 여성은 남성보다 훨씬 감정이입적이다. 적어도 표정, 어조, 기타 비언어적 신호로 다른 사람의 표현되지 않은 감정을 읽어내는 능력을 측정했을 때 그렇다는 말이다. 당연히 남자보다는 여자의 얼굴에서 감정을 읽어내기가 좀 더 쉬운 편이다. 아주 어린 아기들은 남녀를 불문하고 얼굴 표정에 전혀 차이가 없는 반면, 초등학생만 돼도 남자 아이는 표현력이 떨어지고 여자 아이는 좀 더 표현적이 된다. 이것이 부분적으로나마 또 다른 주요한 차이를 반영하는 것인지도 모른다. 즉 여성은 평균적으로 남성보다 훨씬 강하고 변하기 쉬운 전 영역의 감성을 경험한다. 이런 의미에서 여성은 남성보다 훨씬 '감성적'이다.[8]

그리하여 일반적으로 여성은 감성적 관리자로 훈련받고 결혼하게 되는 반면, 남성은 인간관계가 살아 있도록 돕기 위한 이런 과제의 중요성을 훨씬 덜 인식한 상태로 결혼하게 된다. 264쌍의 부부들에 대한 연구에서 여성의 경우, 인간관계의 만족도에서 가장 중요한 요소는 그 부부가 '좋은 의사소통'을 하고 있다는 느낌이었다.[9] 부부 문제를 연구해온 텍사스 대학의 심리학자 테드 휴스턴(Ted Huston)은 이렇게 말한다. "아내의 경우 친밀감은 여러 가지 것에 대해 이야기하는 일, 특히 관계 그 자체에 대해 이야기 나누는 일을 의미합니다. 남편은 대체로 아내가 자신에게 원하는 것을 이해하지 못하지요. 그래서 '나는 아내와 이것저것 함께하고 싶지만, 아내가 원하는 건 오직 이야기뿐이다'라고 말합니다." 휴스턴은, 하지만 남성도 연애를 할 때는 미래의 아내가 원하는 친밀감 있는 방식으로 훨씬 더 기꺼이 이야기하는 데 시간을 쓰고자 한다는 사실을 밝혀냈다. 그런데 일단 결혼해서 시간이 지남에 따라, 특히 전통적인 부부의 경우 남편은 아내와 친밀하게 이야기 나누는 데 시간을 적게

쓰게 된다. 그보다는 함께 정원을 가꾸는 일처럼 무언가를 같이하는 데서 친근감을 얻었다.

이런 부부간 대화 부족(단절)에도 남성은 자신들의 결혼 상태가 낙관적이라고 생각하는 면이 있다. 반면에 여성은 이런 단절을 문제가 있는 쪽으로 인식한다. 결혼에 대한 한 연구에 따르면, 남편은 성관계, 재정, 친척 관계, 부부간에 상대의 말을 경청하는 정도, 부부 각각의 결점이 문제가 되는 정도 등 부부관계의 정말 모든 것에 대해 아내보다는 더 낙관적인 견해를 지니고 있었다.[10] 불만이 있을 때 남편보다는 아내가 더욱 목소리를 키우는데, 사이가 좋지 않은 부부일수록 더욱 그렇다. 결혼에 대한 남성의 낙관적인 견해와 여성의 감성적 대립을 혐오하는 성향을 결합해보라. 그러면 아내가 왜 그렇게나 자주 남편이 부부관계의 문제점을 논의하지 않고 몸을 뒤틀면서 도망가려 애쓴다고 불평하는지 이유가 명확해진다. (물론 남녀 간 성에 따른 이런 성향의 차이는 일반적인 것이며, 모든 경우에 적용되는 것은 아니다. 정신과 의사인 한 친구는 결혼한 후 아내가 둘 사이의 감정 문제를 논의하는 일을 꺼려서 자신이 감정 문제를 제기하는 처지라고 불평했다.)

남성은 상대적으로 표정에 나타난 감정을 읽어내는 일에서 여성에 비해 무능하므로 부부관계에서 생기는 문제를 화제에 올리는 일에서도 더딘 경우가 많다. 예를 들어 남성이 여성의 표정에서 슬픔을 감지하는 일보다, 여성이 남성의 슬픈 표정에 훨씬 더 민감하다.[11] 따라서 남편이 '뭣 때문에 아내가 저렇게 슬퍼할까?' 하고 의문스러워하면서 아내의 감정을 알아차리게 하기 위해서는 아내가 훨씬 더 슬퍼질 수밖에 없다.

어떤 친밀한 관계에서도 생길 수밖에 없는 불만과 불일치를 부부는 어떻게 조절해야 할까? 이런 질문을 놓고 감성의 성적 간극이 지니는 의미를 숙고해보자. 사실상 부부가 얼마나 자주 성관계를 하는가, 아이들을 어떻게 훈육하는가, 부부가 편안함을 느끼는 빛이나 저축은 어느 정도인

가와 같은 구체적인 문제들이 결혼을 유지시키거나 깨지게 하지는 않는다. 오히려 감정에 관련된 문제에 대해 어떻게 이야기를 하느냐가 결혼의 운명에 훨씬 더 중요하다. 진정 어떻게 서로 다른 처지를 인정할 것인가에 합의하는 일이 부부관계 존속의 요체라는 말이다. 남성과 여성은 감정 문제에 접근할 때 선천적인 성적 차이를 극복해야만 한다. 이것에 실패하면 부부는 그들의 관계를 멀어지게 할 감성적 불화로 인해 상처받기 쉽다. 앞으로 계속 살펴보겠지만 부부 중 한쪽이나 양쪽 모두 감성지능에 특정한 결함을 지니고 있다면, 이런 불화는 훨씬 더 커질 가능성이 크다.

▶ 결혼생활의 단층선

프레드 : "드라이클리닝 맡긴 세탁물 찾아왔소?"

잉그리드 : (흉내 내는 어조로) "'드라이클리닝 맡긴 세탁물 찾아왔소?' 빌어먹을. 세탁물은 맡긴 사람이 찾으라고요. 내가 하녀예요?"

프레드 : "절대로 아니지. 당신이 하녀라면 적어도 세탁하는 법쯤은 알았겠지."

만일 이런 대화가 시트콤에 나온다면 재미있을 것이다. 하지만 이 고통스러울 정도로 신랄한 대화는 그 후 몇 년 지나 이혼한 부부 사이에 이루어진 것이다.[12] 부부를 결속시키는 감성적 아교풀과 결혼을 파괴할 수 있는 신랄한 감정에 대해 누구보다 가장 자세히 분석 작업을 해온 워싱턴 대학의 심리학자 존 고트먼(John Gottman)이 운영하는 연구실에 여러 쌍의 부부들이 모였다.[13] 그의 연구실에 설치된 비디오 카메라는 부부들 사이에 작용하는 심층적인 감정의 흐름을 밝혀내기 위한 미세 분석에 이용됐다. 부부를 이혼으로 이끌어가는 단층선의 도식화 작업을 위한 이 실험은 결혼의 존속에 감성지능이 끼치는 중요한 역할에 대한 확신을 주는 사례가 되었다.

지난 20년 동안 고트먼은 갓 결혼한 부부들과 결혼한 지 수십 년 된 부부들을 포함해 200쌍 이상의 부부들을 추적했다. 그는 한 연구에서, 자기 연구실에서 관찰되고 있는 한 부부(드라이클리닝한 세탁물을 찾는 대화를 너무도 표독스럽게 나눈 프레드와 잉그리드처럼)가 3년 이내에 이혼하게 될 것이라고, 결혼과 이혼에 관한 연구에서 이제껏 들어본 적 없는 '94퍼센트의 정확도'로 예측할 수 있을 만큼 정밀하게 결혼의 감성 생태학을 도식화해내고 있었다.

고트먼의 분석이 가지는 위력은 그의 수고를 아끼지 않는 방법과 조사의 철저함에서 나온다. 부부가 이야기를 나누는 동안 감지장치들이 부부 각자에게 나타나는 생리적 변화를 아무리 사소한 것일지라도 전부 기록한다. 부부의 표정을 시시각각으로 분석하여(폴 에크먼이 개발한 감정 읽어내기의 체계를 활용함) 금방 지나가버렸지만 감정이 드러내는 미묘한 의미를 탐지한다. 대화를 마치고 부부가 따로따로 실험실로 와서 녹화한 비디오를 보며 배우자와 대화를 나누던 열띤 순간 가졌던 자신의 내밀한 생각을 이야기한다. 이는 결혼을 감성적 차원에서 찍은 엑스레이라고 할 수 있다.

결혼의 위기를 말해주는 초기의 경고 신호는 사나운 비난이다. 건강한 결혼에선 남편과 아내가 불평을 표현하는 일이 자유롭다. 하지만 그렇지 않은 부부간에는 자주 화가 달아오른 가운데 배우자의 인격을 공격함으로써 불평이 파괴적으로 표현되는 경우가 빈번하게 일어난다. 예를 들어 패멀라와 그녀의 딸은 남편 톰이 서점에 간 사이에 구두를 쇼핑하러 갔다. 그들은 한 시간 후 우체국 앞에서 만나 영화를 보러 가기로 약속한 상태였다. 패멀라는 약속 시간이 되기 무섭게 나타났지만, 톰은 올 기미가 보이지 않았다.

"이 사람 어디 있는 거냐? 10분 있으면 영화가 시작될 텐데."

패멀라가 딸에게 불평을 했다.

"네 아빠는 일을 망칠 기회가 보이기만 하면 언제나 그렇게 할 사람이란다."

톰이 10분쯤 지나 나타났다. 톰은 우연히 친구를 만나서 아주 반가웠다는 이야기와 함께 늦은 것을 사과했다. 그러자 패멀라가 빈정거리며 비난했다.

"됐어요. 덕분에 우리가 세운 단 하나의 계획도 망쳐놓는 당신의 놀라운 능력을 놓고 토론할 기회를 가졌으니까요. 당신은 참 무심하고 자기중심적인 사람이에요!"

패멀라의 불평은 불평 이상이다. 그것은 행위에 대한 게 아니라 인격에 대한 것이라서, 실제로는 톰의 인격을 암살하는 행위나 마찬가지다. 사실 톰은 사과를 한 터였다. 하지만 패멀라는 남편에게 '무심하고 자기중심적'이라는 낙인을 찍는다. 대부분의 부부는 이따금 이런 일을 경험한다. 그럴 때 배우자가 저지른 행위에 대한 불평이 그 행위에 대해서보다는 인격에 대한 공격으로 드러나기가 쉽다. 그러나 이런 사나운 인격적 비난은 이성적인 불평보다 훨씬 더 감정을 상하게 만드는 결과를 낳는다. 그리하여 남편이나 아내가 자신의 불평을 상대가 제대로 듣지 않거나 무시한다고 느낄수록, 그런 공격이 일어날 가능성이 더욱 높아지게 되리라는 점은 충분히 이해될 것이다.

불평과 인격적 비난의 차이는 간단하다. 아내가 자신을 당혹스럽게 하는 일이 무엇인지 구체적으로 말하면서 남편의 '행동'을 비판하는 것, 남편 자체를 비난하지 않으면서 남편의 행동으로 인해 자신이 어떻게 느꼈는지를 말하는 것이 불평이다. "세탁소에서 내 옷을 가져오는 걸 당신이 잊었을 때, 당신은 나에 대해 별 관심이 없다는 느낌을 받았어요." 이런 말은 감성지능적 표현이다. 단호하지만 호전적이지 않고 수동적이다. 그러나 인격적 비난에선 남편에게 총체적 비난을 감행하기 위해 특정한 불만을 활용한다.

"당신은 항상 너무 이기적이고 부주의해요. 그래서 당신이 무슨 일을 하든 제대로 하리라고 믿을 수가 없어요." 이런 종류의 비난은 그 상대가 수치스럽고 배척되며 결함이 있다고 느껴져서 사태를 개선하려고 발길을 옮기기보다는 방어적인 응답을 할 가능성이 훨씬 높다.

특별히 파괴적 감정인 경멸감을 실은 채 비난이 행해질 때 더욱 더 그렇다. 경멸감은 분노와 쉽게 동행한다. 경멸감은 대체로 말로만 표현되는 것이 아니라 어조와 화난 표정으로도 표현된다. 물론 경멸감이 지닌 가장 명백한 형태는 '얼간이', '애송이', '겁쟁이' 같은 비웃음이나 모욕적인 말이다. 그러나 그만큼 상처를 주는 것은 경멸감을 주는 몸짓 언어다. 특히 경멸감을 나타내는 보편적인 표정인 깔보는 얼굴이나 삐쭉 나온 입술, '이런, 말도 안 돼!'라고 말하는 듯한 휘둥그레지는 눈이 그렇다.

경멸을 나타내는 얼굴의 징후는 두 눈을 아래위로 굴리면서 입 언저리를 옆으로(대체로 왼쪽) 끌어당기는 근육인 '볼에서 움푹 들어간 곳'의 수축이다. 부부 중 한쪽이 이런 표정을 언뜻 보일 때, 말없는 감성적 대화 속에서 상대편의 심장박동이 분당 2~3회 빨라지게 된다. 고트먼은 이런 숨겨진 대화가 질병을 가져온다는 점을 밝혀냈다. 예를 들어 만일 남편이 정기적으로 경멸감을 드러낸다면, 아내는 위장장애뿐 아니라 잦은 감기와 독감, 방광염과 진균 감염에 이르기까지 일정한 질환에 걸리기 쉽다는 것이다. 또한 15분 정도 대화하는 동안 배우자의 얼굴에서 네다섯 차례 정도 경멸감의 사촌이라고 할 혐오감이 비친다면, 그 부부는 4년 이내에 별거할 가능성이 높다.

물론 이따금 경멸감이나 혐오감을 드러낸다고 해서 결혼이 깨지지는 않을 것이다. 하지만 일제히 쏟아내는 감정의 분출은 심장병의 위험 요인인 흡연이나 높은 콜레스테롤 수치만큼이나 유해하다. 그것이 강렬하고 오래 지속되면 더욱 위험성이 커진다. 이혼으로 가는 길목에서는 이런 요인들 가운데 하나가 그다음 요인을 불러들인다. 상습적인 비난과 경멸감이나 혐오감은 아내나 남편이 자신의 배우자에 대해 최악의 심판을 내렸다는 점을 나타내기 때문에 위험 신호다. 남편이나 아내의 생각 속에서 상대는 언제나 비난받아야 할 사람이다. 그런 부정적이고 적대적인 생각으로 자연스럽게 공격행위가 벌어지고, 이로 인해 상대방은 방어적이 되거나 맞받아쳐 공격할 태세를 갖추게 된다.

맞서 싸우거나 도망가기라는 두 가지 무기는 부부 한쪽이 공격에 응답하는 방식을 드러낸다. 가장 분명한 무기는 화를 내고 비난하면서 맞부딪쳐 싸우는 일이다. 하지만 이 방식은 대개 아무런 성과 없이 소리만 질러 대는 시합으로 끝난다. 오히려 도망가기가 훨씬 치명적일 수 있다. '도망가기'가 냉혹한 침묵 상태로 은둔해버리는 결과를 가져올 때 특히 그렇다. 꼬리 잡히지 않게 행동하는 일은 최종적인 방어다. 건수 잡히지 않으려는 사람은 그저 마음이 허탈해져서 실제론 냉혹한 표정과 침묵으로 응답함으로써 대화를 기피하는 것이다. 발뺌을 일삼는 일은 쌀쌀한 거리 두기, 우월감, 혐오감의 조합 같은 대단히 무기력하게 만드는 신호를 보내는 셈이다. 꼬리 잡히지 않으려는 행동은 문제의 소지를 안고 있는 결혼에서 주로 나타난다. 이런 사례의 85퍼센트에서 남편 쪽이 비난과 경멸감으로 공격해 대는 아내에게 응답하여 건수 잡히지 않으려는 행동을 했다.[14] 상습적 응답으로서 꼬리 잡히지 않으려는 행동은 관계의 건강성에 치명적이다. 그런 행동은 부부간 불일치를 해결할 가능성을 완전히 차단해버리기 때문이다.

▋독기 어린 생각

아이들이 어수선하게 날뛰고 있어서 아버지 마틴은 애를 먹고 있다. 그가 아내 멜러니를 향해 날카로운 어조로 말한다. "여보, 애들을 좀 차분하게 만들 수 있으리란 생각은 안 들지?"

그의 실제 생각 : '그녀는 애들한테 지나치게 관대하단 말이야.'

멜러니는 남편의 역정에 화가 치솟아 오르는 느낌이다. 얼굴이 긴장되고 이마가 찌푸려지는 가운데 멜러니가 대답한다. "애들은 지금 재밌게 놀고 있는 거예요. 곧 자러 가겠죠."

그녀의 생각 : '또 저 모양으로 불평만 해대는군.'

마틴은 이제 눈에 띄게 화가 났다. 위협을 하듯이 앞으로 몸을 숙이고 주먹을 쥔 채 짜증스러운 어조로 말한다. "내가 이 녀석들을 지금 재워야 하나?"

그의 생각 : '저 여잔 사사건건 나한테 반대지. 어이구, 그저 내가 나서야지.'

마틴의 분노에 갑자기 놀란 멜러니가 부드럽게 말한다. "그러지 마세요. 제가 당장 애들 재울게요."

그녀의 생각 : '못 말리겠군. 저러단 애들을 다치게 할 수도 있으니 차라리 내가 져줘야지.'

이런 식으로 표현된 말과 침묵의 내용이 평행선을 달리는 대화는 결혼에 해독을 끼칠 수 있는 종류의 한 사례로, 인지치료의 창시자인 애런 베크(Aaron Beck)가 소개했다.[15] 멜러니와 마틴 사이에서 감성적 교류는 그들의 생각에 의해 이루어질 뿐이다. 그런데 그런 생각은 베크가 '자동적인 생각'이라 부르는 또 다른 깊은 의식층에 의해 형성된다. 내면 깊숙한 곳에 있는 감성적 태도를 반영하는, 삶 속의 자기 자신과 사람들에 대한 빠르게 지나가는 생각들이 깔려 있는 배경 말이다. 멜러니의 경우 배경이 되는 생각은 대개 이렇다. '저 사람은 항상 화를 내서 날 못살게 굴어.' 마틴의 기조가 되는 생각은 이렇다. '그녀에겐 나를 이렇게 대접할 아무런 권리가 없어.' 멜러니는 자신이 결혼생활의 순진한 희생자인 것 같고, 마틴은 자신의 정당한 분노가 부당하게 대접받는다고 생각한다.

순진한 희생자라거나 정당한 분노라는 생각은 문제 있는 결혼생활을 하는 부부들에게 전형적으로 나타나는데, 그들은 계속해서 분노와 상처를 부추긴다.[16] 일단 정당한 분노가 자동으로 일어나게 되면, 그런 생각은 그 자체로 더욱 확고해진다. 자신이 희생한다고 느끼는 남편은 아내가 자신을 희생시키고 있다는 생각을 확고하게 만들어주는 아내의 모든 행동은 언제나 면밀히 살피지만, 그 반대로 아내가 자신을 희생시키고 있다는 데 대한 의문이나 부당성이 들게 하는 그 어떤 아내의 친절도 무시하거나 평가절하 해버리기 때문이다.

이런 생각은 위력적이어서 곧 신경이 경보체계를 발동시키게 된다. 일단 희생되고 있다는 남편의 생각이 감성폭발을 일으키면, 아무래도 당분간 아내가 자신을 희생시킨 방식을 상기시키는 불만의 목록을 떠올리거나 곰곰이 되새기게 될 것이다. 반면에 아내가 행했을 수도 있는 친절한 일들에 대한 생각은 전혀 떠올리지 않을 것이다. 그런 사고방식은 아내를 헤어날 수 없는 상황 속에 놓이게 만든다. 게다가 아내의 친절한 행위들도 부정적인 렌즈를 통해 비쳐지면 달리 해석될 수 있다. 그리하여 선의의 행위조차 가해자라는 점을 부인하려는 아내의 초라한 시도로 해석되어 깨끗이 잊혀버릴 수 있다.

반면 사이가 좋은 부부들은 똑같은 상황에서 벌어진 일에 대해 좀 더 다정한 해석을 할 수 있어서 돌발적인 감성폭발이 일어날 가능성이 훨씬 적으며, 설사 감성폭발이 일어났더라도 훨씬 쉽게 회복되는 편이다. 괴로움을 유지하거나 완화하는 생각의 일반적인 틀은 비관적인 관점과 낙관적인 관점에 대한 심리학자 마틴 셀리그먼에 의해 6장에서 설명된 그 패턴을 따른다. 비관적인 견해는 상대편이 변화될 수 없고 불행을 일으킬 수밖에 없다는 식의, 본래부터 결함이 있다는 견해다. "그는 이기적이고 자기도취적이에요. 그런 식으로 그는 자랐고 앞으로도 그럴 겁니다. 그는 제가 손발처럼 충실하게 자신을 대우해주길 기대하면서도, 제가 어떻게 느낄지에 대해선 전혀 아랑곳하지 않아요." 이와 대조되는 낙관적인 견해는 이렇다. "그가 지금은 까다롭지만, 옛날엔 사려가 깊었어요. 아마 기분이 나쁜 건지도 몰라요. 혹시 직장에서 좋지 않은 일이 있었던 건 아닐까 싶네요." 이런 견해는 남편을(혹은 결혼을) 구제불능일 정도로 상처받고 희망 없다고 여기진 않는다. 대신에 좋지 않은 순간을 변화될 수 있는 환경의 탓이라고 본다. 첫 번째 태도는 계속되는 괴로움을 낳지만, 두 번째 태도는 위로를 준다.

비관적 자세를 취하는 사람들은 감성폭발을 일으키기가 아주 쉽다. 그들은 배우자의 행위로 인해 화를 내고, 상처받으며, 괴로워한다. 그리고 일단 이런 상황에 빠져들면 헤어나질 못한다. 이러한 내적 괴로움과 비관적 태도로 인해 당연히 상대를 대면하게 되면 비난과 경멸이 퍼부어질 가능성이 높아지게 되고, 이에 따라 상대는 방어본능을 드러내고 꼬리를 감출 가능성이 커진다.

이런 나쁜 생각들 가운데 가장 적의에 찬 생각은 아내에게 육체적으로 폭력을 행사하는 남편들에게서 보인다. 인디애나 대학의 심리학자들은 폭력 남편에 대한 연구를 통해, 이런 남편들은 마치 동네에서 아이들을 괴롭히는 골목대장처럼 생각한다는 점을 발견했다. 아내의 중립적인 행동조차도 적대적 의도로 해석하고, 이런 그릇된 해석을 자신의 폭력을 정당화하는 데 활용한다(데이트 상대에게 성적으로 공격적인 남자들도 이와 비슷한 짓을 벌인다. 그들은 여성을 의심의 눈초리로 바라보며 그녀의 생각을 무시해버린다).[17] 7장에서 살펴보았듯이 그런 남성은 아내에게 냉대, 거부, 무시를 당한다고 생각한다. 아내를 때리는 남편들이 보이는, 폭력을 '정당화하는' 생각을 낳는 전형적인 시나리오는 이렇다. '모임에 나갔는데 아내가 매력적인 저 녀석과 30분씩이나 얘기하며 웃고 있는 걸 눈치 챘어. 아내가 저 녀석과 시시덕거리는 것 같단 말이야.' 아내가 자신을 거부하고 버리려는 짓을 하고 있다고 감지할 때, 이런 남자들의 감정은 분노와 격분으로 치닫는다. 구타를 일삼는 남편들은 '저 여잔 나를 떠날 거야'와 같은 자동으로 떠오르는 생각으로 인해 충동적으로 아내에게 폭력을 가한다. 연구자들의 표현에 따르면, '무능한 행동상의 반응'으로 드러나는 감성폭발이 일어난다. 그리하여 그들은 폭력적이 된다.[18]

�▨ 감정의 범람 : 결혼생활의 수렁

이렇게 괴로워하는 마음은 끊임없이 위기를 불러일으킨다. 왜냐하면 그런 태도로 인해 감성폭발이 더욱 자주 일어나게 되고, 그로 인해 상처와 분노에서 회복되는 일은 더욱 힘겨워지기 때문이다. 고트먼은 이렇게 빈번하게 감정적 괴로움을 당하기 쉬운 상태에 대해 '감정의 범람'이라는 적절한 용어를 사용한다. 감정의 범람에 시달리는 남편이나 아내는 배우자의 부정적인 성격과 그에 대한 자신의 대응에 너무 압도된 나머지, 무섭고 통제할 수 없는 감정의 늪에서 허우적거린다. 감정에 허우적대는 사람들은 왜곡 없이 들을 수 없거나 명석한 정신으로 응답할 수가 없다. 그들은 생각을 조리 있게 하기가 어려워 원시적인 대응에 의존하게 된다. 그들은 그저 모든 일이 중단되길 바라거나, 달아나고 싶어 하거나, 이따금 맞받아치고 싶어 할 뿐이다. 감정의 범람은 감성폭발을 스스로 영속화하고 만다.

감정의 범람을 막아주는 높은 문턱을 지녀서 쉽게 분노와 경멸을 참아내는 사람들이 있는 반면, 부드러운 약간의 비판에도 감정이 촉발되는 사람이 있다. 심장박동이 고요한 상태에 있다가 상승되는 것처럼, 감정의 범람도 그런 설명이 가능하다.[19] 휴식 상태일 때 여성의 심장박동수는 분당 대략 82회이며 남성은 대략 72회다(주로 신체의 크기에 따라 실제 심장박동수에 차이가 있다). 감정의 범람은 사람이 휴식할 때보다 심장박동수가 분당 10회 더 높은 수준에서 시작된다. 만일 심장박동수가 분당 100회에 이르면(분노하거나 눈물을 몇 분간 흘리고 나면 쉽게 그렇게 된다) 신체는 얼마 동안 그런 괴로운 상태를 유지하는 아드레날린과 여타의 호르몬을 분비할 것이다. 감성폭발의 순간은 심장박동수에서 분명해진다. 순식간에 심장박동수가 분당 10에서 20회, 심지어 30회까지 오를 수 있다. 그리고 근육이 긴장한다. 숨쉬는 게 힘들어질 수도 있다. 벗어나기 불가능해 보이고 주관적으로 생각할 때 극복하는 데 '영원한 시간'이 걸릴 것 같은 유해한 감정의 늪인 두려움과 분노가 밀어닥친다. 이렇게 고조된 감정이 폭발하는 지점에서는 감정이 너무나 강렬해지고, 관점은 너무나 협소해지며, 사고는 너무나 혼란스러워져서 타인의 관점을 취하거나 합리적인 방식으로 사태를 해결할 희망 같은 것은 전혀 존재하지 않는다.

대부분의 부부는 싸울 때 그런 강렬한 순간을 경험한다. 그건 자연스러운 일이다. 결혼생활의 문제는 부부 중 한쪽이 거의 언제나 감정의 범람을 느낄 때 시작된다. 그렇게 되면 한쪽은 상대편에 압도되는 느낌을 받으며, 감성적 공격이나 부당함에 맞서 방어하게 되고, 어떠한 공격, 모욕, 불만의 신호에도 과도하게 경각심을 가지게 되며, 아주 작은 신호에 대해서조차 틀림없이 지나친 반응을 보이게 된다. 만일 남편이 그런 상태에 처하면 "여보, 우린 얘길 나눠야 해요"라고 말하는 아내는 '저 여자가 또 싸움을 거는군' 하는 생각을 유도하게 되어 남편 쪽에서 감정의 범람이 일어난다. 그러면 생리적 각성 상태에서 회복하기가 더욱 어려워지고, 이어서 악의 없는 교류조차 사악한 관점으로 비치기가 쉬워져서 다시 한 번 완전한 감정의 범람이 촉발된다.

이런 상황은 부부관계가 파국으로 가게 되는, 아마도 결혼생활에서 가장 위험한 전환점일 것이다. 감정이 범람하는 쪽은 상대에 대해 언제나 최악으로만 생각하게 되어, 상대가 하는 모든 일을 부정적인 관점에서 해석한다. 사소한 문제도 커다란 싸움거리가 되고, 감정은 계속해서 상처를 입는다. 시간이 지나면서 감정이 범람하고 있는 쪽은 결혼생활의 모든 문제를 심각하고 해결하기 불가능한 것으로 여기기 시작한다. 왜냐하면 감정의 범람 그 자체가 사태를 해결하려는 어떤 시도도 방해하기 때문이다. 이런 상황이 계속되면 논의하는 일이 쓸모없어 보이기 시작하고, 각자 자기 식으로 괴로운 심정을 달래려고 애쓴다. 그들은 평행선을 달리는 생활을 하기 시작하고, 본질적으로 서로 떨어져서 살기 시작하여 결혼생활을 하면서도 외로움을 느낀다. 고트먼은 그다음 단계가 이혼인 경우가 아주 많다는 사실을 발견한다.

이런 이혼을 향한 궤적에서 감성능력의 결함으로 인한 비극적 결과는 자명하다. 부부는 비난과 경멸, 방어심리와 건수 잡히지 않으려는 행동, 괴로운 생각과 감정의 범람이 되풀이되는 주기 속에 빠져들게 되는 것이다. 그런 주기 자체는 정서적 자기인식과 자기통제의 해체, 감정이입, 상대방과 자신을 위로하는 능력의 해체를 반영한다.

▶ 상처받기 쉬운 그대는 남성

부부의 해체를 은밀하게 촉진한다고 입증된 감성생활의 문제에서 남녀간 차이 문제로 돌아가 보자. 35년 이상 결혼생활을 한 뒤에도 감성의 측면에서 마주치는 것들에 대해 남편과 아내 사이에 기본적인 차이가 존재한다는 견해를 생각해보자. 여성은 대체로 남성보다는 부부간의 말다툼으로 인해 불유쾌한 상태에 빠지는 상황을 그다지 개의치 않는 편이다. 캘리포니아 대학의 로버트 레븐슨이 행한 연구에서 도출된 그런 결론은 모두 오랫동안 결혼생활을 한 151쌍의 증언에 기초를 두고 있다. 레븐슨은 아내의 경우 그다지 마음을 쓰지 않는데, 남편은 한결같이 부부간의 의견 불일치로 인한 당혹스러운 상황을 불쾌해하고 심지어 혐오스럽게 여긴다는 사실을 발견했다.[20]

남편은 아내보다 낮은 강도의 부정적 상황에서도 감정이 범람하는 편이었다. 여성보다 훨씬 많은 남성이 배우자의 비난에 대해 감정의 범람으로 대응한다. 일단 감정이 범람하게 되면, 남편은 더 많은 아드레날린을 분비하게 되고, 그런 아드레날린의 흐름은 아내 쪽에서 표출되는 낮은 수준의 부정적 태도에 의해 촉발된다. 감정의 범람에서 생리적으로 회복되는 데 남성은 좀 더 오랜 시간이 걸린다.[21] 이런 사실은 남성적 침착성을 지닌 금욕적인 영화배우 클린트 이스트우트 같은 유형은 감성적으로 압도되는 데 맞서는 방어체계를 드러낼 수도 있다는 가능성을 시사한다.

고트먼은 남성이 허점 잡히지 않으려 하는 경향이 그렇게 강한 이유는 감정의 범람에서 자신을 지키려는 시도라고 주장한다. 고트먼의 연구를 통해, 일단 남성이 건수를 잡히지 않으려 하기 시작하면 그들의 심장박동수가 분당 10회 정도 떨어져서 주관적인 안도감을 가져온다는 점이 밝혀졌다. 하지만 역설적인 것은 일단 남편이 그런 식으로 처신하기 시작할 때, 다름 아닌 아내의 심장박동수가 상당히 괴로워하는 수치로까지 치솟아 올랐다는 사실이다. 이러한 대뇌변연계의 '탱고 춤'은 남편과 아내가 제각각 상반되는 작전으로 편안함을 추구하면서 감성적으로 맞닥뜨리는 일에 대해 매우 다른 자세를 취하게 만든다. 아내가 추구하지 않을 수 없다고 열렬하게 느끼는 만큼, 남편은 열렬하게 회피하길 원한다.

남성이 말로 발뺌하게 될 가능성이 훨씬 큰 것과 마찬가지로, 여성은 남편을 비난할 가능성이 훨씬 크다.[22] 이런 부조화는 아내가 감성의 관리자로서 수행하는 역할의 결과로 생겨난다. 아내가 불일치와 불만을 제기하여 해결하고자 애쓰게 되면서, 남편은 열띤 토론이 될 수밖에 없는 일에 관여하길 더욱 꺼린다. 아내는 남편이 관여하지 않고 물러나는 모습을 보면서 불평의 양과 강도를 높여 남편을 비난하기 시작한다. 남편이 이에 대응해 방어적이 되고 말로 발뺌하려 하자, 아내는 좌절감과 분노를 느끼고 자기 좌절의 강도를 강조하기 위해 경멸감을 덧붙인다. 그러면 남편은 아내의 비난과 경멸의 대상이 된 자신을 발견하여 더욱 더 감정의 범람을 촉발하는, 순진한 희생자 의식이나 정당한 분노라는 생각 속에 빠지기 시작한다. 남편은 자신을 감정의 범람에서 지키기 위해 더욱 더 방어적이 되거나, 그저 전적으로 말로 발뺌을 일삼게 된다. 하지만 발뺌할 때 유의할 점은 그런 행동이 아내의 감정을 범람하게 만들어 아내로 하여금 완전한 좌절감을 느끼게 한다는 사실이다. 그러면 부부싸움의 주기가 급물살을 타면서 모든 것이 통제할 수 없는 상태로 질주해버릴 수도 있다.

행복한 결혼생활을 위하여

부부 문제에서 발생하는 괴로운 감정을 처리하는 남녀 간의 방법상 차이로 인해 야기되는 잠재적 결과를 염두에 둘 때, 부부는 서로에게 느끼는 사랑과 정을 보호하기 위해 어떻게 해야 할까? 요컨대 무엇이 결혼을 보호해주는 걸까? 세월이 흘러도 계속 결혼생활을 훌륭하게 영위하는 부부들의 상호 교류를 관찰한 연구자들은 남편과 아내 각각에게 특별한 충고와 양자에게 똑같이 적용되는 일반적 조언을 제시한다.

남편과 아내에겐 일반적으로 상이한 감성적 조율이 필요하다. 남편에게 주는 충고는 이렇다. 갈등을 비껴가서는 안 되며, 아내가 일정한 분노나 불일치를 드러낼 때 그것은 사랑 때문에 그럴 수 있다는 사실, 부부관계를 건강한 궤도에 올리기 위해(비록 아내의 적개심에 다른 동기들이 당연히 있을 수 있겠지만) 아내가 애쓰고 있다는 사실을 깨달아야 한다. 불만이 들끓기 시작하면, 그 강도는 더욱 거세져서 마침내 폭발이 일어난다. 하지만 불평이 해결되면, 그런 폭발의 압력은 빠진다. 그러니 남편은 아내의 분노와 불만족이 개인적 공격이라는 의미가 아니라는 사실을 깨달을 필요가 있다. 아내가 드러내는 정서는 종종 문제에 대한 느낌을 강조하는 역할을 할 뿐인 경우가 많기 때문이다.

남편은 또한 너무 일찍부터 해결책을 제시하여 대화가 짧아지게 하지 않도록 조심해야 한다. 남편이 자신의 불만을 경청하고 문제에 대한 자신의 감정을 감정이입을 통해 알고 있다고 느끼는 일이(비록 남편이 아내에게 동의할 필요는 없지만) 아내에게는 일반적으로 문제의 해결보다 더 중요할 수 있다. 남편이 제시하는 충고가 아내에게는 자신의 감정을 별로 중요시하지 않는다는 방식으로 들릴 수도 있다. 아내의 불만을 사소하게 여기지 않고 아내의 분노가 치솟아 있는 동안 계속해서 아내와 함께 머물러 있는 남편인 경우, 아내는 자신의 말이 존중받는다고 느낀다. 설사 남편이 동의하지 않더라도 아내는 자신의 감정이 정당하다고 인정받고 존중받기를 원한다는 것이 특별한 점이다. 자신의 견해가 경청되고 자신의 감정이 인식됐다고 느낄 때 아내는 화가 가라앉고 차분해지는 경우가 많다.

아내의 경우 충고는 평행선을 달린다. 남편에게 주요한 문제는 아내가 불평할 때 너무 강도를 높이는 것이므로, 아내는 남편을 공격하지 않도록 의도적으로 조심할 필요가 있다. 남편이 저지른 행위만 가지고 불평을 하지, 인격체로서 남편을 비난하거나 경멸을 표현하지 않도록 노력해야 한다. 불평이란 인격에 대한 공격이 아니라, 특정한 행위가 괴로움을 준다는 분명한 진술이다. 화를 내며 던지는 인격 공격은 거의 틀림없이 남편을 방어적으로 만들거나 말로만 발뺌하도록 만들어, 더욱 아내를 좌절감에 빠뜨리게 하고, 싸움을 고조시킬 뿐이다. 아내의 불평이 남편에게 아내의 사랑을 확신하게 만드는 좀 더 커다란 맥락 안에 자리 잡는다면, 이 역시 큰 도움이 된다.

건전한 다툼 : 마음 밭 갈기

마를린 레닉은 남편 마이클과 논쟁을 벌였다. 남편은 댈러스 카우보이스와 필라델피아 이글스의 경기를 보고 싶어 했고, 아내는 뉴스를 보고 싶어 했다. 남편이 경기를 보려고 자리에 앉자 마를린은 남편에게 자신은 '저 풋볼을 신물 나게 봤다'고 말하고선 침실로 들어가 38구경 권총을 가져와 거실에 앉아 경기를 보던 남편을 두 차례 쏘았다. 마를린은 가중폭행죄로 고발됐다가 보석금 5만 달러에 석방됐다. 마이클은 복부를 스

치고 왼쪽 견갑골과 목을 관통했던 총알을 제거하고 회복되어 상태가 양호한 것으로 알려졌다.[23)]

부부간 다툼이 이토록 폭력적이거나 비싼 대가를 치르는 경우는 거의 없지만, 감성지능을 결혼생활에 도입할 수 있는 최고의 기회를 제공하기도 한다. 예를 들어 결혼생활을 계속하는 부부들은 한 가지 화제를 고수하는 편이고, 처음부터 배우자에게 자기 관점을 말할 기회를 주는 경우가 많다.[24)] 그런데 이런 부부들은 여기서 머물지 않고 중요한 단계로 더 나아간다. 즉 그들은 서로에게 배우자의 말을 경청하고 있다는 사실을 알려준다. 기분이 상한 쪽이 정작 추구하는 것이 상대의 경청인 경우가 많기 때문에, 감정이입의 행위는 정서적으로 교묘하게 부부 사이의 긴장을 완화해준다.

결국은 이혼하고 마는 부부들에게 가장 뚜렷하게 결여된 점은, 아무도 부부싸움에서 긴장을 풀려는 시도를 하지 않는다는 것이다. 갈라진 틈을 메워주는 방법이 있느냐 없느냐가, 건강한 결혼을 영위하는 부부와 결국 이혼으로 끝나는 부부의 다툼 간에 나타나는 중요한 차이다.[25)] 싸움이 무서운 폭발로 치닫지 않도록 만들어주는 회복의 메커니즘은 논의를 계속 유지하고, 감정이입을 하며, 긴장을 완화하는 따위의 단순한 조치들 속에 있다. 이런 기본적인 조치들은 마치 감성의 온도조절장치 같아서, 감정이 끓어 넘치거나 당장 다루고 있는 문제에 초점을 맞추는 배우자의 능력을 압도하지 않도록 해준다.

결혼생활을 효율적으로 만들어주는 한 가지 전략은 부부들이 주로 싸우게 되는 자녀양육, 성관계, 돈, 가사일 같은 특정한 문제에 집중하지 않고, 오히려 부부가 공유하는 감성지능을 계발하여 문제를 해결해 나갈 가능성을 키우는 일이다. 감정이입, 경청하기 같은 몇 가지 감성능력은 부부가 함께 침착함을 잃지 않으면서 불일치를 효과적으로 해결하게 만들어줄 가능성을 높여준다. 이런 감성능력은 '건강한 다툼'을 통해 결혼생활이 더욱 풍요로워지게 하며, 방치하면 결혼생활을 파괴할 수도 있는 부정적인 측면들을 극복할 수 있게 해준다.[26)

물론 이런 감성능력 가운데 하룻밤 사이에 바뀔 수 있는 것은 없다. 변화는 최소한 끈기와 경각심을 필요로 하며, 변하고자 하는 동기유발 정도에 비례해서 이루어질 것이다. 결혼생활에서 그토록 쉽게 촉발되는 대부분의 감성반응은 아주 어릴 때부터 형성되어온 것이다. 처음엔 부모처럼 아주 친밀한 관계에 있는 사람들에게서 배웠을 것이고, 성장하면서 형태가 갖춰져 결혼생활로 이어진 것이다. 그리하여 설사 자신의 부모처럼 행동하지 않겠다고 맹세했을지라도, 이를테면 모욕에 과잉반응하거나 갈등의 낌새가 보이면 마음을 닫아버리는 등의 감성적 습관은 이미 우리에게 주입되어 있다.

침착성의 유지

모든 강한 감정은 그 뿌리에 행동하고자 하는 충동을 지니고 있다. 이런 충동을 관리하는 일이 감성지능의 기본이다. 그러나 감성을 통제하는 일은 사랑으로 이루어진 관계에서 특히 어렵다. 이런 관계에서 촉발되는 반응은 사랑받고, 존경받으며, 버림받을까 봐 두려워하고, 감성적으로 황폐해질까 봐 겁내는, 내면의 가장 깊은 욕구를 건드리기 때문이다. 부부가 다툴 때 생존 자체가 위기에 처한 듯이 행동하는 것은 그런 면에서 그리 놀랄 일이 아니다.

그렇다 하더라도 남편과 아내가 감성폭발 상태에 있을 때는 어떤 문제도 긍정적으로 해결되지 않는다. 부부가 가져야 할 한 가지 중요한 능력은 부부 각자 자신의 괴로운 감정을 위로하는 법에 숙달되는 것이다. 본질적으로 이런 능력은 감성폭발로 야기된 감정의 범람에서 곧바로 회복될 수 있다는 의미다. 듣고 생각하며 명료하게 말하는 능력은 감성폭발 상태에서는 없어져버리고 만다. 그러므로 침착성을 유지하는 일은 대단히 건설적인 단계다. 침착성이 유지되지 않으면 문제를 해결하는 데 아무런 진척을 이룰 수가 없기 때문이다.

좀 더 적극적인 부부라면 문제가 생겼을 때 귓불 아래쪽 몇 센티미터쯤에 있는 경동맥에서 약 5분마다 맥박을 측정하는 법을 배우는 게 좋다(에어로빅을 하는 사람들은 이 방법을 쉽게 배운다).[27] 15초 동안 맥박을 헤아리고 거기에 4를 곱하면 분당 맥박수가 나온다. 마음이 침착해질 때까지 그렇게 하면 기준 맥박수가 나온다. 만일 맥박수가 기준선을 넘어 분당, 이를테면 10회 이상 상승한다면 감정의 범람이 시작된다는 것을 의미한다. 만일 맥박이 이 정도로 상승하면 부부는 냉정을 되찾기 위해 20분 정도 떨어져 있을 필요가 있다. 5분 정도만으로도 충분하다고 생각할 수 있지만, 실제 생리적 회복은 더 느리다. 5장에서 살펴보았듯이, 분노의 찌꺼기가 훨씬 더 커다란 분노를 촉발한다. 좀 더 오래 기다려야 신체가 초기의 각성 상태에서 회복될 만큼 시간이 확보된다.

다투다 말고 심장박동을 측정하는 일이 어색하다고 생각하는 부부에겐 어느 쪽이든지 감정이 범람하는 초기 신호가 나타날 때 타임아웃을 선언하도록 사전에 합의를 하는 것이 좋다. 그러면 일은 좀 더 간단해진다. 타임아웃 동안 감성폭발에서 회복되게 도와줄 긴장 완화 방법을 활용하거나 에어로빅(혹은 5장에서 탐구했던 다른 어떤 방법이든지)을 하면 냉정을 되찾는 데 도움이 된다.

독성을 제거해주는 자기 대화

감정의 범람은 배우자에 대한 부정적인 생각으로 인해 촉발되기 때문에, 가혹한 심판에 당혹스러워하게 될 남편이나 아내가 그런 부정적인 생각에 정면으로 맞서는 것도 하나의 해결 방법이 된다. "난 이 문제에 대해 더 이상 참지 않을 거야"라거나 "내가 이런 대접을 받을 순 없어"와 같은 말은 자신의 감정이 순진한 희생자라거나 정당한 분노라는 뜻이다. 인지치료사 애런 베크가 지적했듯이, 그저 화를 내고 상처를 받기보다는 이런 말을 하며 정면으로 도전하면 부정적인 생각의 굴레에서 자유로워질 수도 있다.[28]

그러려면 우선 부정적인 생각을 감시해야 하고, 그런 생각을 믿을 필요까지는 없다는 점을 깨달아야 하며, 그런 생각에 의문을 던질 증거나 관점이 떠오르도록 노력할 필요가 있다. 예를 들어 순간의 분노 속에서 '남편은 내 요구를 전혀 아랑곳하지 않아. 그는 항상 너무나 이기적이야'라고 느끼는 아내는, 사실상 남편이 사려 깊게 대해준 수많은 일들을 상기함으로써 부정적 생각에 맞설 수 있다. 그렇게 되면 다음과 같이 생각을 재구성하게 된다. '그래, 남편이 조금 전 저지른 일이 무심하고 당혹스럽게 느껴지지만, 때때로 나한테 진정으로 관심을 보여주긴 해.' 이런 식의 정식화는 변화의 가능성과 긍정적인 해결로 나아가게 한다. 단, 이 단계 이전에 정식화를 하게 되면 단지 분노와 상처를 조장할 뿐이다.

비방어적 경청과 의사표현

남자 : "당신, 소리를 지르고 있군!"

여자 : "물론 난 소리를 지르고 있어. 당신은 내가 하는 말을 하나도 안 듣잖아. 당신은 정말이지 귀담아듣지를 않는다니까!"

경청은 부부를 결속하게 해주는 기술이다. 두 사람 모두 감성폭발에 사로잡혀 있을 때조차 한쪽 혹은 둘 다 분노를 넘어서서 경청하게 되면, 배우자가 보내는 화해의 몸짓에 응답할 수 있다. 그러나 이혼을 향해 가는 부부들은 분노에 빠져서 당장 문제가 되는 세부 사항에 집착, 응답은 말할 것도 없고 배우자가 말하는 내용 속에 담겨 있을 수도 있는 어떠한 화해의 표현도 들을 수가 없다. 듣는 사람의 방어심은 상대의 불평을 무시하거나 곧바로 반박하는 형태를 띠며, 불평이 행동을 변화하게 하려는 시도라기보다는 마치 공격이라도 되는 듯이 반응한다. 물론 싸움을 할 때 부부간에 오가는 말이 종종 공격의 형태를 띠거나, 다른 어디서도 듣기 어려울 만큼 몹시 부정적인 경우가 있다. 하지만 핵심적인 내용을 듣기 위해서는 최악의 경우에조차 불쾌한 어조나 모욕, 경멸적인 비난 같은 적대적이고 부정적인 대목은 무시하는 등 자신이 들은 내용을 의도적으로 편집해야 한다. 이렇게 되기 위해서는 서로가 지닌 부정적 감정에 대해 부부가 각자 그 문제가 자신들에게 얼마나 중요한지, 그래서 부정적 감정을 그 문제에 대해 충분히 주목할 필요성이 있음을 암묵적으로 말해주는 신호로 인식한다면 큰 도움이 될 것이다. 그리하여 만일 아내가 "내 말 좀 가로막지 '말아줘요!' 제발" 하며 소리를 지른다면, 남편은 아내의 적대감에 대놓고 반응하지 않은 채 "좋아, 계속 말해보구려"라고 말할 수 있을 것이다.

방어적이지 않은 가장 위력적인 경청의 형태는 물론 감정이입이다. 이는 이야기의 '배후에 있는' 감정에 실질적으로 귀를 기울이는 일이다. 7장에서 살펴보았듯이 부부 중 누구든 진정으로 감정이입을 원한다면, 먼저 상대편의 감정을 반영할 수 있을 정도로 충분히 수용적인 지점까지 자신의 감성반응을 차분하게 가라앉혀야 한다. 이런 조율이 없다면, 상대가 느끼는 감각을 완전히 다르게 받아들일 가능성이 크다. 자신의 감정이 너무 강해서 어떠한 조화도 이루어지지 않고 그저 다른 모든 것을 무시할 경우 감정이입은 악화된다.

'되비추기'처럼 효과적인 감성적 경청하기도 부부 문제 요법에 흔히 사용된다. 한쪽이 불평을 하면 상대는 그 말을 자신의 말로 다시 되풀이해보면서 거기에 담긴 생각뿐 아니라 생각에 동반된 감정을 파악하려고 애를 쓴다. 거울처럼 비추고 있는 쪽이 상대와 함께 되풀이해 말한 것이 적중했는지를 확인하고, 그렇지 않으면 제대로 될 때까지 다시 시도한다. 간단한 듯 보이지만 실제로 해보면 놀라울 정도로 까다롭다.[29] 정확하게 거울처럼 비추어줄 때 이해받았다는 느낌뿐 아니라 감성적 조율 상태에 있다는 느낌을 갖게 된다. 이런 되비추기는 그 자체로 이따금 임박한 공격을 무장 해제시킬 수 있으며, 불만에 대한 토론이 다툼으로 비화되지 않게 해준다.

비방어적으로 말하는 기술은 이야기의 내용을 개인적 공격으로 치닫게 하기보다 특정한 불평으로 한정시키는 데 집중하게 해준다. 심리학자 하임 기노트(Haim Ginott)는 불평에 합당한 최고의 공식이 'XYZ'라고 충고한다. '당신이 X를 했을 때, 그로 인해 나는 Y를 느꼈으니, 당신이 Z를 했으면 좋았을 것이다'라는 것이다. 예를 들어 "저녁 약속에 늦을 거라고 당신이 전화를 하지 않았을 때, 나는 무시당한다는 느낌이 들어서 화가 났어. 당신이 늦을 거라고 나한테 전화를 했으면 좋았잖아"라고 말하지 않고, "너란 작자는 무심하고 자기중심적인 놈이야"라고 말하는 것이야말로 부부싸움이 벌어질 수밖에 없게 만드는 방식이라는 것이다. 요컨대 열린 대화에는 들볶기, 협박, 모욕 등이 전혀 들어 있지 않다. 또한 열린 대화는 수많은 방어적 형태인 변명, 책임 회피, 비난으로 맞받아치기 등을 허용하지도 않는다. 여기서도 감정이입이야말로 가장 강력한 도구다.

마지막으로, 존경과 사랑은 인생의 다른 측면에서와 마찬가지로 결혼생활에 존재하는 적대감을 무장 해제하는 데 결정적인 요소다. 다툼으로 치닫지 않게 만드는 한 가지 강력한 방법은, 다른 관점에서 사태를 바라볼 수도 있으며, 설사 동의하진 않더라도 배우자의 관점이 정당성을 지닐 수도 있다는 점을 배우자로 하여금 알게 하는 것이다. 또 다른 방법은, 만일 잘못을 인식한다면 책임을 지거나 심지어 사과하는 일이다. 주장의 정당화란 적어도 그 주장이 경청할 가치는 있으며, 설사 그런 주장에 동조할 수는 없더라도 표현되는 감정을 인정할 수는 있다는 사실을 의미한다. "당신이 당혹스러워하는 게 이해가 돼"라고 말하는 것처럼 말이다. 또 어떠한 다툼도 벌어지지 않는 경우에 드러나는 정당화는, 주장 속에서 진정으로 가치 있는 무언가를 발견해 칭찬의 말을 건네는 찬사의 형태를 띤다. 정당화는 당연히 배우자를 위로하고 긍정적인 감정의 형태로 감성적 자본을 축적하는 데 도움이 되는 방법이다.

연습 그리고 또 연습

이런 책략들은 분명 감성적 열기가 고조된, 높은 대치 상태에 있을 때 사용되는 것이라서, 실제 필요할 때 쓸 수 있으려면 감성능력을 숙달한 후에도 계속 훈련을 해야 한다. 감성두뇌는 반복되는 분노와 상처의 순간들을 거치면서 아주 어릴 때부터 학습되어 지배적이 되어버린 판에 박힌 반응을 활용하기 십상이기 때문이다. 기억과 반응은 감성과 관련되어 있으므로, 위기의 순간에 좀 더 침착했던 경우의 반응을 기억하여 그에 따라 행동하기가 쉽지만은 않다. 만일 좀 더 생산적인 감성반응에 친숙하지 않거나 잘 훈련되어 있지 않다면, 당황스러운 순간에 그런 반응을 시도하는 일은 대단히 힘겹다. 그러나 반응이 자동으로 튀어나올 만큼 잘 훈련되어 있다면, 감성적 위기에도 그런 반응이 표출될 가능성은 훨씬 더 커진다. 이런 이유 때문에 그런 책략이 감성 목록에서 후천적으로 습득된 첫 번째 반응(혹은 적어도 너무 뒤늦지 않은 두 번째 반응)이 될 가능성이 있다면, 싸움의 열기 속에서뿐만 아니라 스트레스를 유발하지 않는 감정과 부딪히는 동안 앞에서 말한 책략을 구사하며 예행연습을 해볼 필요가 있다. 본질적으로 부부싸움에 대한 이런 교정 수단들은 감성지능에 대한 소규모 교정 교육에서 실습되는 항목들이다.

chapter 10

최고 기업을 위한 감성경영

공동 목표를 추구하도록 설득하는 기술

멜번 맥브룸은 권력을 휘두르는 상사의 전형으로, 함께 일하는 사람들을 올러대는 기질을 갖고 있었다. 맥브룸이 일반 사무실이나 공장에서 일했더라면 그 사실은 표면화되지 않은 채 지나가버렸을 수 있다. 그러나 맥브룸은 항공기 조종사였다.

1978년 어느 날 맥브룸이 조종하는 비행기가 오리건 주 포틀랜드로 접근하고 있었다. 당시 그는 비행기 착륙 기어에 문제가 있음을 알아차렸다. 그래서 비행기를 공중 대기 상태로 돌려놓고는 기계장치를 만지며 높은 고도에서 비행장을 선회했다.

맥브룸이 착륙 기어 문제에 골몰하는 동안, 비행기의 연료계는 계속 바닥 수준으로 떨어졌다. 하지만 동료 조종사들은 맥브룸의 노기를 너무도 무서워한 나머지 재난이 어렴풋이 다가오고 있을 때조차 아무런 말도 하지 않았다. 결국 비행기는 추락해서 열 명이 사망했다.

오늘날 그의 비행기 추락 실화는 항공기 조종사들의 안전교육에서 경각심을 일깨우는 예화로 사용된다.[1] 항공기 추락사고의 80퍼센트가 승무원들이 좀 더 조화롭게 협력했더라면 방지할 수도 있었을 실수로 인해 발생한다. 팀워크, 열린 대화, 협력, 경청, 의사표현 같은 사회지능의 기초 원리는 현재 기술적 숙련도와 더불어 조종사들을 훈련할 때 강조되는 사항이다.

조종실은 일반 사회조직의 축소판이라고 할 수 있다. 비행기 추락에 대한 극적이리만치 현실적 점검 부족, 사기 저하와 위협에 시달리는 근무자들 혹은 오만한 상사—혹은 일터에서 볼 수 있는 여러 가지 다른 감성적 결함들—가 미치는 파괴적인 영향은 그 조직 바깥에 있는 사람들에게는 대체로 눈에 띄지 않는 것일 수 있다. 하지만 그 대가는 생산성 저하, 넘겨버린 마감일, 실수, 불운의 증대, 고용인들의 집단 이직 등의 신호로 나타난다. 해당 직무와 관련된 낮은 감성지능으로 인해 불가피하게 손실이 발생한다. 그런 손실이 만연해지면 회사는 파산할 수도 있다.

경영학에서 감성지능의 비용효율성은 비교적 새로운 개념으로, 일부 경영자들은 이를 받아들이기 어려워한다. 기업의 중역 250명을 대상으로 한 연구에 따르면, 중역들은 대부분 자신들의 일이 '가슴이 아니라 머리'를 요구하는 것으로 본다. 많은 중역들은 함께 일하는 사람들에 대한 감정이입이나 공감대가 조직의 목표와 갈등을 일으키게 될까 봐 두렵다고 말했다. 어떤 중역은 자신을 위해 일하는 사람들의 감정을 파악하려는 시도가 불합리하다고 생각했다. 그렇게 되면 '사람들을 다루는 일이 불가능해질' 것이라고 말했다. 만일 감정적으로 거리를 두지 않는다면, 설령 인정 있는 결정을 내릴 수는 있을지 몰라도 경영이 요구하는 '힘겨

운' 결정을 내릴 수는 없을 것이라고 항변하는 중역들도 있었다.[2]

이 연구는 경영 환경이 지금과는 아주 달랐던 1970년대에 수행된 것이다. 이제 사실상 그런 태도는 시대에 뒤떨어진 과거의 일이라고 말할 수 있다. 오히려 새로운 현실은 일터에서나 시장에서나 감성지능에 프리미엄을 붙이는 장면을 연출한다. 하버드 경영대학원의 심리학자 쇼쇼나 주보프(Shoshona Zuboff)가 지적했듯이 "기업들은 급격한 혁명을 경험했고, 그로 인해 감성적 풍경을 지닌 모습으로 변화를 겪었죠. 사실 그동안 조작을 일삼고 밀림의 싸움꾼 같은 상사가 보상을 받는, 위계질서에 의한 관리직의 지배가 오랫동안 계속돼온 셈입니다. 그러나 그런 경직된 위계질서는 세계화와 정보기술의 압력을 받으며 1980년대부터 붕괴되기 시작했습니다. 밀림의 싸움꾼은 기업체의 과거 모습을 상징하지만, 이제는 최고의 대인관계 기술자가 회사의 미래입니다."[3]

이유는 아주 자명하다. 누군가의 분노가 폭발하는 것을 막을 수 없거나 주위 사람들이 느끼는 것에 전혀 무감할 때 업무 집단에 일어날 결과를 상상해보라. 6장에서 검토한 감성적 흥분이 사고 작용에 미치는 모든 해로운 영향은 작업장에서도 똑같이 적용된다. 감성적으로 당황스러울 때 사람들은 명료하게 기억하고, 주목하고, 배우고, 결정을 내릴 수가 없다. 한 경영 컨설턴트가 말했듯이 '스트레스는 사람을 바보로 만들기' 때문이다.

긍정적인 면에서, 기본적인 감성능력에 숙련될 때 작업상 얻게 되는 이점을 상상해보라. 관계있는 사람들의 감정에 조율할 줄 아는 능력, 불일치 문제로 인해 더 이상 골이 깊어지지 않도록 잘 처리하는 능력, 작업에 몰입할 수 있는 능력을 갖게 되는 등 여러 가지 이점이 있다. 지도력은 지배가 아니라 사람들이 공통의 목표를 향해 일하도록 설득하는 기술이다. 또한 자신의 경력을 관리한다는 관점에서, 자신의 업무에 더욱 진심으로 만족하게 만드는 변화에 대한 가장 깊은 감정을 인지하는 것보다 더 본질적인 것은 없을지도 모른다.

감성적 적성이 경영기술의 최전선으로 옮아가고 있는 이유들 중에는 일터를 휩쓸고 있는 변화를 반영한 것들도 있다. 도움이 되는 비판으로 서 불만을 제기하는 능력, 다양성이 마찰의 원천보다 가치 있게 평가되는 분위기 만들기, 효과적으로 정보 교환하기라는 감성지능의 세 가지 적용이 일터에 만들어내는 차이를 추적함으로써 나의 의견을 말해보고자 한다.

▌제대로 된 비판이 가장 중요하다

그는 경험 있는 기술자로, 소프트웨어 개발 프로젝트를 지휘하며 자기 팀이 이룬 몇 달 동안의 작업 결과를 제품개발부 부사장에게 보고, 발표 하게 됐다. 몇 주에 걸쳐 열심히 일했던 남녀 직원들이 그와 함께 자리하여 자신들의 노고가 결실로 나타나 발표되는 일에 자부심을 느꼈다. 그러나 그가 발표를 마치자 부사장은 그에게 시선을 돌리며 냉소적으로 물었다.

"대학원 졸업한 지 얼마나 됐나? 제품 설명이 참 우스꽝스럽군. 나는 이 작업 보고서에 결제를 할 수가 없네."

완전히 당황하고 기운이 빠진 그는 모임 내내 우울하게 앉아 침묵에 잠 겼다. 팀원들은 자신들의 노력을 변호하며 적대적인 내용을 포함해서 몇 마디 단편적인 불만을 토로했다. 그러다 부사장이 불려나가게 되어 모임 이 갑자기 끝나버리자 쓰라린 아픔과 분노만이 남았다.

다음 두 주 동안 그는 지난 보고회 때 들은 부사장의 말에 온통 사로잡혀 지냈다. 의기소침하고 우울한 마음으로 자신은 회사에서 결코 다른 과제를 받지 못하리라 확신했고, 하는 일이 만족스러웠음에도 사표를 쓸 생각까지 품었다. 결국 그는 부사장을 만나러 가서 일전의 보고회 때 그에게 한 비난적인 언급과 그로 인한 자신의 사기 저하를 상기시켰다. 그러곤 주의 깊게 선택한 말로 질문했다.

"저는 부사장님의 말씀에 다소 당황했습니다. 부사장님께서 그저 저를 곤혹스럽게 만들려고 하신 말씀 같지는 않다는 생각이 듭니다. 뭐 다른 의중이 있으신 것인지요?"

부사장은 놀랐다. 아무렇지도 않게 내뱉은 자신의 말이 그렇게나 사람들을 곤혹스럽게 했을 줄은 전혀 몰랐다. 그는 사실 그 소프트웨어 계획이 유망하지만 좀 더 손을 봐야 할 필요가 있다는 생각을 하고 있는 참이었다. 그 일을 완전히 무가치한 것으로 여겨 고려 대상에서 제외할 의도는 전혀 없었다. 그는 자신이 얼마나 형편없이 반응했으며, 다른 사람들의 감정에 얼마나 상처를 주었는지를 깨닫지 못했노라고 말했다. 늦게나마 부사장은 그에게 사과를 했다.[4]

사람들이 계속 진취적으로 노력하는 것은 그런 노력의 결실을 중요하게 여기는 사람들이 해주는 피드백이 있기 때문이다. 시스템 이론의 원래 의미에서 한 부분이 시스템의 다른 모든 부분에 영향을 미친다는 점을 염두에 둘 때, 피드백은 시스템의 한 부분이 작용하는 방식에 대한 자료들을 교환하려는 의도를 지녔으므로 진로에서 벗어난 어떤 부분이든지 이런 피드백을 통해 더 나은 상태로 변화할 수 있을 것이다. 한 회사에서 모든 사람은 시스템의 일부이므로, 피드백은 조직에 생명을 불어넣는 피인 셈이다. 자신들이 하고 있는 일이 잘되고 있는지, 아니면 다시 세심하게 조율하고 업그레이드하거나 완전히 방향을 바꿔야 할 필요가 있는지를 알게 해주는 정보의 교환이 피드백이다. 피드백이 없다면 사람들은 암흑 속에 있을 것이고, 또한 상사와 동료들의 관점에서 혹은 사람들의 기대라는 측면에서 자신들이 어떤 상황에 있는지를 전혀 알지 못할 것이므로 시간이 지남에 따라 어떤 문제가 있든지 더욱 악화될 것이다.

어떤 의미에서 비판은 경영자가 지녀야 할 가장 중요한 자질 중 하나다. 그러나 비판은 두렵고 미뤄두고 싶은 대상이다. 그리고 앞에 예시한 냉소적인 부사장처럼 많은 경영자들은 피드백이라는 중요한 기술을 제대로 알지 못한다. 하지만 피드백의 결여 때문에 치르게 되는 대가는 큰 법이다. 부부의 감성적 건강함이 서로 불만을 얼마나 잘 터놓고 말하는지에 달린 것과 마찬가지로, 일터에서의 효율성, 만족, 생산성은 골치 아픈 문제들을 놓고 직원들이 어떤 식으로 피드백을 받느냐에 따라 좌우된다. 사실 비판이 어떻게 제시되고 받아들여지는가가 모이고 모여서 마침내 사람들의 일에 대한 만족도가 결정되며, 일을 같이하고 책임을 져야 할 동료들에 대한 만족도 역시 결정된다.

동기를 유발하는 최악의 방법

결혼생활에 작용하는 감성적 변화와 유사한 것이 일터에서도 작용한다. 그것은 조치가 필요한 불만이라기보다는 개인적 공격으로 표출되는 비판과 약간의 역겨움, 냉소, 경멸이 섞인 인신공격적 비난이다. 이는 방어심리와 책임 회피를 낳으며, 마침내 말로 발뺌하거나 부당하게 대접받았다는 느낌 때문에 비참한 상태에서 수동적인 저항을 하게 된다. 한 경영 컨설턴트는, 일터에서 흔한 파괴적 비판의 하나는 거칠고 냉소적이며 화난 목소리로 "당신이 지금 일을 망치고 있어"라고 애매한 평가를 내리고는 응답할 기회나 개선 방식에 대해 전혀 암시도 주지 않는 것이라고 말한다. 그런 말을 듣게 되면 당연히 화가 나고 무기력해진다. 감성지능의 측면에서 볼 때, 그런 비판은 그 말을 듣는 사람의 내면에서 촉발될 감정에 대한 무지를 드러내는 일이다. 즉 그런 감정으로 인해 사람들의 동기유발, 에너지, 자신감에 미치게 될 파괴적인 영향을 인식하지 못한다는 얘기다.

경영자들을 대상으로, 직원들에게 크게 화를 냈을 때와 순간적인 격분 속에서 개인적 비난을 가했던 때를 돌이켜 생각해보게 한 조사에서 이런 파괴적 힘이 드러났다.[5] 격심한 비난으로 인한 결과는 부부싸움의 경우와 아주 흡사했다. 공격을 받은 직원들은 방어적이 되고, 거의 변명을 하거나 책임을 회피하는 식으로 응대했다. 혹은 말로 발뺌을 했다. 다시 말해, 그들은 자신들에게 격분한 경영자와 모든 접촉을 피하려 애쓴 것이다. 만일 존 고트먼이 부부들에게 사용했던 것과 똑같은 감성의 현미경을 이 비참한 직원들에게 들이댄다면, 그들은 분명 부당하게 공격받았다고 느끼는 남편이나 아내에게 전형적인 순진한 희생 의식에 사로잡히거나 스스로 정당한 분노라고 생각하는 감정을 곱씹는 모습으로 비쳐졌을 것이다. 게다가 만일 그들의 생리 현상도 측정한다면, 그런 생각을 강화하는 감정의 범람도 필시 드러날 것이다. 그럼에도 경영자들은 부부의 이혼에 해당하는 직원들의 이직이나 해고로 상황이 치닫기 시작해도 좀 난처해하고 짜증스러워할 뿐이다.

108명의 경영자 및 사무직 노동자를 대상으로 한 연구를 보면, 직장 내 갈등의 이유로 '부적절한 비판'이 불신, 인신공격, 권력이나 월급 경쟁보다 앞섰다.[6] 렌슬러 폴리테크닉 대학이 수행한 연구는 신랄한 비판이 일하는 관계에 얼마나 해를 끼치는지를 단도직입적으로 보여준다. 한 모의 실험에서 피험자들을 두 그룹으로 나눠 각각 새로운 샴푸 광고를 만들라는 과제를 주었다. 그리고 한 피험자(실험 연구원들과 공모자)에게는 그들이 만든 광고를 비판하게 했는데, 연구원 측에서 미리 준비해둔 두 가지 비판 가운데 하나를 선택하게 했다. 한 비판은 자상하고 구체적이었다. 하지만 다른 한 비판은 피험자들의 태생적 수치심을 자극하는 "차라리 시도하지나 말지. 도무지 어떤 일도 제대로 해낼 것 같지 않군"이라든가, "정말이지 재능이 없어서 그럴 거야. 다른 사람에게 하라고 해봐야겠어"처럼 위협적인 것이었다.

공격적인 비판을 들은 사람들은 긴장하고 화를 냈으며 적대적이 되었다. 그들이 그런 비판을 한 사람과는 앞으로 어떤 프로젝트도 같이하지 않을 것이라고 말한 점은 충분히 이해할 만했다. 많은 사람들이 그 비판자와 접촉을 완전히 피하고 싶다는 뜻을 나타냈다. 달리 말하면, 그들은 건수를 잡혀선 안 된다고 느끼는 듯했다. 거친 비판으로 인해 너무나 크게 사기가 떨어져서 그들은 더 이상 열심히 일하지 않았고, 가장 크게 상처 입은 사람들은 앞으로 더는 일을 잘할 수 없을 것 같다고까지 말했다. 인신공격은 사람들의 사기에 치명적이었다.

많은 경영자들은 비판하는 데는 너무나 거리낌이 없으면서도 칭찬에는 인색하다. 그리하여 직원들은 자신이 실수할 때만 지적을 받는다고 느낀다. 이런 비판의 습성은 오랫동안 피드백을 하지 않는 경영자들에 의해 증대된다. '업무상 일어나는 대부분의 문제는 갑작스러운 게 아니라 오랜 시간이 지나면서 서서히 생겨난 것'이라고 일리노이 대학의 심리학자 라슨(J. R. Larson)은 지적한다. "상사가 자신의 감정을 즉시 표출하지 않으면, 그로 인해 직원들의 좌절감은 서서히 쌓이게 되죠. 그러다 어느 날 격분합니다. 만일 진작 제대로 된 비판이 있었다면 그 직원은 문제를 해결할 수 있었을 테죠. 꼭 사태가 끓어 넘칠 때만, 너무 화가 나서 자제할 수 없게 됐을 때만 비판하는 경우가 정말 많습니다. 그리하여 최악의 방식이라 할 날카롭고 냉소적인 어조로, 불만 가득한 어조로, 혹은 협박하는 어조로 비판하는 때는 바로 그런 순간인 거죠. 그런 비난은 맞불을 놓게 만듭니다. 비난은 모욕으로 받아들여져서 모욕을 받은 사람은 이에 맞서 화를 내는 것이죠. 이런 접근은 사람들에게 동기를 유발하는 최악의 방식입니다."

세련된 비판의 비결

그렇다면 대안은 없는가?

세련된 비판은 경영자가 제공할 수 있는 가장 도움이 되는 신호의 하나다. 앞에서 예시했던 부사장이 소프트웨어 개발자에게 하지 못한 말은 얼추 이렇다. "이 단계에서 주된 어려움은 여러분의 계획이 지나치게 시간이 오래 걸릴 터라 비용이 상승하리란 점입니다. 나는 여러분이 이 내용을 좀 더 숙고해보기 바라고, 특히 소프트웨어 개발을 위한 디자인을 면밀히 검토해서 같은 일을 좀 더 빨리 할 수 있는 방법을 찾아낼 수 있을지 살펴보기 바랍니다." 이런 비판은 파괴적 비판과는 정반대의 효과를 가져온다. 무기력, 분노, 반항을 낳지 않는 비판은 직원들에게 더 잘할 수 있으리라는 희망을 품게 하고, 그렇게 하기 위한 계획에 착수하게 만든다.

세련된 비판은 형편없는 일도 인격의 징표로 해석하기보다는, 그 사람이 해온 일과 할 수 있는 일에 초점을 맞춘다. 라슨은 이렇게 말한다. "바보 같다거나 무능력하다는 인신공격은 핵심을 놓치게 합니다. 당사자는 즉시 방어심리에 빠져들어 일을 더 잘하는 방법에 대한 충고를 더 이상 받아들이려 하지 않게 되기 때문이죠." 불만을 털어놓는 부부들에게 그런 충고가 먹히지 않는 것과 똑같다.

또한 동기유발의 관점에서 볼 때, 만일 사람들이 실패가 자기 내면의 결함 때문이라고 생각한다면 그들은 희망을 잃고 노력을 중단해버린다. 좌절이나 실패는 그 일을 더 나은 것으로 변화시키기 위해 무언가를 할 수 있는 상황일 뿐이라고 생각하는 것이 낙관주의로 이끄는 기본적 믿음의 요체라는 사실을 명심하라.

기업 컨설턴트로 변신한 심리분석가 해리 레빈슨(Harry Levinson)은 칭찬의 기술과 복잡하게 짜여진 비판의 기술에 대해 다음과 같은 충고를 한다.

- **구체적으로 말하라.** 변화를 필요로 하는 주요 문제를 드러내거나 일의 특정 분야를 잘할 수 없는 무능력과 같은 결함의 패턴을 보여주는 중요한 사례를 수집하라. 구체적인 것이 무엇이고 그것이 변화될 수 있는지를 알지 못한 채, '무언가'를 잘못하고 있다는 말만 들으면 사람들의 사기는 저하된다. 구체적인 것에 초점을 맞추어 그 사람이 무엇을 잘했고, 무엇을 잘못했으며, 그것이 어떻게 바뀔 수 있는지를 말하라. 변죽만 울리거나 에두르거나 회피하지 말라. 그런 접근은 실제 메시지를 흐리게 만들 것이다. 이런 충고는, 주의를 요하는 상대의 불만에 가득 찬 진술을 어떻게 다루어야 할지 부부에게 해주는 충고와 유사하다. 문제가 무언지, 그 문제에 뭐가 잘못인지, 그 문제로 인해 어떻게 느끼는지, 무엇이 바뀔 수 있는지 정확하게 말하라.

    레빈슨은 지적한다. "구체성은 비판만큼이나 칭찬에도 똑같이 중요해요. 막연한 칭찬이 전혀 아무런 영향을 미치지 않는다고 말할 순 없지만, 그러나 그런 칭찬은 큰 영향을 주진 않고 거기서 배울 수 있는 것도 별반 없습니다."[7]
- **해결책을 제시하라.** 유용한 피드백처럼 비판을 할 때는 문제 해결

방법을 지적해야 한다. 그렇지 않으면 비판은 듣는 사람을 좌절감에 빠뜨리고 사기를 떨어뜨리거나 동기유발을 막아버린다. 비판은 듣는 사람에게 깨닫지 못했던 가능성과 대안으로 가는 문을 열어주기도 하지만, 단순히 주목받게 된 결함에 민감하게 반응하게 만들 수도 있다. 어쨌든 비판은 문제를 어떻게 다루어야 할지에 대한 제안을 포함해야만 한다.

- **현장에 참석하라.** 비판은 칭찬과 마찬가지로 가장 효과적인 맞대면으로, 사적인 성격을 띤다. 비판이나 칭찬하는 일이 부담스러운 사람들은 거리를 조금 두고자 메모 같은 형식을 이용할 가능성이 크다. 하지만 이런 접근은 의사소통을 지나치게 비인격적으로 만들어 비판을 듣는 사람에게서 응답하거나 해명할 기회를 빼앗는다.
- **민감하라.** 이것은 감정이입에 대한 얘기다. 비판하는 사람은 비판의 내용과 방식이 듣는 사람에게 끼칠 영향을 조율해야 한다. 레빈슨은 감정이입을 거의 하지 않는 경영자들이 혹평처럼 기를 죽이고 상처를 주는 방식으로 피드백을 할 가능성이 가장 높다고 지적한다. 그런 혹독한 비판의 결과는 파괴적이게 마련이다. 바로잡을 길을 열기보다는 분노, 참담함, 방어심리, 거리감 같은 감정적 반발을 낳기 때문이다.

레빈슨은 비판을 듣는 사람들에게도 충고를 제시한다. 첫째, 비판을 인신공격이 아니라 일을 더 잘하게 하는 방법을 제공하는 귀중한 정보로 여겨라. 둘째, 책임을 지기보다 방어심리가 발동하는 쪽으로 향하는 충동을 주시하라. 만약 상황이 너무 당황스러워지면, 조금 냉정을 되찾은 뒤에 나중에 모임을 재개하자고 요청하라. 마지막으로, 비판을 적대적 상황이 아니라 문제를 해결하기 위해 비판자와 더불어 일할 기회로 인식하라. 이런 슬기로운 충고는 관계에 상처를 주지 않고 불평을 해결하려 노력하는 부부들에게 제시하는 제안과 비슷하다. 결혼생활에 적용되는 것이 직장생활에도 똑같이 적용된다.

▌다양성의 수용

30대에 육군 대위였던 실비아 스키터는 사우스캐롤라이나 주 컬럼비아에 있는 데니 레스토랑의 교대조 관리인으로 일했다. 어느 지루한 오후에 흑인 손님들이 들어왔다. 식사를 하러 온 목사와 부목사 그리고 두 명의 방문 성가대원이었다. 그러나 여종업원들은 그들을 못 본 척했다. 흑인 손님들은 계속 자리에 앉아 있어야만 했다. "여종업원들은 허리에 손을 얹고 좀 노려보는 듯하더니, 지척에 있는 흑인은 존재하지도 않는다는 듯이 자기들끼리 나누는 얘기에 빠지곤 했죠"라고 스키터는 회상했다.

화가 난 스키터가 지배인에게 불평했지만, 지배인은 그들의 행동을 가볍게 여겼다. "쟤들은 저렇게 자라서 내가 어떻게 해볼 수가 없어." 스키터는 그 자리에서 사직했다. 그녀도 흑인이다.

만일 그 일이 단발의 사건이었다면, 이런 뻔뻔스러운 편견의 순간은 주목받지 못한 채 잊히고 말았을 것이다. 그러나 실비아 스키터는 데니 레스토랑 체인 전체를 통해 광범위한 반(反)흑인 편견의 관행을 증언하기 위해 나선 수백 명 가운데 한 명이었다. 스키터의 말은 그런 모욕을 받은 수천의 흑인 고객을 대표하여 5400만 달러의 지불을 요구하는 집단소송이 낳은 증언이었다.

집단소송의 원고 중에는 미국 비밀경호국 소속의 흑인 요원 일곱 명이 포함된 분견대도 있었다. 백인 동료들은 옆 테이블에서 즉시 음식을 받았지만, 그들은 한 시간 동안 기다려야 했다. 아나폴리스에 있는 미국 해군사관학교를 방문하는 클린턴 대통령을 경호하기 위해서 그들 모두 업무 수행 중이었다. 원고 중에는 또한 플로리다 주 탬파에 사는 하체마비 흑인 소녀도 있었다. 그녀는 댄스파티가 끝난 어느 날 밤 음식을 기다리며 두 시간 동안 휠체어에 앉아 있어야 했다. 차별의 관행은 흑인 고객은 영업에 방해가 된다는 전체 데니 체인, 특히 지방 및 분점 지배인들 사이에 두루 퍼져 있는 광범위한 억측 때문이었다. 집단소송과 홍보의 결과, 데니 체인은 흑인 공동체에 보상을 하고 있다. 그리고 체인의 모든 직원, 특히 관리자들은 다민족 소송 의뢰인들의 이익에 관한 모임에 참석해야만 한다.

그런 세미나는 미국 전역의 회사들에서 사내 교육의 주된 요소가 되어, 백인이 흑인을 상대로 일할 때 설사 편견이 있더라도 마치 그런 편견이 없는 듯 행동하는 법을 배워야만 한다는 인식이 관리자들 사이에서 높아지고 있다. 그 이유를 따져보면 인품의 이유를 넘어서는 실용적인 이유가 존재한다. 첫 번째는, 지배 집단이었던 백인 남성 수가 적어지면서 노동력을 제공하는 사람들이 바뀌고 있기 때문이다. 미국 기업들을 조사해보면, 신입 직원의 4분의 3 이상이 백인이 아니다. 이런 인구통계학적 변화는 고객층의 변화에도 역시 대규모로 반영된다.[8] 두 번째는, 다국적 회사들이 다양한 문화(그리고 시장) 출신 직원들을 제대로 평가하기 위해서는 편견을 없애야 할 뿐 아니라, 그 공정한 평가를 경쟁력 있는 이점으로 바꾸는 직원들을 채용할 필요가 더욱 늘고 있기 때문이다. 세 번째는, 고도화된 집단적 창의성과 기업가적 에너지의 관점에서 다양성이 가져오는 잠재적 효과 때문이다.

이런 모든 것은 어떤 조직에 설사 개별적 편견이 남아 있더라도 관용적인 문화를 만들기 위해서는 변화해야만 한다는 사실을 의미한다. 그러나 어떻게 해야 바뀔 수 있을까? 하루 날을 잡아 비디오를 보여주거나 주말에 '다양성 훈련' 코스를 실시한다고 해서, 백인의 흑인에 대한 편견이든, 흑인의 아시아인에 대한 편견이든, 라틴아메리카 사람에게 분개하는 아시아인이든, 서로에게 깊은 편견을 지닌 채 훈련에 참여하는 저 직원들의 태도가 바뀔 것인가. 실로 지나치게 많은 것을 약속함으로써 그릇된 기대감을 갖게 하거나, 이해보다는 대결 구도를 낳게 하는 부적당한 다양성 훈련 코스를 실시하는 것은 서로의 편견에 훨씬 더 주목하게 하여 오히려 집단을 갈라놓는 긴장감을 불러일으킬 수 있다. 변화의 가능성을 이해하기에 앞서, 우선 편견의 본질을 이해할 필요가 있다.

편견의 뿌리

현재 버지니아 대학에 재직 중인 정신과 의사 바미크 볼칸은 키프로스(지중해에 있는 섬나라. 주민들은 터키계와 그리스계로, 종교 갈등이 많다—옮긴이)에서 성장해 터키계와 그리스계 주민들 간에 벌어진 가차 없는 싸움이 어떤 양상이었는지를 기억한다. 소년 시절 볼칸은 마을의 그리스 성직자의 허리띠에는 그가 목 졸라 죽인 아이를 뜻하는 매듭이 있다는 소문을 들었고, 그가 속한 터키 문화에선 더러운 것으로 여겨 먹지 않는 돼지고기를 그리스계 이웃들이 어떻게 먹는지 이야기할 때마다 터키계 사람들이 표출하던 경악스러운 어조를 지금도 기억한다. 이제 종족 갈등의 연구자로서, 볼칸은 오랜 세월이 흘러도 이렇듯 집단 간에 증오심이 그대로 유지되는 것은 각 집단의 새로운 세대가 이와 같은 적대적 편견에 깊이 빠져들기 때문이라는 것을 보여주기 위해 어린 시절의 기억을 꺼내든다.[9] 자기 집단에 충성하는 심리는 다른 집단에게는 반감이 될 수 있다. 특히 집단 간에 오랜 적대감의 역사가 있을 때는 더욱 그렇다.

편견은 어릴 적에 생기는 일종의 감성학습으로, 심지어 어른이 되어 적대적 반응이 잘못됐다고 느끼는 사람들조차 그런 반응을 전적으로 뿌리 뽑기는 아주 어렵다. 수십 년간 편견 문제를 연구해온 캘리포니아 대학의 사회심리학자 토머스 페티그루(Thomas Pettigrew)는 "편견의 정서는 어릴 적에 형성되는 반면, 그걸 정당화하는 데 활용되는 믿음은 나중에 생깁니다"라고 설명한다. "지금 가진 편견을 나중에 없애길 원할 수도 있는데, 심층에 자리 잡은 감정보다는 지적 신념을 바꾸는 게 훨씬 더 쉽습니다. 예를 들어 지금 많은 남부 사람들은 더 이상 흑인에게 편견을 갖고 있진 않지만, 흑인과 악수할 때는 꺼림칙한 기분이 든다고 고백합니다. 어릴 때 학습된 감정이 그대로 남아 있기 때문이죠."[10]

편견을 뒷받침하는 고정관념의 힘은 부분적으로 모든 종류의 고정관념을 확신하게 만드는, 마음속에 자리한 좀 더 중립적인 원동력에서 나온다.[11] 사람들은 고정관념에 반하는 일은 깎아서 생각하는 편인 반면, 고정관념을 뒷받침하는 일은 쉽게 생각한다. 예를 들어 냉정하고 과묵한 영국인이란 고정관념과 맞지 않는 열린 마음의 따뜻한 영국인을 만나면, 사람들은 그저 그가 특이하다거나 '술을 마셨겠지' 하고 여기는 경우가 많다는 얘기다.

지난 40년 동안 미국 백인의 흑인에 대한 인종편견은 크게 개선됐지만 미묘한 편견의 형태가 지속되는 이유는, 편견이 가진 강한 속성을 통해 설명할 수 있을지 모르겠다. 사람들은 여전히 편견을 숨긴 채 행동하면서 겉으론 인종주의적 태도를 부인한다.[12] 인종편견에 관한 질문을 받을 때 그런 사람들은 어떤 편협한 생각도 하지 않는다고 말하지만, 애매한 상황이 되면 편견이 아닌 다른 이론적 근거를 제시하면서 사실상 편견에 사로잡힌 행동을 한다. 그런 선입견은, 이를테면 자신에게는 어떠한 편견도 없다고 믿는 백인 경영자의 모습에서도 나타난다. 그는 겉으론 인종 때문이 아니라 교육과 경험이 직무에 '아주 적합하지 않기' 때문이라면서 흑인 구직자를 거부하고, 대략 비슷한 배경을 가진 백인을 고용한다. 혹은 막 방문하려는 백인 판매원에겐 간단한 설명과 도움이 되는 정보를 주지만, 흑인이나 라틴아메리카 출신 판매원에겐 똑같은 배려를 하지 않을 수도 있다.

비관용에 대한 무관용

이처럼 편견이 쉽게 뿌리 뽑을 수 없는 것이라면, 변할 수 있는 것은 편견에 대한 그들의 처신이다. 예를 들어 데니 레스토랑에서 흑인을 차별하는 여종업원이나 지배인의 태도에 항의한 사람은 거의 없었다. 오히려 일부 경영자는 암묵적으로 여종업원들의 차별을 지원했고, 심지어 흑인 고객에게는 미리 음식비를 지불하게 하는 방법을 쓰기까지 했으며, 광고까지 하는 무료 생일 식사를 흑인에겐 제공하지 않거나, 만일 흑인 고객이 무리 지어 오면 문을 잠가놓고 영업이 끝났다고 말했다. 비밀경호국의 흑인 요원들을 대리해 데니 체인을 고소한 변호사 존 P. 렐먼은 이렇게 말한다. "데니 체인의 경영진은 현장 직원들의 행동에 눈을 감았어요. 인종편견적 충동에 따라 행동할 수 없게 한 금지조치를 풀어주는…… 어떤 메시지가 틀림없이 있었을 겁니다."[13]

편견의 뿌리와 그에 맞서 싸우는 방법에 대해 우리가 아는 전부는, 편견에 사로잡힌 행동에서 눈을 돌려버리는 수동적 태도가 오히려 그런 행동을 더욱 기승부리게 만든다는 것이다. 따라서 편견에 대해 아무런 조치도 취하지 않는 것은 매우 중대한 과실이며, 편견 바이러스를 마구 퍼뜨리는 일에 다름 아니다. 다양성 훈련이 더욱 정곡을 찌르는 효과를 거두기 위해 필요한 것은, 최고경영진에서 말단에 이르기까지 어떠한 차별에도 반대하는 적극적인 자세를 지님으로써 한 집단의 규범이 완전히 변화되는 일이다. 사풍(社風)이 바뀌면 편견은 바뀌지 않는다 하더라도 편견에 입각한 행위는 억제될 수 있다. IBM의 한 중역은 이렇게 표현한다. "우리는 어떤 경멸이나 모욕도 관용하지 않습니다. 개인에 대한 존중이 IBM 문화의 중추이기 때문입니다."[14]

만일 편견에 대한 연구가 기업의 문화를 관용적이게 만드는 일에 교훈을 줄 수 있다면, 그것은 심하지 않은 차별이나 애먹이는 정도의 행동—감정을 상하게 하는 농담이나 여성 동료들의 품위를 떨어뜨리는 여성 누드가 두드러진 달력을 붙이는 일 등—에도 사람들이 거리낌 없이 반대 의견을 말할 수 있게 격려하는 일이다. 한 집단 내에서 누군가 인종적 비방을 하는 소리를 듣게 되면, 그로 인해 똑같은 행동을 하는 사람들이 생겨났다는 사실을 보여주는 연구가 있었다. 편견을 편견으로 규정하거나 그 자리에서 편견에 반대하는 간단한 행동이 표출될 때, 감히 편견에 사로잡힌 행동을 할 수 없는 사회적 분위기가 확립된다. 아무런 말도 하지 않으면 그것은 편견을 용서하는 데 이바지할 뿐이다.[15] 이때 중추적인 역할을 수행해야 하는 사람은 무엇보다 권위자여야 한다. 그들이 편견적인 행동을 비난하지 않는다면, 그것이 괜찮다는 암묵적인 신호가 되기 때문이다. 견책이나 징계를 내리는 것은 편견이 사소한 게 아니라 실질적으로 부정적인 결과를 낳는다는 강력한 징표인 셈이다.

여기서도 감성지능의 기술이 효과를 발휘하는데, 특히 편견을 끌어내지 않고 생산적으로 비판하기 위해서는 언제, 어떻게 해야 하는지를 알기 위한 사회적 요령을 갖추는 데 효과가 있다. 그런 피드백은 책략을 갖춘 효과적인 비판이어야 하고, 그럴 때 사람들은 방어심리 없이 경청할 수 있다. 만일 경영자와 동료들이 이런 식으로 자연스럽게 비판한다면,

편견으로 인한 말썽은 자취를 감추게 될 것이다.

어떤 편견에도 침묵을 지키는 방관자였던 사람들이 자신들의 불편과 반대를 표출하도록 장려하는, 조직 전체에 걸친 새롭고 명시적인 원칙은 좀 더 효과적인 다양성 훈련 강좌들을 통해 만들어낼 수 있다. 다양성 강좌는 감정이입과 관용을 장려하는 관점 그리고 균형 있는 시각을 가르친다. 차별받는 이들의 고통을 이해하게 되는 만큼, 사람들은 차별에 반대하는 의견을 표현할 가능성이 훨씬 높아진다.

요컨대 편견 자체를 제거하려 애쓰기보다는 편견을 드러내는 일을 억제하려 애쓰는 것이 훨씬 현실적이다. 판에 박힌 생각은 변한다 해도 아주 느리게 변하기 때문이다. 학교의 인종분리정책 철폐로 집단 내적 적대감이 줄어들기보다 오히려 늘어난 사례들이 보여주듯, 단지 서로 다른 집단과 함께 있게 하는 일은 불관용을 낮추는 데 거의 기여하지 못하거나 전혀 도움이 되지 않는다. 기업계를 휩쓸고 있는 여러 가지 다양성 훈련 프로그램의 경우, 편견을 드러내고 타인을 불편하게 하는 집단의 규범을 바꾸려는 것이 주된 의도다. 그런 프로그램들은 편협함이나 괴롭힘은 결코 용인될 수 없고 관용되지 않으리라는 생각을 집단적으로 인식시키는 데 큰 역할을 할 수 있다. 그러나 그것이 뿌리 깊이 박힌 편견을 뽑아낼 것이라는 기대는 비현실적이다.

편견을 뿌리 뽑는 재학습이 한두 번의 다양성 훈련 실습으로 가능하다고 기대해서는 안 되지만, 그러나 사실 '가능한' 일이다. 그것은 지속적인 동료애와 다양한 배경을 가진 사람들이 공통의 목표를 향해 일상적으로 노력하는 일이다. 집단끼리 서로 섞이지 못하고 적대적인 파벌을 낳으면서 오히려 고정관념이 강화된 학교의 인종분리정책 철폐 경험에서 교훈을 얻을 수 있다. 그러나 학생들이 스포츠 팀이나 악단에서처럼 하나의 공통된 목표를 이루기 위해 평등하게 노력하는 사람들로서 협력했다면 인종에 대한 고정관념은 허물어졌을 것이다. 이는 동료들과 함께 협력해 일하는 회사에서도 자연스럽게 이루어질 수 있는 일이다.[16]

하지만 편견에 맞선 싸움을 멈추는 것은 더 큰 기회, 즉 다양한 노동력이 제공하는 창조적인 가능성의 기회를 잃어버리는 일이다. 앞으로 살펴보게 되겠지만, 다양한 힘과 관점을 지닌 여러 집단이 조화롭게 어울릴 수 있다면, 고립되어 각자 일하는 사람들보다 더 적합하고 창조적이며 효율적인 결과를 이루어낼 가능성이 훨씬 높다.

▶ 조직적 이해력과 집단지능

20세기 말이 되면 미국 노동력의 3분의 1은 정보에 가치를 덧붙여서 생산성을 발휘하는 '지식노동자'가 될 것이다. 예를 들면 시장분석가, 작가 혹은 컴퓨터 프로그래머 등 다양할 수 있다. '지식노동자'란 말을 처음 사용한 경영 전문가인 피터 드러커(Peter Drucker)는 지식노동자는 고도로 전문성을 갖추게 되고, 그들의 생산성은 팀의 일원으로 협력하여 일하는 노력에 따라 좌우된다고 지적한다. 작가는 출판업자가 아니고 컴퓨터 프로그래머는 소프트웨어 공급자가 아니지만, 그들 사이의 긴밀한 협력관계에 의해 성공이냐, 실패냐가 좌우된다는 것이다. 사람들이 지식노동을 하는 동안에는 '개인보다는 팀이 일의 단위가 된다'고 드러커는 지적한다.[17] 바로 그 점이 왜 사람들을 조화시키는 능력인 감성지능이 다가올 미래에 일터의 자산으로서 더욱 가치가 매겨져야 하는지 그 이유를 시사한다.

아마도 팀워크의 가장 기본적인 형태는 회의일 것이다. 진짜 회의실에서든, 협의를 위한 전화 통화로든, 사무실에서든 회의는 경영진의 피할 수 없는 일이다. 회의실 안에 모여 앉은 사람들은 일이 공유되어 있다는 의미를 가장 분명하게, 하지만 다소 옛날식으로 드러내는 본보기에 지나지 않는다. 전자 네트워크를 통한 작업, 이메일, 원격회의, 작업 팀, 비공식 네트워크 등이 조직 내에서 새로운 기능적 실체로 등장하고 있다. 조직표상에 그려진 명시적인 위계는 조직의 뼈대이고, 이런 인간적 접점이 조직의 중추신경계다.

경영진의 기획회의든 공유된 제품을 만들기 위한 팀 단위의 작업이든 사람들이 협력하기 위해 모일 때마다, 사람들은 관계된 모든 이들의 재능과 기술의 총합인 집단지능(group intelligence)을 갖게 된다. 그리하여 사람들이 과제를 얼마나 잘 수행하느냐는 집단지능이 얼마나 높으냐에 따라 결정될 것이다. 집단지능에서 한 가지 중요한 요소는 이론적인 의미에서가 아니라 오히려 감성지능적 관점에서의 평균 IQ다. 높은 집단지능의 요체는 바로 사회적 조화라는 뜻이다. 조화를 이루는 능력이야말로, 모든 조건이 같을 때 특별히 생산적이고 성공하는 집단이 있는가 하면, 반대로 비생산적이고 제대로 성과를 내지 못하는 집단이 생기는 요인인 것이다.

집단지능이 존재한다는 생각은 다른 집단보다 상대적으로 훨씬 더 효율적인 집단이 생기는 요인을 파악하려 애썼던 예일 대학의 심리학자 로버트 스턴버그와 대학원생인 웬디 윌리엄스(Wendy Williams)의 연구 결과였다.[18] 결국 사람들이 집단으로 모여 일할 때 개인은, 이를테면 대단히 유창한 말솜씨, 창의력, 감정이입 혹은 전문 기술 능력 같은 특정한 재능을 발휘한다. 한 집단이 이 낱낱의 강점들의 총합보다 더 '영리하지' 못할 수는 있지만, 만일 집단 작업을 하면서 사람들이 자신들의 재능을 공유하지 못한다면 그 집단은 더욱 우둔해질 것이다. 스턴버그와 윌리엄스가 설탕의 대체물로 단맛을 내는 획기적인 가공물질의 광고 계획을 짜야 하는 창조적 도전에 참여할 사람들을 모집했을 때, 그 의미가 분명해졌다.

한 가지 놀라운 사실은 이 일에 참여하려고 혈안이 됐던 사람들이 집단 내에서는 전체적인 성취도를 낮추는 장애물로 작용했다는 점이다. 지나치게 통제를 행사하고 자신의 의견대로 지배하려고 달려들었기 때문이다. 그들에겐 주고받는 과정에서 무엇이 적절하고 부적절한지를 인식하는 사회지능의 기본적인 요소가 결여된 듯 보였다. 또 다른 장애물은 일을 무거운 짐처럼 느껴서 참여하지 않는 사람들이었다.

각 구성원들이 지닌 최상의 재능을 활용할 수 있게 해주는 내적 조화의 상태를 성원들 스스로 창조해낼 수 있는 수준이야말로, 한 집단이 만들어내는 생산물의 탁월성을 극대화하는 단 하나의 가장 중요한 요인이다. 조화로운 집단의 전반적인 성취는 특별히 재능을 갖춘 한 성원을 보유하고 있다는 사실로 인해 도움을 받은 반면, 마찰이 많은 집단은 탁월한 능력을 가진 여러 성원들을 상대적으로 훨씬 조금밖에 활용하지 못했다. 두려움 혹은 분노 때문이든 경쟁이나 원한 때문이든, 도에 지나친 감정적이고 사회적인 제각각의 주장이 존재하는 집단에서는 개인이 최선을 발휘할 수가 없다. 반면에 조화는 집단 내의 창조적이고 재능 있는 성원들의 능력을 최대한으로 활용할 수 있게 해준다.

이 연구 결과가 조직체에 주는 의미는 아주 분명하지만, 이에 못지않게 조직 내의 개인에게도 많은 사실을 시사한다. 업무의 성패는 같은 분야의 동료들과 맺는 자유로운 네트워크를 얼마나 잘 동원할 수 있느냐에 따라 좌우된다. 그 때문에 특별한 목적을 위한 집단의 존재 가능성이 생긴다. 이런 집단은 각 성원들이 재능, 전문성, 배치를 최적의 상태에서 드러내도록 짜여져 있다. 사람들이 얼마나 네트워크를 잘 '구성할 수 있느냐', 다시 말해 그 네트워크를 특별한 목적을 위한 조직으로 만들 수 있느냐 하는 능력이 바로 실제 일에서 성공을 거두게 하는 결정적인 요인이다.

예를 들어 프린스턴 근처의 세계적으로 유명한 싱크 탱크인 벨 연구소에서 진행되는 스타급 연구원들에 대한 조사를 살펴보자. 이 연구소는 IQ가 최고인 기술자와 과학자들로 구성돼 있다. 그러나 이런 재능의 보고(寶庫)에서도 스타로 떠오르는 사람들이 있는 반면, 보통의 성과만을 내는 사람도 있다. 스타들과 그 밖의 사람들 사이에 차이를 낳는 것은 그들의 IQ가 아니라, 역시 '감성지능'이다. 스타들은 스스로 훨씬 동기부여를 잘할 수 있고, 비공식 네트워크를 특별한 목적을 위한 조직으로 더욱 잘 활성화할 수 있다.

벨 연구소의 한 분과가 연구의 대상으로 삼은 그 '스타들'은 대단히 정교하고 까다로운 전자공학 작업을 통해 전화 시스템을 통제하는 전자 스위치를 설계하고 만드는 팀 소속이었다.[19] 작업 특성상 한 개인의 능력을 넘어서는 일이기 때문에 다섯 명 정도에서 150명에 이르는 팀 단위로만 작업이 이루어졌다. 한 사람의 엔지니어도 그 일을 혼자 할 정도로 충분히 알지 못한다. 일을 끝마치려면 다른 사람의 전문적인 도움이 필요하다. 대단히 생산적인 사람들과 평균 수준밖에 되지 않는 사람들 간에 차이가 나도록 만든 것이 무엇인지 알아내기 위해, 로버트 켈리(Robert Kelley)와 재닛 캐플런(Janet Caplan)은 관리자와 동료들에게 스타로 꼽을 만큼 두드러졌던 10~15퍼센트의 엔지니어들을 추천해달라고 했다.

두 학자가 그 스타들을 다른 사람들과 비교한 뒤 얻은 가장 극적인 발견은 우선 그 두 집단 간의 차이가 아주 작다는 점이었다. 켈리와 캐플런은 〈하버드 비즈니스 리뷰〉에 "광범위한 인지적, 사회적 평가 수치들에 기초한 표준 IQ 검사에서 인성 목록에 이르기까지 선천적 능력에는 의미 있는 차이가 거의 없었다"라고 썼다. '지적 능력은 그들의 실제 업무

생산성을 나타내는 합당한 예보자가 못 됐으며' IQ도 마찬가지였다.

그러나 상세한 인터뷰를 마친 뒤, 결정적인 차이는 일을 완수하기 위해 스타들이 활용한 내면적인 책략과 대인관계상의 책략에서 드러났다. 가장 중요한 책략 가운데 하나는 주요한 사람들로 구성된 네트워크로, 그들은 문제를 해결하거나 위기에 즉각 대처할 수 있는 사람들이었다. 스타들은 그동안 이들과 좋은 인간관계를 맺는 데 공을 들여왔기 때문에 어려운 일이 닥쳐도 다른 사람들보다 좀 더 잘 풀어나갈 수 있었다. 켈리와 캐플런은 "벨 연구소에서 중간 수준의 성취를 거두는 사람은 기술적 문제로 쩔쩔맨다는 이야기를 합니다"라고 말했다. "그들은 수고스럽게 기술적 스승들에게 전화를 걸고 기다렸지만 응답이 거의 없었고, 이메일도 답장이 없어서 귀중한 시간만 낭비하는 일이 많았습니다. 그러나 스타급 성취를 이룬 사람들은 그런 상황을 겪는 일이 드물었어요. 미리 믿을 만한 네트워크를 구축해놓았기 때문이죠. 충고를 구하기 위해 누군가에게 전화를 할 때 스타들은 거의 항상 다른 사람들보다 빠른 대답을 들을 수 있었습니다."

비공식적 네트워크는 특히 예기치 않은 문제를 처리해야 할 때 큰 도움이 된다. "공식 조직은 예상되는 문제를 쉽게 처리할 수 있게 해줍니다"라고 한 네트워크 연구는 밝힌다. "그러나 예상치 않은 문제가 제기될 때는 비공식 조직이 도움이 되죠. 비공식 조직의 복잡한 사회적 연결망은 동료들이 서로 의사소통을 할 때마다 생겨나고, 시간이 지남에 따라 놀라울 정도로 안정된 네트워크로 굳어집니다. 대단히 적응력이 뛰어난 비공식적 네트워크는 일을 끝마치게 하는 모든 기능을 뛰어넘어 꾸준히 성장합니다."[20]

비공식적 네트워크 분석은, 사람들이 매일 함께 일하기 때문에 민감한 정보(이를테면 직장을 바꾸려는 욕망, 경영자나 동료의 행동방식에 대한 분노)에 대해서는 서로를 반드시 신뢰하진 않을 것이고, 위기 상황에서 그들에게 의존하지도 않을 것이라는 점을 보여준다. 실제로 비공식적 네트워크에는 적어도 세 가지 종류가 있다고 한다. 누군가에게 말을 거는 의사소통 네트워크, 충고를 얻기 위해 의존할 사람으로 구성된 전문가 네트워크, 믿을 수 있는 네트워크. 전문가 네트워크에서 중심이 된다는 사실은, 종종 승진하게 만들어주는 뛰어난 기술성으로 명성을 얻게 되리란 점을 뜻한다. 그러나 전문가가 되는 일과 사람들이 자신의 비밀이나 의심, 상처를 믿고 말할 수 있다고 여기는 사람이 되는 일 사이엔 실제 어떠한 관련성도 없다. 작은 사무실의 폭군이나 세세한 면에 집착하는 경영자는 전문성은 높을지 몰라도 사람들에게 믿음을 주지는 못해서, 그들의 경영 능력은 훼손되고 비공식적 네트워크에서도 쉽게 배제될 가능성이 높다. 그러나 한 조직의 스타들은 종종 의사소통, 전문성, 신뢰성 어느 면이든지 모든 네트워크와 끈끈한 유대감을 가진 사람들이다.

벨 연구소의 스타들은 이런 필수 네트워크뿐 아니라, 팀워크 속에서 자신의 노력을 효율적으로 조절하고, 주도적으로 공감대를 구축하며, 고객이나 업무 팀원들과 같은 타인의 관점에서 문제를 바라볼 수 있고, 설득하는 능력이 있으며, 갈등을 피하고 협력을 촉진하는 지혜 등에도 정통했다. 이 모든 것들은 사회능력에 속하지만, 스타들은 다른 종류의 비결도 가지고 있었다. 하나는 자신에게 지정된 일뿐 아니라 다른 일에도 책임을 떠맡을 정도의 '솔선수범'이고, 다른 하나는 자신의 시간과 일의 공헌도를 잘 조절한다는 의미의 '자기관리'다. 이런 능력은 물론 감성지능에 속한다.

벨 연구소 연구에서 확실한 것은 감성지능의 기본적인 기술이 팀워크에서, 협력에서, 사람들이 좀 더 효율적으로 일하는 방법을 함께 배우도록 도와주는 데서 그 어느 때보다 더욱 중요해질 모든 기업 생활의 미래를 예언한다는 강한 징표라는 것이다. 지식에 기반을 둔 서비스와 지적 자본이 기업 활동에 중심이 됨에 따라, 사람들이 함께 일하는 방식을 개선하는 일은 경쟁력에서 결정적인 차이를 드러내는 주요한 원인이 될 것이다. 기업이 번창하기 위해서는 집단적 감성지능을 촉진하는 것이 현명한 일이다.

chapter 11

정신과 의학

관계에 초점을 맞춘 치료

"박사님께 누가 이 모든 걸 가르쳐주었습니까?"

금방 대답이 나왔다.

"고통."

— 알베르 카뮈, 《페스트》

사타구니께가 영문도 모르게 아파서 주치의한테 갔다. 그가 소변검사 결과를 살피기 전까진 이상한 징후가 전혀 없는 듯했다. 그런데 검사 결과 혈뇨가 있다고 했다.

"병원에 가셔서 검사를 좀 받으셔야겠네요. 신장기능검사, 세포검진······." 의사가 사무적인 어조로 말했다.

그다음엔 그가 무슨 말을 했는지 모르겠다. 세포검진이라는 말에 마음이 얼어붙는 듯했다. 암이다.

주치의가 진단검사를 위해 언제, 어디로 가야 할지 설명해준 것을 희미하게 기억한다. 더없이 간단한 지시사항이었지만 나는 서너 번이나 의사가 그 말을 반복하도록 요청해야만 했다. 세포검진이란 말에서 내 마음은 떠날 줄을 몰랐다. 그 한 단어로 인해 나는 마치 집 앞 대문에 내 수배 사진이라도 붙은 것 같은 기분이었다.

왜 나는 그렇게 강하게 반응했을까? 주치의는 그저 철저하고 유능했을 뿐, 진단을 내리기 위해 진단도표상의 각 항목을 보며 내 몸을 살피고 있었다. 문제가 되는 것이 암일 가능성은 희박했다. 하지만 이런 합리적 분석은 그 순간엔 별 상관이 없었다. 아플 때는 감정에 온통 사로잡히고 사고는 두려움에 점령돼버린다. 누구나 몸이 아프면 감성적으로 허약해질 수 있다. 왜냐하면 부분적으로나마 우리의 정신건강은 상처받지 않으리라는 환상에 기반하고 있기 때문이다. 병, 특히 심각한 질병은 그런 환상을 여지없이 깨뜨리고 우리의 사적 세계가 안전하리라는 전제를 무너뜨린다. 그래서 갑자기 나약해지고, 무기력해지며, 상처받기 쉬워진다.

환자의 신체 질환에 주목하는 동안이라도 의사가 환자의 감성적 대응에 무지하다면 문제가 된다. 질병의 감성적 실재에 대한 이런 무관심은 질병에 걸리는 과정에서 그리고 회복 과정에서 환자의 감성 상태가 때때로 중요한 역할을 수행한다는 점을 보여주는 많은 증거를 무시하는 처사다. 그러나 현대 의학에서는 감성지능이 결여된 경우가 너무도 많다.

환자가 간호사나 의사를 만나는 것은 힘을 북돋우는 정보, 편안함, 위안을 얻는 일일 수도 있지만, 절망을 불러들이는 일일 수도 있다. 그런데도 의료진은 환자의 고통을 보면서도 성급하게 굴거나 무관심한 경우가 아주 많다. 물론 의학적으로 환자에게 잘 대할 뿐 아니라 격려해주고 정보를 주는 데 시간을 할애하는 동정심 많은 이들도 있다. 그러나 제도적으로 부여되는 책임 때문에 대개의 의료진은 환자의 상처받기 쉬운 마음을 알아차리지 못하거나, 중압감에 시달린 나머지 환자의 마음에 대해서는 아무런 조치도 취하지 않는, 의사 업무를 직업으로만 여기는 게 보통의 추세다. 공인회계사들에 의해 더욱 더 좌지우지되는 의료체계의 엄정한 현실로 인해 사태는 더욱 악화되는 듯하다.

치료와 함께 의사가 보살핌을 제공해야 한다는 인본주의적 주장을 넘어서서 환자의 심리적, 사회적 현실을 의료 영역 내에 속하는 것으로 생각해야 하는 여러 가지 이유들이 있다. 예방과 치료 양쪽에서 사람들의 감성 상태를 질환과 함께 치료함으로써 의료적 효율성을 얻을 수 있다는 과학적 주장도 강하게 제기될 수 있다. 물론 모든 사례와 질환에 적용된다는 이야기는 아니다. 하지만 수많은 사례들을 살펴보면, 감성적 개입이 심각한 질병에 대한 치료의 일부가 되어야 한다는 점을 시사할 만큼 충분히 의료상 이점이 많다는 증거를 발견할 수 있다.

역사적으로 현대 의학의 사명은 건강의 혼란을 뜻하는 물리적 질병을 치료하는 관점에서 규정된 반면, 환자가 그 질병을 경험하는 마음의 병은 간과하고 말았다. 질병에 대한 이런 견해에 동조함으로써 환자는 병에 대한 자신의 감성반응을 무시하거나, 그런 반응을 질병의 진행과는 아무런 상관이 없는 것으로 치부해버리는 조용한 음모에 동참하게 된다. 게다가 이것은 정신이 신체에 영향을 미친다는 생각을 전혀 염두에 두지 않는 의료 모델에 의해 강화된다.

그런데 이런 비생산적인 관념들이 의료계가 아닌 다른 쪽에도 존재한다. 예를 들어 자신이 행복하다고 믿거나 긍정적인 생각을 품는 것만으로 불치의 병에서조차 나을 수 있다고 생각하는 것, 병이 든 것에 대해 우선 환자에게 어느 정도 비난을 가해야 한다고 생각하는 것 따위가 그렇다. '태도가 모든 걸 치유하리라'라는 그럴듯한 말의 결과는 질병이 정신에 의해 영향 받을 수 있는 범위에 대한 다양한 혼란과 오해를 낳았다. 나아가, 마치 질병이 도덕적 타락이나 영적 무가치성의 징표이기라도 한 듯 질병에 걸린 사람들에게 죄의식을 갖게 만들기까지 하는 경우가 벌어진 것은 더욱 최악의 상황일 것이다.

진실은 이런 극단 사이 어딘가에 있다. 과학적 자료들을 샅샅이 살펴봄으로써 모순점을 분명히 짚어내고, 우리의 감성과 감성지능이 건강과 질병에서 수행하는 역할에 대한 좀 더 명료한 이해를 확립해 이러한 상식 밖의 생각을 대체하고자 한다.

▌신체와 정신 : 감성이 건강에 미치는 영향

1974년 로체스터 대학교 의과대학원의 한 연구실에서 이루어진 발견으로 신체의 생물학적 지도가 다시 그려졌다. 심리학자 로버트 에이더 (Robert Ader)가 면역체계도 두뇌처럼 학습된다는 사실을 발견한 것이다. 그의 연구 결과는 충격적이었다. 당시까지 널리 퍼진 의료 지식에 따르면, 오직 두뇌와 중추신경계만이 행동양식을 바꿈으로써 경험에 반응할 수 있었다. 그런데 에이더의 발견으로 중추신경계와 면역체계가 의사소통하는 수많은 방식에 대한 탐구가 촉발됐다. 정신, 감정, 신체를 분리되지 않고 밀접하게 얽히게 만드는 생물학적 통로를 밝히는 탐구였다.

에이더는 흰쥐들에게 혈류를 따라 순환되는 질병에 맞서 싸우는 T세포의 수를 인위적으로 억누르는 약물을 먹이는 실험을 했다. 쥐들은 이 약물을 섭취할 때마다 사카린이 섞인 물과 함께 먹었다. 그런 후 억제 약 없이 사카린 섞인 물만을 줘도 여전히 T세포의 수가 일부 쥐들의 경우

병이 들거나 죽을 정도로까지 줄어드는 결과가 나타났다. 쥐들의 면역체계가 단맛이 나는 물에 반응하여 T세포를 억제하는 법을 학습한 것이다. 그 당시 최고의 과학적 이해에 따르면, 그런 일은 정말이지 일어나서는 안 되는 것이었다.

파리 이공과대학의 신경과학자 프랑시스코 바렐라(Francisco Varela)가 말했듯이, 면역체계는 몸의 반응을 조절하는 '신체의 두뇌'로, 면역체계 안에 속하는 것과 그렇지 않은 것을 규정한다.[1] 면역세포는 실제로 혈류를 따라 몸 전체를 떠돌면서 면역세포가 인지하는 세포는 그대로 놔두지만, 인지하지 못하는 세포는 공격한다. 그 공격 덕택에 인체는 바이러스, 박테리아, 암 등을 방어할 수 있지만, 만일 면역세포가 오인하여 신체 자체의 세포 가운데 일부를 공격하면 알레르기나 결핵성 피부염 같은 자기면역성 질병을 일으킨다. 에이더가 뜻밖의 발견을 한 그날까지 모든 해부학자와 내과 의사와 생물학자들은 두뇌(중추신경계를 통한 몸 전체에 걸친 두뇌의 확장과 더불어)와 면역체계는 분리된 실재이며, 서로 영향을 미칠 수 없다고 생각했다. 쥐가 맛보는 것을 감시하는 두뇌의 중추와 T세포를 생산하는 골수 영역을 연결하는 어떤 통로도 존재하지 않는 것으로 여긴 것이다. 한 세기 동안 그렇게 생각됐다.

그 후 에이더의 발견으로 면역체계와 중추신경계 간의 연결고리를 새롭게 보지 않을 수 없게 됐다. 이를 연구하는 학문 분야인 정신신경면역학 혹은 PNI(psychoneuroimmunology)는 현재 첨단의 의료과학 분야다. 이름 자체에서 심리(psycho) 혹은 정신, 신경내분비체계(신경계와 호르몬계를 포함)인 신경(neuro) 그리고 면역체계에 대한 면역학(immunology)의 연결 관계를 인정하고 있다.

연구자들은 두뇌와 면역체계 양쪽에서 가장 광범위하게 작용하는 화학적 전달자가 감성을 규제하는 신경 영역에서 가장 밀도가 높은 전달자임을 발견해냈다.[2] 감성이 면역체계에 영향을 미치도록 해주는 직접적인 육체적 통로에 대한 가장 강력한 증거 중 일부를 에이더의 동료인 데이비드 펠턴(David Felten)이 밝혀냈다. 펠턴은 혈압 수준에 맞춰 인슐린이 분비되는 정도뿐 아니라 그 외 모든 것을 규제하는 자율신경계에 감성이 강력한 영향을 미친다는 점을 지적하는 것으로 연구에 착수했다. 아내 수전(Suzanne)을 비롯해 다른 동료들과 함께 작업하면서 펠턴은 당시 자율신경계가 면역체계 내 세포인 림프구 및 대식세포(對食細胞 : 생체 내에 침입한 세균 따위를 잡아서 소화하고 그 이물질에 대항하기 위한 면역 정보를 림프구에 전달하는 세포—옮긴이)와 직접 접촉하는 장소를 탐지해냈다.[3]

전자현미경으로 자율신경계의 신경 말단이 면역세포에 바로 인접한 끄트머리를 차지하고 있는 시냅스(신경세포의 신경돌기 말단이 다른 신경세포에 접합하는 부위—옮긴이)처럼 생긴 접촉 지점을 가지고 있음을 발견한 것이다. 이런 접촉점으로 인해 신경세포는 면역세포를 규제하는 신경전달물질을 방출할 수 있다. 신경세포는 앞과 뒤로 이런 신호를 보낸다. 가히 혁명적인 발견이었다. 면역세포가 신경에서 나오는 정보의 목표 지점이 되리라고는 아무도 생각해본 적이 없었기 때문이다.

펠턴은 신경의 이 접촉점이 면역체계에 얼마나 중요한 작용을 하는지 실험하기 위해 한 단계 더 나아갔다. 그는 동물을 대상으로 한 실험에서 면역세포가 저장되어 있거나 만들어지는 림프 결절과 이자에서 약간의 신경을 제거하고, 이어서 바이러스를 투입해 면역체계의 반응을 살펴보았다. 결과는 바이러스에 대한 면역체계 반응의 엄청난 저하가 나타났다. 결론은, 그런 신경 말단이 존재하지 않으면 면역체계는 침입해온 바이러스나 박테리아의 도전에 맞서 응당 해야 하는 반응을 제대로 하지 못한다는 것이다. 요컨대 신경계는 면역체계에 연결되어 있을 뿐 아니라, 적절한 면역 기능을 위해서도 필수적이다.

감성과 면역체계를 연결하는 또 다른 주요 통로는 스트레스를 받을 때 분비되는 호르몬이다. 카테콜아민(에피네프린과 노르에피네프린을 말하는데, 아드레날린과 노르아드레날린이라고도 한다), 코르티솔, 프로락틴, 천연 아편인 베타엔도르핀과 엔케팔린은 모두 스트레스로 인한 각성 상태에서 분비된다. 각각의 호르몬은 면역세포에 강력한 영향을 미친다. 상호 관련성은 복잡하지만, 이런 호르몬들이 분비되면서 나타나는 주된 영향은 면역세포의 기능을 방해하는 것이다. 생존에 훨씬 긴요한 좀 더 즉각적인 위기 상황에 우선권을 두는 에너지의 보존이라 할 수 있을 대응 속에서, 적어도 일시적이나마 스트레스가 면역체계의 기능을 억누른다. 강한 스트레스가 계속된다면 그런 억압은 오래 지속될 수도 있다.[4]

미생물학자 및 과학자들은 두뇌, 심혈관계, 면역체계 간의 더 많은 연관성을 발견하고 있다. 우리는 그런 연관성이 적어도 존재한다는 것, 한때는 급진적이라고 여겨지던 생각을 우선 받아들여야 한다.[5]

▶ 건강에 유해한 감성 : 임상 자료

그럼에도 많은 내과 의사들은 여전히 감성이 임상적으로 중요하다는 데 회의적이다. 그동안의 연구들이 스트레스와 부정적인 감정이 다양한 면역세포의 효율성을 약화한다는 점을 밝혀냈지만, 그런 변화의 범위가 의학적 차이를 나타낼 만큼 충분히 큰가 하는 점이 명확하지 않다는 게 한 가지 이유다.

그럼에도 점점 더 많은 의사들이 감성의 영향을 인정하고 있다. 예를 들어 스탠퍼드 대학의 저명한 산부인과 전문의인 캄란 네자트(Camran Nezhat)는 이렇게 말한다. "수술 계획이 잡힌 환자가 종일 제정신이 아니라서 수술을 받고 싶지 않다고 말하면, 저는 수술을 취소합니다." 네자트는 설명한다. "극도로 두려워하는 사람들의 수술 경과가 나쁘다는 걸 모든 외과의는 알고 있어요. 그런 환자들은 피도 많이 흘리고 감염이나 합병증도 많습니다. 회복할 때도 훨씬 힘겨운 시간을 보내죠. 반면 침착한 환자들은 수술 경과가 훨씬 좋습니다."

이유는 간단하다. 당황과 불안은 혈압을 상승시키며, 압력으로 정맥이 부풀어 있기 때문에 외과의의 칼에 보통 때보다 훨씬 많은 피를 흘리게 된다. 과도한 출혈은 이따금 사망으로 이어질 수도 있는 골치 아픈 외과적 합병증 가운데 하나다.

이런 외과적 일화 외에도 감성이 임상적으로 지니는 중요성에 대한 증거는 점차 늘어나고 있다. 감성의 의학적 중요성에 대한 가장 강력한 자료들은, 101가지의 작은 연구들을 수천의 남녀를 대상으로 한 대규모 연구와 결합한 분석에서 나온다. 그 연구는 감성을 어지럽히는 일은 건강에 해롭다는 점을 확증한다. 어느 정도까지는 말이다.[6] 만성 불안, 오랜 슬픔과 비관주의, 끊임없는 긴장이나 적개심, 무자비한 냉소주의나 의심증을 경험한 사람들은 천식, 관절염, 두통, 소화성 궤양, 심장병(각 질병은 주요하고 광범위한 범주의 질병 가운데 대표적인 것임) 등의 질병에 걸릴 위험성이 두 배나 높다는 사실이 밝혀졌다. 이런 위급성의 정도로 볼 때 괴로운 감정은, 이를테면 흡연이나 높은 콜레스테롤 수치가 심장병에 해로운 만큼이나 유해한 위험 요소가 된다. 달리 말해서 건강을 위협하는 주요한 요소가 된다는 말이다.

이것은 통계학적으로 그렇다는 것이므로 결코 그런 만성적 감정을 가진 모든 사람이 쉽게 질병의 희생자가 된다는 뜻은 아니다. 하지만 질병에 감정이 미치는 강력한 영향에 대한 증거는 이 연구의 결과보다 훨씬 광범위한 곳에서 나타난다. 가장 큰 세 가지 감정인 분노, 불안, 우울에 대한 자료를 좀 더 자세히 살펴보면, 감정이 영향을 끼치는 생물학적 메커니즘을 충분히 이해하진 못한다 해도 감정의 의학적 중요성은 좀 더 명료하게 알 수 있다.[7]

자멸에 이르게 하는 분노

그 남자는 여러 주 동안의 여행이 자동차사고로 인해 실패했다고 말했다. 끝없이 이어지는 보험회사의 관료적 형식주의에 시달렸고, 더욱 커다란 손해를 입은 자동차수리소를 거친 뒤 그는 80만 원의 빚을 지게 됐다. 사고는 그의 잘못이 아니었는데도 말이다. 그는 너무도 넌더리가 나서 차를 탈 때마다 분노를 느꼈다. 결국 그는 그 분노를 이기지 못하고 자동차를 팔아치웠다. 몇 년이 지난 후에도 그 기억이 떠오르면 그는 여전히 분노에 떨며 얼굴이 납빛으로 변한다.

이런 쓰디쓴 기억은 스탠퍼드 대학교 의과대학에서 심장병 환자에게 나타나는 분노에 대한 연구의 일환으로 의도적으로 제시된 것이다. 연구의 대상이 된 모든 환자는 이 참담한 남자처럼 처음 심장발작을 겪은 사람들이었다. 그런데 문제는 분노가 그들의 심장 기능에 중요한 영향을 과연 미칠 수 있는가 하는 점이었다. 그 영향은 분명했다. 자신을 분노하게 만들었던 사건을 환자들이 자세히 이야기하는 동안 심장박동의 효율이 5퍼센트씩이나 떨어졌다.[8] 그중에는 7퍼센트 이상 떨어지는 환자도 있었다. 이런 정도의 비율은 심장병 전문의들이 심근허혈(혈관이 막히거나 좁아져서 심장으로 들어가는 혈류가 줄어드는 질환)의 신호로 간주하는 범위에 속한다.

심장박동 효율의 감소는 불안 같은 다른 괴로운 감정이 들거나 육체적으로 힘든 일을 하는 동안에는 나타나지 않았다. 분노는 심장에 가장 해를 끼치는 감정인 듯하다. 과거에 분노했던 일을 떠올릴 때 환자들은 지금은 당시 자신들이 표출했던 분노의 반 정도밖에 화가 나지 않는다고 말했다. 그러므로 실제로 분노의 감정을 느꼈던 과거에 그들의 심장은 훨씬 더 큰 기능상의 방해를 받았을 것이다.

이런 발견은 심장에 해를 끼치는 분노의 위력을 지적하는 수십 가지의 연구 결과 알게 된 증거들의 일부다.[9] 성급하고 고압적인 A유형(심리학에서 말하는 긴장하고 성급하고 경쟁적인 특징을 가진 유형 또는 그런 사람—옮긴이)은 심장병에 걸릴 위험성이 크다는 낡은 생각이 주창되진 않았지만, 그런 낡은 이론에서도 새로운 것이 발견됐다. 즉 적개심이야말로 사람들을 위험에 빠뜨린다는 점이다.

적개심에 대한 많은 자료들은 주로 듀크 대학의 레드퍼드 윌리엄스 박사의 연구 결과물들이다.[10] 윌리엄스는, 예를 들어 적개심 검사에서 가장 높은 점수를 받은 의과대학의 내과 의사들은 낮은 점수를 얻은 의사들이 50세에 사망할 가능성의 일곱 배나 된다는 사실을 발견했다. 적개심은 흡연, 고혈압, 높은 콜레스테롤 같은 다른 위험 요인들보다 젊어서 사망할 수 있는 훨씬 더 강력한 지표인 것이다. 또한 윌리엄스의 동료인 노스캐롤라이나 대학의 존 베어풋(John Barefoot)은 장애를 측정하기 위해 관상동맥 속으로 관을 삽입한 후 혈관 촬영을 경험한 심장 환자들을 대상으로 수행한 적개심 검사 결과, 적개심이 관상동맥 질환의 정도나 심각성과 상호 관련되어 있다는 사실을 알아냈다.

물론 분노나 적개심만이 관상동맥 질환을 야기한다고 말하는 사람은 아무도 없다. 분노(적개심)는 여러 가지 요인들 가운데 하나다. 국립심장·폐·혈액연구원의 행동의학분과장 대리인 피터 카우프만(Peter Kaufman)은 이렇게 설명한다. "분노와 적개심이 관상동맥 질환의 초기에 원인 역할을 하는지, 혹은 일단 심장병이 시작된 상태에서 분노가 질환을 강화하는지, 혹은 둘 다인지 아직은 가려낼 수 없습니다. 하지만 반복적으로 화를 내는 스무 살인 사람을 예로 들어보죠. 분노를 낳는 각각의 일들이 그의 심장박동수와 혈압을 높임으로써 심장에 스트레스를 가합니다. 그런 현상이 거듭 반복되면 피해가 발생할 수 있는 거죠. 특히 심장박동이 있을 때마다 관상동맥을 흐르는 혈액의 교란이 플라크(안쪽의 동맥관 내강을 좁히고 혈액순환을 어렵게 할 뿐 아니라, 혈소판 응집을 유발함—옮긴이)가 생성되는 혈관 내에서 미세한 파열을 일으킬 수 있거든요. 만일 습관적으로 화를 내서 심장박동률과 혈압이 좀 더 높아지는 상태가 30년 정도 계속되면, 플라크가 더욱 빠르게 축적되어 관상동맥 질환에 걸리게 될 겁니다."[11]

심장병 환자들의 분노 기억에 대한 연구에서 밝혀졌듯이 일단 심장병이 발생하면 분노로 촉발된 메커니즘은 곧바로 펌프 역할을 하는 심장의 효율성에 영향을 미친다. 이미 심장병에 걸린 사람들에게 분노는 특히 치명적이다. 예를 들어 심장발작을 처음 경험한 사람들을 그 후 8년 동안 추적한 1012명의 남녀에 대한 스탠퍼드 의과대학의 연구는, 가장 공격적이고 적대적이었던 남성이 가장 높은 비율로 두 번째 심장발작을 겪었음을 보여준다.[12] 심장발작에서 살아남은 후 10년 정도까지 추적된 929명의 남성에 대한 예일 대학교 의과대학이 수행한 연구에서도 유사한 결과가 나타났다.[13] 쉽게 화를 내는 사람들은 좀 더 마음이 안정된 사람들보다 심장마비로 사망할 가능성이 세 배나 높았다. 게다가 만일 콜레스테롤 수치까지 높다면, 화로 인해 부가되는 위험성은 다섯 배나 더 높았다.

심장병으로 사망할 위험성을 높이는 요인이 분노만은 아닐 것이다. 오히려 무엇이든 몸 전체를 통해 급증하는 스트레스 호르몬을 정기적으로 내보내는 강렬한 부정적 정서가 원인일 수 있다고 예일 대학 연구자들은 지적한다. 그러나 전반적으로 감정과 심장병 간의 가장 강력한 과학적 연결고리는 분노다. 하버드 의과대학의 한 연구는 심장발작을 겪은 적이 있는 1500명 이상의 남녀에게 심장발작 이전 몇 시간 동안의 감정 상태를 묘사하도록 요청했다. 그 결과 분노는 이미 심장병에 걸린 사람들에게 심장마비의 위험성을 두 배 이상 증대시켰다. 그런 증대된 위험성은 화를 낸 뒤 대략 두 시간가량 지속됐다.[14]

그렇다고 화를 내야 할 상황에서 억지로 그것을 억눌러야 한다는 말은 아니다. 오히려 순간적인 격노 상태에서 감정을 완전히 억누르는 일은 신체의 동요를 증폭시키고 혈압을 상승시킬 수 있다는 증거가 있다.[15] 한편 5장에서 살펴보았듯이, 분노가 느껴질 때마다 그것을 표출함으로써 생기는 결과는 그저 분노를 살찌우고, 어떤 성가신 상황에서도 분노를 가장 가능성이 높은 반응으로 만들어버린다. 윌리엄스는 분노가 표현되느냐 아니냐는 분노가 만성적이냐 아니냐보다 덜 중요하다는 결론을 내림으로써 이런 역설을 없애버린다. 적대감을 이따금 표출하는 일은 건강에 위험하지 않다. 적대감이 지나치게 자주 표출되어 하나의 적대적인 스타일로 굳어질 때 문제가 된다. 반복되는 불신과 냉소주의, 강한 짜증과 분노의 표출뿐 아니라, 심한 혹평으로 특징지어지는 스타일이 문제가 된다.[16]

희망적인 것은 만성 분노가 곧바로 사형선고로 이어지는 것은 아니라는 점이다. 적개심은 바뀔 수 있는 습관이기 때문이다. 스탠퍼드 의과대학의 심장발작 환자들은 자신들을 퉁명스러운 기분에 빠지게 하는 태도를 부드럽게 해주는 프로그램에 등록했다. 이 훈련을 받은 환자들은 적개심을 바꾸려 애쓰지 않았던 환자들에 비해 두 번째 심장발작 비율이 44퍼센트나 낮았다.[17] 윌리엄스가 고안한 프로그램도 비슷한 결과를 보였다.[18] 스탠퍼드 의과대학의 프로그램처럼 윌리엄스의 프로그램도 감성지능의 기본적인 요소들을 가르친다. 특히 분노가 들끓기 시작할 때 그것을 알아차리는 능력, 분노가 일단 표출된 뒤 그것을 규제하는 능력 그리고 감정이입을 가르친다. 환자들은 냉소적이거나 적대적인 생각을 알아차리게 될 때 그런 생각을 적어둔다. 만일 그 생각이 지속되면, 그들은 "중지!"라고 말함으로써(혹은 생각함으로써) 그런 생각을 중단하려 애쓴다. 또한 의도적으로 합리적인 생각을 하여 냉소적이고 불신에 가득 찬 생각을 대체해보려 노력한다. 예를 들면, 만일 엘리베이터가 지체될 경우 거기에 책임이 있을 수 있는 상상 속의 어떤 정신 나간 사람에게 분노를 품기보다는 합당한 이유를 찾도록 하는 것이다. 좌절감에 빠지게 되는 만남의 경우엔 사태를 다른 사람의 관점에서 보는 능력을 배운다. 감정이입은 분노의 진통제다.

윌리엄스는 이렇게 말한다. "적개심의 해독제는 좀 더 신뢰할 수 있는 마음을 만드는 일이죠. 필요한 전부는 올바른 동기부여입니다. 적개심이 자신을 일찍 무덤으로 가게 만들 수 있다는 사실을 인식할 때, 사람들은 노력할 준비가 됩니다."

스트레스 : 균형에서 벗어나 제자리를 잡지 못해 생기는 불안

나는 항상 괜히 불안하고 긴장된다. 이런 습관성 불안은 고등학교 때부터 시작됐다. 난 전 과목 A를 받는 학생으로 언제나 점수에 신경 쓰고, 다른 애들이나 선생님이 나를 좋아하는지 염려하며, 수업시간에 기민하려고 애를 쓰는 식으로 지냈다. 공부 잘하고 좋은 역할 모델이 되어야 한다는 부모님 말씀은 내게 보이지 않는 큰 압박이 되었다……. 나는 그 모든 압박에 그만 굴복해버렸다는 생각이 든다. 왜냐하면 고등학교 2학년 때

위장에 탈이 나기 시작했기 때문이다. 그 후로 카페인 음료를 마시거나 매운 음식을 먹을 때는 정말이지 조심해야만 한다. 걱정이 들거나 긴장이 될 때는 위가 확 타오르는 듯이 느껴지고, 대체로 내가 무언가에 대해 늘 염려를 하는 편이므로 항상 메스꺼운 증세가 있다.[19]

생활의 압력으로 인한 괴로움인 불안은 발병과 회복 과정으로 연결되는 가장 커다란 과학적 증거가 있는 감정일 것이다. 불안을 감지함으로써 우리는 위험에 대비할 수 있으므로, 불안은 꽤 쓸모(진화 과정에서 나온 불안의 유용성) 있는 감정이다. 하지만 현대 사회에서 불안은 균형에서 벗어나 제자리를 잡지 못해서 생기는 경우가 더 많다. 괴로움은 우리가 더불어 살아야 하는 상황이나 마음이 만들어낸 상황 때문에 생기지, 직면해야 할 실제적인 위험 때문에 발생하지는 않는다. 반복되는 불안은 강한 스트레스를 동반한다. 위장장애를 낳는 끊임없는 걱정에 사로잡힌 앞의 예시 속의 여성은 불안과 스트레스가 질환을 얼마나 악화시키는지에 대한 교과사적 사례다.

스트레스성 질병의 연결고리에 대한 광범위한 연구가 담긴 〈내과의학 자료집(Archives of Internal Medicine)〉에 실린 1993년의 한 논문에서 예일 대학의 심리학자 브루스 매큐언(Bruce McEwen)은 스트레스의 광범위한 영향력을 지적했다. 면역 기능 파괴로 암 전이 가속화, 바이러스성 감염의 취약성 증대, 동맥경화증으로 이끄는 플라크 형성, 심근경색을 유발하는 혈액 응고의 악화, 초기 단계의 당뇨병 발병과 발전 단계의 당뇨병 진행 가속화, 천식 발작의 악화 또는 촉발 등이다.[20] 스트레스는 또한 위장궤양을 낳을 수 있고, 궤양성 장염과 염증성 장 질환을 촉발한다. 두뇌도 해마 손상과 연이은 기억 손상을 포함해 지속되는 스트레스로 인한 악영향을 받기 쉽다. 일반적으로 '스트레스를 일으키는 경험의 결과로

신경계가 '마모'된다는 증거가 늘어나고 있다'고 매큐언은 말한다.[21]

특히 스트레스의 의학적 영향력에 대한 강력한 증거는 감기, 독감, 포진 같은 감염성 질환 연구에서 나온 것이다. 우리는 계속 감염 바이러스에 노출돼 있지만, 대개 몸속의 면역체계가 맞서 싸워 그들을 내쫓는다. 그러나 감성적 스트레스를 받으면 그런 방어에 실패하는 경우가 자주 일어난다. 면역체계의 튼튼함을 평가하는 실험들에서 스트레스와 불안이 면역체계를 약하게 만드는 것으로 밝혀졌지만, 사실 면역 약화의 범위가 임상적 의미를 지니는지, 즉 질병을 일으킬 만큼 충분히 큰지는 명확하지 않다.[22] 그런 이유 때문에 스트레스와 불안이 의학적 취약성과 좀 더 강력하게 과학적으로 연관되어 있는지를 밝히는 것은 앞으로의 연구 과제다. 먼저 건강한 사람들을 대상으로 면역체계의 약화와 질병으로 이어지는 고통의 강화를 점검하는 연구가 필요하다.

이런 연구들 가운데, 카네기-멜론 대학의 심리학자 셸던 코헨(Sheldon Cohen)이 영국 셰필드에 있는 감기연구센터의 과학자들과 함께 수행한 연구가 주목할 만하다. 코헨은 사람들이 살아가면서 어느 정도 스트레스를 받는지 주의 깊게 조사한 다음, 체계적으로 그들을 감기 바이러스에 노출했다. 그런데 노출된 모든 사람이 감기에 걸린 것은 아니었다. 튼튼한 면역체계를 가진 사람들은 감기 바이러스를 물리칠 수 있었다. 코헨은 스트레스가 많을수록 사람들이 감기에 걸릴 가능성이 훨씬 높다는 사실을 발견했다. 거의 스트레스를 받지 않는 사람들 중에서는 27퍼센트가 바이러스에 노출된 뒤 감기에 걸렸지만, 스트레스를 많이 받는 사람들은 47퍼센트가 감기에 걸렸다. 이는 스트레스가 면역체계를 약화한다는 직접적인 증거다.[23] (이런 사실은 모두가 관찰 또는 생각해왔던 것을 확증해주는 과학적 결과 가운데 하나일 수 있으며, 그 사실이 지닌 과학적 엄정함으로 인해 이정표적인 발견으로 간주된다.)

마찬가지로 석 달 동안 부부싸움 같은 격렬한 사건을 일상적으로 했던 부부들도 강한 경향성을 보여주었다. 그들은 특별히 강한 소란을 한바탕 떤 뒤 사나흘 지나서 감기에 걸리거나 상부호흡기감염에 걸렸다. 그 지체된 시간은 정확히 일반 감기 바이러스의 잠복기와 같았다. 이는 부부가 가장 불안해하고 당황스러워하는 동안 바이러스에 노출되는 경우에 특별히 더 취약했다는 점을 시사한다.[24]

스트레스와 관련된 감염의 양상은 포진 바이러스에도 유효해서, 입술에 차가운 통증을 야기하는 유형과 성기병변(性器病變)을 일으키는 유형 둘 다에 적용된다. 일단 포진 바이러스에 노출되면, 바이러스가 신체에 잠복해 있으면서 이따금 기승을 부린다. 포진의 활동은 혈액 속에 있는 포진 항체 수치로 추적할 수 있다. 이런 측정 수치로 포진 바이러스가 학년말 시험을 치르고 있는 의대생들과 알츠하이머에 걸린 가족을 돌보는 동안 끊임없이 중압감을 느끼던 사람들에게서 재발한 것을 발견할 수 있었다.[25]

불안은 면역 대응만 약화하는 것이 아니다. 심혈관계에 적대적인 영향을 보여주는 연구도 있다. 만성 적대감과 반복되는 분노는 남성을 심장병에 걸리게 할 위험성이 가장 큰 듯 보이는데, 여성에게 더욱 치명적인 감정은 불안과 공포다. 처음 심장발작을 겪은 1000명 이상의 남녀를 대상으로 스탠퍼드 의과대학에서 실시한 연구를 통해, 이어서 두 번째 심장발작을 경험한 여성에게서 높은 수준의 두려움과 불안이 나타났다. 그 두려움은 큰 타격을 줄 정도로 강한 공포의 형태를 띠었다. 첫 심장발작 후 환자들은 운전을 하지 않았고 직장을 그만두거나 외출을 삼갔다.[26]

육아와 직장일로 곡예하다시피 사는 편모처럼 압박을 많이 받는 생활을 함으로써 야기되는 정신적 스트레스와 불안이 부지불식간에 끼치는 육체적 영향력은 해부학적으로도 아주 세밀하게 밝혀지고 있다. 예를 들어 피츠버그 대학의 심리학자 스티븐 마누크(Stephen Manuck)는 실험실에 가혹하고 불안한 상황을 가득 만들어놓고 30명의 피험자를 들어가게 한 후 심장발작과 뇌졸중을 촉발할 가능성이 있는 아데노신삼인산(ATP)이라 불리는 혈소판에 의해 분비되는 물질이 어떤 변화를 보이는지 주시했다. 피험자들이 강한 스트레스를 받고 있는 동안 ATP 수준은 심장박동률이나 혈압과 마찬가지로 급격하게 상승했다.

확실히 '긴장' 강도가 높은 직업을 가진 사람일수록 건강의 위협 가능성이 컸다. 직무 수행에 압박감이 높다는 것은 일의 성취 과정에 통제권을 거의 갖지 못하거나 전혀 못 갖는다(버스 운전사들이 고혈압에 많이 걸리는 한 가지 이유가 이런 것이다)는 뜻이다. 예를 들어 직장암에 걸린 569명의 환자들과 그에 대응하는 비교집단에 대한 연구에서, 지난 10년 동안 현직에 있으면서 심각한 짜증을 경험했다고 말한 사람들은 살면서 그런 스트레스를 받지 않은 사람들과 비교해 암에 걸릴 가능성이 다섯 배 반이나 더 높았다.[27]

이처럼 고통의 범위가 광범위하기 때문에 다양한 만성 질병의 징후를 가라앉히기 위해 스트레스의 발발을 직접 억제하려는 긴장완화 기법이 임상적으로 이용되고 있다. 이런 기법을 활용할 수 있는 질병에는 심근경색증, 몇 가지 당뇨병, 관절염, 천식, 위장장애, 만성 고통 등이 있다. 질병의 증세는 스트레스와 감정적 괴로움으로 인해 악화되므로, 환자들이 좀 더 긴장을 풀고 거칠어진 자신의 감정을 통제할 수 있게 되면 그 증세를 일시적이나마 줄일 수 있다.[28]

우울증의 의학적 대가(代價)

그녀는 전이된 유방암으로 진단받았다. 수년 전에 한 유방암 수술이 성공적이었다고 믿었는데 악성 종양이 다시 생겨서 퍼진 것이다. 그녀는 더 이상 치료가 불가능하고, 잘해야 화학요법으로 겨우 몇 개월 생명을 연장할 수 있는 상태였다. 그녀가 우울증에 빠진 건 이해할 만했다. 사정이 그랬으므로 그녀는 의사에게 갈 때마다 울음이 터져 나오곤 했다. 의사가 매번 하는 말은 당장이라도 직장을 그만두라는 것이었다.

의사의 냉정함으로 인한 가슴 아픈 일은 별도로 치더라도, 의사가 환자의 계속되는 슬픈 심정을 전혀 개의치 않는 일이 의학적으로 정말 아무런 상관이 없을까? 질병이 악화될 무렵에는 감정으로 인해 질병의 진행에 인지될 만큼의 영향을 미치는 일은 거의 없을 것이다. 유방암 진단을 받은 여성의 우울증이 마지막 몇 달 동안 그녀의 생활의 질을 떨어뜨릴 것은 너무도 분명하지만, 우울증이 암의 진행에 영향을 미친다는 의학적 증거는 아직 분명치 않다.[29] 그러나 몇몇 연구를 통해 우울증이 암 외의 다른 많은 질환, 특히 일단 진행이 시작된 질병을 더욱 악화하는 방향으로 영향을 끼친다는 사실이 밝혀졌다. 심각한 질병에 걸린 환자들이 우울한 상태에 있을 경우 질병과 동시에 우울증도 같이 치료한다면 의학적으로 높은 효과를 거둘 것이라는 증거가 늘고 있다.

그런데 우울증을 치료할 때 한 가지 문제점은, 식욕 상실이나 권태 같은 우울 증세가 정신과 진단에 익숙하지 않은 내과 의사들에 의해 다른 질병의 조짐으로 오인되기 쉽다는 점이다. 이 같은 의사들의 무능력은 당연히 문제를 키울 수 있다. 의사가 환자의 우울증(눈물짓는 유방암 환자의 우울증 같은)을 알아채지 못한 채 치료할 것이므로, 잘못된 진단과 치료가 심각한 질병으로 이어져 사망 위험성을 높일 수 있기 때문이다.

예를 들어 골수이식을 받은 100명의 환자 가운데 우울증에 빠진 13명 중 12명이 이식 첫해가 지나지도 않아 사망한 반면, 남은 87명 가운데 34

명은 2년이 지난 뒤에도 계속 살아 있었다.[30] 투석을 받던 만성신부전증 환자들 가운데 심각한 우울증을 진단받은 환자들은 다음 두 해 안에 사망할 가능성이 아주 높았다. 우울증이 다른 어떤 의학적 징후보다 더 강력한 죽음의 예보자였던 셈이다.[31] 여기서 감정을 의학적 상태와 연결하는 통로는 생물학적이라기보다 태도와 관련된다. 우울증에 걸린 환자들은 의학적 섭생에는 거의 관심이 없었다. 예를 들어 주변의 눈을 속이고 아무렇게나 식사하는 경우가 많았다. 이는 환자들을 더욱 위험에 빠뜨렸다.

심장병도 우울증에 의해 악화되는 듯 보인다. 12년 동안 추적 조사한 2832명의 중년 남녀에 대한 연구에서, 낙담과 절망감을 느꼈던 사람들은 심장병으로 사망하는 비율이 높았다.[32] 극심한 우울증에 시달린 3퍼센트 가량의 환자들은 전혀 우울하지 않았던 환자들과 비교해 심장병으로 인한 사망률이 네 배나 더 높았다.

또한 우울증은 심장병 생존자들에게도 심각한 의학적 위협을 가하는 듯 보인다.[33] 첫 심장발작 후 치료를 받고 퇴원한 몬트리올 병원 환자들에 대한 연구에서, 우울증이 있는 환자들은 다음 여섯 달 이내에 사망할 위험성이 뚜렷이 더 높았다. 심각한 우울증에 걸린 여덟 명 중 한 명이 사망했는데, 비교할 만한 다른 질병에 걸린 환자들의 사망률보다 다섯 배나 높은 비율이었다. 우울증이 좌심실기능장애나 심장마비의 전력(前歷) 같은 심장질환으로 사망하는 것만큼이나 커다란 영향을 끼친 것이다. 우울증이 그토록 나중에까지 심장마비를 일으킬 확률이 높은 이유를 설명할 만한 메커니즘으로는, 우울증이 치명적인 부정맥(맥박의 리듬이 빨라졌다가 늦어졌다가 하는 불규칙적인 상태—옮긴이)의 위험성을 높이면서 심장 박동률의 변화에 영향을 끼치는 구조도 포함된다.

한편 우울증으로 인해 고관절골절 시에도 회복이 더딘 것으로 드러났다. 고관절골절이 있는 노인 여성에 대한 연구는 수천 명이 입원과 동시에 정신감정을 받았음을 밝혔다. 입원하자마자 우울증에 시달리던 사람들은 비슷한 부상이지만 우울증이 없는 사람들보다 평균 8일간을 더 병원에 있었고, 그들 중 다시 걷게 된 사람은 단지 3분의 1밖에 되지 않았다. 하지만 골절 치료와 더불어 우울증에 대한 정신과적 도움을 받은 노인들은 다시 걷는 데 육체적 치료를 받을 필요가 훨씬 적었고, 퇴원해 집으로 돌아간 뒤 3개월 안에 다시 입원하는 경우도 훨씬 적었다.

마찬가지로 질환이 너무 심해서 의료 서비스를 이용하는 사람들(심장병과 당뇨병을 동시에 앓는 것처럼 한 사람이 여러 질병에 걸린 경우가 자주 있기 때문에) 가운데 상위 10퍼센트에 속하는 환자들을 대상으로 한 연구에서, 대략 여섯 중 한 명은 심각한 우울증에 걸린 상태였다. 이 환자들이 치료를 받았을 때 1년 중 몸을 움직일 수 없는 상태였던 날수가 우울증이 심한 환자들의 경우 79일에서 51일로 떨어졌는 데 비해, 가벼운 우울증으로 치료받은 환자들은 62일에서 18일로 크게 떨어졌다.[34]

◤ 긍정적 감정의 의학적 효과

분노, 불안, 우울이 의학적으로 해로운 영향을 끼친다는 사실을 입증하는 증거들은 아주 많다. 분노와 불안은 만성적일 경우 질병에 걸리기 쉽게 만든다. 우울증 때문에 병에 취약해지는 것은 아니지만 심각한 질환에 걸린 허약한 환자들의 경우 사망 위험성이 높아지고 회복도 더딜 수 있다.

이렇게 분노나 불안 같은 부정적인 감정이 유해하다면, 그와 반대되는 긍정적인 감정은 원기를 북돋아줄 수 있을 것이다. 물론 한계는 있지만 말이다. 그렇다고 긍정적 감정이 치료 효과가 있다거나, 웃음이나 행복만으로 심각한 질병의 진행을 막을 수 있다는 뜻은 결코 아니다. 긍정적 감정의 이점은 미묘한 듯 보이는데, 다수의 연구를 활용해 질병의 진행에 영향을 미치는 복잡한 여러 변수들 가운데서 긍정적 감정의 이점을 뽑아낼 수는 있다.

비관주의의 해악과 낙관주의의 이점

우울증과 마찬가지로 비관주의에는 의학적 해악이 따르고, 낙관주의에는 이점이 따른다. 예를 들어 심장마비 초기 증세를 경험한 122명을 대상으로 낙관주의와 비관주의를 평가한 조사가 있었다. 8년 후 가장 비관적인 평가를 받았던 사람들 25명 가운데 21명이 사망했고, 가장 낙관적인 평가를 받았던 25명 중에서는 단지 여섯 명만 사망했다. 이는 심장마비 증세로 인한 심장 손상, 동맥경화, 높은 콜레스테롤 수치, 고혈압을 포함한 그 어떤 의학적 위험 요인보다 그들의 정신적 관점이 생존을 더 잘 예보해주었음을 나타낸다. 또한 다른 연구들을 통해 관상동맥우회수술을 받은 낙관적인 환자들이 비관적인 환자들보다 훨씬 빨리 회복됐고, 수술 중이거나 수술 후 합병증도 훨씬 적었음이 확인됐다.[35]

낙관주의와 비슷한 감정인 희망도 치유의 힘을 갖고 있다. 희망을 품은 사람들이 의학적 처치의 어려움을 포함해서 시련이 와도 더 잘 견딜 수 있다는 점은 이해할 만하다. 척추부상으로 몸이 마비된 사람들을 대상으로 한 연구에서, 비슷한 정도의 부상을 당한 경우 큰 희망을 품은 사람들이 희망을 느끼지 못하는 사람들보다 훨씬 높은 수준의 육체적 기동성을 얻을 수 있었다. 희망은 특히 척추부상으로 마비가 온 경우에 효력이 있었다. 이런 비극은 보통의 경우 사고로 인해 젊은 나이에 몸이 마비되어 평생을 그 상태로 지내야 하는 사람들과 관련되기 때문이다. 그들이 감성적으로 어떻게 반응하느냐에 따라 육체적, 사회적 기능을 활발하게 만들어줄 노력을 경주하느냐 아니냐가 결정된다.[36]

낙관적이거나 비관적인 태도가 건강에 미치는 영향에 대한 설명은 정말 여러 가지가 있다. 한 이론에 따르면, 비관주의는 우울증을 가져오고 이어서 면역체계를 방해해 종양이나 감염에 대한 저항력을 무너뜨린다. 아직까지는 입증되지 않은 추론 수준이다. 어쩌면 비관론자들이 스스로를 방기해버리기 때문일 수도 있다. 비관론자는 낙관론자보다 흡연과 음주를 많이 하고, 운동을 덜하며, 일반적으로 자신의 건강 습성에 대해 훨씬 부주의하다는 점을 밝힌 연구도 있었다. 언젠가는 신체가 질병에 맞서 싸울 때 희망이 도움이 된다는 사실이 입증될 수 있을지도 모른다.

우정의 도움 : 인간관계의 의학적 가치

'대화할 사람이 없는 상황은 건강을 위협하는 감성적 위험성 목록에 넣어라. 그리고 감성적 유대는 건강을 보호해주는 목록에 포함해라.' 3만 7000명 이상을 대상으로 20년 동안 실시한 한 연구는 사적 감정을 이야기하거나 친밀한 접촉을 나눌 사람이 전혀 없다는 느낌인 사회적 고립감이 병이나 죽음의 가능성을 배가한다는 점을 보여준다.[37] 1987년 〈사이언스〉에 실린 한 보고서는 고립이 '흡연, 고혈압, 고(高)콜레스테롤, 비만, 운동부족만큼이나 사망률에 큰 영향을 끼친다'고 결론짓고 있다. 실로 흡연이 단지 1.6의 사망률인 반면에, 사회적 고립은 2.0의 사망률을 나타내 훨씬 커다란 건강의 위협 요인이다.[38]

고립감은 여성보다 남성에게 더욱 가혹하다. 밀접한 사회적 유대를 가진 남성보다 고립된 남성은 사망할 가능성이 두세 배 더 높다. 하지만 고립된 여성은 사회적인 유대가 있는 여성보다 1.5배 정도 사망의 위험이 높다. 고립의 충격에 처한 남녀 간의 차이는, 여성의 인간관계가 남성보다 감성적으로 밀접한 편이기 때문일 수 있다. 그러므로 여성에게는 얼마 안 되는 사회적 유대관계라도 남성이 가진 똑같은 수의 사회적 관계보다 훨씬 마음을 편하게 해줄 수 있다.

물론 고독과 고립은 같지 않다. 자기 나름의 방식으로 살거나 친구를 거의 만나지 않는 사람들도 만족해하며 건강하다. 오히려 의학적으로 위험한 경우는 사람들에게서 차단되어 의지할 사람이 아무도 없다는 주관적인 느낌이 들 때다. 도시에 살면서 혼자 TV를 시청하고, 클럽 활동이나 방문 같은 사회적 습관에서 멀어짐으로써 고립이 증가한다는 관점에서 이런 발견은 불길한 징조다. 그리하여 대체공동체로서 '알코올 의존증 방지회' 같은 자조적(自助的) 집단에 큰 가치가 부여된다.

사망 위험 요인인 고립감과 치유 요인인 유대감이 지닌 위력은 100명의 골수이식 환자들에 대한 연구에서 찾아볼 수 있다.[39] 배우자나 가족, 친구들에게서 강한 정서적 후원을 받고 있다고 느끼는 환자들 가운데 54퍼센트는 이식수술 2년 후까지 생존했으나, 그런 후원이 거의 없다고 말한 환자들 중에선 단지 20퍼센트만이 살아남았다. 마찬가지로 심장발작을 겪었지만 감성적으로 의지할 수 있는 둘 이상의 지인이 있는 노인들은 그렇지 않은 노인들보다 발작 후에 더 오래 살 가능성이 높았다.[40]

감성적 유대의 강력한 치유력에 대한 가장 효과적인 증언은 아마도 1993년에 출판된 스웨덴의 한 연구일 것이다.[41] 스웨덴의 예테보리 시민 중 1933년에 태어난 모든 사람에게 무료 의료 진단이 제공됐다. 7년 뒤, 그 진단을 받았던 752명을 추적했다. 그 사이에 41명은 사망했다.

7년 전에 강한 감성적 스트레스를 받고 있다고 말했던 사람들은 자신들의 삶이 고요하고 평온하다고 말했던 사람들보다 사망률이 세 배나 높았다. 감성적 스트레스는 심각한 재정 문제, 일터의 불안정이나 해고, 법적 처벌 혹은 이혼 같은 사건이었다. 검진 이전에 이런 문제가 세 가지 이상 있었다는 사실이 고혈압, 고농도의 트리글리세리드(몸에 해로운 중성지방—옮긴이), 고(高)콜레스테롤 같은 의학적 예보자들보다 앞으로 7년 안에 사망할 가능성을 훨씬 잘 예보해준 셈이다.

그러나 아내나 친구 등 의지할 만한 관계가 있다고 말했던 사람들 가운데는 높은 스트레스 수치와 사망률 간에 전혀 관련성이 없었다. 의지하고 함께 이야기 나누며 위안, 도움, 제안을 제공할 사람들이 있다는 사실로 인해, 그들은 삶의 가혹함과 마음의 상처로 인한 치명적인 충격에서 자신을 보호할 수 있었다.

단순한 관계의 양뿐 아니라 관계의 질이 스트레스를 완화하는 요체인 듯하다. 부정적인 관계는 대가를 치른다. 예를 들어 부부싸움은 면역체계에 부정적인 영향을 미친다.[42] 대학교 룸메이트들에 대한 연구에 따르면, 서로 싫어할수록 감기나 독감에 걸리기 쉬웠고, 진찰을 받으러 가는 일도 빈번했다. 룸메이트 연구를 했던 오하이오 주립대학의 심리학자 존 카시오포는 이렇게 말한다. "인생에서 가장 중요한 관계들, 밤이고 낮이고 만나는 사람들이야말로 건강에 결정적인 듯 보입니다. 그 관계가 인생에 중요하면 할수록, 그런 관계는 건강에도 그만큼 중요합니다."[43]

감성적 후원이 제공하는 치유의 힘

《로빈 후드의 즐거운 모험》(1883년에 출간된 하워드 파일의 동화—옮긴이)에서 로빈은 젊은 한 추종자에게 충고한다. "자네의 어려움을 툭 터놓고 말해봐. 말을 흘려보내는 일은 언제나 가슴에서 슬픔을 덜어주는 법이지. 그것은 마치 물방아 못에 가득 차버린 쓰레기를 치우는 일과 같아." 이런 한 자락 민간의 지혜에서도 크게 참고할 점이 있다. 괴로운 마음의 짐을 덜어주는 일은 좋은 약이 되는 것이다. 미국 남부감리교대학의 심리학자 제임스 페니베이커(James Pennebaker)가 로빈의 충고를 과학적으로 확증했다. 그는 일련의 실험을 통해 사람들에게 자신을 가장 괴롭히는 생각에 대해 말해보라고 하는 일이 의학적으로 이로운 영향을 미친다는 사실을 보여주었다.[44] 그의 방법은 아주 단순했다. 그저 사람들에게 5일 정도에 걸쳐서 매일 15∼20분 정도, 예를 들어 '지금까지 살면서 가장 정신적 충격을 크게 받았던 경험'이나 '현재 자신을 억누르는 걱정거리'에 대해 글로 쓰도록 요청한다. 내용은 사람들이 원한다면 전적으로 비밀로 유지된다.

고백의 효과는 정말 놀라웠다. 면역 기능이 높아졌고, 다음 6개월 동안 진료소 방문 횟수가 의미심장할 정도로 감소했으며, 결근 일수 감소, 심지어 간 기능까지 개선됐다. 더구나 떠들썩한 감정을 대부분 털어놓았던 사람들은 면역 기능에서 가장 커다란 개선이 이루어졌다. 하나의 패턴이 괴로운 감정을 배출하는 '가장 건강한' 방식으로 등장했다. 처음엔 해당 주제가 고통스러운 감정을 불러일으키더라도 가장 강한 슬픔, 불안, 분노를 표현한 다음, 이어서 다음 며칠에 걸쳐 마음의 충격이나 고생에서 의미를 찾아내는 이야기를 만들어내는 식이었다.

물론 이 과정은 심리치료에서 고통을 탐구할 때 나타나는 현상과 유사해 보인다. 페니베이커의 연구는 왜 수술이나 의료치료와 함께 심리치료를 받은 환자들이 의료치료만 받은 환자들보다 의학적으로 경과가 더 좋은지를 보여주는 연구들이 존재하는 한 가지 이유를 말해준다.[45]

감성적 후원이 지닌 임상적 위력을 가장 강력하게 보여주는 일은 말기 전이 유방암에 걸린 여자들을 대상으로 한 스탠퍼드 의과대학 내 연구 그룹들에서 나타났다. 종종 수술을 포함한 초기 치료 후에도 그녀들의 암은 재발되어 몸 전체로 확산됐다. 임상적으로는 확산된 암이 그녀들을 사망케 하는 일은 단지 시간문제였다. 연구를 수행했던 데이비드 스피겔 (David Spiegel)은 다른 의료진과 마찬가지로 발견된 사실에 놀라움을 금치 못했다. 매주 사람들의 모임에 나갔던 말기 유방암 환자가 혼자서 질환에 대면했던 똑같이 암에 걸린 여성보다 '두 배 정도 오래' 생존했던 것이다.[46]

그들은 똑같은 의료 치료를 받았다. 유일한 차이라면, 몇몇 환자들이 그룹을 지어 자신들이 직면한 상황을 이해해주고 두려움, 고통, 분노의 표현을 기꺼이 귀 기울여 들어주는 사람들에게 이야기함으로써 부담을 내려놓을 수 있었다는 점이다. 종종 이 그룹이 그녀들에겐 감정을 털어놓을 수 있는 유일한 곳이었다. 왜냐하면 살면서 그녀들과 함께했던 다른 사람들은 암이나 임박한 죽음을 놓고 이야기하는 데 두려움을 느꼈기 때문이다. 그 그룹에 출석한 여자들은 평균 37개월을 더 산 반면, 그룹에 나가지 않은 암 환자들은 평균 19개월 안에 사망했다. 그룹에 참여한 환자들의 경우 어떤 투약이나 여타의 의료 치료를 넘어서는 수명 기대치의 증가를 나타낸 것이다. 뉴욕에 있는 슬론-케터링 암센터의 정신종양학과 과장인 지미 홀랜드(Jimmie Holland)는 이렇게 말한다. "모든 암 환자는 이와 같은 그룹에 참여해야 합니다." 정말이지 만일 증가된 수명 기대치를 낳았던 것이 새로운 약이었다면, 의약품 회사들은 그것을 생산해내기 위해 악전고투하지 않았겠는가.

▶ 의료 치료에 감성지능 도입하기

정기검진을 통해 혈뇨가 발견됐던 그날, 주치의는 나를 방사능 염료가 주입되는 진단검사를 받으라고 보냈다. 머리 위의 엑스레이 기계가 내 신장과 방광을 통해 염료가 나아가는 영상을 연속해 촬영하는 동안 나는 탁자 위에 누워 있었다. 그때 내겐 일행이 있었다. 내과 의사인 친한 친구가 며칠 전 우연히 나를 찾아왔다가 함께 병원에 가겠다고 말했던 터였다. 엑스레이 기계가 자동으로 궤도를 따라 새로운 각도를 잡으려고 이동해 '윙' 하고 돌다가 '찰깍' 소리를 내는 사이, 친구는 촬영실에 앉아 있었다.

검사는 한 시간 반이 걸렸다. 검사가 끝나갈 무렵 한 의사가 서둘러 들어오더니 자신을 소개하곤 엑스레이 사진을 살펴보기 위해 금세 사라졌다. 그는 엑스레이 사진에 무엇이 찍혔는지를 내게 말해주러 다시 돌아오지 않았다.

검사실을 나가면서 친구와 나는 그 신장 전문의를 스쳐 지나가게 됐다. 나는 검사로 인해 몸이 좀 어지럽고 떨리는 느낌이 들었고 마음은 아침 내내 머릿속에 맴돌던 한 가지 질문도 해볼 정도로 침착하지 않았다. 내과 의사 친구가 나 대신에 질문했다.

"이 친구 아버지가 방광암으로 돌아가셨습니다. 그래서 친구는 엑스레이에 암의 징후가 나타났는지 몹시 알고 싶어 합니다."

"어떤 비정상적 징후도 없습니다."

신장 전문의가 서둘러 가면서 짧게 응답했다.

가장 마음 졸이던 단 하나의 질문도 하지 못한 내 무능력은 도처의 병원이나 진료소에서 매일같이 수천 번이나 반복된다. 내과 대기실에 있는 환자들을 대상으로 한 연구에서, 환자 각자에겐 막 만나게 될 의사한테 물어보려고 마음먹고 있는 평균 세 개 이상의 질문이 있다는 사실을 알게 됐다. 그러나 환자들은 그 질문 가운데 단지 평균 1.5개에 대한 답변만을 듣는다.[47] 이는 환자들의 감성적 요구가 오늘날 의학에 의해 충족되지 못하는 여러 양상들 가운데 하나를 말해준다. 대답을 듣지 못한 질문은 불확실성과 두려움과 재난에 대한 나쁜 예감을 부채질하고, 자신을 충분히 이해하지 못하는 의료진에게 치료받는 일을 갑자기 주저하게 만든다.

질병에 대한 감성적 실재가 포함되도록 의학적인 건강의 관점을 확장할 필요가 있다. 그렇게 되면 환자들이 자신의 치료에 대해 내려야 하는 결정에 필요한 충분한 정보를 일상적으로 제공받을 수 있게 된다. 또 모든 병원을 방문하는 사람들은 자신의 병에 대한 의학적 문헌을 컴퓨터 검색으로 찾아볼 수 있어서, 정보에 의거한 결정을 내릴 때 의사와 환자가 평등한 동반자가 될 수 있다.[48] 몇 분 안에 효과적으로 질문하는 법을 가르쳐서, 환자가 의사를 기다리며 세 가지 질문을 마음에 품고 있을 경우 세 가지 대답을 전부 듣고 진찰실을 나오게 해주는 프로그램은 또 다른 접근 방식이다.[49]

환자는 수술이나 건강에 좋지 않은 고통스러운 검사를 앞두었을 때 불안으로 가득 차게 마련이라 감성적으로 어루만져줄 필요가 있다. 환자의 두려움을 줄여주고 편치 않은 마음을 다독여주는, 환자를 위한 수술 전 주의사항을 실시하는 병원도 있다. 예를 들어 환자에게 긴장 푸는 법 가르치기, 수술에 앞서 환자의 질문에 잘 답해주기, 회복기에 경험할 수도 있는 현상을 수술 전에 정확하게 말해주기 등이 있다. 그 결과 환자들은 평균 2~3일 일찍 수술에서 회복되었다.[50]

입원은 환자에게 엄청나게 외롭고 무기력한 경험이 될 수 있다. 하지만 가족들이 환자와 같이 머물면서 집에서처럼 환자를 위해 요리를 하거나 보살필 수 있도록 입원실을 설계하기 시작한 병원도 있다. 뜻밖에도 이는 제3세계 전역에 걸쳐서 널리 보편화되고 있는 현상이다.[51]

긴장 완화 훈련은 증세를 촉발하거나 악화할 우려가 있는 감성뿐 아니라, 환자가 병으로 인한 통증의 일부를 스스로 처리할 수 있게 도와줄 수 있다. 모범적인 사례는 매사추세츠 대학 의료 센터에 있는 '존 카바트-진(Jon Kabat-Zinn) 스트레스 완화 클리닉'인데, 이곳에서는 환자에게 10주에 걸쳐 깨어 있기와 요가 강좌를 제공한다. 이 강좌는 감정을 자극하는 일이 일어날 때 깨어 있기와 깊은 긴장 완화를 제공하는 일상적인 훈련을 쌓는 데 중점을 둔다. 그리고 병원에서는 이 강좌를 촬영한 교육용 비디오테이프를 환자들이 TV 수상기로 이용할 수 있도록 해주었다. 이는 통상적인 TV 프로그램의 연속극보다 누워 지내는 환자들에게 훨씬 나은 감성적 음식물인 셈이다.[52]

딘 오르니시(Dean Ornish)가 개발한 혁신적인 심장병 치료 프로그램에서도 긴장 완화와 요가는 핵심적 위치를 차지한다.[53] 관상동맥우회수술을 받아야 할 만큼 아주 심각했던 심장병 환자들도 이 프로그램을 몇 년 거친 뒤에는 동맥반 플라크가 더 이상 형성되지 않았다. 오르니시는 긴장 완화 훈련이 심장병 치료 프로그램 중에서도 가장 중요하다고 말한다. 카바트-진 클리닉과 마찬가지로, 이 프로그램은 의사인 허버트 벤슨(Herbert Benson)이 개발한 '이완 기법'을 활용하는데, 이는 대단히 광범위한 영역에서 질환을 낳는 스트레스 자극을 최소화하기 위한 것이다.

마지막으로, 조율 능력이 뛰어나 환자들과 감정이입을 잘하는 의사나 간호사는 매우 가치가 높다. 그리하여 의사와 환자 간의 관계 그 자체가 중요한 치료의 방법임을 염두에 두는 '관계에 초점을 맞춘 치료'가 적극 추진되고 있다. 의학 교육이 감성지능의 기본적 도구들, 특히 자기 인식과 감정이입 및 경청하는 기술을 포함할 경우 그런 관계는 더욱 용이해질 것이다.[54]

▌보살핌의 의료를 향하여

이런 의료 치료는 아직 걸음마 단계다. 하지만 의료 행위가 감성의 영
향력을 포용하도록 시야를 확장하기 위해서는, 과학적 발견이 시사하는
두 가지 커다란 의미가 의료진의 가슴속에 새겨져야 한다.

1. 사람들이 분노, 불안, 우울, 비관주의, 외로움 같은 당혹스러운 감정
   을 잘 관리할 수 있게 돕는 일은 질병 예방의 일환이다. 이런 감정이
   만성적일 때 그 독성은 담배를 피우는 것과 마찬가지라는 사실을 그
   동안 많은 연구들이 밝혀냈다. 따라서 사람들이 그런 감정을 잘 다
   스리도록 돕는 일은 잠재적으로 골초들이 담배를 끊게 만드는 일만
   큼이나 커다란 의료상의 이득이 될 수 있다. 광범위한 공중보건 효
   과를 발휘할 수 있을 이런 접근을 이루어내는 한 가지 방법은, 기본
   적인 감성지능 기술을 아이들에게 가르쳐서 평생의 습관이 되게 만
   드는 일이다. 또 하나 커다란 이득이 되는 예방 전략은 은퇴기에 이
   른 사람들에게 감정 관리법을 가르치는 일이다. 정서의 풍부함이 노
   인으로 급속하게 쇠퇴해버리느냐, 아니면 건강하게 여생을 보내느
   냐를 결정하는 요인이 되기 때문이다. 그다음으로는 가난한 사람들,
   혼자서 일하며 자식을 키우는 엄마들, 범죄율이 높은 동네에 사는
   주민들 같은 이른바 '위험에 처한 사람들' 문제다. 항상 커다란 압박
   속에 살아가는 이들이 스트레스로 인한 감성적 대가를 잘 처리하도
   록 도울 때 의료적으로 훨씬 좋아질 수 있다.
2. 순수한 의료 치료와 더불어 심리적 요구가 제대로 충족될 때 환자들
   의 상태가 눈에 띄게 좋아질 수 있다. 의사나 간호사가 괴로움에 지
   친 환자에게 편안함과 위로를 제공하는 일은 좀 더 인간적인 보살핌

을 향한 진일보이기도 하지만, 치료에도 많은 성과를 낳을 수 있다. 그러나 감성 차원의 보살핌은 오늘날의 의료 관행에서는 너무도 자주 간과되는 일이다. 두뇌의 감성중추와 면역체계 사이의 관련성을 뒷받침하는 증거뿐 아니라, 감성적 요구를 제대로 보살피는 일이 의학적으로도 유용하다는 자료들이 쌓이고 있다. 그럼에도 많은 의사들은 이런 증거를 사소하고 일화적(逸話的)인 것으로 치부해버리고 있어, 환자들의 감성이 임상적으로 중요하다는 사실은 여전히 회의적인 상태에 머무르고 있다.

더 많은 환자들이 좀 더 인간적인 의학을 요구하지만, 그런 요구는 방치될 위험에 처해 있다. 물론 환자에게 상냥하고 세세한 보살핌을 제공하는 헌신적인 간호사나 의사들도 있다. 하지만 경영적 차원에서 변화하는 의료 문화 자체가 그런 보살핌을 찾아보기 어렵게 만들고 있다.

한편 인간적 의료로 인한 경영상 이익이 존재할 수도 있다. 초기의 증거가 시사하듯이 환자의 감성적 괴로움을 치료하는 일은 비용을 절약하게 한다. 특히 그것은 감성의 보살핌이 병을 예방하거나 지체시키고 환자들이 빨리 회복될 수 있게 도와주는 정도에 달렸다. 뉴욕 시나이산 의과대학교 병원과 노스웨스턴 대학교 병원에서 수행한 고관절골절 노인환자들에 대한 연구에서, 통상적인 정형외과 치료에 더해 우울증 치료를 받은 환자들이 평균 이틀 일찍 퇴원했다. 약 100명의 환자로 인해 절약된 의료비용은 9만 7361달러였다.[55]

인간적인 보살핌은 또한 환자가 의사와 치료에 대해 더욱 만족하게 만든다. 환자가 의료시설을 선택하는 일이 점점 많아지고 있는 의료시장에서, 만족의 수준은 의심할 바 없이 개인적 결정에 영향을 미치게 될 것이다. 좋지 않은 경험을 가진 환자는 다른 병원을 찾을 것이고, 즐거운 경험을 가진 환자는 같은 병원을 애호할 것이다.

마지막으로, 의료윤리가 인간적 접근을 요구할 수도 있다. 〈미국 의료 협회 저널(Journal of the American Medical Association)〉의 사설은 우울증이 심장마비 진단을 받은 후 사망 가능성을 다섯 배 높인다는 보고서를 언급하면서 다음과 같이 지적한다. "우울증과 사회적 고립감 같은 심리적 요인들이 관상동맥질환을 앓는 환자들을 극도로 위험한 상태로 내몬다는 사실이 명백하게 입증됐으므로, 이런 요인들을 치료하지 않는 일은 비윤리적 의료행위가 될 것이다."[56]

감성과 건강에 대해 밝혀진 내용들이 의미하는 것이 있다면, 환자가 만성 질병이나 심각한 질병과 싸움을 벌이고 있을 때 그들이 어떻게 느끼는지를 무시하는 치료는 더 이상 적합하지 않다는 점이다. 의학이 감성과 건강 사이의 연결고리를 방법론적으로 활용해야 할 때가 됐다. 현재는 예외인 경향이 주류로 합류해 들어갈 수 있고, 그렇게 되어야만 한다. 이를 통해 우리는 좀 더 보살핌이 있는 치료를 받을 수 있고, 적어도 의학은 좀 더 인간적이 될 것이다. 또한 질병에서 회복되는 과정이 더욱 빨라지는 환자들이 생길 수도 있다. 한 환자가 주치의에게 공개적으로 이런 편지를 보냈다. "공감이란 그저 손을 붙잡는 게 아닙니다. 그것은 좋은 약이에요."[57]

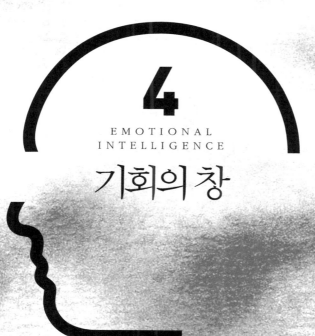

4

EMOTIONAL
INTELLIGENCE

기회의 창

chapter 12
가정교육과 감성지능
말썽꾸러기는 어떻게 길러지는가?

다음은 암울한 한 가족의 비극적 이야기다. 칼과 앤은 다섯 살밖에 안 된 딸 레슬리에게 새로 출시된 비디오 게임으로 놀이하는 법을 가르치고 있다. 하지만 딸을 '도우려는' 부모의 과도한 시도는 단지 방해만 될 뿐인 것 같다. 모순적인 지시가 사방에서 날아든다.

"오른쪽으로, 오른쪽으로. 됐어, 됐어, 그만!"

엄마인 앤의 목소리가 더욱 열에 뜨고 초조해지자, 레슬리는 입술을 빨며 눈을 크게 뜨고 비디오 화면을 바라보면서 엄마의 지시를 따르느라 고생이 말이 아니다.

"봐, 줄이 안 맞았잖아. 그러니까 그걸 왼쪽으로 옮겨야지! 왼쪽으로!"

아빠 칼이 퉁명스럽게 지시한다. 그러자 앤은 기가 막힌다는 듯이 두 눈을 위로 치켜뜨고 있다가 남편의 충고를 무시하고 소리친다.

"그러면 안 돼! 세워!"

엄마와 아빠 어느 쪽도 만족시킬 수 없게 된 레슬리는 긴장이 돼 턱을 일그러뜨리고, 눈물이 그렁그렁 맺힌 눈을 깜빡거린다. 딸의 눈물에도 아랑곳하지 않고 부모는 말다툼을 벌이기 시작한다.

"스틱을 그렇게 많이 움직이면 안 돼요!"

앤이 화가 나서 칼에게 대든다.

눈물이 레슬리의 뺨에 흘러내리기 시작하지만 누구도 딸의 분위기를 알아차리거나 딸을 보살피려 하지 않는다. 레슬리가 눈물을 닦으려 손을 올리자, 아빠가 딸의 손을 낚아채며 말한다.

"그렇지. 스틱에 손을 올려서…… 쏠 준비를 해야지. 좋아, 쭉 당겨!"

그러자 엄마가 고함을 지른다.

"아니야, 아주 조금만 당겨라!"

레슬리는 어느새 고통에 겨워 조용히 흐느끼기 시작한다.

이런 순간에 아이들은 커다란 교훈을 배운다. 레슬리가 이런 고통스러운 경험에서 얻었을 한 가지 결론은 그런 문제 앞에서는 부모든 누구든 자신의 감정을 전혀 고려하지 않는다는 사실일 것이다.[1] 이와 비슷한 순간이 어린 시절에 수도 없이 되풀이되는 경우, 평생에 걸친 기초가 되는 감성신호가 아이에게 주어지는 셈이 된다. 이어서 그런 신호가 아이의 인생행로를 결정짓는 교훈으로 작용할 것이다. 가정은 최초의 감성학습 학교인 셈이다. 가족이라는 친밀한 상황 속에서 자기 자신에 대해 느끼는 법, 자신의 감정에 대한 다른 사람들의 반응 파악하는 법, 이런 감정에 대해 생각하는 법, 어떤 반응을 선택할지 고려하는 법, 희망과 두려움을 읽어내고 표현하는 법 등을 배운다. 부모가 하는 말과 부모가 아이들에게

행하는 일을 통해서 그리고 부모가 자신들의 감정과 부부 사이에 오가는 감정을 다루는 데서 보여주는 본보기 속에서 감성학습이 이루어진다. 감성적 교사의 재능을 타고난 부모가 있는 반면, 형편없는 부모도 있다.

부모가 어떻게 자식을 대하느냐—가혹한 규율로 대하거나 감정이입을 통한 이해심을 지니고 대하거나, 무관심하게 대하거나 따뜻함을 가지고 대하거나—가 자식의 감성생활에 깊고 지속적인 결과를 낳는다는 사실을 보여주는 수많은 연구가 있었다. 그러나 최근에 와서야 감성적으로 깨어 있는 부모 그 자체가 아이에게 커다란 교육이라는 사실을 보여주는 신뢰할 만한 자료들이 등장했다. 자녀를 직접 대하는 방식뿐 아니라 부부가 서로 감정을 다루는 방식도, 집 안에서 가장 미묘한 감성적 상호 소통에조차 예민하게 조율되어 있는 기민한 학습자인 아이에게 강력한 교훈을 준다. 워싱턴 대학의 캐럴 후븐(Carole Hooven)과 존 고트먼이 이끄는 연구 팀은 자식을 대하는 방식을 두고 부부간에 벌어지는 상호작용을 자세히 분석했다. 그 결과 그들은 감성적으로 유능한 부부가 감성적 기복이 있는 자녀를 도와주는 일에서도 역시 가장 능숙하다는 사실을 발견했다.[2]

각 가정의 아이가 다섯 살일 때 처음 관찰하고, 그 아이가 아홉 살이 됐을 때 다시 한 번 관찰했다. 부모가 서로 이야기하는 장면뿐 아니라, 부모가 자식에게 새로 나온 비디오 게임을 가르칠 때 나타나는 가족 간의 모습(레슬리의 가족도 포함해서)도 살폈다. 이는 겉으로는 밋밋한 상호작용 같지만 부모와 자식 간에 흐르는 감성의 기류에 아주 큰 영향을 미친다.

물론 앤과 칼 같은 엄마나 아빠가 있다. 횡포를 부리고, 자식의 무능함에 인내심을 잃으며, 혐오스러워하고, 화가 나서 목소리를 높이며, 아이를 '멍청하다'고 깎아내리기도 한다. 요컨대 결혼생활을 좀먹는 경멸과 혐오를 드러내는 부부의 경향성 때문에 아이가 희생양이 되는 경우다.

그러나 아이의 실수에 관대하고, 부모의 의지를 강요하기보다는 아이가 자기식으로 게임을 이해하도록 도와주는 부모도 있다. 비디오 게임을 하는 시간은 부모의 감성 유형을 놀라울 정도로 확실하게 보여주는 척도였다. 감성적으로 무능력한 양육의 가장 흔한 유형은 다음의 세 가지다.

- **자식의 감정을 완전히 무시하는 부모.** 이런 부모는 자식의 감성적인 당혹스러움을 사소하거나 성가신 일로 여겨, 그 당혹스러움이 잠잠해질 때까지 기다려야 한다고 생각한다. 그들은 감성이 돌출되는 순간을 자식과 좀 더 가까워지거나 자식이 감성적 유능함에 숙달되게 만들 기회로 활용하지 못한다.
- **너무 자유방임적인 부모.** 이런 부모는 자식이 어떻게 느끼는지를 알아채지만, 감성적인 폭풍을 아이가 어떻게 다루든지 괜찮다고 생각한다. 그래서 심지어 남을 때리는 것도 상관하지 않는다.
- **경멸적인 태도를 보이며 자녀의 느낌을 전혀 존중하지 않는 부모.** 이런 부모는 일반적으로 자식을 혹독하게 꾸짖고 강한 벌을 준다. 그러면서도 자식이 화를 내는 것을 조금도 허락하지 않고, 짜증만 약간 내도 혼을 낸다. 이야기를 해보려고 애쓰는 아이에게 화를 버럭 내며 소리치는 부모가 이런 유형이다. 그들은 "말대꾸하지 마!" 하고 소리칠 뿐이다.

반면, 아이가 감성적인 동요를 드러내는 순간을 감성의 코치나 스승으로 활약할 기회로 포착하는 부모가 있다. 이런 부모는 정확하게 무엇이 아이를 당황스럽게 하는지를 이해하려 애쓰고("토미가 널 속상하게 해서 화가 났니?") 아이가 자신의 감정을 푸는 긍정적 방식을 찾도록("개를 때리는 대신에, 다시 개하고 놀고 싶어질 때까지 너 혼자서 갖고 놀 장난감을 찾아보는 게 어떨까?") 애쓸 만큼 충분히 진지하게 자식의 감정을 받아들인다.

부모가 이렇게 효과적인 코치가 되기 위해서는 부부 스스로 감성지능의 기본 원리를 잘 이해하고 있어야만 한다. 예를 들어, 자식에 대한 기본적인 감성수업의 하나는 여러 감정을 서로 구별하는 능력을 가르치는 것이다. 그러나 자신의 슬픔을 제대로 조율하지 못하는 아빠는 상실감에 빠져 슬퍼하는 경우, 우울한 영화를 보고 슬퍼지는 경우, 좋아하는 사람에게 좋지 않은 일이 벌어져서 슬퍼하는 경우의 차이를 이해할 수 있게 자식을 도와줄 수가 없다. 한편 부모는 슬픈 감정의 구별을 넘어서, 분노의 감정이 애초 상처받은 느낌에서 생기는 경우가 있다는 좀 더 정교한 사실도 알아둘 필요가 있다.

아이가 성장함에 따라 필요한 감성수업의 내용도 바뀌게 마련이다. 7장에서 살펴보았듯이, 감정이입 학습은 갓난아기의 감정에 조율되는 부모와 더불어 유아기에 이미 시작된다. 세월이 흐르면서 친구들과 어울리며 연마되는 감성적인 기교도 있지만, 감성적으로 유능한 부모는 아이들이 감성지능의 기본 내용을 익히는 데 많은 도움을 줄 수 있다. 즉 아이가 스스로 자신의 감정을 인식하여 관리하고 이용하는 방법, 관계 속에서 생겨나는 감정에 대해 감정이입을 하고 능숙하게 다루는 방법을 배우는 데 도움이 된다.

그런 양육이 아이들에게 미치는 영향은 대단히 크다.[3] 워싱턴 대학의 연구자들은, 감정을 형편없이 다루는 부모와 비교할 때 부모가 정서적으로 유능한 경우 자녀는 부모와 관계가 원만하고, 부모에게 큰 애정을 보이며, 부모 자식 간에 긴장이 훨씬 덜하다는 사실을 밝혀냈다. 더욱이 이런 아이들은 자신의 감성을 다루는 데도 뛰어나고, 기분이 나쁠 때 스스로 위로하는 데도 능숙하며, 기분이 나쁜 경우도 적다. 또한 스트레스 호르몬이나 여타 감정의 촉발을 나타내는 생물학적 지표의 수치가 낮아서

'생물학적으로' 훨씬 이완된 상태다(11장에서 살펴본 대로. 어른이 되어 살아가면서도 이런 상태가 유지된다면 건강이 매우 좋을 것으로 예측된다). 또 다른 이점은 사교성이다. 이런 아이들은 또래친구들 사이에서 인기가 좋고, 호감을 사며, 교사들의 눈에 사회성이 뛰어난 것으로 비친다. 부모와 교사는 한결같이 이런 아이들이 무례함이나 공격성 같은 행동 문제를 거의 지니고 있지 않은 것으로 평가한다. 끝으로 인지력 면에서도 이점이 있다. 이런 아이들은 주의력이 뛰어나서 학습을 효과적으로 한다. IQ가 일정하게 유지되는 가운데 좋은 코치나 마찬가지인 부모를 둔 다섯 살 난 아이들은 3학년이 됐을 때 수학과 독서에서 높은 성취도를 나타냈다(감성기술을 배움으로써 아이들이 생활뿐 아니라 학습에서도 도움을 받는다는 강력한 근거다). 요컨대 감성적으로 유능한 부모의 아이들이 얻는 이익은 감성지능의 전 영역에 걸칠 뿐 아니라 그 모든 영역을 초월해 우리를 깜짝 놀라게 할 정도다.

▶ 감성지능 계발 프로그램 : 하트 스타트(Heart Start)

양육이 감성의 유능함에 끼치는 영향은 요람에서부터 시작된다. 저명한 하버드 대학의 소아과 의사인 T. 베리 브래즐턴(T. Berry Brazelton)은 갓난아기가 지닌 삶에 대한 기본적인 관점을 측정하는 간단한 진단검사를 실시했다. 그는 8개월 된 아기에게 블록을 두 개 주고는 그 두 블록을 어떻게 합해놓기를 바라는지를 보여준다. 삶에 대해 희망적이고 자신의 능력에 대해 자신감이 있는 아기는 다음과 같이 행동한다고 브래즐턴은 말한다.

그 애는 블록을 하나 집어 들고는 입에 넣었다가 머리에 문지르다가 탁자 한쪽에 떨어뜨리곤, 당신이 도로 블록을 가져다주는지 가만히 쳐다봅니다. 당신이 블록을 주워주면 아기는 마침내 요청받은 과제를 완수하죠. 두 블록을 합쳐놓는 겁니다. 그러곤 '내가 얼마나 대단한지 말해보세요!' 하는 기대 섞인 투의 반짝이는 눈빛으로 당신을 올려다본답니다.[4]

이런 아기들은 생활하면서 어른들에게 인정과 격려를 많이 받은 편이라서 생활에서 부딪히는 작은 도전쯤은 잘 처리하리라 기대된다. 반면 너무도 황량하고 혼란스럽거나 무관심한 가정에서 자란 아기들은 똑같은 과제를 이미 실패하리라 예상하고 있는 듯한 신호를 보내는 식으로 처리한다. 이런 아기들이 블록을 합해놓지 못해서가 아니다. 이 아기들도 지시를 이해하고 순응할 태세가 되어 있다. 하지만 브래즐턴의 보고에 따르면, 지시대로 할 때조차도 그런 아기들은 '전 잘 못해요. 보세요, 실패할 거랬잖아요'라고 말하는 듯한 표정을 지으며 비굴한 태도를 보인다. 그런 아기들은 패배적 관점으로 인생을 살아갈 가능성이 높아서 교사들의 격려나 관심을 기대할 수 없고, 학교생활이 재미없다고 여기며, 결국은 낙오하게 될 가능성이 많다.

확신에 찬 낙관적인 아이와 실패할 거라고 예상하는 아이 간에 나타나는 관점의 차이는 태어나서 처음 몇 년 사이에 형성되기 시작한다. 브래즐턴은, 부모는 아이가 성공적으로 살아가게 도와줄 '확신과 호기심을 갖게 하고, 배움을 즐겁게 여기며, 한계점을 제대로 이해하는 일이 부모의 도움을 통해 얼마나 많이 이루어질 수 있는지를 이해할 필요가 있다'고 말한다. 아이가 학교생활에 놀라울 정도로 잘 적응하는 것은 입학 전 유아기에 형성되는 감성능력 덕분이라는 사실을 보여주는 증거가 점점 많아지고 있는 현재, 그의 충고는 더욱 빛을 발한다. 6장에서 살펴보았듯이, 마시멜로를 먹고 싶은 충동을 통제한 네 살 난 아이의 능력이 14년 뒤 SAT에서 평균 210점 이상의 높은 점수로 이어졌다는 연구 결과도 있다.

감성지능의 구성 요소를 채우게 될 기회는 나중에 학교생활 전체를 통해 계속해서 주어지지만, 그 첫 번째 기회는 유아기에 찾아온다. 아이들이 훗날 획득하는 감성능력은 유년기의 감성능력 위에 세워진다. 이런 능력은 6장에서 살펴봤듯이 모든 학습에서 가장 중요한 기초를 이룬다. '임상유아 프로그램 국립 센터'의 보고에 따르면, 학교생활의 성공은 아이들이 지닌 사실에 대한 지식의 축적이나 책을 읽는 조숙한 능력보다는 감성적이고 사회적인 능력에 따라 예측된다. 다시 말해서 자기 확신을 갖고, 관심을 지니며, 어떤 종류의 행실이 기대되는지를 알고, 그릇되게 행동하려는 충동을 통제하는 법을 인식하며, 기다릴 줄 알고, 지시를 따르며, 교사에게 도움을 청할 수 있고, 다른 아이들과 함께 지내면서 자신의 요구를 표현하는 일이 아이의 성공을 예측한다는 것이다.[5]

보고서에 따르면, 학교생활을 잘하지 못하는 대부분의 학생들은 감성지능 요소들 가운데 한 가지 혹은 몇 가지가 결여되어 있다(학습장애 같은 인지적 장애가 있는지의 여부와는 별도로). 문제는 결코 사소하지 않다. 미국의 몇몇 주에서는 다섯 명 중 한 명꼴로 1학년을 다시 다녀야 하는 형편인데, 이런 아이들은 세월이 지나면서 또래보다 자꾸만 뒤처지게 되어 더욱 낙담하고 분통을 터뜨리게 되며 파괴적이 된다.

학교생활에 적응하는 아이의 준비 정도는 모든 지식 가운데 가장 기본적인 '배우는 방법'에 따라 좌우된다. 보고서는 이런 중요한 능력의 일곱 가지 주된 요소들을 제시했는데, 모두 감성지능과 관련이 있다.[6]

1. 확신 : 자신의 몸, 행동, 세계를 통제할 수 있고 정통했다는 느낌. 무

엇을 하든 실패보다는 성공할 가능성이 훨씬 많고, 어른들이 도와줄 것이라고 생각한다.

2. **호기심** : 모든 것에 대해 탐구하는 일이 긍정적이고 즐겁다는 느낌.

3. **의도성** : 영향을 미치고 끈기 있게 추구하려는 바람과 능력. 이것은 확신이나 능숙한 감각과도 관련된다.

4. **자기 통제** : 나이에 걸맞게 자신의 행동을 조절하고 통제하는 능력으로, 내적 통제에 대한 감각.

5. **관계성** : 이해받는다는 느낌과 타인을 이해한다는 느낌에 기반을 둔 타인과 어울리는 능력.

6. **의사소통 능력** : 생각, 느낌, 개념을 다른 사람들과 말로 교환하려는 바람과 능력. 이것은 타인에 대한 신뢰감으로 연결되고, 성인을 포함해 타인과 어울리는 데서 즐거움을 느끼는 것과 관련된다.

7. **협력** : 집단 활동에서 자신의 욕구와 타인의 욕구가 균형을 이루도록 맞출 수 있는 능력.

이런 능력을 지닌 아이가 개학 첫날 학교에 들어올지의 여부는, 헤드 스타트 프로그램(Head Start program : 취학 전 빈곤 아동에게 언어, 보건, 정서 등 다방면에 걸친 포괄적 서비스를 제공해 빈곤의 악순환을 끊겠다는 취지로 만든 미국 아동보육 프로그램—옮긴이)의 감성적 형태인 '하트 스타트(Heart Start)'라 할 만한 보살핌을 그 아이의 부모(그리고 유치원 교사)가 얼마나 제공했느냐에 따라 크게 좌우된다.

▌감성지능의 기초 학습

생후 두 달 된 갓난아기가 새벽 3시에 깨서 울기 시작한다. 한밤중이지만 엄마는 아기 방으로 들어와서 30분 동안 아기에게 젖을 물린다. 아기는 느긋하게 엄마 품에 안겨 젖을 먹고, 엄마는 그런 아기를 다정하게 바라보면서 "널 보니 정말 행복하구나"라고 말한다. 아기는 엄마의 사랑에 만족해 다시 잠이 든다.

반면 아직 일어나기에는 아주 이른 시각에 역시 깨어나 울고 있는 또다른 두 달 된 아기가 남편과 싸운 뒤 불과 한 시간 전에 잠이 든 긴장 상태의 짜증 난 엄마와 마주친다. 엄마가 "가만히 좀 있어라. 가뜩이나 신경질 나는 일도 많은데! 어서 뚝 그쳐"라고 말하며 아기를 갑자기 들어 올리자 아기는 움츠러들기 시작한다. 아기가 젖을 먹는 동안 엄마는 아기를 쳐다보지도 않고 무표정하게 앞만 바라보며 남편과 싸웠던 일을 떠올리는데, 곱씹을수록 더욱 화가 치솟는다. 엄마의 긴장을 눈치 챈 아기는 머뭇거리다 몸이 뻣뻣해지면서 젖꼭지에서 입을 뗀다. "다 먹었어?" 하고 엄마가 말한다. "그럼 이제 그만 먹고 자." 들어올 때와 마찬가지로 경황없이 엄마는 아기를 침대에 다시 뉘고는 성큼성큼 걸어 나가버린다. 그리고 아기가 울다 지쳐서 다시 잠이 들 때까지 내버려둔다.

임상유아 프로그램 국립 센터는 어떤 일이 거듭 반복될 경우 갓난아기에게 자신과 가장 가까운 관계에 있는 사람들에 대해 매우 상이한 감정을 주입하게 될 상호작용의 사례로 앞의 두 가지 시나리오를 제시했다.[7] 첫 번째 아기는 사람들이 자신의 욕구를 제대로 눈치 챌 정도로 믿을 만하고 도움을 받을 만큼 의존할 만하다는 사실을 알게 되어, 도움을 쉽게 얻을 수 있겠다고 생각한다. 반면 두 번째 아기는 자신을 진정으로 돌보는 사람은 아무도 없고, 사람들은 의존할 수 없으며, 위안을 받으려는 자신의 노력은 실패하리라고 생각한다. 물론 대부분의 아이들은 두 가지 종류의 상호작용을 적어도 조금씩은 맛보며 성장한다. 하지만 세월이 지나면서 부모가 아기를 돌보는 일반적인 방식이 전자인가 후자인가에 따라, 아기가 세상을 얼마나 편안하게 느끼는지, 다른 사람들을 얼마나 믿을 만하다고 생각하는지에 대한 기본적인 감성학습의 내용이 정해진다. 에릭 에릭슨은 이런 점을 아이가 '기본적 신뢰'를 느끼게 되느냐, 아니면 '기본적 불신'을 느끼게 되느냐 하는 말로 표현했다.

감성학습은 유년기에 시작되어 어린 시절 내내 계속된다. 부모와 아이 간에 벌어지는 모든 사소한 교류에도 감성적 의미가 깃들어 있고, 세월이 흐르면서 이런 신호가 반복되는 가운데 아이는 자신의 감성적 관점과 감성능력의 핵심을 형성한다. 수수께끼를 도저히 못 풀겠다는 생각이 들어 바쁜 엄마한테 도와달라고 말하는 어린 딸의 부탁에 분명 흔쾌하게 대답을 받는 경우와 "성가시게 하지 마. 엄마 지금 중요한 일 하고 있는 거 안 보이니?"라는 답을 들은 경우는 아주 다른 결과를 낳는다. 그런 만남이 아이나 부모에게 일반적이게 될 때, 그에 따라 인간관계에 대한 아이의 감성적 기대가 형성되고, 삶의 모든 영역에서 자신의 활동에 더 좋게든 더 나쁘게든 영향을 미치게 될 관점이 형성된다.

미성숙하고, 마약을 남용하며, 우울증에 시달리고, 늘 화를 내며, 아무런 목표도 없이 혼란스러운 삶을 사는 대단히 무능한 부모의 자녀들에게 닥칠 위험성은 아주 크다. 그런 부모는 자녀의 감성적 요구에 대한 조율은 말할 것도 없고, 제대로 보살필 가능성이 거의 없다. 연구에 따르면, 단순한 무관심이야말로 공공연한 학대보다도 아이에게 훨씬 더 큰 손상을 입힐 수 있다.[8] 학대받는 아이들에 대한 조사에 따르면, 최악의 나쁜 짓을 저지르는 방치된 아이들은 아주 성마르고 부주의하며 인정이 없고, 공격적이었다가 수비적이었다가 행동이 왔다 갔다 한다. 그런 아이들 가운데 초등학교 1학년을 두 번 다녀야 하는 비율은 65퍼센트였다.

생후 3~4년간 아기의 뇌는 전체 크기의 3분의 2가량 자라고, 그 어느 때보다 높은 비율로 뇌의 복잡성이 증대된다. 따라서 나중 어느 때보다 이 시기에 주요한 학습이 훨씬 용이하게 이루어진다. 그런 학습 가운데 감성학습이 맨 먼저 이루어진다. 이 시기에 심각한 스트레스를 받으면 두뇌의 학습중추가 손상될 수 있다(지능에 나쁜 영향을 끼칠 수 있다). 나중에 살펴보겠지만, 이런 손상은 훗날 삶의 경험을 통해 어느 정도 치유될 수는 있지만, 이 시기에 받는 충격은 삶 전체에 커다란 영향을 미친다. 한 보고서가 다음과 같이 요약하듯, 생후 첫 4년 동안 받게 되는 주요 감성학습의 지속적인 영향력은 매우 크다.

주의를 집중할 수 없고 믿기보다는 의심하며 낙관적이기보다는 슬퍼하거나 화를 내고 존경심을 품기보다는 파괴적인 아이, 불안에 사로잡혀 있고 무서운 환상에 몰두하며 일반적으로 스스로 불행하다고 느끼는 아이, 이런 아이는 세상의 여러 가지 가능성을 자신의 것으로 만들 동등한 기회는 고사하고 거의 기회조차 갖지 못한다.[9]

▶ 말썽꾸러기는 어떻게 길러지는가?

감성적으로 무능력한 양육이 아이의 평생에 걸쳐 미치는 영향에 대해(특히 아이들을 공격적으로 만드는 요인에 대해) 8세부터 30세까지 추적한 뉴욕 주 북부지방 출신의 아이들 870명에 대한 조사를 포함해, 장기간에 걸친 여러 연구들을 통해 우리는 많은 것을 배울 수 있다.[10] 가장 호전적인 아이들(싸움을 일으키는 데는 선수들로, 제 마음 내키는 대로 하기 위해 습관적으로 무력을 사용한다)은 학교를 중퇴하고 30세쯤에는 폭력 범죄 전과 기록을 갖게 될 가능성이 매우 높았다. 그들은 또한 폭력을 행사하는 습성을 자식에게 유산으로 남기는 듯했다. 그들의 자식은 초등학교 시절에 이미 과거에 비행청소년이었던 부모처럼 말썽쟁이였기 때문이다.

공격성이 세대에서 세대로 전해지는 데에는 일정한 방식이 있다. 유전적으로 물려받은 습성은 제쳐두더라도, 성인이 된 말썽쟁이들은 가정생활을 공격성을 기르는 곳처럼 만든다. 어린 시절 대단히 공격적이었던 쪽이 아빠든 엄마든 상관이 없다. 공격적인 소녀는 엄마가 되어도 공격적인 소년이 아빠가 될 때처럼 똑같이 제멋대로이고, 자녀에게 혹독하게 벌을 준다. 그들은 특별히 엄하게 벌을 주지만, 벌을 주지 않을 땐 자녀의 삶에 거의 관심이 없다. 사실상 자녀의 생활에 대해서는 아는 게 없다. 그와 동시에 그런 부모는 자녀에게 폭력적인 공격성의 본보기를 생생하게 제공한다. 그래서 아이는 그런 본보기를 가슴에 지닌 채 학교로, 운동장으로 가게 되고, 평생을 폭력에 따라 살게 된다. 그런 부모라고 반드시 비열한 성품을 가진 것은 아니며 자식이 잘되기를 정말 원한다. 그러나 아이는 그저 부모가 자신에게 보인 양육의 방식을 되풀이할 뿐인 것이다.

이런 폭력의 본보기 속에서 아이는 변덕스럽게 자란다. 부모의 심사가 뒤틀리면 아이는 엄하게 벌을 받고, 부모의 기분이 좋으면 무차별 폭력만은 당하지 않을 수 있다. 그러므로 처벌은 아이가 저지른 일 때문이라기보다는 부모의 감정에 따라 좌지우지된다. 이런 사실이 무가치한 느낌, 무기력한 느낌, 위협은 도처에 있으며 언제라도 닥칠 수 있다는 느낌의 원천이다. 그런 감정을 낳는 가정생활을 살펴볼 때, 세상에 대한 그런 아이들의 전투적이고 거부하는 자세는 불행한 일이긴 해도 대체로 어느 정도 납득이 간다. 가슴 아픈 것은 매사에 사기를 꺾어버리는 이런 일들을 너무도 어린 나이 때부터 받아야 해서 아이의 감성생활이 치러야 할 대가가 너무도 가혹하다는 사실이다.

아동학대 : 감정이입의 결여

> 생후 2년 6개월 된 마틴은 탁아소에서 뒹굴며 난폭하게 놀다가 어떤 이유에선지 울음을 터뜨린 여자 아이와 몸이 가볍게 스치게 됐다. 마틴이 여자 아이의 손을 붙잡으려 하자, 흐느끼던 여자 아이가 몸을 피했다. 그러자 마틴은 여자 아이의 팔을 찰싹 때렸다.
>
> 여자 아이가 계속 눈물을 흘리는데도 마틴은 외면한 채 "뚝 그쳐! 뚝 그치라니까!" 하고 빠르고 큰 소리로 반복해서 외칠 뿐이었다.
>
> 마틴이 다시 여자 아이를 토닥여주려고 또 한 차례 시도했을 때, 다시 여자 아이가 뿌리쳤다. 마틴은 마치 으르렁거리는 개처럼 이를 드러내더니 흐느끼는 아이를 야유했다.
>
> 잠시 후 마틴은 한 번 더 울고 있는 여자 아이의 등을 토닥여주려다가 금세 사정없이 두드려 팼다. 마틴은 여자 아이가 비명을 지르는데도 불쌍한 그 아이를 계속해서 때렸다.

이런 곤혹스러운 충돌은 학대(부모의 변덕스러운 기분에 따라 반복적으로 매를 맞는 일)로 인해 감정이입을 할 수 있는 아이의 천부적 소질이 얼마나 왜곡돼버리는지를 잘 말해준다.[11] 마틴이 놀이친구의 괴로움을 아랑곳하지 않고 그렇듯 잔인하게 반응하는 것은 어려서부터 매질 같은 육체적 학대의 희생양이 됐던 아이들에게서 전형적으로 나타난다. 그런 반응은 7장에서 살펴봤던 울고 있는 놀이친구를 달래기 위해 이제 막 걸음마를 하는 아기가 보여준 동정 어린 노력과는 뚜렷한 대조를 이룬다. 탁아소에서 마틴이 보여준 폭력적인 반응은 당연히 눈물과 괴로움에 대해 그가 집에서 배운 경험을 반영한다. 울면 처음에는 위로를 받지만, 울음이 계속되면 험악한 표정과 마주치게 되고, 고함소리를 듣게 되며, 나아가 쥐어 박히거나 혼쭐이 나게 매질을 당했던 것이다. 상처받은 사람을 공격해서는 안 된다는 본능이자 가장 원시적인 감정이입조차 마틴에게는 이미 결여된 듯 보인다는 사실만큼 곤혹스러운 일이 또 있겠는가. 생후 2년 6개월밖에 안 된 어린아이에게 이렇듯 잔인하고 가학적인 충동이 싹트고 있다니 말이다.

감정이입과는 거리가 먼 마틴의 비열함은 아주 예민한 나이에 가정에서 받는 심각한 육체적, 정서적 학대로 인해 이미 상처를 받은 다른 아이들에게도 일반적으로 드러나는 일이다. 마틴은 탁아소에서 두 시간 동안 관찰된 한 살에서 세 살까지의 걸음마하는 아홉 명의 아기들 중 하나였다. 똑같이 가난하고 스트레스가 많은 집 아기들이지만 육체적으로 학대받지 않은 다른 아홉 명의 아기들과 그렇게 학대받은 아홉 명의 아기들이 비교됐다. 다른 아이가 다치거나 기분이 좋지 않을 때, 이 두 집단의 행동방식에는 차이가 뚜렷했다. 앞에서 예시한 것과 같은 23건의 상황에 대해 학대받지 않은 아홉 명 가운데 다섯 아기는 근처에 있던 친구의 괴로움을 보고 염려, 슬픔, 감정이입을 드러냈다. 하지만 학대받은 아기들은 그렇게 할 수도 있었을 27건의 사례에서 최소한의 염려조차 보이지 않았다. 염려는 고사하고, 우는 친구를 두려움과 분노 혹은 마틴처럼 육체적 공격으로 반응했다.

예를 들면, 학대받은 집단에 속한 한 여자 아기는 눈물을 터뜨린 친구에게 사납고 위협적인 표정을 지었다. 또 한 명의 학대받은 아기인 한 살짜리 토머스는 친구가 방이 떠나갈 듯이 울자 공포감에 얼어붙었다. 토머스는 아주 가만히 앉아 있었다. 얼굴엔 두려움이 가득했고 등을 뻣뻣하게 곧추세웠는데, 울음이 계속되자 토머스의 긴장감도 더욱 높아졌다. 마치 자신에 대한 공격에 맞서 대항이라도 하는 듯했다. 역시 학대받은 28개월 된 케이트는 거의 가학적이었다. 케이트는 자기보다 어린 조이를 성가시게 굴더니 결국 발을 걸어 바닥에 넘어뜨리고는, 쓰러진 조이를 상냥하게 바라보며 등을 가볍게 토닥이기 시작했다. 그런데 어느 새 그 토닥거림이 점점 세지고 있었다. 조이의 괴로움에도 아랑곳하지 않고 계속 때리던 케이트가 몸을 기울여 예닐곱 차례 주먹을 날리자 마침내 조이는 엉금엉금 기어 달아났다.

물론 이런 아기들은 자신이 대접받았던 대로 다른 아기들을 대한다. 이 학대받은 아기들의 무정함은 꾸지람을 퍼부어 대고, 위협적이며, 엄하게 벌을 주는 부모의 자녀에게서 발견되는 극단적인 사례일 뿐이다. 그런 아기들은 놀이친구가 다치거나 울 때도 별반 관심을 보이지 않는다. 그들은 학대받은 아이들에게 전형적인 잔인함의 절정을 이루는 극단의 냉정함을 드러내는 듯하다. 그런 아이들이 삶을 헤쳐 나갈 때는 학습 면에서 인지적 장애에 부딪힐 가능성이 높고, 공격적이라서 또래에게 인기가 없을 가능성도 높으며(유치원 시절의 거친 행동이 미래 생활의 전조라고 할 때 놀랄 일이 아니다), 우울증에 잘 걸리는 편으로, 어른이 되어서는 법률문제를 일으키고 폭력 범죄를 저지를 가능성이 높다.[12]

이와 같이 감정이입에 실패하는 경우는 이따금 잔인한 부모들이 어린 시절에 자기 부모에 의해 잔인한 대접을 받았듯이 세대를 거치며 반복된다.[13] 반면 타인에게 관심을 보이고 비열한 행동이 다른 아기의 기분을 어떻게 만드는지를 이해하도록 격려하고 교육하는 부모의 자식은 대개 감정이입을 잘하는 편이다. 감정이입 교육이 결여된 아이들은 감정이입을 전혀 배우지 못하는 듯하다.

학대받은 아기들에게 가장 문제가 되는 점은 아주 이른 나이부터 학대하는 부모의 축소판처럼 대응하는 법을 배운다는 사실이다. 그 아기들이 매일 밥을 먹듯 물리적 체벌을 받아왔다는 사실을 감안한다면, 그들이 어떤 감성적 교훈의 방향을 따를지는 너무도 분명하다. 잊지 말아야 할 것은, 두뇌의 대뇌변연계 중추가 지닌 원시적 기질이 더욱 중요한 역할을 떠맡게 되는 때는 열정이 높아지거나 위기가 닥칠 때라는 사실이다. 그런 순간에는 감성두뇌가 반복해서 학습했던 습관이 좋든 싫든 지배적이 될 것이다.

잔인함 혹은 사랑이 어떻게 두뇌를 형성하는지 살펴보면, 어린 시절이 감성교육을 위한 특별한 기회의 창이라는 사실이 납득된다. 매 맞는 아이들은 일찍부터 지속적으로 정신적 외상이라는 식사를 해온 셈이다. 학대받은 아이들이 겪은 잘못된 감성교육을 이해하는 데 가장 도움이 되는 패러다임이 있다면, 그것은 아마도 마음의 상처가 두뇌에 지속적으로 어떻게 자국을 남겨놓는지와 이런 야만적인 자국조차도 어떻게 수리될 수 있는지를 관찰하는 일이 될 것이다.

chapter 13

정신적 외상과
감성 재교육

새로운 감성 회로를 만들다

캄 보디아 난민인 솜 칫은 세 아들이 장난감 AK-47 기관총을 사달라
고 하자 갑자기 주저했다. 6세, 9세, 11세인 그녀의 아들들은 학
교 친구들이 퍼디라고 부르는 게임을 하려면 그 장난감 총이 있어야 한다
고 말했다. 퍼디 게임에서 악한(퍼디)은 기관총을 사용해 아이들을 학살하
고, 이어서 자기 자신을 겨냥한다. 그러나 때때로 아이들은 게임을 다른
식으로 끝낸다. 즉 아이들이 퍼디를 없애버리기도 하는 것이다.

캘리포니아 주 스톡턴에 있는 클리블랜드 초등학교에서 1989년 2월 17
일에 벌어진 끔찍한 사건에서 살아남은 몇몇 생존자들이 그 일을 기반으
로 재현해낸 섬뜩한 게임이 퍼디였다. 사건이 일어났을 때는 1~3학년
학생들의 오전 수업 마지막 쉬는 시간이었는데, 운동장 한 귀퉁이에 서

있던 20여 년 전 이 학교를 졸업한 패트릭 퍼디가 놀고 있는 수많은 아이들을 향해 7.22밀리미터 총알을 난사했다. 그는 7분 동안이나 총알을 쏘아 대다가 자기 머리에 방아쇠를 당겨 자살했다. 경찰이 도착했을 때는 이미 다섯 명의 아이가 죽어가고 있었고, 29명이 부상한 상태였다.

몇 개월 후 퍼디 게임이 클리블랜드 초등학교에서 자연스럽게 아이들의 놀이로 등장했다. 저 끔찍한 7분이란 시간과 그 영향이 아이들의 기억 속에 각인됐다는 여러 가지 신호 가운데 하나였다. 내가 자란 퍼시픽 대학교 근처의 이웃집에서 자전거로 잠깐 가면 나오는 곳에 있는 그 학교를 내가 찾아간 것은 퍼디가 아이들의 쉬는 시간을 엉망으로 만든 지 다섯 달 후였다. 끔찍한 총격의 소름 끼치는 자취들(수많은 총탄 구멍, 피 웅덩이, 살 · 피부 · 머리가죽 조각들)은 총격이 있던 그날 아침에 깨끗이 청소되고 페인트가 덧칠돼 보이지 않았지만, 퍼디의 실재감은 매우 뚜렷이 남아 있었다.

그 무렵 클리블랜드 초등학교에 남은 깊은 상처는 건물이 아니라, 여느 때처럼 생활하려고 애쓰는 그곳 아이들과 교직원들의 심리에 남아 있었다.[1] 가장 두드러진 상처는 아무리 사소한 것이라도 그 사건 때와 아주 조금이라도 유사하기만 하면 그 7분간의 기억이 거듭 되살아나는 것이었다. 예를 들면, 성 패트릭의 날(미국, 캐나다 등 아일랜드 이민자들이 있는 곳이면 세계 어디서나 지켜지는 큰 명절. 아일랜드에 기독교를 전파한 선교사 성 패트릭의 사망일을 기리는 날이다—옮긴이)이 다가온다는 발표와 함께 공포의 파도가 학교 전체에 퍼진 일이 있었다고 한 교사가 말해주었다. 어찌된 영문인지 학생들 사이에 그날이 살인자 패트릭 퍼디를 기념하기 위한 것이란 생각이 떠올랐기 때문이다.

"거리 아래쪽에 있는 요양소로 가는 앰뷸런스 소리가 들릴 때마다 모든 게 멈춰버려요"라고 또 다른 교사가 말했다. "그 소리가 여기서 멈출

지, 계속될지 아이들 모두 귀를 쫑긋한답니다." 또한 한동안 아이들은 화장실에 가기를 꺼렸다. 화장실 거울 속에 '피 흘리는 동정녀 마리아'라는 괴물이 살고 있다는 소문이 학교에 쫙 퍼졌기 때문이다. 충격 사건이 있은 지 몇 주 후 미친 듯 날뛰는 한 여학생이 교장인 팻 부셔에게 달려와서 "총소리가 들려요! 총소리가!" 하고 소리쳤다. 사실 그 소리는 테더볼 (기둥에 매단 공을 라켓으로 치는 게임―옮긴이) 기둥에서 돌아가는 체인 소리였다. 마치 테러의 위협에 대비해 계속 당번이라도 서듯이 많은 아이들이 지나치게 경계심을 품었다. 어떤 아이들은 쉬는 시간에도 살인 참극이 벌어졌던 운동장으로 뛰어나가지 못하고 교실 문 가까이에서 배회했고, 또 어떤 아이들은 한 아이를 정해 망을 보게 한 후에야 작은 무리를 지어서만 놀곤 했다. 그리고 많은 아이들은 친구들이 사망한 저 '사악한' 구역을 계속해서 피해 다녔다.

그 쓰라린 기억은 꿈으로도 이어져, 잠이 들면 무방비 상태가 되는 아이들의 정신 속으로 침입해 들어갔다. 아이들은 충격 그 자체를 되풀이하는 악몽은 물론이고, 자신들 역시 일찍 죽지 않을까 두려워하게 만드는 불안한 꿈에 시달렸다. 꿈을 꾸지 않으려고 눈을 크게 뜬 채 잠을 자려고 하는 아이들도 있었다.

이런 모든 반응은 외상 후 스트레스 장애(PTSD)의 주요한 증세로, 유아 PTSD 전문 정신과 의사인 스펜서 에스(Spencer Eth)에 따르면, 그런 정신적 외상의 핵심에는 "밀고 들어오는 주요한 폭력행위에 대한 기억이 자리 잡고 있습니다. 주먹으로 가한 마지막 가격, 칼로 찌르기, 권총 발사 등에 대한 기억 말이죠. 기억이란 강렬한 지각 경험이에요. 이 경험엔 총격 시의 모습, 소리, 냄새와 희생자가 내지르는 비명이나 갑작스러운 침묵, 사방으로 튀는 피, 경찰차의 사이렌 소리가 포함됩니다."

오늘날 신경과학자들은 이런 끔찍한 순간이 생생하게 감성회로 내에 그려지는 기억이 된다고 말한다. 그런 증세는 실제로 정신적 충격을 받은 순간에 대한 생생한 기억을 인식의 영역으로 강제로 밀어 넣으려는 과도하게 각성된 편도의 신호다. 정신적 외상을 준 기억 그 자체는 정신적인 촉발 방아쇠가 되어 그런 무서운 순간이 또다시 벌어지려 한다는 아주 미약한 징조에도 편도는 경보 신호를 보낼 태세가 된다. 이런 촉발 방아쇠 현상은 어릴 때 반복되는 육체적 학대를 겪은 일을 포함해 모든 종류의 정서적 외상의 특징이다.

정신적 외상을 일으키는 사건도 그런 방아쇠 작용을 하는 기억을 편도 속에 심어놓을 수 있다. 화재나 자동차사고의 기억, 지진이나 태풍 같은 자연재해를 겪은 기억, 강간이나 강도를 당한 기억 등이 그것이다. 매년 수십만 명이 그런 사건을 겪고, 많은 사람들이 그 사건의 자국을 뇌 속에 남기는 감성적 부상을 안고서 거기에서 벗어난다.

폭력행위는 태풍 같은 자연재해보다 훨씬 치명적이다. 자연재해로 인한 희생자와 달리 폭력의 희생자들은 적의(敵意)의 표적으로 자신들이 선택됐다고 느끼기 때문이다. 그런 사실은 사람들에 대한 신뢰, 대인관계로 이루어진 세상은 안전하다는 관념을 마구 뒤흔들어 깨부순다. 순식간에 사회는 위험한 곳이 되어, 사람들의 안전을 위협하는 잠재적인 장소로 변해버린다.

인간은 두려움에 차게 되면 무엇이든 공격(폭력)과 비슷한 것으로 막연하게 간주하는 형판(型板)을 기억에다 새겨 넣는다. 누가 공격했는지도 알지 못한 채 뒤통수를 맞았던 사람은 너무 겁에 질린 나머지 다시는 그런 일이 생기지 않도록, 할머니들 앞에서나 똑바로 걸어가려는 마음을 먹는다.[2] 엘리베이터를 같이 탔다가 강제로 아무도 없는 복도로 끌려 나가 칼끝을 겨눈 남자에게 강도를 당한 여성은 그 후 한동안 엘리베이터뿐 아니라 갇혔다는 느낌이 드는 지하철이나 다른 밀폐된 장소에 가는 걸 두려워했다. 강도가 그랬듯이 재킷에 손을 넣은 남자가 눈에 띄면 그녀는 어디서든 뛰쳐나와 도망쳤다.

　기억 속에 각인된 두려움과 그에 따른 과도한 경계심은 유대인 대학살에서 살아남은 사람들에 대한 연구에서 밝혀졌듯이 평생 동안 지속될 수 있다. 그들에겐 준기아 상태, 사랑하는 이들의 학살 등 나치 수용소 내의 끊임없는 죽음의 공포를 겪은 지 거의 50년이 지났는데도 뇌리를 떠나지 않는 기억이 여전히 살아 있었다. 그들 중 3분의 1은 지금도 대체로 두려움을 느낀다고 말했다. 거의 4분의 3은 제복 입은 사람, 문을 두드리는 노크 소리, 개 짖는 소리, 굴뚝 연기 같은 나치의 박해를 일깨우는 모습에 여전히 불안을 느낀다고 말했다. 60퍼센트가량은 반세기가 지난 뒤에도 거의 매일 유대인 대학살이 생각난다고 말했다. 증세가 심한 사람들 열 명 가운데 여덟 명은 반복되는 악몽에 여전히 시달렸다. 한 생존자는 이렇게 말했다. "만일 아우슈비츠를 경험했으면서도 악몽을 꾸지 않는다면 그 사람은 정상이 아닙니다."

◢ 기억 속에 맺힌 공포

　머나먼 곳에서 소름 끼치는 순간을 겪은 뒤 약 24년이 지나 48세가 된 한 베트남 퇴역 군인의 말이다.

　　저는 그 기억을 마음속에서 지울 수가 없습니다. '쾅' 닫히는 문, 동양 여자, 대나무 돗자리의 감촉, 볶은 돼지고기 냄새 같은 대수롭잖은 것들로 촉발되는 그 영상이 생생하게 마음 깊숙이까지 밀물처럼 밀려옵니다. 지난밤 잠자리에 든 저는 아주 잘 자고 있었습니다. 그러다 새벽녘 폭풍이 지나면서 천둥소리가 들렸습니다. 저는 금세 깨어 일어나 공포에 얼어붙었죠. 그 즉시 제 의식은 한창 계절풍이 부는 베트남으로 돌아가 제가 지키던 경비 초소에 있게 됩니다. 다음 일제사격에 걸려 죽을 것이라는 확신이 듭니다. 제 손은 꽁꽁 얼어붙었지만 땀이 온몸에서 흘러내립니다. 목 뒤에 난 머리카락 하나하나가 모두 곤두서는 느낌입니다. 한숨도 돌릴 수가 없고 심장은 쿵쾅거립니다. 축축한 황산 냄새가 납니다. 갑자기 동료 트로이의 유품이 보입니다……. 베트콩이 우리 진지로 커다란 대나무 접시에 담아 보낸……. 그때 번쩍이는 번개와 천둥소리가 울리고, 너무 갑자기 벌떡 일어서는 바람에 저는 그만 바닥으로 떨어져버립니다.[3]

20년 이상 세월이 흘렀지만 아직도 생생하게 살아 있는 이런 소름 끼치는 기억은 이 퇴역 군인의 내면에 저 운명의 날에 느꼈던 똑같은 두려움을 불러일으키는 힘을 여전히 지니고 있다. PTSD는 경보에 합당한 신경의 설정값을 위험할 정도로 낮춰버려 삶의 일상적인 순간에도 마치 긴급 상황인 듯 반응하게 만드는 질환이다. 2장에서 살펴본 감성폭발의 회로가 이런 강력한 자국을 기억에 남기는 데 결정적인 작용을 하는 듯하다. 편도의 폭발적인 반응을 촉발하는 사건이 잔혹하고 충격적이며 소름 끼칠수록 그 기억은 잘 지워지지 않는다. 하나의 압도적인 공포에 의해 작용되는 두뇌 속 화학물질 내부에서 일어난 결정적인 변화가 이런 기억의 신경상 기초인 것 같다.[4] PTSD 소견은 한 가지 사건이 준 충격에 기반한 경우가 일반적이지만, 성적·육체적·정서적으로 학대받은 아이들처럼 일정한 기간에 걸쳐 가해진 잔혹행위로도 유사한 결과가 나타날 수 있다.

재향군인관리국 산하 병원에 토대를 둔 연구 네트워크인 PTSD 국립 센터에서는 PTSD로 고통 받고 있는 참전 퇴역 군인들의 두뇌 변화에 대한 연구를 하고 있다. PTSD에 관한 대부분의 지식은 이곳에서 수행된 연구 결과 나온 것이 많다. 하지만 참전 군인들을 대상으로 한 이런 통찰은 클리블랜드 초등학생들처럼 심각한 정서적 외상을 겪은 아이들에게도 적용된다.

"파괴적인 정신적 외상을 입은 사람들은 결코 이전과 똑같은 생물학적 상태로 돌아갈 수 없습니다"라고 데니스 차니(Dennis Charney)는 말한다.[5] 예일 대학의 심리학자인 차니는 국립 센터의 임상신경과학 책임자다. "끊임없는 전투와 고문의 공포나 어린 시절에 반복되는 학대처럼 지속적이냐, 태풍 속에 갇혔다거나 자동차사고로 거의 죽을 뻔한 경험처럼 일시적이냐는 별 문제가 되지 않습니다. 통제 불능 상태의 스트레스는 모두 똑같은 생물학적 영향을 미칠 수 있죠."

여기서 핵심이 되는 말은 통제 불능이다. 재난이 닥친 상황에서도 아무리 사소하지만 자신들이 행할 수 있는 통제력이 조금이라도 있다고 느끼는 사람들은 완전히 무기력하게 느끼는 사람들보다 훨씬 정서적으로 양호하다. 무기력이란 요소는 닥친 사건을 '주관적으로' 압도적이게 느끼도록 만드는 요인이다. 국립 센터의 임상정신약리학실험실 책임자인 존 크리스털(John Krystal)이 말했듯이 "이를테면 칼로 공격을 받았을 때 자신을 방어하기 위해 행동을 취하는 사람이 있는가 하면, 똑같은 곤경에 처한 상태에서 '죽었구나' 하고 생각하는 사람이 있습니다. 둘 중 무기력한 사람이 나중에 PTSD에 더 취약합니다. 그건 생명이 위험에 처했고, 이 상황에서 빠져나오기 위해 할 수 있는 게 아무것도 없구나 하는 느낌입니다. 그때 바로 두뇌가 변형됩니다."

똑같은 강도로 약한(쥐에게 스트레스를 유발할 정도) 전기충격을 가한 후 서로 다른 우리에 넣어둔 실험쥐 한 쌍에 대한 연구에서 무기력함이 PTSD를 촉발하는 데 와일드카드(카드 게임에서 자기가 편리한 대로 사용할 수 있는 자유패 또는 만능패—옮긴이) 역할을 하는 것으로 밝혀졌다. 며칠 그리고 몇 주에 걸쳐 두 쥐에게 정확히 똑같은 강도의 전기충격을 가했다. 하지만 충격을 떨쳐낼 수 있는 힘을 가진 쥐는 그 후 스트레스의 징조 없이 평소대로 움직였다. 오직 무기력한 쥐에게서만 스트레스로 유발된 뇌의 변형이 발생했다.[6) 운동장에서 총에 맞은 친구들이 피 흘리며 죽어가는 모습을 본 아이(혹은 대량학살을 중지시킬 수 없었던 그곳에 있던 교사)에게는 그런 무기력감이 틀림없이 생생하게 느껴졌을 것이다.

▼ 대뇌변연계장애로서의 PTSD

대규모 지진으로 그녀가 흔들리는 침대에서 자다가 깨어 일어나 어두컴컴한 집 안에서 네 살 난 아들을 찾으려고 공포에 떨며 소리를 질렀던 이후 몇 달이 지났다. 당시 모자(母子)는 보호막이 되어주는 문간 아래로 피신했다. 계속되는 여진이 땅을 뒤흔들어놓는 동안 그들은 음식도, 물도, 불빛도 없는 추운 로스앤젤레스의 밤을 몇 시간 동안이나 꼼짝없이 그곳에 붙잡혀 있을 수밖에 없었다. 지진 후 며칠 동안은 문을 '쾅' 닫는 소리에서조차 다시 공포가 찾아올 것 같은 두려움으로 떨었지만, 몇 달이 지난 지금 그녀는 대체로 회복된 편이었다. 다만 여전히 남아 있는 증세는 잠을 못 이루는 것으로, 지진이 일어난 날 밤 그랬듯이 남편이 없는 날 밤에만 생기는 증상이었다.

이 같은 학습된 두려움(가장 강렬한 종류인 PTSD를 포함해서)의 징후는 편도에 집중된 대뇌변연계 회로의 변화로 설명할 수 있다.[7) 첫째, 주요 변화의 일부는 카테콜아민(아드레날린과 노르아드레날린) 분비를 규제하는 구조체인 청반(locus ceruleus)에서 일어난다. 카테콜아민 같은 신경화학물질은 몸을 응급 상황에 대응하게 만들고 특별한 강도로 기억을 새겨 넣는 작용을 한다. PTSD에서는 이러한 체계가 과잉반응을 일으켜서 거의 또는 전혀 위협이 없는 상황에 반응해, 마치 총격 사건 후 학교에서 들었던 사이렌과 유사한 앰뷸런스 소리를 들을 때마다 경악했던 클리블랜드 초등학교 아이들처럼 원래의 정신적 외상을 상기시키는 화학물질이 과다하게 분비된다.

청반과 편도는 해마나 시상하부와 마찬가지로 다른 대뇌변연계의 구조물과 밀접하게 연결되어 있다. 카테콜아민 분비를 위한 회로는 피질까지 뻗어 있다. 이런 회로의 변화가 불안, 두려움, 과도한 경계심, 빠른 흥분 혹은 분노, 싸우거나 피하기 위한 준비 등 지워지지 않은 채 암호화된 강렬한 감성 기억을 포함하는 PTSD 증상의 근본 원인이라고 생각된다.[8] 한 연구에 따르면, PTSD 증세를 보이는 베트남 참전 퇴역 군인들은 그렇지 않은 사람들보다 카테콜아민 억제 수용체를 40퍼센트나 적게 갖고 있었다. 이런 사실은 카테콜아민 분비가 제대로 통제되지 않아 그들의 뇌가 지속적인 변화를 겪었다는 사실을 시사한다.[9]

둘째, 또 다른 변화는, 위기 상황에서 싸우거나 도망가는 대응을 활성화하기 위해 신체에서 분비되는 주된 스트레스 호르몬인 CRF(부신피질 자극 호르몬 방출 인자—옮긴이)의 방출을 규제하는 뇌하수체와 대뇌변연계를 연결하는 회로에서 발생한다. 이 변화는 신체 상태를 실제로는 존재하지 않는 긴급 상황에 대비하게 바꾸면서, 이 호르몬이 과다 분비(특히 편도, 해마, 청반에서)되게 만든다.[10]

듀크 대학의 심리학자 찰스 네메로프(Charles Nemeroff)는 이렇게 말한다. "너무 CRF가 많으면 과장된 표현을 하게 됩니다. 예를 들어 만일 당신이 PTSD가 있는 베트남 참전 퇴역 군인인데 쇼핑몰 주차장에서 자동차 엔진이 역화 하는 이상한 소리를 듣는다면, 원래의 정신적 외상 당시

처럼 바로 CRF가 분출되어 그때와 똑같은 감정으로 가득해집니다. 그러면 땀을 흘리기 시작하고, 겁이 나며, 오한이 들고, 또렷하게 과거 일이 떠오르기도 합니다. CRF가 과다 분비되는 사람들의 경우, 놀라는 반응이 정말 과도하죠. 예를 들어, 대부분의 사람들은 누군가 뒤로 몰래 다가와 갑자기 손으로 몸을 밀치면 처음엔 깜짝 놀라 펄쩍 뛰지만, 세 번, 네 번 그런 일이 반복되면 더 이상 놀라지 않습니다. 그러나 CRF가 과다한 사람들은 이런 것에 익숙해지지 않아요. 그들은 처음과 똑같이 세 번째도, 네 번째도 깜짝 놀랄 것입니다."[11]

셋째, 고통의 느낌을 무디게 하기 위해 엔도르핀을 분비하는 뇌의 오피오이드계에서도 변화가 발생한다. 오피오이드계 역시 지나치게 활동적이 된다. 이 신경회로는 다시 편도와 관련되고, 이번에는 대뇌피질 내의 한 영역과 조화를 이룬다. 오피오이드(뇌 자체의 모르핀, 보상감과 긍정적인 감정을 유발하는 신경화학물질이다─옮긴이)는 아편과 마약처럼 강력한 마취 및 진통 효과를 내는 뇌 속 화학물질이다. 오피오이드가 증가하면 사람들은 고통을 더 잘 견딘다. 이 물질은 조금 다친 민간인보다 중상을 입은 군인이 오히려 고통을 덜기 위해 훨씬 적은 양의 마약을 필요로 한다는 사실을 발견한 전쟁터의 외과 의사들에 의해 주목을 받게 됐다.

비슷한 일이 PTSD에서도 발생하는 듯하다.[12] 엔도르핀의 변화는 정신적 외상에 재노출됨으로써 촉발되는 신경의 혼합에 새로운 차원을 더한다. 이것이 PTSD의 주요 특징인 '부정적인' 심리학적 증상인 즐거운 감정의 상실, 전반적인 정서적 둔감성, 삶 혹은 타인의 감정에 대한 관심에서 차단되어 있다는 느낌 등을 설명해줄 수 있을 듯하다. 그들과 가까운 사람들은 감정이입의 결여로 인한 이러한 무관심을 경험할 수도 있을 것이다. 또 하나 가능한 현상은 정신적 외상의 원인이 된 사건이 일어난 날짜, 시간, 분을 기억하지 못하는 것과 같은 의식의 격리 반응이다.

PTSD의 신경 변화는 또한 환자를 점점 악화되는 정신적 외상에 더욱 취약한 상태로 만드는 듯하다. 동물들이 어릴 때 아무리 약한 스트레스일지라도 노출된 적이 있을 경우, 나중에 살아가면서 정신적 외상을 일으키는 뇌의 변화에 대해 스트레스를 받지 않았던 동물들보다 훨씬 더 취약했다는 사실이 수많은 동물 연구 결과 밝혀졌다(이는 PTSD를 가진 아이들을 치료해야 할 긴급한 필요성을 시사한다). 똑같은 위급 상황에 노출돼도 PTSD가 생기는 사람이 있는가 하면, 그렇지 않은 사람도 있는 이유가 바로 이 때문일 것이다. 편도는 위험을 발견하기 위해 늘 준비가 되어 있으므로, 살아가면서 실질적 위험이 다시 한 번 편도에 제시되면 편도의 경보 톤은 좀 더 높이 올라간다.

이 모든 신경의 변화는 그런 변화를 촉발하는 무자비하고 무서운 위기 상황에 대처하는 데 단기적인 이점을 제공한다. 높은 자각 상태를 유지하고, 늘 주의를 기울이며, 무엇이든 할 태세가 되어 있고, 신체적 요구에 대비하며, (당분간이지만) 대단히 당혹스러울 수도 있는 사건에 대한 무덤덤한 처신은 위기 상황에 대한 적응력을 높여준다. 그러나 마치 영구적으로 초고속 기어가 들어간 상태에 놓인 자동차처럼 뇌가 변화되어 질병소인(疾病素因 : 질병에 대한 저항력의 상실 또는 저항력이 저하된 개체의 상태—옮긴이)이 될 때, 이런 단기적 이점은 지속적인 문제가 된다. 편도와 이에 연결된 뇌의 여러 영역들이 강도 높은 정신적 외상의 순간을 거치면서 새롭게 설정될 때, 이런 민감성 변화(폭발적인 신경 반응을 촉발하려는 강도 높은 준비)가 뜻하는 것은 모든 생명 활동이 위기 상황으로 접어들 수 있고, 심지어 해롭지 않은 순간조차도 미친 듯이 날뛰는 두려움의 폭발에 취약해질 수 있다는 것이다.

감성의 재학습

정신적 외상의 기억은 뇌의 모든 계통에 그대로 남아 있는 듯하다. 그 기억이 이어지는 학습을 방해하기 때문이다. 정신적 외상은 특히 정신적 외상을 일으키는 사건에 대한 좀 더 정상적인 반응을 재학습하는 일을 방해한다. PTSD 같은 후천적 두려움의 경우, 학습과 기억의 메커니즘이 제대로 작동되지 않는다. 편도야말로 관련된 뇌의 영역 중에서 가장 중요하지만, 학습된 두려움을 극복하는 데는 신피질이 결정적이다.

공포 조건화는 전혀 위협적이지 않은 것을 두려운 것으로 연관함으로써 무서워하게 되는 과정을 일컫는 심리학 용어다. 차니는, 공포가 실험실 동물들에게 유발됐을 때 몇 년간 지속되는 경우도 있었다고 지적한다.[13] 학습하고 기억하며 두려움에 반응하는 뇌의 주된 영역은 시상(視床)과 편도와 전전두엽 사이에 있는 회로로, 신경의 돌발 반응이 발생할 수 있는 통로다.

공포의 조건화를 통해 어떤 것에 놀라게 될 때 그 두려움은 시간이 흘러감에 따라 진정되는 경우가 많다. 실제 무서워할 게 전혀 없는 상태에서 두려움의 대상과 다시 마주치게 되면 자연스러운 재학습을 통해 두려움에서 진정될 수 있다. 그러므로 셰퍼드가 으르렁거리며 따라온 적이 있어서 개를 두려워하게 된 아이의 경우, 순하고 사람에게 우호적인 셰퍼드와 놀며 시간을 보내게 된다면 점차 자연스럽게 그 두려움은 사라진다.

하지만 PTSD의 경우 자연스러운 재학습이 일어날 수가 없다. PTSD로 인한 뇌의 변화가 너무나 강력하기 때문이다. 즉 차니는, 원래의 정신적 외상이 희미하게 떠오르는 정도의 작은 일에서조차 언제나 편도의 돌발 반응이 발생해서 두려움의 통로를 강화하기 때문이라고 주장한다. 이는 두려움의 대상이 평온한 감정과 짝을 이루는 경우는 결코 존재하지 않는다는 의미다. 편도는 결코 온화한 반응을 재학습하지 않는다. 차니는 이렇게 설명한다. "두려움의 소멸은 적극적인 학습 과정 속에서 가능한 듯 보이는데, 그런 학습 과정이 PTSD 환자에게는 손상돼버렸기 때문에 그들의 경우 감성적 기억이 비정상적으로 지속됩니다."[14]

그러나 올바른 경험을 하게 되면 PTSD도 사라질 수 있다. 강렬한 감성 기억이 촉발하는 생각과 반응의 패턴은 시간과 더불어 바뀔 수 있다. 차니는 이런 재학습이 피질에서 일어난다고 본다. 편도에 각인된 원래의 두려움은 완전히 사라지지 않지만, 전전두엽피질이 적극적으로 편도가 나머지 뇌에다 두려움에 반응하도록 명령하는 것을 억누른다.

좌측 전전두엽피질이 괴로움의 제동장치로 기능한다는 것을 발견한 위스콘신 대학의 심리학자 리처드 데이비드슨은 "문제는 학습된 두려움을 얼마나 빨리 밖으로 내보내느냐입니다"라고 말한다. 데이비드슨은 사람들이 시끄러운 소리를 혐오하는(학습된 두려움의 본보기로, PTSD보다는 완화된 유사물) 학습을 처음으로 경험하게 된 실험에서, 좌측 전전두엽피질이 활성화된 사람들은 더 빨리 후천적 두려움을 극복한다는 사실을 발견했다. 이는 학습된 괴로움을 놓아버리는 피질의 역할을 암시하는 것이다.[15]

▶ 감성두뇌의 재교육

PTSD에 대한 좀 더 고무적인 발견들 가운데 하나가 유대인 대학살에서 살아남은 사람들에 대한 연구에서 나왔다. 생존자들 가운데 대략 4분의 3은 심지어 반세기가 지난 후에도 활발한 PTSD 증상을 지닌 것으로 나타났다. 그런데 한때는 그런 징후로 고통 받던 생존자들의 4분의 1이 더 이상 그런 증상으로 괴로워하지 않게 됐다는 사실은 긍정적인 발견이었다. 무엇이 어떻게 됐든 간에 그들의 삶에 일어난 자연스러운 일들을 통해 그 증상이 사라진 것이다. 여전히 증상을 드러내는 사람들은 PTSD에 전형적인 카테콜아민과 연관되어 뇌가 변화됐음을 알 수 있었다. 하지만 회복된 사람들은 그런 뇌의 변화를 겪지 않았다.[16] 이런 발견과 이와 유사한 다른 발견들은 PTSD에서 두뇌 변화가 지워질 수 없는 게 아니라는 사실과, 사람들은 심지어 가장 극단적인 감정의 각인에서도 회복될 수 있다는 가능성을 제시한다. 요컨대 감성회로는 재교육될 수 있는 것이다. 그리하여 PTSD를 일으키는 정신적 외상만큼이나 심각한 외상도 치료될 수 있고, 그런 치유의 길은 재교육을 통해서 이루어진다는 사실은 좋은 소식이 아닐 수 없다.

감성적 치유가 자연발생적으로 일어나는 듯 보이는 한 가지 방식은(적어도 아이들의 경우에) 퍼디 같은 게임을 통해서다. 반복해서 시행될 때 이런 게임은 아이들이 정신적 외상을 놀이만큼이나 안전하게 다시 경험할 수 있게 해준다. 이를 통해 두 가지 치유의 길이 열린다. 하나는, 외상을 준 그 기억이 낮은 수준을 지닌 불안의 맥락에서 반복되면서 불안에 둔감하게 만들고, 정신적 외상에 영향을 받지 않는 일련의 반응이 그 불안과 연관되도록 만드는 방식이다. 다른 하나는 이렇다. 마음속에서 아이들은 그 비극에 그보다 나은 또 다른 결과를 마법을 부리듯이 부여할 수 있다. 퍼디 게임에서 아이들은 살인자를 죽이면서 실제로는 무기력해서 정신적 상처를 받았던 순간을 정복했다는 느낌을 증대시키기도 하는 것이다.

퍼디 같은 게임은 압도적 폭력을 경험했던 아이들에게는 전혀 새로운 것이 아니다. 정신적 외상을 입은 아이들 내부에서 벌어지는 이런 섬뜩한 게임에 처음으로 주목한 사람은 샌프란시스코의 유아정신과 의사인 레노어 테어(Lenore Terr)였다.[17] 1973년 여름 캠프에서 집으로 돌아오는 버스를 탔다가 납치됐던 아이들 사이에서 그런 게임을 하는 모습을 그녀는 캘리포니아 주 초칠라에서 발견했다. 납치범들은 버스와 아이들을 모두 땅에 묻었는데, 이 끔찍한 일은 27시간 동안이나 지속됐다.

테어는 5년 후 희생자들의 게임 속에서 그 납치 행위가 여전히 재현되고 있음을 발견했다. 예를 들면, 여자 아이들은 바비 인형을 갖고 상징적인 납치 게임 놀이를 했다. 공포에 떨며 버스와 함께 땅속에 쑤셔 박혀 있었을 때 자기 살갗으로 다른 아이들의 오줌이 흘러내리는 느낌을 아주 싫어했던 한 여자아이는 바비 인형을 자꾸 씻어 댔다. 바비 인형으로 여행 놀이를 하는 여자 아이도 있었다. 바비 인형이 어딘가로 여행을 갔다가 안전하게 돌아온다는 것이 이 놀이의 핵심이다. 또 다른 여자 아이는 바비 인형이 구멍에 갇혀서 숨 막혀 죽는 각본을 제일 좋아한다.

압도적인 정신적 외상을 경험한 어른들은 심리적 마비를 겪고 그 상처에 대한 기억을 차단하거나 느끼는 데 반해, 아이들은 종종 상처에 대한 기억을 다른 식으로 처리한다. 아이들은 정신적 외상에 대해 무감해지는 경우가 훨씬 적다. 그래서 테어는 아이들이 자신들의 호된 상처를 떠올리고 그것을 다시 생각하기 위해 환상, 놀이, 백일몽을 이용하는 것이라고 생각한다. 그렇게 자발적으로 정신적 상처를 재현하다 보니, 나중에는 강력한 기억이 또렷하게 불쑥 떠올라도 그런 시련에 저주를 퍼부을 필요까지진 없게 되는 듯하다. 만일 정신적 외상이 썩은 이를 치료하러 치과에 가는 정도로 작은 것이라면, 단지 한두 번 손보는 것으로 충분할 수 있다. 그러나 압도적인 것이라면, 정신적 외상을 엄격하게 되풀이되는 의식 속에서 거듭 반복하여 끊임없이 재현할 필요가 있다.

편도 안에 얼어붙어 있는 심상(心象)에 도달하는 한 가지 방법은 그 자체가 무의식의 매체인 예술을 통해서다. 감성두뇌는 상징적 의미와 프로이트가 '일차적 과정(primary process : 무의식적 정서나 본능적 충동에 의해 지배되는 원시적, 비합리적, 소원적 생각이나 사고를 언급하는 정신분석 용어—옮긴이)'이라고 불렀던 양식에 고도로 조율되어 있다. 다시 말하면 감성두뇌는 은유, 소설, 신화, 미술 같은 것에 잘 조율된다. 이런 방법은 정신적 외상에 시달리는 아이들을 치료하는 데 자주 활용된다. 미술을 이용하면 감히 말하려고 하지 않았던 공포의 순간에 대해 말하게 되는 경우가 있다.

로스앤젤레스의 어린이 치료 전문 유아정신과 의사 스펜서 에스는 엄마의 과거 애인에게 엄마와 함께 납치됐던 다섯 살짜리 소년에 대해 말한다. 남자는 모자를 모텔로 데려가, 엄마를 때려죽이는 동안 소년에게 담요 밑에서 꼼짝 말라고 명령했다. 담요를 둘러쓰고 있는 동안 듣고 본 무차별 폭력에 대해 소년이 에스에게 이야기하길 거리낀 것은 충분히 이해할 만하다. 에스는 소년에게 아무 그림이든지 그려보라고 했다.

그림에는 눈에 띌 정도로 커다란 두 눈이 그려진 자동차경주 선수가 있었다고 에스는 회고한다. 에스는 그 거대한 눈을 소년 자신이 살인자를 감히 엿보려는 행동을 나타내는 것으로 받아들였다. 정신적 외상을 입히는 장면에 대한 그런 숨겨진 언급은 거의 항상 상처받은 아이들의 그림에 등장한다. 에스는 그런 아이들에게 그림을 그리게 하는 것을 심리치료의 초기 단계로 삼았다. 그 아이들을 사로잡고 있는 강력한 기억이 생각 속으로 밀고 들어가는 것만큼이나, 꼭 그대로 그림 속으로 밀고 들어간다. 그 외에도 그림 그리는 행위 자체가 치유를 유발하며, 상처를 정복하는 과정의 시작이다.

▼ 감성 재교육과 정신적 외상의 회복

　　아이린은 데이트를 하러 나갔다가 하마터면 강간을 당할 뻔했다. 비록 그날은 그를 피할 수 있었지만, 그 후에도 그는 아이린을 계속해서 괴롭혔다. 추잡한 전화 통화를 하는가 하면, 폭력적 협박을 일삼고, 한밤중에 전화하며, 그녀를 몰래 추적해서 그녀의 모든 동작을 감시했다. 참다못한 아이린은 경찰서에 가서 도와달라고 했다. 그러나 경찰은 '실제로 아무 일도 벌어진 게 없다'는 이유로 그녀의 문제를 사소한 것으로 치부해버렸다. 심리치료를 받으러 왔을 무렵 아이린은 PTSD 증상이 있었고, 사회생활을 아예 포기했으며, 집 안에서만 죄수처럼 느끼며 지냈다.

　아이린의 사례는 하버드 정신과 의사 주디스 루이스 허먼(Judith Lewis Herman)이 인용한 것으로, 허먼은 정신적 외상에서 회복되기 위한 단계의 개요를 마련하는 최초의 연구 작업을 한 학자다. 허먼은 세 가지 단계를 말한다. 첫 번째는 안전한 느낌을 얻는 단계, 두 번째는 정신적 외상의 세부를 기억하고 그로 인해 야기된 상실을 슬퍼하는 단계, 마지막으로 정상적인 생활을 재확립하는 단계다. 앞으로 살펴보게 되겠지만, 이러한 단계의 순서에는 생물학적 논리가 깔려 있다. 삶은 위기 상황으로 간주될 필요가 없다는 사실을 감성두뇌가 다시 한 번 어떻게 배우는지를 이 과정이 반영하는 듯하다.

　첫 번째 안전한 느낌의 회복 단계는 지나치게 두려워하고 순식간에 촉발되는 감성회로를 재학습이 가능할 정도로 평온하게 할 만한 방법을 찾는 일이다.[18] 종종 이 단계는 환자가 자신의 신경과민, 악몽, 불면증, 공포가 PTSD의 증상이라는 사실을 이해하도록 돕는 것으로 시작된다. 이런 이해를 통해 증상 그 자체가 덜 무서워지기 때문이다.

또 다른 초기 단계는 환자 스스로 자신에게 벌어지고 있는 일에 대해 어느 정도 통제력을 회복하도록 돕는 단계로, 정신적 외상으로 인해 생겨난 무기력감을 직접 의식에서 몰아내는 과정이다. 예를 들면 아이린은 친구와 가족을 동원해서 자신과 스토커 사이에 완충 형태를 만들었고, 경찰의 개입을 요청할 수 있었다.

PTSD 환자가 '안전하지 못하다'고 느끼는 불안은 위험이 주위에 도사리고 있다는 단순한 두려움이 아니다. 좀 더 본질적으로 말해서 불안은 자신의 몸과 감정에서 일어나고 있는 일에 대해 아무런 통제력을 발휘할 수 없다는 느낌에서 시작된다. 편도 회로를 고도로 예민하게 함으로써 PTSD가 낳는 정서적 돌출행동을 일으키는 촉발 방아쇠를 생각하면 이런 사실이 납득된다.

약물치료는 환자가 설명할 길 없는 불안, 불면, 악몽에 시달리게 되는 감정 경보에 희생될 필요가 없다는 느낌을 회복하게 해주는 한 가지 방법을 제공한다. 약리학자들은 언젠가 편도 및 이와 연결된 신경전달물질 회로가 PTSD에 미치는 영향을 완벽히 차단하는 약물을 개발하리라는 희망을 품고 있다. 그러나 현재 쓰이는 약물은 이런 변화의 일부만을 막을 수 있다. 가장 잘 알려진 것으로, 세로토닌 체계에 작용하는 항울제와 교감신경계의 활성화를 차단하는 프로프라놀롤 같은 베타 차단제가 있다. 한편 환자에게 예민함과 긴장감을 맞받아치게 하는 긴장 이완 기술을 가르칠 수도 있다. 생리적 평온함은, 만신창이가 된 감성회로에 삶은 위협이 아니라는 사실을 재발견하게 해주고 환자가 정신적 외상을 입기 전에 지녔던 삶의 안정감 일부를 회복하도록 도와주는 문을 열어준다.

두 번째 단계는 안전한 느낌 속에서 정신적 외상의 기억을 끄집어내 그것에 대해 다시 말하고, 그로 인해 야기된 상실을 슬퍼하는 일이다. 이를 통해 정신적 외상의 기억과 돌출행동을 촉발하는 감성회로에 대한 새롭고 현실적인 이해를 하게 된다. 환자가 정신적 외상의 소름 끼치는 세부 사항을 다시 말할 때, 외상에 대한 기억은 감성적 의미와 감성두뇌에 미치는 영향이라는 두 가지 면에서 변화하기 시작한다. 이때 다시 말하는 그 말의 속도가 중요하다. PTSD로 고통 받지 않고 정신적 외상에서 회복된 사람들에게서 자연스럽게 나타나는 속도를 모방하는 것이 가장 이상적이다. 이런 경우, 정신적 외상을 되새기며 그 소름 끼치는 사건에 대해 전혀 아무것도 기억나지 않는 주(weeks)나 달(months)이 중간에 삽입되는, 밀고 들어오는 기억을 사람들에게 '주입하는' 내면의 시계가 있는 듯 보일 때가 자주 있다.[19]

그리고 허먼은 환자들에게 정신적 외상으로 인한 상실을 슬퍼할 필요가 있다는 점을 발견한다. 부상, 사랑하는 사람의 죽음 혹은 관계의 파탄, 사람을 구하기 위한 조치를 취하지 못한 것에 대한 후회, 사람들을 신뢰할 수 있는 확신의 소멸 등 무엇이든 말이다. 고통스러운 사건을 이야기할 때 뒤따르는 비탄의 심정은 치료 과정에서 중요한 역할을 한다. 즉 비탄의 표출이 어느 정도 정신적 외상 자체를 떨쳐버리는 효과를 나타내는 것이다. 또한 영원히 과거 속의 그 순간에 붙잡혀 있지 않고 앞을 바라보기 시작하며, 심지어 희망을 갖고 정신적 외상에서 벗어나 새로운 삶을 다시 건설하기 시작할 수 있다는 의미를 지닌다. 그것은 마치 감성회로에 의한 정신적 외상의 두려움이 끊임없이 재생되는 일이 마침내 두려움을 사라져버리게 할 주문이라도 되는 듯하다. 모든 사이렌 소리로 인해 공포를 느낄 필요는 없다. 한밤중에 들리는 이런저런 소리로 인해 떠오르는 기억 때문에 공포에 사로잡힐 필요 또한 없다.

세 번째 단계는 집중과 휴식을 번갈아 취하면서 정신적 외상을 자연스럽게 살펴보고, 그 과정에서 감성반응을 재학습하는 것이다. 허먼에 따르면, 심각한 PTSD 환자에게는 자기 이야기를 다시 하는 행위가 이따금 감당할 수 없는 공포를 촉발할 수도 있다. 이때 심리치료사는 환자의 반응이 견딜 만한 영역 내에 머물도록 이야기의 속도를 늦춰서 재학습을 망치지 않게 해야 한다.

심리치료사는 환자에게 정신적 외상의 원인이 된 사건을 마치 공포영화를 이야기하듯 가능하면 생생하게 말하여 모든 병적인 세부 사항을 떠올리도록 격려한다. 이야기에는 환자가 본 것, 들은 것, 냄새 맡은 것, 느낀 것뿐 아니라 공포, 역겨움, 현기증 같은 환자의 반응도 포함된다. 여기서 목표는 전체의 기억을 말로 표현하는 것이다. 이는 당시에는 의식이 분열돼 있었을 가능성이 크므로 의식적 회상에는 떠오르지 않는 기억의 편린까지 포착해낸다는 의미다. 세부적인 느낌과 정서를 말로 표현함으로써 기억은 훨씬 더 많이 신피질의 통제 아래 들어가게 된다. 신피질에서 기억이 자극하는 반응을 훨씬 더 쉽게 이해할 수 있고, 따라서 다루기도 훨씬 쉬워질 수 있다. 감성의 재학습은 사건과 정서를 떠올림으로써 대체로 이루어지지만, 이번에는 안전하고 안정된 분위기 속에서 믿을 수 있는 심리치료사와 함께 있다. 이런 재학습은 감성회로에 효과적인 교훈을 주기 시작한다. 즉 정신적 외상의 기억을 떠올리면서도 끊임없는 공포보다는 안정감을 느낄 수 있다는 것 말이다.

소름 끼치는 엄마의 살해 장면을 목격한 뒤 커다란 눈을 그렸던 다섯 살 소년은 그 후 더 이상 그림을 그리지 않았다. 그래서 심리치료사 스펜서 에스는 소년과 게임을 함께하며 공감대를 형성해 나갔다. 소년은 아주 느린 속도로 그 기억에 대한 이야기를 하기 시작했다. 처음에는 판에 박힌 듯 말할 때마다 각각의 세부 사항을 정확히 똑같이 이야기했다. 그러나 점차 소년의 이야기는 막힘없이 자유롭게 흘러나왔고, 말을 할 때 몸도 훨씬 덜 긴장했다. 그와 동시에 소년의 악몽은 줄어들었다. 에스는 소년이 어느 정도 심리적 충격을 극복한 것으로 파악했다. 점차 둘 사이의 대화는 정신적 충격으로 인한 두려움에서 벗어나, 아버지와 새로운 집에 살게 된 소년의 일상의 일로 옮겨갔다. 마침내 소년은 정신적 외상에서 벗어나게 됐고, 이제는 자신의 일상생활에 대해서만 말하게 됐다.

허먼에 따르면, 후유증이 생기거나 가끔 재발 현상이 일어나기도 하지만, 정신적 외상이 대체로 극복됐다는 것만은 확실하다. 생리학적 증세가 통제할 수 있을 정도로 완화되고, 정신적 외상의 기억으로 연상되는 감정을 참을 수 있게 되는 진전 따위가 그렇다. 특별히 중요한 사실은 더 이상 충격적인 기억이 통제할 수 없는 순간에 터져 나오기보다는, 여타의 기억처럼 그런 기억 속으로 재방문할 수 있게 됐다는 점이다. 또한 더욱 중요할지도 모르는 사실은, 그런 충격적인 기억을 여타의 기억처럼 제쳐둘 수 있게 됐다는 것이다. 마지막으로, 강하고 신뢰할 수 있는 관계와 정의롭지 못한 일이 벌어질 수도 있는 세상에서조차 의미를 발견하는 신념체계를 갖고서 새로운 삶을 재구축할 수 있다는 점이다.[20] 이 모든 항목은 감성두뇌의 재교육이 성공했음을 나타내는 지표들이다.

감성적 개별지도로서의 심리치료

인생을 살아가면서 충격적 기억이 새겨지게 되는 재난의 순간이 그리 많지 않다는 사실이 다행스럽다. 하지만 인생의 조용한 순간에도 너무도 또렷하게 상처 입은 기억을 각인시키는 것과 똑같은 회로가 아마도 작용하고 있을 것이다. 부모에게서 받은 극심한 무시, 아무 주목도 보살핌도 받지 못한 어린 시절의 고통, 자포자기나 상실감 혹은 사회적 배척은 결코 정신적 외상까지는 아니더라도 감성두뇌에 자국을 남겨서 친밀한 관계의 왜곡(눈물과 분노 등)을 낳는다. 만일 PTSD가 치유될 수 있다면, 아주 많은 사람들에게 남아 있는 그보다 약한 감성적 상처도 치유될 수 있다. 그것은 심리치료가 해야 할 일이다. 그리고 일반적으로 감성지능이 발휘되는 것은 바로 위험스러운 반응을 능숙하게 처리하는 법을 학습하는 데 달려 있다는 것이 중론이다.

전전두엽피질이 충분하게 정보를 전달받은 상태에서 보이는 반응과 편도 사이의 역학은, 심리치료가 적응을 잘 못하는 깊은 곳에 자리한 감성 패턴을 재확립하는 방식에 대한 신경해부학적 본보기를 제공할 수 있을지도 모른다. 감성폭발에 관여하는 편도의 역할을 발견한 신경학자 조제프 르두는 다음과 같이 추측한다. "일단 감성체계가 무언가를 학습하면, 당신은 그 내용을 결코 놓지 못하는 듯합니다. 심리치료가 하는 일은 당신이 학습된 내용을 통제하도록 가르치는 것이지요. 즉 심리치료는 당신의 피질에게 편도를 억제하는 법을 가르치는 셈입니다. 그리하여 활동하려는 경향이 억제되는 한편, 활동과 관련한 당신의 기본적 정서는 억제된 형태로 남아 있게 됩니다."

감성 재학습의 기초가 되는 두뇌 구조를 감안하면, 심리치료가 성공적으로 끝난 뒤에조차 남아 있는 것처럼 보이는 게 있다. 그것은 괴로움을 만드는 감성 패턴의 뿌리에 남아 있는 원래의 예민함이나 두려움의 잔존물인 흔적반응이다.[21] 전전두엽피질은 미쳐 날뛰려는 편도의 충동을 순화하거나 제동을 걸 수 있지만, 편도가 맨 처음 반응을 일으키는 것을 막을 수는 없다. 그러므로 언제 감성폭발이 일어날지를 판단할 수는 없지만, 우리는 그 감성폭발이 얼마나 오래 지속될지에 대해서는 통제력을 발휘할 수 있다. 그런 감정의 격발에서 빠르게 회복되는 일이 감성적 성숙의 한 징표가 될 것임은 당연하다.

심리치료 과정에서 주로 변화될 가능성이 높은 것은 일단 감성반응이 촉발된 상태에서 사람들이 보이는 반응이다. 이에 대한 증거는 레스터

루보르스키(Lester Luborsky)와 펜실베이니아 대학에 재직 중인 그의 동료들이 함께 수행한 일련의 연구에 담겨 있다.[22] 그들은 수십 명의 환자에게 심리치료를 받게 한 주요 관계의 갈등을 분석했다. 받아들여지길 바라거나 친밀감을 느끼고자 하는 깊은 갈망 혹은 실패자가 되거나 과도하게 의존하게 되는 데 대한 두려움 같은 문제였다. 연구자들은 이런 바람과 두려움이 인간관계에 작용하게 됐을 때 환자들이 보인 전형적인(항상 자멸적인) 반응을 주의 깊게 분석했다. 너무 까다로워서 상대방에게 반발적인 분노나 냉담함을 불러일으키는 식의 반응 혹은 예상되는 경멸에 대항해 방어하며 물러나 외형적으로 보이는 반발의 모습으로 인해 상대방을 화가 나게 만들어버리는 식의 반응이었다. 그런 운 나쁜 상황에 부딪히는 동안, 환자들이 곤혹스러운 감정에 압도되는 듯한 느낌을 지니는 일은 이해할 만하다. 무기력과 슬픔, 노여움과 분노, 정신적인 흥분과 두려움, 죄의식과 자책감 등의 감정 말이다. 환자의 구체적 패턴이 어떠하든지 부부나 연인, 자식이나 부모 혹은 또래나 직장 상사 그 누구든 대부분의 중요한 인간관계에서 그런 감정이 드러나는 것 같다.

그러나 장기간 심리치료 과정을 거치면서 환자들은 두 가지 변화를 겪었다. 감정을 들끓게 하는 사건에 대한 자신들의 감성적 대응이 덜 괴롭고 심지어 고요하거나 생각에 잠긴 상태로 바뀌었고, 자신들의 공공연한 대응이 인간관계에서 자신들이 진정 원했던 것을 얻는 데 훨씬 효과적이 됐다. 하지만 변하지 않은 것은 마음 바탕에 깔린 바람이나 두려움 그리고 맨 처음 느꼈던 쑤시는 듯한 아픔이었다. 심리치료 과정이 거의 끝나갈 무렵이 되자, 처음에 심리치료를 시작했을 때와 비교할 때 환자들이 자세히 말했던 어쩌다 부딪혔던 사건으로 인해 일어나는 부정적인 감성적 대응이 반 정도로 줄었고, 상대편에게서 환자들이 사무치게 바랐던 긍정적인 응답을 얻을 가능성이 두 배로 늘어났다. 그러나 전혀 변하지 않은 것은 이런 욕구의 뿌리에 있는 특별한 민감성이었다.

추측해보건대, 대뇌변연계 회로는 두려운 사건의 실마리에 응답하여 경보 신호를 보내지만, 전전두엽피질과 그에 관련된 부위는 좀 더 건강한 새로운 반응을 학습한 상태가 되어 있을 것이다. 요컨대 감성학습은 —어린 시절 학습된 가장 가슴 깊이 새겨진 습관에 대해서조차도— 새롭게 이루어질 수 있다. 감성학습은 평생에 걸친 학습이기 때문이다.

chapter 14

기질은 바꿀 수 있다

경험을 통한 감성교육

학습돼온 감성 패턴을 바꾸기 위한 대가는 너무 비싸다. 하지만 유전으로 물려받은 반응은 어떨까? 이를테면 대단히 감정이 격해지거나 고통스러울 정도로 수줍음을 타는 사람들의 습관적인 반응을 바꾸는 일은 어떨까? 감정은 사람의 기본 성향을 특징짓는 배경이 되는 기질의 영역에 포함된다. 기질이란 우리의 감성생활을 정형화하는 기분이라고 정의할 수 있다. 어느 정도는 각자가 선호하는 감성의 영역이 있게 마련이다. 기질은 태어날 때 주어지는 것으로, 삶에서 강력한 힘을 지니고 있는 유전적 복권 뽑기로 생겨난 부분이다. 태어날 때 이미 부모는 아이가 조용하고 침착할지 혹은 성미 급하고 까다로울지 알아챈다. 문제는 그런 생물학적으로 결정된 감정의 집합이 경험을 통해 바뀔 수 있느냐 하는 것이다.

인간의 생태학이 감성적 운명을 고정시킬까, 아니면 선천적으로 수줍어하는 아이조차 아주 확신에 넘치는 성인으로 자라게 할 수 있을까?

하버드 대학의 저명한 발달심리학자 제롬 케이건(Jerome Kagan)의 연구에서 이 질문에 대한 가장 명확한 해답을 볼 수 있다.[1] 케이건은 소심함, 과감함, 낙관, 우울의 최소한 네 가지 기질 유형이 존재하고, 각각은 서로 다른 패턴의 뇌 활동 결과라고 가정한다. 각각 선천적인 감성회로의 차이에 기반해서 유전으로 물려받은 기질에는 헤아릴 수 없는 차이가 존재할 가능성이 있다. 하나의 특정한 감정이 얼마나 쉽게 촉발되는지, 얼마나 오래 지속되는지, 얼마나 강렬해지는지는 사람마다 다를 수 있다. 케이건의 연구는 이런 패턴 가운데 하나에 집중한다. 즉 과감함에서 소심함에 이르는 기질의 차원이다.

유아 발달 연구에 참여하기 위해 하버드 대학교의 윌리엄 제임스 홀 14층에 있는 케이건의 '유아발달실험실'에 엄마들이 자신의 갓난아기나 아장아장 걷는 아기를 데리고 왔다. 이 아기들을 대상으로 한 실험 관측에서 케이건과 그의 동료들은 21개월 된 아기들의 한 무리에서 수줍음의 초기 신호를 발견했다. 다른 아기들과 자유롭게 놀면서 조금도 주저하지 않고 기운차며 자발성이 강한 아기들이 있는 반면, 확신이 없고 주저하며 꽁무니를 빼고 엄마한테 매달리며 조용히 다른 아기들이 노는 모습을 지켜보는 아기들도 있었다. 약 4년 후 똑같은 이 아이들이 유치원에 다닐 무렵, 케이건의 연구 팀은 다시 이들을 관찰했다. 4년 전 외향적이었던 아기들 가운데 소심해진 아이들은 하나도 없었지만, 소심했던 아기들의 3분의 1은 달라져 있었다.

케이건은 지나치게 민감하고 겁이 많은 아이들이 수줍어하고 겁 많은 성인으로 자란다는 사실을 발견했다. 태어난 후 대략 15~20퍼센트의 아이들이 '행동적으로 억제돼 있다'고 케이건은 말한다. 아기였을 때 이런 아이들은 익숙하지 않은 것은 무엇이든지 소심하게 대한다. 이로 인해 그들은 낯선 음식은 잘 먹지 못하고, 새로운 동물이나 장소에 접근하길 꺼려하며, 낯선 사람이 있으면 뒷걸음질친다. 또한 그런 소심함 때문에 다른 식으로도 민감해지는데, 예를 들어 죄의식을 느끼거나 자학하기 쉽다. 이들은 사회적 상황 속에서 마비가 될 정도로 불안해하는 아이들이다. 즉 교실이나 운동장에서, 새로운 사람을 만날 때, 사회적으로 자신들에게 초점이 맞추어질 때 불안해한다. 어른이 되었을 때 그들은 인기 없을 가능성이 높고, 대중 앞에서 연설을 하거나 공연을 해야 할 때 병적으로 겁을 내기 십상이다.

케이건의 연구에 참여한 소년들 가운데 톰은 수줍음을 타는 대표적인 아이다. 모든 측정(2세, 5세, 7세 3회 측정)에서 가장 소심한 아이들 가운데 하나로 판정됐다. 열세 살 때 인터뷰에서는 몹시 긴장한 나머지 몸이 뻣뻣해졌고, 입술을 깨물고 손을 비틀어 댔으며, 무덤덤한 표정을 짓고, 여자친구 이야기를 할 때만 갑자기 딱딱한 미소를 지었다. 톰의 답변은 짧았고, 그의 태도는 무언가에 억눌려 있는 듯했다.[2] 열한 살이 될 때까지, 톰은 친구들에게 다가가야 할 때면 언제나 고통스러울 정도로 부끄러워지고 갑자기 진땀이 흐르던 기억이 난다. 톰은 또 강렬한 두려움 때문에 고통스러웠다. 집에 불이 난다든가, 수영장에 뛰어든다든가, 어둠 속에 혼자 남아 있는 것 같은 두려움이었다. 악몽 속에서는 괴물들에게 공격을 당했다. 지난 2년 동안 훨씬 수줍음을 덜 타게 됐지만, 여전히 톰은 다른 아이들이 주위에 있으면 불안을 느낀다. 반 성적은 상위 5퍼센트 안에 들지만, 톰은 학교 공부를 잘해야 한다는 걱정을 안고 지낸다. 과학자의 아들로서 톰은 과학 분야 직업이 매력 있다고 생각한다. 과학자 생활은 상대적으로 복잡한 인간관계가 적으므로 자신의 내성적인 성향에 잘 맞는다고 여기기 때문이다.

이와 대조적으로 랠프는 과감하고 외향적인 아이들 무리에 속했다. 항상 태평하고 이야기하기 좋아하는 열세 살의 랠프는 의자에 편안하게 앉아 마치 면담자가 또래인 듯 우호적이고 확신에 찬 어조로 말을 했다. 나이 차가 스물다섯 살이나 나는데도 말이다. 어린 시절 그에겐 잠시 동안 두 가지 두려움이 있었을 뿐이다. 세 살 때 커다란 개가 달려든 후 개를 두려워하게 된 일과 일곱 살 때 비행기 추락에 대한 이야기를 듣고 비행기 타는 것을 두려워하게 된 일이다. 사교적이고 인기가 많은 랠프는 스스로를 결코 수치스럽게 생각해본 적이 없다.

소심한 아이들은 약한 스트레스에도 과도하게 반응하는 신경회로를 지닌 채 태어나는 듯하다. 태어날 때부터 이미 그런 아기들의 심장은 낯설거나 새로운 상황을 만났을 때 다른 아기들보다 더 빨리 뛴다. 21개월째에 접어들면 걷기 시작하는 말수 적은 아기들은 다른 아이들이 노는 자리를 피한다. 이때 이런 아이들의 심장박동은 불안감으로 빨라진다. 이처럼 쉽게 야기되는 불안감이 그 아기들의 평생에 걸친 소심함의 바탕을 이루는 듯하다. 그들은 새로운 사람이나 상황을 언제나 잠재위협으로 받아들인다. 그 결과 어린 시절 특별히 수줍음이 많았던 중년 여성은 외향적인 또래 여성에 비해 두려움, 걱정, 죄의식을 더 많이 느끼며 인생을 살아가는 편이다. 또한 그런 여성은 외향적 여성보다 편두통, 과민성 대장질환, 위장질환 같은 스트레스성 질환으로 고생하는 편이다.[3]

▶ 소심증의 신경화학

케이건에 따르면, 주의 깊은 톰과 과감한 랠프의 차이는 편도에 중심이 맞춰진 신경회로의 흥분 차이다. 두려움을 느끼기 쉬운 톰과 같은 사람들은 이런 회로를 쉽게 작동되게 하는 신경화학물질을 가지고 태어난다. 그래서 그들은 낯선 것을 피하고, 불확실한 것에서 꽁무니를 빼며, 불안감에 시달린다. 랠프처럼 편도가 각성되려면 훨씬 높은 문턱을 지나야 하는 신경계를 가진 사람들은 두려움을 덜 느끼고, 외향적인 경우가 많으며, 새로운 장소와 사람을 만나는 일에 적극적이다.

아이의 유전적 패턴이 어떤지에 대한 초기의 단서는 유아일 때 얼마나 까다롭고 민감한지, 낯선 대상이나 사람을 직면했을 때 얼마나 힘들어하는지에 들어 있다. 대략 다섯 명 가운데 한 명꼴로 소심한 범주에 들고, 두 명이 과감한 기질을 나타낸다. 적어도 태어났을 무렵엔 그렇다.

케이건이 확보한 증거 중 일부는 유별나게 소심한 고양이들을 관찰한 결과에서 나온 것이다. 그의 연구 결과, 집고양이 일곱 마리 중 대략 한 마리가 소심한 아이들과 유사한 두려움 패턴을 지니고 있었다. 두려움 패턴을 지닌 고양이들은 신기한 대상이 보이면 물러나고(고양이의 특징인 호기심을 드러내지 않은 채), 새로운 곳을 꺼려하며, 너무 소심해서 다른 고양이들이 입맛을 다시며 쫓곤 하는 덩치 큰 쥐에게 덤벼들지 못하고 가장 작은 쥐들만을 공격한다. 직접적인 두뇌 탐침(探針)을 통해서, 다른 고양이가 위협적으로 우는 소리를 들을 때 소심한 고양이의 편도 부위가 유별나게 흥분된다는 사실을 발견할 수 있었다.

고양이의 소심증은 대략 생후 한 달쯤부터 본격화된다. 편도가 그 무렵에 접근할지 피할지에 대해 두뇌회로를 통제할 정도로 충분히 성숙하기 때문이다. 새끼 고양이의 두뇌 성숙 과정에서 한 달은 유아의 여덟 달에 맞먹는다. 갓난아기에게 '낯선 존재'에 대한 두려움이 나타나는 시기는 생후 8~9개월쯤이라고 케이건은 지적한다. 이 무렵 아기 엄마가 방을 비운 사이에 낯선 사람이 있게 되면 갓난아기는 울음을 터뜨린다. 케이건의 가정에 따르면, 소심한 아이들은 편도를 활성화시켜 낮은 흥분의 문턱을 만들어 편도가 더욱 쉽사리 흥분되게 하는 높은 수준의 노르에피네프린이나 다른 두뇌 화학물질을 유전적으로 물려받았을 수 있다.

이런 강화된 민감성의 한 가지 징표는, 예를 들어 어린 시절에 아주 수줍음을 탔던 젊은이들이 실험실에서 지독한 냄새 같은 스트레스에 노출되자 심장박동 수치가 외향적인 또래들의 경우보다 상승된 상태로 훨씬 오래 머물렀던 데서 나타난다. 이는 밀어닥치는 노르에피네프린이 편도를 흥분된 상태로 유지시키는 한편, 편도와 연결된 신경회로를 통해 교감신경계를 자극하고 있음을 말해준다.[4] 케이건은 소심한 아이들은 교감신경계의 전 영역에 걸쳐 훨씬 높은 수준의 반응을 나타낸다는 사실을 발견했다. 높은 지지혈압과 커다란 동공 팽창 그리고 소변검사 시 나타나는 높은 수치의 노르에피네프린에 이르기까지 말이다.

침묵은 소심함의 또 다른 지표다. 케이건의 연구 팀은 자연스러운 환경(알지 못하는 아이들과 함께하는 유치원 수업에서, 혹은 면담자와 대화를 나누는 상황)에서 수줍은 아이들과 과감한 아이들을 관찰했는데, 소심한 아이들이 확실히 말을 덜했다. 다른 아이들이 말을 걸어도 한마디도 하지 않던 한 소심한 아이는 유치원에 있는 동안 거의 내내 다른 아이들이 노는 걸 쳐다만 보았다. 케이건은, 새로운 것이나 감지된 위협에 직면할 때 드러나는 소심한 침묵은 전뇌, 편도, 목소리를 관할하는 대뇌변연계 구조 사이를 지나는 신경회로(이와 똑같은 회로가 스트레스를 받게 될 때 우리를 '질식시킨다')가 작동하는 신호라고 추정한다.

이렇게 민감한 아이들은 6학년이나 7학년 정도에 공황발작 같은 불안성 질환에 걸릴 위험이 아주 높다. 754명의 6~7학년 남녀 학생들을 대상으로 한 연구에서, 44명이 이미 적어도 한 가지 공포증을 겪고 있거나 여러 가지 예비 징후를 보였음이 확인됐다. 이런 불안 증세는 첫 데이트나 큰 시험처럼 청소년기에 겪는 통상적인 경보 신호—보통 아이들이라면 심각한 질환에 걸리지 않은 채 처리할 만한 경보 신호—로 촉발되는 경우가 대부분이다. 하지만 기질적으로 소심하고 새로운 상황으로 인해 특이할 정도로 놀란 경험이 있었던 10대들은 심장의 두근거림, 가쁜 호흡, 미친다든가 사망과 같은 무서운 일이 벌어지리라는 예감과 함께 질식할 듯한 느낌과 같은 공황 징후를 보였다. '공황질환'이라고 정신병리학적으로 진단을 내릴 만큼 충분히 증세가 강하지는 않지만, 해가 가면서 그런 질환에 걸릴 위험성이 더욱 커질 것이라는 징후는 된다. 그래서인지 공황질환을 앓는 많은 성인들은 10대에 이미 질환이 시작됐다고 말한다.[5]

불안 증세 발작의 시작은 사춘기와 밀접한 관련이 있다. 사춘기의 성징이 거의 나타나지 않은 여학생들에게는 그런 발작 사례가 전혀 보고되지 않았지만, 사춘기를 겪은 여학생들 가운데 8퍼센트가량은 공포증을 경험했노라고 말했다. 일단 공포증을 겪고 나면 재발의 두려움이 습관처럼 몸에 달라붙게 되어, 세월이 지나면서 일상생활에서 움츠러들게 만드는 공황장애에 걸리기 쉽다.

�▬ 무슨 일이 일어나도 난 괜찮아 : 유쾌한 기질

1920년대에 이모 준은 미국 캔자스시티에 있는 집을 떠나 혼자 상하이로 가는 모험을 감행했다. 그 당시 젊은 여성이 혼자 여행을 떠난다는 것은 위험한 일이었다. 각종 음모가 펼쳐지는 국제적 상업도시 상하이에서 이모는 그곳 식민지 경찰에서 일하는 영국인 탐정을 만나 결혼했다. 제2차 세계대전 초기였던 당시 일본이 상하이를 손아귀에 넣게 되자 이모와 이모부는 《태양의 제국》이란 책과 영화에서 묘사된 교도소 캠프에 강제

수용됐다. 그곳에서 5년간 끔찍한 세월을 보낸 뒤 그들은 캐나다 브리티시컬럼비아로 송환됐다. 이모와 이모부는 문자 그대로 모든 것을 잃었다.

주목할 만한 삶을 살았던 원기 왕성한 노년의 이모를 어릴 때 처음 만났던 일이 기억난다. 말년에 이모는 뇌졸중으로 몸 일부가 마비돼 고생을 했다. 느리고 힘겨운 회복 과정을 거친 뒤 이모는 다시 걸을 수 있게 됐지만 다리를 절뚝거렸다. 그 무렵 이모와 산책을 나갔는데, 당시 이모는 70대에 접어든 나이였다. 어쩌다 이모가 길을 잃어버릴 때면, 몇 분 있다 연약하게 도와달라고 외치는 소리가 들렸다. 이모는 길을 가다 넘어지면 혼자 일어날 수가 없었던 것이다. 나는 쏜살같이 달려가 이모를 일으켜 세워주곤 했다. 조카에게 부축 받는 상황이었지만 이모는 불평하거나 서글퍼하지 않았고, 자신이 처한 곤경에 대해 웃음을 터뜨렸다. 이모가 내뱉는 말은 유쾌했다. "어쨌든 난 최소한 다시 걸을 순 있잖아."

타고난 정서가 내 이모처럼 긍정적인 쪽으로 끌리는 사람들이 있는 듯하다. 이들은 천성적으로 낙관적이고 태평하다. 반면 뚱하고 우울해하는 사람들도 있다. 이런 양 기질의 차원—한쪽 끝엔 원기 왕성함이 있고 다른 쪽 끝엔 우울함이 있는—은 감성두뇌의 위쪽 극성인 좌우 전두엽 영역의 상대적 활동과 연관이 있는 듯 보인다. 이것은 위스콘신 대학의 심리학자 리처드 데이비드슨의 연구 결과 밝혀진 것이 대부분이다. 데이비드슨은 좌측 전두엽 활동이 왕성한 사람들은 우측이 왕성한 사람들에 비해 기질상 명랑하다는 점을 발견했다. 그들은 대개 내 이모처럼 역경에서 다시 일어나 사람들에게서 기쁨을 느끼고, 삶이 자신들에게 제공하는 것에서 즐거움을 누린다. 하지만 상대적으로 우측 전두엽이 활발한 사람들은 소극적인 태도와 불쾌한 느낌을 드러내며 삶의 역경에 쉽게 당황해버린다. 어떤 의미에서 그런 사람들은 자신의 걱정과 우울함을 떨쳐버릴 수 없어서 고통을 겪는 듯이 보인다.

데이비드슨은 한 실험에서, 좌측 전두엽 부위가 활성화된 사람들과 우측이 활성화된 열다섯 명을 비교 연구했다. 뚜렷하게 오른쪽 전두엽 활동이 왕성한 사람들은 인성 검사에서 소극적 패턴을 드러냈다. 그들은 아주 하찮은 일에도 대재난의 신호를 보내는 경보주의자였다. 그들은 움츠러들고 우울해지기 쉬우며, 세상엔 온통 숨 막힐 정도의 곤경과 숨은 위험이 가득하다고 의심의 눈초리를 보낸다. 우울한 이들과 달리, 좌측 전두엽 활동이 왕성한 사람들은 세상을 아주 다르게 보았다. 사교적이고 명랑한 그들은 보통 생활이 즐거웠다. 기분 좋을 때가 많고, 자기 확신이 강하며, 여러 가지 활동에 참여하여 보람을 느꼈다. 심리검사 결과, 그들이 얻은 점수는 우울증이나 여타의 감정 질환에 걸릴 위험성이 낮은 편이었다.[6]

데이비드슨은 우울증 경험이 있는 사람들은 그렇지 않은 사람들보다 좌측 전두엽의 활동 수준이 낮고 우측 부위의 활동이 더 왕성하다는 사실을 발견했다. 그는 새로 우울증 진단을 받은 환자들에게서도 똑같은 패턴을 발견했다. 그러므로 우울증을 극복한 사람들은 좌측 전두엽의 활동 수준을 증대시키는 법을 배웠으리라고 데이비드슨은 추측한다. 이런 추측은 실험을 통한 검증을 기다리고 있다.

데이비드슨은, 자신의 연구는 양 극단에 있는 사람들의 30퍼센트가량을 대상으로 실시한 것이지만, 누구든지 뇌파의 패턴을 검사해보면 이쪽이나 저쪽으로 분류될 수 있을 것이라고 말한다. 침울한 기질과 명랑한 기질 간의 대조는 크고 작은 여러 가지 방식으로 드러난다. 피험자들에게 짧은 영화 몇 장면을 보여주었던 한 실험을 살펴보자. 고릴라가 목욕을 하고 강아지가 뛰노는 등 즐거운 장면이 있었고, 자세한 수술 모습을 보여주는 간호사를 위한 교육용 영화 같은 아주 보기 거북한 장면도 있었다. 우반구의 활동이 왕성한 우울한 사람들은 행복한 장면은 조금밖에 즐겁지 않다고 여겼지만, 외과 수술 장면에 나오는 핏덩이를 보자 극도의 두려움과 역겨움을 느꼈다. 반면 명랑한 집단은 외과 수술에 미약한 반응을 보였고, 유쾌한 장면을 보았을 땐 아주 강한 즐거운 반응을 드러냈다.

그러므로 우리는 기질상 삶에 대응하여 소극적 정서로든 적극적 정서로든 응답할 준비가 되어 있는 듯하다. 우울한 경향성이나 쾌활한 경향성은 소심함이나 과감함에 대한 경향성과 마찬가지로 생의 첫해가 지나가기 전에 나타난다. 이런 사실로 미루어볼 때 우울하거나 쾌활한 경향성 역시 유전적으로 결정된다는 점을 강력하게 시사한다. 다른 대부분의 두뇌 영역처럼 전두엽은 아기가 태어난 후에도 첫해 몇 달 동안은 계속해서 성장하므로, 전두엽의 정확한 활동은 생후 약 10개월이 지날 때까지는 정확하게 측정할 수 없다. 하지만 데이비드슨은 그렇듯 어린 아기라도 전두엽이 활동하는 수준을 보면 엄마가 방을 나갔을 때 울지 안 울지 예측할 수 있다는 사실을 발견했다. 그런 상호 관련성은 실제로 100퍼센트 정확했다. 이런 식으로 검사를 받은 수십 명의 아기들 중에서 울었던 아기들은 모두 오른쪽 뇌의 활동이 훨씬 왕성했는데, 반면 울지 않았던 아이들은 왼쪽 뇌의 활동이 훨씬 왕성했다.

그럼에도 설사 기질의 기본적인 차원이 태어날 때부터 혹은 거의 태어날 때부터나 마찬가지인 시기부터 확립된다 하더라도, 우울한 패턴을 가진 사람들이 반드시 사색을 깊게 하고 별난 생각을 하면서 인생을 살아갈 운명이지는 않다. 어린 시절의 감성교육은 기질에 심대한 영향을 미쳐서 선천적인 성향을 강화하기도 하고 약화하기도 한다. 뇌의 이러한 유연성은 어린 시절의 경험이 이후 삶을 살아가는 동안 신경 통로를 구축하는 데 지속적인 영향을 끼칠 수 있다는 의미를 내포한다. 소심한 아이들에 대한 케이건의 연구는, 이미 가지고 있는 기질이라도 더 나은 쪽으로 바꿀 수 있는 종류의 경험이 있다는 것을 아주 잘 보여주고 있다.

▶흥분 잘하는 편도 길들이기

케이건의 연구는 잘 놀라는 유아들이라고 해서 그들 전부가 인생에서 꽁무니를 빼는 것은 아니라는 사실을 보여준다. 기질이 운명은 아니기 때문이다. 과도하게 흥분하는 편도는 올바른 경험을 통해 길들일 수 있다. 아이들이 자라면서 배우는 감성교육과 감성대응이 그 차이를 낳을 수 있다. 소심한 아이들에게 처음에 중요한 것은, 부모가 그들을 대하는 방식과 아이들이 자신의 천성적인 소심함에 대처하는 법이다. 자녀에게 점차 과감함을 심어주는 경험을 마련해주는 부모는 아이의 두려움을 평생 교정해줄 수단을 제공하는 셈이다.

과도하게 흥분한 편도가 보이는 모든 징후를 드러내는 유아 세 명 가운데 한 명꼴로 유치원에 들어갈 무렵에는 소심함을 털어냈다.[7] 유치원에 가기 전에는 두려움이 많았던 이 아이들에 대한 관찰에서, 선천적으로 소심한 아이가 시간이 지나면서 과감해질는지, 아니면 계속 새로운 상황이 닥쳐오면 꽁무니를 빼고 당황해할는지와 관련해서 부모, 특히 엄마가 중요한 역할을 수행한다는 사실이 밝혀졌다. 케이건의 연구 팀은 엄마들 중 일부가 걸음마를 시작한 자신들의 소심한 아기가 당황스러운 상황에서 벗어나도록 보호해야만 한다는 생각을 지니고 있음을 발견했다. 하지만 소심한 아기가 당황스러운 순간에 대처하는 방법을 배우게 해서 삶에 적응하도록 도와주는 일이 중요하다고 생각하는 엄마들도 있었다. 보호해야 한다는 믿음은 두려움을 극복하는 법을 배울 기회를 아이에게서 빼앗아감으로써 두려움을 부추기는 듯하고, 반면 '적응하는 법 배우기'라는 생각은 두려움이 많은 아이들이 용감해지도록 도와주는 듯하다.

생후 6개월가량 된 아기가 있는 가정을 관찰해보면, 아기의 보호에 치중하는 엄마들은 아기가 괴로워하거나 울면 얼른 가서 안아주었다. 이런 엄마들은 아기가 당황스러운 순간을 이겨 나가도록 도와주려 애쓰는 엄마들보다 훨씬 오랫동안 아기를 안고 있었다. 아기가 조용할 때와 불안해할 때를 비교하면, 보호에 치중하는 엄마들은 아기가 불안해할 때 훨씬 오래 안아주었다.

아기들이 한 살가량 되자 또 다른 차이가 발생했다. 보호에 치중하는 엄마들은 아기들이 삼킬지도 모를 물건을 입에 넣는 것처럼 해로운 행동을 할 때, 걸음마를 시작해 여기저기 돌아다니는 아기들에게 한계를 정해놓는 일에서 훨씬 관대하고 우회적이었다. 반면에 아기가 적응하는 법을 배우도록 도와주려는 엄마들은 단호하게 아기의 행동반경을 정해주고 직접 지시를 하며 아기의 행동을 가로막고 복종을 요구했다.

부모의 단호함이 어째서 아기의 두려움을 줄여줄까? 케이건은, 엄마가 "거기서 떨어져!"라고 경고하는 말에서 차단은 되지만 호기심을 자극하는 물건(엄마가 보기에는 위험한 물건) 쪽으로 아기가 꾸준히 기어갈 때 무언가 학습되는 게 있으리라고 추측한다. 아기는 갑자기 가벼운 불확실성을 처리하지 않으면 안 된다. 생후 첫해 동안 수없이 반복되는 이런 도전은 아기에게 앞으로 살면서 끊임없이 만나게 되는 예기치 않은 상황에 대한 예행연습이 된다. 겁이 많은 아기들에게 그것은 정확히 숙달해야만 하는 도전이며, 아기가 소화할 정도로 배움을 얻는 데는 아주 적합한 것이다. 작은 불편이 있을 때마다 안아주고 달래주려고 호들갑을 떨지 않는 부모 밑에서 크는 아기는 서서히 스스로의 힘으로 그런 순간을 처리하는 법을 배운다. 이렇게 첫해가 가고 두 살 무렵이 되면 아기는 낯선 사람이 자신에게 인상을 찌푸리거나 케이건이 실험을 하기 위해 혈압 측정을 위한 가압대를 팔 주위에 채워도 울지 않을 가능성이 훨씬 높아진다.

케이건의 결론은 이렇다. "긍정적인 결과를 가져오리라 희망하면서 좌절과 불안한 반응을 보이는 아기를 보호하려고만 하는 엄마들은 오히려 아기의 불확실성을 강화하는 듯 보이며, 결국 희망과 반대의 결과를 낳는 것 같다."[8] 달리 말해서, 보호 전략은 소심한 아기들에게서 낯선 것에 직면했을 때 마음의 평정을 이루어 두려움을 정복하는 법을 배울 기회를 앗아감으로써 불리한 결과를 낳는다. 신경학적 차원에서 이 말은 아기들의 전전두엽 회로가 판에 박힌 두려움에 교대로 반응하는 법을 배울 기회를 놓친다는 뜻이다. 그 대신에 고삐 풀린 두려움의 경향성은 단순히 반복을 통해 강화됐을 수 있다.

반면에 "이전에는 소심했지만 유치원에 다니면서 덜 소심해진 아이들은 외향적이 되도록 가벼운 압력쯤은 견디게 놓아둔 부모를 가진 듯하다. 비록 이런 기질적 특징은 변하기가 다른 특징보다 어려운 듯 보이지만—필시 그런 기질의 생리적 토대 때문에—어떠한 인간의 성질도 변하지 않는 것은 없다."

어린 시절 내내 소심했던 아이들 중에는 경험을 통해 중요한 신경회로가 계속해서 형성됨에 따라 점차 과감해지는 아이들도 있다. 소심한 아이가 이런 태생적인 억제를 극복할 가능성이 많은 징표들 가운데 하나는 사교능력이다. 즉 다른 아이들과 협력하고, 잘 지내며, 단호하고, 가진 것을 나누는 편이고, 사려 깊으며, 친한 친구를 사귈 수 있는 능력을 갖추는 것이다. 네 살 때까지는 소심한 기질을 가진 것으로 여겨졌지만, 열 살이 될 무렵엔 그런 기질을 떨쳐버린 아이들은 바로 이런 특성을 갖고 있었다.[9]

이와 대조적으로, 6년 동안 소심한 기질이 거의 변화되지 않은 아이들은 정서적으로 덜 유능한 편이었다. 즉 스트레스를 받으면 쉽게 울고 동요하고, 작은 좌절에도 화를 내고 과도하게 대응하며, 만족을 유예하지 못하고, 비판에 지나치게 민감하거나, 신뢰를 주지 못했다. 이런 아이들은 당연히 다른 아이들과 관계 맺기가 어려울 가능성이 높다. 설사 처음 관계를 맺을 때 내키지 않는 마음을 극복할 수 있다 치더라도 말이다.

반면 왜 감성적으로 능력이 출중한 아이들이—기질상 부끄럼을 타긴 해도—자연스럽게 소심함에서 벗어나는지를 이해하기는 쉽다. 사교적으로 숙련된 아이들은 다른 아이들과 긍정적인 경험을 나눌 가능성이 크기 때문이다. 설사 그런 아이들이 새로운 놀이친구에게 말을 거는 데 주저하는 편이더라도, 일단 서먹서먹한 분위기가 풀리게 되면 사교적인 빛을 발할 수 있다. 그렇게 사교적으로 계속해서 성공을 반복하게 되자, 소심한 아이들은 더욱 스스로에 대해 확신을 갖게 되는 경향이 있었다.

과감함으로 나아가는 이런 진전은 고무적이다. 왜냐하면 선천적인 감성 패턴이라도 어느 정도 변할 수 있다는 사실을 시사하기 때문이다. 잘 놀라는 아이가 평온해지거나, 심지어 낯선 것에 직면해서 외향적이 될 수 있다. 두려움—혹은 다른 어떤 기질—은 인간의 감성생활에 생물적으로 주어진 부분이지만, 그렇다고 반드시 유전적 특질로 인한 특정한 감성 메뉴에 우리의 선택을 국한할 필요는 없다. 유전적 한계 내에서도 광범위한 가능성이 존재한다. 행동유전학자들이 관찰한 대로 유전자만이 행동의 유형을 결정하는 것은 아니다. 우리를 둘러싼 환경, 특히 성장하는 동안 경험하고 배운 것이 인생의 길에서 기질적인 성향의 표출 방식을 구체화한다. 우리의 감성능력은 주어진 것이 아니다. 감성능력은 바른 학습을 통해 개선될 수 있다. 그것이 가능한 이유는 인간의 두뇌가 성숙하는 존재이기 때문이다.

▶ 어린 시절 : 기회의 창

　인간은 완전히 성숙한 두뇌를 갖고 태어나지 않는다. 두뇌는 탄생 이후 계속해서 스스로 모양을 갖추어 가는데, 어린 시절에 가장 맹렬하게 성장한다. 아이들은 성숙한 두뇌가 보유하는 것보다 훨씬 많은 신경세포를 지니는데, '가지치기'로 알려진 과정을 통해 사용이 줄어든 신경세포의 연결은 없애고, 많이 활용되는 시냅스의 회로에는 강력한 연결을 구축한다. 관련 없는 시냅스를 제거함으로써 가지치기는 '소음'의 원인을 없애 두뇌 안에서 신호 대 소음의 비율을 개선해 나간다. 이 과정은 일정하고 빠르게 진행된다. 시냅스의 연결은 몇 시간이나 며칠 만에 형성될 수 있다. 경험, 특히 어린 시절의 경험이 두뇌를 조각한다.

　노벨상 수상자들인 신경과학자 토르스텐 비젤(Thorsten Wiesel)과 데이비드 허블(David Hubel)은 경험이 두뇌 성장에 미치는 영향을 연구했다.[10] 그들은 고양이와 원숭이의 경우, 눈에서 해석을 담당하는 시각피질로 신호를 운반하는 시냅스의 발달 과정에는 생후 처음 몇 개월간 결정적인 시기가 존재한다는 사실을 밝혀냈다. 그 시기 동안 만일 눈 한쪽이 계속 감겨 있었다면 그 눈에서 시각피질로 가는 시냅스의 수는 줄고, 뜬 눈에서 나오는 시냅스의 수는 증가한다. 설사 결정적 시기가 지난 뒤 감은 눈을 다시 뜬다 해도, 그 눈은 제 기능을 발휘하지 못한다. 눈 자체에는 잘못된 게 전혀 없지만, 그 눈에서 나온 신호를 시각피질로 운반하는 회로가 너무 적기 때문이다.

　사람의 경우, 시각이 발달하는 결정적 시기는 생후 첫 6년 동안이다. 이 시기에 눈에서 시작해 시각피질에서 끝나는 복잡한 시각 신경회로가 형성되려면 통상적으로 보는 활동을 통한 자극이 있어야 한다. 만일 아이의 한쪽 눈이 몇 주 동안 테이프로 봉해져 있었다면, 그 눈의 시각에 상당한 결손이 생길 수 있다. 또한 마찬가지로 이 시기가 지난 뒤 나중에 봉했던 눈을 떠도, 세부적인 것을 보는 그 눈의 시각은 손상될 것이다.

경험이 두뇌의 발달에 미치는 영향을 생생하게 보여주는 결과가 '부유한' 쥐와 '가난한' 쥐 연구다.[11] '부유한' 쥐들은 사다리나 쳇바퀴 같은 풍부한 오락거리를 갖춘 우리 속에 작은 집단을 이루고 살았고, '가난한' 쥐들은 크기는 비슷하지만 볼품없고 오락거리가 부족한 우리 속에서 살았다. 몇 달 후 부유한 쥐들의 신피질은 신경세포를 서로 연결하는 시냅스 회로의 복잡한 망을 발달시킨 반면, 가난한 쥐들의 신경세포 회로는 상대적으로 드문드문 했다. 그 차이가 너무 커서 부유한 쥐들의 두뇌는 무거웠고, 가난한 쥐들보다 미로를 헤쳐 나가는 데도 훨씬 영리하게 행동했다. 원숭이를 대상으로 한 비슷한 실험에서도 경험의 측면에서 '부유한' 원숭이와 '가난한' 원숭이 간의 이런 차이를 보여준다. 아마도 똑같은 결과가 틀림없이 인간의 경우에도 나타날 것이다.

경험이 감성의 패턴을 바꾸는 동시에 두뇌를 형성한다는 적절한 사례로 심리치료(체계적인 감성 재학습)가 제시된다. 강박신경증장애로 인해 치료를 받고 있는 사람들에 대한 연구에서 가장 극적인 증거가 나왔다.[12] 손 씻기는 상대적으로 흔한 강박충동 가운데 하나다. 너무 자주 손 씻기를 하는 사람이 있는데, 심지어 하루에도 수백 번씩 손을 씻어 피부가 상할 정도였다. 양전자 방사 단층 촬영(PET)에 의한 연구를 통해 이런 강박신경증장애 환자들은 전전두엽 부위에서 정상 수준보다 훨씬 더 활발한 활동이 일어난다는 사실이 드러났다.[13]

연구에 등장하는 환자의 절반이 표준 약물인 항우울제 플루옥세틴(상표명 '프로잭'으로 더 잘 알려짐) 치료를 받았고, 나머지 반은 행동요법 치료를 받았다. 행동요법 치료 시간 동안에 환자들은 행동으로 옮길 수는 없지만, 강박관념이나 충동의 대상에 체계적으로 노출됐다. 손 씻기 충동을 지닌 환자들은 싱크대에 있었지만 손을 씻도록 허락되지는 않았다. 그와 동시에 자신들을 질주하게 만드는 공포와 두려움에 의문을 제기하는 법을 배웠다. 예컨대 씻지 못한다는 것은 병에 걸리거나 죽게 될 것임을 뜻한다는 등의 공포나 두려움을 제거하는 법 말이다. 몇 달간의 그런 치료를 통해 약물치료의 경우와 마찬가지로 점차 강박충동이 자취를 감추었다.

그러나 주목할 만한 발견은 양전자 방사 단층 촬영이었다. 행동요법 치료를 받는 환자들이 플루옥세틴 약물치료를 성공적으로 받은 환자들과 마찬가지로 미상핵(尾狀核)이라는 감성두뇌의 주요 부위 활동이 의미 있을 정도로 감소됐음을 그 촬영이 밝혀준 것이다. 환자들의 경험이 약물만큼이나 효과적으로 두뇌의 기능을 변화시켰고, 증세에서 벗어나게 해주었다!

▶ 유아기 : 결정적으로 중요한 시기

모든 생물 종 가운데 인간의 두뇌가 충분히 성숙하기까지 가장 오랜 시간이 걸린다. 두뇌의 각 영역은 어린 시절에 각기 다른 비율로 발달하는데, 사춘기는 두뇌 전체에 걸쳐 가장 철저한 가지치기가 이루어지는 시기 가운데 하나다. 감성생활에 결정적인 두뇌 부위들이 가장 느리게 성숙한다. 감각 영역은 아주 어린 시절에 성숙되고 대뇌변연계는 사춘기 무렵에 성숙되는 반면, 전두엽(감성적 자기 통제. 이해. 정교한 반응이 일어나는 영역)은 청소년기가 거의 끝날 때까지 발달하다가 16~18세 사이의 어느 시기가 돼서야 끝난다.[14]

어린 시절과 10대 시절 거듭 반복되는 감성 처리 습관이 감성회로의 구성을 도와주게 된다. 이 때문에 어린 시절은 평생에 걸친 감성적 경향성을 형성하는 결정적인 시기로 자리 잡는다. 어린 시절에 습득된 습관은 신경계의 기본적인 시냅스 배선 속에 확고히 자리 잡게 되어 나중에 변화되기가 아주 어렵다. 감성을 처리하는 전전두엽의 중요성을 감안하면, 이 두뇌 영역에서 이루어지는 시냅스의 조각을 위한 매우 오랜 시간은 당연히 의미하는 바가 크다. 즉 두뇌의 장대한 밑그림 속에서 몇 해에 걸친 어린 시절의 경험은 감성두뇌의 관리회로에서 영구불변한 연결 관계의 틀을 만들어낼 수 있다. 그 결정적인 경험에는 다음과 같은 것이 포함된다. 아이의 욕구에 부모가 얼마나 신뢰성 있게 응답하느냐 하는 것, 자신의 괴로움을 처리하고 충동을 통제하며 감정이입을 통해 행동하는 법을 배울 기회와 안내가 아이에게 얼마나 주어지느냐 하는 것이다. 마찬가지로, 방치와 학대를 일삼는 부모와 자기 일에만 몰두하거나 무관심한 부모가 보여주는 아이와의 부조화나 잔인한 훈육은 아이의 감성회로 형성에 깊은 상처를 남길 수 있다.[15]

유아 시절에 맨 처음 학습되고 어린 시절을 통해 정교해지는 필수적인 감성교육 가운데 하나는 당황했을 때 스스로를 추스르는 법이다. 어린 아기들은 어른들이 달래준다. 엄마의 귀에 아기의 울음소리가 들리면, 엄마는 달려와 아기를 안고 울음이 가라앉을 때까지 달랜다. 이런 생물학적 조율 때문에 아이가 자기 힘으로 똑같은 행동을 하는 방법을 배우는 데 도움을 받는다고 생각하는 이론가들도 있다.[16] 생후 10~18개월의 결정적인 시기에는 괴로움에 대해 대뇌변연계가 반응하여 켜고 끄는 스위치 역할을 하게 만들어줄 연결망을 전전두엽피질의 안와전두 부위가 급속하게 구축한다. 이론에 따르면, 엄마가 자신을 달래주는 일을 반복해서 경험한 아기는 침착성을 되찾는 법을 배울 때 도움을 받고, 괴로움을 통제하는 이 회로 안에 좀 더 강력한 연결망을 갖게 되며, 이를 통해 당황스러운 일이 생겼을 때 스스로 달래는 일을 훨씬 능숙하게 처리하게 된다.

확실히 자신을 달래는 기술은 몇 년 동안에 걸쳐 숙달된다. 또한 두뇌의 성숙을 통해 아이가 점점 정교한 감성도구를 활용하여 새로운 수단을 구사할 수 있게 되면서 자신을 달래는 기술에 정통하게 된다. 대뇌변연계의 충동을 규제하는 데 그토록 중요한 전두엽이 청소년기까지 성숙된다는 점을 명심하라.[17] 어린 시절 내내 계속해서 스스로를 형성하는 또 다른 주요 회로는 미주신경에 집중된다. 미주신경의 한쪽 말단은 심장과 신체의 여타 부위를 규제하고, 다른 쪽 말단은 다른 회로를 경유하여 편도에 신호를 보내 카테콜아민의 분비를 촉진하여 '싸울 것인지, 도망 갈 것인지'의 반응을 준비한다. 자녀 양육의 영향을 연구했던 워싱턴 대학교 연구 팀은 부모가 자녀를 감성적으로 능숙하게 돌보게 되면 자녀의 미주신경 기능에 훨씬 나은 변화가 이루어진다는 것을 발견했다.

연구를 이끈 심리학자 존 고트먼은 이렇게 설명한다. "부모가 감성교육을 통해 자식들의 미주신경 긴장도(미주신경이 반응을 일으키는 정도)를 조절하는 방법에는 여러 가지가 있습니다. 부모의 감정과 그 감정을 이해하는 방식에 대해 말해주기, 비난하거나 심판하지 않기, 감성적 곤경 해결하기, 때리지 않기, 슬플 때 움츠러들지 않기, 무엇을 해야 할지 가르치기 등등 말이죠." 부모가 이런 역할을 잘할 때 아이는 편도로 하여금 '싸우거나 도망가는' 호르몬을 준비하게 만드는 미주신경의 활동을 훨씬 잘 억누를 수 있었다. 따라서 아이의 행실은 좋아진다.

감성지능 각각의 주요 기술을 연마하는 데는 각각에 알맞은 결정적인 시기가 있다. 그 시기는 아이가 유익한 감성 습관을 들이도록 도와주는 때를 나타낸다. 만일 아이가 그 시기를 놓치게 되면, 훗날 어렵사리 교정교육을 받아야만 한다. 어린 시절에 신경회로가 대규모로 조각되고 가지가 쳐지기 때문에 어릴 때의 감성적 고난이나 외상 같은 충격은 어른이 되어서까지 매우 지속적이고 광범위한 영향을 미치게 된다. 같은 이유로 심리치료는 종종 이런 패턴의 일부에 영향을 미치는 데 매우 오랜 시간이 걸리는 경우가 있다. 지금껏 살펴봤듯이, 치료를 받은 후에도 새로운 통찰과 재학습된 반응이 덧씌워지긴 하지만, 그런 패턴은 내재적인 성향으로 계속 남아 있다.

비록 어린 시절에 드러나듯이 광범위하지는 않지만, 두뇌가 평생에 걸쳐 창조적이라는 것은 확실하다. 모든 학습은 두뇌의 변화, 즉 시냅스 연결의 강화를 의미한다. 강박신경증장애를 앓는 환자들에게 일어나는 두뇌의 변화는 지속적인 노력을 하면, 심지어 신경 수준에 이르기까지 감성 습관이 변화될 수 있다는 사실을 보여준다. PTSD 환자의 두뇌에 일어나는 현상(혹은 그 병의 치료 과정에서 일어나는 현상)은 모두 좋든 나쁘든 강렬한 감성 경험이 불러일으키는 결과다.

그런 감성교육 가운데 가장 뚜렷한 영향을 미치는 것이 부모에게서 아이에게 전달되는 것이다. 부모에 의해 아이에게 주입되는 감성 습관은 부모가 어떤 사람이냐에 따라 매우 다르다. 아이의 감성적 욕구를 인정하고 그것이 충족되게 하며 감정이입을 통해 훈육을 하는 부모가 있는 반면, 아이의 괴로움을 무시하거나 소리 지르며 때리는 식으로 변덕스럽게 훈육하는 부모도 있다. 어떤 의미에서 심리치료의 상당 부분은 아주 어렸을 때 왜곡되거나 놓쳐버린 것을 교정하고 보충하는 개별 지도인 셈이다. 하지만 굳이 그럴 필요가 없다면 얼마나 좋을까. 아이들에게 무엇보다 필수적인 감성기술을 배양할 수 있도록 훈육하고 안내해줌으로써 말이다.

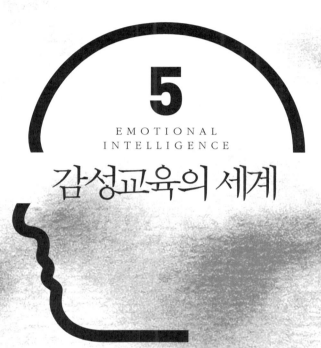

5

EMOTIONAL
INTELLIGENCE

감성교육의 세계

chapter 15

낮은 감성지능의 대가

문제아를 위한 학교

처음엔 작은 논쟁으로 시작한 일이 걷잡을 수 없이 확대됐다. 브루클린의 토머스 제퍼슨 고등학교 2학년인 이언 무어와 3학년인 타이론 싱클러는 친구인 칼릴 섬터와 다툰 적이 있었다. 그 후 둘은 칼릴을 괴롭히기 시작했고 점점 협박까지 하게 됐다. 마침내 사건이 크게 벌어지고 말았다.

칼릴은 이언과 타이론이 자신을 때릴까 봐 두려워서 어느 날 아침 학교에 권총을 가지고 왔다. 칼릴은 학교 경비실에서 5미터쯤 떨어진 복도에 서서 두 친구를 겨냥해 권총을 쏘아 즉사시켰다.

비록 소름이 끼치긴 해도 그 사건은 감정을 처리하고, 불화를 평화롭게 해결하며, 그저 순수하게 잘 지낼 수 있게 도와주는 교육이 절박하게 필요하다는 또 하나의 경고로 읽힐 수 있다. 수학과 독서에서 뒤처지는 취학 아동들의 점수 때문에 오랫동안 곤혹스러워하던 교육자들은 이제 교과목과는 다른 면에서 더욱 경계해야 할 사항으로 감성지능의 취약성을 깨닫고 있다.[1] 사실 학업 수준을 높이기 위한 여러 가지 노력은 계속 돼온 반면, 이런 새롭고 골치 아픈 결함은 학교의 표준 교과과정에 역점을 둔 사항이 아니었다. 한 브루클린 교사의 표현대로, 학교에서 현재 강조하고 교사들이 더 많은 관심을 기울이는 것은 '아이들이 다음 주에도 살아남아 있을지에 대해서보다는, 얼마나 잘 읽고 쓸 수 있는지에 대해서다.'

이언과 타이론 살해 같은 폭력 사건에서 감성지능 결함의 징표를 읽을 수 있다. 현재 미국 학교들에서 그런 징표는 더욱 흔해지고 있다. 하지만 감성지능 결함의 징표는 개별 사건 이상에서 나타나고 있다. 더욱 늘어나는 청소년의 혼란과 아이들의 불안은 다음과 같은 세계적으로 높은 통계수치 속에서 미국의 미래를 예견하게 한다.[2]

20년 전과 비교해서 1990년에 미국에서 폭력 범죄로 체포된 청소년의 비율은 사상 최대였다. 강간으로 체포된 10대가 두 배로 늘었고 10대의 살인율은 네 배로 급증했는데, 대부분 총기 살해가 늘어난 탓이었다.[3] 같은 20년 동안 10대의 자살률은 세 배로 높아져, 살인 희생자인 14세 이하 아이들 수의 증가 비율과 같았다.[4]

한편 10대 소녀들이 임신도 늘어나고 있다. 1993년 현재 10~14세 소녀들의 출산율은 연속 상승하고 있다. 이는 원치 않는 10대의 임신과 성폭력 비율이 늘어난 데 따른 것이다. 10대의 성병 감염률은 지난 30년 동안 세 배로 늘었다.[5]

이런 수치들은 우리를 낙담하게 한다. 게다가 만일 미국의 흑인 젊은 이에게 초점을 맞춘다면, 특히 대도시의 저소득층 거주 지역의 경우 아주 냉엄한 현실을 보여주면서 모든 수치가 훨씬 더 높아져 두 배 혹은 세 배 이상이 되기도 한다. 예를 들어 백인 젊은이들 사이에서 헤로인과 코카인 복용은 1990년 이전 20년 동안 300퍼센트가량 늘어난 데 비해, 흑인 젊은이들 사이에선 20년 전보다 '13배'나 경이적으로 증가했다.[6]

10대 무력감의 가장 흔한 원인은 정신적 질환이다. 크건 작건 우울 증세가 10대의 3분의 1에 영향을 미친다. 더욱이 소녀들은 사춘기가 되면서 우울 증세가 두 배로 늘어난다. 10대 소녀들의 섭식장애(극단적 다이어트에 비정상적 집착을 보이는 질환—옮긴이) 빈도도 급증하는 추세다.[7]

사태가 변화되지 않는다면, 오늘날 아이들이 결혼해서 함께 풍요롭고 안정된 생활을 영위할 장기적 전망은 세대를 거듭하면서 더욱 희박해질 것이다. 9장에서 살펴보았듯이 1970년대와 1980년대에 이혼율은 약 50퍼센트였지만, 1990년대에 접어들면서 신혼부부들의 이혼율로 볼 때 결혼하는 세 쌍 가운데 두 쌍은 결국 이혼하리라 예견된다.

▶ 감성질환

경각심을 느끼게 하는 이런 통계수치들은 산소의 희박함을 죽음으로써 경고하는 탄광 갱도의 카나리아나 마찬가지다. 정신이 번쩍 들게 하는 그런 수치들을 넘어서서 오늘날 아이들이 처한 곤경은 좀 더 미묘한 수준에서, 아직 전면적인 위기로까지 떠오르지는 않았지만 일상의 문제들 속에서 발견할 수 있다. 아마 가장 위력적인 자료는 1970년대 중반에서 1980년대 말엽에 이르기까지 7~16세의 미국 아이들의 감성질환을 비교한 표본일 것이다.[8] 부모와 교사들이 내린 이 평가에서 감성질환의 지속적인 악화가 관찰됐다. 특정한 하나의 질환이 두드러지지는 않았지만, 모든 지표들은 진정 잘못된 방향으로 나아가고 있었다. 평균적으로 아이들의 생활은 다음과 같은 방식으로 악화되고 있었다.

- **움츠러들기와 사회적 문제.** 혼자 있기를 선호한다. 속내를 털어놓지 않고, 삐치는 경우가 많다. 활력이 모자라고, 기분이 나쁘며, 지나치게 의존적이다.
- **불안함과 우울함.** 혼자 지내고, 두려움과 걱정이 많으며, 완벽주의 경향이 있고, 사랑받지 못한다는 느낌을 받으며, 긴장되고 슬프고 우울하게 느낀다.
- **집중장애 혹은 사고(思考)장애.** 주의를 집중할 수 없고 가만히 앉아 있지 못한다. 백일몽, 생각 없는 행동, 지나친 긴장으로 인한 집중 불가, 공부를 제대로 못하고 생각을 털어버릴 수 없다.
- **비행 혹은 공격성.** 곤경에 처한 아이들을 지분거린다. 거짓말하고, 자주 싸움을 벌이며, 비열하게 군다. 주목받기 위한 행동을 하고, 다른 사람의 물건을 부순다. 가정이나 학교에서 말을 잘 듣지 않는다. 고집스럽고 변덕이 심하다. 말이 너무 많고, 사람들을 자주 못살게 굴며, 화를 잘 낸다.

이런 감성질환들은 따로따로라면 사람들을 그다지 놀라게 하지 않지만, 그룹을 이룰 때는 현저한 변화의 지표가 된다. 그 지표는 새로운 종류의 유독성이 아이들의 경험 속으로 침투하고, 그 경험을 오염시키며, 아이들의 감성능력에 광범위한 결함이 존재한다는 사실을 보여준다. 이런 감성질환은 현대 생활로 인해 아이들이 치러야 하는 보편적 대가인 듯하다. 미국인의 질환이 다른 나라와 비교해서 특별히 심하다고들 하지만, 전 세계에 걸친 연구를 통해 다른 나라의 질환율 역시 미국과 유사하거나 오히려 더 심하다는 점이 밝혀졌다. 예를 들어 1980년대에 네덜란드, 중국, 독일의 교사와 부모들은 그들의 아이들이 1976년에 미국 아이들에게서 발견된 것과 같은 수준의 질환을 갖고 있는 것으로 평가했다. 오스트레일리아, 프랑스, 태국을 포함해 몇몇 나라에서는 현재 미국의 수준보다 아이들의 감성적 건강 상태가 더 좋지 않다. 하지만 이런 상태가 오랫동안 유효하지는 않을 듯하다. 감성능력의 하향 추세를 촉진하는 더욱 커다란 힘이 다른 많은 선진국들과 비교해 미국에서 더욱 강화되는 듯이 보이기 때문이다.[9]

부유하건 가난하건 위험에서 면제된 아이들은 없다. 이런 질환은 보편적으로 모든 종족과 인종 집단, 모든 계층에서 발생한다. 가난한 아이들이 감성능력의 지표에서 최악의 기록을 나타냈지만, 수십 년에 걸친 타락의 '비율'은 중류층 아이들이나 부유한 아이들이나 마찬가지였다. 모두 지속적인 하락을 보여준다. 도움을 받아야만 할 정도로 충분한 감성 질환을 앓고 있음에도 도움을 받지 못하는(좋지 않은 징조) 아이들의 수는 1976년에 9퍼센트였던 것이 1989년에 19퍼센트로 거의 두 배가 됐을 뿐 아니라, 심리학적 도움을 받은(도움을 받기가 훨씬 용이해졌다는 걸 나타내는 좋은 징조) 아이들의 수는 세 배나 증가했다.

코넬 대학의 저명한 발달심리학자로 아이들의 행복에 대해 국제적 비교를 실시했던 유리 브론펜브레너(Urie Bronfenbrenner)는 이렇게 말한다. "알맞은 지원체계가 없는 가운데 외부에서 가해지는 스트레스가 너무 커져서, 심지어 강력한 유대 집단인 가족마저 해체되고 있습니다. 일상적 가족생활의 흥분, 불안정성, 불일치가 교육받은 사람들이나 부유한 사람들을 포함해 우리 사회의 모든 계층에 만연해 있어요. 문제가 되는 것은 다름 아닌 다음 세대로, 특히 남성입니다. 그들은 성장하면서 이혼, 가난, 실직 같은 파괴적 영향을 지닌 힘에 특별히 상처받기 쉬운 사람들이죠. 미국의 아이들과 가족들의 처지는 그 어느 때보다 절박합니다…….
우리는 수백만의 아이들에게서 그들의 능력과 도덕적 면모를 앗아가고
있습니다."[10]

가족에게 극심한 타격을 주는 경제적 폭력이나 노동비용을 끌어내리
려는 전 세계적 경쟁과 더불어 이런 현상은 비단 미국뿐 아니라 전 세계
에서 벌어지고 있다. 현대는 돈을 벌기 위해 부모가 둘 다 오랜 시간 일
을 하게 됨으로써 아이들이 제멋대로 방치되거나 TV라는 보모에 내맡겨
지는 시대다. 그러나 전보다 훨씬 많은 아이들이 가난하게 자라고, 부모
중 한쪽만 있는 가족이 그 어느 때보다 흔해지고 있으며, 더 많은 아기들
이 아주 형편없이 운영되는 탁아소에 맡겨지고 있다. 이 모든 현상은 좋
은 의도를 가진 부모들에게조차 감성능력을 배양해주는 부모 자식 간의
수많은 상호 교류가 사라져버렸음을 의미한다.

가족이 더 이상 아이들에게 삶의 확고한 발판을 놓아주는 기능을 하지
못한다면 우리는 어떻게 해야 할까? 특정 질환의 역학을 좀 더 주의 깊
게 살펴보면 현재의 감성적, 사교적 능력의 결손으로 인한 심각한 질환
이 어떻게 생겼는지를 알 수 있다. 또한 좋은 목표를 지닌 교정 수단과
예방책들이 어떻게 더 많은 아이들을 정상 궤도에 올려놓을 수 있을지도
알 수 있다.

▌공격성 길들이기

내가 초등학교 1학년이었을 때 4학년에 지미라는 거친 아이가 있었다.
그는 아이들의 점심 값을 훔쳤고, 자전거를 빼앗았으며, 자신에게 말을
거는 누구든지 주먹으로 때리곤 했다. 지미는 약자를 못살게 구는 전형

적인 말썽꾼으로, 약간만 자극을 받아도, 아니 전혀 자극을 받지 않아도 싸움을 벌였다. 우리는 모두 지미를 미워하고 두려워했다. 그래서 늘 그에게서 멀찌감치 떨어져 있었다. 아무도 그와 놀려고 하지 않았다. 그가 운동장으로 갈 때마다 마치 보이지 않는 보디가드가 그가 가는 길에 있는 모든 아이들을 내쫓는 것 같은 상황이 벌어졌다.

지미 같은 아이들은 분명히 말썽쟁이다. 하지만 어린 시절의 심한 공격적 태도가 다가올 감성질환이나 여타 질환의 징표인지는 분명치 않다. 지미는 16세 무렵 폭행으로 투옥됐다.

많은 연구들에서 지미 같은 아이들이 보이는 공격성은 거의 평생 계속되는 것으로 나타났다.[11] 앞에서 살펴보았듯이, 한동안 무관심했다가 다시 거칠고 변덕스럽게 벌 주기를 반복하는 부모야말로 아이들을 편집증(체계적이고 조직화된 이유를 가진 망상을 계속 고집하는 정신병—옮긴이)적이거나 전투적으로 만들어놓을 가능성이 높다.

화를 내는 아이들이 모두 남을 괴롭히는 말썽꾼은 아니다. 짓궂은 짓을 당하거나 자신들이 경멸이나 불공평한 일로 여기는 것에 대해 과도하게 반응하는, 집 안에 틀어박힌 사회적 추방자 신세인 아이들도 있다. 하지만 그런 아이들에게 공통적인 한 가지 감각적 결함은 전혀 의도하지 않은 대목에서 경멸을 느끼고, 또래들이 자신에게 실제보다 더 적대적이라고 생각한다는 점이다. 이런 이유 때문에 그들은 중립적인 행동을 위협적인 행동으로 오인하여—악의 없이 어쩌다 부딪친 것도 공격으로 여긴다—앙갚음으로 공격하게 된다. 당연히 그로 인해 다른 아이들은 그들을 피하게 되고, 더욱 그들은 고립돼버린다. 이렇게 화를 잘 내고 고립된 아이들은 부정의(不正義)와 불공정한 대접에 대단히 민감하다. 그들은 일반적으로 스스로를 희생자라 여겨서, 이를테면 자신은 아무런 잘못도 없는데 말썽을 부렸다고 선생님께 혼났던 일련의 사례들을 줄줄이 읊어댈 수 있다. 그런 아이들의 또 다른 특징은 일단 분노의 열기 속에 사로잡히게 되면, 머릿속에 오직 한 가지 반응만 떠오른다는 점이다. 심하게 욕설을 해대는 것 말이다.

이런 말썽꾼과 싸움을 하지 않는 아이를 짝을 지어 함께 비디오를 보도록 한 실험에서 이런 감각적 경향이 작용하고 있음을 알 수 있다. '비디오에서 어떤 소년이 한 아이와 몸이 부딪치는 바람에 자기 책을 떨어뜨리자 근처에 서 있던 아이들이 웃는다. 책을 떨어뜨린 소년은 화가 나서 웃은 아이들 중 하나를 때리려 한다.' 이 비디오를 보고 난 후 말썽꾼들은 주먹을 휘두르려 했던 소년이 정당하다고 생각했다. 그리고 비디오에 대해 토론하면서 소년이 얼마나 공격적이었는지를 평가할 때가 되자, 말썽꾼들은 몸을 부딪쳤던 소년을 훨씬 전투적이라 여기고 주먹을 휘두르려 한 소년의 분노는 정당하다고 생각하는 경우가 훨씬 더 두드러지게 나타났다.[12]

심판을 내리는 길로 치닫는 일은 특별히 공격적인 사람들이 드러내는 뿌리 깊은 감각적 경향성이다. 그들은 적대감이나 위협에 입각해서 행동하고, 실제로 벌어지고 있는 일에는 거의 주의를 기울이지 않는다. 일단 위협을 느끼면 그들은 곧바로 행동으로 치닫는다. 예를 들어 공격적인 소년은 만일 체스를 두다가 상대편이 순서를 어겨 말을 움직이면, 그런 행동이 어쩌다 저지른 악의 없는 실수였는지 알아보려고도 하지 않고 곧바로 그 행동을 '사기'라고 생각한다. 그의 추측은 결백보다는 악의로 해석한다. 따라서 그의 반응은 자동으로 적대적이 된다. 적대적 행동에 대한 자동적인 감지와 더불어 똑같이 자동적인 공격이 얽히게 된다. 이를테면 상대편 소년에게 실수했다고 지적하지도 않은 채 바로 비난으로 치달아 고함을 치고 때리게 될 것이다. 이런 행동을 많이 할수록 상대편에 대한 공격은 더욱 당연시되며, 공손이나 농담 같은 대안적 행동은 위축되게 된다.

공격적인 소년들은 쉽게 당황한다는 의미에서 감정적으로 상처받기 쉽고, 좀 더 많은 일들로 인해 더욱 자주 화를 내게 된다. 일단 당황하게 되면 그들의 사고는 뒤죽박죽이 되어 친절한 행동을 적대적이라 여기고 과도하게 학습된, 주먹을 휘두르는 습관에 의지하게 된다.[13]

이런 적대적인 감각 성향은 이미 초등학교 때 자리가 잡힌다. 대부분의 아이들, 특히 남자 아이들은 유치원에서 초등학교 1학년 무렵에 가장 사납고 거칠다. 좀 더 공격적인 아이들은 2학년 되어서도 전혀 자기를 통제할 줄 모른다. 다른 아이들은 운동장에서 벌어지는 불일치를 놓고 협상하고 타협하는 법을 배우기 시작하는데, 공격적인 아이들은 더욱 더 힘과 고함에 의존한다. 그들은 결국 사회적 대가를 치르게 된다. 다른 아이들이 그를 싫어한다고 말하기 때문이다.[14]

유치원부터 10대에 이르기까지 아이들의 성향을 추적해온 연구들은 파괴적이고, 다른 아이들과 잘 지내지 못하며, 부모 말을 듣지 않고, 교사에게 반항하는 1학년 아이들의 반 정도가 10대 시절을 보내는 동안 비행을 저지르게 될 것이라고 예측한다.[15] 공격적인 아이들이라고 해서 모두 나중에 폭력과 범죄를 저지르는 길로 들어서는 것은 당연히 아니다. 하지만 이런 아이들이 결국은 폭력 범죄를 저지를 위험성이 높다는 것을 무시할 수 없다.

범죄로 휩쓸려 들어가는 일은 이런 아이들의 인생에서 놀라울 정도로 일찍 나타난다. 몬트리올 유치원 아이들을 대상으로 한 연구에서, 연구자들은 아이들을 적대성과 말썽 피우는 일을 놓고 등급을 매겼는데, 다섯 살 때 가장 그 정도가 심한 아이들이 불과 5년에서 8년 후 10대 초반이 됐을 때 비행을 저질렀다는 많은 증거를 제시했다. 공격적인 아이들의 경우 자신에게 아무런 해도 주지 않은 사람을 때린 적이 있고, 상점의 물건을 훔친 적이 있으며, 싸울 때 흉기를 사용한 적이 있고, 자동차에 침입하거나 차량 부품을 훔친 적이 있으며, 술에 취한 적이 있는 일이 다른 아이들보다 세 배나 더 높았다. 그들은 이 모든 일을 열네 살이 되기도 전에 저질렀다.[16]

폭력과 범죄로 나아가는 통로의 원형(原形)은 초등학교 1~2학년 때 이미 공격적이고 다루기 어려운 아이들에게서 보이기 시작한다.[17] 충동 억제 능력이 거의 없는 그들은 저학년 때부터 형편없는 학생이 되고, '둔하게' 여겨지며 스스로를 '둔하게' 생각하는—그들이 특수교육반으로 편성됨으로써 강화되는 판단(그런 아이들이 훨씬 높은 정도로 '활동 과다'나 학습장애를 겪고 있더라도 결코 모두가 그들을 둔하다고 판단하지는 않는다)—경우가 일반적이다. 학교에 입학하자마자 가정에서 '강압적인', 즉 남을 괴롭히는 스타일이었던 이 아이들은 교사들도 제쳐놓는 아이가 된다. 왜냐하면 교사들이 그런 아이들을 바르게 행동하도록 지도하려면 너무나 많은 시간이 들기 때문이다. 이런 아이들에게 자연스럽게 이루어지는 교실 규칙에 대한 무시는 학습에 사용될 수도 있었을 시간낭비를 의미한다. 그런 아이들에게 운명지어진 학업부진은 3학년 무렵이면 대체로 분명해진다. 비행을 저지르는 궤도에 들어선 소년들은 또래보다 IQ 수치가 낮은 편인데, 그들의 충동성이 좀 더 직접적 원인이다. 10세 소년들의 충동성은 나중에 비행을 저지를 것이라는 예측 요인이 되는데, IQ보다 거의 세 배나 더 정확하다.[18]

4~5학년 무렵이면 이 아이들은—이젠 말썽꾼이나 그저 '다루기 힘든' 아이로 인식된다—또래에게서 거부당하고, 쉽게 친구를 사귈 수 없으며, 학습에서 낙제한다. 자신에게 친구가 없다고 생각하면서 그들은 다른 사회적 추방자들에게 끌린다. 그들은 초등학교 4학년에서 9학년 사이에 추방자 집단에 헌신하게 되고, 범법 생활에 몰두한다. 무단결석, 음

주, 마약 복용이 다섯 배쯤으로 늘고 7~8학년 때쯤 가장 큰 증가를 보인다. 중학생 무렵, 자신들의 반항적 스타일에 끌린 또 다른 유형의 '늦게 출발한' 아이들이 그들에게 합세한다. 이 늦게 출발한 아이들은 부모의 감독을 전혀 받지 않으면서 초등학교 때부터 혼자 길거리를 돌아다니기 시작했던 청소년들인 경우가 많다. 고등학교 시절 보통 이 추방자 집단은 학교를 중퇴, 비행을 저지르는 데 휩쓸려들어 절도나 마약 거래 같은 가벼운 범죄를 저지른다. (이런 아이들이라도 남자 아이들과 여자 아이들 사이에는 현저한 차이가 있다. '불량한' ―학교에서 말썽을 일으키고 규칙을 어기지만 또래에게 인기가 없지는 않은―4학년 여학생들을 대상으로 한 연구에 따르면, 이들의 40퍼센트가 고등학교를 졸업할 무렵 아기를 낳았다.[19] 바꿔 말해서 반사회적인 10대 여학생은 폭력 대신에 임신하는 일이 더 많다.)

물론 폭력과 범죄로 나아가는 통로가 하나뿐이지는 않고, 다른 많은 요인들이 이 아이들을 위험에 빠뜨릴 수 있다. 범죄와 폭력의 유혹에 노출된 범죄율이 높은 동네에서 태어나고, 스트레스를 많이 받는 가난한 가정 출신이라는 게 그런 요인이 될 수 있다. 그렇지만 이런 요인들 가운데 어느 것도 폭력 범죄의 삶을 불가피하게 만들지는 않는다. 하지만 모든 조건이 동일하다면, 공격적인 아이들의 내면에 작용하는 심리적 힘은 그들이 결국 폭력 범죄자가 될 가능성을 대단히 강화한다. 청소년이 될 때까지 수백 명의 소년들의 이력을 면밀하게 추적했던 심리학자 제럴드 패터슨(Gerald Patterson)이 지적하듯이 '다섯 살 난 아이의 반사회적 행동이 비행 청소년이 저지르는 행동의 원형이 될 수 있다.'[20]

▶ 문제아를 위한 학교

　공격적인 아이가 지니는 정신의 경향성은 결국 그를 괴로움을 겪는 인생으로 이끌 것이 거의 확실하다. 폭력 범죄를 저지른 청소년 범죄자들과 공격적인 고등학생들에 대한 한 연구는 그들 사이에 한 가지 공통된 사고방식이 있음을 발견했다. 즉 그들은 다른 사람과 함께 어려움을 겪게 되면 즉시 상대편을 적대적으로 바라보면서 둘 사이의 차이를 해소해 주는 자세한 정보를 구하거나 평화적인 방법을 생각하려 애쓰지 않고, 상대편이 자신에게 적대감을 보인다는 결론으로 치닫는다. 그와 동시에 싸움이라는 폭력적인 해결의 부정적인 결과는 결코 머릿속에 떠오르지 않는다. 그들의 공격적 성향은 다양한 믿음 속에서 정당화된다. '화가 나서 정말 돌아버릴 정도가 되면 사람을 때려도 괜찮아.' '만일 싸우다가 물러나면 모두가 겁쟁이라고 생각할 거야.' '심하게 두들겨 맞았더라도 사람들은 실제로 그다지 크게 고통 받지는 않아.'[21]

　그러나 적절한 도움이 이런 태도를 바꿀 수 있고, 비행으로 치닫는 아이의 궤도를 막을 수 있다. 여러 실험 프로그램들을 통해 일부 공격적인 아이들은 자신의 반사회적 성향으로 인해 더 심각한 문제가 야기되기 전에 그런 성향을 통제하는 법을 배울 수 있었다. 듀크 대학에서 실시된 한 프로그램은 6주에서 12주 동안 1주일에 40분씩 두 차례의 훈련시간을 통해 화를 잘 내는 초등학교 말썽쟁이들을 상대했다. 프로그램을 통해, 예를 들어 소년들은 자신들이 적대적이라 해석했던 사회적 신호들 가운데 사실상 중립적이거나 우호적인 것이 어떤 것이었는지를 볼 수 있었다. 그들은 다른 아이들의 관점을 취하는 법을 배웠다. 그리고 자신들이 다른 사람에게 어떻게 비치며, 자신들을 매우 화나게 만들었던 상황 속에서 다른 아이들은 어떻게 생각하고 느끼는지를 알게 됐다. 그들은 또한 자신들의 이성을 잃게 만들 수도 있는 지분거림을 당하는 일을 실제 역할을 맡아 경험해봄으로써 분노를 통제하는 직접적인 훈련도 받았다. 분노를 통제하는 주요한 기술 가운데 하나는 자신의 감정을 추적하는 일이다. 그런 기술을 통해 화가 날 때 얼굴이 붉어지거나 근육이 긴장되는 것과 같은 자기 몸의 감각에 대해 알게 됐고, 그런 감정이 일어나면 충동적으로 두들겨 패는 대신에 무엇을 할 것인지를 숙고하는 하나의 신호로 받아들이게 됐다.

이 프로그램을 만든 사람들 가운데 한 명인 듀크 대학의 심리학자 존 로흐만(John Lochman)은 이렇게 말한다. "아이들은 최근에 자신들이 처했던 상황을 놓고—상대가 고의로 그랬다고 생각했던 복도에서 부딪혔던 상황 같은—토론할 겁니다. 그 상황을 어떻게 처리할 수 있었을지 이야기하는 거죠. 예컨대 한 아이가 자신과 부딪친 소년을 그저 똑바로 쳐다보며 다시 그렇게 하지 말라고 일러준 다음 가버리겠다고 말하는 식입니다. 그런 표현을 통해 그 소년은 일정한 통제를 행사하는 위치에 있게 되고, 싸움을 일으키지 않고도 자존심을 지킬 수 있게 됩니다."

호소력 있는 접근 방식이다. 공격적인 소년들은 대개 너무 쉽게 화를 내고 그럼으로써 기분이 언짢아지기 때문에 화를 억제하는 그런 방법을 잘 받아들인다. 물론 한창 화가 치솟은 순간에 그냥 걸어가 버린다든가, 때리려는 충동이 반응을 일으키기 전에 사라지도록 10까지 수를 헤아리는 식의 냉정을 되찾겠다는 응답은 실행하기 쉬운 일이 아니다. 그래서 다른 아이들이 자신을 놀려 대는 버스에 올라타는 식의 역할 연기를 통해 소년들은 그런 대안을 훈련한다. 그리하여 소년들은 때리거나, 소리지르거나, 수치스러워 도망가 버리는 방식에 대한 대안이 되면서도 존엄성을 지켜주는 친근한 응답을 시도할 수 있게 된다.

로흐만은 훈련 프로그램을 시작한 지 3년이 지난 소년들과 그렇지 않았던 다른 소년들을 비교해보았다. 청소년기에 이런 프로그램을 이수한 소년들이 수업시간에 말썽을 덜 피우고, 자신에 대해 긍정적인 느낌을 지니며, 술을 마시거나 마약을 복용할 확률이 낮을 가능성이 많다는 사실이 발견됐다. 이런 프로그램을 오래 경험할수록 소년들은 10대를 보내는 동안 훨씬 덜 공격적이었다.

▶ 우울증 예방

열여섯 살 소녀 데이너는 항상 잘 지내는 듯 보였다. 하지만 데이너는 갑자기 다른 여자 아이들과 잘 사귈 수가 없었고, 더욱 곤란하게도 잠자리는 같이하면서도 남자친구들과도 계속 관계를 지속할 수가 없었다. 기분이 언짢고 끊임없이 피곤해서 데이너는 먹는 것을 비롯한 어떠한 것에도 흥미를 잃었다. 이런 기분에서 벗어나기 위해 이것저것 해보아도 헤어날 가망이 보이지 않았고, 무기력해지기만 해서 자살을 생각하고 있노라고 했다.

우울증으로 추락하게 된 것은 가장 최근에 있었던 실연 때문이었다. 곧바로 성관계를 하지 않고는—설사 자신이 좀 불편함을 느끼더라도—남자와 교제하는 방법을 몰랐고, 불만족스러운데도 관계를 끊는 법을 알지 못했다고 그녀는 말했다. 진정 하고 싶었던 일이 남자를 좀 더 잘 알게 되는 것이 전부였을 때, 남자들과 침대로 갔다고 그녀는 말했다.

다른 학교로 전학을 갔지만, 그곳 여학생들과 친구로 사귀는 데 그녀는 수줍음을 느끼고 초조해했다. 예를 들어 대화를 먼저 시작하는 일을 삼가게 되어 누군가 자신에게 말을 걸어줘야 말을 했다. 그녀는 다른 여학생들에게 자신이 어떤 사람인지를 알려줄 수가 없다고 느꼈고, "안녕, 오늘

기분 어때?"라고 말한 뒤에는 무슨 말을 이어야 할지 도무지 모르겠다고 했다.[22]

데이너는 치료를 받기 위해 컬럼비아 대학교의 우울증 청소년을 위한 실험 프로그램에 참여했다. 그녀의 치료는 관계를 잘 처리하는 방법을 배우는 것에 초점을 맞추었다. 즉 우정을 발전시키는 법, 다른 10대들과 만날 때 좀 더 자신감을 갖는 법, 성적 친밀감에 한계를 요구하는 법, 친밀해지는 법, 자기 감정을 표현하는 법 등을 배우는 데 전력했다. 본질적으로 이 프로그램은 가장 기본적인 감성기술을 교정하기 위한 개별 지도였다. 이런 지도는 효과를 발휘해서 그녀의 우울증은 사라졌다.

젊은이들에게 인간관계에서 발생하는 문제는 특히 우울증을 촉발한다. 아이에게 어려움은 자기 또래들과의 관계만큼이나 부모와의 관계에서 자주 발생한다. 우울증에 걸린 아이들이나 10대들은 자신의 슬픔에 대해 말할 수 없거나 말하고 싶지 않을 때가 자주 있다. 그러다 그들은 자신의 감정을 정확하게 표현할 수 없게 되고, 결국은 뚱한 짜증, 초조함, 까다로움, 화를 드러내고 만다. 특히 자기 부모를 향해서 말이다. 상황이 이렇게 되면 부모가 우울증에 걸린 아이에게 실제로 필요한 감성적 지원과 안내를 제공하는 일이 더욱 어려워지게 되고, 그러면 보통 끊임없는 말다툼과 소외로 끝나게 되는 추락이 시작된다.

젊은이들의 우울증 원인에 대한 새로운 관찰은 두 가지 영역에서 감성 능력의 결함을 정확히 지적해낸다. 한편에는 인간관계의 능력에 결함이 있었고, 다른 한편에는 좌절에 대해 우울증을 촉진하는 식으로 해석하는 결함이 있었다. 일부 우울증은 유전적이지만, 아이들이 우울해짐으로써 삶의 자그마한 패배—나쁜 성적, 부모와의 말다툼, 사회적 거부—에도 쉽사리 반발하게 만드는 비관적인 사고 습관에 기인하는 우울증도 존재한다. 무엇에 기반한 우울증이든, 이런 현상이 젊은이들 사이에 더욱 만연되고 있다는 사실을 시사하는 증거가 있다.

▌현대 문명과 우울증의 증가

20세기가 불안의 시대였다면, 다가오는 1000년의 세월은 우울의 시대를 예고한다. 국제적 자료를 통해 드러난 현대의 유행병이라 할 만한 우울증이 세계적으로 확산, 증가 추세를 보이고 있다. 20세기 이래 전 세계의 각 세대들은 자기 부모 세대보다 인생행로를 놓고 중증의 우울증─슬픔뿐 아니라, 활동 불능으로 만드는 무관심, 낙담, 자기 연민, 무기력─을 겪을 위험성이 훨씬 높아졌다.[23] 그리하여 우울 증상의 발현도 과거에 비해 더 어린 나이에서 시작되고 있다. 한때는 실제로 알려지지 않았던(적어도 인지되지 않았던) 어린이 우울증이 현대 문명에서는 늘 있는 현상처럼 되어가고 있다.

우울증에 걸릴 가능성은 나이와 더불어 높아지긴 하지만, 오늘날엔 젊은이들 사이에서 가장 크게 증가하고 있다. 1955년 이후 태어난 사람들이 인생의 어떤 지점에서 중증의 우울증을 앓게 될 가능성은 조부모 세대보다 세 배 이상 높은 것으로 나타났다. 1905년 이전에 태어난 미국인들 중 평생에 걸쳐 중증의 우울증에 걸린 사람들의 비율은 1퍼센트에 불과했다. 반면에 1955년 이후에 태어난 사람들의 경우 24세 무렵이 되면 6퍼센트가량이 우울증에 걸렸다. 1945~1954년에 태어난 사람들의 경우 34세가 되기 전에 중증의 우울증에 걸릴 가능성은 1905~1914년에 태어난 사람들보다 열 배나 더 높았다.[24] 또한 세대를 거듭하면서 우울 증세의 최초 발현이 더 이른 나이에 나타나고 있다.

3만 9000명 이상의 사람들에 대한 국제적인 연구를 통해 푸에르토리코, 캐나다, 이탈리아, 독일, 프랑스, 대만, 레바논, 뉴질랜드에서 똑같은 경향이 발견됐다. 베이루트에서는 우울증의 증대가 정치적 격변에 좌우되어 내전 기간에 급증하는 추세를 보였다. 독일에서는 1914년 이전에 태어난 사람들의 35세 무렵 우울증의 비율은 4퍼센트였고, 1944년 이전 10년 사이에 태어난 사람들의 35세 무렵 우울증의 비율은 14퍼센트였다. 세계가 정치적으로 어려웠던 시절에 성인이 된 세대들은 좀 더 높은 우울증 비율을 나타냈다. 그러나 전반적인 상향 추세는 어떠한 정치적 사건과도 별개다.

사람들이 처음 우울 증세를 경험하는 시기가 어린 나이로 낮아지는 일은 세계적 현상인 듯하다. 여러 전문가들이 이런 까닭에 대해 갖가지 견해를 제시했다.

전(前) 국립정신건강연구소 이사였던 프레더릭 굿윈(Frederick Goodwin)은 이렇게 추측했다. "엄청난 핵가족의 붕괴가 있었죠. 이혼율이 두 배로 높아지고, 아이들에게 쏟는 부모들의 시간이 줄었으며, 이동성이 증대했습니다. 아이들은 이제 더 이상 대가족 속에서 성장하지 않습니다. 자기 정체성의 안정된 원천이 상실된다는 사실은 우울증에 걸릴 가능성을 높이게 됩니다."

피츠버그 의과대학의 정신과 학과장인 데이비드 쿠퍼(David Kupfer)는 또 다른 경향성을 지적했다. "제2차 세계대전 이후 산업화의 확산과 더불어, 어떤 의미에서는 가정 안에 사람이 하나도 없는 셈이 됐습니다. 게다가 자라나는 아이들에게 필요한 것에 대한 부모의 무관심이 그간 계속해서 증대해왔습니다. 이것이 우울증의 직접 원인은 아니지만, 우울증에 걸리기 쉬운 상태를 만들기는 합니다. 어린 나이에 겪는 정서적 스트레스 요인은 신경세포의 발달에 영향을 줄 수 있고, 그로 인해 수십 년 후 커다란 스트레스를 받게 될 때 우울증에 걸리게 될 수 있는 겁니다."

펜실베이니아 대학의 심리학자 마틴 셀리그먼은 다음과 같은 의견을 제시했다. "우리는 지난 30~40년 동안 개인주의의 증가와 종교, 공동체, 대가족에 대한 큰 믿음이 쇠약해져가는 현상을 목격해왔습니다. 좌절과 실패에서 사람들을 막아줄 원천이 상실된 것이죠. 사람들이 실패를 지속적으로 삶 전체에 영향을 미치는 것으로 인식하는 한, 일시적인 패배를 무기력의 영구적인 원천으로 보는 경향성을 갖게 됩니다. 하지만 사람들이 신과 내세에 대한 믿음 같은 좀 더 커다란 관점을 지닌다면, 일자리를 잃는다 해도 그건 그저 일시적 패배로 인식할 수 있습니다."

원인이야 어쨌든 젊은이들의 우울증은 절박한 문제다. 미국에서는 아이들과 10대가 평생에 걸쳐 우울증에 걸리게 되는 수치와 어떤 일정한 시기에 우울증에 걸리게 되는 수치 사이에 차이가 아주 크게 나타난다. 엄밀한 기준—우울증에 대한 공식적 진단 징후—을 사용하는 일부의 역학(疫學, epidemiology : 전염병의 발생, 유행, 종식에 미치는 자연적, 사회적 조건을 모두 밝히고, 그것에 의해 전염병의 예방이나 제압 방법을 구하려고 하는 의학의 한 분과—옮긴이)적 연구는 10~13세의 소년, 소녀들의 경우 1년 동안 중증의 우울증에 걸릴 비율이 8~9퍼센트 정도로 높다는 사실을 밝혀냈다(그러나 다른 연구들에선 그것의 반 정도 비율을 제시하며, 2퍼센트 정도밖에 되지 않는다는 연구도 있다). 한편 사춘기에 그 비율은 소녀들의 경우 거의 두 배로 증가한다고 제시하는 자료들도 있다. 즉 14~16세 소녀들의 16퍼센트가 한 차례의 우울증을 겪는다는 것이다.[25]

▶ 어린이 우울증의 진행 과정

어린이 우울증은 반드시 치료되어야 할 뿐 아니라 '예방되어야' 한다는 사실이 다음과 같은 경각심을 일깨워주는 발견을 보면 분명해진다. 즉 아이에게 나타나는 우울 증세는 아무리 미약하다 할지라도 나중에 심각한 병증의 전조가 될 수 있기 때문이다.[26] 이런 사실은 어릴 적 우울 증세는 아무런 문제도 되지 않는다는 가정에 이의를 제기한다. 당연히 아이들도 가끔 슬퍼질 수 있다. 아동기와 청소년기는 성인기와 마찬가지로 슬픔을 안겨주는 크고 작은 실망과 상실의 시기다. 이런 좌절을 느낀다고 예방책이 반드시 필요한 건 아니다. 하지만 슬픔의 소용돌이가 우울함으로 추락하여 아이들을 낙담시키고, 성마르게 하며, 집 안에만 틀어박히게 하는 심각한 우울 증세를 앓는 아이들에게는 예방책이 필요하다.

피츠버그에 있는 서양정신의학연구소 및 진료소의 심리학자인 마리아 코바크스(Maria Kovacs)가 수집한 자료에 따르면, 우울증이 심해서 치료를 받아야 하는 아이들 가운데 4분의 3은 연이어 심각한 우울 증세를 나타냈다.[27] 코바크스는 여덟 살이란 어린 나이에 우울증으로 진단받은 아이들을 연구했다. 나아가 일부 아이들은 24세 정도가 될 때까지 매년 진단했다.

중증 우울증을 보이는 여섯 명 가운데 한 명에게서 18개월씩이나 오래 증세가 계속되었지만, 평균적으로는 11개월가량 우울증이 지속적으로 나타났다. 몇몇 아이들에게서 다섯 살 정도의 이른 나이에 가벼운 우울증이 시작됐지만 그것으로 인해 활동에 장애가 생기는 경우는 훨씬 덜했다. 그러나 그들의 우울증은 아주 오랫동안 지속되어 평균 4년 정도 계속됐다. 코바크스는 경미한 우울증에 걸린 아이들은 강화된 중증 우울증, 이른바 2중 우울증에 걸릴 가능성이 많다는 사실을 발견했다. 2중 우울증에 걸리는 사람들은 매년 해가 지남에 따라 우울증이 재발할 가능성이 훨씬 더 높다. 우울증이 있었던 아이들은 청소년으로, 성인으로 자라면서 평균 3년에 1년은 우울증이나 조울증으로 고생했다.

아이들이 치러야 하는 비용은 우울증 자체로 인한 고통을 훨씬 넘어선다. 코바크스는 이렇게 말한다. "아이들은 또래 관계에서 사교 기술을 배우죠. 예를 들어 만일 무언가를 갖고 싶은데 얻을 수가 없다면, 다른 아이들이 그런 상황을 어떻게 처리하는지 살펴보고 그렇게 시도하는 식으로 배우게 됩니다. 하지만 우울증이 있는 아이들은 친구들이 무시하고 놀아주지 않죠. 따돌림 받는 아이들 축에 속하는 것이나 마찬가지예요."[28]

우울증이 있는 아이들은 부루퉁하고 슬픈 느낌 때문에 사회적 접촉을 피해버리거나 다른 아이가 자신에게 접촉하려 애쓸 때 외면해버린다. 이는 상대 아이가 자신이 퇴짜당한 것으로 받아들일 수밖에 없는 사회적 신호다. 결국 우울증에 걸린 아이들은 운동장에서 노는 다른 아이들에게 거부되거나 무시당한다. 관계 맺기의 이런 공백은 아이들이 놀이를 통해 정상적으로 배울 기회를 놓친다는 의미다. 그래서 이런 아이들은 사회적, 감정적 낙후자가 될 수 있으므로 우울증이 사라진 뒤에 정상 아이들을 따라잡기 위해 할 일이 많아지게 된다.[29] 사실 우울증에 걸린 아이들을 그렇지 않은 아이들과 비교해보면 그들은 사회적으로 훨씬 무능력했고, 친구도 적었으며, 놀이 상대로 선호도가 떨어졌고, 호감이 없으며, 다른 아이들과 관계 맺기에 훨씬 힘이 들었다.

이런 아이들이 치러야 할 또 다른 대가는 학교 성적이 좋지 않다는 점이다. 이 아이들은 우울증으로 인해 기억력과 집중력이 떨어지고, 수업 시간에 배운 것을 기억하기가 더욱 힘들다. 어떤 것에서도 기쁨을 느끼지 못하는 데다 학습 내용을 이해하기는커녕 수업을 따라잡기 위해 힘을 모으기도 힘겹다고 느낄 것이다. 코바크스가 연구한 아이들의 경우 우울증이 지속될수록 성적이 떨어지고 성취도 결과도 나빠져서, 결국 학교에서 뒤처질 가능성이 훨씬 높았다. 사실상 아이가 우울증에 시달린 기간과 학업 평균 점수 간에는 직접적인 상관관계가 존재한다. 우울증이 진행되면 평균 점수가 지속적으로 떨어지는 것이다. 이런 변변찮은 학업 성취도로 인해 우울증은 더욱 악화된다. 코바크스가 관찰한 대로 '당신이 우울증을 겪고 있다고 상상해보라. 그러면 당신은 학교에서 친구들과 노는 대신, 성적 불량으로 퇴학당해서 집에 혼자 앉아 있게 된 모습을 볼 수 있을 것이다.'

▶ 우울증을 강화하는 사고방식

어른들과 마찬가지로, 삶의 패배를 비관적으로 해석하는 방식은 어린이 우울증의 핵심인 무기력감과 절망감을 부추기는 듯하다. 이미 우울한 사람들이 이런 식으로 생각한다는 점은 오랫동안 알려져온 사실이다. 그러나 최근 등장한 사실은 울적해질 가능성이 가장 높은 아이들이 우울증에 걸리기 이전에 이런 비관적인 관점에 경도되는 편이라는 점이다. 이런 통찰은 우울증이 도지기 전에 우울증 예방접종을 해야 할 시간대가 언제인지를 시사한다.

한쪽 계열의 증거는 아이가 자기 인생에서 일어나는 일은 뭐든지 통제할 수 있다는 자신의 능력에 대한 믿음—예를 들어 만사를 더 낫게 바꿀 수 있다는—에 대한 연구에서 나온다. 이것은 아이들이 스스로에 대한 평가를 "집안에 문제가 생겼을 때 나는 다른 아이들보다 훨씬 더 많이 문제 해결에 도움이 돼"라든가, "열심히 공부하면 좋은 점수를 얻을 수 있어"라는 말로 표현할 때 확인된다. 반면 이런 긍정적인 표현들이 자신들에게는 하나도 해당하지 않는다고 말하는 아이들은 상황을 바꾸기 위해 자신이 무엇이든지 할 수 있다는 생각을 거의 갖고 있지 않다. 이런 무기력감은 우울증이 가장 심한 아이들에게서 가장 높게 나타난다.[30)]

성적표를 받고 며칠 지나서 5~6학년 학생들을 관찰한 연구는 대단히 흥미롭다. 우리 모두 기억하듯이, 성적표는 어린 시절에 흥분 혹은 낙담을 주는 커다란 원천 가운데 하나다. 하지만 기대치에 훨씬 못 미친 성적을 받았을 때 아이들이 자신을 평가하는 방식 속에서 연구자들은 특기할 만한 결론을 발견한다. 나쁜 점수를 개인적 결함("내가 멍청해") 탓으로 돌리는 아이들은 자신들이 변화시킬 수 있을 무언가의 관점에서 나쁜 점수를 해명해내는("수학숙제를 좀 더 열심히 하면 더 좋은 점수를 얻게 될 거야") 아이들보다 훨씬 우울하게 느낀다.[31)]

연구자들은 학교 친구들이 함께 놀기를 거부했던 3, 4, 5학년으로 된 한 집단을 두고 다음 해에 새 학년에 올라갔을 때 이들 중 어떤 아이들이 계속해서 사회적 추방자가 되는지를 추적했다. 거부당하는 현실을 스스로에게 어떻게 설명하느냐가 그들이 우울하게 될지의 여부에 결정적인 지표인 듯 보였다. 거부당하는 것을 자신의 내면적 결함 때문이라고 생각한 아이들이 훨씬 더 우울해했다. 하지만 상황을 낫게 바꾸기 위해 무언가를 할 수 있다고 생각한 조금쯤 낙관적인 아이들은 친구들의 계속되는 거부에도 유별나게 우울해지지는 않았다.[32)] 악명 높을 정도로 스트레스를 받으며 7학년이 된 아이들에 대한 연구에서, 비관적인 태도를 지닌 아이들은 학교에서 벌어지는 험악한 말다툼과 집에서 추가로 받는 스트레스에 우울해지는 식으로 반응했다.[33)]

3학년 아이들을 이후 5년간 관찰한 연구에서는 비관적 관점이 어린이 우울증의 가능성을 대단히 높인다는 직접적인 증거가 나타난다.[34)] 좀 더 어린 아이들의 경우, 우울해질 것이라는 사실을 가장 강력하게 예보해주는 요인은 부모의 이혼이나 가족 구성원의 죽음—아이를 당황스럽고 불안정하게 만들고 부모가 아이를 훈육하는 완충장치로서의 역할을 제대로 할 수 없다—같은 심각한 불행과 결합된 비관적 관점이었다. 한편 초등학교 아이들이 성장하는 동안 생활에서 느끼는 좋고 나쁜 일에 대한 생각에 뚜렷한 변화가 생긴다. 아이들은 점점 더 그런 일을 자기 자신의 특성 때문으로 돌렸다. '난 똑똑하니까 좋은 점수를 받을 거야'라든가, '내가 재미없으니까 내겐 친구가 많지 않은 거야'처럼 말이다. 이런 변화는 3~5학년쯤 확립되는 듯하다. 이런 변화가 일어나면서 비관적 관점—생활 속의 좌절을 자신 안의 끔찍한 결함의 탓으로 돌림—을 갖게 되는 아이들은 좌절로 인한 우울한 기분의 피해를 입기 시작한다. 게다가 우울증은 이런 비관적 사고방식을 더욱 강화하는 듯 보여서 우울증이 없어진 뒤에도 아이에겐 감성적 상처라고 할 만한 것과 우울증으로 부추겨지고 마음속에서 공고해진 일련의 확신(학교 공부를 잘할 수 없다든가, 다른 아이들이 자신을 좋아하지 않는다든가, 아무리 해도 시무룩한 기분에서 벗어날 수 없다든가)이 남아 있게 된다. 이런 고정관념으로 인해 아이는 생활 속에서 겪게 되는 또 다른 우울증에 걸리기가 더욱 쉬워진다.

▶ 우울증 차단하기

희소식이 하나 있다. 아이들에게 곤경에 대한 좀 더 생산적인 관점을 가르치는 일이 우울증의 위험성을 줄여준다는 갖가지 징표가 존재한다는 사실이다.* 오리건 주의 한 고등학교 연구에서 학생 네 명 가운데 한 명가량은 심리학자들이 '낮은 수준의 우울증'이라 부르는 증세를 보였다. 아직은 보통 일컫는 불행 수준을 넘어섰다고까지는 말할 수 없는 심하지 않은 증세였다.[35] 어쩌면 우울증으로 들어가는 첫 주나 첫 달쯤 되는 아이들도 있었을 것이다.

방과 후 실시한 특별수업에 참가한 경미한 우울증을 보이는 학생 75명은 우울증과 관련된 사고 패턴에 문제 제기를 하고, 친구를 사귀는 데 능숙해지며, 부모와 잘 지내고, 재미있다고 여기는 좀 더 많은 사회활동에 참여하는 법을 배웠다. 8주간에 걸친 특별수업이 끝나갈 무렵 학생들 중 55퍼센트가 경미한 우울증에서 회복됐는데, 이 특별수업에 참여하지 않았던 똑같이 경미한 우울증이 있었던 학생들 중에선 단지 4분의 1가량만이 우울증에서 벗어나기 시작했다. 그리고 1년 뒤 비교집단에 속한 학생들의 4분의 1은 중증 우울증에 빠지게 됐지만, 우울증 예방 특별수업에 참가했던 학생들은 단지 14퍼센트만이 중증 우울증에 빠졌다. 단지 8주간의 특별수업이었을 뿐이지만, 그것이 우울증의 위험성을 반으로 줄여놓은 듯하다.[36]

부모와 사이가 좋지 않고 우울증 징후를 약간 보이는 10~13세 청소년들에게 실시된 일주일에 1회짜리 수업에서도 비슷한 결과가 나왔다. 방과 후 이 수업에서 청소년들은 불화를 처리하고, 행동하기 전에 생각하며, 가장 중요하게는 우울증과 관련된 비관적인 신념에 문제 제기를 하는 것(예를 들어 시험을 엉망으로 치른 뒤 '내 머리는 정말 공부할 머리는 아니야'라고 생각하는 대신에 좀 더 열심히 공부하겠다는 결심을 하는 것)을 포함한 기본적인

---

* 어른과 달리 아이들의 우울증을 치료하는 데 약물치료는 심리치료나 예방교육의 뚜렷한 대안이 되지 못한다. 아이들의 약물 대사작용이 어른과 다르기 때문이다. 삼환계 항우울제는 종종 어른에게는 효과가 있지만 비활동성의 위약(僞藥)보다 더 나은지를 입증하려는 아이들에 대한 통제된 연구에서는 별 효과가 없었다. 프로잭을 포함한 새로운 우울증 약물은 아이들에게 활용해도 될지 그 여부가 아직 검증되지 않았다. 어른에게 투약되는 가장 흔한, 그리고 가장 안전한 삼환계 약물 가운데 하나인 데시프라민은 이 글을 쓰는 현재, 아이들 사망의 가능한 한 가지 원인으로서 FDA의 정밀검사에서 초점이 되고 있다.

감성기술을 학습했다.

"이런 수업에서 학생들이 배우는 것은 불안, 슬픔, 분노 같은 기분이 닥치게 되면 반드시 당사자가 그런 기분에 대해 통제력을 가질 수 있고, 생각하는 내용에 따라 느끼는 방식을 바꿀 수 있다는 사실입니다"라고 12주 프로그램의 개발자 가운데 한 사람인 심리학자 마틴 셀리그먼은 지적한다. 우울한 생각을 의문시함으로써 밀려드는 우울한 기분을 정복할 수 있기 때문에 셀리그먼은 "그런 의문의 제기는 습관을 만드는 순간적인 강화 수단이죠"라고 덧붙인다.

다시금 저 특별수업 이야기로 돌아가자. 이 수업은 학생들의 우울증을 반으로 줄였을 뿐 아니라, 2년 뒤에까지도 그 효과가 지속됐다. 수업이 끝난 뒤 1년 지나서 참여한 아이들 가운데 단지 8퍼센트가 우울증 검사에서 중간보다 높은 수치를 받았는데, 비교집단의 아이들은 29퍼센트가 그랬다. 2년 후에는 특별수업을 받았던 아이들의 20퍼센트가량이 기껏해야 경미한 우울증의 징후를 보였는데, 비교집단의 아이들은 44퍼센트에 이르렀다.

아이가 한창 청소년기에 있을 때 이런 감성기술의 학습은 특별한 도움이 될 수 있다. 다음은 셀리그먼의 관찰이다. "이런 아이들은 거부라는 일상적인 10대의 고민을 다루는 데 훨씬 더 능숙한 듯 보입니다. 이들은 막 10대가 되면서 우울증에 걸릴 위험성이 결정적인 시기에 이런 기술을 학습한 듯해요. 그런 기술을 학습한 뒤 몇 년 동안 학습 내용은 살아남아 있고 좀 더 강화되는 것 같습니다. 이는 아이들이 배운 것을 일상생활에서 실제로 활용하고 있음을 나타내죠."

어린이 우울증 전문가들은 그 새로운 프로그램들에 박수갈채를 보낸다. 코바츠는 다음과 같이 논평했다. "우울증 같은 정신의학적 질병에 실질적인 차도를 보이게 하려면, 우선 아이들의 질환이 깊어지기 전에 조치를 취해야 합니다. 사실 진정한 해결책은 심리적 예방접종이죠."

▌섭식장애

1960년대 말엽 임상심리학과 대학원생이던 시절에 섭식장애를 겪는 두 여성을 알게 됐다. 몇 년 지나서야 그 사실을 알게 되긴 했지만 말이다. 한 여성은 학부 시절부터 친구인데, 하버드 대학 수학과 대학원에서 공부하는 뛰어난 재원이었고, 다른 한 여성은 MIT 직원이었다. 친구는 뼈만 앙상했음에도 음식을 통 입에 댈 수가 없었다. 음식이 자신을 퇴짜 놓는다고 말할 정도였다. 반면 MIT의 도서관 사서는 넉넉한 풍채를 지니고 있었다. 그녀는 아이스크림, 새러 리(미국의 냉동 제빵, 제과류 제조사—옮긴이)의 당근 케이크를 비롯한 다양한 디저트를 먹는 데 푹 빠져 지냈다. 그녀가 좀 당황해하면서 털어놓아 알게 된 사실이지만, 한번은 그렇게 폭식을 하다가 몰래 화장실로 가서 먹은 음식을 토해낸 적도 있었다. 오늘날이라면 내 친구는 거식증 진단을 받을 테고, MIT의 사서는 폭식증 진단을 받을 터였다.

하지만 그 시절에 그런 병명은 없었다. 임상의들이 그런 질환에 대해 이제 막 논의를 하는 단계였다. 이 분야의 선구자인 힐다 브루흐(Hilda Bruch)는 1969년에 섭식장애에 대한 책을 출간했다.[37] 굶어서 거의 죽을 지경에 이른 여자들을 보고 놀란 브루흐는 여러 가지 내재된 요인들 가운데 한 가지 요인이 특히 배고픔이라는 육체의 충동에 제대로 대응하지 못하는 무능력이라고 제시했다. 도저히 도달할 수 없을 듯한 높은 수준의 아름다움을 얻기 위해 경쟁하지 않을 수 없다고 느끼는 언제나 젊어지려고 애쓰는 여성에서, 자기 딸을 죄의식과 비난이라는 통제의 그물

속에 잡아 가두려는 강압적인 어머니에 이르기까지, 원인에 대한 수많은 가설과 더불어 그 후로 섭식장애에 관한 임상적 문헌은 우후죽순처럼 생겨났다.

그런데 이런 가설들의 대부분은 한 가지 커다란 결함을 지니고 있었다. 그런 가설이 치료 중에 이루어진 관찰에서 추정된 것이었기 때문이다. 과학적 관점에서 볼 때 바람직한 연구는 여러 해 동안 대규모 집단의 사람들을 대상으로, 그들 가운데 최종적으로 누가 그런 질환에 걸리는지를 살펴보는 연구다. 그런 종류의 연구는, 예를 들어 통제력을 휘두르는 부모로 인해 한 여성이 섭식장애에 걸리기 쉬워지는지를 말해줄 수 있는 명확한 비교를 가능하게 해준다. 그 외에도 그런 연구를 통해 섭식장애를 낳는 여러 가지 조건들을 규명할 수 있고, 또한 원인인 듯이 보이지만 실제로는 치료를 받으러 오는 사람들의 경우만큼이나 그런 질환에 걸리지 않은 사람들에게서 자주 발견되는 조건과 앞서의 조건을 구별할 수 있게 된다.

그런 연구가 7학년에서 10학년에 이르는 900명 이상의 여학생을 대상으로 행해졌다. 그 결과 정서적 결손—특히 서로 간에 괴로운 감정을 말하지 못하고, 그런 감정을 통제하지 못하는—이 섭식장애의 요인들 가운데 가장 중요한 것으로 드러났다.[38] 교외지역에 위치한 풍요로운 미니애폴리스 고등학교에서 벌써 10학년 무렵에 심각한 거식증이나 폭식증 증세를 드러낸 학생이 61명이나 됐다. 질환이 심각할수록 여학생들은 좌절이나 어려움 그리고 스스로 달랠 수 없을 만큼 강렬한 부정적인 감정으로 인한 사소한 괴로움에 커다란 반응을 보였고, 자신이 정확하게 무엇을 느끼고 있는지를 제대로 인식하지 못했다. 이런 정서적 경향성이 자기 몸에 대한 강한 불만족과 결합될 때 그 결과는 거식증이나 폭식증으로 나타났다. 지나치게 통제하는 부모는 섭식장애의 원인과 큰 상관이 없는 것으로 나타났다. (브루흐 스스로도 경고했듯이 사후 인지에 기초한 이론은 정확하지 않을 가능성이 높다. 예컨대 부모는 딸을 도와주려는 필사의 노력으로 딸의 섭식장애에 대응해서 쉽사리 강도 높게 통제력을 가할 수 있다는 따위의 이론이다.) 역시 무관하다고 판명된 것은 성행위에 대한 두려움, 너무 이른 사춘기의 시작, 낮은 자존감과 같은 한때 인기를 끌었던 설명이었다.

이 전도유망한 연구가 밝히는 인과적 연쇄는 여성적 아름다움의 징표로서 부자연스러운 날씬함에 흠뻑 빠져 있는 사회 속에서 성장하는 것이 소녀들에게 미치는 영향에서 시작한다. 청소년기에 이르기 훨씬 전부터 여학생들은 이미 자신의 몸무게에 대해 자의식을 지니고 있다. 예를 들어 여섯 살 난 한 여자 아이는 엄마가 수영하러 가겠느냐고 묻자 수영복을 입으면 뚱뚱해 보일 거라며 울음을 터뜨렸다. 이야기를 해준 그 여자 아이의 담당 소아과 의사의 말에 따르면, 사실 그 여자 아이는 키에 따른 몸무게가 정상이었다.[39] 271명의 10대들을 대상으로 한 연구에서, 여자 아이들 가운데 반은 자신이 너무 뚱뚱하다고 생각했다. 사실 거의 대부분 몸무게와 비교해서 정상이었는데도 말이다. 하지만 미니애폴리스 연구는 살찌는 것에 대한 강박관념은 계속해서 섭식장애에 걸리게 되는 여자 아이들이 존재하는 이유를 설명하기에는 그 자체로 충분하지 않다는 점을 보여준다.

살찐 사람들 가운데는 무섭고, 화나고, 배고픈 것 사이의 차이를 구별할 수 없어서 그 모든 감정을 배고픔을 나타내는 것으로 뭉뚱그려 생각한 나머지, 당혹감을 느낄 때마다 과식하게 되는 사람들이 있다.[40] 비슷한 일이 이 여자 아이들에게 일어나는 듯이 보인다. 소녀들을 대상으로 섭식장애 연구를 했던 미네소타 대학의 심리학자 글로리아 리언(Gloria Leon)은 이 여자 아이들은 "자신의 감정과 육체의 징후에 대해 제대로 인식하지 못해요. 그런 점이 그다음 2년 이내에 섭식장애에 걸리게 될 것을 예측하는 가장 강력한 요인이죠. 대부분의 아이들은 자신이 느끼는 다양한 감각을 구별해서 지루한지, 화가 나는지, 우울한지 혹은 배고픈 지를 압니다. 이런 것은 감성학습의 기본이죠. 하지만 그들은 남자친구 와의 사이에 문제가 있을 수도 있고 자신이 화가 났는지, 불안한지, 우울 한지를 확신하지 못할 수도 있어요. 그들은 그저 효과적으로 처리하는 법을 알지 못하는 산만한 감정의 폭풍을 경험할 뿐이지요. 그들은 방법 을 배우기보단 음식을 먹음으로써 기분이 훨씬 좋아지게 만드는 법을 배 웁니다. 그렇게 음식을 먹는 것이 강력하게 터를 잡는 가성 습관이 될 수 있어요."

하지만 자신을 위로해주는 이런 습관이 여자 아이들이 날씬한 상태를 유지하기 위해 느끼는 압력과 상호 작용할 때 섭식장애가 발병하는 길이 놓이게 된다. "처음엔 마구잡이로 먹는 것에서 시작할 수도 있어요"라고 리언이 관찰 결과를 말한다. "하지만 날씬한 상태를 유지하기 위해 토하 거나 하제(설사를 일으키는 약—옮긴이)에 의존하게 되고, 과식으로 늘어난 몸무게를 빼기 위한 강도 높은 운동을 할 수도 있어요. 정서적 혼란을 다 스리려는 이런 분투가 취할 수 있는 또 다른 방법은 전혀 먹지 않는 것이 죠. 그런 방법은 이런 압도된다는 느낌에 대해 적어도 일정 정도 통제력 을 지니고 있다고 느끼는 방법이 될 수 있습니다."

서툰 내적 인식과 미약한 사교 기술이 조합됐다는 것은 이 여자 아이 들이 친구나 부모 때문에 당혹스러울 때 상호관계나 자신의 괴로움 어느 것 하나도 효과적으로 위로할 수 없다는 사실을 뜻한다. 그들의 당혹감 은 폭식증이나 거식증 혹은 그저 마구잡이로 먹어 대는 것과 같은 섭식 장애를 촉발한다. 리언에 따르면, 그런 여자 아이들을 효과적으로 치료 하기 위해서는 그들에게 부족한 감성기술에 대한 약간의 교정 교육이 필 요하다. 리언은 이렇게 말한다. "만일 환자가 감성 결손을 말해주면 치료가 잘 이루어진다는 점을 임상의들은 안답니다. 이런 여자 아이들은 문제 해결을 위해 잘못된 식습관에 의존할 것이 아니라, 자신의 감정을 인식하는 법을 배우고 스스로를 달래거나 타인과의 관계를 더 잘 다루는 방법을 배울 필요가 있어요."

비할 바 없이 외로운 사람들 : 탈락자들

다음은 초등학교에서 일어나는 드라마 같은 장면이다. 친구가 거의 없는 4학년 벤은 친구 제이슨에게서 오늘 점심시간에는 함께 놀지 않을 거라는 말을 들었다. 제이슨은 벤 대신 채드라는 아이와 놀고 싶은 것이다. 주눅이 든 벤은 고개를 숙이고 운다. 흐느낌이 잦아들자 벤은 제이슨과 채드가 점심을 먹고 있는 탁자 쪽으로 간다. 벤이 제이슨에게 소리를 지른다.

"너, 정말 미워!"

제이슨이 묻는다.

"왜?"

벤이 비난 투로 말한다.

"거짓말하니까. 이번 주 내내 나하고 논다고 하더니 결국 거짓말이었잖아."

벤은 소리 없이 울면서 텅 빈 탁자 쪽으로 천천히 걸어간다. 제이슨과 채드가 벤에게 가서 말을 걸려고 하지만, 벤은 손가락으로 귀를 막으며 단호하게 그들을 무시하곤 식당 바깥으로 달려 나가 커다란 쓰레기장 뒤에 숨는다. 그런 언쟁을 지켜보던 여자 아이들이 중재를 하려고 벤을 찾아가, 제이슨이 벤과도 함께 놀려고 한다고 말해준다. 하지만 벤은 도무지 누구의 말도 들으려 하지 않으면서 혼자 내버려두라고 말한다. 벤은

반항적인 상태로 혼자 있으면서 화를 내고 흐느끼며 자신의 상처를 어루만진다.[41]

확실히 통절한 아픔의 순간이다. 거절당했으며 친구가 없다는 느낌은 대부분의 사람이 어린 시절이나 청소년기의 어느 순간에선가 겪는 감정이다. 하지만 벤의 반응과 관련해서 가장 영향이 큰 행동은 우정을 복구하려는 제이슨의 노력에 응답하지 못한 것이다. 곤경이 곧 끝날 수도 있는데도 곤경을 확대하는 자세다. 중요한 신호를 포착하지 못하는 무능력은 인기 없는 아이들에게 보이는 일반적인 요소다. 8장에서 살펴보았듯이 사회적으로 퇴짜 맞는 아이들은 대체로 감성적이고 사회적인 신호를 읽는 데 서툴다. 그런 신호를 제대로 읽어낼 때조차도, 그런 아이들의 응답은 제한적일 수 있다.

학교를 중퇴하는 일은 사회적으로 거부된 아이들에겐 특별히 위험하다. 또래에게 거부당하는 아이들의 중퇴율은 친구를 잘 사귀는 아이들보다 2~8배가량 높다. 예를 들어 한 연구에 따르면, 초등학교에서 인기 없는 아이들의 25퍼센트 정도가 고등학교를 마치기 전에 중퇴했다. 일반적인 비율인 8퍼센트에 비해 아주 높은 비율이다.[42] 이는 별로 이상한 일이 아니다. 일주일에 30시간을 아무도 당신을 좋아하지 않는 곳에서 보낸다고 상상해보라.

이런 아이들이 '배제되는' 한 가지 방식은 그들이 보내는 감성신호 속에 들어 있다. 친구가 거의 없는 초등학생들에게 역겨움이나 분노 같은 다양한 정서를 실제 그런 정서를 드러내는 얼굴과 짝을 지어보라고 하자, 친구들과 잘 어울리는 아이들보다 훨씬 많은 오류를 범했다. 유치원생들에게 친구를 사귀거나 다투지 않을 방법을 말해보라고 했을 때, 자멸적인 대답(예를 들어 똑같은 장난감을 두 아이가 원할 때 어떻게 할 것인가에 대해 "한 대 후려갈겨요"라는 대답)을 생각해내거나 막연하게 어른들한테 도움을 청한다는 식으로 답한 아이들은 인기 없는 아이들(다른 아이들이 함께 놀지 않으려는 아이들)이었다. 10대에게 슬프고 화나고 장난치는 연기를 하게 하자, 인기 없는 아이들일수록 가장 설득력 없는 연기를 했다. 그런 아이들이 친구 사귀는 일이 너무 힘들다고 느끼게 되는 것은 전혀 놀랄 일이 아닌 것이다. 그들의 사교적 무능력은 자기 이행적 예언(기대와 믿음을 가지면 결국 그 사람이 기대하는 방향으로 행동하고 성취하도록 이끌 수 있다는 것—옮긴이)이 된다. 그리하여 그들은 친구를 사귀는 새로운 접근 방식을 배우지 못하고, 그저 과거에 이미 아무런 효과가 없었던 똑같은 식으로 계속 행동하거나, 훨씬 더 부적절한 반응을 생각해낸다.[43]

주변 친구들이 별로 좋아하지 않는 이런 아이들은 중요한 감성적 기준에 미달돼 있다. 그들은 함께 놀 만큼 재미있지도 않고, 다른 아이를 기분 좋게 만드는 법을 알지도 못한다. 인기 없는 아이들이 노는 모습을 관찰해보면, 예를 들어 게임에서 지고 있을 때는 상대편을 속이고 화를 내며 놀던 걸 그만두고, 이기고 있을 때는 과시하고 허풍을 떨 가능성이 높다. 누구나 게임에서 이기고 싶은 마음이 드는 것은 당연하다. 하지만 이기든 지든, 대부분의 아이들은 친구와의 관계를 허물지 않을 정도로 감성적 대응을 억제할 수 있다.

친구 사귀는 법을 전혀 모르는(타인의 감성을 읽고 그 감성에 응답하는 데 어려움을 겪는) 아이들은 결국 사회적 고립자가 되지만, 일시적으로 배제되는 정도로는 그렇게까지 되지 않는다. 그러나 계속해서 배제되고 거부되는 경우, 이 아이들에게는 고통스러운 추방자라는 딱지가 붙는다. 결국 아이는 사회적 변방에 자리 잡게 되고, 나중에 어른이 되었을 때 이것이 초래할 결과는 엄청날 수 있다. 예를 들어 친근한 우정이라는 끓는 가마솥 같은 상황과 법석을 떨어 대는 놀이 속에서야말로 아이들이 나중에 맺게 될 인간관계에 사용할 사교적, 감성적 기술을 정련할 수 있는 것이다. 그러므로 이런 학습의 영역에서 배제된 이 아이들은 불가피하게 불이익을 받는다.

거부되는 아이들이 우울해하고 외로워할 뿐 아니라 대단히 불안해하고 걱정이 많은 것도 이해할 만하다. 사실 아이가 3학년 때 얼마나 인기가 있었느냐가 다른 무엇보다도―교사들과 간호사들의 평가, 학교 성적과 IQ, 심지어 심리검사 점수보다도―18세 때의 정신건강 문제를 가장잘 예보해주는 요인임이 밝혀졌다.[44] 그리고 지금까지 살펴봤듯이, 삶의후반에 들어 친구가 거의 없고 늘 혼자인 사람들은 질병에 걸리고 조기에 사망할 위험성이 훨씬 크다.

심리분석가인 해리 스택 설리번(Harry Stack Sullivan)이 지적하듯이, 아이들은 동성의 단짝들과 처음 맺는 우정 속에서 친밀한 관계를 맺는 법(차이를 없애고 가장 깊은 감정을 공유하는 법)을 배운다. 하지만 사회적으로 거부되는 아이들은 초등학교 시기라는 결정적인 세월 동안 최고의 친구를사귈 가능성이 또래들의 반 정도밖에 되지 않아, 감성적 성장을 이룰 중요한 기회를 놓치게 된다.[45] 친구 하나가 차이를 만들어낼 수 있다. 설사모든 다른 이들이 등을 돌리더라도(설사 그 우정조차 아주 견고하지 않더라도)말이다.

▶ 우정 훈련 프로그램

친구들에게 따돌림을 당하는 아이들의 미숙한 인간관계에도 희망은있다. 일리노이 대학의 심리학자 스티븐 애셔(Steven Asher)는 어느 정도성공을 거둔, 인기 없는 아이들을 위한 일련의 '우정을 얻도록 도와주는지도' 프로그램을 고안했다.[46] 반에서 호감을 덜 받는 3~4학년 학생들을 골라 그들에게 '친근하고, 재밌고, 착하게' 행동함으로써 '게임을 좀 더 재미있게 하는' 방법에 대한 여섯 개의 프로그램을 제시했다. 아이들은 게임을 좀 더 즐겁게 만들어주는 방법들을 배우려고 애쓰는 게임 코치로, 즉 '컨설턴트'로 활약하라는 지시를 받았다.

이 아이들에게 애셔는 인기 있는 아이들처럼 행동하게 했다. 예를 들어 만일 규칙에 동의를 하지 않는다면 (싸우기보다는) 대안이나 타협을 생각해보게 했다. 아이들은 노는 동안 다른 아이와 대화를 나누고, 질문을 하며, 상대편 아이가 어떻게 노는지 귀를 기울이고, 쳐다보고, 상대편이 잘할 때 칭찬해주며, 미소 짓고, 도움을 주거나 제안이나 용기를 주라는 지시를 받았다. 아이들은 또한 급우와 막대기 들어올리기 게임 같은 걸 하며 노는 동안 이런 기본적인 사교적 예의를 발휘해보았는지, 그리고 실제 얼마나 잘했는지에 대해서 나중에 지도를 받았다. 잘 어울려 지내는 데 대한 이런 작은 강좌는 탁월한 효과를 발휘했다. 1년 후 지도를 받은 아이들―반 아이들에게 호감을 받지 못하기 때문에 선발됐다―은 교실에서 중간 정도의 인기를 차지했다. 사교적으로 뛰어난 아이는 없었지만, 아무도 거부되지도 않았다.

에모리 대학의 심리학자인 스티븐 노위키도 비슷한 연구 결과를 발표한 적이 있다.[47] 그의 프로그램은 사회적 추방자들이 다른 아이들의 감정을 읽는 능력과 그 감정에 제대로 응답하는 능력을 배우도록 훈련한다. 예를 들어 아이들은 행복이나 슬픔 같은 감정 표현을 실습하는 장면을 녹화한 비디오를 통해 감정 표현을 개선할 수 있도록 지도를 받는다. 그런 다음 아이들은 사귀고 싶은 아이에게 새롭게 연마한 기술을 시도해본다.

이런 프로그램들은 거부되는 아이들의 인기를 올리는 데 50~60퍼센트의 성공률을 기록했다. 그리고 현재 고안된 프로그램들은 고학년보다는 3~4학년 아이들에게 가장 효과가 있는 듯하고, 아주 공격적인 아이들보다는 사회적으로 잘 적응을 하지 못하는 아이들에게 훨씬 도움이 되는 것 같다. 하지만 문제는 어떻게 조율하느냐다. 희망적인 징표는 대다수의 거부되던 아이들이 몇 가지 기본적인 감성 지도만으로 우정의 틀 속으로 들어가게 됐다는 사실이다.

▌음주와 마약 복용 : 자가 치료 중독증

어떤 학생들은 정신을 잃을 때까지 맥주를 마구 퍼마시는 것을 '인사 불성이 될 때까지 마셔 대기'라고 부른다. 그중 한 방법은 깔때기를 정원 용 호스에다 연결해서 맥주 한 컵을 대략 10초 안에 들이켜는 것이다. 이런 방법은 특이한 게 아니다. 한 조사에 따르면, 남자 대학생의 5분의 2(40퍼센트) 이상이 한번에 일곱 잔 이상을 들이켜는데도 11퍼센트만이 스스로를 '고주망태'라고 부른다. 또 다른 말로는 물론 '알코올 의존증' 이다.[48] 남자 대학생의 반가량과 여대생의 40퍼센트 정도가 한 달에 적어도 두 번은 폭음을 한다.[49]

미국의 젊은이들에게 마약 복용은 1980년대 들어 차츰 줄어들고 있지만, 어린 나이의 음주는 꾸준히 증가하는 추세다. 1993년 조사에 따르면, 여대생의 35퍼센트가 취하기 위해 마셨다고 말했는데, 1977년에는 단지 10퍼센트만이 그렇게 말했다. 전반적으로 세 명의 학생 가운데 한 명은 취하기 위해 술을 마시는 셈이다. 그런 현상은 다른 위험성을 제기한다. 대학 캠퍼스에서 보고된 모든 강간의 90퍼센트가 폭행자나 희생자(혹은 둘 다)가 술을 마시다가 발생했다는 사실이다.[50] 또한 알코올과 관련된 사고는 15~24세의 주 사망 원인을 이루고 있다.[51]

마약과 알코올을 시험 삼아 복용해보는 일이 청소년들에게는 통과의례인 듯 여겨질 수 있으나, 이 최초의 취향이 일부 젊은이들에게는 장기적인 영향을 미칠 수 있다. 대부분의 알코올 의존증과 마약중독자들의 경우, 중독의 시작을 추적해보면 10대로 거슬러 올라간다. 물론 10대에 시도해본 젊은이 가운데 진짜 알코올 의존증이나 마약중독자가 되는 경우는 소수에 불과하다. 학생들은 고등학교를 졸업할 무렵 90퍼센트 이상이 술을 마셔봤지만, 약 14퍼센트만이 알코올 의존증이 됐다. 이와 비슷하게 코카인 흡입을 경험해본 수백만의 미국인 가운데 5퍼센트도 안 되는 사람들만이 마약에 중독됐다.[52] 무엇이 이런 차이를 낳는 것일까?

구석진 거리에서 환각제가 팔리고 마약 거래상이 지역의 가장 저명한 경제적 성공의 모델인, 범죄율이 높은 지역에 살고 있는 사람들이 약물 남용의 가장 큰 위험에 빠져 있음은 분명하다. 스스로 소규모 마약상이 됨으로써 결국 중독에 빠지는 사람도 있고, 단순히 접근성이 용이하거나 마약을 미화하는 또래 문화로 인해 마약중독자가 되는 사람도 있다. 심지어(아마도 특히) 가장 부유한 지역을 포함한 특정 지역도 마약 복용의 위험성을 높이는 요인이다. 하지만 이런 유혹과 압력에 노출되는 사람들에 대한 의문과 '어떤 사람이 계속 시도를 하고, 또 어떤 사람에게 결국 영원한 습관으로 굳어지게 되는가?' 하는 의문은 여전히 남는다.

그렇게 습관이 된 사람들은 알코올이나 마약에 점점 더 의존하게 되면서 알코올이나 마약을 일종의 의약품처럼 여겨 불안, 분노, 우울함을 달래는 방법으로 활용한다는 게 현재 과학자들의 얘기다. 어린 시절 우연한 경험을 통해 이 물질들이 자신을 괴롭혀온 불안이나 울적함을 가라앉혀주는 방법이 된다고 여기게 된 것이다. 2년 동안 추적 연구의 대상이 된 수백 명의 7~8학년 학생들 가운데서 좀 더 강한 정서적 괴로움을 보고했던 학생들이 바로 계속해서 높은 비율의 약물 남용 습성을 지니게 됐다.[53] 이를 통해 왜 중독되지 않은 채 마약과 음주를 할 수 있는 젊은 이들이 있는 반면, 거의 처음부터 마약과 술에 의존하게 되는 젊은이들이 있는지 설명이 된다. 중독되기 아주 쉬운 젊은이들은 마약이나 알코올에서 그들을 몇 년 동안 괴롭혀온 정서를 달래주는 즉각적인 방법을 발견하는 듯하다.

피츠버그에 있는 서양정신의학연구소 및 진료소의 심리학자 랠프 타터(Ralph Tarter)는 이렇게 설명한다. "생물학적으로 질병 소인이 있는 사람들의 경우에 첫 음주나 마약 복용은 다른 사람들은 정말이지 전혀 경험하지 못하는 식으로 엄청난 기운을 불어넣어줄 수 있습니다. 마약중독에서 벗어난 많은 사람들이 이렇게 말하죠. '제가 처음에 마약을 복용했을 때는 정말 평온한 느낌이었어요.' 짧은 순간이지만 마약이 그들을 육체적으로 안정되게 만든 것입니다."[54] 그것은 물론 중독으로 이끄는 악마의 흥정이다. 장기적인 인생의 해체와 단기적인 기분 좋음을 맞바꾸라는 흥정 말이다.

또한 특정한 감성 패턴으로 인해 다른 물질보다는 어떤 한 물질에서 감성적 안도감을 구하도록 만들 가능성이 높아지게 만드는 듯하다. 예를 들어 알코올 의존증으로 이끄는 데는 두 가지 감성 통로가 존재한다. 어릴 때 신경질적이고 잘 긴장하는 편이며 일반적으로 10대에 알코올이 불안을 가라앉혀 주리라고 생각한 사람에게서 첫 번째 통로가 시작된다. 그런 아이들(대체로 아들)의 부모는 대개 자신의 신경을 달래기 위해 알코올에 의존해온 알코올 의존증일 확률이 높다. 이런 패턴을 나타내는 한 가지 생물학적 현상은 불안을 규제하는 신경전달물질인 감마아미노부티르산(GABA)의 과소 분비다. 긴장이 높을 때 감마아미노부티르산이 거의 존재하지 않게 되는 경험을 한다. 알코올 의존증 아버지를 모시는 아들의 경우 감마아미노부티르산 수치가 낮으며 대단히 불안해하지만, 술을 마시면 감마아미노부티르산 수치가 올라가서 불안이 해소됐다고 한 연구는 밝혔다.[55] 그들은 긴장을 풀기 위해 술을 마신다. 알코올에서 다른 식으로는 얻을 수 없을 것 같은 긴장의 이완을 경험하기 때문이다. 그들은 똑같은 불안 해소 효과를 얻기 위해 알코올뿐 아니라 진정제에도 중독되기 쉽다.

충동성의 징표뿐 아니라 스트레스로 인해 높아진 심장박동과 같은 불안 징표를 열두 살 때 보였던 알코올 의존증 환자들의 아들들을 대상으로 한 신경심리학적 연구를 통해, 그런 소년들에게서 전두엽의 기능이 저하돼 있다는 사실이 밝혀졌다.[56] 그리하여 불안을 가라앉히거나 충동성을 통제하도록 도와줄 수 있었을 두뇌의 영역이 다른 소년들의 경우보다 그들에게는 별반 도움을 주지 못했다. 전전두엽 역시 작동기억—결정을 내리면서 다양한 경로의 행동이 가져올 결과를 마음속에 저장함—을 다루기 때문에, 그 부위의 결손은 알코올을 통해 금방 불안이 진정될 때조차도 술을 마시는 장기적인 결함을 무시하도록 조장함으로써 서서히 알코올 의존증에 빠져들도록 부추길 것이다.

이런 평온함에 대한 갈망은 유전적으로 알코올 의존증에 걸리기 쉬운 감정적 징표인 듯 보인다. 알코올 의존증인 사람들의 친척 1300명에 대한 연구에서, 알코올 의존증이 될 위험성이 가장 높은 알코올 의존증 환자들의 자식들은 만성적으로 높은 불안에 시달린다고 말하는 사람들이었음이 밝혀졌다. 연구자들은 실로 알코올 의존증이 그런 사람들 속에서 '불안 징후에 대한 자가 치료'의 차원으로 일어난다는 결론을 내렸다.[57]

알코올 의존증으로 이끄는 두 번째 감성 통로는 높은 수준의 흥분, 충동성, 지루함이다. 유아기에 이런 패턴은 불안정하고, 성미가 까다로우며, 다루기 힘든 모습으로 나타난다. 초등학교 때에는 침착하지 못함, 과도한 활동성, 말썽을 일으키는 식으로 드러나거나, 앞에서 살펴봤듯이 과격한 친구들을 찾아 나서도록 충동질하여 이따금 범죄 행각을 벌이거나, '반사회적 인성장애' 진단을 받게 만드는 경향성을 보이기도 한다. 그들(주로 남자들)은 잘 흥분하며, 주된 약점은 통제되지 않는 충동이다. 그들은 자주 지루함에 빠지는데, 그럴 때 그들은 보통 위험하거나 흥분을 주는 일을 충동적으로 찾아 나서는 식으로 대응한다. 이런 패턴을 지닌 사람들은—이는 세로토닌과 모노아민산화요소(MAO)라는 두 가지 다른 신경전달물질의 결함과 관련이 있을 수 있다—알코올이 이런 흥분을 가라앉혀 준다고 생각한다. 또한 단조로움을 견딜 수 없다는 사실로 인해 그들은 아무런 것이나 시도할 태세가 되어버린다. 이런 충동성과 짝을 이루어 그들은 알코올 이외에 거의 닥치는 대로 다양한 마약을 복용하기 십상이다.[58]

사람들은 우울증 때문에 술을 마시게 된다고 하지만, 사실 알코올은 신진대사에 영향을 미쳐 우울증은 잠시 가라앉았다가 곧 더 악화된다. 정서적 완화제로 알코올에 의존하는 사람들은 우울증 때문이라기보다는 불안을 가라앉히기 위해 음주하는 경우가 더 많다. 알코올과는 달리 마약은 우울한 사람들의 감정을 적어도 일시적이나마 달래준다. 만성적으로 불행을 느끼는 사람들은 우울한 감정에 직접적인 해독제를 제공하는 코카인 같은 자극제에 중독될 위험성이 높다. 코카인 중독으로 진료소에서 치료받는 환자들의 반 이상이 코카인 흡입 습관이 들기 전에 진단을 받았다면 심각한 우울증 소견이 나왔을 것이며, 선행하는 우울증이 깊을수록 중독도 더 심해진다는 사실이 연구를 통해 밝혀졌다.[59]

만성적인 분노 역시 또 다른 종류의 질병에 걸리기 쉽게 만든다. 헤로인과 다른 오피오이드에 중독되어 치료받고 있는 400명의 환자들을 대상으로 한 연구에서, 가장 현저한 감성 패턴은 평생에 걸쳐 다스리기 어려운 분노와 즉각적으로 화를 내는 일이었다. 환자들 가운데는 아편 복

용으로 마침내 정상적이고 긴장이 풀리는 느낌을 얻었다고 말하는 사람도 있었다.[60]

약물중독의 경향성은 많은 경우 두뇌에 원인이 있을 수 있지만, 음주나 마약을 통해 사람들이 스스로 '자가 치료를 하도록' 내모는 감정들은 약물에 의존하지 않고도 처리할 수 있다. '알코올 의존증 방지회'와 기타 회복 프로그램들이 수십 년 동안 입증해왔듯이 말이다. 그런 감정을 다루는(불안을 달래고, 우울증을 없애며, 분노를 가라앉히는) 능력을 획득함으로써 우선 마약이나 알코올을 사용하려는 관성을 제거할 수 있다. 이런 기본적인 감성기술은 마약과 알코올 남용 치료 프로그램을 통해 교정 차원에서 학습될 수 있다. 만일 그들이 중독 증세가 확립되기 훨씬 전인 어릴 적에 이런 학습을 했다면 물론 훨씬 더 나은 삶이 됐을 것이다.

▶ 전쟁은 이제 그만 : 최후의 평범한 예방책

지난 10여 년간은 10대의 임신, 중퇴, 마약, 아주 최근 들어 폭력에 이르기까지 차례로 '전쟁'이 선포되어온 세월이었다. 하지만 그런 캠페인들의 문제점은 목표로 삼은 문제가 유행병적 단계에 이르러 젊은이들의 삶 속에 확고히 뿌리를 내려버린 뒤에야 너무 늦게 등장했다는 사실이다. 그런 캠페인은 위기 개입(정신적 위기 상태에 처한 사람에 대한 치료적 개입-옮긴이)으로, 우선 질병을 막아줄 예방접종을 제공한다기보다는 구조하기 위해 앰뷸런스를 보내 문제를 해결하는 것이나 마찬가지 시도였다. 더 많은 그런 '전쟁' 대신에 우리에게 필요한 것은 예방이다. 중독 증세에 시달리는 운명은 어떤 경우든지 모두 회피할 수 있도록 하여 인생을 대하는 새로운 기술을 아이들에게 제공해야 한다.[61]

내가 이 책에서 감성적, 사회적 결손에 초점을 맞춘다 해서, 산산이 부서지고 학대를 일삼거나 혼란스러운 가족이나 가난하고 범죄와 마약에 찌든 마을에서 성장하는 것과 같은 다른 위험 요인들의 영향을 부정하는 것은 아니다. 사실 가난 자체는 아이들에게 감성적 타격을 준다. 가난한 집 아이들은 이미 잘사는 집 아이들보다 훨씬 두려움이 많고 불안해하며 슬퍼한다. 또한 가난한 집 아이들은 자주 발끈하고 물건을 부수는 등 행동에 많은 문제를 일으키며, 그런 경향이 10대 시절 내내 계속되기도 한다. 가난이 주는 압박감은 가족생활 역시 좀먹는다. 부모는 따뜻함을 내보이는 일이 점점 줄어들고, 엄마의 우울증이 증가하며(독신이거나 실직 상태인 경우가 많다), 아이를 교육할 때 소리 지르고 때리는 등 육체적 위협을 가하는 혹독한 처벌에 더 많이 의존하게 된다.[62]

그러나 가족과 경제적 힘을 넘어서는 감성능력의 역할이 존재한다. 앞서 말한 아이나 10대가 어떤 곤경에 처해도 망가지지 않고 살아남는 회복력의 핵심에서 감성능력의 역할은 결정적이다. 가난 속에서, 학대하는 가족들 속에서 혹은 심각한 정신질환을 앓는 한쪽 부모에 의해 양육된 수백 명의 아이들에 대한 장기간의 연구를 통해, 가장 혹독한 곤경에 직면해서조차 회복력을 가지고 있는 아이들은 중요한 감성기술을 공유하는 편임이 밝혀졌다.[63] 여기에는 사람들의 마음을 끄는 사교성, 자기 확신, 실패와 좌절에 직면하는 낙관적인 끈기, 당혹스러움에서 금방 회복되는 능력, 낙천적인 성격 등이 포함된다.

그러나 대다수의 어린이들은 이런 기술 없이 어려움에 직면한다. 사실 이런 많은 기술들은 선천적인 것으로, 유전적 행운임은 물론이다. 하지만 14장에서 살폈듯이 기질도 더 좋은 방향으로 변화할 수 있다. 당연히 부모가 자녀교육에서 고수해야 하는 한 가지 노선은 정치적이고 경제적인 것으로, 이런 질환을 낳는 가난을 벗어나고 다른 사회적 환경을 편안하게 만드는 일이다. 그러나 이런 책략과는 별도로(이것은 갈수록 사회적 의제에서 하위로 내려가는 듯하다) 아이들이 자신들을 좀먹는 시련에 더 잘 맞붙어 싸우도록 도움이 되는 많은 것들을 제공해야 한다.

미국인 두 명 가운데 한 명가량이 살아가면서 경험하는 감성질환이나 괴로움을 예로 들어보자. 8098명의 미국인들로 된 대표 표본 연구를 통해 48퍼센트가 평생 동안 적어도 한 가지 정신질환으로 고통 받았음이 밝혀졌다.[64] 가장 심각하게 고통 받았던 사람들은 한 번에 세 가지 혹은 그 이상의 정신질환에 시달렸던 14퍼센트의 사람들이었다. 이 집단은 어떤 한 시기에나 발생하는 모든 정신질환의 60퍼센트를 차지하고, 가장 심각하게 불구 상태로 만드는 질환의 90퍼센트를 차지하는 가장 큰 고통을 겪는 집단이다. 물론 그들에게는 우선 집중적인 보살핌이 필요하다. 하지만 최적의 접근 방식은 가능한 한 어디서나 이런 질환을 예방하는 일이 될 것이다. 모든 정신질환이 예방될 수는 없다. 그러나 예방 가능한 것도 있으며, 어쩌면 많을지도 모른다. 그 연구를 했던 미시간 대학의 사회학자 로널드 케슬러(Ronald Kessler)는 이렇게 말한다. "아이가 어릴 때 자녀교육을 잘할 필요가 있습니다. 6학년 때 사교 공포증에 걸려 자신의 사교적 불안감을 다스리기 위해 중학교 때부터 술을 마시기 시작한 한 여학생을 예로 들어보죠. 20대 후반 무렵 그녀가 우리 연구실에 나타났을 때 그녀는 겁이 많고, 알코올과 마약 남용자였으며, 인생이 너무 엉망진창이라 우울한 상태였습니다. 여기서 가장 중요한 질문은 '지금의 이 모든 나락의 소용돌이를 피하기 위해 그녀가 어렸을 때 우리가 할 수 있는 일은 무엇이었을까?' 입니다."

오늘날 아이들이 직면하고 있는 학교 중퇴, 폭력 등 대부분의 위험에 대해서도 똑같은 질문이 당연히 필요하다. 마약 복용이나 폭력 같은 이러저러한 특별한 문제를 예방하는 교육 프로그램은 지난 10여 년 세월

속에서 상당히 늘어나 교육시장 내에서 작은 산업을 형성하기기에 이르렀다. 그러나 그런 많은 프로그램들―번지르르하게 광고되고, 아주 널리 사용되는 많은 것을 포함해서―은 비효율적인 것으로 판명됐다. 교육자로서 유감스럽기 그지없게도 몇몇 프로그램은 심지어 저지하고자 했던 문제, 특히 마약 남용과 10대 성문제를 일으킬 가능성을 오히려 증대시키는 듯했다.

정보만으론 충분치 않다

도움이 되는 적절한 사례는 아이들에 대한 성적 학대 문제를 들 수 있다. 1993년 현재 1년간 미국에서 성적 학대로 확인, 보고된 사례는 20만 건가량 된다. 매년 그 수치는 약 10퍼센트씩 증대되고 있다. 측정 수치는 상당히 다양하지만 전문가들은 대개 여자 아이들의 20~30퍼센트와 그 수의 절반 정도 되는 소년들이 17세 무렵에 이런저런 형태를 띤 성적 학대의 희생자라는 사실에 동의한다(이 수치는 다른 요인들 가운데서 성적 학대를 어떻게 정의하느냐에 따라 올라가거나 떨어진다).[65] 성적 학대로 인해 특별히 상처받기 쉬운 아이에 대한 단일한 인물 단평은 존재하지 않는다. 하지만 대부분의 아이들은 보호받지 못한다고 느꼈고, 스스로의 힘으로 저항할 수 없다고 생각했으며, 자신에게 벌어진 일로 인해 소외돼버렸다고 느꼈다.

이런 위험성을 인식한 많은 학교들이 성적 학대를 방지하기 위한 프로그램을 제공하기 시작했다. 대부분의 프로그램들은 성적 학대에 대한 기본 정보를 제공하는 데 철저하게 초점을 맞춘다. 그리하여 아이들에게 '선한' 신체 접촉과 '악한' 신체 접촉 간의 차이를 인식하는 법 따위를 가르치고, 위험에 대한 경각심을 갖게 하여 무언가 곤란한 일이 벌어지면 어른들에게 말하도록 했다. 그러나 아이들 2000명을 대상으로 한 전국적인 조사를 통해 이런 기본 프로그램은 아이들이 희생양이 되지 않도록 무언가 조치를 취하도록 돕는 데 아무런 효과를 발휘하지 못하거나 차라리 교육하지 않느니보다 못했음이 밝혀졌다.[66] 그보다 더 나쁜 일은, 이런 기본 프로그램을 이수한 뒤 성적 학대의 희생자가 됐던 아이들이 프로그램 교육을 전혀 받지 않은 아이들보다 나중에 자신이 당했던 상황을 알려줄 가능성이 사실상 반밖에 되지 않았다는 점이다.

이와 대조적으로 좀 더 포괄적인 훈련—연관된 감성능력과 사교능력을 포함해—을 받은 아이들이 희생될지도 모르는 위협에 맞서 스스로를 훨씬 더 잘 보호할 수 있었다. 그들은 자신을 내버려두라고 요구할 가능성이 훨씬 컸고, 소리 지르거나 맞받아 싸우며, 일러바치겠다고 위협했다. 그리고 좋지 않은 일이 진짜로 자신들에게 생기면 실제로 상황을 보고했다. 학대받은 사실을 알리는 것의 장점은 그것이 대단히 예방적 역할을 한다는 점이다. 많은 어린이 치한들은 수백 명의 아이들을 제물로 삼는다. 40대 유아 치한들에 대한 한 연구에서, 그들은 평균 10대 이후부터 한 달에 한 명 정도씩 성추행을 해왔음이 밝혀졌다. 어느 버스 운전사와 고등학교 컴퓨터 교사에 대한 보고서는, 그 두 사람 사이에서 매년 300명의 아이들이 괴롭힘을 당해왔다는 사실을 드러내고 있다. 하지만 그 아이들 중 한 아이도 자신이 성적 학대를 당했음을 말하지 않았다. 그 교사에게 성적 학대를 당한 소년들 가운데 한 아이가 자기 여동생이 성적 학대를 당하기 시작하자 사실을 털어놓게 돼 이 일이 밝혀지게 된 것이다.[67]

포괄적 프로그램을 이수한 아이들은 단순한 기본 프로그램에 참여했던 아이들보다 성적 학대를 보고할 가능성이 세 배나 높았다. 무엇 때문에 이런 차이가 나게 됐을까? 포괄적 프로그램들은 하나의 주제로 이루어진 게 아니라, 건강교육이나 성교육의 일환으로 아이의 학교생활 과정 전체를 통해 여러 차례에 걸쳐 다양한 수준에서 제공됐기 때문이다. 또한 학교에서 가르치는 것과 더불어 부모들을 뽑아 아이에게 성적 학대에 대해 교육을 하게 했다(이렇게 했던 부모의 자녀들은 성적 학대의 위협에 가장 최선을 다해 맞섰다).

또한 사교능력과 감성능력의 차이도 있었다. 아이가 단순히 '선한' 접촉과 '악한' 접촉을 구별하는 것만으론 충분치가 않다. 신체 접촉이 있기에 앞서 진작부터 상황이 잘못됐다고 느끼고 괴로움을 느끼는 순간을 인지해내는 자기 인식 능력이 필요하다. 이런 능력은 자기 인식 능력을 수반할 뿐 아니라, "괜찮아" 하며 거듭 안심시키려 애쓸지도 모르는 어른과 맞닥뜨려서조차도 자신의 괴로운 감정을 신뢰하고 그에 따라 행동하고자 하는 충분한 자신감과 단호함을 수반한다. 그런 다음 아이는 벌어지려는 일을 가로막을 다양한 방법을 알아야 할 필요가 있다. 도망가는 것에서 다른 어른들에게 일러바치겠다고 위협하는 일에 이르기까지 말이다. 이와 같은 이유들 때문에 더 나은 프로그램들은 아이들이 자신이 원하는 것을 옹호하고, 수동적이기보다는 자신의 권리를 내세우며, 자신의 경계선이 무언지를 알고 그 경계선을 지키도록 가르친다.

그리하여 가장 효과적인 프로그램은 기본적인 성적 학대의 정보에다 필수적인 감성능력과 사교능력을 보탠 것이다. 이런 프로그램들은 아이들이 사람 사이의 갈등을 좀 더 긍정적으로 해결하는 방법을 찾고, 더욱 자신감을 느끼며, 무슨 일이 벌어진다 해도 스스로를 비난하지 않고, 의지할 수 있는 교사와 부모들의 지원 네트워크가 그들을 도와줄 것임을 느끼도록 가르쳤다. 그러다 만일 좋지 않은 일이 정말로 일어나면, 그들은 그 사건을 알려줄 가능성이 훨씬 더 높았다.

감성능력의 구성 요소

이와 같은 발견들은 객관적인 평가를 통해 효과적으로 드러났던 구성 요소들을 토대로 해서, 최적의 예방 프로그램의 구성 요소들이 어떠해야 하는지 다시 구상해보게 만들었다. W. T. 그랜트 재단의 후원을 받은 5년짜리 프로젝트에서 연구자 협회는 효과를 발휘하는 프로그램의 성공에 결정적인 듯 보이는 적극적인 구성 요소들을 추출했다.[68] 이 협회가 어떤 특별한 문제를 예방하기 위해 구성된 것이라 해도 협회가 결론 내린 주요한 기술의 목록은 다룰 필요가 있다. 그런데 이는 감성지능의 구성 요소와 흡사해 보인다(완전한 목록은 '부록 4'를 참고할 것).[69]

감성기술에는 확인하기, 표현하기, 감정 관리하기, 충동의 통제와 만족의 유예, 스트레스와 불안 처리하기 등의 자각이 포함된다. 충동의 통제에서 주요한 능력은 감정과 행동 간의 차이를 인식하는 법, 행동하려는 충동을 우선 통제하고 다음으로 대안적 행동과 그 행위에 앞서 결과를 확인함으로써 더 나은 감성적 결정을 내리는 법을 배우는 것이다. 대인관계와 관련된 많은 능력도 포함된다. 사교적이고 감성적인 신호 읽기, 경청하기, 부정적인 영향에 저항하기, 타인의 관점 취하기, 어떤 상황에서 어떤 행동이 바람직한지 알아채기 등이 그 예다.

이런 능력은 삶을 위한 핵심적인 감성능력과 사교능력에 포함되며, 전부는 아니더라도 이 장에서 예를 들었던 곤경 가운데 대부분에 대한 적어도 부분적인 해결책을 담고 있다. 이런 능력이 어떤 문제를 예방할 수 있을지 꼭 집어 말할 수는 없지만, 이를테면 원치 않는 10대의 임신이나 자살 같은 문제에 도움이 될 수 있을 것이다.

그런 모든 문제들은 복잡하게도 생물학적 운명, 가족의 역학, 가난의 정치학, 거리문화 따위가 서로 다른 비율로 뒤섞여 짜여져 있음이 확실하다. 감성을 포함해 어떤 종류의 교육도 혼자서 모든 일을 해내겠노라고 주장할 수는 없다. 감성적 결손이 아이의 위험한 처지에 부가되는 정도만큼—엄청나게 부가됨을 우리는 살펴봤다—다른 해결책의 배제가 아니라, 그런 해결책과 더불어 감성적 치유에 주목해야 한다. 그다음 질문은 '감성교육은 어떠한 모습을 띠게 될까?' 하는 것이다.

chapter 16

학교에서의 감성교육

감성 성장의 시간표

한 나라의 가장 큰 희망은 그 나라의 젊은이들을 제대로 교육시키느냐에 달렸다.

— 에라스뮈스

마룻바닥에 인디언식으로 빙 둘러 앉아 있는 열다섯 명의 5학년 학생들의 기묘한 출석 부르기가 진행 중이다. 교사가 학생들 이름을 부르자 학생들이 별 의미 없이 "네"라고 대답하는 것이 아니라, 자신들이 어떻게 느끼는지를 나타내는 숫자를 말한다. 1은 언짢은 기분이고 10은 에너지가 펄펄 넘치는 기분이다. 오늘 학생들의 기분은 아주 좋다

"제시카."

"10이요. 기분 좋아요. 금요일이잖아요."

"패트릭."

"9요. 흥미진진해요. 좀 긴장되긴 하지만."

"니콜."

"10이요. 평화롭고, 행복하고……."

누에바 학교의 '자아과학(Self Science)' 수업 장면이다. 이 학교는 샌프란시스코의 가장 큰 은행들 가운데 하나를 설립했던 명문 크로커가(家)의 거대한 목사관이었던 건물을 개수해 만든 학교다. 샌프란시스코 오페라하우스를 축소해놓은 듯한 건물에 감성지능의 모범적 강좌가 될 수도 있을 프로그램을 제공하는 한 사립학교가 입주해 있다.

'자아과학'의 주제는 감정이다. 자기 자신과 관계 속에서 분출되는 감정을 다룬다. 감정이란 주제는 그 성격상 교사들을 비롯해 학생들이 자신의 생활을 이루는 감성이라는 직물(織物)에 초점을 맞출 것을 요구한다. 이것은 미국의 거의 모든 학교 수업에서 결정적으로 무시되고 있는 것이다. 이 학교의 학습 전략에는 그날의 주제로 아이들이 생활에서 겪는 긴장과 정신적 충격의 활용이 포함된다. 교사들은 실질적 문제를 언급한다. 무시당하는 일로 인한 상처, 질투심, 운동장에서 싸움을 벌이는 식으로 비화될 수 있을 의견의 대립 등 말이다. 누에바 고등학교의 설립자이자 자아과학 교과과정의 개발자인 카렌 스톤 매카운(Karen Stone McCown)은 이렇게 말한다. "학습은 아이들의 감정과 격리된 채 이루어지지 않습니다. 감성적으로 깨어 있는 것이 학습에서 수학과 읽기만큼이나 중요합니다."[1]

자아과학은 개척자적 교과목으로, 이 학교는 캘리포니아 해안을 따라

---

* 감성적 각성을 위한 강좌에 관한 좀 더 많은 정보를 보려면 다음을 참조할 것. The Collaborative for the Advancement of Social and Emotional Learning(CASEL), Department of Psychology(M/C 285), University of Illinois at Chicago, 1007 West Harrison St., Chicago, IL 60606-7137.

여타의 학교들로 확산되고 있는 하나의 이상을 일찌감치 선도하고 있다.* 이런 수업을 가리키는 이름은 '사회성 개발'에서 '생활기술', '사교적이고 감성적인 학습'에 이르기까지 다양하다. 하워드 가드너의 다중지능 개념을 언급하면서 '개인적 지능'이라고 하는 사람도 있다. 이들 이름의 공통된 맥락은 정규 교육으로서 아이들의 사회능력과 감성능력 수준을 향상시키는 것이 목표라는 점이다. 문제아로 인식되고 뒤처지는 아이들을 교정하기 위해 가르치는 것만이 아니라, 모든 아이에게 필수적인 일련의 능력과 이해력을 지니도록 하려는 게 목표다.

감성지능 강좌는 1960년대의 정의적(情意的) 교육운동에 희미하게나마 뿌리를 두고 있다. 학생들이 심리적이고 동기유발적인 수업을 통해 개념적으로만 배우던 것을 직접 경험한다면 훨씬 깊이 있는 학습이 이루어질 것이라는 게 당시의 생각이었다. 그러나 감성지능운동은 정의적 교육이란 용어 속에 내포되어 있는 의미를 바깥으로 나오게 한다. 즉 감성지능운동은 교육하기 위해 정서를 활용하는 게 아니라, 그 자체가 정서를 교육한다.

좀 더 직접적으로 이런 많은 강좌들이 확산될 수 있는 추진력은 현재 진행되고 있는 일련의 학교에 기반을 둔 예방 프로그램에서 생긴다. 각각의 예방 프로그램은 특정한 문제를 겨냥하고 있다. 10대의 흡연, 약물 남용, 임신, 중퇴 그리고 최근 들어 발생하는 폭력 같은 문제 말이다. 앞서 15장에서 보았듯이 W. T. 그랜트 협회의 예방 프로그램 연구를 통해 이 프로그램은 충동 통제, 분노 관리, 사회적 곤경에 대한 창조적 해결책 찾기 같은 감성능력과 사교능력의 핵심을 가르칠 때 훨씬 더 효과적임이 밝혀졌다. 이런 원리에서 새로운 세대의 교육이 출현하게 된 것이다.

15장에서 살폈듯이 공격성이나 우울증 같은 질환의 밑바탕을 이루는 감성능력과 사교능력의 특정한 결손을 채우는 걸 목표로 고안된 교육은 아이들을 위한 완충장치로서 대단히 효과적일 수 있다. 하지만 그렇게 고안된 교육내용은 주로 연구 중인 심리학자들에 의해 실험적으로 운영돼왔다. 그다음 단계는 이런 프로그램에서 체득된 교수 내용을 취해 전체 학교의 학생들을 위한 예방조치로서 보통의 교사들이 가르치도록 일반화해야 한다.

예방을 향한 이와 같은 좀 더 정교하고 효과적인 접근 방법에는 에이즈, 마약 복용 등과 같은 문제에 대한 정보를 청소년들이 그런 데 직면하기 시작하는 시점에 제시하는 과제 같은 것이 포함된다. 그러나 이 프로그램에서 무엇보다 중요한 주제는 이런 여러 질환들 어느 것에나 영향을 미치게 되는 핵심 능력인 감성지능이다.

감성적 각성을 학교에 도입하는 이런 새로운 출발은 감성이나 사회적 생활 그 자체를 주제로 삼는다. 감성이나 사회적 생활과 같은 아이의 생활에서 가장 강한 흥미를 돋우는 국면을 아이들과 무관하게 끼어든 것으로 취급하지 않고, 그런 생활이 폭발적으로 드러날 때면 아이들을 상담 교사나 교장실로 보내 이따금 훈육을 받게 한다.

수업 자체는 평범한 듯 보여서 아이들이 나타내는 극적인 문제에 전혀 해결책이 될 것 같지가 않다. 그러나 그렇게 보이는 것은 대체로 가정에서 좋은 양육이 그렇듯이, 제시되는 수업 내용이 작지만 효과적이고 정기적으로 몇 년 동안에 걸쳐 지속적으로 행해지기 때문이다. 감성학습이 깊이 뿌리박히게 되는 방식은 그러하다. 경험이 거듭 반복됨에 따라 두뇌는 그 경험을 강화된 통로로 활용하여 속박, 좌절, 상처의 시기에 적용할 신경의 습관으로 간주한다. 그리하여 감성적 각성의 일상적 내용은 평범해 보이지만, 그 성과—감성적으로 일정한 수준에 도달한 사람들—는 그 어느 때보다 우리의 미래에 중요한 것이 된다.

▶ 협동학습의 교훈

'자아과학' 수업의 한순간과 독자 여러분이 회상할 수 있는 교실 경험을 비교해보자.

5학년 그룹은 이제 막 협동 사각형 게임을 하려 한다. 학생들은 일련의 사각형 모양의 조각 퍼즐 맞추기를 하기 위해 힘을 합해야 한다. 주의해야 할 점은 어떤 제스처도 허용되지 않는 가운데 협력은 침묵 속에서 이루어져야 한다는 것이다.

교사 조앤 바고는 아이들을 세 그룹으로 나눠 각 그룹에 다른 탁자를 할당한다. 게임을 잘 아는 세 명의 관찰자가 그룹에서 누가 질서를 세우는 데 주도적 역할을 하고, 누가 어릿광대이며, 누가 혼란을 일으키는지를 평가하기 위해 평가지를 들고 있다.

학생들은 퍼즐 조각들을 탁자 위에 내려놓고 짜 맞추기 시작한다. 1분도 채 지나지 않아 한 그룹이 팀으로서 놀라울 정도로 유능한 게 확연해진다. 2위 그룹은 각자가 자기 조각 퍼즐을 갖고 따로따로 맞추면서 비슷한 노력을 하고 있지만 별 다른 성과가 없다. 그러다 그들은 첫 번째 사각형을 맞추기 위해 서서히 집단적으로 작업하기 시작해서 모든 조각 퍼즐을 맞출 때까지 계속해 하나의 단위로 작업한다.

그러나 세 번째 그룹은 계속 애를 쓰지만, 조각 하나만 완성 단계에 있고, 그것조차 사각형이라기보다는 사다리꼴에 더 가까워 보인다. 숀, 페얼리, 라먼은 다른 두 그룹이 이루어낸 자연스러운 협력을 여태 이루어내지 못한다. 그들은 분명 좌절감에 빠져 탁자 위의 조각 퍼즐들을 미친 듯이 살펴보며 '혹시' 하는 가능성에 매달려 갖다 붙여보지만, 사각형의 일부만 완성될 뿐 딱 들어맞지는 않아 실망만 할 뿐이다.

라먼이 퍼즐 조각 두 개를 가지고 마스크처럼 눈앞에 갖다대자, 퍼즐 맞추기 시합의 긴장이 좀 풀려 팀을 이룬 아이들이 킥킥 웃는다. 이런 순간은 그날 수업에서 중요한 시간으로 입증될 것이다.

교사인 조앤 바고가 몇 가지 격려의 말을 한다.

"퍼즐을 다 맞춘 사람들은 아직도 맞추고 있는 친구들한테 한 가지 특별한 힌트를 줄 수 있단다."

다간이 여전히 애쓰고 있는 그룹한테로 불쑥 다가가 사각형에서 불룩 나와 있는 두 조각을 가리키면서 제안한다.

"그 두 조각을 근처로 옮겨야만 돼."

갑자기 라먼의 그 큰 얼굴이 집중하느라 주름이 패더니 새로운 모양을 파악해내고는, 그 두 조각을 첫 번째 조각그림 자리에다 두자 다른 아이들도 그렇게 한다. 세 번째 그룹의 마지막 퍼즐 조각들이 제자리를 잡자 동시에 박수가 터진다.

논쟁의 핵심

그런데 학생들이 협동하며 이루어낸 실물 교육에 대해 깊이 생각하는 가운데, 또 다른 좀 더 강렬한 상호 교류가 이루어진다. 키가 크고 자극적으로 보이는 조금 긴 검은색 스포츠머리를 부스스하게 늘어뜨린 라먼과 그 집단을 관찰한 터커는 '제스처로 신호하면 안 된다'는 규칙을 놓고 논쟁에 빠져들었다. 한 올 일어선 머리카락을 제외하고 단정하게 빗은 금발의 터커는 자신의 공식 역할을 강조하기라도 하는 듯한 '책임을 져라'라는 구호가 쓰인 헐렁한 푸른 티셔츠를 입고 있다.

터커가 논쟁적인 어조로 라먼에게 말한다.

"너도 역시 퍼즐 조각 하나를 권할 수 있잖아. 그건 제스처를 보내는 게 아니니까 말이야."

라먼이 열심히 주장한다.

"아니야, 그건 제스처란 말이야."

높아지는 목소리와 점점 공격적으로 끊어내듯이 말을 주고받는 모습을 보던 교사 바고가 탁자 쪽으로 다가선다. 이런 장면은 열띤 감정을 동시에 교환하는 중요한 순간이다. 이와 같은 순간에야말로 이미 학습된 교훈의 효과가 나타날 것이고, 새로운 교훈이 가장 효과적으로 학습될 수 있다. 그리하여 모든 훌륭한 교사들이 인식하듯이, 그런 자극적인 순간에 적용된 교훈은 학생의 기억 속에 지속적으로 남게 될 것이다. 교사가 코치 노릇을 한다.

"너희들 서로 헐뜯는 것은 아니겠지? 여태 정말 협력을 잘했잖니. 하지만 터커, 너무 비난조의 말투로 말하지 않았으면 좋겠구나."

이제 좀 가라앉은 목소리로 터커가 라먼에게 말한다.

"놓아야 된다고 네가 생각하는 자리에 퍼즐 조각을 그냥 놓을 수 있고, 다른 애들한테 필요하다고 생각하는 것을 제스처를 쓰지 않고도 전할 수 있잖아. 그냥 건네주면 되니까."

화난 목소리로 라먼이 대꾸한다.

"만일 내가 그렇게 했더라도"라고 하면서, 라먼이 아무 잘못도 없다는 동작을 하고는 자기 머리를 긁적이며 말을 잇는다. "너는 '제스처는 안돼!' 하고 소리쳤을걸."

라먼의 분노에는 뭐가 제스처고 아닌가에 대한 이 논쟁 이상의 무언가가 분명히 존재한다. 그의 눈은 끊임없이 터커가 쓴 평가지로 향한다. 그 평가지에 대해서는 여태 한마디도 언급하진 않았지만, 실은 그 평가지가 터커와 라먼 사이에 긴장을 촉발한 것이다. 터커는 평가지의 '누가 망가뜨렸나?'에 해당하는 난에다 라먼의 이름을 써놓았던 것이다.

라먼이 자기 기분을 상하게 만든 평가지를 쳐다보는 장면을 감지한 교사 바고가 틀릴 수도 있지만 운에 맡기고 터커에게 말한다.

"라먼은 네가 망쳐놓다라는 부정적인 말을 자기한테 쓴 게 기분 나쁜 거란다. 무슨 뜻으로 그랬니?"

이제는 타협적인 투로 터커가 말한다.

"제가 나쁜 뜻으로 그렇게 적은 건 아니에요."

라먼이 그 말을 받아들이는 건 아니지만, 그의 목소리도 역시 앞서보다는 가라앉아 있다.

"쟤 말 좀 들어보세요. 이건 순 오리발이에요."

바고 교사가 긍정적으로 볼 것을 강조한다.

"터커가 그렇게 적어놓은 것은, 망쳐놓는 것으로 보이는 행동도 일이 안 풀릴 때는 기분전환에 도움이 될 수 있음을 말하려는 것이었을 거야."

이젠 별 감정을 드러내지 않고 라먼이 이의를 단다.

"하지만 망쳐놓다라는 말은 우리 모두 무언가에 온통 집중하고 있는데 만일 제가 이런 행동을 했을 때 해당하는 거잖아요."

라먼이 눈은 튀어나올 듯하고 뺨은 부풀어 오르게 한 상태로 웃기는 어릿광대 같은 표정을 짓는다.

"이래야 망치는 거잖아요."

바고 교사가 터커에게 말하면서 좀 더 감정이 실린 코치 노릇을 시도한다.

"넌 게임 진행을 도우려 했지, 쟤가 나쁜 식으로 망쳤다는 뜻으로 말하진 않았어. 그렇지만 네가 실제 한 말은 네 의도하곤 달라. 라먼은 네가 그의 감정을 잘 알아서 받아달라고 요구하고 있는 거야. 망쳐놓다와 같은 부정적인 말을 듣는 것은 부당한 느낌이 든다고 라먼은 말하고 있었던 거지. 쟤는 그런 식으로 불리는 걸 싫어하거든."

그러곤 라먼에게 덧붙인다.

"네가 터커와 대화할 때 분명하게 표현하는 방식에 대해 감사를 표하고 싶다. 넌 다른 사람한테 공격을 하지 않지. 하지만 망쳐놓다와 같은 말로 된 딱지가 너한테 붙는 것은 즐겁지 않겠지. 네가 저 퍼즐 조각들을 네 눈 쪽으로 들어올렸을 때 마치 네가 좌절감을 느껴 기분을 좀 풀어보고 싶어 했다는 생각이 들어. 그러나 터커는 네 의도를 이해하지 못했기 때문에, 그런 행동을 두고 일을 망친다고 말했던 거야. 그렇지 않니?"

다른 학생들이 퍼즐 조각들을 모두 치울 때쯤 두 소년은 끄덕이며 동의한다. 이 작은 교실의 멜로드라마는 마지막에 이르고 있다. 바고 교사가 묻는다.

"기분이 좀 괜찮니? 아니면 여전히 마음이 상하니?"

라먼이 대답한다.

"아니요. 이젠 괜찮아요."

자기 말을 들어주고 이해받았다고 느끼기 때문에 라먼의 목소리가 훨씬 누그러졌다. 터커도 웃으면서 고개를 끄덕인다. 다른 모든 학생들이 이미 다음 수업을 받으러 떠났음을 알고서 두 아이도 몸을 돌려 함께 달려 나간다.

▶ 사후 분석 : 벌어지지 않았던 싸움

새로 교실에 들어온 그룹이 의자를 찾기 시작할 때 바고 교사는 막 일어났던 일을 자세히 분석해본다. 열띤 논쟁과 냉각은 그 소년들이 갈등의 해소에 대해 학습했던 것과 유사하다. 보통 갈등으로 치닫게 되는 상황은 바고가 표현하듯이 '대화를 나누지 않고, 추측하며, 결론으로 치달아버리고, 사람들이 상대편이 말하는 내용을 알아듣기 힘들게 만드는 식으로 거친 말을 해버리는 것'과 더불어 시작된다.

자아과학 수업에 참여한 학생들은 갈등을 전적으로 피하는 것이 아니라, 갈등이 전면적인 싸움으로 비화되기 전에 의견 불일치와 분노를 해소하는 일이 중요하다는 사실을 배운다. 터커와 라먼이 논쟁을 처리하는 방식 속에는 일찍이 이런 것을 학습한 흔적이 드러난다. 예를 들어 둘 다 갈등을 심화하지 않는 방식으로 자신의 관점을 표현하려는 노력을 기울였다. 이런 명확한 표현(공격이나 수동성과는 구별되는)은 3학년 때부터 교육된다. 누에바 학교는 감정을 솔직하게 표현하는 것뿐 아니라, 공격적으로 바뀌지 않게 하는 표현 방식을 사용해야 한다는 점을 강조한다. 논쟁의 초반에는 어떤 소년도 서로를 쳐다보고 있지 않았지만, 논쟁이 계속됨에 따라 둘은 '적극적인 경청'의 기미를 보이기 시작하더니 서로를 마주 보고, 시선 접촉을 하며, 상대편이 자기 말을 듣고 있다는 점을 알 수 있게 해주는 침묵의 신호를 보냈다.

이런 기제들이 작용하게 하고 옆에서 약간의 도움말을 들으면서 이 소년들의 '단호함'과 '적극적인 경청'은 퀴즈에 나오는 공허한 문구 이상이 된다. 이런 자질은 가장 긴급한 순간에 소년들이 의존할 수 있는 대응 방식이 된다.

사람들이 새로운 정보를 받아들이고 새로운 응답 습관을 배우기가 곤란할 때인 당황스러운 상황에서 감성기술을 익혀야 하기 때문에, 감성영역에 숙달되는 일은 특별히 어렵다. 이런 때 지도가 필요하다. 바고 교사는 지적한다. "어른이나 5학년생이나 누구든지 아주 당황스러울 때 자기 관찰자가 되려면 도움이 필요합니다. 심장이 뛰고 있고 손에 땀이 차며 신경과민이 되더라도, 소리 지르며 비난하지 않으면서도 방어심리 속에서 침묵을 지키는 일 없이 돌파해내기 위해 스스로 자기 통제력을 유지하면서 분명하게 상대방의 말을 경청하려고 애를 써야 합니다."

터커와 라면 둘 다 비난하거나 별명을 부르거나 소리를 지르는 데 의지하지 않고 자신의 견해를 분명하게 밝히려고 노력했다는 점은 5학년 소년들의 싸움에 친숙한 사람이라면 누구에게나 특기할 만한 일화일 수 있다. 자신의 감정이 경멸적인 투로 "이 ××!"나 주먹다짐으로 비화되도록 한 적이 결코 없었고, 교실을 나가버림으로써 상대방의 말을 차단하지도 않았다. 무르익은 한판 싸움의 씨앗이 될 수 있었던 상황을 통해 오히려 두 소년은 갈등 해소의 미묘한 의미에 숙달될 수 있었다. 상황에 따라 싸움의 불씨가 얼마나 다른 결과를 낳을 수 있는 것인가! 청소년들은 매일같이 그보다 훨씬 더 사소한 일을 두고도 싸움을 벌이고, 앞서와 비교도 안 될 만큼 최악의 모습으로 싸우기도 한다.

▌그날의 걱정거리

자아과학 수업을 시작하는 인디언 대형에서 학생들이 대답하는 숫자가 아까처럼 높지가 않다. 1, 2, 3처럼 최악의 수가 나올 때는 "왜 그런 느낌이 드는지 말하고 싶니?"와 같은 질문으로 수업이 시작된다. 만일 학생들이 원하면(아무도 말하고 싶지 않은 일에 대해서 말하도록 압력을 주지는 않는다) 괴로운 일이 무엇이든 의견을 발표하도록 허락한다. 이런 의견 발표는 괴로움을 처리하는 창조적인 선택을 고려할 기회가 된다.

고민거리는 학년 수준에 따라 다르다. 저학년일수록 누군가 자기를 못 살게 구는 일, 따돌림 받았다는 느낌, 두려움 등이 흔히 문제가 된다. 6학년쯤 되면 새로운 걱정거리가 등장한다. 데이트에 초대받지 못한 일, 모임에 가지 못한 속상함, 미성숙한 친구들, 청소년이 겪는 고통스러운 고민("덩치 큰 녀석들이 나를 괴롭혀요", "친구들이 담배를 피우면서 항상 강제로 나도 피우게 만들어요") 등이 그런 것이다.

이런 문제들은 주로 학교 주변—점심시간에, 학교로 가는 버스나 친구의 집—생활에서 야기되는 중요한 것들이다. 그런데 아이들은 함께 대화할 사람도 없이 혼자 고민하는 식으로 이런 어려움을 해결하려는 경우가 많다. 하지만 자아과학 수업에서는 그런 문제들이 그날의 주제가 될 수도 있다.

이런 토론들은 아동의 자아의식과 타인과의 관계를 계몽한다는 자아과학의 명시적 목표에 잠재적인 도움이 된다. 강좌에는 수업계획서가 있지만, 라먼과 터커 사이에 갈등이 벌어진 경우처럼 그런 순간을 활용할 수 있도록 유연성이 발휘된다. 학생들이 제기하는 쟁점은 학생과 교사가 똑같이 배우고 있는 기술(두 소년 간의 열기를 가라앉혔던 갈등 해소 방식과 같은)을 적용할 수 있는 생생한 사례를 제공한다.

감성지능의 ABC

20년 가까운 세월이 흐르면서 '자아과학'은 감성지능을 가르치는 모범적 교과과정으로 자리를 잡았다. 교과 내용은 때로 놀라울 정도로 정교하다. 누에바 학교의 이사인 카렌 스톤 매카운은 이렇게 말한다. "분노에 대해 가르칠 때는 분노란 거의 2차적 반응인 경우가 많다는 점을 이해시키고, 그 아래에 있는 상처받은 자아나 질투하는 자아를 바라보도록 도와줍니다. 감정에 반응하는 방식에 대해 우리에게 선택권이 있고, 감정에 반응하는 방식을 많이 알수록 삶이 그만큼 풍요로워질 수 있다는 점을 우리 아이들은 배웁니다."

자아과학 교육 내용의 목록은 감성지능의 구성 요소들과 거의 일대일 대응이라 할 정도다. 아이들을 위협하는 모든 함정에 대한 주된 예방책으로 추천되는 핵심 기술도 마찬가지다(전체 목록을 보려면 '부록 5'를 참고할 것).[2] 가르치는 주제에는 감정을 인식하고 그에 합당한 어휘를 구축한다는 의미에서 자아 인식이 포함되며, 사고·감정·반응 간의 연결 인식, 다시 말해 사고작용이나 감정이 결정을 좌지우지하는지 분별하는 것과 이런 통찰을 마약 복용, 흡연, 성관계 같은 쟁점들과 관련된 결정에 적용하는 것이 포함된다. 자아 인식은 자신의 강점과 단점을 인식하고, 자신을 긍정적이고 현실적인 관점에서 바라보는 식으로 드러난다(그리하여 자긍심 세우기 운동이라는 흔한 오해를 피할 수 있다).

자아과학의 또 다른 강조점은 감정을 관리하는 일이다. 어떤 하나의 감정 배후에 존재하는 것을 깨닫는 일(예를 들어 분노를 촉발하는 상처)과 불안, 분노, 슬픔을 다루는 방식의 학습이 강조된다. 결정을 내리고 행동에 대한 책임을 지고 끝까지 약속을 이행하는 일 또한 강조된다.

또한 자아과학이 강조하는 주요한 사회능력에는 감정이입, 타인의 감정 이해하기, 타인의 관점에 서보기, 사람들이 느끼는 방식에서 드러나는 차이 존중하기 등이 있다. 여기서 주요 초점은 관계 맺음이다. 관계 맺음엔 좋은 경청자와 질문하는 사람이 되는 법, 사람들이 말하거나 행동하는 것과 그에 대한 반응과 판단 구별하기, 화를 내거나 수동적이기보다는 단호함 보이기, 협력과 갈등 해소와 타협을 이루어내는 기술 익히기 등이 포함된다.

자아과학에는 학점이 없다. 생활 그 자체가 최종 시험이기 때문이다. 그러나 8학년 말 학생들이 누에바를 졸업하고 고등학교로 진학할 즈음에 각자에게 소크라테스 문답식 시험이 치러진다. 다음은 최근 치러진 최종 시험에 나왔던 질문들이다.

■ 지분거리는 걸 좋아하는 친구 혹은 마약을 하도록 압력을 가하는 누군가와의 갈등을 해결하려는 친구를 도와주기 위한 알맞은 반응을 말해봐라.
■ 스트레스, 분노, 두려움을 다루는 건강한 방식은 무엇일까?

오늘날 감성적 능숙함에 많은 관심을 가졌던 아리스토텔레스가 살아 있다면 당연히 반가워할 질문일 것이다.

저소득층 지역에서의 감성교육

자아교육 같은 강좌가 혜택이 적은 환경에서 자라는 아이들에게 효과를 발휘할 수 있을지, 아니면 대다수 재능을 타고난 아이들이 다니고 있는 누에바 고등학교 같은 작은 사립학교에서만 가능한 건 아닌지 의문을 표시할 회의론자들이 있으리라. 요컨대 온갖 혼란의 소용돌이 속에서 어려움을 겪고 있는, 감성능력 교육이 가장 긴급히 요청되는 빈민 지역 공립학교 같은 곳에서도 그런 교육이 가능할까? 한 가지 대답은 거리만큼이나 사회적, 경제적으로 누에바 학교와는 환경이 판이한 뉴헤이번의 오거스타 루이스 트룹 중학교를 방문해보라는 것이다.

트룹 학교에도 누에바와 마찬가지로 배움에 대한 열정이 존재한다. 이 학교는 트룹 매그닛 과학 아카데미로도 알려져 있는데, 뉴헤이번 전역에서 온 5~8학년 학생들을 풍부한 과학 교과과정으로 끌어들이기 위해 고안된 지역 내 두 개 학교 가운데 하나다. 이곳 학생들은 휴스턴에 있는 우주비행사들과 인공위성 연결을 통해 우주물리학에 대해 질문을 할 수도 있고 컴퓨터를 작동시켜 음악을 연주하도록 프로그래밍을 할 수도 있다. 그러나 학문적으로 훌륭한 시설을 갖추었음에도 다른 많은 도시들에서처럼 백인 학생들은 뉴헤이번 교외와 사립학교로 가버려 트룹 등록 학생의 95퍼센트가량은 흑인과 라틴아메리카 출신이다.

아이들에겐 꿈같은 선망의 대학인 예일 대학 캠퍼스에서 몇 블록밖에 떨어져 있지 않는 트룹은 1950년대에 지어진 놋쇠공장에서 윈체스터 병기에 이르는 공장에 고용된 2만 명이 살았던 쇠퇴하는 노동계급 거주지에 위치한다. 오늘날 그 일터는 3000명 이하로 고용 수준이 위축되어 그곳 사람들의 경제수준 또한 그만큼 낮아졌다. 그리하여 많은 여타의 뉴잉글랜드 제조업 도시들과 마찬가지로 뉴헤이번은 가난, 마약, 폭력의 온상으로 전락했다.

1980년대에 예일 대학 심리학자들과 교육자 그룹이 누에바 학교의 자아과학 교과과정과 똑같은 내용으로 구성한 사회능력 강화 프로그램을 고안한 일은 이런 도시의 악몽이 자아내는 긴급성에 대한 응답이었다. 그러나 트룹에서는 주제에 대한 학습이 훨씬 직접적이고 생생한 경우가 많다. 8학년 성교육 수업에서 학생들이 어떻게 개인적 결정이 에이즈와 같은 질병을 피하게 도와줄 수 있는지를 배울 때, 그것은 단순한 공부가 아니다. 뉴헤이번은 미국에서 에이즈 여성의 비율이 가장 높은 곳이다. 아이들을 트룹에 보낸 수많은 어머니들이 에이즈에 걸렸고, 학생들 중에도 에이즈에 걸린 아이들이 있다. 교육과정은 풍요롭지만, 트룹 학생들은 도시 빈곤 지역이 안고 있는 온갖 문제와 씨름하고 있다. 많은 아이들의 가정형편이 끔찍하진 않아도 나쁜 편에 속해서 누군가는 언젠가 학교에 나오지 못할 수도 있다.

모든 뉴헤이번 학교들처럼 이곳 역시 방문자를 맞이하는 가장 두드러진 징표는 노란 다이몬드 모양을 한 친숙한 모양의 '마약 없는 지역'이라 쓰인 교통신호등이다. 정문에 학교 프로그램 촉진자인 메리 엘런 콜린스

(Mary Ellen Collins)가 서 있다. 그녀는 특별한 문제가 생길 때 그 문제를 처리하는 만능 상담자로, 교사들이 사회능력 강화 교과과정을 꾸려나가는 일도 도와준다. 만일 어떻게 지도하는지 확신이 들지 않는 교사가 있으면 콜린스가 수업에 들어가서 직접 보여주기도 한다.

콜린스는 이렇게 말한다. "저는 20년 동안 이 학교에서 가르쳤습니다. 이 동네를 보세요. 이 아이들이 삶 속에서 부딪히는 문제들이 산적해 있는데, 더 이상 교수 방법만 가르치는 일에 매달릴 수는 없습니다. 학생 본인이 에이즈에 걸렸거나 가족 중에 환자가 있어서 힘겹게 살아가고 있는 아이들을 예로 들어보죠. 그 아이들이 에이즈에 대한 토론 시간에 그 말을 할는지 확신이 들진 않지만, 선생님이 단지 학업 문제뿐 아니라 감성적인 문제에도 귀를 기울인다는 사실을 일단 아이가 알게 되면 그런 대화를 나눌 길이 열리게 된답니다."

오래된 벽돌 건물 3층에서 조이스 앤드루스는 일주일에 세 차례 5학년 학생들이 참석하는 사회능력 강화 수업을 지도하고 있다. 다른 모든 5학년 교사들과 마찬가지로 앤드루스는 교수법 숙달을 위한 여름 강좌에 참여하기도 했지만, 그녀의 풍부한 강의 내용은 사회능력에 관련된 주제가 그녀에게 자연스럽게 다가오기 때문이라는 느낌을 준다.

오늘 수업은 감정을 인식하는 법 배우기다. 감정에 이름을 붙임으로써 각 감정을 더 잘 구별할 수 있다. 지난 수업 과제는 잡지에서 사람 얼굴 사진을 가져와 그 얼굴이 드러내는 감정에 이름을 붙이고, 그 사람이 그런 감정을 가졌다고 어떻게 말할 수 있는지를 설명하는 일이었다. 숙제를 거둔 뒤에 앤드루스는 칠판에 감정의 목록을 적는다. 슬픔, 걱정, 흥분, 행복 등등. 그런 다음 그녀는 용케 그날 학교에 온 열여덟 명의 학생들이 빠른 속도로 얘기를 시작하게 만든다. 네 명씩 그룹을 지어 앉아 있는 학생들이 자신의 대답을 발표하기 위해 교사의 눈길을 사로잡으려 애쓰면서 손을 높이 들어올린다.

그녀가 칠판 목록에 좌절감이란 항목을 추가하면서 "여태까지 좌절감 느껴본 적 있는 사람이 몇 명이나 되지?" 하고 묻는다. 모두의 손이 올라간다.

"좌절감이 들 때 너희는 무슨 느낌이 드니?"

대답이 봇물 터지듯이 나온다.

"피곤해요."

"당황스러워요."

"제대로 생각을 할 수 없어요."

"불안해져요."

목록에 분노가 보태지자, 조이스가 말한다.

"선생님이 언제 화를 내시는지 전 알아요."

한 여학생이 웃으면서 말한다.

"모두 떠들 때."

곧바로 앤드루스가 등사한 연습 문제지를 배부한다. 한 칸에 소년, 소녀들의 얼굴이 있는데 각각의 얼굴이 행복, 슬픔, 분노, 놀람, 두려움, 역겨움의 기본적인 여섯 가지 감정을 드러낸다. 거기에는 각각의 얼굴에 내재하는 얼굴 근육의 활동에 대한, 예를 들어 다음과 같은 설명이 들어 있다.

두려움

- 입을 벌린 상태에서 입이 안쪽으로 감긴다.
- 눈을 크게 뜬 상태에서 눈 안쪽이 위로 치켜 올라간다.
- 양 눈썹이 올라가면서 서로를 향해 잡아당겨진다.
- 이마 한복판에 주름이 진다.[3]

학생들이 연습문제를 풀면서 그림을 흉내 내고, 각 감정에 대한 얼굴 근육의 비결을 따라하자 두려움, 분노, 놀람 혹은 역겨움의 표정이 아이들 얼굴에 떠오른다. 이 수업은 얼굴 표정에 대한 폴 에크먼의 연구에 직접적으로 힘입은 바 크다. 이는 대부분의 대학 심리학 입문 과정에서 학습되는 내용으로, 그 자체로 초등학교에서 다루어지는 경우는 아주 드물다. 감정에 이름을 연결짓고, 그 감정을 거기에 합당한 얼굴 표정에 연결짓는 이런 초등학교 수업은 전혀 배울 필요가 없다고 여겨질지도 모르겠다. 그러나 이런 교육은 감성적 실책의 교정 수단으로 기여할 수 있을지도 모른다. 약한 아이들을 괴롭히는 아이들 중에는 중립적인 말과 표정을 적대적으로 잘못 해석해서 화를 내는 경우가 자주 있고, 섭식장애에 걸리는 여학생들은 많은 경우 분노를 배고픔으로 인한 불안과 구별하지 못한다는 사실을 기억하라.

◤감성교육 아닌 감성교육

풍부한 주제와 의제로 둘러싸인 새로운 교과과정의 등장으로 부담감을 느끼는 일부 교사들—충분히 이해가 된다—은 기본 강좌에 새로운 강좌를 위해 추가 시간을 더하는 것을 못마땅해한다. 그래서 현재 진행하고 있는 감성교육은 새로운 수업을 만들지 않고 이미 가르치는 수업에다가 감정과 관계 맺음에 대한 내용을 혼합하는 방식을 쓴다. 감성수업은 자연스럽게 읽기, 쓰기, 건강, 과학, 사회 및 다른 표준 강좌와 통합될 수 있다. 뉴헤이번 학교들에서 삶의 기술은 몇몇 학년들에선 독립적인 주제지만, 다른 학년에서는 사회성 계발 프로그램이 독서나 건강 같은 강좌와 조화를 이룬다. 심지어 수학 수업의 일환으로 교수되는 감성교육도 있다. 산란한 마음을 제쳐두는 방법, 공부하도록 동기를 유발하는 방법, 충동을 자제해서 학습에 몰입할 수 있게 하는 방법과 같은 아주 기본적인 학습기술 따위가 그렇다.

감성능력과 사회능력을 다루는 일부 프로그램은 어떤 교과내용도 갖추지 않았거나 독립된 과목으로 결코 설정되지 않았지만, 바로 학교생활이라는 직물 속으로 교과 내용을 스며들게 만든다. 이런 접근, 특히 눈에 보이지 않는 감성능력과 사회능력 강좌의 한 가지 모델이 심리학자 에릭 샵스(Eric Schaps)가 지도한 연구 팀이 만들어낸 '아동 성장 프로젝트'다. 캘리포니아 주 오클랜드에 기반을 둔 이 프로젝트는 몇몇 학교들에서 현재 시행되고 있다. 그 학교들은 거의 뉴헤이번처럼 쇠퇴하고 있는 지역에 위치하여 많은 어려움을 공유하고 있다.[4]

이 프로젝트는 현재 진행 중인 강좌에 잘 맞는 미리 준비된 일련의 자료를 제공한다. 예를 들어 1학년 학생들에게는 읽기 수업시간에 '개구리와 두꺼비는 친구다'라는 이야기가 제공된다. 겨울잠을 자고 있는 친구 두꺼비와 같이 놀고 싶어 하는 개구리가 두꺼비가 잠에서 일찍 깨도록 술책을 쓴다는 내용이다. 이를 통해 우정이란 주제에 대해서 그리고 누군가 속임수를 쓸 때 사람들이 어떻게 느낄지와 같은 쟁점에 대해서 토론할 수 있게 된다. 이어지는 모험들은 자의식, 친구의 욕구에 대한 인식, 성가심을 당할 때 어떤 느낌일지에 대한 인식, 친구와 느낌 공유하기와 같은 주제를 토론거리로 제시한다. 아이들이 초등학교에서 중학교로 진학함에 따라 교과과정도 더욱 정교해지므로 교사들에게도 감정이입, 관점 취하기, 배려와 같은 주제를 토론할 진입 지점을 제공한다.

감성수업이 현존하는 학교생활이라는 직물 속으로 짜여져 들어가는 또 다른 방식은, 교사들이 비행을 저지르는 학생의 훈육 방법을 다시 생각하도록 도와주는 과정이다. '아동 성장 프로그램'에 전제된 가정은 아동이 처한 시기는 아이들에게 부족한 기술—충동의 통제, 감정 설명하기, 갈등 해소하기—을 가르칠 무르익은 호기(好期)이고, 강요보다 훨씬 더 나은 훈육법이 존재한다는 점이다. 점심식사 줄에서 맨 앞자리를 차지하려고 서로 밀치며 달려가는 세 명의 1학년생들을 본 교사는, 그들 각자가 숫자를 추리해보고 승자가 맨 먼저 가도록 하자고 제안한다. 이처럼 자그마한 다툼을 진정시킬, 치우치지 않는 공정한 방법은 존재하기 마련이다. 물론 좀 더 깊은 가르침은 협상을 통해 다툼을 해결할 수 있는 방법을 제시하는 것이다. 그런 접근 방식은 아이들이 다른 유사한 다툼(인생 전체를 통해서는 아니더라도 이런저런 식의 '내가 먼저!'는 결국 저학년 학생들에게는 유행병과 같다)을 해결하기 위해 취할 수 있는 방식이기 때문에 도처에 만연해 있는 권위적인 "그만두지 못해!" 하는 호통보다 훨씬 긍정적이다.

▚ 감성적 성장의 시간표

"앨리스랑 린이 나하고 안 논대요." 시애틀에 있는 존 뮤어 초등학교 3학년인 한 여학생의 불평 섞인 호소가 적힌 쪽지다. 이름을 밝히지 않은 전달자가 그 쪽지를 여학생 교실에 있는 '우편함(실제로는 특정한 색이 칠해진 마분지 상자)'에 넣은 것이다. 이 반 아이들은 불만사항이 있으면 쪽지를 써서 우체통에 넣도록 결의했다. 이를 통해 모든 반 학생들이 함께 문제를 토론하여 해결 방법을 생각해볼 수 있기 때문이다. 토론에서 관계 당사자들의 이름은 언급하지 않고, 교사는 모든 아이들이 때때로 그런 문제를 겪을 수 있으니 처리 방법을 함께 배울 필요가 있다는 점을 지적한다. 따돌림 받는 느낌이 어떨지 혹은 함께 어울리기 위해 무엇을 할 수 있을지에 대해 토론하면서 문제에 대한 새로운 해결책을 생각해볼 기회를 갖는다. 불일치를 해결하는 유일한 방법으로 싸움을 생각하는 고정된 사고방식을 바로잡아줄 기회다.

토론의 주제가 될 탄원이나 쟁점은 앞서 말한 우편함 사용으로 좀 더 다양하고 풍부해진다. 사실 너무 경직된 의제는 어린 시절의 유동적인 현실과 조화되지 않는다. 아이들이 변화하고 성장함에 따라, 각 시기에 몰두하는 내용도 바뀌기 마련이다. 감성교육이 가장 효율적이 되려면 아이들의 발달 단계에 적합해야 하고, 아이들의 이해와 도전에 합당한 방식으로 반복되어야 한다.

그런데 한 가지 의문은 감성교육을 얼마나 일찍 시작하느냐다. 태어난 직후 몇 년 안에 해도 결코 너무 이르지 않다고 말하는 사람들이 있다. 하버드 대학의 소아과 의사인 T. 베리 브래즐턴은 가정방문 프로그램처럼 많은 부모들이 자신의 갓난아기들에게 감성 교사로서 역할함으로써 많은 효과를 볼 수 있으리라는 의견을 제시한다. '헤드 스타트' 같은 취학 전 프로그램을 이용하면 사회능력과 감성능력을 더욱 체계적으로 강조할 수 있다. 12장에서 보았듯이, 아이들의 배움에 대한 자세는 이런 기본적인 감성능력에 따라 아주 많이 좌우된다. 취학 전 몇 년은 기초 능력의 토대를 놓는 데 결정적인 시기이고, 잘 운영만 된다면(중요한 단서다) 헤드 스타트는 졸업 후 생활에, 심지어 성인 초년기에 이르기까지 도움—마약 복용이나 체포되는 일도 훨씬 줄어들고, 더 나은 결혼생활과 더 많은 돈을 벌 능력을 갖춤—이 되는, 장기적으로 큰 영향을 미칠 수 있다는 증거가 어느 정도 존재한다.[5]

이런 교육은 아이들의 '감성적 성장의 시간표'를 밟아 나갈 때 가장 효과를 발휘한다.[6] 신생아들의 울부짖음이 입증하듯이, 갓난아기들은 태어나는 순간부터 강렬한 감정을 드러낸다. 하지만 신생아의 두뇌는 아직

성숙되지 않은 상태다. 15장에서 살펴보았듯이, 신경계가 최종 발달—청소년 초기에 이르기까지 선천적인 생체시계에 맞춰 진행되는 과정—단계에 이르러야 아이의 감정이 완전히 성숙하게 될 것이다. 신생아의 감정 목록은 다섯 살 난 아이의 감성영역과 비교할 때 원시적이다. 그런데 그런 다섯 살 난 아이의 감성영역이란 것도 이어지는 10대의 감성과 대비될 때는 부족한 점이 있다. 어른들은 정말이지 아이들이 나이를 훨씬 뛰어넘어 성숙에 도달했다고 기대하고, 각각의 감정이 미리 입력돼 있다가 아이가 성장함에 따라 나타난다는 사실을 망각하는 함정에 너무 쉽사리 빠진다. 예를 들면, 네 살 난 아이가 자랑을 일삼는 태도를 혼내는 부모가 있는데, 겸손을 낳는 자의식은 다섯 살 정도가 될 때까지는 생기지 않는 게 일반적이다.

감성적 성장의 시간표는 동맹을 맺은 여러 계열의 성장과 한데 뒤얽혀 있다. 한편에선 특히 인지 발달을 촉진하고, 다른 편에서는 두뇌와 생물학적 성숙을 도모하는 식이다. 앞에서 살펴봤듯이, 감정이입과 감성의 자기 규제 같은 감성능력은 실제로 유아기부터 구축되기 시작한다. 유치원 시절은 사회지능—불안과 겸손함, 질투와 시기, 자긍심과 확신 같은 감정—이 성숙되는 정점을 이룬다. 이 모든 감정은 자기 자신을 타인과 비교하는 능력을 필요로 한다. 좀 더 넓은 세계인 학교로 들어가는 다섯 살 난 아이는 사회적 비교의 세계로 진입하는 셈이다. 이런 비교를 이끌어내는 것은 단지 외적 변화만이 아니라 인지 지능의 출현이기도 하다. 즉 인기든, 매력이든, 스케이트보드 타는 재능이든, 특정한 자질의 측면에서 자신을 타인과 비교할 수 있는 능력 말이다. 이 나이는 예를 들어 전 과목 '수'를 받은 언니와 비교해볼 때 어린 여동생이 자신을 '멍청하다'고 생각하게 될 수도 있는 시기다.

몇 가지 선구적인 감성교육 프로그램의 가치를 검토해온 카네기 재단의 심리학자이자 총재인 데이비드 함부르크(David Hamburg)는 초등학교로 이전해가는 때와 이어서 중등학교로 이전해가는 때를 아이의 적응 단계에서 두 가지 결정적인 시기로 인식한다.[7] 함부르크에 따르면, 6~11세까지 '학교는 아이들의 청소년기와 그 후의 시기에 중대한 영향을 미치게 될 용광로이자, 특성을 분명하게 나타내는 경험의 장소다. 아이의 자기 가치의식은 학교에서 경험하는 성취 능력에 따라 상당히 좌우된다. 학교에서 낙제한 아이는 전체 삶의 전망을 흐리게 할 수 있는, 자기 패배적 태도를 가동하게 된다.' 함부르크의 지적에 따르면, 학교에서 혜택을 보는 가장 필수적인 능력 가운데 하나는 '만족을 유예하고, 합당한 방식으로 사회적 책임을 지며, 자신의 감정을 통제하고, 낙관적인 관점을 지니는 능력'이다. 달리 말해서 감성지능이다.[8]

역시 아이의 생태, 사고능력, 두뇌의 기능에서 특별한 변화의 시기인 사춘기는 감성적, 사회적 교훈을 얻는 용광로에 해당하는 시기다. 10대라는 시기에 대한 함부르크의 관찰에 따르면, '대부분의 청소년들이 성관계, 알코올과 마약, 흡연 및 다른 유혹에 노출될 때는 10세에서 15세 사이다.'[9]

중학생으로 전환되는 시점은 어린 시절의 끝을 나타내고, 그 자체가 만만찮은 감성적 도전의 시기다. 여타의 문제들은 제쳐두더라도, 새로운 학교제도 속으로 들어가면서 실제로 학생들의 경우 대부분 자기 확신은 저하되고 자의식이 커진다. 자기 자신에 대한 인식 자체가 불안정하고 산만하기 때문이다. 가장 커다란 특별한 타격 중 하나는 '사회적 자긍심'에 상처를 받는 경우다. 친구를 사귈 수 있고, 친분을 유지할 수 있으리라는 자신감 말이다. 함부르크의 지적에 따르면, 이런 분기점에서야말로 아이들이 친근한 관계를 맺고 우정 속에서 위기를 조정하며 자신감을 키우도록 지원해주는 일은 커다란 도움이 된다.

학생들이 중학교에 입학하여 바로 청소년기의 정점에 서게 될 때, 감성교육을 받은 학생들에겐 무언가 다른 면모가 존재한다고 함부르크는 지적한다. 즉 그런 학생들은 또래 간의 책략이라는 새로운 압력, 학업 수준의 강화, 담배를 피우고 마약을 복용하고 싶은 유혹 등에 직면해 또래들보다 훨씬 덜 고통스러워한다. 적어도 단기적으로나마 직면하게 될 혼란과 압력을 예방해주는 감성능력에 이미 숙달되어 있기 때문이다.

타이밍이 전부다

감성지능의 성장 단계에 따른 각 시점에서 아이들은 어떤 수업을 받아야 할까? 지정된 시기에 알맞은 이해력을 얻는 데 실패한 아이들의 경우에 지속되는 결손은 어떻게 드러날까? 결손된 것을 메워줄 교정 교육에는 어떤 게 있을까? 발달심리학자들과 여타 심리학자들이 감성의 성장 지도를 작성할 수 있다면 이런 의문에 좀 더 구체적으로 답할 수 있을 것이다.

예를 들어 뉴헤이번의 트룹 학교에서 실시하는 프로그램의 경우 가장 학년이 낮은 아이들은 자기 인식, 관계 맺음, 결정 내리기와 같은 기본적인 수업을 받는다. 1학년 때 학생들은 빙 둘러앉아 '감정 주사위'를 굴린다. 감정 주사위의 각 면에는 슬픔, 흥분 같은 단어가 쓰여 있다. 주사위를 굴리면서 학생들은 자신이 그런 감정을 느꼈을 때를 설명한다. 이런 연습을 통해 아이들은 자신의 감정을 좀 더 자신 있게 말로 표현할 수 있고, 다른 학생들도 자신과 똑같은 감정을 느낀다는 말을 들으면서 감정이입에 도움을 받는다.

4~5학년이 될 무렵에는 또래 관계가 생활에서 대단히 중요해짐에 따

라 우정이 잘 발휘되도록 도와주는 수업을 받는다. 감정이입, 충동 통제, 분노의 처리를 공부하는 수업이다. 예를 들어 트룹 학교 5학년 학생들이 시도하던 얼굴 표정에서 감정을 읽어내는 '생활기술' 수업은 본질적으로 감정이입을 주된 내용으로 한다. 충동 통제의 경우에는 여섯 단계로 눈에 띄게 드러나는 '정지 신호등' 포스터가 사용된다.

적색등 1. 모든 행동 중지, 마음 진정하기, 행동에 앞서 생각하기
황색등 2. 문제를 말하고 어떻게 느끼는지 말하기
         3. 긍정적인 목표 설정하기
         4. 여러 가지 해결책 생각하기
         5. 결과에 대해 미리 생각해보기
녹색등 6. 앞으로 나아가 최상의 계획을 시도하기

아이가 이를테면 분노를 터뜨리려 하거나, 사소한 일에 발끈하며 피해버리거나, 성가시다고 눈물을 흘리거나 할 때마다 그때그때 정지 신호등 개념을 환기시켜 좀 더 신중하게 위기의 순간을 처리하는 구체적인 일련의 단계를 제공하는 것이다. 이런 개념은 감정의 처리를 넘어서서 더욱 효과적인 방식으로 행동하게 안내해준다. 또한 이런 개념은 제멋대로인 감성 충동을 다루는 습관적인 방식이 되어 청소년기와 이후 시기에 닥칠 위험을 처리할 수 있는 기본적인 전술로 발전할 수 있다.

6학년에 이르면 수업 내용은 아이들의 생활 속으로 들어오기 시작하는 성, 마약, 음주의 유혹 및 압력과 좀 더 직접 관련된다. 9학년 무렵에는 아이들이 더욱 모호한 사회적 현실에 직면하게 되면서, 다면적인 관점—관련된 타인들의 관점뿐 아니라 자신의 관점—을 취할 수 있는 능력이 강조된다. 뉴헤이번 교사들 가운데 한 교사는 이렇게 말한다. "만일 여자

친구가 다른 남자 아이와 이야기 나누는 모습이 눈에 띄어 화가 난다면, 그냥 바로 상황에 뛰어들기보다 그들의 관점에서 무슨 일이 진행되고 있을지 고려해보는 게 바람직하겠죠."

▌비행을 예방하는 감성교육

감성교육에 가장 효과적인 프로그램들 가운데는 특별한 문제, 그중에서도 특히 폭력 문제 해결 및 예방을 위해 개발된 것이 있다. 그중 가장 빠르게 성장하고 있는 것으로, 수백 개의 뉴욕 시 공립학교와 전국의 학교들에서 실시되고 있는 '창조적 갈등 해소 프로그램'이 있다. 이 프로그램은 제퍼슨 고등학교에서 한 학생이 같은 반 친구들에게 복도에서 총격을 가한 것과 같은 사건으로 치달을 수 있는, 학교 운동장에서 벌어지곤 하는 말다툼을 가라앉히는 방법에 초점을 맞춘다.

'창조적 갈등 해소 프로그램'의 창시자이자 맨해튼에 기반을 둔 프로그램 전국 센터의 이사인 린다 란티에리(Linda Lantieri)는 이 프로그램을 단순히 싸움을 예방하는 차원을 훨씬 뛰어넘는 일종의 사명을 지닌 것으로 여긴다. 그녀는 이렇게 말한다. "이 프로그램은 학생들에게 수동성이나 공격성 외에 갈등을 처리하는 여러 가지 선택이 가능하다는 점을 보여줍니다. 우리는 학생들에게 폭력을 구체적인 기술로 대체하면서 폭력의 무익함을 보여주죠. 아이들은 폭력에 의존하지 않고, 자신의 권리를 옹호하는 법을 배웁니다. 이런 방법은 평생 사용할 수 있는 기술로, 단지 폭력을 휘두르기 십상인 사람들을 위해서만 필요한 게 아닙니다."[10]

한 실습을 통해 학생들은 아무리 사소하더라도 자신들이 겪어왔던 다툼을 해결하는 데 도움을 줄 수도 있었을, 단 한 가지의 현실적 단계를 생각해본다. 또 다른 실습에서는 숙제를 하려고 애쓰고 있는 한 언니가 여동생이 틀어놓은 시끄러운 랩 음악으로 넌더리가 난 장면을 연출한다. 화가 난 언니는 여동생의 항의에도 플레이어를 꺼버린다. 반 학생들은 두 자매를 모두 만족시킬, 문제를 해결할 방법을 무엇이든지 생각나는 대로 가리지 않고 제시해본다.

갈등 해소 프로그램이 성공하기 위해서는 프로그램을 교실의 차원을 넘어서서 감정이 폭발할 가능성이 훨씬 더 높은 운동장과 카페로 확대할 필요가 있다. 그런 목적을 위해 초등학교 후반부 들어 시작할 수 있는 역할인 중재자로 훈련받는 학생들도 있다. 긴장이 발생할 때 학생들은 자신들의 긴장을 해소하도록 도와줄 중재자를 구할 수 있다. 운동장 중재자들은 싸움, 조롱과 협박, 인종 문제 등 학교생활에서 충동적 행동을 유발할 수 있는 상황을 처리하는 법을 배운다.

중재 학생은 양편 모두 편파적이지 않다고 느끼도록 중재하는 법을 배운다. 중재자의 책략에는 관계된 학생들과 함께 앉아서 서로 상대편의 말을 가로막거나 모욕하지 않고 경청하게 만드는 일도 포함된다. 중재자는 양쪽 모두 마음을 가라앉히도록 해서 각자의 견해를 말하게 한 다음, 이야기된 내용을 각각 다른 문구로 표현하여 진짜로 상대방 말을 알아들었는지를 확인한다. 그런 다음, 중재자는 받아들일 수 있는 해결책을 생각해내려고 애쓴다. 그러다 보면 서명된 합의서 형태로 해결책이 나오는 경우도 자주 있다.

말다툼의 중재를 넘어서서 이 프로그램은 무엇보다 의견 불일치를 학생들이 다른 각도에서 생각하도록 가르친다. 초등학교에 다니는 동안 중재자로 훈련받은 에인절 페레즈는 이 프로그램에 대해 이렇게 말한다. "제가 생각하는 방식을 바꿨어요. 정말이지 누가 절 괴롭히거나 저한테 무슨 짓을 하면 싸우는 수밖엔 없고, 되갚아줘야만 한다는 생각을 하곤 했어요. 그런데 이 프로그램을 이수한 뒤부터 훨씬 생각을 긍정적으로 하게 됐습니다. 저한테 안 좋은 일이 벌어지더라도 이제는 똑같이 나쁘게 갚아주려고 하지 않아요. 전 문제를 풀려고 노력해요." 그러다 그는 자기도 모르게 그런 접근 방식을 자신의 공동체로 확산시키게 됐다.

갈등을 창조적으로 해소하는 경우, 초점은 폭력을 예방하는 데 두게 된다. 한편 란티에리는 이 프로그램이 그보다 훨씬 더 광범위한 임무를 지니고 있다고 생각한다. 폭력을 저지하기 위해 필요한 노련한 솜씨는 전 영역에 걸친 감성능력과 떼려야 뗄 수 없다는 것이 그녀의 견해다. 예를 들어 자신이 느끼고 있는 것을 인식하거나 충동이나 슬픔을 처리하는 법을 인식하는 일은 분노를 통제하는 일만큼이나 폭력 예방에 중요하기 때문이다. 훈련의 상당 부분은 확대된 범위의 감정을 인지하고, 그런 감정에 이름을 붙일 수 있으며, 감정이입을 할 수 있는 능력과 같은 기본적인 감성능력과 관련되어 있다. 자신의 프로그램 효과에 대한 평가 결과를 설명할 때 란티에리는 싸움, 혹평, 욕설이 줄어든 일만큼이나 '아이들 사이에서 배려하기'가 증대된 데 커다란 자부심을 느낀다.

이와 비슷한 감성교육에 대한 관심이 범죄와 폭력으로 얼룩진 세계로 가고 있는 젊은이들을 도울 방법을 찾으려는 심리학자 협회들에서 일어났다. 15장에서 살펴본 것 같은 남학생들에 대한 수십 건의 연구는, 소년들이 처음엔 충동적이고 성급한 경향을 보이기 시작해, 초등학교 저학년 때는 화를 잘 내게 되다가, 초등학교를 졸업할 무렵 사회적으로 거부되자 자신들과 비슷한 다른 아이들 무리와 결속하게 되어, 중학생쯤이 되면 범죄 행각을 벌이기 시작한다. 어른이 되어서는 이런 소년들 가운데 상당수가 전과 기록을 갖게 됐고, 폭력을 휘두르기 쉬운 상태가 됐다.

그런 소년들을 폭력과 범죄의 길에서 벗어나게 도와줄 해결책 역시 감성교육 프로그램이었다.[11] 워싱턴 대학의 마크 그린버그와 더불어 캐럴

쿠슈(Carol Kusche)가 개발한 프로그램 가운데 하나가 PATHS(Promoting Alternative Thinking Strategies : 대안적 사고 책략 촉진하기) 교과과정이다. 범죄나 폭력의 궤도로 들어설 위험에 처한 아이들에게 가장 필요한 프로그램이지만, 특정한 학생들을 문제가 심각한 하위 그룹이라고 낙인찍는 일을 피하기 위해 모든 아이들에게 실시된다.

그럼에도 이 프로그램은 모든 아이들에게 유용하다. 예를 들어 이 프로그램에는 갓 초등학교에 입학했을 때 충동을 통제하는 법이 들어 있다. 이런 능력이 부족한 아이들은 수업 내용에 집중하는 데 특별히 어려움을 겪고, 학습과 학점에서 뒤로 처지게 되기 때문이다. 이 프로그램에 포함되는 또 다른 내용은 자신의 감정을 인식하는 일이다. PATHS 교과과정에는 다양한 감정을 다루는 50개의 강좌가 있어서 가장 어린 아이들에게는 행복이나 분노 같은 기초적인 감정을 가르치고, 나중엔 질투나 자부심, 죄의식 같은 좀 더 복잡한 감정을 가르친다. 감성인식 수업에는 자신과 주위 사람들이 무엇을 느끼고 있는지 조사하는 방법과, 적대감이 자신에게서 생겨날 때와 반대로 실제로 다른 사람이 적대적인 경우를 인식하는 법—공격성이 있는 아이들에게 가장 중요하다—이 포함된다.

가장 중요한 수업 중 하나는 물론 분노의 통제다. 아이들이 분노(그리고 또한 모든 다른 감정)에 대해 배우는 기본 전제는 '어떤 감정을 가져도 다 괜찮다'지만, 예컨대 반발을 하더라도 괜찮은 반발이 있는가 하면 좋지 않은 반발도 있는 법이다. 이 프로그램에서 자기 통제력을 가르치는 도구들 가운데 하나는 뉴헤이번 강좌에서 사용된 것과 똑같은 '신호등' 훈련이다. 또한 아이가 비행을 저지르게 조장하는 사회적 거부와는 반대인 우정의 길로 나아가도록 도와주는 도구들도 있다.

▶ 학교에서 사고의 전환 : 돌보는 공동체로서 가르치기

가정이 더 이상 아이들에게 생활의 확실한 발판을 제공하지 못하기 때문에, 아이들의 감성능력과 사회능력의 결손을 교정하기 위한 유일한 공동체는 이제 학교뿐이다. 그렇다고 모든 사회제도들이 거의 붕괴되고 있는 상황에서 학교만이 무너지지 않으리라고 여긴다는 말은 아니다. 어쨌든 실제로 모든 아이가 학교에 가기 때문에(적어도 처음에는), 학교에 가지 않는다면 결코 접하지 못할 삶에 대한 기본 교육을 아이들은 학교에서 받게 된다. 감성교육은 학교에 대한 확대된 요구를 시사하며, 아이들을 사회화하는 데 실패한 가정 대신에 학교가 아이들의 감성능력의 결손을 보완해주어야 한다. 이런 힘겨운 과제로 인해 학교는 두 가지 중대한 변화에 직면해 있다. 하나는 교사들이 지금껏 해온 대로의 전통적인 임무를 넘어서서 교육해야 한다는 것이고, 또 하나는 공동체 내의 사람들이 좀 더 학교에 관여해야 한다는 것이다.

외형적으로 감성교육 수업이 존재하느냐 하지 않느냐는, 이런 수업을 어떻게 진행하느냐보다는 훨씬 덜 중요하다. 감성교육만큼 교사의 자질이 중요한 교과목은 아마 없을 것이다. 어떤 교사가 자기 수업을 어떻게 하느냐 그 자체가 하나의 본보기로, 사실상의 감성능력 수업—혹은 감성능력 저하 수업—이기 때문이다. 한 교사가 한 학생에게 응대할 때마다 20~30명의 다른 학생들은 교사의 그 응대 방식에서 무언가를 배운다.

이처럼 감성교육 강좌에 매력을 느끼는 교사의 경우 선택이 필요하다. 모든 교사가 기질상 감성교육에 알맞지는 않기 때문이다. 우선 교사들은 감정에 대해 말할 때 편안할 필요가 있다. 그러나 모든 교사가 그렇게 하는 데 편안해하지는 않고, 그렇게 되라고 바라는 것도 아니다. 교사들에게 감성교육을 준비시키는 표준적인 교수 내용은 거의 없거나 아예 존재하지 않는다. 이런 이유 때문에 일반적으로 가능성 있는 교사들을 대상으로 감성교육 접근 방식을 여러 주 동안 훈련시킨다.

처음에 교사들은 일상과 너무 동떨어진 듯 보이는 주제를 다루는 이 훈련이 마음에 들지 않을 수도 있지만, 일단 마음을 열고 시도하게 되면 대부분 회피하기보다는 즐거워하게 된다. 뉴헤이번 학교들에서도 교사들이 맨 먼저 새로운 감성교육 강좌 교수 훈련을 받게 되리라는 사실을 알게 됐을 때, 31퍼센트의 교사가 내키지 않는다는 반응을 보였다. 그러나 강좌를 가르친 지 1년쯤 지나자 90퍼센트 이상이 새로운 강좌로 인해 즐겁고, 다음 해에도 다시 이 강좌를 가르치고 싶다고 답했다.

▌확대된 학교의 임무

교사의 훈련을 넘어서서 감성교육은 학교 자체의 과제 쪽으로 관점을 확대함으로써, 아이들이 삶에 필수적인 학습을 받도록 챙기는 사회적 대리인으로서 학교가 좀 더 뚜렷하게 부각되게 만든다. 이는 사실 교육의 고전적 역할을 회복하는 일이다. 이런 좀 더 커다란 목적을 이루기 위해서는 특정한 교과과정과는 별도로 학생들이 처한 개인적 위기의 순간을 감성능력을 함양하는 기회로 전환하게 도와주는 수업 안팎의 기회가 활용되어야 한다. 또한 가정의 일과 조화를 이룰 때 감성능력 훈련이 가장 잘 이루어지므로, 부모들을 대상으로 아이들이 배우고 있는 내용에 대해 가르치는 특별 강좌들도 감성교육 프로그램에 포함된다. 이런 강좌는 학교에서 가르치는 것을 보완할 뿐만 아니라, 자녀들의 감성생활을 좀 더 효과적으로 도울 필요를 느끼는 부모들을 지원하기 위한 것이다.

그런 식으로 아이들은 생활의 모든 영역에서 감성능력과 관련된 일관된 내용을 접하게 된다. 사회능력 프로그램의 책임자인 팀 슈라이버에 따르면, 뉴헤이번 학교들에선 이렇게 한다. "지정된 셀프서비스 식당에서 남의 흠을 잡으며 싸우는 아이가 있으면, 또래 중재자에게로 보내집니다. 중재하는 아이는 함께 앉아 수업에서 배웠던 똑같은 관점 취하기 기법으로 갈등을 해결하죠. 코치들은 운동장에서 벌어지는 다툼을 다루는 데도 그 기법을 사용할 것입니다. 우리는 이런 방법을 집에서 아이들에게 사용할 수 있도록 부모들을 위한 강좌도 엽니다."

이런 감성교육의 수평적인 여러 계열—교실뿐 아니라 운동장에서, 그리고 학교뿐 아니라 가정에서—의 강화 작업은 최선의 방책이다. 그런 강화 작업은 학교, 부모, 공동체를 더욱 단단히 결속시킨다. 또한 그런 작업을 통해 아이들이 배운 감성교육 내용이 학교에만 고여 있는 게 아니라, 실제 생활의 도전 속에서 검증되고, 실천되며, 예리해지게 될 가능성이 커진다.

한편 감성교육이라는 중심점은 학교를 더욱 발전시키는 새로운 방식을 만들어낸다. 즉 학교를 학생들이 존중받고 보살핌을 받는 곳, 친구·교사·학교가 결속하여 '돌보는 공동체' 문화를 구축하는 곳으로 만드는 것이다.[12] 가족이 급속도로 해체되고 있는 뉴헤이번 지역의 학교들을 예로 들어보자. 그런 학교들에서는 그나마 무너지지 않은 게 다행인 가정의 어른들을 대상으로 공동체 내에서 돌보는 사람들을 충원하는 광범위한 프로그램을 운영한다. 뉴헤이번 학교들에는 책임 있는 어른들이 조언자가 되어, 가정의 붕괴로 돌봐주는 어른이 없다시피 한 학생들과 정기적으로 만나는 자원봉사를 실시한다.

요컨대 최적의 감성교육 프로그램 구도는 이렇다. 일찍 시작할 것, 나이에 걸맞을 것, 학교생활 내내 실시할 것, 학교와 가정과 공동체의 노력을 상호 결합할 것.

이 같은 장점들이 일반 학교 수업의 각 영역에 잘 들어맞는다 해도, 이런 프로그램을 도입한다는 건 어쨌든 중대한 변화다. 그러므로 감성교육 프로그램을 일반 학교에 도입하는 경우, 장애를 예상하지 않는 것은 순진한 발상일 것이다. 주제 자체가 학교에서 다루기에는 너무 개인적이라고 여길 수도 있다. 많은 부모들은 그런 내용이 학교보다는 자신들에게 더 합당하다고 생각할 수도 있다. (게다가 부모가 실제로 이런 주제로 '진정' 얘기를 하는 정도만큼 신뢰할 수 있지, 그렇지 않을 땐 전혀 설득력이 없는 주장이다.) 교사들은 학업의 기초 내용과 너무 관련성이 없는 듯 보이는 주제에 자기 수업의 한 부분을 할애하는 게 내키지 않을 수도 있고, 이런 주제에 지나치게 불편함을 느끼는 교사도 있을 수 있다. 게다가 모든 교사에게 그런 교육을 할 특별 훈련까지 필요한 실정이다. 특히 이런 수업이 관심사가 아닌 만큼 저항하거나 사생활을 드러내도록 강요하는 부담처럼 느낄 아이들도 있을 것이다. 그다음으로 겉만 번지르르한 교육 마케팅 담당자들이, 이를테면 마약이나 10대의 임신에 대한 잘못 만들어진 강좌로 인한 폐해만을 반복하는, 부적절하게 고안된 감성능력 프로그램을 강요하려 들지 않도록 못 박아두어야 하는 어려움도 있다.

이런 모든 점을 감안하면까지, 왜 우리는 성가시게 이런 시도를 해야만 하는 걸까?

감성교육의 효과

그날은 모든 교사들에게 악몽의 날이었다. 어느 날 팀 슈라이버는 지역신문을 펼쳐들자마자 자신이 좋아하는 옛날 제자들 가운데 한 명인 라몬트가 뉴헤이번 거리에서 아홉 차례 총격을 받고 중태에 빠졌다는 기사를 읽었다. 슈라이버 교사는 회고한다. "라몬트는 학교의 지도적 학생들 가운데 하나로, 키가 185센티미터가 넘는 거구에 항상 웃음을 잃지 않는 대단히 인기 있는 라인배커(미식축구에서 스크럼 라인의 후방을 지키는 선수-옮긴이)였어요. 한때 라몬트는 제가 이끌었던 지도력 강화 클럽에서 활동했죠. 클럽에서 우리는 SOCS로 알려진 문제 풀이 모델을 놓고 여러 가지 생각들을 제시하며 엎치락뒤치락 논의하곤 했습니다."

SOCS는 상황(Situation), 선택권(Options), 결과(Consequence), 해결책(Solutions)의 4단계를 말한다. '상황(S)이 어떠하고, 그 상황으로 어떤 느낌이 드는지 말하라. 다음으로 그 문제를 풀기 위해 취할 수 있는 선택(O)사항과 그 결과(C)가 어떨지를 숙고하라. 마지막으로 해결책(S)을 고르고 그것을 실행하라.' 신호등 방식의 완결판이라 할 만하다. 슈라이버가 덧붙이는 말에 따르면, 라몬트는 여자친구 문제나 싸움을 피하는 방법 같은 학교 생활을 힘들게 하는 어려움을 처리하는, 상상력이 풍부하면서도 효과를 나타낼 가능성이 많은 브레인스토밍을 좋아했다.

그러나 그런 교훈은 고등학교를 졸업한 후의 그에게는 적용되지 않은 듯했다. 가난과 마약과 총이 넘실대는 거리를 떠돌다 라몬트는 스물여섯 살에 온몸이 총알 구멍투성이인 채 붕대를 칭칭 휘감은 상태로 병원 침대에 누워 있었다. 슈라이버가 병원으로 달려갔을 때 라몬트는 거의 말도 할 수 없는 지경이었고, 그의 어머니와 여자친구는 한쪽에서 몸을 움츠리고 있었다. 예전 선생님을 보자 라몬트는 침대 가까이로 오라고 했고, 슈라이버가 말소리를 들으려 몸을 구부리자 라몬트가 속삭였다. "선생님, 여기서 퇴원하면 SOCS 방법을 활용할래요."

라몬트는 사회성 계발 강좌가 실시되기 몇 년 전에 힐 하우스 고등학교를 졸업했다. 오늘날 뉴헤이번 공립학교에 다니는 아이들처럼 만일 그가 학창시절 내내 그런 교육 혜택을 받았더라면 그의 인생이 달라졌을까? 아무도 결코 확실하게 말할 수는 없지만, 여러 가지 정황상 긍정적인 답이 가능하다.

팀 슈라이버가 말하듯 '한 가지는 분명하다. 사회적 문제 해결을 입증하는 현장은 교실뿐 아니라 셀프서비스 식당, 거리, 가정 전부인 것이다.' 뉴헤이번 프로그램에 참여한 교사들에게서 나온 증언을 숙고해보자. 여전히 독신인 졸업생 하나가 학교를 방문해서 '만일 자신이 학교의 사회성 계발 강좌를 통해 스스로의 권리를 옹호하는 법을 배우지 않았더라면' 지금쯤 미혼모가 됐음이 거의 틀림없다고 말했던 사례에 대해 자세히 밝히는 증언도 있다.[13] 어떤 교사는 한 학생이 어머니와의 관계가 너무 좋지 않아서 대화가 계속 싸움으로 비화돼버렸던 사례를 회상한다. 그런데 그 여학생이 마음을 진정하는 법과 반발하기 전에 생각하는 법을 배운 뒤에, 여학생의 어머니가 담임교사를 찾아와 이제 자신들이 '자제심을 잃지 않고' 이야기를 나눌 수 있다고 말했다고 한다. 트룹 학교에서 6학년 학생 하나가 사회성 계발 강좌 교사에게 쪽지를 전했다. 거기에는 그녀의 가장 친한 친구가 임신했지만 어떻게 해야 할지 상의할 사람이 없어서 자살하려 한다고 쓰여 있었다. 물론 그 아이는 교사가 돌봐주리라는 점을 염두에 두고 보낸 쪽지였다.

뉴헤이번 학교들에서 실시된 사회성 계발을 위한 7학년 강좌를 관찰할 뜻 깊은 순간이 다가왔다. 담당 교사가 "최근에 겪었던 일 중 좋은 결말로 끝난 의견 불일치에 대해 선생님한테 말해줄 사람 있니?" 하고 물었다. 포동포동한 12세의 한 여학생이 손을 높이 들었다. "한 여자 아이를 친구로 알고 있었는데 저하고 싸우고 싶어 한다고 누군가 제게 말했죠. 방과 후에 걔가 저를 으슥한 데로 데리고 갈 거라고 말이에요."

하지만 그녀는 화를 내며 그 여자 아이를 대하는 방식 대신에, 수업시간에 권장되는 접근 방식을 적용했다. 결론으로 비약하기 전에 진행되고 있는 일의 형편을 먼저 파악했던 것이다. "전 개한테 가서 왜 그런 이야기를 했느냐고 물었죠. 그러자 걔는 그런 말 한 적이 한 번도 없다고 했어요. 그래서 우린 싸우지 않았어요."

이 이야기는 아주 예방적인 사례인 듯 보인다. 단, 그 이야기를 한 여학생이 싸움박질 때문에 다른 학교에서 이미 퇴학당한 적이 있었다는 점만 빼고 말이다. 과거에 그 여학생은 기분 나쁜 일이 있을 때 공격부터 먼저 했고, 질문은 나중에 하거나 아예 물어보지도 않았다. 그런데 이제 그 여학생이 즉시 분노의 싸움으로 치닫기보다 겉으로 보아 적수인 상대를 건설적으로 대하는 장면은 작지만 진정한 승리다.

그런 감성교육 강좌가 미치는 영향을 가장 효과적으로 보여주는 것은 이 열두 살짜리 여학생이 다니는 학교의 교장이 나와 공유했던 자료들이다. 싸우다가 붙잡힌 아이들은 정학에 처한다는 확고한 규칙이 이 학교에서 적용된다. 그러나 감성교육 강좌가 몇 년에 걸쳐 실행되자 정학 건수가 지속적으로 떨어졌다. 그 학교 교장이 말한다. "작년에는 정학 건수가 106건이었는데, 금년엔 3월 현재까지 단지 26건입니다."

이런 것은 구체적인 혜택이다. 개선되거나 위험에서 벗어나는 그런 생활상의 일화들과는 별도로 감성교육 강좌를 이수한 학생들에게 그 강좌가 진정 얼마나 중요한가 하는 경험적 의문이 존재한다. 앞서의 자료에 따르면, 비록 그런 강좌들이 어떤 아이도 하루 밤 사이에 바꾸어놓지는 않지만 아이들이 학년을 거듭하며 교과과정을 이수해감에 따라 학교의 분위기와 강좌를 수강하는 남녀 학생들의 관점—그리고 감성능력의 수준—이란 측면에서 눈에 띄는 발전이 나타난다.

지금까지 몇 가지 객관적인 평가 방식이 있었다. 그중 가장 뛰어난 방법은 독립적인 관찰자들이 아이들의 행동을 평가하는 가운데 이 강좌를 수강한 학생들을 수강하지 않은 학생들과 비교하는 것이다. 또 다른 방법은 운동장에서 벌이는 싸움이나 정학 건수 같은 행동의 객관적 지표에 토대해 강좌 전후에 학생들에게 나타난 변화를 추적하는 것이다. 공동 평가를 실시해보면 아이들의 감성능력과 사회능력 측면에서, 교실 안팎에서 나타나는 행실 측면에서, 학습능력 측면에서 광범위한 효과를 드러낸다(자세한 내용은 '부록 6' 참조).

감성적 자기 인식

- 자신에게 고유한 감정을 인식하여 이름 붙이는 능력이 향상됨.
- 감정의 원인을 잘 이해할 수 있음.
- 감정과 행동 간의 차이를 인식함.

감성관리

- 좌절감을 극복하고 분노를 처리하는 능력이 나아짐.
- 신랄한 혹평, 싸움, 교실 분위기를 망치는 행동이 줄어듦.
- 싸우지 않고 알맞게 분노를 표현하는 능력이 좋아짐.
- 정학 건수와 퇴학 건수가 줄어듦.
- 공격적이거나 자기 파괴적인 행동이 줄어듦.
- 자기 자신, 학교, 가족에 대한 긍정적 감정이 늘어남.
- 스트레스를 처리하는 능력이 향상됨.
- 외로움과 사회생활에서 불안을 덜 느낌.

감성을 생산적으로 이용하기

- 책임감이 높아짐.
- 당면 과제에 집중하는 능력과 주목하는 능력이 향상됨.
- 충동성이 줄고 자기 통제력이 강화됨.

■ 성취도 검사에서 점수가 향상됨.

감정이입 : 감성 읽기

■ 다른 사람의 관점을 취하는 능력이 향상됨.
■ 감정이입과 타인의 감정에 대한 민감성이 개선됨.
■ 타인의 말을 경청하는 능력이 향상됨.

인간관계 다루기

■ 인간관계를 분석하고 이해하는 능력이 향상됨.
■ 갈등을 해소하고 의견 불일치를 조정하는 능력이 향상됨.
■ 인간관계에서 생기는 문제 해결 능력이 향상됨.
■ 대화를 나누는 데서 훨씬 분명하게 입장을 밝히고 노련해짐.
■ 더욱 대중적, 외향적이 되어 친근감을 주고 또래와 잘 어울림.
■ 또래에게 더 많은 교제 요청을 받음.
■ 좀 더 배려하고 사려 깊어짐.
■ 집단 내에서 '더욱 사교성이 좋아지고' 조화를 이루게 됨.
■ 타인과 더 많이 공유하고, 협력하며, 도움을 제공함.
■ 타인과 상대하면서 더욱 민주적이 됨.

이 목록상의 한 가지 항목은 특별한 주목을 필요로 한다. 즉 감성교육 프로그램이 아이들의 학업 성취도 점수와 학교 성적을 향상시킨다는 점이다. 이런 사실은 이와 같은 여러 연구들에서 거듭 발견된다. 너무도 많은 아이들이 자신의 당황스러움을 처리하고, 경청하거나 집중하며, 충동을 억제하고, 자신이 해야 할 일에 대해 책임감을 느끼거나 학습에 관심을 가지는 능력이 결여돼 있을 때에는, 이런 능력을 보완해줄 교육 내용이 있다면 학생들을 교육하는 데 도움이 될 것이다. 이런 의미에서 감성교육은 학교가 학생들을 가르치는 능력을 향상시킨다. 기본으로 돌아가는 시기와 예산이 삭감되는 시기에조차도 이런 프로그램들이 교육의 쇠퇴라는 흐름을 뒤바꾸고 자신의 주된 임무를 성취하도록 학교를 강화하는 데 도움이 되는지, 그리하여 투자할 가치가 있는지에 대한 논쟁이 벌어질 수는 있다.

감성교육 강좌는 이런 교육적 이점을 넘어서서 아이들이 생활 속에서 자신의 역할을 더 잘 수행하고, 더 나은 친구이자 학생, 아들이나 딸이 되도록 하는 데 도움을 준다. 나아가 장차 더 나은 남편이나 아내, 더 훌륭한 일꾼이나 책임자, 부모나 시민이 되도록 도움을 줄 가능성이 훨씬 더 많다. 모든 남녀 학생이 똑같은 정도의 확신을 느끼며 이 기술을 획득하진 않겠지만, 확신을 가지는 만큼 더욱 나아지게 될 것이다. 팀 슈라이버가 말하듯이 "상승세가 모든 추세를 강화하게 해줍니다. 이런 능력으로 인해 혜택을 볼 수 있는 층은 문제아들만이 아니라 모든 아이들입니다. 이런 기술은 삶을 위한 예방접종이니까요."

◤성격, 도덕성, 민주주의 기술

감성지능이 대표하는 능력의 본체에 대한 옛날식 단어가 있으니 '성격(character)'이다. 조지 워싱턴 대학의 사회이론가인 아미타이 에트지오니(Amitai Etzioni)에 따르면, 성격은 "도덕적 행위가 필요로 하는 심리학적 근육이다."[14] 그리고 철학자 존 듀이는 단순히 추상적 수업으로서가 아니라 실제적인 것을 통해서 수업이 이루어질 때 도덕교육이 가장 효과가 있다고 인식했다. 감성교육의 양식을 통한 수업의 중요성에 대한 지적인

셈이다.[15]

만일 성격 계발이 민주사회의 토대라면, 감성지능이 이런 토대를 뒷받침하는 몇 가지 방식에 대해 고찰해보자. 성격의 기반은 자기 규율이다. 아리스토텔레스 이후 철학자들이 관찰했던 대로 덕망 있는 삶은 자기 통제에 기반을 두기 때문이다. 이와 관련된 성격의 한 가지 기본 원리는 숙제를 하건, 일을 끝마치건, 아니면 아침에 일찍 일어나는 일이건, 자기 스스로에게 동기를 유발하고 자신을 통제할 수 있는 능력이다. 그리고 앞에서 보아왔듯이, 만족을 유예하고 충동을 통제하여 일정한 방향으로 물꼬를 터주는 능력이 감성기술의 기본이다. 이는 이전에 의지라 불리던 능력이다. 성격교육에 대한 글을 쓴 토머스 리코나(Thomas Lickona)는 이렇게 지적한다. "우리는 타인에게 올바르게 행동하기 위해 우리의 욕망과 정열을 통제할 필요가 있습니다. 감정을 이성의 통제 아래 두기 위해서는 의지가 필요합니다."[16]

자기중심적 초점과 충동을 밀쳐둘 수 있는 능력에는 사회적 이점이 있다. 즉 그런 능력은 감정이입, 진정한 경청, 타인의 관점 취하기로 향하는 문을 열어준다. 지금껏 살펴보았듯이 감정이입은 돌봄, 이타주의, 연민으로 이끈다. 타인의 관점에서 사태를 보는 일은 치우친 고정관념을 깨부수어 차이를 너그럽게 용인하게 만든다. 이런 능력은 점점 더 다원론 사회로 가고 있는 현재 그 어느 때보다도 필요한 능력으로, 사람들이 상호 존중하여 함께 살아갈 수 있게 해주고, 생산적인 공적(公的) 대화를 가능하게 만들어준다. 이런 능력은 민주주의를 살찌우는 기본이 되는 능력이다.[17]

에트지오니에 따르면, 자기 규율과 감정이입을 가르침으로써 학교는 성격을 계발하는 데 중요한 역할을 한다. 이렇게 형성된 자기 규율과 감정이입을 통해 공적이고 도덕적 가치에 진정으로 헌신하는 일이 가능해진다.[18] 그렇게 할 경우, 아이들에게 가치에 대해 강연하는 일만으론 충분치가 않다. 아이들은 그 가치를 실천할 필요가 있다. 아이들이 필수적인 감성기술과 사회성 기술을 함양할 때 그런 실천이 이루어진다. 그런 의미에서 감성교육은 성격교육, 도덕성 계발 교육, 시민의식 교육과 서로 손을 맞잡고 간다고 할 수 있다.

▶ 맺음말 : 삶의 기본 능력에 서툰 10대들을 위하여

이 책을 마치면서, 나를 곤혹스럽게 하는 몇몇 신문 기사가 눈길을 끈다. 교통사고를 근소한 차로 제치고 총기가 미국인 사망률의 제일 원인이라는 기사가 하나고, 두 번째는 작년도 살인율이 3퍼센트 늘었다는 것이다.[19] 두 번째 기사에서 특별히 당황스러운 것은 우리가 다음 10년 안에 다가올 '범죄 폭풍'에 앞선 소강상태 속에 산다는 한 범죄학자의 예견이다. 그가 제시하는 이유는 14~15세의 어린 10대에 의한 살인이 상승 추세이고, 그 나이 집단은 소규모 베이비붐의 정점을 나타낸다는 점이다. 다음 10년이 지나면 이 집단은 18~24세가 될 텐데, 범죄 이력에 따르면 그 나이에서 폭력 범죄가 최고조에 달한다. 그런 전조들은 분명히 나타나고 있다. 세 번째 기사에 따르면, 1988년에서 1992년까지 4년 동안 미연방 법무부 통계수치는 살인, 가중폭행, 강도, 강간 혐의를 받은 청소년들의 수가 60퍼센트 증가했으며, 가중폭행의 경우만 따지면 80퍼센트 증대된 수치를 나타낸다.[20]

이 10대들은 그들의 부모 세대가 마약에 광범위하게 접근한 첫 세대였던 것과 마찬가지로, 총과 자동화 무기류를 쉽게 획득할 수 있는 첫 세대다. 10대가 총을 메는 것은 과거에는 주먹다짐으로 결판났을 의견 대립이 쉽사리 총격전으로 비화될 수 있음을 의미한다. 그리고 또 다른 전문가가 지적하듯이 이런 10대들은 '정말이지 싸움을 회피하는 데 전혀 능숙하지 못하다.'

그들이 이런 삶의 기본적 능력에 그토록 서툰 한 가지 이유는, 모든 아이들이 분노를 다스리거나 갈등을 긍정적으로 해소하는 필수적인 능력을 확실하게 배울 수 있도록 사회의 기성세대들이 애쓰지 않았기 때문이다. 우리는 또한 감정이입이나 충동 통제, 그 밖에 감성능력의 기본 자질들을 가르치는 데도 그리 애를 쓰지 않았다. 우리는 감성능력을 아이들이 어쩌다 배우도록 내버려둠으로써, 아이들이 건강한 감성능력을 계발하도록 도와줄 기회를 대체로 허송해버리는 위험천만한 짓을 벌여왔다.

몇몇 교육자들이 감성교육에 높은 관심을 보이고 있지만, 이런 강좌는 아직 드물다. 대부분의 교사, 교장, 부모들은 그런 강좌가 존재하는지조차 모른다. 최상의 모델은 대체로 교육의 주류에서 벗어난 몇 안 되는 사립학교와 수백 개의 공립학교에만 존재할 뿐이다. 이런 프로그램을 포함해 어떠한 프로그램도 모든 문제에 대한 해답이 아님은 물론이다. 그러나 우리 자신과 우리 아이들이 직면한 위기 상황을 인식하고, 감성교육 강좌로 품게 되는 희망의 크기를 감안하면, 우리는 스스로 질문해야만 한다. "가장 필수적인 삶의 능력을 모든 우리 아이들에게 가르쳐야만 하지 않을까? 다른 어느 때가 아닌 바로 지금!"

지금이 아니라면 언제란 말인가?

감성이란 무엇인가?

제목에 들어 있는 '감성(emotion)'이란 말은 그 정확한 의미를 두고 심리학자들과 철학자들이 한 세기가 넘도록 모호한 말을 해왔던 용어다. 글자 그대로의 의미로 보면, 〈옥스퍼드 영어사전〉은 "정신, 감정, 정열의 흥분이나 동요, 격렬하고 흥분된 정신 상태"라고 정의한다. 나는 감성을 '감정과 감정에 따른 제각각의 생각, 심리적·생물학적 상태, 행동하려는 광범위한 성향'을 가리키는 말로 사용한다. 혼합, 변화, 전이된 감성, 미묘한 차이를 보이는 감성과 더불어 수백 가지의 감성이 존재한다. 실로 우리가 말로 표현할 수 있는 것보다 훨씬 더 많은 미묘한 감성이 존재한다.

연구자들은 정확히 어느 감성이 주된 것—모든 감성의 혼합이 이루어지는 감정의 삼원색인 파랑, 빨강, 노랑—으로 간주될 수 있을지, 나아가 주된 감성이라는 게 존재하기라도 하는 것인지를 놓고 계속해서 논쟁을 벌인다. 모두가 동의하지는 않지만, 기본적인 가계도를 제안하는 이론가들이 있다. 주된 감성 가족 후보군과 그 가계의 구성원들은 다음과 같다.

- 분노 : 격노, 난폭, 분개, 노여움, 격분, 의분, 성냄, 표독스러움, 악의, 성가심, 성마름, 적대감, 아마 극단적인 경우로 병리적 증오와 폭력
- 슬픔 : 비탄, 비애, 쓸쓸함, 침울함, 울적함, 자기 연민, 외로움, 낙담, 절망, 병리적일 때, 심각한 우울증

- **두려움** : 불안, 우려, 소심함, 염려, 소스라침, 걱정, 경계심, 주저함, 안절부절못함, 무서움, 경악, 공포, 병증으로서의 공포증과 돌연한 공포(패닉)
- **즐거움** : 행복, 환희, 안도, 만족, 지복(至福), 기쁨, 재미, 자랑, 관능적 쾌락, 전율, 황홀, 희열, 충족감, 도취감, 기발한 언동, 무아경, 가장 극단의 조병(躁病)
- **사랑** : 편애, 우정, 신뢰, 친절, 친근함, 헌신, 찬미, 심취, 타산 없는 사랑(아가페)
- **놀람** : 충격, 경악, 망연자실, 경이감
- **혐오** : 경멸, 모멸, 멸시, 질색, 거부, 반감, 염증, 극도의 불쾌감
- **부끄러움** : 죄책감, 당황, 유감, 양심의 가책, 굴욕, 후회, 치욕, 회한

이런 목록이 감성을 범주화하는 방법에 대한 모든 의문을 다 해소해주지는 못한다는 점은 분명하다. 예를 들어 슬픔과 두려움과도 섞인 분노의 변형인 질투와 같은 혼합된 감성은 어떤 범주에 들어갈까? 희망과 믿음, 용기와 용서, 확신과 평정 같은 미덕은 또 어떨까? 혹은 의심, 자기만족, 게으름, 무감각 혹은 지루함과 같은 고전적인 악덕은? 명료한 대답은 존재하지 않는다. 감성을 분류하는 방법에 대한 과학적 토론은 계속될 뿐이다.

몇 가지 핵심 감성이 존재한다는 주장은 어느 정도 캘리포니아 대학의 폴 에크먼의 발견에 힘입은 바 크다. 그의 발견에 따르면 두려움, 분노, 슬픔, 즐거움의 네 가지 감성에 해당하는 특정한 얼굴 표정은 영화나 TV에 접해본 적이 전혀 없을 법한 사람들을 포함해 전 세계의 다양한 문화권 사람들에게서도 공통적으로 인식된다. 이런 사실은 감성의 보편성을 시사한다. 고지에 고립된 석기시대 주민인 뉴기니의 포(Fore)족만큼이나

멀리 떨어진 문화권에 사는 사람들에게 에크먼은 이런 표정을 드러내는 얼굴 사진을 보여줌으로써, 도처에 사는 사람들이 똑같은 기본적인 감성을 인식한다는 사실을 발견했다. 감성에 알맞은 이런 얼굴 표정의 보편성은 필시 다윈에 의해 최초로 주목됐을 것이다. 다윈은 얼굴 표정의 보편성을 인간의 중추신경계 속에 진화의 힘을 통해 이런 표정 신호가 아로새겨진 증거라고 생각했다.

기본 원리를 구하면서 나는 에크먼과 다른 학자들을 좇아 감성 가계나 감성 차원의 견지에서 분노, 슬픔, 두려움, 즐거움, 사랑, 부끄러움 등 주요한 감성의 가계를 우리 감성생활이 지닌 끝없이 미묘한 차이를 보여주는 적절한 실례로 받아들인다. 이런 가계의 각각은 수도 없는 변이 속에서, 관련된 감성들의 잔물결이 일어나는 가운데 중심부에 감성의 기본 핵을 지니고 있다. 바깥 잔물결에는 '기분'이 존재한다. 그 기분은 기술적으로 말해서 감성보다 훨씬 미약하면서도 더 오랫동안 지속된다(예를 들어 하루 종일 화가 머리끝까지 치솟는 일이란 비교적 드문 반면, 좀 더 짧은 시간 동안 지속되는 여러 차례의 분노가 쉽게 촉발되는 언짢거나 짜증 나는 기분에 젖어드는 일은 그다지 드물지 않다). 기분을 넘어서서 사람들을 우울하거나 소심하거나 쾌활하게 만드는, 일정한 감성이나 기분을 불러일으키는 경향성이라 할 수 있는 '기질'이 존재한다. 그리고 그런 감성적 기질을 넘어서서 사람들이 좋지 않은 상태 속에 영원히 사로잡혔다고 느끼는, 임상적 우울증이나 끊임없는 불안의식 같은 명백한 정서적 '질환'이 존재한다.

감성적 정신의 특징

최근 몇 년 사이에 우리가 행하는 많은 것들이 어떻게 감성적으로 추동될 수 있는지—어떻게 우리가 한순간엔 그렇듯 이성적이다가 다음 순간엔 그렇게나 비이성적일 수 있는지—를 설명하는 감성적 정신에 대한 과학적 모델이 출현했고, 감성이 자신만의 이유와 논리를 가지고 있다는 지각이 나타났다. 아마 감성적 정신에 대한 두 가지 최고의 평가는 샌프란시스코의 캘리포니아 대학교 '인간상호작용실험실'의 책임자인 폴 에크먼과 매사추세츠 대학의 임상심리학자인 시모어 엡스타인(Seymour Epstein)에 의해 각각 독립적으로 제시된 연구 결과일 것이다.[1] 에크먼과 엡스타인은 각각 상이한 과학적 증거를 고찰했지만, 그들은 공통적으로 감성과 나머지 정신생활을 구별 짓는 특성의 기본적인 목록을 제공한다.[2]

빠르지만 엉성한 응답

감성적 정신은 이성적 정신보다 훨씬 더 판단이 빨라서 잠시 멈춰 무얼 하려고 하는지 고려해보지도 않은 채 행동으로 치닫는다. 이런 민첩성은 사유하는 정신의 특징이라 할 신중하고 분석적인 성찰을 배제한다. '어디에 주목할 것인가?'라든가, 일단 부단히 경계 상태에 들어간 순간에, 이를테면 다른 동물과 맞닥뜨려 '내가 이놈을 먹을까, 아니면 내가 먹힐까?'와 같은 일각을 다투는 결정을 내려야 하는 상황을 둘러싸고 유기체가 진화하는 과정에서 이런 민첩함이 발생했을 가능성이 높다. 응답을 생각해내는 데 지나치게 오래 지체하는 유기체들은 자신들의 유전자를 자손에게 물려줄 가능성이 거의 없었다.

감성적 정신에서 생겨나는 행동은 합리적 정신에게는 절대적으로 당혹스러울 수 있을 사태를 능률적으로 단순화해 바라보는 방식의 부산물인 특별히 강한 확신을 지닌다. 혼란이 가라앉을 때나 대응하는 도중에 갑자기 '내가 뭣 때문에 그렇게 했지?' 하고 생각하는 경우가 있는데, 바로 그 순간에 합리적 정신이 깨어나고 있는 것이다. 이는 합리적 정신이 감성적 정신만큼 신속하지는 못하다는 징표다.

감성의 촉발과 감성의 분출 사이의 간격은 실제로 순간적이기 때문에, 지각을 인식하는 메커니즘은 대단히 빠른 속도를 감당하는 구조여야 한다. 심지어 뇌의 시간으로 수천 분의 1초 내로 인지되는 경우도 있다. 행동의 필요성에 대한 이와 같은 인식은 자동적이라 결코 의식적 자각으로는 파악되지 않을 정도로 매우 빠르다.[3] 이와 같은 질 나쁜 가지각색의 감성반응이 실제로 일어나고 있는 일을 제대로 인식하기도 전에 먼저 우리를 휩쓸어버린다.

이런 빠른 지각의 양식은 속도를 위해 정확성을 희생시켜 첫인상에 의존하고, 전반적인 상황이나 가장 두드러진 측면에 반응한다. 이런 지각 양식을 통해 신중한 분석을 위한 시간을 갖지 못한 채 반응하여 상황을 하나의 전체로서 즉각적으로 받아들이게 된다. 그런 인상을 결정짓는 데는 생생한 요소들이 세부적인 것들에 대한 주의 깊은 평가보다 더 중요할 수 있다. 이런 지각이 지니는 최대의 이점은 순식간에 감성적 현실을 해독할 수 있고('그가 나한테 화가 났구나', '그녀는 거짓말을 하고 있어', '이것 때문에 그가 슬퍼하고 있구나'), 누구를 경계해야 하고, 누구를 신뢰하며, 누가 괴로움에 빠져 있는지를 우리에게 알려주는 직관적인 즉석 판단을 내릴 수 있다는 점이다. 감성적 정신은 위험을 탐지하는 내적 레이더다. 만일 우리가(혹은 진화 속의 우리 선조들이) 합리적 정신이 이런 판단의 일부를 내리도록 기다렸다면, 틀림없이 잘못됐을 뿐 아니라 죽었을 수도 있다. 한편 이런 지각의 결점은 인상과 직관적 판단이 순식간에 이루어지기 때문에 실수를 저지르거나 그릇될 수 있다는 점이다.

감성이 작동을 시작했다는 사실을 우리가 채 인식하기도 전에 감성이 우리를 압도하게 되는 이런 신속함은, 감성이 대단한 적응력을 지니는 데 필수적이라고 폴 에크먼은 주장한다. 반응을 할지 말지 혹은 어떻게 반응을 할지에 대해 숙고하느라 시간을 허비하지 않고 감성은 긴급한 상황에 응답하도록 우리를 기동시킨다. 얼굴 표정에 나타난 미묘한 변화에서 감성을 탐지하기 위해 자신이 개발한 시스템을 활용하여 에크먼은 1초의 반도 채 지나지 않는 순간에 얼굴을 휙 스쳐 지나가는 미세 감성을 추적할 수 있다. 에크먼과 연구 팀은 반응을 촉발하는 사건 이후 수천 분의 1초 이내에 얼굴 근육조직의 변화에서 감성적 표정이 드러나기 시작한다는 사실을 발견했다. 아울러 그들은 특정한 감성의 경우에 전형적인 생리적 변화—혈류의 차단과 심장박동률의 증가 같은—가 시작되는 데도 역시 몇 분의 1초밖에 걸리지 않는다는 점을 발견했다. 이런 신속함은 갑작스러운 위협으로 인한 두려움 같은 강렬한 감성에 특히 적용된다.

에크먼은 감성이 지니는 최고의 열기는 몇 분, 몇 시간 혹은 며칠이 아니라 단지 몇 초 정도로 아주 잠깐 동안 지속될 뿐이라고 주장한다. 그리고 상황이 변화함에도 감성이 오랫동안 두뇌와 신체를 붙잡고 있는 것은 서투른 짓이 되리라고 추리한다. 만일 단일한 사건에 의해 야기된 감성이 그 사건이 지나간 뒤에도 그리고 다른 어떤 일이 우리를 둘러싸고 벌어지고 있는 것에도 아랑곳하지 않고 우리를 계속해서 지배한다면, 우리의 감정은 행동으로 이끄는 서툰 안내자일 것이다. 감성이 더 오래 지속되기 위해서는 감성의 촉발이 계속 유지돼야 하고, 그를 통해 실제로 계속해서 감성을 불러일으켜야 한다. 사랑하는 사람의 상실이 우리를 계속 슬퍼하게 만드는 것처럼 말이다. 감정이 몇 시간이고 지속되는 경우는 대체로 미약한 형태인 기분으로서 존재한다. 기분은 감정적인 색조를 띠지만, 높은 열기의 충만한 감성처럼 우리가 지각하고 행동하는 방식을 강력하게 구체화하지는 않는다.

우선 느끼고, 그다음에 생각하기

합리적 정신이 자극을 접수해서 응답하는 데는 감성적 정신보다 시간이 한두 순간 더 걸리기 때문에 감성적 상황 속에서의 '최초의 충동'은 머리에서 나오는 것이 아니라 가슴에서 나오는 것이다. 한편 빠른 반응보다 조금 느린 두 번째 종류의 감성반응도 존재한다. 이 반응은 감정이 되기 전에 우리의 생각 속에서 우선 부글부글 끓어 정제가 된다. 감성을 촉발하는 이 두 번째 경로는 더욱 의도적이라서, 우리는 보통 그런 감성으로 이끄는 생각을 아주 잘 인식한다. 이런 종류의 감성반응 속에는 좀 더 확대된 평가가 들어 있다. 어떤 감성이 촉발될지 결정하는 데서 우리의 생각과 인지능력이 주된 역할을 담당한다. 일단 우리가 '저 택시 운전사는 나를 속이고 있어'라거나 '이 애는 사랑스럽군' 하는 식으로 평가를 내리면, 알맞은 감성반응이 뒤따른다. 이런 좀 더 느린 연쇄 반응 속에서 더 충분히 명료해진 생각이 감성보다 앞선다. 다가오는 시험에 대한 당혹감이나 염려 같은 더 복잡한 감성은 이런 좀 더 늦은 경로를 따라 펼쳐지는데 몇 초나 몇 분이 더 걸린다. 이런 감성은 생각에서부터 따라 나오는 감성이다.

　반면 빠른 응답의 연쇄 속에서 감정은 생각을 앞서거나 생각과 동시발생적인 듯이 보인다. 이런 속사포 같은 감성반응은 생존이 긴급하게 요청되는 상황에서 일어난다. 그런 빠른 반응은 빠른 결정의 힘이다. 빠른 결정을 통해 우리는 즉시 위기 상황에 맞설 수 있게 준비할 수 있다. 우리가 지닌 가장 강렬한 감성은 비자발적 반응이다. 그런 반응이 언제 분출할지 우리는 판단할 수 없다. 프랑스의 소설가 스탕달은 "사랑은 의지와 상관없이 왔다간 사라지는 열병과 같다"라고 썼다. 사랑뿐 아니라 분노와 두려움도 역시 우리에게 밀어닥치는데, 우리가 선택했다기보다는 우리 '에게로' 발생하는 듯이 보인다. 그런 이유 때문에 그런 감성들은 현장 부재 증명을 제공할 수 있다. 에크먼은 '우리가 지닌 감성을 우리가 선택할 수 없다는 것은 사실'이라고 지적한다. 이런 근거로 사람들은 감성에 붙잡혀 있었다고 말함으로써 자신들의 행동을 해명할 수 있다.[4]

　감성으로 이어지는 빠르고 느린 통로—즉각적인 지각을 통한 통로와 반성적 사고를 통한 통로—가 존재하는 것과 마찬가지로, 강요되어 일어나는 감성도 존재한다. 연기를 하기 위해 배우가 슬픈 추억을 의도적으로 짜낼 때 나오는 눈물과 같은, 배우의 상투적 수단인 의도적으로 조작된 감정이 그 한 예가 될 수 있다. 그러나 감성을 일으키는 두 번째 통로인 사고를 통해 감정 느끼기를 의도적으로 활용하는 데서 배우들은 우리보다 훨씬 기술이 뛰어나다. 특정한 생각이 어떤 특정한 감성을 촉발할지를 우리가 쉽사리 바꿀 수는 없지만, 무엇에 대해 생각할지를 선택할 수는 있고, 실제로 그렇게 선택하는 경우가 아주 잦다. 성적 환상이 성적 감정을 낳을 수 있는 것과 마찬가지로, 행복한 추억은 우리를 북돋아주고 우울한 생각은 생각을 깊게 만든다.

　하지만 합리적 정신이 대체로 우리가 어떤 감성을 '가져야 할지'를 결정하지는 않는다. 그 대신에 우리의 감성은 일반적으로 기정사실로 다가 온다. 합리적 정신이 보통 통제할 수 있는 것은 그런 감성반응의 '진로' 다. 몇 가지를 제외하면 우리는 우리가 '언제' 화를 내고, 슬퍼할지 등을 알 수 없다.

상징적이고 유아적인 현실

감성적 정신의 논리는 관념적이라서 현실을 상징하거나 현실의 기억 을 촉발하여 그 현실과 똑같아지게 할 요소들을 필요로 한다. 그렇기 때 문에 소설, 영화, 시, 노래, 연극, 오페라 같은 예술처럼 직유, 은유, 상징 이 감성적 정신에 직접 호소한다. 부처나 예수 같은 위대한 영적 스승들 은 감성의 언어로 말하고 비유, 우화, 이야기로 가르침으로써 제자들의 가슴에 호소했다. 실로 종교적 상징과 의례는 합리적 관점에서 볼 때는 별반 의미가 없다. 가슴의 언어로 표현됐기 때문이다.

이런 가슴의 논리, 즉 감성적 정신의 논리는 프로이트의 '일차적 과정 (primary process)'이라는 개념으로 잘 설명된다. 일차적 과정의 사고는 종 교와 시, 정신이상자와 아이들, 꿈과 신화(조지프 캠벨이 표현했듯이 "꿈은 원 시적 신화이며 신화는 공유된 꿈이다")의 논리다. 일차적 과정은 제임스 조이 스의 소설 《율리시즈》 같은 작품의 의미를 해명하는 열쇠다. 이 소설에 서는 일차적 과정의 사고 속에서 느슨한 연상들이 이야기의 흐름을 결정 하고, 한 대상은 다른 대상을 상징하며, 하나의 감정은 또 다른 감정의 자리를 차지하여 그 감정을 나타내고, 전체가 부분으로 응결된다. 시간 도 존재하지 않고, 인과의 법칙도 존재하지 않는다. 실로 일차적 과정 속 에는 '아니오'라고 할 만한 것이 전혀 없다. 무엇이든지 가능하다. 심리 분석적 방법이란 부분적으로는 의미상으로 대체된 것들을 해독하고 해 명하는 기술인 셈이다.

만일 감성적 정신이 한 요소가 다른 요소를 나타낸다는 논리의 규칙을 추종한다면, 여러 가지 대상들이 반드시 자신의 객관적인 정체성에 의해 규정될 필요는 없다. 중요한 것은 대상이 어떻게 '감지되느냐'이기 때문이다. 대상이란 겉으로 드러나 보이는 대로다. 무언가가 우리에게 상기시키는 것은 '실제'의 실재보다 훨씬 더 중요할 수 있다. 실로 단 하나의 부분이 전체를 일깨운다는 의미를 고려할 때, 감성적 생활에서 정체성이란 마치 홀로그램과 같다. 시모어 엡스타인이 지적하듯이 합리적 정신이 원인과 결과 간에 논리적 연결을 짓는 반면에, 감성적 정신은 무차별적이라서 단지 유사한 특징을 지니고 있는 것들을 연결 짓는다.[5]

감성적 정신이 유아적이 되는 방식은 여러 가지가 있고, 감성적 정신이 유아적일수록 감성은 더욱 강해진다. 한 가지 방식은 '범주(보통 근본적 개념, 최고 유개념類槪念의 뜻으로 사용되고 일상어로는 부문部門의 뜻인 철학 용어−옮긴이)적' 사고로, 이런 사고 속에서는 모든 것이 흑과 백 속으로 들어가 버려 회색의 그늘은 전혀 존재하지 않는다. 실수에 대해 굴욕감을 느끼는 사람은 '나는 언제나 잘못된 것을 말해'라는 즉각적인 생각에 사로잡힌다. 이런 유아적인 양식의 또 다른 흔적은 모든 일을 자기 자신에게 중심을 맞추는 식으로 인식하는 개인화된 사고다. 그것은 마치 사고를 낸 뒤 운전자가 "전봇대가 제 앞으로 똑바로 다가왔어요"라고 설명하는 것과 흡사하다.

이런 유아적인 양식은 자기 확인적이라서 자신의 믿음을 허물어뜨릴 기억이나 사실은 억누르거나 무시하고, 자신의 믿음을 뒷받침하는 기억과 사실만 고집한다. 합리적 정신이 지닌 믿음은 시험적이다. 새로운 증거가 한 가지 믿음의 부당성을 증명하여 그 믿음을 새로운 믿음으로 교체할 수 있다. 합리적 정신은 객관적 증거로 추론하기 때문이다. 그러나 감성적 정신은 자신의 믿음을 절대적으로 옳다고 여기므로 어떤 반대되는 증거도 무시한다. 그렇기 때문에 감성적으로 혼란에 빠진 사람과 이야기하는 일은 너무도 어렵다. 논리적 관점에서 아무리 합당한 주장을 편다 하더라도, 그 순간의 감성적 확신과 일치하지 않으면 아무런 의미도 지니지 않기 때문이다. 감성은 자신만의 일련의 지각 대상과 '증거'를 가지고서 자기 정당성을 주장한다.

현재에 부과된 과거

한 사건의 어떤 특징이 과거로부터 감성적으로 채워진 기억과 유사한 듯 보일 때, 감성적 정신은 그 기억되는 사건과 더불어 일어나는 감정을 촉발하는 반응을 보인다. 감성적 정신은 마치 현재가 과거인 듯이 현재에 반응한다.[6] 여기서 난점은, 특히 평가가 빠르고 자동적일 때 한때 그랬던 것이 더 이상 그렇지 않다는 사실을 우리가 깨닫지 못할 수 있다는 점이다. 어린 시절 구타를 당했던 고통스러운 경험을 통해 화가 난 찌푸린 얼굴에 맞서 강렬한 두려움과 혐오감으로 대응하는 법을 배웠던 사람은, 어른이 되어서도 찌푸린 얼굴이 보이면 전혀 그런 위협을 지니지 않을 때조차도 어느 정도는 그런 반응을 보인다.

만일 감정이 강렬하다면 촉발되는 반응은 뚜렷하다. 하지만 만일 감정이 모호하거나 미묘하다면, 우리는 자신이 지닌 감성반응을 제대로 깨닫지 못할 수 있다. 설사 감성적 대응이 미묘하게 해당 순간 우리의 대응 방식을 채색하고 있다고 하더라도 말이다. 이 순간의 사고와 반응은 과거의 사고와 반응의 색조를 띠게 될 것이다. 설사 그 반응이 해당 순간의 환경에만 기인한 듯이 보일 수 있다 해도 말이다. 감성적 정신은 합리적 정신을 자신의 목적에 맞게 이용하는지라, 우리는 자신의 감정과 사고에 대한 해명을 생각해내 합리화한다. 감성적 기억의 영향을 깨닫지 못한 채 현재 순간의 관점에서 자신의 감정과 사고를 정당화하는 것이다. 그런 의미에서 설사 벌어지고 있는 일을 우리가 정확하게 인식하고 있다는 분명한 확신을 지닐 순 있겠지만, 실제로는 벌어지고 있는 일에 대해 전혀 모를 수 있다. 그런 순간에 감성적 정신은 합리적 정신을 자신의 용도에 맞게 활용하면서 자신에게로 끌고 오는 셈이다.

상황에 좌우되는 현실

감성적 정신의 작용은 상황에 크게 좌우되기 때문에 주어진 순간에 떠오르는 특별한 감정의 지시를 받는다. 낭만적인 감정을 느낄 때 우리의 사고방식과 행동방식은 격분하거나 낙담했을 때의 행동방식과 전적으로 다르다. 감성의 메커니즘 속에서 각각의 감정은 사고, 반응, 심지어 기억의 특징적인 목록을 지니고 있기 때문이다. 이런 상황에 좌우되는 목록은 강렬한 감성이 느껴지는 순간에 가장 지배적이 된다.

그런 목록이 작용하고 있다는 한 가지 징표는 선택적 기억이다. 감성적 상황에 대해 정신이 보이는 반응의 일부를 살펴보면, 정신은 기억과 행동 선택을 자리바꿈시켜 가장 관계가 깊은 기억과 행동 선택이 위계질서의 맨 꼭대기에 오게 만들어 특정 행동을 실행하기가 더욱 용이하게 해준다. 그리고 앞에서 살펴봤듯이 각각의 주된 감성은 자신만의 특징적인 생물학적 서명을 지니고 있다. 즉 감성이 부상하게 될 때 신체에 반응하는 전면적인 변화의 패턴이 등장하고, 그런 감성에 사로잡힐 때 자동으로 발산하게 되는 독특한 일련의 신호가 나타난다는 말이다.[7]

두려움의 신경회로

편도는 두려움의 중추다. 희귀한 두뇌 질병으로 인해 신경학자들이 'S.M.'이라 부르는 환자의 편도가 손상되자(그러나 다른 두뇌 구조에 손상은 전혀 없을 때) 정신의 목록에서 두려움이 사라졌다. 환자는 다른 사람들의 얼굴에서 두려움의 기색을 인지할 수 없게 됐고, 스스로 두려운 표정을 지을 수도 없었다. 환자를 맡은 신경과 의사가 설명하듯이 '만일 누군가가 S.M.의 머리에다 총을 들이대도, 환자는 이지적으로는 두려워해야 한다고 인식하지만 보통 사람들처럼 두려움을 느끼진 않는다.'

신경과학자들은 가장 미세한 부분에 이르기까지 두려움의 회로를 도식화해왔다. 비록 현재 수준에서는 감성에 대한 어떤 회로도 완전하게 파악할 순 없지만 말이다. 두려움은 감성의 신경적 역학을 이해하는 데 적절한 사례다. 진화 과정에서 두려움이란 감성에는 특별히 두드러진 점이 담기게 됐다. 다른 어떤 감성보다 생존에 결정적이기 때문이다. 현대에 들어와 잘못 갖게 된 두려움은 당연히 일상생활의 해악이다. 이런 두려움은 우리를 초조, 불안, 흔해 빠진 염려로 고통 받게 하거나 병리학적 극단으로 치달아 공황발작, 공포증, 강박신경증으로 고생하게 만든다.

가령 당신이 어느 날 밤 집에서 혼자 책을 읽고 있는데 갑자기 다른 방에서 요란한 소리가 들렸다고 하자. 다음 순간 당신의 머릿속에 일어나는 일은 두려움의 신경회로로 들어갈 기회를 제공하며 경보체계로서의 편도의 역할을 엿볼 수 있게 해준다. 가장 처음 반응하는 두뇌회로는 그 소리를 단순하게 있는 그대로의 물리적 파동으로 받아들인 다음, 두뇌의 언어로 변화시켜 당신을 경계 상태 속에서 놀라게 만든다. 이 회로는 귀에서 나와 뇌간으로, 다시 시상으로 이어진다. 거기서 회로는 둘로 분리된다. 좀 더 작은 회로는 편도와 근처의 해마로 이어지고, 좀 더 큰 회로는 소리가 분류되고 이해되는 측두엽의 청각피질로 이어진다.

기억의 주된 저장소인 해마는 저 '요란한 소리'를 지금까지 들어본 적 있는 다른 유사한 소리와 비교해 신속하게 분류하면서 이 소리가 친숙한 것인지, 금방 인지할 수 있는 소리인지 살핀다. 그러는 사이에 청각피질은 소리의 원천을 이해하려 애쓰며 소리를 좀 더 정교하게 분석한다. '고양이 소린가?' '바람이 셔터에 부딪혀 나는 소린가?' '좀도둑인가?' 등등. 청각피질은 자신의 가설을 생각해내서—탁자에서 등을 떨어뜨린 고양이일 수도 있고, 좀도둑일 수도 있다—편도와 해마에 전달하고, 편도와 해마는 그 정보를 유사한 기억과 비교한다.

만일 결론이 안심되는 것이라면('바람이 아주 심하게 불 때마다 큰 소리를 내는 셔터에서 나는 소리일 뿐이야') 전체적 경보가 그다음 수위로 상향되지는 않는다. 하지만 만일 여전히 확신이 들지 않으면 편도, 해마와 전전두엽 피질 사이에서 정보에 대해 반향을 일으키는 또 다른 회로가 불확실성을 강화하고 계속 신경이 쓰이도록 만들어 소리의 원천을 확인하는 일에 대해 더욱 관심을 갖게 만든다. 만일 이렇게 더 나아간 예리한 분석에서도 만족스러운 대답이 나오지 않으면, 편도가 경보를 발동하여 편도의 중추적 영역은 해마, 뇌간, 자율신경계를 활성화한다.

두뇌의 중앙경보장치로서 편도의 탁월한 구조는 이와 같이 염려스럽고 잠재의식적 불안을 느끼는 순간에 진가를 발휘한다. 편도에 있는 여러 다발의 신경세포들 각각은 다양한 신경전달물질을 맞이하는 수용기를 갖춘, 서로 구별되는 일련의 돌출부를 지니고 있다. 이는 마치 한 가정에서 구조 신호를 보낼 때 교환원들이 소방서, 경찰 및 이웃에 호출 신호를 보낼 준비를 갖추고 있는 가정 보안업체들과 마찬가지다.

편도의 다양한 부위들은 서로 다른 정보를 접수한다. 편도 측면의 핵으로는 시상과 청각 및 시각피질에서 나온 돌출부가 이어져 있다. 후각 망울을 경유한 냄새가 편도의 피질 내측 영역에 도달하고, 내장에서 나오는 맛과 신호가 편도의 중앙부로 전해진다. 이렇게 전달되어 들어오는 신호로 인해 지속적인 보초 역할을 하게 되는 편도는 모든 감각 경험을 정밀하게 조사한다.

편도에서 나온 돌출 부위들이 두뇌의 모든 주요 부위로 확장된다. 분출되는 여타 호르몬을 통해 싸우거나 도망가는 반응을 일으키는 부신피질 자극 호르몬을 방출하는, 위기 대응 물질인 CRH 호르몬을 분비하는 시상하부 영역들에 중심적인 중앙의 영역에서 나온 가지 하나가 이어져 있다. 편도의 근본 영역은 동작을 위한 두뇌체계에 연결되어 있는 선조체 쪽으로 가지가 뻗어 있다. 그리고 근처에 있는 중추핵을 경유하여 편도는 골수를 통해 자율신경계로 신호를 보내 심혈관계, 근육, 창자에 광범위하게 널리 퍼진 반응을 활성화한다.

편도의 기저 외측 영역에서 나온 지류들이 대상피질과 뼈대에 붙은 거대한 근육을 규제하는 세포인 '중심회색질'로 알려진 섬유소로 이어진다. 개가 짖게 만들고 자기 영역에 들어온 침입자를 위협하면서 고양이의 등을 활 모양으로 휘게 만드는 것은 다름 아닌 이런 세포들이다. 인간의 경우 이와 똑같은 회로가 성대 근육을 팽팽하게 하여 음조가 높은 공포의 소리를 만들어낸다.

편도에서 나오는 또 다른 회로가 뇌간에 있는 청반으로 이끌고, 청반은 이어서 노르에피네프린을 만들어내 뇌 전체로 퍼뜨린다. 노르에피네프린의 최종적인 영향은 이 호르몬이 유입되는 두뇌 영역의 전반적인 반응성을 높여 감각회로를 더욱 예민하게 만드는 일이다. 노르에피네프린은 피질, 뇌간, 대뇌변연계 자체를 뒤덮어 본질적으로 두뇌를 날카롭게 만든다. 심지어 집에서 보통 들을 수 있는 삐걱거리는 소리조차 두려움의 진동이 발산되게 한다. 대부분의 이런 변화는 인식되지 않은 채 진행되므로 사람은 자신이 두려움을 느끼고 있는 줄을 모르게 된다.

하지만 점차 실제로 두려움을 느끼기 시작하면서—의식되지 않았던 불안이 인식 속으로 스며들면서—편도는 한결같이 광범위한 반응을 명령한다. 편도는 뇌간으로 얼굴에 두려운 표정을 짓도록 신호를 보내고, 안절부절못하게 만들고, 쉽사리 놀라게 하며, 근육에서 진행 중인 아무 상관도 없는 동작을 얼어붙게 하고, 심장박동률과 혈압을 높이며, 호흡을 늦춘다(사람이 맨 처음 공포를 느낄 때 두려워하는 것이 무엇인지 좀 더 분명하게 더 잘 듣기 위해 갑자기 숨을 죽이는 경우가 있지 않은가). 그런 것은 편도와 관련 부위가 위기에 처한 두뇌에 명령을 내리면서 조직화하는, 주의 깊게 조절된 광범위한 일련의 변화들 가운데 일부일 뿐이다.

그러는 사이 서로 연결된 해마와 편도는 두려움의 원천—이상한 소리—에 주의를 집중하게 만들고, 근육이 그에 맞게 반응할 채비를 갖추도록 하는 도파민의 방출을 촉발하는 주요한 신경전달물질을 내보내는 세포들을 지휘한다. 그와 동시에 편도는 시각과 집중을 위해 감각영역에 신호를 보내 눈이 근처의 위기 상황과 가장 관련되어 있는 것은 무엇이든지 확실하게 찾아 나서게 만든다. 동시에 피질의 기억체계가 특별한 감성적 긴급성과 가장 관련 있는 지식과 기억이, 다른 관련성이 떨어지는 생각에 앞서서 되살아나게 만든다.

그리하여 일단 이런 신호를 접수하게 되면, 사람은 두려움이라 할 만한 감정에 사로잡히기 시작한다. 창자가 부풀고, 심장박동이 빨라지고, 목과 어깨를 둘러싼 근육의 긴장이나 사지의 떨림 등이 인식된다. 좀 멀리서 나는 소리를 들으려고 주의를 집중하면 신체의 해당 부위가 굳어지고, 정신은 잠복돼 있을 수 있는 위험과 반응 방식을 놓고 질주해 댄다. 이 일련의 전체 과정이—놀람에서 불확실성으로, 염려로, 두려움으로— 1초 이내에 일어난다. (더 많은 정보를 얻으려면 다음을 참조할 것. Jerome Kagan, 《Galen's Prophecy》, New York: Basic Books, 1994.)

W. T. 그랜트 협회 : 예방 프로그램의 구성 요소

효과적인 프로그램의 주요 구성 요소에는 다음과 같은 것이 포함된다.

감성적 기술

- 감정을 인식하고 감정에 명칭 붙이기.
- 감정 표현하기.
- 감정의 강도 측정하기.
- 감정 다스리기.
- 만족 유예하기.
- 충동 억제하기.
- 스트레스 줄이기.
- 감정과 행동 간의 차이 인식하기.

인지적 기술

- 자기와 대화하기 : 한 주제에 대처하거나 자기 자신의 행동에 이의를 제기하거나 자기 행동을 강화하기 위한 방식으로서 '내면적 대화' 행하기.
- 사회적 신호를 해독하고 해석하기 : 행동에 대한 사회적 영향력을 인식하고, 자기 자신을 좀 더 커다란 공동체의 관점에서 바라보기.
- 문제 해결과 결정을 내리기 위한 단계 활용하기 : 충동 억제하기, 목표 세우기, 대안적 행동 생각해내기, 결과 예측해보기 등.

- 타인의 관점 이해하기.
- 행동규범(바람직하고 바람직하지 않은 행동이 무엇인지) 이해하기.
- 삶에 대한 긍정적 태도 갖기.
- 자기 인식하기 : 자기 자신에 대한 현실적인 기대감 키우기.

행실상의 기술

- 비언어적 : 시선 접촉, 얼굴 표정, 어조, 몸짓 등을 통한 의사소통.
- 언어적 : 분명하게 요청하기, 비판에 효과적으로 응답하기, 좋지 않은 영향력에 저항하기, 타인의 말 경청하기, 타인을 도와주기, 건설적인 또래 집단에 참여하기.

자아과학 교과과정

주된 구성 요소

- 자아 인식 : 자신을 관찰하고 자신의 감정 인식하기, 감정에 알맞은 어휘 만들기, 생각과 감정과 반응 사이의 관련성 인식하기.

- 개인적 결정 내리기 : 자신의 행동을 조사하고 그 결과를 인식하기, 결정을 주도하는 게 생각인지 감정인지 인식하기, 이런 통찰을 성(性)이나 마약과 같은 문제에 적용하기.

- 감정 다스리기 : 내면의 혹평과 같은 부정적인 신호를 포착하기 위한 '자아와의 대화' 시도하기, 감정의 배후에 있는 것 깨닫기(예를 들면 분노에 깔려 있는 상처), 두려움 · 염려 · 분노 · 슬픔을 다스릴 방법 찾기.

- 스트레스 다스리기 : 운동의 가치 배우기, 상상요법, 긴장완화법.

- 감정이입 : 타인의 감정과 관심사를 이해하고 타인의 관점 취해보기, 이런저런 상황에 대해 사람들이 느끼는 방식의 차이 살펴보기.

- 의사소통 : 감정에 대해 효율적으로 말하기, 좋은 경청자이자 질문을 잘하는 사람 되기, 말이나 행동 그리고 그에 대한 자신의 반응이나 판단 구별하기, 비난보다는 '나의' 신호를 보내기.

- 통찰 : 자신의 감성생활과 감성반응에서 나타나는 패턴 인식하기, 타인이 지닌 유사한 패턴 인식하기.

- 자기 수용 : 긍지를 느끼고 자신을 긍정적인 관점에서 바라보기, 자신의 강점과 약점 인식하기, 자신에 대해 웃을 수 있기.

- 개인적 책임 : 책임 떠맡기, 자신의 결정과 행동의 결과 인식하기, 자신의 감정과 기분 수용하기, 약속 완수하기(공부하기 약속 따위).
- 단호함 : 분노나 수동성을 보이지 않고 자신의 관심사와 감정 말하기.
- 그룹 다이내믹스 : 협동, 언제 어떻게 이끌지와 언제 뒤따를지 인식하기.
- 갈등 해소 : 다른 아이들, 부모, 교사들과 다투는 방법, 타협을 이끌어내기 위한 윈윈(win/win) 모델.

※출처 : F. Stone and Harold Q. Dillehunt, *Self Science: The Subject Is Me* (Santa Monica: Goodyear Publishing Co., 1978).

사회성 학습과 감성학습 : 결과 보고서

아동 개발 프로젝트(Child Development Project)

에릭 샵스(Eric Schaps) / 발달연구센터(Development Studies Center) / 캘리포니아 주 오클랜드

캘리포니아 북부 지방 학교들에서 유치원생부터 초등학교 6학년생까지 평가함. 통계를 위해 통제 학교와 비교해서 독립적인 관찰자들에 의해 등급을 매김.

결과

- 더욱 책임감이 있음.
- 더욱 분명하게 의사 표시함.
- 더욱 평판이 좋고 외향적임.
- 더욱 친사회적이고 도움이 됨.
- 타인을 더 잘 이해함.
- 더욱 사려 깊고 관심을 보임.
- 개인 상호 간의 문제 풀이를 위해 더욱 친사회적인 책략을 사용함.
- 더욱 유머러스함.
- 더욱 '민주적'이 됨.
- 갈등 해소 능력이 나아짐.

※출처 : E. Schaps and V. Battistich, "Promoting Health Development Through School-

Based Prevention: New Approaches," *OSAP Prevention Monograph, no. 8: Preventing Adolescent Drug Use: From Theory to Practice.* Eric Gopelrud (ed.), Rockville, MD: Office of Substance Abuse Prevention, U. S. Dept. of Health and Human Services, 1991. D. Solomon, M. Watson, V. Battistich, E. Schaps, and K. Delucchi, "Creating a Caring Community: Educational Practices That Promote Children's Prosocial Development," in F. K. Oser, A. Dick, and J.-L. Patry, eds., *Effective and Responsible Teaching: The New Synthesis* (San Francisco: Jossey-Bass, 1992).

대안적 사고 책략 촉진하기(PATHS)

마크 그린버그(Mark Greenberg) / 고속 트랙 프로젝트(Fast Track Project) / 워싱턴 대학교

시애틀에 있는 학교들에서 초등학교 1~5학년을 평가함. 착실한 학생, 학업에 무관심한 학생, 특별교육이 필요한 학생, 이렇게 세 부류의 학생들을 이에 상응하는 통제 집단의 학생들과 비교하여 교사들에 의해 등급을 매김.

결과

- 사회적 인지 기술의 향상.
- 감성, 인지, 이해의 향상.
- 더 나은 자기 통제.
- 인지적 과제 해결에 대한 더 나은 계획 세우기.
- 행동하기에 앞서 더 많이 생각하기.
- 더욱 효과적인 갈등 해소.
- 더욱 적극적인 교실 분위기.

특별교육이 필요한 학생

개선된 교실 내 행동의 영역

■ 좌절감 견디기.

■ 사회적으로 자기 주장 내세우는 기술.

■ 과제 지향성.

■ 또래 관계의 기술.

■ 공유하기.

■ 사교성.

■ 자기 통제.

향상된 감성적 이해력

● 인지하기.

● 명칭 붙이기.

● 슬픔과 우울함에 대한 자기 보고가 줄어듦.

● 불안과 움츠러들기가 줄어듦.

※출처 : Conduct Problem Research Group, "A Developmental and Clinical Model for the Prevention of Conduct Disorder: The Fast Track Program", *Development and Psychopathology* 4 (1992).
M. T. Greenberg and C. A. Kusche, *Promoting Social and Emotional Development in Deaf Children: The PATHS Project* (Seattle: University of Washington Press, 1993).
M. T. Greenberg, C. A. Kusche, E. T. Cook, and J. P. Quamma, "Promoting Emotional Competence in School-Aged Children: The Effects of the PATHS Curriculum," *Development and Psychopathology* 7 (1995).

시애틀 사회성 계발 프로젝트(Seattle Social Development Project)

J. 데이비드 호킨스(J. David Hawkins) / 사회성 계발 연구 그룹(Social Development Research Group) / 워싱턴 대학교

프로그램이 진행되지 않는 학교와 비교해서 독립적인 검사와 객관적인 기준으로 시애틀 초등학교와 중학교에서 평가됨.

결과

■ 가족과 학교에 더욱 긍정적으로 결합함.

■ 덜 공격적인 남학생, 덜 자기 파괴적인 여학생.

■ 학업 성적이 낮은 학생들 사이에서 줄어든 정학생과 퇴학생의 수.

■ 더욱 줄어든 첫 마약 복용.

■ 줄어든 청소년 범죄.

■ 표준화된 성취도 검사에서 더 나은 점수.

※출처 : E. Schaps and V. Battistich, "Promoting Health Development Through School-Based Prevention: New Approaches," *OSAP Prevention Monograph, no. 8: Preventing Adolescent Drug Use: From Theory to Practice*. Eric Gopelrud (ed.), Rockville, MD: Office of Substance Abuse Prevention, U. S. Dept. of Health and Human Services, 1991.
J. D. Hawkins et al., "The Seattle Social Development Project," in J. McCord and R. Tremblay, eds., *The Prevention of Antisocial Behavior in Children* (New York: Guilford, 1992).
J. D. Hawkins, E. Von Cleve, and R. F. Catalano, "Reducing Early Childhood Aggression: Results of a Primary Prevention Program," *Journal of the American Academy of Child and Adolescent Psychiatry* 30, 2 (1991), pp. 208-217.
J. A. O'Donnell, J. D. Hawkins, R. F. Catalano, R. D. Abbott, and L. E. Day, "Preventing School Failure, Drug Use, and Delinquency Among Low-Income Children: Effects of a Long-Term Prevention Project in Elementary Schools," *American Journal of Orthopsychiatry* 65 (1994).

예일-뉴헤이번 사회성 진흥 프로그램(Yale-New Haven Social Competence Promotion Program)

로저 와이스버그(Roger Weissberg) / 시카고 일리노이 대학교

뉴헤이번 공립학교의 5~8학년 학생들을 통제 집단과 비교하여 독립적인 관찰과 교사와 학생의 보고서로 평가함.

결과

- 향상된 문제 해결 능력.

- 또래들과 더 많은 관계 맺음.

- 더 나아진 충동 통제.

- 향상된 행동거지.

- 향상된 대인관계의 효율성과 평판.

- 향상된 대처 능력.

- 대인관계에서 발생한 문제 처리 능력의 향상.

- 더 나아진 불안 처리 능력.

- 줄어든 청소년 비행.

- 더 나아진 갈등 해소 능력.

※출처 : M. J. Elias and R. P. Weissberg, "School-Based Social Competence Promotion as a Primary Prevention Strategy: A Tale of Two Projects," *Prevention in Human Services* 7, 1 (1990), pp. 177-200.
M. Caplan, R. P. Wiessberg, J. S. Grober, P. J. Sivo, K. Grady, and C. Jacoby, "Social Competence Promotion with Inner-City and Suburban Young Adolescents: Effects of Social Adjustment and Alcohol Use," *Journal of Consulting and Clinical Psychology* 60, 1 (1992), pp. 56-63.

창조적 갈등 해소 프로그램(Resolving Conflict Creatively Program)

린다 란티에리(Linda Lantieri) / 창조적 갈등해소 프로그램 전국센터('사회적 책임감을 느끼는 교육자들Educators for Social Responsibility'의 창시자) / 뉴욕 시 프로그램을 전후해서 교사들이 매긴 등급으로, 뉴욕 시 학교들에 다니는 유치원생부터 12학년 학생까지 평가함.

결과

- 교실에서 폭력이 줄어듦.

- 교실에서 험담이 줄어듦.
- 더욱 다정한 분위기.
- 더욱 기꺼이 협동하려 함.
- 더욱 높아진 감정이입.
- 향상된 의사소통 능력.

※출처 : Metis Associates, Inc., *The Resolving Conflict Creatively Program: 1988-1989. Summary of Significant Findings of RCCP New York Site* (New York: Metis Associates, May 1990).

사회인지-사회문제 해결 촉진 프로젝트(The Improving Social Awareness-Social Problem Solving Project)

모리스 엘리아스(Maurice Elias) / 럿거스 대학교

프로그램 미참가자들과 비교해서 교사들의 등급 측정, 또래의 평가, 생활기록부에 의해 뉴저지 학교의 유치원생부터 6학년생까지 평가함.

결과

- 타인의 감정에 예민해짐.
- 자기 행위의 결과에 대해 더 잘 이해함.
- 대인관계 상황을 평가하고 적절한 행동을 계획하는 능력이 향상됨.
- 자긍심이 높아짐.
- 친사회적 행동이 늘어남.
- 또래들한테서 도움 요청을 많이 받음.
- 중학교로 이행하는 과정에 잘 적응함.
- 고등학교에 진학할 때까지 반사회적이고 자기 파괴적이며 사회적으로 혼란을 일으키는 행동이 줄어듦.

■ 학습법을 배우는 능력이 향상됨.

■ 자기 통제, 사회적 인식, 사회적 결정 내리기를 더 잘함.

※출처 : M. J. Eilas, M. A. Gara, T. F. Schuyler, L. R. Branden-Muller, and M. A. Sayette,
"The Promotion of Social Competence: Longitudinal Study of a Preventive School-Based
Program," *American Journal of Orthopsychiatry* 61 (1991), pp. 409~417.
M. J. Elias and J. Clabby, *Building Social Problem Solving Skills: Guidelines from a School-Based Program* (San Francisco: Jossey-Bass, 1992).

10주년 기념 특별판 서문 : 성공과 행복의 키워드, 감성지능

1. J. A. Durlak과 R. P. Weissberg, "A Major Meta-analysis of Positive Youth Development Programs," 2005년 8월 워싱턴 DC 미국 심리학 협회의 연례 모임에서 발표. 또한 다음을 보라. R. P. Weissberg, "Social and Emotional Learning for School and Life Success," address to the Society for Community Research and Action(APA Division 27), Distinguished Contribution to Theory and Research Award, 2005년 8월 워싱턴 DC 미국 심리학 협회의 연례 모임에서 발표.

2. N. R. Riggs, M. T. Greenberg, C. A. Kusche, and M. A. Pentz, "The Role of Neurocognitive Change in the Behavioral Outcomes of a Social-Emotional Prevention Program in Elementary School Students: Effects of the PATHS Curriculum," 2005, under review.

3. EI 모델은 심리학에서 영향력 있는 이론적 틀로 등장하고 있는 듯하다. EI 모델에 의해 현재 정보를 제공받는(그리고 EI 모델에 정보를 주는) 심리학 분야의 범위는 신경과학에서부터 건강심리학에 이른다. EI와 밀접한 연관을 지닌 분야는 여러 심리학 가운데서 발달심리학, 교육심리학, 임상심리학과 카운슬링심리학, 사회심리학 산업/조직심리학 등이 포함된다. 실로 EI의 각 분야는 현재 일상적으로 이 주제에 대한 많은 대학 수준과 대학원 수준의 교과과정에 포함된다.

4. J. D. Mayer, P. Salovey, and D. R. Caruso, "Models of Emotional Intelligence," in R. J. Sternberg, ed. *Handbook of Intelligence*, Cambridge, Eng.: Cambridge University Press, 2000.

5. 1999년에 평가된 아이들: Thomas M. Achenbach et al., "Are American Children's Problems Still Getting Worse? A 23-year Comparison," *Journal of Abnormal Child Psychology*, 31(2003): 1-11.

1 감성두뇌

chapter 1 감성은 왜 생겨났는가

1. Associated Press, September 15, 1933.

2. 이러한 이타적인 사랑이란 주제가 지니는 시간을 초월한 성격은 세계의 신화 속에서 그런 주제가 얼마나 퍼져 있는지에 의해 드러난다. 수천 년 동안 아시아의 곳곳에 걸쳐 회자되던 자타카(Jataka: 부처의 전생 이야기로 알려짐—옮긴이) 이야기들은 모두 그런 자기희생의 우화들을 이야기 투로 변형시킨 것이다.

3. 이타적 사랑과 인간의 생존을 보여주는 이타주의가 지닌 적응상의 이점을 단정하는 진화론은 다음에 잘 요약되어 있다. Malcolm and Daniel Kriegman, *The Adaptive Design of the Human Psyche* (New York: Guilford Press, 1992).

4. 이런 많은 토론은 다음에 토대하고 있다. Paul Ekman's key essay, "An Argument for Basic Emotions," *Cognition and Emotion*, 6, 1992, pp. 169-200. 이런 지적은 잡지의 똑같은 판에 실린 P. N. Johnson-Laird와 K. Oatley의 에세이에 나온다.

5. The Shooting of Matilda Crabtree: *The New York Times*, Nov. 11, 1994.

6. Only in adults: An observation by Paul Ekman, University of California at San Francisco.

7. 인간의 신체는 감성과 감성의 진화적 동기에 의해 변화된다. 몇 가지 변화들은 다음에 기록되어 있다. Robert W. Levenson, Paul Ekman, and Wallace V. Friesen, "Voluntary Facial Action Generates Emotion-Specific Autonomous Nervous System activity," *Psychophysiology*, 27, 1990. 이 목록은 이것과 다른 자료들에서 발췌되었다. 현 시점에서 그런 목록은 어느 정도 유동적인 상태다. 각각의 감성이 지닌 정확한 생물학적 징후에 대해 과학적 토론이 있었다. 감성들 간의 차이보다 중첩되는 것이 훨씬 더 많다는 입장을 지닌 연구자들이 있고, 감성의 생물학적 상호 관련성을 측정하는 우리의 현재 능력이 너무 미성숙해서 신뢰할 수 있을 정도로 각각의 감성을 구별할 수가 없다는 입장을 취하는 연구자들도 있다. 이런 토론을 위해 다음을 보라. Paul Ekman and Richard Davidson, eds., *Fundamental Questions About Emotions* (New York: Oxford University Press, 1994).

8. 폴 에크먼이 말하듯이 "분노란 가장 위험한 정서다. 사회를 파괴하는 주요한 문제들 가운데는 미쳐 날뛰는 분노와 관련된 문제들이 있다. 그런 분노는 우리를 충동질해 싸우게 만들기 때문에, 가장 적응력이 떨어지는 감성이다. 감성에 대해 그토록 강력하게 작용할 과학기술이 우리에게 없었을 적엔 오히려 감성이 진화했다. 그래서 과거엔 사람들이 즉각적인 분노를 느끼고 금방 누군가를 죽이고 싶을 때라도, 아주 쉽게 살인을 저지를 수는 없었다. 그러나 오늘날은 그렇게 할 수 있다."

9. Erasmus of Rotterdam, *In Praise of Folly*, trans. Eddie Radice (London: Penguin, 1971), p. 87.

10. 기본적인 응답이 이런 종(種)들의 '감성생활'(더욱 알맞게는 '본능생활')이라고 통용될 수 있는 것을 규정했다. 진화론적 견지에서 더욱 중요한 사실은 이런 응답이 생존에 긴요한 결정이라는 점이다. 그런 응답을 잘할 수 있었거나 아주 잘할 수 있었던 동물들이 살아남아 유

전자를 전했다. 이런 원시시대에 정신적 생활은 야만적이었다. 동물들이 받았던 자극에 대한 얼마 안 되는 감각과 반응을 통해 도마뱀, 개구리, 새나 물고기, 아마도 뇌룡(雷龍) 등이 하루를 무사히 넘길 수 있었다. 그러나 이런 작은 뇌는 아직은 우리가 감성이라 여기는 것을 고려하진 못했다.

11. 대뇌변연계와 감성: R. Joseph, *The Naked Neuron: Evolution and the Languages of the Brain and Body* (New York: Plenum Publishing, 1993); Paul D. MacLean, *The Triune Brain in Evolution* (New York: Plenum, 1990).

12. 붉은원숭이 새끼들과 적응성: "Aspects of emotion conserved across species," Ned Kalin, M.D., Departments of Psychology and Psychiatry, Universtiy of Wisconsin, prepared for the MacArthur Affective Neuroscience Meeting, Nov., 1992.

chapter 2 돌발감정의 해부

1. 아무런 감정이 없는 사람의 사례는 R. Josheph, op. cit. p. 83에 설명되어 있다. 다른 한편으로 편도가 없는 사람들 안에서도 몇 가지 감정의 자취들이 존재할 수는 있다(Paul Ekman and Richard Davidson, eds., *Questions About Emotion*. New York: Oxford University Press, 1994를 보라). 다양한 발견들은 정확히 편도의 어느 부위와 관련된 회로가 상실되었는지에 좌우될 수 있다. 상세한 감성신경학상의 결정판은 애호(愛好)와는 거리가 멀기 때문이다.

2. 많은 신경과학자들처럼 르두는 여러 수준에서 연구한다. 예를 들어 쥐의 뇌 속의 특정한 손상이 어떻게 행동에 영향을 미치는지를 연구하고, 공들여 결합된 뉴런들의 행로를 추적하며, 외과적으로 변화를 겪은 뇌를 지닌 쥐들 안에서 두려움이 필요조건이 되는 정교한 실험을 확립했다. 그의 발견과 이 책에서 검토되는 다른 발견은 신경과학 내에서 선구적 탐구인 관계로 다소 추측에 머무르는 편이다. 필요한 처리를 거치지 않은 자료에서 우리가 영위하는 감성생활의 이해를 도모하는 듯한 암시들이 그렇다. 그러나 르두의 작업은 지속적으로 감성의 신경상 토대를 해명하고 있는, 다양한 신경과학자들에게서 나온, 점차 늘어나 하나로 모아지는 증거들에 의해 뒷받침된다. 예들 들어 다음을 보라. Joseph LeDoux, "Sensory Systems and Emotion," *Integrative Psychiatry*, 4, 1986; Joseph LeDoux, "Emotion and the Limbic System Concept," *Concepts in Neuroscience*, 2, 1992.

3. 대뇌변연계가 두뇌의 감성중추라는 관념은 50년도 더 되는 과거에 신경학자 폴 맥린에 의해 도입되었다. 최근에 르두의 발견과 유사한 발견들이 대뇌변연계의 개념을 세련되게 해서 해마와 같은 일부 중심 구조물은 감성에 덜 직접적으로 관여하는 반면에, 두뇌의 다른 부위들, 특히 전전두엽을 편도에 연결짓는 회로가 더욱 중심적이라는 사실을 보여준다. 이외에도 각각의

감성은 서로 다른 두뇌의 영역들을 방문할 수 있다는 사실이 더욱 인정되고 있다. 산뜻하게 정의되는 단일한 '감성두뇌'란 없으며, 오히려 특정한 정서에 대한 규제를 광범위하지만 서로 통합되어 있는 두뇌의 부위들에까지 퍼뜨리는 다양한 회로 체계가 '감성두뇌'라는 게 가장 최근의 생각이다. 감성에 대한 완전한 뇌의 도식화가 이루어질 때, 각각의 주요한 감성이 자신이 지닌 독특한 자질을 규정하는 뉴런상의 통로에 대한 명확한 도식화인 자신만의 지형도를 갖게 된다고 신경과학자들은 추측한다. 물론 많은 혹은 대부분의 이런 회로들은 편도와 같은 대뇌 변연계와 전전두엽피질 내의 주요한 분기점에서 상호 연결되는 듯이 보인다. 다음을 보라. Joseph LeDoux, "Emotional Memory Systems in the Brain," *Behavioral and Brain Research*, 58, 1993.

4. 다양한 수준의 두려움에 따른 뇌의 회로 설계: 이 분석은 다음과 같은 탁월한 종합에 토대해 있다. Jerome Kagan, *Galens' Prophecy* (New York: Basic Books, 1994).

5. 나는 1989년 8월 15일자 〈뉴욕 타임스〉에 조제프 르두의 연구에 대한 글을 썼다. 이 장의 토론 내용은 그와의 인터뷰와 다음과 같은 그의 여러 논문에 기초해 있다. Joseph LeDoux, "Emotional Memory Systems in the Brain," *Behavioral Brain Research*, 58, 1993; Joseph LeDoux, "Emotion, Memory and the Brain," *Scientific American*, June, 1994; Joseph Ledoux, "Emotion and the Limbic System Concept," *Concepts in Neuroscience*, 2, 1992.

6. 무의식적 선호도: William Raft Kunst-Wilson and R. B. Zajonc, "Affective Discrimination of Stimuli That Cannot Be Recognized," *Science* (Feb. 1, 1980).

7. 무의식적 의견: John A. Bargh, "First Second: The Preconscious in Social Interactions," presented at the meeting of the American Psychological Society, Washington, DC (June 1994).

8. 감성적 기억: Larry Cahill et al., "Beta-adrenergic activation and memory for emotional events," *Nature* (Oct. 20, 1994).

9. 심리분석 이론과 두뇌의 성숙: 두뇌개발의 초기 몇 년과 감성적 결과에 대한 가장 자세한 토론 은 다음과 같다. Allan Schore, *Affect Regulation and the Origin of Self* (Hillsdale, NJ: Lawrence Erlbaum Associates, 1994).

10. 그게 무엇인지를 알지 못한다 하더라도 위험하다. LeDoux, "How Scary Things Get That Way," *Science* (Nov. 6, 1992), p. 887.

11. 신피질에 의한 감성대응의 섬세한 조율에 관한 이런 많은 추론은 Ned Kalin, op. cit에서 뽑은 것이다.

12. 신경해부학을 좀 더 자세히 살펴보면 전전두엽이 어떻게 감성의 관리자로서 작용하는지를 보여준다. 많은 증거들이 전전두엽피질의 일부를 감성적 대응에 관계되는 대부분의 혹은 모든 피질회로들이 합치는 장소라고 지적한다. 신피질과 편도 간의 가장 강력한 연결은 왼쪽

전전두엽과 아래쪽 임시엽과 전두엽의 측면으로 나 있다(임시엽은 한 대상이 무엇인지를 식별하는 데 긴요하다). 이 두 연결은 공히 빠르고 강력한 통로인 가상의 신경 고속도로를 시사하는 단 하나의 투사 속에서 이루어진다. 편도와 전전두엽피질 간의 단일한 뉴런 투사는 안와전두엽피질(orbitofrontal cortex)이라 불리는 영역까지 퍼진다. 이 영역은 우리가 감성반응의 한복판에 있으면서 감성반응을 평가하고 감성반응의 과정 속에서 오류를 교정하는 데 가장 긴요한 듯이 보이는 영역이다.

안와전두엽피질은 편도에서 신호를 받음과 동시에 대뇌변연계 전체에 걸쳐 자체의 정교하고 광범위한 투사망을 지니고 있다. 이 망을 통해 안와전두엽피질은 감성반응을 규제하는 데서 일정 역할을 수행한다. 대뇌변연계에서 나오는 신호가 피질의 다른 영역에 이르러 그러한 신호의 신경계상의 긴급성을 저하하면서 그 신호를 방해하는 일도 그런 역할에 포함된다. 안와전두엽피질과 대뇌변연계의 연결이 너무도 광범위해서 안와전두엽피질을 감성두뇌의 사유하는 부위로서 일종의 '대뇌변연계 피질'로 불렀던 신경해부학자들도 있었다. 다음을 보라. Ned Kalin, Departments of Psychology and Psychiatry, University of Wisconsin, "Aspects of Emotion Conserved Across Species," an unpublished manuscript for the MacArthur Affective Neuroscience Meeing, November, 1992; and Allan Schore, *Affect Regulation and the Origin of Self* (Hillsdale, NJ: Lawrence Erlbaum Associates, 1994). 편도와 전전두엽피질 사이엔 구조적 다리가 존재할 뿐 아니라 언제나처럼 생화학적 다리도 존재한다. 전전두엽피질의 복내측부(腹內側部)와 편도는 둘 다 신경전달물질인 세로토닌 분출을 전담하는 화학적 수용기가 특별히 고도로 집중되어 있다. 다른 무엇보다도 이런 뇌의 화학물질은 협력을 준비하는 듯이 보인다. 전전두엽-편도 회로 안에서 세로토닌 분출을 전담하는 수용기가 대단히 높은 밀도로 존재하는 원숭이들은 '사회적으로 조율이 잘되어' 있는 반면에, 그렇지 않은 원숭이들은 적대적이고 반항적이다. 다음을 보라. Antonio Damasio, *Descartes' Error* (New York: Grosset/Putnam, 1994).

13. 전전두엽 영역이 손상돼 대뇌변연계 쪽에서 나오는 감성신호를 더 이상 조절하지 못하게 될 때, 동물들은 변덕스러워지고, 충동적으로 예상할 수 없게 화를 폭발시키거나 두려워 움츠러든다는 사실이 동물 연구를 통해 밝혀지고 있다. 러시아의 탁월한 신경정신과 의사인 A. R. 루리아(Luria)는 이미 오래전인 1930년대에 전전두엽피질이 자기통제와 감성분출을 억제하는 열쇠라고 제시했다. 그는 이 부위에 손상을 입은 환자들은 충동적이고 두려움과 분노로 확 타오르기가 쉽다고 지적했다. 충동적이고 격정에 못 이겨 살인을 저지른 혐의로 유죄판결을 받은 24명의 남성과 여성들에 대한 연구는 뇌영상을 얻기 위한 양전자 방사 단층 촬영(PET)을 활용해서, 전전두엽피질의 이와 똑같은 부위들에서 그들의 경우 보통 사람의 경우보다 훨씬 낮은 수준의 활동밖에 보이지 않는다는 점을 발견했다.

14. 쥐들의 뇌에서 손상된 엽에 대한 주된 연구 중 일부가 코네티컷 대학의 심리학자 빅토르 데넨베르크(Victor Dennenberg)에 의해 수행되었다.

15. 좌반구 손상과 유쾌함: G. Gianotti, "Emotional behavior and hemispheric side of lesion," *Cortex*, 8, 1972.

16. 더욱 행복해진 뇌졸중 환자의 사례는 다음에 보고되어 있다. Mary K. Morris, of the Department of Neurology at the University of Florida, at the International Neurophysi ological Society Meeting, February 13–16, 1991, in San Antonio.

17. 전전두엽피질과 작동기억: Lynn D. Selemon et al., "Prefrontal Cortex," *American Journal of Psychiatry*, 152, 1995.

18. 손상된 전두엽: Philip Harden and Robert Pihl, "Cognitive Function, Cardiovascular Reactivity, and Behavior in Boys at High Risk for Alcoholism," *Journal of Abnormal Psychology*, 104, 1995.

19. 전전두엽피질: Antonio *Damasio, Descartes' Error: Emotion, Reason and the Human Brain* (New York: Grosset/Putnam, 1994).

2 감성지능의 본질
chapter 3 똑똑한 바보

1. 제이슨 H.의 이야기는 다음에 보도되었다. "Warning by a Valedictorian Who Faced Prison," in *The New York Times* (June 23, 1992).

2. 한 관찰자의 지적: Howard Gardner, "Cracking Open the IQ Box," *The American Prospect*, Winter 1995.

3. Richard Herrnstein and Charles Murray, *The Bell Curve: Intelligence and Class Structure in American Life* (New York: Free Press, 1994), p. 66.

4. George Vaillant, *Adaptation to Life* (Boston: Little, Brown, 1977). 하버드 집단의 평균 SAT 점수가 584점이었으므로 800점은 최고점이다. 하버드 대학에 현재 재직 중인 바이양 (Vaillant) 박사는 이런 유리한 입장에 있는 사람들의 집단 내에서 인생의 성공과 관련해 시험 점수는 상대적으로 빈약한 예측밖에 제공하지 못한다고 내게 말했다.

5. J. K. Felsman and G. E. Vaillant, "Resilient Children as Adults: A 40-Year Study," in E. J. Anderson and B. J. Cohler, eds., *The Invulnerable Child* (New York: Guilford Press, 1987).

6. 일리노이 대학의 테리 데니(Terry Denny)와 함께 최우등 졸업생들 연구를 했던 카렌 아널드 (Karen Arnold)의 지적은 〈시카고 트리뷴〉(May 29, 1992)에 인용되었다.

7. 프로젝트 스펙트럼을 개발할 때 가드너의 주요 동료들은 마라 크레체프스키(Mara

Krechevsky)와 데이비드 펠드먼(David Feldman)이었다.

8. 나는 하워드 가드너를 만나 다음 논문에 있는 다양한 지능에 관한 그의 이론에 대해 인터뷰했고, 그 후에도 여러 차례 인터뷰했다. "Rethinking the Value of Intelligence Tests," *The New York Times Education Supplement* (Nov. 3, 1986)

9. IQ와 스펙트럼 능력의 비교는 다음 책에서 마라 크레체프스키와 공저한 한 장에 보고되어 있다. Howard Gardner, *Multiple Intelligences: The Theory in Practice* (New York: Basic Books, 1993).

10. 그 아주 간결한 요약은 다음에 인용되어 있다. Howard Gardner, *Multiple Intelligences*, p. 9.

11. Howard Gardner and Thomas Hatch, "Multiple Intelligences Go to School," *Educational Researcher* 18, 8 (1989).

12. 감성지능의 모델은 최초로 다음 글에서 제시되었다. Peter Salovey and John D. Mayer, "Emotional Intelligence," *Imagination, Cognition, and Personality* 9 (1990), pp. 185-211.

13. 실천적 지능과 사람들의 기술: Robert J. Sternberg, *Beyond I. Q.* (New York: Cambridge University Press, 1985).

14. '감성지능'에 대한 기본적 정의는 다음에 나와 있다. Salovey and Mayer, "Emotional Intelligence," p. 189. 감성지능에 대한 또 다른 초기의 모델은 다음에 나와 있다. Reuven Bar-On, "The Development of a Concept of Psychological Well-Being," Ph. D. dissertation, Rhodes University, South Africa, 1988.

15. IQ 대 감성지능: Jack Block, University of California at Berkeley, unpublished manuscript, February, 1995. 블록은 감성지능보다는 '자아탄력성(ego resilience)'이란 개념을 사용하지만, 그 주된 구성요소에는 감성적 자기규제, 적응적 충동통제, 자기효용성에 대한 느낌, 사회지능 등이 포함된다고 지적한다. 이러한 요소들은 감성지능의 주된 요소들이기 때문에, SAT 점수가 IQ에 대해 그렇듯이, 자아탄력성은 감성지능에 대한 대체 측정 수단으로서 간주될 수 있다. 10대와 20대 초반기에 100명의 남성과 여성에 대한 장기적인 연구에서 나온 자료들을 분석했고, 감성지능과 독립적인 높은 IQ 그리고 IQ와 상관없는 감성지능이 개성 및 행동에 대한 상호 관련성을 평가하기 위해 통계적 방법을 사용했다. 그는 IQ와 자아탄력성 간에 적당한 상호 관련성이 있지만 그 둘은 독립적인 구조물이라는 점을 발견했다.

chapter 4 너 자신을 알라

1. 자기 인식이라는 나의 용법은 자기 자신의 경험에 대한 자기반성적이고 내성(內省)적인 주목

을 가리키며, 이따금 '깨어 있음(mindfulness)'이라고도 불린다.

2. 다음 책도 참고하라. Jon Kabat-Zinn, *Wherever You Go, There You Are* (New York: Hyperion, 1994).

3. 관찰하는 자아와 관련된 심리분석가의 주의하는 태도와 자기 인식에 대한 통찰력 있는 비교가 마크 엡스타인(Mark Epstein)의 《*Thoughts without a Thinker*》 (New York: Basic Books, 1995)에 등장한다. 만일 이런 능력이 깊이 있게 계발된다면, 관찰자의 자의식을 떨쳐버리고 "삶의 모든 것을 포용할 수 있는 좀 더 유연하고 용감한 '계발된 자아'가" 발현될 수 있다고 엡스타인은 지적한다.

4. William Styron, Darkness Visible: *A Memoir of Madness* (New York: Random House, 1990), p. 64.

5. John D. Mayer and Alexander Stevens, "An Emerging Understanding of the Reflective(Meta) Experience of Mood," unpublished manuscript (1993).

6. Mayer and Stevens, "An Emerging Understanding." Some of the terms for these emotional self-awarness styles are my own adaptations of their categories.

7. 현재는 미시간 대학에 있는 디너(Diener)의 과거 대학원 학생인 랜디 라센(Randy Larsen)이 감정의 강도에 대한 연구의 많은 부분을 수행했거나 둘이서 공동으로 수행했다.

8. 감성적으로 무덤덤한 외과의사인 게리는 다음에 설명되어 있다. Hillel I. Swiller, "Alexithymia: Treatment Utilizing Combined Individual and Group Psychotherapy," *International Journal for Group Psychotherapy* 38, 1 (1988), pp. 47-61.

9. '감성적 문맹'이라는 용어는 다음 글에서 사용되었다. M. B. Freedman and B. S. Sweet, "Some Specific Features of Group Psychotherapy," *International Journal for Group Psychotherapy* 4 (1954), pp. 335-368.

10. 감정표현불능증의 임상적 특징은 다음 글에 묘사되어 있다. Graeme J. Taylor, "Alexithymia: History of the Concept," paper presented at the annual meeting of the American Psychiatric Association in Washington, DC (May 1986).

11. 감정표현불감증에 대한 설명은 다음 글에 있다. Peter Sifneos, "Affect, Emotional Conflict, and Deficit: An Overview, " *Psychotherapy-and-Psychosomatics* 56 (1991), pp. 116-122.

12. 자신이 왜 우는지를 알지 못했던 여성에 대해서는 다음에 보고되어 있다. H. Warnes, "Alexithymia, Clinical and Therapeutic Aspects," *Psychotherapy-and-Psychosomatics* 46 (1986), pp. 96-104.

13. 추리하는 데서 감성이 수행하는 역할: Damasio, *Descartes' Error*.

14. 뱀에 대한 무의식적 두려움에 관한 연구는 케이건(Kagan)의 《*Galen's Prophecy*》에 설명되어 있다.

chapter 5 격한 감정에 휩싸이는 순간

1. 부정적 감정에 대한 긍정적 감정의 비율과 행복에 대한 자세한 내용을 보려면 다음을 보라. Ed Diener and Randy J. Larsen, "The Experience of Emotional Well-Being," in Michael Lewis and Jeannette Haviland, eds., *Handbook of Emotions* (New York: Guilford Press, 1993).

2. 나는 1992년 12월에 사람들이 나쁜 기분을 얼마나 잘 떨쳐버리는지에 대한 연구에 대해 다이앤 타이스를 인터뷰했다. 그녀는 다음 책에서 남편과 함께 썼던 한 장 안에서 분노에 대한 자신의 발견을 게재했다. Roy Baumeister, in Daniel Wegner and James Pennebaker, eds., *Handbook of Mental Control* v. 5 (Englewood Cliffs, NJ: Prentice-Hall, 1993).

3. 수금원들에 대해서는 다음 글에 설명되어 있다. Arlie Hochschild, *The Managed Heart* (New York: Free Press, 1980).

4. 분노에 반대하고 자기통제에 반대하는 사례는 대체로 다음에 기초해 있다. Diane Tice and Roy F. Baumeister, "Controlling Anger: Self-Induced Emotion Change," in Wegner and Pennebaker, *Handbook of Mental Control*. 그러나 또 다음을 보라. Carol Tavris, *Anger: The Misunderstood Emotion* (New York: Touchstone, 1989).

5. 분노에 대한 연구는 다음에 설명되어 있다. Dolf Zillmann, "Mental Control of Angry Aggression," in Wegner and Pennebaker, *Handbook of Mental Control*.

6. 위로를 가져다주는 산책은 다음에서 인용되었다. Travris, Anger: The Misunderstood *Emotion*, p. 135.

7. 적대감을 통제하는 레드퍼드 윌리엄스의 책략은 다음에 자세히 나와 있다. Redford Williams and Virginia Williams, *Anger Kills* (New York: Times Books, 1993).

8. 분노를 배출하는 일은 분노를 몰아내는 일이 아니다. 예를 들어 다음을 보라. S. K. Mallick and B. R. McCandless, "A Study of Catharsis Aggression," *Journal of Personality and Social Psychology* 4 (1966). 이 연구의 요약을 보려면 다음을 참고하라. Tavris, Anger: The Misunderstood Emotion.

9. 분노 속에서 폭언을 퍼붓는 일이 효과적일 때: Tavris, *Anger: The Misunderstood Emotion*.

10. 걱정의 작용: Lizabeth Roemer and Thomas Borkovec, "Worry: Unwanted Cognitive Activity That Controls Unwanted Somatic Experience," in Wegner and Pennebaker, *Handbook of Mental Control*.

11. 병원균에 대한 두려움: David Riggs and Edna Foa, "Obsessive-Compulsive Disorder," in David Barlow, ed., *Clinical Handbook of Psychological Disorders* (New York: Guilford Press, 1993).

12. 이 걱정 많은 환자는 다음에 인용되어 있다. Roemer and Borkovec, "Worry," p. 221.

13. 불안성 질환에 대한 심리요법에 대해 예컨대 다음을 참고하라. David H. Barlow, ed., *Clinical Handbook of Psychological Disorders* (New York: Guilford Press, 1993).

14. 스타이런의 우울: William Styron, Darkness Visible: *A Memoir of Madness* (New York: Random House, 1990).

15. 우울증에 걸린 사람들의 불안은 다음에 보고되어 있다. Susan Nolen-Hoeksma, "Sex Differences in Control of Depression," in Wegner and Pennebaker, *Handbook of Mental Control*, p. 307.

16. 우울증에 대한 심리치료: K. S. Dobson, "A Meta-analysis of the Efficacy of Cognitive Therapy for Depression," *Journal of Consulting and Clinical Psychology* 57 (1989).

17. 우울한 사람들의 사고방식에 대한 연구가 다음에 보고되어 있다. Richard Wenzlaff, "The Mental Control of Depression," in Wegner and Pennebaker, *Handbook of Mental Control*.

18. Shelly Taylor et al., "Maintaining Positive Illusions in the Face of Negative Information," *Journal of Clinical and Social Psychology* 8 (1989).

19. 이런 억압적 충동에 사로잡힌 대학생은 다음 글에 나온다. Daniel A. Weinberger, "The Construct Validity of the Repressive Coping Style," in J. L. Singer, ed., *Repression and Dissociation* (Chicago: University of Chicago Press, 1990). 게리 F. 슈바르츠(Gary F. Schwartz)와 리처드 데이비드슨(Richard Davidson)과 더불어 수행한 초창기 연구들에서 억압자들이라는 개념을 발전시켰던 바인베르거는 그 주제에 대한 주도적인 연구자가 되었다.

chapter 6 모든 재능의 우두머리, 감성지능

1. 시험의 공포: Daniel Goleman, *Vital Lies, Simple Truths: The Psychology of Self-Deception* (New York: Simon and Schuster, 1985).

2. 작동기억: Alan Baddeley, *Working Memory* (Oxford: Clarendon Press, 1986).

3. 전전두엽피질과 작동기억: Patricia Goldman-Rakic, "Cellular and Circuit Basis of Working Memory in Prefrontal Cortex of Nonhuman Primates," *Progress in Brain Research*, 85, 1990; Daniel Weinberger, "A Connectionist Approach to the Prefrontal Cortex," *Journal of Neuropsychiatry* 5 (1993).

4. 동기유발과 최고의 성과: Anders Ericsson, "Expert Performance: It's Structure and Acquisition," *American Psychologist* (Aug, 1994).

5. 아시아인의 IQ 이점: Herrnstein and Murray, *The Bell Curve*.

6. IQ와 아시아계 미국인들의 직업: James Flynn, *Asian-American Achievement Beyond IQ* (New Jersey: Lawrence Erlbaum, 1991).

7. 네 살 먹은 아이들을 대상으로 한 만족의 유예에 대한 연구는 다음에 보고되었다. Yuichi Shoda, Walter Mischel, and Philip K. Peake, "Predicting Adolescent Cognitive and Self-regulatory Competencies From preschool delay of Gratification," *Developmental Psychology* 26, 6 (1990), pp. 978-986.

8. 충동적인 아이들과 자기 통제적 아이들의 SAT 점수와 관련해서 SAT 자료의 분석은 스미스 대학 심리학자인 필 피크(Phil Peake)에 의해 이루어졌다.

9. SAT 점수의 예보자로서 IQ 대 유예에 관한 내용은 월터 미셸의 만족의 유예에 대한 연구 내에 들어 있는 SAT 자료들을 분석했던 스미스 대학 심리학자 필 피크에게서 개인적으로 들은 내용.

10. 충동성과 청소년 비행에 대해서는 다음의 토론을 참고하라. Jack Block, "On the Relation Between IQ, Impulsivity, and Delinquency," *Journal of Abnormal Psychology* 104 (1995).

11. 불안한 어머니: Timothy A. Brown et al., "Generalized Anxiety Disorder," in David H. Barlow, ed., *Clinical Handbook of Psychological Disorders* (New York: Guilford Press, 1993).

12. 항공교통관제사: W. E. Collins et al., "Relationships of Anxiety Scores to Academy and Field Training Performance of Air Traffic Control Specialists," *FAA Office of Aviation Medicine Reports* (May 1989).

13. 불안과 학업성적: Bettina Seipp, "Anxiety and Academic Performance: A Meta-analysis," *Anxiety Research* 4, 1 (1991)

14. 걱정이 많은 사람들: Richard Metzger et al., "Worry Changes Decision-making: The Effects of Negative Thoughts on Cognitive Processing," *Journal of Clinical Psychology* (Jan, 1990).

15. Ralph Harber and Richard Alpert, "Test Anxiety," *Journal of Abnormal and Social Psychology* 13 (1958).

16. 불안 증세가 있는 학생들: Theodore Chapin, "The Relationship of Trait Anxiety and Academic Performance to Achievement Anxiety," *Journal of College Student Development* (May 1989).

17. 부정적 생각과 시험 점수: John Hunsley, "Internal Dialogue During Academic Examinations," *Cognitive Therapy and Research* (Dec, 1987).

18. 사탕 선물이 주어진 내과 의사들: Alice Isen et al., "The Influence of Positive Affect on Clinical Problem Solving," *Medical Decision Making* (July-Sept, 1991).

19. 희망과 나쁜 학점: C. R. Snyder et al., "The Will and the Ways: Development and Validation of an Individual-Differences Measure of Hope," *Journal of Personality and Social Psychology* 60, 4 (1991), p. 579.

20. 나는 〈뉴욕 타임스〉(1991년 12월 24일자)에서 스나이더를 인터뷰했다.

21. 낙관적 수영선수들: Martin Seligman, *Learned Optimism* (New York: Knopf, 1991).

22. 현실적 낙관주의와 순진한 낙관주의에 대해, 예를 들어 다음을 참고하라. Carol Whalen et al., "Optimism in Children's Judgments of Health and Environmental Risks," *Health Psychology* 13 (1994).

23. 나는 〈뉴욕 타임스〉(1987년 2월 3일자)에서 낙관주의에 대해 마틴 셀리그먼을 인터뷰했다.

24. 나는 〈뉴욕 타임스〉(1988년 5월 8일자)에서 자기 효능성에 대해 앨버트 반두라를 인터뷰했다.

25. Mihaly Csikszentmihalyi, "Play and Intrinsic Rewards," *Journal of Humanistic Psychology* 15, 3 (1975).

26. Mihaly Csikszentmihalyi, *Flow: The Psychology of Optimal Experience*, 1st ed. (New York: Harper and Row, 1990).

27. '폭포수처럼', 〈뉴스위크〉 (1994년 2월 28일).

28. 나는 〈뉴욕 타임스〉(1986년 3월 4일)에서 칙센트미하이 박사를 인터뷰했다.

29. 흐름 속의 두뇌: Jean Hamilton et al., "Intrinsic Enjoyment and Boredom Coping Scales: Validation With Personality, Evoked Potential and Attention Measures," *Personality and Individual Differences* 5, 2 (1984).

30. 피질의 활성화와 피로: Ernest Hartmann, *The Functions of Sleep* (New Haven: Yale University Press, 1973).

31. 나는 〈뉴욕 타임스〉(1992년 3월 22일)에서 칙센트미하이 박사를 인터뷰했다.

32. 흐름과 수학과 학생들에 대한 연구: Jeanne Nakamura, "Optimal Experience and the Uses of Talent," in Mihaly Csikszentmihalyi and Isabella Csikszentmihalyi, *Optimal Experience: Psychological Studies of Flow in Consciousness* (Cambridge: Cambridge University Press, 1988).

chapter 7 감정이입의 근원

1. 자기 인식과 감정이입에 대해 예를 들어 다음을 참조하라. John Mayer and Melissa Kirkpatrick, "Hot Information-Processing Becomes More Accurate With Open Emotional Experience," University of New Hampshire, unpublished manuscript (Oct. 1994); Randy Larsen et al., "Cognitive Operations Associated With Individual

Differences in Affect Intensity," *Journal of Personality and Social Psychology* 53 (1987).

2. Robert Rosenthal et al., "The PONS Test: Measuring Sensitivity to Nonverbal Cues," in P. McReynolds, ed., *Advances in Psychological Assessment* (San Francisco: Jossey-Bass, 1977).

3. Stephen Nowicki and Marshall Duke, "A Measure of Nonverbal Social Processing Ability in Children Between the Ages of 6 and 10," paper presented at the American Psychology Society meeting (1989).

4. 연구자로서 활약했던 어머니들은 다음 분들한테 훈련을 받았다. Marian Radke-Yarrow and Carolyn Zahn-Waxler at the Laboratory of Developmental Psychology, National Institute of Mental Health.

5. 나는 〈뉴욕 타임스〉(1989년 3월 28일)에 감정이입, 감정이입의 발생론적 뿌리와 그 신경학에 대해 글을 썼다.

6. 아이들에게 감정이입 주입하기: Marian Radke-Yarrow and Carolyn Zahn-Waxler, "Roots, Motives and Patterns in Children's Prosocial Behavior," in Ervin Staub et al., eds., *Development and Maintenance of Prosocial Behavior* (New York: Plenum, 1984).

7. Daniel Stern, *The Interpersonal World of the Infant* (New York: Basic Books, 1987), p. 30.

8. Stern, op. cit.

9. 우울한 유아들은 다음에 묘사되어 있다. Jeffrey Pickens and Tiffany Field, "Facial Expressivity in Infants of Depressed Mothers," *Developmental Psychology* 29, 6 (1993).

10. 폭력적인 강간범들의 어린 시절에 대한 연구는 필라델피아 심리학자 로버트 프렌트키 (Robert Prentky)에 의해 수행되었다.

11. 경계선 장애환자들의 경우, 감정이입: Lee C. Park et al., "Giftedness and Psychological Abuse in Borderline Personality Disorder: Their Relevance to Genesis and Treatment," *Journal of Personality Disorders* 6 (1992).

12. Leslie Brothers, "A Biological Perspective on Empathy, "*American Journal of Psychiatry* 146, 1 (1989).

13. Brothers, "A Biological Perspective," p. 16.

14. Physiology of empathy: Robert Levenson and Anna Ruef, "Empathy: A Physiological Substrate," *Journal of Personality and Social Psychology* 63, 2 (1992).

15. Martin Hoffman, "Empathy, Social Cognition, and Moral Action," in W. Kurtines and J. Gerwitz, eds., *Moral Behavior and Development: Advances in Theory, Research, and Applications* (New York: John Wiley and Sons; 1984).

16. 감정이입과 윤리학 사이의 연결고리에 대한 연구는 다음에 실려 있다. Hoffman, "Empathy,

Social Cognition, and Moral Action."

17. 나는 〈뉴욕 타임스〉(1992년 4월 14일)에 성범죄에서 정점에 이르는 감정 순환에 대해 글을 썼다. 그 원천은 버몬트 교정국 심리학자 윌리엄 피더스(William Pithers)다.

18. 정신병의 본질은 내가 1987년 7월 7일자 〈뉴욕 타임스〉에 썼던 한 기사에서 훨씬 자세하게 묘사되어 있다. 내가 쓴 글의 많은 부분은 정신병 전문가인 브리티시 컬럼비아 대학의 심리학자 로버트 헤어(Robert Hare)의 연구에서 발췌한 것이다.

19. Leon Bing, *Do or Die* (New York ; HarperCollins, 1991).

20. 아내 구타자들 : Neil S. Jacobson et al., "Affect, Verbal Content, and Psychophysiology in the Arguments of Conples With a Violent Husband," *Journal of Clinical and Consulting Psychology* (1994년 7월).

21. 반사회인들은 전혀 두려움을 갖지 않는다. 그런 결과는 범죄적 반사회인들이 충격을 받으려는 찰나에 관측된다. 그런 결과에 대한 좀더 최근의 응답들 가운데 하나가 다음의 글이다. Christopher Patrick et al., "Emotion in the Criminal Psychopath : Fear Image Processing," *Journal of Abnormal Psychology* 103 (1994).

chapter 8 인간관계의 기술

1. 제이와 렌 사이의 주고받기는 다음에 보고되어 있다. Judy Dunn and Jane Brown, "Relationships, Talk About Feelings, and Development of Affect Regulation in Early Childhood," Judy Garber and Kenneth A. Dodge, eds., *The Development of Emotion Regulation and Dysregulation* (Cambridge : Cambridge University Press, 1991). 내가 이 야기를 극적으로 풍부하게 꾸몄다.

2. 표출법칙은 다음에 나와 있다. Paul Eckman and Wallace Friesen, *Unmasking the Face* (Englewood Cliffs, NJ : Prentice Hall, 1975).

3. 전투가 한창인 곳의 스님들에 대한 이야기는 다음에 나온다. David Busch, "Culture Cul-de-Sac," *Arizona State University Research* (Spring/Summer 1994).

4. 기분의 전이에 대한 연구는 〈*Personality and Social Psychology Bulletin*〉 1991년 4월판에 엘런 설린스(Ellen Sullins)에 의해 보고되었다.

5. 기분의 전이와 일치에 관한 연구들은 오리건 주립대학의 심리학자 프랭크 버니어리(Frank Bernieri)에 의해 수행되었다. 나는 〈뉴욕 타임스〉에 그의 연구에 대해 글을 썼다. 그의 많은 연구가 다음에 보고되어 있다. Bernieri and Robert Rosenthal, "Interpersonal Coordination, Behavior Matching, and Interpersonal Synchrony," in Robert Feldman and Bernard Rime, eds., *Fundamentals of Nonverbal Behavior* (Cambridge : Cambridge

University Press, 1991).

6. 동조이론은 다음에서 제안되었다. Bernieri and Rosenthal, *Fundamentals of Nonverbal Behavior*.

7. Thomas Hatch, "Social Intelligence in Young Children," paper delivered at the annual meeting of the American Psychological Association (1990).

8. 사회적 변덕쟁이들: Mark Snyder, "Impression Management: The Self in Social Interaction," in L. S. Wrightsman and K. Deaux, *Social Psychology in the '80s* (Monterey, CA: Brooks/Cole, 1981).

9. E. Lakin Phillips, *The Social Skills Basis of Psychopathology* (New York: Grune and Stratton, 1978), p. 140.

10. 비언어적 학습장애: Stephen Nowicki and Marshall Duke, *Helping the Child Who Doesn't Fit In* (Atlanta: Peachtree Publishers, 1992). 다음 책도 참고하라. Byron Rourke, *Nonverbal Learning Disabilities* (New York: Guilford Press, 1989).

11. Nowicki and Duke, *Helping the Child Who Doesn't Fit In*.

12. 한 그룹에 끼어드는 경우에 대한 연구에 담긴 이러한 삽화와 검토는 다음에 나온다. Martha Putallaz and Aviva Wasserman, "Children's Entry Behavior," in Steven Asher and John Coie, eds., *Peer Rejection in Childhood* (New York: Cambridge University Press, 1990).

13. Putallaz and Wasserman, "Children's Entry Behavior."

14. Hatch, "Social Intelligence in Young Children."

3 감성지능 실전편

chapter 9 행복한 결혼생활을 위한 감성지능

1. 이혼율을 계산하는 많은 방식이 존재하며, 활용된 통계적 수단이 그 결과를 결정할 것이다. 몇 가지 방법들은 대략 50%에서 정점을 이루다가 약간 내려가는 이혼율을 보여준다. 해당 연도 안에 전체 숫자로 이혼율을 계산할 때는 그 비율이 1980년대에 정점에 이르렀던 것으로 나타난다. 하지만 내가 여기서 인용하는 통계들은 해당 연도에 발생한 이혼의 수를 계산하지 않고 오히려 해당 연도에 결혼한 부부가 결국 이혼을 하게 될 가능성을 계산한다. 그러한 통계수치들은 지난 세기에 걸쳐 높아지고 있는 이혼율을 보여준다. 더욱 상세한 참고문헌은 다음을 보라. John Gottman, What Predicts Divorce: *The Relationship Between Marital Processes and Marital Outcomes* (Hillsdale, NJ: Lawrence Erlbaum Associates, Inc., 1993).

2. 소년 소녀들의 분리된 세계: Eleanor Maccoby and C. N. Jacklin, "Gender Segregation in Childhood," in H. Reese, ed., *Advances in Child Development and Behavior* (New York: Academic Press, 1987).

3. 동성 놀이친구: John Gottman, "Same and Cross Sex Friendship in Young Children," in J. Gottman and J. Parker, eds., *Conversation of Friends* (New York: Cambridge University Press, 1986).

4. 이것과 감성의 사회화에서 성적 차이에 대한 다음의 요약이 기초해 있는 참고문헌. Leslie R. Brody and Judith A. Hall "Gender and Emotion," in Michael Lewis and Jeannette Haviland, eds., *Handbook of Emotions* (New York: Guilford Press, 1993).

5. Brody and Hall, "Gender and Emotion," p. 456.

6. 여자 아이들과 공격의 기술: Robert B. Cairns and Beverley D. Cairns, *Lifelines and Risks* (New York: Cambridge University Press, 1994).

7. Brody and Hall, "Gender and Emotion," p. 454.

8. 남녀 간 감성의 차이에 대한 발견은 브로디(Brody)와 홀(Hall)의 《성과 감성*Gender and Emotion*》에 나와 있다.

9. 여성에게 좋은 의사소통의 중요성은 다음에 보고되어 있다. Mark H. Davis and H. Alan Oathout, "Maintenance of Satisfaction in Romantic Relationships: Empathy and Relational Competence," *Journal of Personality and Social Psychology* 53, 2 (1987), pp. 397-410.

10. 남편과 아내의 불평에 대한 연구: Robert J. Sternberg, "Triangulating Love," in Robert Sternberg and Michael Barnes, eds., *The Psychology of Love* (New Haven: Yale University Press, 1988).

11. 슬픈 얼굴 읽어내기에 대한 연구는 펜실베이니아 의과대학에서 루벤(Ruben C.) 박사에 의해 이루어졌다.

12. 프레드와 잉그리드 간의 대화는 고트먼(Gottman)의 《이혼을 예고하는 것들*What Predicts Divorce*》, p. 84.에 나온다.

13. 존 고트먼과 워싱턴 대학교 동료들에 의한 부부 연구는 다음 두 책에서 좀 더 자세하게 설명되어 있다. John Gottman, *Why Marriages Succeed or Fail* (New York: Simon and Schuster, 1994), What Predicts Divorce.

14. Stonewalling: Gottman, *What Predicts Divorce*.

15. 유해한 생각들: Aaron Beck, *Love Is Never Enough* (New York: Harper and Row, 1988), pp. 145-46.

16. 문제가 있는 결혼생활에서 나타나는 생각: Gottman, *What Predicts Divorce*.

17. 폭력적 남편들의 왜곡된 사고는 다음 참고문헌에 설명되어 있다. Amy Holtzworth-Munroe

and Glenn Hutchinson, "Attributing Negative Intent to Wife Behavior: The Attributions of Maritally Violent Versus Nonviolent Men," *Journal of Abnormal Psychology*, 102, 2 (1993). pp. 206-211. 성적으로 공격적인 남성들이 지니는 의심하는 마음: Neil Malamuth and Lisa Brown, "Sexually Aggressive Men's Perceptions of Women's Communications," *Journal of Persnality and Social Psychology* 67 (1994).

18. 구타하는 남편들: 폭력적이 되는 세 가지 종류의 남편들이 있다. 즉 아주 가끔씩 폭력을 행사하는 남편들, 화가 치밀 때 충동적으로 폭력을 행사하는 남편들, 냉정하고 계산된 방식으로 폭력을 행사하는 남편들. 심리치료는 첫 두 종류에만 도움이 될 듯하다. 다음을 참고하라. Neil Jacobson et al., *Clinical Handbook of Marital Therapy* (New York: Guilford Press, 1994).

19. 감정의 범람: Gottman, *What Predicts Divorce*.

20. 남편들은 말다툼을 싫어한다: Robert Levenson et al., "The Influence of Age and Gender on Affect, Physiology, and Their Interrelations: A Study of Long-term Marriages," *Journal of Personality and Social Psychology* 67 (1994).

21. 남편 쪽에서 감정의 범람: Gottman, *What Predicts Divorce*.

22. 남성은 말로 발뺌하고, 여성은 비판한다: Gottman, *What Predicts Divorce*.

23. 'TV로 풋볼을 시청하던 남편을 총으로 쏘아 기소된 아내,' 〈뉴욕 타임스〉(Nov. 3, 1993).

24. 생산적인 부부간 다툼: Gottman, *What Predicts Divorce*.

25. 부부의 다툼 해결 능력 부족: Gottman, *What Predicts Divorce*.

26. '건전한 다툼'으로 이끄는 네 가지 단계들에 대한 참고문헌: Gottman, *Why Marriages Succeed or Fail*.

27. 맥박수를 측정하기: Gottman, Ibid.

28. 자동적으로 일어나는 생각을 붙들기: Beck, *Love Is Never Enough*.

29. 되비추기: Harville Hendrix, *Getting the Love You Want* (New York: Henry Holt, 1988).

chapter 10 최고 기업을 위한 감성경영

1. 사람들을 협박하는 조종사의 추락: Carl Lavin, "When Moods Affect Safety: Communications in a Cockpit Mean a Lot Few Miles Up," *The New York Times* (June 26, 1994).

2. 250명 중역들에 대한 조사: Michael Maccoby, "The Corporate Climber Has to Find His Heart," *Fortune* (Dec. 1976).

3. 주보프(Zuboff)의 1994년 6월 대화에서. 정보기술의 영향에 대해 그녀의 다음 책을 참고하라. *In the Age of the Smart Machine* (New York: Basic Books, 1991).

4. 냉소적인 부사장 이야기는 UCLA 경영대학원의 심리학자 헨드리 바이징거(Hendrie Weisinger)가 내게 해주었다. 그의 저서는 다음과 같다. *The Critical Edge: How to Criticize Up and Down the Organization and Make It Pay Off* (Boston: Little, Brown, 1989).

5. 경영자들이 격노했던 순간에 대한 조사는 'Rensselaer Polytechnic Institute'에 재직 중인 심리학자 로버트 배런(Robert Baron)에 의해 수행되었다. 나는 그를 〈뉴욕 타임스〉(1990. 9.11)에서 인터뷰했다.

6. 갈등의 원인으로서 비난: Robert Baron, "Countering the Effects of Destructive Criticism: The Relative Efficacy of Four Interventions," *Journal of Applied Psychology* 75, 3 (1990).

7. 구체적 비판과 막연한 비판: Harry Levinson, "Feedback to Subordinates," *Addendum to the Levinson Letter*, Levinson Institute, Waltham, MA (1992).

8. 노동력의 변화하는 면모: 맨해튼의 'Towers Perrin' 경영 컨설턴트들이 수행한 645개 전국 회사들에 대한 조사가 〈뉴욕 타임스〉(1990. 8. 26)에 보도되었다.

9. 증오의 뿌리: Vamik Volkan, *The Need to Have Enemies and Allies* (Northvale, NJ: Jason Aronson, 1988).

10. 나는 토머스 페티그루(Thomas Pettigrew)를 〈뉴욕 타임스〉(1987년 5월 12일)에서 인터뷰했다.

11. 고정관념과 미묘한 선입견: Samuel Gaertner and John Davidio, *Prejudice, Discrimination, and Racism*(New York: Academic Press, 1987).

12. 미묘한 편견: Gaertner and Davidio, *Prejudice, Discrimination, and Racism*.

13. Relman: 다음에 인용됨. Howard Kohn, "Service With a Sneer," *The New York Times Sunday Magazine* (Nov. 11, 1994).

14. IBM: "Responding to a Diverse Work Force," *The New York Times* (Aug. 26, 1990).

15. 의견을 거리낌 없이 말하는 행동이 지닌 위력: Fletcher Blanchard, "Reducing the Expression of Racial Prejudice," *Psychological Science* (vol. 2, 1991).

16. 고정관념이 허물어지다: Gaertner and Davidio, Prejudice, Discrimination, and Racism.

17. 팀: Peter Drucker, "The Age of Social Transformation," *The Atlantic Monthly* (Nov. 1994).

18. 집단지능의 개념은 다음에서 설명된다. Wendy Williams and Robert Sternberg, "Group Intelligence: Why Some Groups Are Better Than Others," *Intelligence* (1988).

19. 벨 연구소의 스타들에 대한 연구는 다음에 보고되어 있다. Robert Kelley and Janet Caplan, "How Bell Labs Creates Star Performers," *Harvard Business Review* (July-Aug. 1993).

20. 비공식적 네트워크의 유용성은 다음에서 지적된다. David Krackhardt and Jeffrey R. Hanson, "Informal Networks: The Company Behind the Chart," *Harvard Business Review* (July-Aug. 1993), p. 104.

chapter 11 정신과 의학

1. 신체의 두뇌로서의 면역체계: Francisco Varela at the Third Mind and Life Meeting, Dharamsala, India (Dec. 1990).

2. 두뇌와 면역체계 사이의 화학적 전달자들에 관한 참고서적은 다음과 같다. Robert Ader et al., *Psychoneuroimmunology*, 2nd edition (San Diego: Academic Press, 1990).

3. 신경과 면역세포들 간의 접촉: David Felten et al., "Noradrenergic Sympathetic Innervation of Lymphoid Tissue," *Journal of Immunology* 135 (1985).

4. 호르몬과 면역기능: B. S. Rabin et al., "Bidirectional Interaction Between the Central Nervous System and the Immune System," *Critical Reviews in Immunology* 9 (4), (1989), pp. 279-312.

5. 두뇌와 면역체계 간의 연결에 대해 다음을 참고하라. Steven B. Maier et al., "Psychoneuroimmunology," *American Psychologist* (Dec. 1994).

6. 유해한 감정: Howard Friedman and S. Boothby-Kewley, "The Disease-Prone Personality: A Meta-Analytic View," *American Psychologist* 42 (1987). 연구에 대한 이 광범위한 분석은 많은 좀 더 작은 연구들에서 나온 결과들을 통계적으로 하나의 거대한 연구에 결합될 수 있게 해주는 '메타 분석'을 활용했다. 이렇게 해서 어느 특정한 연구에서는 나타나지 않을 수도 있을 영향이, 연구되는 사람들의 훨씬 더 많은 총수 때문에 좀 더 쉽게 탐지될 수 있다.

7. 좀 더 높은 비율의 질병과 연관된 감정적 상황은 본질적으로 신경증 환자(불안해하고 우울하며 화난 정서의 신경쇠약자)가 지닌 이력이라고 회의론자들은 주장한다. 또한 회의론자들은 자신들이 보고하는 좀 더 높은 비율의 질병은 의학적 사실 탓이라기보다는 심각성을 과장하면서 건강문제에 대해 푸념하고 불평하는 경향성 탓이라고 주장한다. 하지만 프리드만과 여타의 연구자들은 감정과 질병 간의 연관에 대한 증거가 지니는 무게는 환자의 불평이 아니라, 질병의 정도―좀 더 객관적인 토대―를 결정하는 관찰될 수 있는 질병과 의료검사의 징표에 대한 내과 의사의 평가에 의해 부여된다고 주장한다. 물론 증대되는 괴로움은 질환을 촉진할 뿐 아니라 질환의 결과일 가능성이 존재한다. 그런 이유 때문에 가장 확신을 주는 자료들은 발병에 앞선 감정 상태가 평가되는 유망한 연구들에서 나온다.

8. Gail Ironson et al., "Effects of Anger on Left Ventricular Ejection Fraction in Coronary

Artery Disease," *The American Journal of Cardiology* 70 (1992)

이따금 '구출분획'(박동 시 좌심실에서 박출되는 혈액의 비율—옮긴이)으로 언급되는 펌프 작용의 효율은 좌심실에서 나온 피를 동맥으로 박출하는 심장의 능력을 수량화해서 심장박동이 있을 때마다 심실에서 박출되는 혈액의 비율을 측정한다. 심장병의 경우 펌프 작용의 효율이 떨어지는 것은 심장근육의 약화를 뜻한다.

9. 적개심과 심장병으로 인한 사망에 대한 수십 가지의 연구들 가운데서 둘 사이의 연결을 발견하는 데 실패한 학자들이 있었다. 하지만 그런 실패는 적개심에 대한 서툰 측정치를 사용하는 것과 같은 방법상의 차이 탓일 수 있고, 영향의 상대적 미묘함 탓일 수 있다. 예를 들어 적개심으로 인한 가장 많은 수의 죽음은 중년에 발생하는 듯하다. 그러므로 이 중년의 시기 동안에 사람들의 사망 원인을 추적하지 못하는 연구는 적개심의 영향을 놓쳐버린다.

10. 적의와 심장병: Redford Williams, *The Trusting Heart* (New York: Times Books/ Random House, 1989).

11. 나는 피터 카우프만(Peter Kaufman)을 〈뉴욕 타임스〉(1992년 9월 1일)에서 인터뷰했다.

12. 분노와 두 번째 심장발작에 대한 스탠퍼드의 연구: Carl Thoreson, presented at the International Congress of Behavioral Medicine, Uppsala, Sweden (July, 1990).

13. Lynda H. Powell, Emotional Arousal as a Predictor of Long-Term Mortality and Morbidity in Post M. I. Men," *Circulation* , vol. 82, no. 4, Supplement Ⅲ, Oct. 1990.

14. Murray A. Mittleman, "Triggering of Myocardial Infarction Onset by Episode of Anger," *Circulation* , vol. 89, no. 2 (1994).

15. 분노를 억제하는 일은 혈압을 상승시킨다: Robert Levenson, "Can We Control Our Emotions, and How Does Such Control Change and Emotional Episode?" in Richard Davidson and Paul Ekman, eds., *Fundamental Questions About Emotions* (New York: Oxford University Press, 1995).

16. 화내는 개성적 스타일과 관련해 나는 〈*The New York Times Good Health Magazine*〉(Apr. 16, 1989)에 분노와 심장에 대한 레드퍼드 윌리엄스의 연구에 대해 글을 썼다.

17. 2차 심장발작의 44% 감소: Thoreson, op. cit.

18. 윌리엄스 박사의 분노 통제 프로그램: Williams, *The Trusting Heart*.

19. 걱정 많은 여성: Timothy Brown et al., "Generalized Anxiety Disorder," in David H. Barlow, ed., *Clinical Handbook of Psychological Disorders* (New York: Guilford Press, 1993).

20. 스트레스와 전이: Bruce McEwen and Eliot Stellar, "Stress and the Individual: Mechanisms Leading to Disease," *Archives Internal Medicine* 153 (Sept. 27, 1993). 그들이 설명하고 있는 연구는 다음과 같다. M. Robertson and J. Ritz, "Biology and Clinical Relevance of Human Natural Killer Cells," Blood 76 (1990).

21. 스트레스를 받는 사람들이 생물학적 통로와는 별개로 질병에 걸리기가 훨씬 더 쉬운 다양한 이유가 존재할 수 있다. 한 가지 이유로, 사람들이 자신의 불안을 달래려고 애쓰는 방식들, 예를 들어 흡연, 음주, 기름기 있는 음식을 잔뜩 먹어 대는 일은 그 자체로 건강하지 않기 때문이다. 또 다른 이유로는, 끊임없는 걱정과 불안으로 인해 사람들이 잠을 못 이루거나 약물을 복용하는 등의 의학적 요법을 따르는 일을 망각하게 되어 이미 걸린 질병이 만성화되기 때문이다. 이 모든 원인들은 함께 작용하여 스트레스와 질병 간에 연관을 갖도록 만들 가능성이 대단히 높다.

22. 스트레스는 면역체계를 약화한다. 예컨대 시험 스트레스에 직면한 의과대학생들에 대한 연구에서 학생들은 포진 바이러스에 대한 면역통제가 약화했을 뿐 아니라, 면역응답에 중심적인 백혈구 세포인 림프구의 면역 능력 억제와 연관된 화학물질 수준이 증대되고 감염된 세포를 죽이는 백혈구 세포의 능력이 감소되었다. 다음을 참고하라. Ronald Glaser and Janice Kiecolt-Glaser, "Stress-Associated Depression in Cellular Immunity," Brain, Behavior, and Immunity 1 (1987). 하지만 스트레스로 인해 면역 방어력이 약화됨을 보여주는 대부분의 그런 연구들에서 약화의 수준이 의학적 위험성으로 이끌 만큼 충분히 낮은지가 명확하게 밝혀지지는 않았다.

23. 스트레스와 감기: Sheldon Cohen et al., "Psychological Stress and Susceptibility to the Common Cold," *New England Journal of Medicine* 325 (1991).

24. 일상적인 다툼과 감염: Arthur Stone et al., "Secretory IgA as a Measure of Immuno-competence," *Journal of Human Stress* 13 (1987). 또 다른 연구에서 246명의 남편, 아내, 아이들이 독감이 성행하던 시기 동안 가족생활에서 일상적인 스트레스 일지를 기록했다. 최대의 가족 위기를 겪었던 사람들은 열이 난 날과 독감 항체의 수준 두 가지로 측정했을 때 가장 높은 독감 발병률을 나타냈다. 다음을 참고하라. R. D. Clover et al., "Family Functioning and Stress as Predictors of Influenza B Infection," *Journal of Family Practice* 28 (May 1989).

25. 포진 바이러스의 활약과 스트레스에 관한 로널드 글레이저(Ronald Glaser)와 재니스 키콜트-글레이저(Janice Kiecolt-Glaser)가 수행한 일련의 연구 중 한 예가 다음에 나타난다. "Psychological Influences on Immunity," American Psychologist 43 (1988). 스트레스와 포진의 활성화 간의 관련성이 너무나 강해서 하나의 측정수단으로 포진 상처의 실제적 발생을 활용하는 단지 10명 환자의 연구에서조차 그런 관련성이 입증되었다. 환자가 말한 불안, 말다툼, 스트레스가 많을수록 그다음 주에 포진에 걸리게 될 가능성이 더욱 높아졌다. 평화로운 삶의 시기는 포진의 휴면기였다. 다음을 참고하라. H. E. Schmidt et al., "Stress as a Precipitating Factor in Subjects With Recurrent Herpes Labialis," *Journal of Family Practice* 20 (1985).

26. 여성들의 불안과 심장병: Carl Thoreson, presented at the International Congress of

Behavioral Medicine, Uppsala, Sweden (July, 1999). 불안은 또한 몇몇 남성들을 심장병에 취약하게 만들기도 한다. 앨러배마 의과대학에서 실시된 한 연구를 통해 45세에서 77세 사이의 남녀 1123명의 감정 이력(履歷)이 평가되었다. 중년에 들어 불안과 걱정에 가장 많이 사로잡히는 사람들은 20년 후 추적했을 때 고혈압에 걸릴 가능성이 다른 사람들에 비해 훨씬 더 높았다. 다음을 참고하라. Abraham Markowitz et al., *Journal of the American Medical Association* (Nov. 14, 1993).

27. 스트레스와 직장암: Joseph C. Courtney et al., "Stressful Life Events and the Risk of Colorectal Cancer," *Epidemiology* (Sept. 1993). 4(5).

28. 스트레스로 인한 증세를 완화하려는 긴장의 이완에 대해 예를 들어 다음을 참고하라. Daniel Goleman and Joel Gurin, *Mind Body Medicine* (New York: Consumer Reports Books/St. Martin's Press, 1993).

29. 우울증과 질병에 대해 예를 들어 다음을 참고하라. Seymour Reichlin, "Neuroendocrine-Immune Interactions," *New England Journal of Medicine* (Oct. 21, 1993).

30. 골수이식은 다음 책에서 인용함. James Strain, "Cost Offset From a Psychiatric Consultation-Liasion Intervention With Elderly Hip Fracture Patients," *American Journal of Psychiatry* 148 (1991).

31. Howard Burton et al., "The Relationship of Depression to Survival in Chronic Renal Failure," *Psychosomatic Medicine* (March 1986).

32. 절망과 심장병으로 인한 사망: Robert Anda et al., "Depressed Affect, Hopelessness, and the Risk of Ischemic Heart Disease in a Cohort of U. S. Adults," *Epidemiology* (July 1993).

33. 우울증과 심장마비: Nancy Frasure-Smith et al., "Depression Following Myocardial Infarction," *Journal of the American Medical Association* (Oct. 20, 1993).

34. 다양한 질병 속의 우울증 연구를 했던 워싱턴 대학의 심리학자 마이클 폰 코르프(Michael von Korff) 박사가 내게 지적했다. 그저 매일같이 살아가는 데만도 엄청난 도전에 직면한 그런 환자들의 경우 "만일 당신이 환자의 우울증을 치료하면, 그들의 의료적 질환의 어떠한 변화도 넘어서는 진전을 목격하게 됩니다. 만일 당신이 우울하면 증세는 더욱 나쁘게 보입니다. 만성적인 육체적 질병에 걸린 것은 주요한 적응상의 도전입니다. 만일 우울해지면 당신은 자신의 질병을 다스리는 법을 훨씬 덜 배울 수 있을 뿐입니다. 육체적 장애의 경우에조차 만일 당신이 동기유발이 되어 있고 에너지와 자존심을 지니고 있다면(이 모든 것은 우울증에 걸렸을 때 위험에 처한다) 심지어 심각한 장애에 대해서도 놀라울 정도로 잘 적응할 수 있습니다."

35. 관상동맥우회수술을 받은 낙관적인 환자: Chris Peterson et al., *Learned Helplessness*: A *Theory for the Age of Personal Control* (New York: Oxford University Press, 1993).

36. 척추부상과 희망: Timothy Elliott et al., "Negotiating Reality After Physical Loss: Hope, Depression, and Disability," *Journal of Personality and Social Psychology* 61, 4 (1991).

37. 사회적 고립의 의학적 위험성: James House et al., "Social Relationships and Health," *Science* (July 29, 1988). 그러나 또한 혼란스러운 발견도 참고하라. Carol Smith et al., "Meta-Analysis of the Associations Between Social Support and Health Outcomes," *Journal of Behavioral Medicine* (1994).

38. 고립과 사망의 위험성에 작용하는 생물학적 메커니즘을 시사하는 연구들도 있다. 의회에서 '사회적 관계와 건강'으로 인용된 이런 연구를 통한 발견으로, 집중치료부에 있는 환자들의 경우에 다른 사람이 그저 있어만 주어도 불안이 감소되고 생리적 괴로움이 줄어든다는 점이 밝혀졌다. 다른 사람의 존재가 주는 위안의 효과는 심장박동률과 혈압을 낮출 뿐만 아니라, 동맥을 막을 수 있는 지방산의 분비도 낮출 수 있다는 점이 발견되었다. 사회적 접촉의 치유 효과를 설명하기 위한 한 이론은 편도와 풍부한 연결관계를 지닌 대뇌변연계의 영역인 후시상하부를 고요하게 해주는 효과를 나타내는 동물실험 자료들을 제시하며 인간의 두뇌 메커니즘을 시사한다. 마음을 편하게 해주는 타인의 실재감은 대뇌변연계 활동을 억제하여 아세틸콜린, 코르티솔, 카테콜아민 등 더욱 빠른 호흡, 빨라지는 심장박동, 기타 스트레스로 의한 생리적 신호를 촉발하는 모든 화학물질의 분비율을 낮춘다고 이 이론은 주장한다.

39. Strain, "Cost Offset."

40. 심장발작 후 생존과 정서적 후원: Lisa Berkman et al., "Emotional Support and Survival After Myocardial Infarction, A Prospective Population Based Study of the Elderly," *Annals of Internal Medicine* (Dec. 15, 1992).

41. 스웨덴의 연구: Annika Rosengren et al., "Stressful Life Events, Social Support, and Mortality in Men Born in 1993," *British Medical Journal* (Oct. 19, 1993).

42. 부부다툼과 면역체계: Janice Kiecolt-Glaser et al., "Marital Quality, Marital Disruption, and Immune Function," *Psychosomatic Medicine* 49 (1987).

43. 나는 〈뉴욕 타임스〉(1992년 12월 15일)에서 존 카시오포(John Cacioppo)를 인터뷰했다.

44. 고통스러운 생각에 대해 말하기: James Pennebaker, "Putting Stress Into Words: Health, Linguistic and Therapeutic Implications," paper presented at the American Psychological Association meeting, Washington, DC (1992).

45. 심리치료와 의학적 개선: Lester Luborsky et al., "Is Psychotherapy Good for Your Health?" paper presented at the American Psychological Association meeting, Washington, DC (1993).

46. 암 후원 그룹: David Spiegel et al., "Effect of Psychosocial Treatment on Survival of Patients with Metastatic Breast Cancer," *Lancet* No. 8668, ii (1989).

47. 환자들의 질문에 대한 그런 발견은 내가 〈뉴욕 타임스〉(1991년 11월 13일)에서 인터뷰했을 때, 에모리 대학의 심리학자 스티븐 코헨콜(Steven Cohen-Cole) 박사에 의해 인용되었다.

48. 충분한 정보: 예를 들어 샌프란시스코 소재 태평양 장로병원의 플레인트리 프로그램(Planetree Program)을 통해 요청한 사람은 누구나 어떠한 의학적 주제에 대해서도 의학적 조사와 비전문적 조사를 통한 검색을 할 수 있다.

49. 이 프로그램은 뉴욕 의과대학 맥 립킨 2세(Mack Lipkin, Jr.) 박사에 의해 개발되었다.

50. 수술을 위한 감정상의 준비에 대해 나는 〈뉴욕 타임스〉(1987년 12월 10일)에 글을 썼다.

51. 병원 내에서 가족의 보살핌이라는 면에서 다시금 플레인트리는 하나의 모범이다. 자녀들이 환자로 있는 병원 바로 옆에 부모들이 머물 수 있는 로널드 맥도널드 가옥이 바로 그렇다.

52. 깨어 있기와 의학에 대해 다음을 참고하라. Jon Kabat-Zinn, *Full Catastrophe Living* (New York: Delacorte, 1991).

53. 심장병을 치료하는 프로그램으로 다음을 참조하라. Dean Ornish, *Dr. Dean Ornish's Program for Reversing Heart Disease* (New York: Ballantine, 1991).

54. 관계에 초점을 맞춘 의학: *Health Professions Education and Relationship-Centered Care*. Report of the Pew-Fetzer Task Force on Advancing Psychological Health Education, Pew Health Professions Commission and Fetzer Institute at The Center of Health Professions, University of California at San Francisco, San Francisco(Aug. 1994).

55. 병원에서 일찍 퇴원하기: Strain, "Cost Offset."

56. 심장병 환자들 내에서 우울증을 치료하지 않는 것은 비윤리적이다: Redford Williams and Margaret Chesney, "Psychological Factors and Prognosis in Established Coronary Heart Disease," *Journal of the American Medical Association* (Oct. 20. 1993).

57. 한 외과 의사에게 보내는 공개 편지: A. Stanley Kramer, "A Prescription for Healing," *Newsweek* (June 7, 1993).

4 기회의 창

chapter 12 가정교육과 감성지능

1. 레슬리와 비디오 게임: Beverly Wilson and John Gottman, "Marital Conflict and Parenting: The Role of Negativity in Families," in M. H. Bornstein, ed., *Handbook of Parenting*, vol. 4 (Hillsdale, NJ: Lawrence Erlbaum, 1994).

2. 가정 내에서 감정에 대한 연구는 9장에서 검토된 존 고트먼의 부부 연구의 확대판이었다. 다

음을 참고하라. Carole Hooven, Lynn Katz, and John Gottman, "The Family as a Meta-emotion Culture," *Cognition and Emotion* (Spring 1994).

3. 감성적으로 유능한 부모들을 가진 아이들의 이점: Hooven, Katz, and Gottman, "The Family as a Meta-emotion Culture."

4. 낙관적인 유아들에 대해서는 다음 책의 서문에 나온다. T. Berry Brazelton, *Heart Start: The Emotional Foundations of School Readiness* (Arlington, VA: National Center for Clinical Infant Programs, 1992).

5. 학교생활의 성공에 대한 감성적 지표: *Heart Start*

6. 학교생활 준비의 요소: *Heart Start*, p. 7.

7. 유아들과 엄마들: *Heart Start*, p. 9.

8. 무관심으로 인한 손상: M. Erickson et al., "The Relationship Between Quality of Attachment and Behavior Problems in Preschool in a High-Risk Sample," in I. Betherton and E. Waters, eds., *Monographs of the Society of Research in Child Development* 50, series no. 209.

9. 생후 첫 4년간의 지속적인 교훈: *Heart Start*, p. 13.

10. 공격적인 아이들에 대한 추적검사: L. R. Huesman, Leonard Eron, and Patty Warnicke-Yarmel, "Intellectual Function and Aggression," *The Journal of Personality and Social Psychology* (Jan. 1987). 아이들이 7~12세였을 때인 1956년 이래 정기적으로 평가되었던 75명의 아이들에 대한 연구를 바탕으로 알렉산더 토머스(Alexander Thomas)와 스텔라 체스(Stella Chess)가 비슷한 발견을 보고했다. Alexander Thomas et al., "Longitudinal Study of Negative Emotional States and Adjustments From Early Childhood Through Adolescence," *Child Development* 59 (1988). 부모와 교사가 초등학교 시절에 가장 공격적이라고 말했던 아이들은 10년 뒤 청소년기가 끝나갈 무렵, 가장 정서적으로 혼란을 겪고 있었다. 이들은 계속해서 싸움을 일으켰을 뿐 아니라, 다른 아이들에 대해서 심지어 가족과 선생님에 대해서 드러내놓고 적대적이었고 이들을 얕잡아 보는 아이들이었다(남자애들이 여자애들보다 2배 더 많다). 이 아이들의 적대감은 세월이 지나도 변함이 없었다. 청소년이 되어 그들은 급우들이나 가족들과 지내는 데 어려움이 많았고, 학교생활도 힘들어했다. 연구팀이 그 뒤 성인이 된 그들을 접촉했을 때 그들은 법률적 분규로 어려움을 겪거나 불안 증세 혹은 우울증에 시달리고 있었다.

11. 학대받은 아이들 내에서 감정이입의 결여에 대해 탁아소에서 관찰한 것과 발견된 사실은 다음에 보고되어 있다. Mary Main and Carol George, "Responses of Abused and Disadvantaged Toddlers to Distress in Agemates: A Study in the Day-Care Setting," *Developmental Psychology* 21, 3 (1985). 유치원 학생들의 경우에도 동일한 사실이 발견되었다. Bonnie Klimes-Dougan and Janet Kistner, "Physically Abused Preschoolers'

Responses to Peers' Distress," Developmental Psychology 26 (1990).

12. 학대받은 아이들의 장애: Robert Emery, "Family Violence," *American Psychologist* (Feb, 1989).

13. 세대로 이어지는 학대와 관련해서: 학대받은 아이들이 자라서 학대하는 부모가 되는지의 여부는 과학적 토론이 필요한 대목이다. 예를 들어 다음을 참고하라. Cathy Spatz Widom, "Child Abuse, Neglect and Adult Behavior," *American Journal of Orthopsychiatry* (July 1989).

chapter 13 정신적 외상과 감성 재교육

1. 나는 〈뉴욕 타임스〉 '교육 생활' 란(1990년 1월 7일)에 클리블랜드 학교에서 일어난 살인의 지속적인 정신적 충격에 대해 글을 썼다.

2. 범죄 희생자들 중 PTSD의 사례들은 브루클린에 있는 희생자 상담 서비스 센터의 심리학자 셀리 니더바흐(Shelly Niederbach)에 의해 제공되었다.

3. 이 베트남 기억은 다음에서 인용했다. M. Davis, "Analysis of Aversive Memories Using the Fear-Potentiated Startle Paradigm," in N. Butters and L. R. Squire, eds., *The Neuro-psychology of Memory* (New York: Guilford Press, 1992).

4. 르두는 이런 기억이 특별히 오래가는 과학적 사례를 다음에서 밝힌다. "Indelibility of Subcortical Emotional Memories," *Journal of Cognitive Neuroscience* (1989), vol. 1, 238-243.

5. 나는 〈뉴욕 타임스〉(1990년 6월 12일)에서 차니 박사를 인터뷰했다.

6. 짝을 지은 실험실 동물에 대한 실험을 존 크리스털 박사가 내게 설명해주었는데, 여러 과학 실험실에서 반복 실험되었다. 주요한 연구들은 듀크 대학교의 제이 와이스(Jay Weiss) 박사에 의해 실행되었다.

7. PTSD에 내재한 두뇌 변화에 대한 최상의 설명과 그런 두뇌 변화에서 편도가 하는 역할이 다음에 나와 있다. Dennis Charney et al., "Psychobiologic Mechanisms of Posttraumatic Stress Disorder," *Archives of General Psychiatry* 50 (April 1993), 294-305.

8. 이런 두뇌 네트워크에서 정신적 외상으로 유발되는 변화에 대한 증거의 일부는, 남아메리카 인디언들이 희생제물을 무기력하게 하기 위해 화살촉 끝에 사용한 약인 요힘빈을 주사맞은 PTSD에 걸린 베트남 퇴역 군인들을 대상으로 한 실험에서 나온다. 요힘빈은 통상적으로 적은 양만으로도 카테콜아민을 억제하는 작용을 하는 특별한 수용체(신경전달물질을 받아들이는 뉴런상의 지점-옮긴이)의 작용을 차단한다. 요힘빈은 제동장치를 제거하여 이런 수용체들이 카테콜아민의 분비를 감지하지 못하게 만들어, 결국 카테콜아민의 수치가 증대된다. 약의 주

입으로 무장해제된 불안에 대한 신경상의 제동장치들과 더불어 요힘빈이 15명의 PTSD 환자 중에 9명에게 공포를 촉발했고, 6명에게 과거사가 실제처럼 똑똑하게 떠오르게 만들었다. 한 퇴역 군인은 연기가 자욱하고 밝은 불빛이 보이는 가운데 추락하고 있는 헬리콥터의 환상을 떠올렸다. 친구가 타고 있던 지프가 지뢰로 인해 폭발하는 장면을 목격한 사람도 있었다. 똑같은 장면이 20년이 넘도록 악몽으로 또렷하게 되살아났다. 요힘빈 연구는 코네티컷 주 웨스트 헤이븐 재향군인관리국 병원에 있는 국립 PTSD 센터의 임상정신약리학실험실의 책임자인 존 크리스틸 박사에 의해 수행되었다.

9. PTSD에 걸린 사람들에게서 더 적어진 알파-2 수용체에 대해서는 다음을 참고하라. Charney, "Psychobiologic Mechanisms."

10. CRF의 분비율을 낮추려고 애쓰는 두뇌는 CRF를 방출하는 수용체의 수를 감소시킴으로써 손실을 메꾼다. PTSD에 걸린 사람들에게서 이런 일이 발생한다는 내막을 보여주는 한 가지 징표가 치료받고 있는 8명의 환자에게 CRF가 주사되었던 한 실험에서 드러난다. 보통 CRF의 주입은 카테콜아민의 반응을 일으키는 몸을 통해 흐르는 호르몬인 ACTH를 마구 방출시킨다. 그러나 PTSD 환자들의 경우에는 PTSD에 걸리지 않은 비교집단과는 달리 ACTH의 수준이 눈에 띌 정도로 전혀 변화되지 않았다. 이는 그들의 두뇌에 이미 스트레스 호르몬이 과다 적재되어 있기 때문에 CRF 수용체를 두뇌가 차단했다는 신호다. 듀크 대학의 심리학자 찰스 네메로프(Charles Nemeroff)가 내게 그 연구를 설명해주었다.

11. 나는 〈뉴욕 타임스〉(1990년 6월 12일)에서 네메로프 박사를 인터뷰했다.

12. 비슷한 일이 PTSD에서도 일어나는 듯하다. 예를 들면, 한 실험에서 PTSD 진단을 받은 베트남 참전 퇴역 군인들에게 영화 〈플래툰〉의 생생한 전투 장면이 담긴 특별히 편집된 15분짜리 영화를 보여주었다. 한 그룹의 경우에는 퇴역 군인들에게 엔도르핀을 차단하는 물질인 날록손 주사를 놓았다. 영화를 다 본 뒤 이들은 고통에 대한 민감성에 아무런 변화를 보여주지 않았다. 하지만 엔도르핀 차단제를 주입받지 않은 그룹의 경우에는 고통의 민감도가 30퍼센트 떨어졌다, 이는 엔도르핀 분비가 증대됐음을 나타냈다. PTSD에 걸리지 않은 퇴역 군인들에게는 똑같은 영화 장면이 아무런 영향을 미치지 않았다. 이는 PTSD 희생자들의 경우에 엔도르핀을 규제하는 신경통로가 과도하게 민감하거나 지나치게 활동적이라는 사실을 드러낸다. 이는 원래의 정신적 외상을 생각나게 하는 것에 다시 노출될 때만 뚜렷해지는 효과다. 이런 과정에서 편도는 우선 우리가 보는 것의 정서적 중요성을 평가한다. 그 연구는 하버드 대학교 정신과 의사인 로저 피트먼(Roger Pitman) 박사에 의해 수행되었다. PTSD의 다른 증세와 마찬가지로 이런 두뇌의 변화는 강제적으로 학습될 뿐 아니라 원래의 끔찍한 사건을 떠오르게 하는 것이 존재할 경우 다시 한 번 촉발될 수 있다. 예를 들어 실험실 쥐가 우리 안에서 전기충격을 받았을 때, 〈플래툰〉을 보았던 베트남 참전 퇴역 군인들에게서 발견된 것과 똑같이 엔도르핀에 토대한 통각(痛覺) 상실이 나타났다. 몇 주 뒤에 쥐들이 이전에 전기충격을 받았던(그러나 이때는 전류가 전혀 흐르지 않는 상태다) 우리로 다시 들어가게 되었을 때, 처음

그랬듯이 다시 한 번 고통에 둔감해졌다. 다음을 참고하라. Roger Pitman, "Naloxone-Reversible Analgesic Response to Combat-Related Stimuli in Posttraumatic Stress Disorder," Archives of General Medicine (June 1990). 또한 다음도 참고하라. Hillel Glover, "Emotional Numbing: A Possible Endorphin-Mediated Phenomenon Associated with Post-Traumatic Stress Disorders and Other Allied Psychopathologic States," *Journal of Traumatic Stress* 5, 4(1992)

13. 여기서 검토된 두뇌의 증거는 데니스 차니(Dennis Charney)의 탁월한 논문 〈심리생물학적 메커니즘Psychobiologic Mechanisms〉에 토대를 두고 있다.

14. Charney, "Psychobiologic Mechanisms," 300.

15. 두려움의 재학습에서 전전두엽피질의 역할에 대한 실험이다. 실험 자원자들은 리처드 데이비드슨의 연구에서 어떤 일정한 소리에 이어 시끄럽고 불쾌한 소리를 듣고 있는 동안 땀 반응(불안의 지표)이 측정되었다. 시끄러운 소음이 땀을 더 많이 흘리게 만들었다. 시간이 좀 흐르자 일정한 소리만으로도 똑같은 땀 분비의 촉진을 가져오기에 충분했다. 이는 실험 자원자들이 소리에 대한 혐오감을 학습했다는 사실을 보여준다. 실험 자원자들은 불쾌한 소음이 없는 상태에서 그 소리를 계속 들으면서 학습된 반감은 사라졌다. 소리가 들려도 땀이 더 많이 분비되진 않았다. 실험 자원자의 좌측 전전두엽피질이 적극적이면 적극적일수록 학습된 두려움을 더 빨리 상실했다.

두려움의 극복에서 전전두엽이 맡은 역할을 보여주는 또 다른 실험에서, 실험실 쥐들(이 연구에서 아주 자주 다루는 사례다)은 전기충격과 짝을 이룬, 소리를 두려워하는 학습을 했다. 그런 다음 편도에서 전전두엽이 절단되는 외과적 손상을 입어 뇌전두엽 절제수술을 받은 상태나 마찬가지가 되었다. 그 다음 며칠 동안 쥐들은 전기충격을 받지 않고 소리를 들었다. 며칠이 지나면, 한때 그 소리를 두려워하는 학습을 했던 쥐들은 점차 그 두려움을 느끼지 않을 것이다. 그러나 전전두엽이 절단된 쥐들의 경우, 두려움의 학습에서 시간이 두 배는 더 들었다. 이는 두려움을 다루고, 더욱 일반적으로 말해서 감성학습의 숙달에서 전전두엽이 결정적인 역할을 한다는 사실을 시사한다. 이 실험은 뉴욕 대학교 신경과학센터의 조제프 르두가 지도하는 대학원생인 마리아 모건(Maria Morgan)에 의해 수행되었다.

16. PTSD에서 회복되는 방법 연구에 대해, 맨해튼에 있는 시나이산 의과대학교 정신적 외상 후 스트레스 연구 프로그램을 주도하는 신경화학자 레이첼 예후다(Rachel Yehuda)가 내게 말해주었다. 나는 그 결과를 〈뉴욕 타임스〉 (1992년 10월 6일)에 실었다.

17. 어린 시절의 정신적 외상: Lenore Terr, *Too Scared to Cry* (New York: HarperCollins, 1990).

18. 정신적 외상에서 회복되는 길: Judith Lewis Herman, *Trauma and Recovery* (New York: Basic Books, 1992).

19. 정신적 외상에 '약 지어주기': Mardi Horowitz, *Stress Response Syndromes* (Northvale,

NJ: Jason Aronson, 1986).

20. 적어도 어른들에게 재학습이 지속되는 또 다른 차원은 철학적 차원이다. '왜 나지?' 하는 영원한 희생자의 질문은 역점을 두고 다룰 필요가 있다. 정신적 외상으로 인해 희생자가 됨으로써 '세상은 신뢰할 수 있는 장소이며 인생에서 우리에게 벌어지는 일은 공정하다'는 신념이 무너진다. 즉 바른 인생을 영위함으로써 우리 운명에 대해 통제력을 발휘할 수 있다는 신념이 무너지는 것이다. 희생자가 갖는 수수께끼에 대한 대답이 물론 철학적이거나 종교적일 필요는 없다. 해결해야 할 과제는 다시 한 번 세상과 그 안에 사는 사람들을 신뢰할 수 있다는 듯이 삶을 영위할 수 있게 해주는 믿음과 신념체계를 재구축하는 일이다.

21. 억제되더라도 원래의 두려움이 지속된다는 사실은 실험실 쥐들이 전기충격과 짝을 이룬 종소리를 두려워하도록 조건 지워지는 연구에서 밝혀졌다. 나중에 쥐들은 전기충격이 전혀 뒤따르지 않고 종소리만 들려도 두려움의 반응을 나타냈다. 그런데 점차 1년이 지나면서(쥐 수명의 3분의 1가량으로 쥐에게는 아주 긴 시간임) 쥐들은 종소리에 대한 두려움을 잊어버렸다. 하지만 다시 한 번 종소리와 충격이 짝지워지자 또다시 두려움을 최대로 드러냈다. 두려움은 순식간에 재발되었지만 억제하는 데는 몇 달이나 걸렸다. 물론 인간의 경우에도 이러한 쥐의 사례에 필적하는 경우가 있다. 즉 몇 년째 잠복되어 있던 오래전의 상처로 인한 두려움이 원래 상처를 상기시키는 것들로 인해 최대한으로 물밀듯이 밀려올 때가 그렇다.

22. 루보르스키의 심리치료 연구는 다음 책에 자세히 나와 있다. Lester Luborsky and Paul Crits-Chrisoph, *Understanding Transference: The CCRT Method* (New York: Basic Books, 1990).

chapter 14 기질은 바꿀 수 있다

1. 예를 들어 다음을 참고하라. Jerome Kagan et al., "Initial Reactions to Unfamiliarity," *Current Directions in Psychological Science*(Dec. 1992). 기질의 생물학에 대한 가장 충실한 설명은 다음에 있다. Kagan, Galen's Prophecy.

2. 소심한 유형과 과감한 유형의 원형이라 할 만한 톰(Tom)과 랠프(Ralph)에 대한 설명이 다음에 나온다. Kagan, *Galen's Prophecy*, pp. 155-157.

3. 수줍음 타는 아이의 평생에 걸친 질환: Iris Bell, "Increased Prevalence of Stress-related Symptoms in Middle-aged Women Who Report Childhood Shyness," *Annals of Behavior Medicine* 16 (1994).

4. 높아진 심장박동수: Iris R. Bell et al., "Failure of Heart Rate Habituation During Cognitive and Olfactory Laboratory Stressors in Young Adults With Childhood Shyness," *Annals of Behavior Medicine* 16 (1994).

5. 10대들의 공포증: Chris Hayward et al., "Pubertal Stage and Panic Attack History in Sixth-and Seventh-grade Girls," American Journal of Psychiatry vol. 149(9) (Sept. 1992), pp. 1239-1243; Jerold Rosenbaum et al., "Behavioral Inhibition in Childhood: A Risk Factor for Anxiety Disorders," Harvard Review of Psychiatry (May 1993).

6. 인성과 뇌 반구의 차이에 대한 연구는 위스콘신 대학의 리처드 데이비드슨 박사와 밴더빌트 대학의 심리학자 앤드루 토마켄(Andrew Tomarken) 박사에 의해 수행되었다. 다음을 참고하라. Andrew Tomarken and Richard Davidson, "Frontal Brain Activation in Repressors and Nonrepressors," Journal of Abnormal Psychology 103 (1994).

7. 소심한 유아들이 좀 더 과감해지도록 도와주는 어머니들의 방식에 대한 관찰이 도린 아커스 (Doreen Arcus)와 더불어 이루어졌다. 자세한 것은 다음을 참고하라. Kagan, Galen's Prophecy.

8. Kagan, Galen's Prophecy, pp. 194-195.

9. 덜 부끄러워지기: Jens Asendorph, "The Malleability of Behavioral Inhibition: A Study of Individual Developmental Functions," Developmental Psychology 30, 6 (1994).

10. Hubel and Wiesel: David H. Hubel, Thorsten Wiesel, and S. Levay, "Plasticity of Ocular Columns in Monkey Striate Cortex," Philosophical Transactions of the Royal Society of London 278 (1977).

11. 경험과 쥐의 두뇌: 메리언 다이아몬드(Marian Diamond)와 다른 학자들의 연구가 다음에 설명되어 있다. Richard Thompson, The Brain (San Francisco: W. H. Freeman, 1985).

12. 강박신경증장애를 치료할 때 두뇌의 변화: L. R. Baxter et al., "Caudate Glucose Metabolism Rate Changes With Both Drug and Behavior Therapy for Obsessive-Compulsive Disorder," Archives of General Psychiatry 49 (1992).

13. 전전두엽에서 증대된 활동: L. R. Baxter et al., "Local Cerebral Glucose Metabolic Rates in Obsessive-Compulsive Disorder," Archives of General Psychiatry 44 (1987).

14. 전전두엽 성숙: Bryan Kolb, "Brain Development, Plasticity, and Behavior," American Psychologist 44 (1989).

15. 어린 시절 경험과 전전두엽 가지치기: Richard Davidson, "Asymmetric Brain Function, Affective Style and Psychopathology: The Role of Early Experience and Plasticity," Development and Psychopathology vol. 6 (1994). pp. 741-758.

16. 생물학적 조율과 두뇌의 성장: Schore, Affect Regulation.

17. M. E. Phelps et al., "PET: A Biochemical Image of the Brain at Work," in N. A. Lassen et al., Brain Work and Mental Activity: Quantitative Studies with Radioactive Tracers (Copenhagen: Munksgaard, 1991).

chapter 15 낮은 감성지능의 대가

1. 감성지능 계발하기 강좌에 대한 글을 〈뉴욕 타임스〉(1992년 3월 3일)에 썼다.

2. 10대의 범죄율에 대한 통계수치는 다음에서 뽑았다. Uniform Crime Reports, *Crime in the U.S., 1991*, published by the Department of Justice.

3. 10대들의 폭력범죄를 살펴보자. 1990년에 폭력범죄로 인한 청소년 체포율이 10만 명당 430명으로 1980년에 비해 27% 급증했다. 강간으로 인한 체포율은 1965년에 10만 명당 10.9명에서 1990년에 10만 명당 21.9명으로 늘어났다. 10대 살인율은 1965년에서 1990년 사이에 10만 명당 2.8명에서 12.1명으로 4배 이상 늘었다. 1990년경에 10대 살인범 4명 중 3명은 총으로 범행을 저질러 총기 사망이 10년 동안 79% 늘었다. 10대들이 저지른 가중폭행죄는 1980년에서 1990년까지 64퍼센트 급증했다. 예컨대 다음과 같은 책을 참고하라. Ruby Takanashi, "The Opportunities of Adolescence," *American Psychologist* (Feb, 1993).

4. 1950년에 15~24세 청소년 자살률은 10만 명당 4.5명이었다. 1989년 무렵, 그 비율은 세 배로 늘어 13. 3명이었다. 10~14세 아이들의 자살률은 1968년에서 1985년 사이에 거의 3배로 늘었다. 자살, 타살 희생자, 임신, 수치는 다음에서 뽑았다. Health, 1991, U. S. Department of Health and Human Services, and Children's Safety Network, *A Data Book of Child and Adolescent Injury* (Washington DC: National Center for Education in Maternal and Child Health, 1991).

5. 1960년 이래로 30년 동안 임질 감염율은 10~14세 아이들 사이에서 4배 정도 늘었고, 15~19세 아이들 사이에서는 3배 더 늘었다. 1990년경 에이즈 환자의 20%가 20대인데, 그들 중 많은 이들이 10대에 감염되었다. 일찍 성관계를 갖게 되는 압력이 더욱 강해지고 있다. 1990년대의 조사는 아직 어린 여성의 3분의 1이 또래의 압력으로 인해 첫 성관계를 갖기로 결심했다고 말하고 있음을 보여주었다. 한 세대 전에는 단지 13%가 그랬던 것과 대비된다. 다음을 참고하라. Ruby Takanashi, "The Opportunities of Adolescence," and Children's Safety Network, *A Data Book of Child and Adolescent Injury*.

6. 백인의 경우 헤로인과 코카인 복용은 1970년에 10만 명당 18명에서 1990년에 68명으로 증대되어 대략 3배가 늘었다. 하지만 흑인들 사이에서는 똑같은 20년 동안 1970년에 10만 명당 53명에서 1990년에 경이적이게도 766명으로 늘었다. 20년 전에 비해 '13배' 가까이 는 것이다. 마약 복용률은 다음에서 뽑았다. *Crime in the U.S., 1991*, U.S. , Department of Justice.

7. 5명 가운데 1명 정도는 어떤 식으로든 생활하기 곤란할 정도의 심리적 장애를 겪고 있다고 미국, 뉴질랜드, 캐나다, 푸에르토리코에서 실시된 조사가 밝히고 있다. 11세 이하 아이들에게 가장 흔한 장애는 불안 증세다. 정상 생활을 방해할 정도로 심각한 공포증으로 인해 10%, 일반화된 불안 증세와 계속되는 걱정으로 인해 5%, 부모와 떨어져 살게 되리라는 강렬한 불안으로 인해 4%가 고통을 겪고 있었다. 10대 시절 소년들이 자기들끼리 법석대는 술잔치에서 음주

하는 일은 20세 무렵엔 20% 비율로 증가한다. 나는 아이들의 감성질환에 대한 이런 많은 자료를 〈뉴욕 타임스〉(1989년 1월 10일)에 실었다.

8. 아이들의 감성질환에 대한 전국적 연구와 다른 국가와의 비교: Thomas Achenbach and Catherine Howell, "Are America's Children's Problems Getting Worse? A 13-Year Comparison," *Journal of the American Academy of Child and Adolescent Psychiatry* (Nov, 1989).

9. 다른 나라와의 비교는 다음에 나온다. Urie Bronfenbrenner, in Michael Lamb and Kathleen Sternberg, *Child Care in Context: Cross-Cultural Perspectives* (Eagelwood, NJ: Lawrence Erlbaum, 1992).

10. 유리 브론펜브레너(Urie Bronfenbrenner)는 코넬 대학교 심포지엄(1993년 9월 24일)에서 이 말을 했다.

11. 공격적이고 비행을 저지르는 아이들에 대한 장기간에 걸친 연구에 대한 예로 다음을 참고하라. Alexander Thomas et al., "Longitudinal Study of Negative Emotional States and Adjustments from Early Childhood Through Adolescence," *Child Development* vol. 59 (Sept. 1988).

12. 말썽꾼 실험: John Lochman, "Social-Cognitive Processes of Severely Violent, Moderately Aggressive, and Nonaggressive Boys," *Journal of Clinical and Consulting Psychology* , 1994.

13. 공격적인 소년 연구: Kenneth A. Dodge, "Emotion and Social Information Processing," in J. Garber and K. Dodge, *The Development of Emotion Regulation and Dysregulation* (New York: Cambridge University Press, 1991).

14. 몇 시간도 채 지나지 않아 말썽꾼들을 싫어하기: J. D. Coie and J. B. Kupersmidt, "A Behavioral Analysis of Emerging Social Status in Boy's Groups," *Child Development* 54 (1983).

15. 규칙을 지키지 않는 아이들의 반에 이르는 사례의 경우 다음을 참고하라. Dan Offord et al., "Outcome, Prognosis, and Risk in a Longitudinal Follow-up Study," *Journal of the American Academy of Child and Adolescent Psychiatry* 31 (1992).

16. 공격적인 아이들과 범죄: Richard Tremblay et al., "Predicting Early Onset of Male Antisocial Behavior from Preschool Behavior," *Archives of General Psychiatry* (Sept. 1994).

17. 아이가 학교에 가기 전에 가족 안에서 벌어지는 일은 공격적인 성향을 낳는 데 결정적임은 물론이다. 예를 들어 한 연구에 따르면, 1세 때 엄마에게 거부당하고 출생 과정이 복잡한 아이들은 18세가 될 무렵 폭력범죄를 저지를 가능성이 다른 아이들에 비해 4배나 되었다. Adriane Raines et al., "Birth Complications Combined with Early Maternal Rejection at

Age One Predispose to Violent Crime at Age 18 Years," *Archives of General Psychiatry* (Dec, 1994).

18. 낮은 언어 IQ는 비행을 저지르리라는 예측을 해주는 것처럼 보이는데(한 연구에 따르면 비행소년과 비행을 저지르지 않는 소년 간의 IQ 수치에 8점이라는 차이가 있었다고 한다), 충동성은 낮은 IQ와 비행을 저지르는 두 가지 경우에 대해 좀 더 직접적이고 강력한 원인이라는 증거가 있다. 낮은 언어 IQ 점수의 원인을 살펴보면, 충동적인 아이들의 경우 점수의 토대가 되는 언어와 추리능력을 배울 정도로 충분한 주의력을 발휘하지 않기 때문이다. 그러므로 충동성으로 인해 언어 IQ 점수가 낮아진다. IQ와 충동성이 10~12세 아이들 내에서 평가되는 잘 고안된 장기 연구 과제인 피츠버그 청소년 연구(Pittsburgh Youth Study)에서, 충동성은 비행을 예측하는 데서 언어 IQ 점수보다 거의 3배나 강력했다. 다음 토론을 참고하라. Jack Block, "On the Relation Between IQ, Impulsivity, and Delinquency," *Journal of Abnormal Psychology* 104 (1995).

19. '불량한' 여학생과 임신: Marion Underwood and Melinda Albert, "Fourth-Grade Peer Status as a Predictor of Adolescent Pregnancy," paper presented at the meeting of the Society for Research on Child Development, Kansas City, Missouri (Apr. 1989).

20. 비행으로 치닫는 궤도: Gerald R. Patterson, "Orderly Change in a Stable World: The Antisocial Tarit as Chimera," *Journal of Clinical and Consulting Psychology* 62 (1993).

21. 공격적인 사고방식: Ronald Slaby and Nancy Guerra, "Cognitive Mediators of Aggression in Adolescent Offenders," *Development Psychology* 24 (1988).

22. 다나의 경우: Laura Mufson et al., *Interpersonal Psychotherapy for Depressed Adolescents* (New York: Guilford Press, 1993).

23. 전 세계적으로 늘어가는 우울증 비율: Cross-National Collaborative Group, "The Changing Rate of Major Depression: Cross-National Comparisons," *Journal of American Medical Association* (Dec. 2, 1992).

24. 우울증에 걸릴 10배나 더 높은 가능성: Peter Lewinsohn et al., "Age-Cohort Changes in the Lifetime Occurrence of Depression and Other Mental Disorders," *Journal of Abnormal Psychology* 102 (1993).

25. 우울증의 역학(疫學): Patricia Cohen et al., New York Psychiatric Institute, 1988; Peter Lewinsohn et al., "Adolescent Psychopathology: I. Prevalence and Incidence of Depression in High School Students," *Journal of Abnormal Psychology* 102 (1993). 또한 다음을 참고하라. Mufson et al., Interpersonal Psychotherapy. 좀 더 낮은 평가수치를 보려면 다음을 참고하라. E. Costello, "Developments in Child Psychiatric Epidemiology," *Journal of the Academy of Child and Adolescent Psychiatry* 28(1989).

26. 젊은이들에게 나타나는 우울증 패턴: Maria Kovacs and Leo Bastiaens, "The Psychothera

peutic Management of Major Depressive and Dysthymic Disorders in Childhood and Adolescence: Issues and Prospects," in I. M. Goodyer, ed., *Mood Disorders in Childhood and Adolescence* (New York: Cambridge University Press, 1994).

27. 아이들의 우울증: Kovacs. op. cit.

28. 나는 〈뉴욕 타임스〉(1994년 1월 11일)에서 마리아 코바크스를 인터뷰했다.

29. 우울증에 걸린 아이들의 사회적, 감성적 지체: Maria Kovacs and David Goldston, "Cognitive and Social Development of Depressed Children and Adolescents," *Journal of the American Academy of Child and Adolescent Psychiatry* (May 1991).

30. 무기력감과 우울증: John Weiss et al., "Control-related Beliefs and Self-reported Depressive Symptoms in Late Childhood," *Journal of Abnormal Psychology* 102 (1993).

31. 아이들의 비관주의와 우울증: Judy Garber, Vanderbilt University. 예를 들어 다음을 참고하라. Ruth Hilsman and Judy Garber, "A Test of the Cognitive Diathesis Model of Depression in Children: Academic Stressors, Attributional Style, Perceived Competence and Control," Journal of Personality and Social Psychology 67 (1994); Judith Garber, "Cognitions, Depressive Symptoms, and Development in Adolescents," *Journal of Abnormal Psychology* 102 (1993).

32. Gaber, "Cognitions,"

33. Gaber, "Cognitions,"

34. Susan Nolen-Hoeksema et al., "Predictors and Consequences of Childhood Depressive Symptoms: A Five-Year Longitudinal Study," *Journal of Abnormal Psychology* 101 (1992).

35. 반감된 우울증의 비율: Gregory Clarke, University of Oregon Health Sciences Center, "Prevention of Depression in At-Risk High School Adolescents," paper delivered at the American Academy of Child and Adolescent Psychiatry (Oct. 1993).

36. Gaber, "Cognitions,"

37. Hilda Bruch, "Hunger and Instinct," *Journal of Nervous and Mental Disease* 149 (1969). Her seminal book, *The Golden Cage: The Enigma of Anorexia Nervosa* (Cambridge, MA: Harvard University Press) was not published until 1978.

38. 섭식장애 연구: Gloria R. Leon et al., "Personality and Behavioral Vulnerablilities Associated with Rish Status for Eating Disorders in Adolescent Girls," *Journal of Abnormal Psychology* 102 (1993).

39. 뚱뚱하다고 느끼는 6세 아이는 오타와 대학교 소아과 의사 윌리엄 펠드먼(William Feldman) 박사의 환자였다.

40. Noted by Sifneos, "Affect, Emotional Conflict, and Deficit."

41. 벤이 퇴짜 맞는 장면은 다음에서 뽑았다. Steven Asher and Sonda Gabriel, "The Social World of Peer-Rejected Children," paper presented at the annual meeting of the American Educational Research Association, San Francisco (Mar. 1989).

42. 사회적으로 거부당하는 아이들의 중퇴율: Asher and Gabriel, "The Social World of Peer-Rejected Children."

43. 인기 없는 아이들의 형편없는 감성능력에 대한 발견은 다음에서 뽑았다. Kenneth Dodge and Esther Feldman, "Social Cognition and Sociometric Status," in Steven Asher and John Coie, eds., *Peer Rejection in Childhood* (New York: Cambridge University Press, 1990).

44. Emory Cowen et al., "Longterm Follow-up of Early Detected Vulnerable Children," *Journal of Clinical and Consulting Psychology* 41 (1973).

45. 최고의 친구들과 퇴짜 맞는 아이들: Jeffrey Parker and Steven Asher, "Friendship Adjustment, Group Acceptance and Social Dissatisfaction in Childhood," paper presented at the annual meeting of the American Educational Research Association, Boston (1990).

46. 사회적으로 거부당한 아이들을 위한 지도: Steven Asher and Gladys Williams, "Helping Children Without Friends in Home and School Contexts," in *Children's Social Development: Information for Parents and Teachers* (Ubana and Champaign: University of Illinois Press, 1987).

47. 비슷한 결과: Stephen Nowicki, "A Remediation Procedure for Nonverbal Processing Deficits," unpublished manuscript, Duke University (1989).

48. 5분의 2가 고주망태라는 사실은, 펄스(Pulse) 프로젝트에 의해 매사추세츠 대학교에서 실시된 조사로 〈*The Daily Hampshire Gazette*〉(Nov. 13, 1993)에 보도되었다.

49. 폭음의 수치는 'Harvard School of Public Health' 의 'College Alcohol Studies' 이사인 하비 웨슬러(Harvey Wechsler)에게서 구한 자료다(Aug. 1994).

50. 더욱 더 많은 여성들이 취하기 위해 술을 마시고, 이에 따라 강간의 위험성이 높아진다. 'Columbia University Center on Addiction and Substance abuse' 가 제출한 보고서(1993년 5월)에서 제시됨.

51. 사망의 주도적 요인: Alan Marlatt, report at the annual meeting of the American Psychological Association (Aug. 1944).

52. 알코올 의존증과 코카인 중독에 대한 자료는 다음에서 나왔다. Meyer Glantz, acting chief of the Etiology Research Section of the National Institute for Drug and Alcohol Abuse.

53. 괴로움과 약물 남용: Jeanne Tschann, "Initiation of Substance Abuse in Early

Adolescence," *Health Psychology* 4 (1994).

54. 나는 〈뉴욕 타임스〉(1990년 4월 26일)에서 랠프 타터(Ralph Tarter)를 인터뷰했다.

55. 알코올 의존증 환자 아들들의 긴장 수준: Howard Moss et al., "Plasma GABA-like Activity in Response to Ethanol Challenge in Men at High Risk for Alcoholism" *Biological Psychiatry* 27(6) (Mar. 1990).

56. 알코올 의존증 환자 자식들에게 나타나는 전두엽의 결손: Philip Harden and Robert Pihl, "Cognitive Function, Cardiovascular Reactivity, and Behavior in Boys at High Risk for Alcoholism," *Journal of Abnormal Psychology* 104 (1995).

57. Kathleen Merikangas et al., "Familial Transmission of Depression and Alcoholism," *Archives of General Psychiatry* (Apr. 1985).

58. 불안정하고 충동적인 알코올 의존증 환자: Moss et al.

59. 코카인과 우울증: Edward Khantzian, "Psychiatric and Psychodynamic Factors in Cocaine Addiction," in Arnold Washton and Mark Gold, eds., *Cocaine: A Clinician's Handbook* (New York: Guilford Press, 1987).

60. 헤로인 중독과 분노: Edward Khantzian, Harvard Medical School, in conversation, based on over 200 patients he has treated who were addicted to heroin.

61. 더 이상 전쟁은 안 돼: The phrase was suggested to me by Tim Shriver of the Collaborative for the Advancement of Social and Emotional Learning at the Yale Child Studies Center.

62. 가난의 감성적 영향: "Economic Deprivation and Early Childhood Development" and "Poverty Experiences of Young Children and the Quality of Their Home Environments." Greg Duncan and Patricia Garrett each described their research findings in separate articles in *Child Development* (Apr. 1994).

63. 회복력이 빠른 아이들의 특징: Norman Garmezy, *The Invulnerable Child* (New York: Guilford Press, 1987). 시련에도 잘 지내는 아이들에 대해 나는 〈뉴욕 타임스〉(1987년 10월 13일)에 글을 썼다.

64. 정신질환의 만연: Ronald C. Kessler et al., "Lifetime and 12-month Prevalence of DSM-Ⅲ-R Psychiatric Disorders in the U. S. "*Archives of General Psychiatry* (Jan. 1994).

65. 미국에서 성적 학대를 말하는 소년, 소녀들의 수치는 다음에서 뽑았다. Malcolm Brown of the Violence and Traumatic Stress Branch of the National Institute of Mental Health. 입증된 사례의 수는 다음에서 뽑았다. The National Committee for the Prevention of Child Abuse and Neglect. 아이들에 대한 전국적인 조사를 통해 해당 연도에 그 비율이 여자 아이들의 경우는 3.2%, 남자 아이들의 경우는 0.6퍼센트로 밝혀졌다. David Finkelhor and Jennifer Dziuba-Leatherman, "Children as Victims of Violence: A National

Survey," *Pediatrics* (Oct. 1984).

66. 성적 학대 예방 프로그램과 관련한 아이들에 대한 전국적 조사는 뉴햄프셔 대학의 사회학자 데이비드 핀켈호르(David Finkelhor)에 의해 이루어졌다.

67. 아동 치한범들이 저지르는 아동학대 건수의 출처는 다음과 같다. An interview with Malcolm Gordon, a psychologist at the Violence and Traumatic Stress Branch of the National Institute of Mental Health.

68. W. T. Grant Consortium on the School-Based Promotion of Social Competence, "Drug and Alcohol Prevention Curricula," in J. David Hawkins et al., *Communities That Care* (San Francisco: Jossey-Bass, 1992).

69. W. T. Grant Consortium, "Drug and Alcohol Prevention Curricula", p.136.

chapter 16 학교에서의 감성교육

1. 나는 〈뉴욕 타임스〉(Nov. 7, 1993)에서 카렌 스톤 매카운을 인터뷰했다.

2. Karen F. Stone and Harold Q. Dillehunt, *Self Science: The Subject Is Me* (Santa Monica: Goodyear Publishing Co., 1978).

3. Committee for Children, "Guide to Feelings," *Second Step 4-5* (1992), p. 84.

4. 유아 발달 프로젝트를 살펴려면, 예를 들어 다음을 참조하라. Daniel Solomon et al., "Enhancing Children's Prosocial Behavior in the Classroom," *American Educational Research journal* (Winter 1988).

5. '헤드 스타트'에서 얻는 이득: Report by High/Scope Educational Research Foundation, Ypsilanti, Michigan (Apr. 1993).

6. 감성의 시간표: Carolyn Saarni, "Emotional Competence: How Emotions and Relationships Become Integrated," in R. A. Thompson, ed., *Socioemotional Development/Nebraska Symposium on Motivation* 36 (1990).

7. 초등학교와 중학교로의 전이: David Hamburg, *Today's Children: Creating a Future for a Generation in Crisis* (New York: Times Books, 1992).

8. Hamburg, *Today's Children*, pp. 171-172.

9. Hamburg, *Today's Children*, p. 182.

10. 나는 〈뉴욕 타임스〉(1992년 3월 3일)에서 린다 란티에리를 인터뷰했다.

11. 초기 예방책으로서의 감성교육 프로그램: Hawkins et al., *Communities That Care*.

12. 돌보는 공동체로서의 학교: Hawkins et al., *Communities That Care*.

13. 임신을 모면했던 소녀 이야기: Roger P. Weisberg et al., "Promoting Positive Social

Development and Health Practice in Young Urban Adolescents," in M. J. Elias, ed., *Social Decision-making in the middle School* (Gaithersburg, MD: Aspen Publishers, 1992).

14. 성격 형성과 도덕적 행위: Amitai Etzioni, *The Spirit of Community* (New York: Crown, 1993).

15. 도덕수업: Steven C. Rockefeller, *John Dewey: Religious Faith and Democratic Humanism* (New York: Columbia University Press, 1991).

16. 타인들에게 올바르게 행동하기: Thomas Lickona, *Educating for Character* (New York: Bantam, 1991).

17. 민주주의의 기교: Francis Moore Lappe and Paul Martin DuBois, *The Quickening of America* (San Francisco: Jossey-Bass, 1994).

18. 성격 계발하기: Amitai Etzioni et al., *Character Building for a Democratic, Civil Society* (Washington, DC: The Communitarian Network, 1994).

19. 살인률의 3% 증가: '전국적인 살인률은 3% 상승, 그러나 전반적인 폭력범죄는 하락', *The New York Times* (May 2, 1994).

20. 청소년 범죄의 급증: 〈Serious Crimes by Juveniles Soar〉, *Associated Press*(July 25, 1994).

부록 2 감성적 정신의 특징

1. 나는 〈뉴욕 타임스〉에 여러 차례 '무의식적 경험'에 대한 세이모어 엡스타인의 모델에 관해 글을 썼다. 그 모델에 대한 이와 같은 요약의 대부분은 그와의 대화, 그가 내게 보낸 편지, 그의 논문에서 나온 것이다. "Integration of the Cognitive and Psychodynamic Unconscious" (*American Psychology* 44 [1994])와 아치 브로드스키(Archie Brodsky)와 함께 쓴 저서 You're Smarter Than You Think (New York: Simon & Schuster, 1993)에 토대를 둔다. 경험적 정신에 대한 그의 모델은 내 모델에 '감성적 정신'에 대한 정보를 제공하지만, 나는 내 나름의 해석을 내렸다.

2. Paul Ekman, "An Argument for the Basic Emotions," *Cognition and Emotion*, 6, 1992, p. 175. 감성을 구분짓는 특징의 목록은 좀 더 길지만 이것은 우리가 이 책에서 다루게 될 특징이다.

3. Ekman, op cit., p. 187.

4. Ekman, op cit., p. 189.

5. Epstein, 1993, p. 55.

6. J. Toobey and L. Cosmides, "The Past Explains the Present : Emotional Adaptations and the Structure of Ancestral Environments," *Ethology and Sociobiology*, 11, pp. 418–419.

7. 각각의 감성이 자기 고유의 생물학적 패턴을 지니고 있다는 사실이 자명한 듯 보일 수 있지만, 감성의 심리생리학을 연구하는 사람들에게는 그렇게 보이지 않았다. 감성적 각성이 모든 감성의 경우에 똑같은지 아니면 독특한 양식이 추출될 수 있는지에 대해 대단히 기술적인 토론이 계속된다. 그런 토론의 세부사항을 살펴보지 않은 채, 나는 각각의 주요한 감성에 알맞은 독특한 생물학적 이력을 고수하는 사람들의 경우를 제시해왔다.

이 책의 초판에는 더 많은 정보를 원하는 독자들을 최상의 참고문헌으로 안내해주는 이와 같은 지면이 실릴 수가 없었다. 1995년에는 실제로 감성지능에 대해 어디에도 참고할 자료들이 존재하지 않았던 반면에, 오늘날엔 대단히 풍성해지고 있는 듯하다. 이런 지면이 존재한다는 사실만으로도 이 분야가 지금까지 얼마나 발전해왔는지를 나타낸다. 도구와 연구 결과, 실제적 자료, 이 분야의 주요 인사들에 대해 좀 더 심층적으로 접근하기 위해 다음의 조직들과 웹 사이트와 도서들을 추천한다. (건전한 연구에 토대를 둔, 내가 잘 아는 책들만 포함하려 했지만, 미처 포함하지 못한 책이 도움이 되지 않거나 정통적이지 않다는 뜻은 아니다.)

▌ 교육 프로그램

The Collaborative for Academic, Social, and Emotional Learning (CASEL) : 시카고의 일리노이 대학교에 토대를 둔 CASEL은 유치원부터 고등학교에 이르기까지 교육의 필수 분야로, 증거에 바탕을 둔 사회적, 감성적, 학문적 학습을 진작함으로써 학교와 생활에서 아이들의 성취를 향상시키고자 애쓰고 있다. (www.casel.org)

The Center for Social and Emotional Education(CSEE) : 컬럼비아 대학교 사범대학의 CSEE는 학교에서 효과적인 사회적 감성학습, 교수법, 지도력을 뒷받침하는 데 헌신하는 교육적 능력과 전문성을 계발하는 조직이다. (www.CSEE.net)

몇 가지 모범적인 SEL 프로그램

Responsive Classroom : responsiveclassroom.org

Developmental Studies Center : www.devstu.org

Educators for Social Responsibility :
www.esrnational.org/home.htm

Search Institute : www.search-institute.org

depts.washington.edu/sdrg/index.html

일리노이 주 교육위원회(Illinois State Board of Eduucation) : 사회적, 감성적 학습의 세부 교육적 표준을 정하는 미국의 모든 주에 걸친 모범 정책을 보려면, 일리노이 주 교육위원회의 연구를 참고하라. 아이들의 성장에 발맞춘 이 최신의 합당한 정식화는 아이들에게 SEL을 제공하고자 하는 어떠한 교육 시스템에 의해서도 채택될 수 있을 것이다.(www.isbe.net/ils/social_emotional/standards.htm)

권장도서

Bar-On, Reuven, J. G. Maree, and M. J. Elias, eds. *Educating People to Be Emotionally Intelligent.* Portsmouth, NH : Heinemann Educational Publishers, 2005.

Cohen, Jonathan, ed. *Educating Minds and Hearts: Social Emotional Learning and the Passage into Adolescence.* New York : Teachers College Press, 1999.

Collaborative for Academic, Social, and Emotional Learning. *Safe and Sound: An Educational Leader's Guide to Evidence-based Social and Emotional Learning Programs.* Chicago: Collaborative for Academic, Social, and Emotional Learning, 2003.

Elias, Maurice J., A. Arnold, and C. S. Hussey, eds. *EQ+IQ=Best Leadership Practices for Caring and Successful Schools.* Thousand Oaks, CA: Corwin Press, 2003.

Elias, Maurice, et al. *Promoting Social and Emotional Learning: Guidelines for Educators.* Alexandria, VA: Association for Supervision and Curriculum Development, 1997.

Haynes, Norris, Michael Ben-Avie, and Jacque Ensign. *How Social and Emotional Development Add Up: Getting Results in Math and Science Education.* New York: Teachers College Press, 2003.

Lantieri, Linda, and Janet Patti. *Waging Peace in Our Schools.* Boston: Beacon Press, 1996.

Novick, B., J. S. Kress, and Maurice Elias. *Building Learning Communities with Character: How to Integrate Academic, Social, and Emotional Learning.* Alexandria, VA: Association for Supervision and Curriculum Development, 2002.

Patti, Janet, and J. Tobin. *Smart School Leaders: Leading with Emotional Intelligence.* Dubuque, IA: Kendall Hunt, 2003.

Salovey, Peter, and David Sluyter, eds. *Emotional Development and Emotional Intelligence: Educational Implications.* New York: Basic Books, 1997.

Zins, Joseph, Roger Weissberg, Margaret Wang, and Herbert

Walberg. *Building Academic Success on Social and Emotional Learning: What Does the Research Say?* New York: Teachers College Press, 2004.

▼ 조직생활

The Consortium for Research on Emotional Intelligence in Organizations : 럿거스 대학교의 응용 전문 심리학대학원에 토대를 두고 있다. 이사는 캐리 체르니스(Cary Cherniss). (www.eiconsortium.org)

권장도서

Ashkanasy, Neal, Wilfred Zerbe, and Charmine Hartel. *Managing Emotions in the Workplace.* Armonk, NY: M. E. Sharpe, 2002.

Boyatzis, Richard, and Annie McKee. *Resonant Leadership: Inspiring Yourself and Others Through Mindfulness, Hope, and Compassion.* Boston: Harvard Business School Press, 2005.

Caruso, David R., and Peter Salovey. *The Emotionally Intelligent Manager: How to Develop the Four Key Skills of Leadership.* San Francisco: Jossey-Bass, 2004.

Cherniss, Cary, and Daniel Goleman, eds. *The Emotionally Intelligent Workplace: How to Select For, Measure, and Improve Emotional Intelligence in Individuals, Groups, and Organizations.* San Francisco: Jossey-Bass, 2001.

Druskat, Vanessa, Fabio Sala, and Gerald Mount, eds. *Linking Emotional Intelligence and Performance at Work: Current Research Evidence.* Mahwah, NJ: Lawrence Erlbaum, 2005.

Fineman, Stephen, ed. *Emotion in Organizations,* 2nd ed. London : Sage Publications, 2000.

Frost, Peter J., *Toxic Emotions at Work: How Compassionate Managers Handle Pain and Conflict.* Boston : Harvard Business School Press, 2003.

Riggio, Ronald, Susan E. Murphy, and Francis Pirozzolo. *Multiple Intelligences and Leadership.* Mahwah, NJ : Lawrence Erlbaum, 2002.

▶ 가정교육

권장도서

Elias, Maurice, Steven E. Tobias, and Brian S. Friedlander. *Emotionally Intelligent Parenting: How to Raise a Self-disciplined, Responsible, Socially Skilled Child.* New York : Harmony Books, 1999.

Elias, Maurice, Steven E. Tobias, and Brian S. Friedlander. *Raising Emotionally Intelligent Teenagers.* New York : Harmony Books, 2000.

Gottman, John. *Raising an Emotionally Intelligent Child.* New York : Simon and Schuster, 1998.

Schure, Myrna. *Raising a Thinking Child.* New York : Pocket Books, 1994.

▶ 일반론

6 Seconds : 국제적 안목을 지니고서 학교, 기업체, 가족 내에서 감성지능을 뒷받침하는 비영리적 조직이다. 자료, 논문, 회의에 대한 정보를 얻을 수 있는 탁월한 원천이다. (www.6seconds.org)

권장도서

Bar-On, Reuven, and Parker, James D. A., eds. *Handbook of Emotional Intelligence*. San Francisco: Jossey-Bass, 2000.

Barrett, Lisa Feldman, and Peter Salovey. *The Wisdom of Feeling: Psychological Processes in Emotional Intelligence*. New York: Guilford Press, 2002.

Geher, G., ed. *Measuring Emotional Intelligence: Common Ground and Controversy*. Hauppauge, NY: Nova Science Publishers, 2004.

Salovey, Peter, Marc A. Brackett, and John D. Mayer. *Emotional Intelligence: Key Readings on the Mayer and Salovey Model* Port Chester, NY: DUDE Publishing, 2004.

Williams, Virginia, and Redford Williams. *Lifeskills*. New York: Times Books, 1997.

사려 깊은 비판

Matthews, Gerald, Moshe Zeidner, and Richard D. Roberts. *Emotional Intelligence: Science and Myth*. Cambridge: MIT Press, 2002.

아내이자 심리치료사인 타라 베넷 골먼은 나를 이 책으로 이끌었던 가장 초기 단계의 사유 속에서 언제나 나와 함께한 창조적인 배우자였습니다. 우리의 사고와 상호작용의 표면 아래서 움직이는 감성적 흐름에 대한 그녀의 조율은 내게 하나의 세계를 열어주었습니다.

내가 '감성능력'이라는 말을 처음 들은 것은 당시 '건강증진연구소'에 근무하던 아일린 록펠러 그로왈드에게서였습니다. 내 관심을 자극하고 마침내 이 책으로 결실을 맺게 된 연구의 뼈대를 짜게 된 것은 이런 우연한 대화에서 시작됐습니다.

페처 연구소의 지원이 있었기에 감성능력의 의미를 더욱 충분하게 탐구할 풍부한 시간을 얻을 수 있었습니다. 연구소장인 롭 레흐먼이 보내준 격려와 연구소 프로그램 이사인 데이비드 슬루이터의 지속적인 협력에 감사드립니다. 탐구 초기에 내게 감성능력에 대한 책을 쓰도록 재촉했던 사람은 다름 아닌 롭 레흐먼이었습니다.

여러 해 동안 발견된 사실을 나와 공유해왔고, 이 책에서 검토되고 종합된 연구 노력을 기울였던 수많은 연구자들에게 나는 가장 큰 빚을 졌습니다. 예일 대학교의 피터 샐로비에게는 '감성지능'이란 개념을 빚지고 있습니다. 또 나는 감성능력 분야의 초기 교육자들과 실천가들의 지속적인 연구에 내밀하게 관여했던 경험에서 많은 것을 얻어 오기도 했습니다. 아이들의 사회적 감성능력을 키우고 학교가 더욱 인간적 환경을 갖춘 장소로 재창조되도록 그저 바라보기만 하지 않고 실제로 참가하여 노력한 이들에게서는 끊임없이 영감을 받았습니다. 그들 가운데는 워싱턴 대학교의 마크 그린버그와 데이비드 호킨스, 캘리포니아 주 오클랜드

'발달연구센터'의 에릭 샵스와 캐서린 루이스, '예일 아동연구 센터'의 팀 슈라이버, 시카고 일리노이 대학의 로저 와이스버그, 럿거스 대학의 모리스 엘리아스, 콜로라도 주 볼더 소재 '교수학습 고다드 연구소'의 셸리 케슬러, 캘리포니아 주 힐즈버로에 있는 누에바 학교의 셰비 마틴과 카렌 스톤 매카운, 뉴욕 시 '창조적 갈등 해소 프로그램 전국센터'의 이사인 린다 란티에리, 시애틀에 있는 '발전적 리서치와 프로그램'의 캐럴 A. 쿠슈 등이 있습니다.

이 원고의 각 분야를 검토하고 논평을 해준 사람들에게도 특별한 빚을 졌습니다. 하버드 대학교 교육대학원의 하워드 가드너, 예일 대학교 심리학과의 피터 샐로비, 캘리포니아 대학교 '인간상호작용실험실' 이사인 폴 에크먼, 캘리포니아 주 볼리나스의 '공공복지' 이사인 마이클 러너, 당시 '존 D.와 캐서린 T. 맥아더 재단'의 건강 프로그램 이사였던 데니스 프라거, 콜로라도 볼더의 '커먼 엔터프라이즈' 이사인 마크 거즌, 예일 의과대학교 '아동연구센터'의 소장인 메리 슈봅스톤, 스탠퍼드 의과대학 정신과 과장인 데이비드 스피겔, 워싱턴 대학교 '고속 트랙 프로젝트' 이사인 마크 그린버그, 하버드 경영대학원의 쇼쇼나 주보프, 뉴욕 대학교 '신경과학센터'의 조제프 르두, 위스콘신 대학교 정신병리학실험실 이사인 리처드 데이비드슨, 캘리포니아 주 포인트레이즈에 있는 '정신과 미디어'의 폴 카우프만, 제시카 브랙먼, 나오미 울프 그리고 특히 페이 골먼.

훌륭한 학자들의 자문도 있었습니다. 남부 캘리포니아 대학교의 그리스 학자 파게 두보이스, 컬럼비아 대학교의 윤리 및 종교 철학자 매튜 캡

스타인, 존 듀이에 대한 뛰어난 전기 작가인 미들베리 대학의 스티븐 록펠러. 조이 놀런은 감성적 일화의 간결한 묘사들을 모았고, 마거릿 하우와 아네트 스피샬라는 감성능력 교과과정의 효과에 대한 부록을 준비했습니다. 샘과 수전 해리스는 필수적인 장비를 제공했습니다.

지난 10년 동안 〈뉴욕 타임스〉의 편집자들은 감성에 대한 여러 가지 새로운 발견에 대한 나의 많은 의문에 놀라울 정도로 지원을 아끼지 않았습니다. 그 덕에 감성에 관련한 기사가 최초로 이 신문 지면에 등장할 수 있었고, 이 책에도 많은 정보를 제공하고 있습니다.

밴텀 북스 출판사의 편집자 토니 버뱅크는 열정과 섬세한 감각으로 나의 결단과 사유를 예리하게 만들어주었습니다.

그리고 아내 타라는 이 프로젝트를 수행하는 동안 한결같이 따사로움과 사랑 그리고 지성으로 내게 자양분이 되어주었습니다.

EQ 감성지능

초판 1쇄 발행 2008년 10월 15일
초판 23쇄 발행 2024년 1월 2일

지은이 대니얼 골먼 **옮긴이** 한창호

발행인 이재진 **단행본사업본부장** 신동해
편집장 김경림 **디자인** 이석운
마케팅 최혜진 이은미 **홍보** 반여진 허지호 정지연 송임선
국제업무 김은정 김지민 **제작** 정석훈

브랜드 웅진지식하우스
주소 경기도 파주시 회동길 20
문의전화 031-956-7430(편집) 02-3670-1123(마케팅)
홈페이지 www.wjbooks.co.kr
인스타그램 www.instagram.com/woongjin_readers
페이스북 https://www.facebook.com/woongjinreaders
블로그 blog.naver.com/wj_booking

발행처 ㈜웅진씽크빅
출판신고 1980년 3월 29일 제406-2007-000046호

한국어판 출판권 ⓒ 웅진씽크빅, 2008
ISBN 978-89-01-08883-9 03180